Persiens Antike Pracht

 „Während er dahinschied, ging sein Same in die Erde; seit damals und bis heute, entströmt der Same von allen Menschen bei ihrem Dahinscheiden.

Da der Körper des Gayomart aus Metall gemacht war, erschienen aus dem Körper des Gayomart sieben Arten von Metall.

Aus dem Samen, der sich in die Erde ergoss, entstanden innerhalb von vierzig Jahren Mashiya und Mashyini, aus denen der vollkommene Fortschritt der Erde entstand, die Zerstörung der Dämonen und die Unbeständigkeit des Bösen Geistes".

Aus Kapitel VI, F 7-9 des Großen oder Iranischen Bundahesh.

Der Katalog wurde gefördert durch die
Kunststiftung NRW, Düsseldorf

KUNSTSTIFTUNG ➡ NRW

Persiens Antike Pracht

Bergbau – Handwerk – Archäologie

Die Ausstellung steht unter der
Schirmherrschaft
des Bundesminister
für Wirtschaft und Arbeit
der Bundesrepublik Deutschland
Wolfgang Clement

Katalog der Ausstellung
des Deutschen Bergbau-Museums Bochum
vom 28. November 2004 bis 29. Mai 2005

Band 1

Herausgeber:
Thomas Stöllner
Rainer Slotta
Abdolrasool Vatandoust

Bochum 2004

Veröffentlichung aus dem Deutschen Bergbau-Museum Bochum Nr. 128

Die Ausstellung wurde ermöglicht durch die Zuwendungen folgender Institutionen, Stiftungen und Unternehmen:

Stiftung der Sparkasse Bochum zur Förderung von Kultur und Wissenschaft, Bochum
Gothaer Allgemeine Versicherung AG, Köln
Mahan Air, Teheran
Infoscreen, Düsseldorf
Degussa AG, Düsseldorf
Heintzmann Holding, Bochum
Wilhelm-Mommerz-Stiftung zur Förderung der Archäologie, Bochum
DMT Gesellschaft für Lehre und Bildung mbH, Bochum
Vereinigung der Freunde von Kunst und Kultur im Bergbau e.V., Bochum

Die Deutsche Bibliothek – CIP-Einheitsaufnahme

Persiens Antike Pracht – Bergbau - Handwerk - Archäologie:Katalog der Ausstellung
des Deutschen Bergbau-Museums Bochum vom 28. November 2004 bis 29. Mai 2005 /
hrsg. von Thomas Stöllner/Rainer Slotta/Abdolrasool Vatandoust, Bochum 2004

Bibliografische Information der Deutschen Bibliothek
Die Deutsche Bibliothek verzeichnet diese Publikation in der Deutschen Nationalbibliografie;
detaillierte bibliografische Daten sind im Internet über http:/dnd.ddb.de abrufbar.

© Deutsches Bergbau-Museum Bochum

Ausstellungsgestaltung
Detlef Wölfel

Bearbeitung des Kataloges
Gabriele Körlin, Manfred Linden, Thomas Stöllner

Kataloggestaltung
Karina Schwunk

Layout und Satz
Karina Schwunk, Angelika Friedrich

Herstellung
Grafisches Centrum Cuno GmbH & Co. KG, Calbe

ISBN 3-937203-10-9

Danksagung

Wir danken folgenden Personen für Ihre Unterstützung bei der Vorbereitung und Durchführung von Katalog und Ausstellung

Wissenschaftliches Komitee

Dr. Masoud Azarnoush
Dr. Nasr Chegini
Dr. Barbara Helwing
Dr. Mahmood Mehrpartow
Dr. Morteza Momenzadeh
Prof. Dr. Hermann Parzinger
Prof. Dr. Ernst Pernicka
Sadegh Malek Shahmirzadi
Prof. Dr. Rainer Slotta
Priv.-Doz. Dr. Thomas Stöllner
Dr. Abdolrasool Vatandoust

Katalog

Texte des Fundkataloges und inhaltliche Gestaltung

Dr. Gabriele Körlin
Manfred Linden M.A.
Christian Piller M.A.
Priv.-Doz. Dr. Thomas Stöllner

unter wissenschaftliche Mitarbeit von:

Elaheh Askari
Zohreh Baseri
Dr. Agnes Benoit
Ahmad Chaychi
Dr. Rolf Dehn
Prof. Dr. Robert H. Dyson Jr.
Almut von Gladiss
Dr. Barbara Helwing
Dr. Dietrich Huff
Zahra Jafar Mohammadi
Mirabedim Kaboli
Dr. Jens Kröger
Dr. Bruno Overlaet
Sharokh Razmjou
Dr. Kourosh Roustaei
Emad al Din Sheikh al Hokem_i
Chris P. Thornton
Prof. Dr. Gerd Weisgerber

Redaktion

Dr. Gabriele Körlin
Manfred Linden, M. A.
Priv.-Doz. Dr. Thomas Stöllner

Lektorat

Jan Cierny M.A.
Monika Ellekotten
Sybille Frey
Holger Hake
Margarete Merz
Dr. Siegfried Müller
Pia Volkland
Prof. Dr. Gerd Weisgerber

Übersetzungen

Sybille Frey
Margarete Merz
Prof. Dr. Thilo Rehren
Priv.-Doz. Dr. Thomas Stöllner
Dr. Mirko Wittwar
Susanne Wilhelm M.A.

Photographien und Bildbearbeitung

(siehe auch Photonachweis)

Holger Hake
Ebrahim Khadembayat
Astrid Opel
Markus Schicht

Graphische Gestaltung

Dipl. Des. Karina Schwunk
Dipl.-Ing. Angelika Friedrich

Ausstellung

Idee, Objektauswahl und Gesamtleitung

Priv.-Doz. Dr. Thomas Stöllner, Prof. Dr. Rainer Slotta,
Dr. Abolrasool Vatandoust

Konzeption und wissenschaftliche Leitung

Priv.-Doz. Dr. Thomas Stöllner

Ausstellungsorganisation

Dr. Gabriele Körlin, Manfred Linden
M. A., Prof. Dr. Rainer Slotta
Priv.-Doz. Dr. Thomas Stöllner

Öffentlichkeitsarbeit

Eva Koch

Homepage im Internet

Volto GmbH, Bochum, Manfred Linden, M. A.

Ausstellungsgestaltung und Ausstellungsgraphik

Dipl. Des. Detlef Wölfel
Dipl. Des. Karina Schwunk
Dipl.-Ing. Angelika Friedrich
Berthold Brunke
Mitarbeiter der Werkstätten und der Haustechnik des Deutschen Bergbau-Museums Bochum

Restauratorische Betreuung

Steffen Seidl, Ulrike Rothenhäusler

Präsentationen und Visualisierungen

Manfred Linden, M.A., Dipl.-Ing. Gero Steffens

Sponsoren

Stiftung der Sparkasse Bochum zur Förderung von Kultur und Wissenschaft, Bochum
Kunststiftung NRW, Düsseldorf
Degussa AG, Düsseldorf
Heintzmann Holding, Bochum
Mahan Air, Teheran
Gothaer Allgemeine Versicherung AG, Köln
Infoscreen, Düsseldorf
Wilhelm Mommertz-Stiftung zur Förderung der Archäologie, Bochum
DMT-Gesellschaft für Lehre und Bildung mbH, Bochum, und
Vereinigung der Freunde von Kunst und Kultur im Bergbau e.V., Bochum

Wir bedanken uns bei folgenden Unternehmen und Persönlichkeiten für die Unterstützung bei der Vorbereitung und Durchführung der Ausstellung

Cinecentrum, Hamburg (Filmmaterial aus "Arisman – das geheimnisvolle Kupferreich" aus der Serie "Schliemanns Erben").
Gholamreza Hamidi Anaraki, Teheran
Dr. Nasr Chegini, Teheran
Christina Clever, Bochum
Hamid Fahimi, Teheran
Sybille Frey, Zürich
Magrit Hakimpour, Deutsches Archäologisches Institut, Außenstelle Teheran
Dipl.-math. Annette Hornschuch, Bochum
Zohrab Kalantari, Deutsches Archäologisches Institut, Außenstelle Teheran
Prof. Dr. Andreas Hauptmann, Bochum
Thomas Ludyga, Bochum
Dr. Mehdi Mohebbi, Kerman
Dr. Morteza Momenzadeh, Teheran
Dieter Sehrt, Bochum
Prof. Dr. Gerd Weisgerber, Bochum
Karl Meisenberg, Hasenkamp Internationale Transport GmbH

Für die Zurverfügungstellung und Ausleihe ihrer Exponate sind wir folgenden Museen, Institutionen und Privatiers zu großem Dank verpflichtet.

Teheran, Iranian National Museum
    Mohammad Reza Kargar, Director
    Zahra Jafar Mohammadi, Head Keeper, Central Treasury
    Shahin Atefi, Keeper Central Treasury
    Abolghazem Hatemi, Head Keeper, Prehistoric Department
    Nasrin Zehtāb, Keeper Prehistoric Department
    Hengāmeh Kezvāni-Habashi, Keeper
    Souri Ayazi, Head-Keeper, Historic and Luristan Department
    Zahrah Akbari, Keeper, Historic Department
    Anita Hemmatipoor, Keeper, Luristan Department
    Elaheh Askari, Head Keeper, Coins and Seals Department
    Zohreh Baseri, Keeper, Seals Department
    Sharokh Razmjou, Achaemenidian Department
    Fereidoun Biglari, Palaeolithic Department
    Mahnaz Gorji, Head, Conservation Department
    Firuzeh Sepidnameh, Sepide Moghadam,
    Maryam Panahi,
    Rehāneh Lesani-Ghujā
    Zahra Hamraz

Teheran, Research Centre of Conservation of Cultural Relics (RCCCR)
    Roshanak Jahromi
    Majid Ghazian, Head, Metal Department
    Sharzad Amin Shirazi, Head, Textile Department

Teheran, Iranian Cultural Heritage Organisation
    Kazem Arab, Head, Qom-Office

Teheran, University of Teheran
    Prof. Hassan Fazeli, Archaeological Institute
    Ahmad Chaychi, Research Assistant
    Mahmood Mireskanderi, Research Assistant

Teheran, Geological Survey of Iran (GSI)
    Mohammad Ben Taghi Koreihi, Deputy Minister of Industries and Mines, Head
    Mahmood Mehrpartow, Head Department of Exploration

Teheran, Reza Abbasi Museum
    Batool Ahmadi, Head

Paris, Musée du Louvre, Department des Antiquités Orientales
    Dr. Agnes Benoit, Conservateur en Chef
    Marie-Jo Castor
    Dr. Annie Caubet, Conservateur général
    Dr. Nicole Chevalier
    Elisabeth Fontan, Conservateur en Chef

Brüssel, Koninklijke Musea voor Kunst en Geschiedenis/ Musées Royaux d'Art et d'Histoire
    Dr. Eric Gubel, Head
    Alexandra De Poorter
    Dr. Bruno Overlaet

Essen, Ruhrlandmuseum
    Dr. Charlotte Trümpler

Freiberg/Sachsen, TU Bergakademie Freiberg, Mineralogische Sammlung
    Dipl.-min. Karin Rank
    Dipl.-min. Andreas Massanek

Freiburg im Breisgau, Landesdenkmalamt Baden-Württemberg, Museum für Ur- und Frühgeschichte, Colombi-Schlössle Freiburg
    Oberkonservatorin Dr. Andrea Bräuning
    Oberkonservator Dr. Rolf Dehn

Hannover, Kestner-Museum
    Dr. Wolfgang Schepers, Direktor
    Dr. Anne Viola Siebert

Iphofen, Knauf Museum
    Ingrid Knauf
    Markus Mergenthaler, M.A.

Idar-Oberstein
    Prof. Dr. Hermann Bank

Mainz, Römisch-Germanisches Zentralmuseum
    Prof. Dr. Falko Daim
    Prof. Dr. Markus Egg
    Ulrich Froberg
    Maximilian Bertet

Zürich
    Georg Gerster

Besonders hervorzuheben ist die Hilfestellung, die uns das Deutsche Archäologische Institut, Eurasien-Abteilung, Außenstelle Teheran zuteil werden ließ. Umsorgt und organisatorisch unterstützt von Dr. B. Helwing und Frau M. Hakimpour konnten viele Probleme vor Ort gemeistert werden.

Inhalt

Band 1

Grußworte:

Wolfgang Clement *Bundesminister für Wirtschaft und Arbeit und Schirmherr der Ausstellung*	XI
Seyyed Hossein Marashi *Vizepräsident der Islamischen Republik Iran und Vorsitzender der „Iranian Cultural Heritage and Tourism Organization"*	XII
Seyyed Mohammad Beheshti *Direktor der "Research Organization for Cultural Heritage and Tourism" und "Iranian Cultural Heritage and Tourism Organization"*	XII
Seyed Shamseddin Khareghani *Botschafter der Islamischen Republik Iran in der Bundesrepublik Deutschland*	XIII
Dr-Ing. M. Mehdi Navab *Vizeminister für wirtschaftliche und internationale Angelegenheiten im Industrie- und Bergbauministerium der Islamischen Republik Iran*	XIII
Dr. Werner Müller *Vorsitzender des Vorstands der RAG Aktiengesellschaft, Essen*	XIV
Dr. Ottilie Scholz *Oberbürgermeisterin der Stadt Bochum*	XIV
Dr. Mohammad Reza Karga *Direktor des Iranischen Nationalmuseums Teheran*	XV

Vorwort der Herausgeber: XVI
Rainer Slotta, Thomas Stöllner & Abdulrasool Vatandoust

Beiträge

Iran – Ein Überblick

Abdulrasool Vatandoust Alter Bergbau und Metallurgie in Iran – Vergangenheit und Zukunft einer Forschungsperspektive	2
Morteza Momenzadeh Metallische Bodenschätze in Iran in antiker Zeit. Ein kurzer Überblick (unter Mitarbeit von: Ali Hajisoltan & Mahsa Momenzadeh)	8
Sadegh Malek Shahmirzadi Eine kurze Geschichte der archäologischen Forschung im Iran	22
Vincent Pigott Zur Bedeutung Irans für die Erforschung prähistorischer Kupfermetallurgie.	28
Thomas Stöllner Prähistorischer und antiker Erzbergbau in Iran.	44
Gerd Weisgerber Schmucksteine im Alten Orient (Lapislazuli, Türkis, Achat, Karneol).	64
Ali Abbas Alizadeh Wanderhirten: Ihre Bedeutung für die Kulturgeschichte Irans in geschichtlicher und vorgeschichtlicher Zeit.	76
Rainer Slotta Iran und Deutschland – Wissenschaftliche, wirtschaftliche und politische Berührungen und Beziehungen durch die Jahrhunderte.	92

Inhalt

Prähistorische Epochen

Saman Heydari — 124
Rohmaterialvorkommen für Stein in Iran. Einige Fallstudien.

Fereidoun Biglari — 130
Vorläufige Beobachtungen zur Gewinnung mittelpaläolithischen Rohmaterials
und seiner Verwendung in der Ebene von Kermanshah, das Fallbeispiel der Höhle von Do-Ashkaft

Reinhard Bernbeck — 140
Iran im Neolithikum

Kamyar Abdi — 148
Obsidian in Iran vom Epipaläolithikum bis zur Bronzezeit

Barbara Helwing — 154
Frühe Städte in Iran

Ali Abbas Alizadeh — 166
Chogha Mish.

Agnés Benoit — 178
Susa

Hassan Fazeli — 194
Chalcolithische Archäologie der Qazvin-Ebene.

Sadegh Malek Shahmirzadi — 200
Sialk und seine Kultur – ein Überblick

Nasr Chegini, Barbara Helwing, Hermann Parzinger & Abdulrasool Vatandoust — 210
Eine prähistorische Industriesiedlung auf dem iranischen Plateau – Forschungen in Arisman

Nikolas Boroffka & Jörg Becker — 218
Töpferöfen in Arisman.

Kourosh Roustaei — 222
Tappeh Hesār: Ein wichtiges Produktionszentrum auf dem Zentralplateau

Ernst Pernicka — 232
Kupfer und Silber in Arisman und Tappeh Sialk und die frühe Metallurgie in Iran

Thomas Stöllner, Monika Doll, Mahmood Mir Eskanderi, Morteza Momenzadeh, Rainer Pasternak & Gero Steffens — 240
Bronzezeitliche Kupfererzgewinnung in Veshnāveh.

Kamyar Abdi — 258
Handwerk im Tal des Flusses Kur in der Banesh-Periode

Chris P. Thornton & Carl C. Lamberg-Karlovsky — 264
Tappeh Yahya und die prähistorische Metallurgie in Südostiran

Benoît Mille, Roland Besenval & David Bourgarit — 274
Frühes Gießen in verlorener Form in Baluchistan (Pakistan): das „Leoparden-Gewicht" aus Shahi-Tump

Philip Kohl — 282
Chloritgefäße und andere steinerne Behältnisse und ihr Austausch im Gebiet des iranischen Zentral-Plateaus und jenseits davon

Agnes Benoit — 290
Ein zylindrisches Doppelgefäß mit Korbgeflecht- und Hausdekor

Frühgeschichtliche Epochen

Behzad Mofidi Nasrabadi — 294
Elam: Archäologie und Geschichte

Christian Konrad Piller — 310
as iranische Hochland im 2. und 1. Jt. v. Chr.: die frühgeschichtliche Periode

Bruno Overlaet — 328
Metallarbeiten aus dem Luristan der Eisenzeit.

Souri Ayazi — 340
Bronzene Scheibenkopfnadeln aus Luristan.

Vincent C. Pigott — 350
Hasanlu und das Auftreten des Eisens in Westiran im frühen 1. Jahrtausend v. Chr.

R. H. Dyson Jr. — 358
Erinnerungen an Hasanlu 1958 – Die Entdeckung des goldenen Bechers

Stephan Krol — 360
Bastam und die Eisenzeit in Nordwest-Iran

Band 2

Historische Perioden

Heidemarie Koch — 372
Meder und Perser

Shahrokh Razmjou — 382
Glasierte Ziegel der achämenidischen Periode
(Mit Beiträgen von Mike S. Tite & A. J. Shortland sowie Marion Jung & Andreas Hauptmann)

Dietrich Huff — 394
Vorislamische Steinbruch- und Werksteintechnik in Iran

Josef Wiesehöfer — 408
Vermittler zwischen Ost und West: Die Parther

Dietrich Huff — 416
Iran in sassanidischer und mittelalterlich-islamischer Zeit

Elaheh Askari & Mehdi Daryaei — 440
Das Münzwesen in der präislamischen und islamischen Periode

Bruno Overlaet — 450
Ein spätsassanidischer Helm und eine „sella castrensis" aus Nordwestiran

Fereshte Rāhimi — 456
Technische Untersuchungen und Herkunftsstudien sassanidischer Silbergefäße von Quri Qaleh

Dietrich Huff — 462
Der Takht-e Suleiman. Sassanidisches Feuerheiligtum und mongolischer Palast

Dietrich Huff — 472
Spätantike und mittelalterliche Gold- und Metallverarbeitung auf dem Takht-i Suleiman

Thomas Stöllner, Gerd Weisgerber, Morteza Momenzadeh & Ernst Pernicka — 478
Die Bedeutung der Blei-/Silbergruben von Nakhlak im Altertum

Gerd Weisgerber — 494
Alter Bergbau im Hindukusch nach antiken und mittelalterlichen Berichten

Gerd Weisgerber — 502
Die Türkisgruben von Nishapur

Ernst Pernicka — 510
Mittelalterliche islamische Keramik und ein Rezeptbuch aus Kāshān
(mit einem Beitrag von Thomas Stöllner zur Kobaltgrube von Qamsar)

Andreas Schachner — 518
Salzvorkommen und deren historische Nutzung in Iran

Holger Kulke — 526
Salz in Afghanistan: Bedeutung, Geologie und Traditioneller Felssalz-Abbau

Inhalt

Gerd Weisgerber — 532
Bergbau auf Wasser – Käris und Qanat. Irans wichtigste traditionelle Methode der Wasserproduktion

Ulrike Rothenhäusler — 544
Die blauglasierten Eselsperlen von Qom, Iran – Beobachtungen zu einer fast vergessenen Handwerkstechnik

Roya Arab & Thilo Rehren — 550
Die Expedition zur Pyrotechnologie von 1968

Epilog: *Radomir Pleiner* — 556
Erinnerungen an die archäometallurgischen Expeditionen in Iran und Afghanistan in den Jahren 1966 und 1968.

Katalog der Exponate

Prähistorische und historische Perioden — 561

Literatur des Fundkataloges — 830

Abkürzungen — 834

Register der Orte — 835

Adressen der Autoren — 838

Abbildungsnachweis — 840

Grußworte

Über das Zustandekommen der Ausstellung „Persiens Antike Pracht. Bergbau – Handwerk – Archäologie" freue ich mich sehr. Mit dieser Ausstellung folgt das Deutsche Bergbau-Museum Bochum seinem eingeschlagenen Weg, auf den Zusammenhang zwischen kultureller Entwicklung und der wirtschaftlichen Nutzung von Rohstoffen hinzuweisen.

Die Ausstellung macht auf das Grundphänomen der Weltgeschichte, die Abhängigkeit der allgemeinen Kulturentwicklung von einer blühenden, Werte schaffenden Wirtschaft aufmerksam und belegt es über die Kontinente und durch die Jahrtausende hindurch.

Eine derart umfangreiche und aufwändige Präsentation erzeugt auch andere Wirkungen. Verstärkt sie doch unser Wissen und unsere Kenntnisse von der Islamischen Republik Iran und baut Brücken zu einem besseren Verständnis und zu erweiterten Beziehungen mit diesem wichtigen und reichen Land in einer auch historisch bedeutenden Region unserer Erde. Deshalb erweitert die Ausstellung auch die bestehenden Beziehungen – nicht nur auf wirtschaftlichem Gebiet. Das Deutsche Bergbau-Museum kommt damit seiner Aufgabe – Übersicht über die Entwicklung des Bergbaus – sowie seiner Forschungstätigkeit als Forschungsmuseum der Leibniz-Gemeinschaft hervorragend nach.

Ich wünsche mir, dass viele Menschen diese aufschlussreiche Ausstellung besuchen, um sich an den Kulturleistungen Persiens und des Irans zu begeistern, und dass sie ein erweitertes Bild von diesem Land mit nach Hause nehmen. Deshalb habe ich auch gerne die Schirmherrschaft über diese bemerkenswerte Präsentation persischen und iranischen Kunstschaffens mit seinen beeindruckenden Belegen einer hohen Kulturentwicklung übernommen.

Ich wünsche der Ausstellung und dem Deutschen Bergbau-Museum Bochum allen Erfolg!

Wolfgang Clement
Bundesminister für Wirtschaft und Arbeit

Grußworte

The realization of the present exhibition of "Persia's Antique Splendour - Mining - Crafts -Archaeology" is partly due to four seasons of scientific cooperation between the Iranian and German scholars within the project of "Studies on old Mining and Metallurgy in the Central Iranian Plateau". The fresh scientific data yielded from these recent activities are yet another manifestation of the significance and the role played by the Iranian Plateau in evolution of ancient mining and metal-working in the world. A role alien to the scientists, historians, archaeologists and art-historians who are not only familiar with the development of art and technology but also do carry a clear image of the marvels of Luristan Bronzes, Achaemenids golden Rythons, Sassanians silverworks, Seljuks Brass-works and steel-works of Safavids Period. As development is persistently a two ways interchange exhausting the products of the past into the future and that of future to the past then the responsibility of understanding the cultural values hidden in the Iranian Plateau is not only a national but also a global concept.

Evolutions in different branches of sciences and consequently in their end results are in fact in direct relation with enhancement of our understandings from the history. This is considerably true with the study on development of the art and craft of metal-working covering mining, smelting, casting, moulding, finishing, etc, in which various research fields such as geology, mining, geophysics, anthropology and scientific examinations such as archaeometry, mineralogy, metallography, materials science, manufacturing techniques and ultimately studies of texts and inscriptions assist us in better realization and understanding of this very important field of study.

A great responsibility is bestowed on all of us in order to meet our commitments in providing our shares to the world culture. Modern scientific tools have showed us more direct ways for better understandings of the mysteries of the past. We, therefore, should utilize the global potentials. The current successful cooperation between the two friendly countries of the Federal Republic of Germany and the Islamic of Republic of Iran in implementation of the program of "Studies on Old Mining and Metallurgy" has been directly in line with the long history of cooperation between the two countries in various fields and dimensions. Culture has also been a major field of exchange between the two nations manifested clearly in the writings and thoughts of Hafez and Goethe, a very good evidence for the mutual understandings of the two nations with regards to the cultural values of the two countries.

Seyyed Hossein Marashi
Vice President of the Islamic Republic of Iran and
Chairman of the Iranian Cultural Heritage and Tourism Organization

Today full and wide-ranging engagement in the field of cultural heritage is among the key indicators of development for all the nations. This is in fact the outcome of humankind reasoning and understanding of the contribution of different cultures in building up of the world civilisation after so many millennia. History and its products are the means and the tools by which we learn and experience in order to go forward. Looking back at the past is one of the essential gradients for building of the future. Based on their histories different nations may offer different solutions to resolve global problems. It is important that all the solutions are considered and all the means utilized and exhausted.

It is almost ten years since the date when cooperation between German and Iranian scientists in the field of cultural heritage was re-activated. The Geological Survey of Iran, the former Iranian Cultural Heritage Organization and a number of German institutions began discussing ways of cooperation and came up with the idea of initiating a wide-ranging, multi-disciplinary project on the studies of old mining and metallurgy in Iran. Organization of a compact training course on the old mining and metallurgy, implementation of several seasons of archaeological and archaeo-metallurgical investigations in Arisman near Kashan and Veshn_veh near Qom, several geological and mineralogical studies in various parts of the Central Iranian Plateau, scientific examinations and interpretation of archaeo-metallurgical finds such as slags, metal specimens, minerals, etc by German and Iranian laboratories and scholars, holding of several seminars and conferences on the subject and finally organization of the current exhibition of "Persia's Antique Splendour - Mining - Crafts -Archaeology" are a few fruitful results of this newly born cooperation.

Apart from particular specialised values existed in the current exhibition, dimensions of which will certainly be studied and interpreted by the scholars, a very important aim of this exposition can be the preparation of the ground for further and deeper bilateral cooperation in recognition, survey and presentation of a part of the humankind cultural heritage. The Islamic of Republic of Iran, holding one of the richest and oldest cultural resources of the world is determined in deepening of existing understandings with all the countries of the world including European nations and in particular with Germany. I sincerely hope that the current exhibition and the on-going collaboration between the two countries will have its positive effects on expanding of their existing relations and furthermore play a constructive role in better understanding of the past for the future.

Seyyed Mohammad Beheshti
Director Research Organization for Cultural Heritage and
Tourism Iranian Cultural Heritage and Tourism Organization

Grußworte

Diesmal hat der Weg die Steinschneide- und Bildhauerkunst Persiens in das Deutsche Bergbaumuseum Bochum geführt, um dort die steinernen, bunten und lange währenden „Teppiche" auf den Verkehrswegen der beiden Völker auszurollen. Der eigentliche Grund für die Präsentation persischer Kulturgüter ist die Begegnung derjenigen Völker, deren Vereinbarung das Zusammenleben auf dem Boden der Kultur ist. Dieses großartige Ereignis erinnert an den anhaltenden Einklang zwischen dem iranischen und deutschen Volk. Zudem trägt die Ausstellung „Persiens Antike Pracht" dazu bei, dass neue Erdenbürger Erkenntnisse über die kulturelle Größe ihrer Vorfahren gewinnen und die Wege der Kunst und des Dichtertums beschreiten. Ohne Zweifel wird diese Ausstellung auch die Gelegenheit bieten, dass die Wissenschaft und die Forschung des Erbens unter den iranischen und deutschen Wissenschaftlern und Kulturliebenden zum Gegenstand des Gedankenaustausches werden.

Zur Betonung der erwähnten Eigenschaften und zur Eröffnung neuer Horizonte auf dem Wege der kulturellen Ausrichtung der bilateralen Beziehungen nutzt die Botschaft der Islamischen Republik Iran in Berlin die Ausstellung „Persiens antike Pracht" als Anlass und plant in Zusammenarbeit mit der Leitung des Deutschen Bergbau-Museums Bochum und anderen deutschen Institutionen mehrere Kulturprogramme als Parallel-Veranstaltungen, z. B. das Filmfestival der iranischen Archäologie, Darbietung der persischen Kunstmusik, Fotoausstellung „Bam", ein kulturelles Syposium und ein wissenschaftliches und wirtschaftliches Seminar zum Thema Bergbau. Diese Veranstaltungen finden in den nächsten Monaten in Bochum statt.

An dieser Stelle möchte ich mich bei S. E. Herrn Bundesminister Dr. Wolfgang Clement für die Übernahme der Schirmherrschaft dieser Ausstellung ganz herzlich bedanken. Mein Dank gilt auch dem Leiter des Deutschen Bergbau-Museums Bochum, Herrn Professor Dr. Slotta, und seinen Mitarbeitern sowie der verehrten Oberbürgermeisterin der Stadt Bochum und dem Präsidenten und den Mitarbeitern des Deutschen Archäologischen Instituts, die einen entscheidenden Beitrag zur Vermittlung der iranischen Kultur und Kunst geleistet haben. Zum besonderen Dank bin ich auch den Zuständigen meines Landes, vor allem S. E. Herrn Marashi, dem stellv. Staatspräsident und Präsident der Organisation für Tourismus und Kulturerbe der Islamischen Republik Iran, und seinen Mitarbeitern verpflichtet. Meinen Kollegen im Außenministerium der Islamischen Republik Iran danke ich für ihre kontinuierliche Unterstützung dieses großen Vorhabens.

Seyed Shamseddin Khareghani
Botschafter der Islamischen Republik Iran
in der Bundesrepublik Deutschland

Die Islamische Republik Iran gehört zu den rohstoffreichsten Ländern der Erde, auf die heute so bedeutungsvollen großen Vorräte an Erdöl und Erdgas sei nur hingewiesen. Diesen Reichtum an nutzbaren Lagerstätten kannten und nutzten bereits unsere Vorfahren und begründeten mit ihnen eine einzigartige Kultur, die in der antiken Welt, im Mittelalter und in der Frühen Neuzeit keinen Vergleich zu scheuen braucht. Diese außerordentliche Kulturentwicklung und -entfaltung auf dem Gebiet der Islamischen Republik Iran zeigen die jetzt in Bochum ausgestellten Exponate in aller Deutlichkeit.

Die Islamische Republik Iran und die Bundesrepublik Deutschland können mit Stolz auf ihre lang zurückreichenden, guten Beziehungen zurückschauen. Schon seit dem 14. Jahrhundert haben Reisende aus Mitteleuropa Persien besucht und erste Nachrichten über unser großes, so reiches Land nach Deutschland gebracht, in umgekehrter Richtung empfing Kaiser Rudolf II. im Jahre 1600 eine Gesandtschaft des bedeutenden persischen Shahs Abbas I. Johann Wolfgang von Goethe schätzte die Hochkultur Persiens und ließ sich von der Dichtkunst des Dichters Hafiz begeistern. Diese Beispiele eines guten Miteinanders gipfeln seit dem beginnenden 20. Jahrhundert in erfreulich engen bilateralen Beziehungen, und zeitigen bis heute gute Ergebnisse. Besonders enge Verbindungen haben das persische und das deutsche Montanwesen gepflegt.

Vor diesem Hintergrund begrüße ich es sehr, dass die Ausstellung „Persiens Antike Pracht. Bergbau – Handwerk – Archäologie" entstanden ist. Da der thematische Schwerpunkt der Präsentation auf den Bereichen „Bergbau" und „Metallurgie" liegt, scheint mir die Wahl des Ausstellungsortes im Zentrum des Ruhrgebietes richtig und gut gewählt zu sein, weil dort ein hohes Verständnis für die Abhängigkeit der Kultur von den Rohstoffen zu erwarten ist und deshalb die Leistungen der persischen und iranischen Künstler entsprechend gewürdigt werden können.

Ich wünsche dieser Ausstellung allen Erfolg!

Dr.-Ing. M. Mehdi Navab
Vizeminister für wirtschaftliche und internationale Angelegenheiten im Industrie- und Bergbauministerium der Islamischen Republik Iran

Grußworte

Der Mensch hat seit seiner Existenz nach verwertbaren Rohstoffen gesucht. War diese Suche zunächst auf Steinmaterial ausgerichtet gewesen, gewannen die Metalle später immer stärker an Bedeutung, heute wie gestern ist unsere Welt ohne einen leistungsfähigen Bergbau nicht mehr vorstellbar: Rohstoff- und Energiefragen bestimmen die Welt und unsere Entwicklung in immer stärkerem Umfang.

Man wird heute mit Berechtigung sagen dürfen, dass diese Suche nach nutzbaren Rohstoffen für viele Regionen unserer Erde vergleichbare Folgen für die Gestaltung der Menschheit und ihre Umwelt nach sich gezogen hat. Zivilisationen entstanden, Landschaften wurden geformt, Innovationen und Techniken haben sich entwickelt, der Handel – z. T. über weite Entfernungen - blühte auf, die Versorgung wurde gesichert und nicht zuletzt ist jede Form von Kultur ohne eine wirtschaftliche Basis nicht vorstellbar.

Diesen Vorgängen in ihren weltweiten Zusammenhängen nachzugehen und dabei die eminent wichtige Rolle des Montanwesens zu erforschen und für uns heute lebende Menschen verständlich zu machen, ist eine der Aufgaben des Deutschen Bergbau-Museums Bochum, das sowohl Museum des Bergbaus, als auch Forschungsmuseum für Montangeschichte ist. Es untersucht Vorgänge in der Vergangenheit, um Entwicklungen in der Gegenwart verstehen zu können und ggfls. sogar den Weg in die Zukunft "besser" beschreiten zu können.

Dieser Aufgabenstellung widmet sich auch die neue Sonderausstellung des Museums "Persiens Antike Pracht. Bergbau – Handwerk – Archäologie". In ihr werden faszinierende Objekte und Kunstwerke vorgestellt, die z. T. erstmals in Deutschland zu sehen sind. Doch ist diese Ausstellung mehr als nur eine Präsentation der hohen Kulturentwicklung Persiens und des Irans auf Grund reicher Rohstoffe und umfangreicher Lagerstätten – sie ist zugleich auch ein Beleg für die engen Beziehungen zwischen der Islamischen Republik Iran und der Bundesrepublik Deutschland. Darüber, dass mit dieser Ausstellung eine bislang weitgehend vernachlässigte Facette dieses großen Landes in Deutschland verstärkt ins Bewusstsein unserer Einwohner gerückt wird, freue ich mich, und so erhoffe ich mir für diese einzigartige Präsentation des Deutschen Bergbau-Museums zahlreiche Besucher, in Deutschland ein verbessertes, erweitertes Verständnis für die Kultur des Iran und für den Katalog eine weite Verbreitung.

Glückauf!

Dr. Werner Müller
Vorsitzender des Vorstands der RAG Aktiengesellschaft, Essen

Bochum, einst eine der größten Zechenstädte des Kontinents, hat sein Gesicht entscheidend gewandelt. Waren früher Kohle und Stahl die wirtschaftlichen Standbeine, ist heute der Dienstleistungsbereich dominierend. Doch schon damals war Bochum eine Stadt der Kultur. Dafür stehen unter anderem das Schauspielhaus und die Symphoniker. Und jüngere Facetten haben diese Palette bereichert wie beispielsweise das weltweit erfolgreichste Musical „Starlight-Express" oder die Jahrhunderthalle als zentraler Ort der Ruhrtriennale. Die Bewerbung unserer Region mit Bochum im Herzen und Essen als „Bannerträger" um den Titel der Kulturhauptstadt Europas 2010 ist vor diesem Hintergrund nur konsequent.

Zu den besonderen Attraktionen Bochums gehören u. a. deren Museen – allen voran das Deutsche Bergbau-Museum Bochum. Als das wohl größte Bergbaumuseum der Welt mit umfangreichen historischen Sammlungen und als aktives, weltweit tätiges Forschungsmuseum zur Montangeschichte besitzt es die Möglichkeit, aus Ergebnissen der Projektforschung attraktive Sonderausstellungen zu erarbeiten. Es ist immer wieder beeindruckend, wie die Untersuchungserfolge dem Publikum hautnah und spannend vor Augen geführt werden. Der Bergbau und die Rohstoffsuche stehen dabei thematisch im Vordergrund – für eine Stadt wie Bochum, die „ihr" Museum im Jahre 1930 gegründet hat, ein nahe liegendes Thema.

Am „Vorabend" seines 75jährigen Bestehens wendet sich das Deutsche Bergbau-Museum Bochum der Kultur in der Islamischen Republik Iran zu: „Persiens Antike Pracht" ist der Titel der Ausstellung. Er könnte auch „Das Montanwesen und seine Auswirkungen auf die Gesamtkultur" lauten – und damit überraschend enge Beziehungen zum Ruhrgebiet und zu Bochum aufzeigen.

Die Ausstellung wurde so noch nie in Deutschland vorgestellt; sie ist einzigartig.

Darüber freue ich mich, wird Bochums Stellenwert als kulturell bedeutende Stadt dadurch erneut eindrucksvoll unterstrichen.

Mögen sich viele Besucherinnen und Besucher diese eindrucksvolle Präsentation anschauen – und bei dieser Gelegenheit auch andere Sehenswürdigkeiten unserer Stadt entdecken.

Dr. Ottilie Scholz
Oberbürgermeisterin der Stadt Bochum

Grußworte

People's civilization of each country has been generated by series of courses of Cultural, Artistic and Diplomatic events, which is formed in the length of ups and downs of history of the life of its people.

Acquaintance to it, for the residents of the universal small village, is not an overseas and accessible circulation today, because a part from lateral phenomena, the mass media could easily provide, not only the possibility of acquaintance, but entire information in the least of time.

Now, we are content and gratified that the Iranian Society, with a bright civilization, rose from a golden and magnificent bed, with the precedence of millenniums, despite all invasions, attacks, harms of adversities and historical cruelties, was able to protect the 'Identity' of its ancestors, with honour, and make it available by holding exhibitions and the related efforts, present it to the world to attract the attention of the people around the globe.

Indeed the process of these efforts could pave the way for an environment full of understanding, amity and mutual cooperation, with a very rich temperament of creative and cultural dialogue, and this is the great and historical message of our ancestors: "Dialogue among civilizations" which in fact was the main goal of the Iranians, followed by them constantly.

Now with desiring the strength and stability of friendship and collaborations between two nations, "Iran, German", we hope that this exhibition could be the commencement of the same dialogue, and the extension of the deepest cooperation between us.

Undoubtedly, such a great and important program has come to this deserving achievement with untiring efforts of our colleagues in: The National Museum of Iran, Archaeological Research Center and Research Center for conservation of Cultural Relics under the "Iranian Cultural Heritage and tourism Organization" and Deutsches Bergbau-Museum Bochum and Deutsches Archäologisches Institut in Tehran.

We have also profited by the great help of Cultural, Artistic and Diplomatic authorities of both countries: "Iran and Germany".

Finally, I would like to express my gratitude to all my colleagues and the related people involved in this project and wish a great success for them.

Mohammad Reza Kargar
Director of The National Museum of Iran

Vorwort der Herausgeber

Iran ist ein reiches Land: reich an landschaftlichen Schönheiten, reich an Bodenschätzen und reich an Geschichte und Mythen. In Iran ist zugleich eine der ältesten Hochkulturen der Menschheit entstanden, die Kulturleistungen dieses Landes wirken bis heute nach: Persiens Faszination gründet sich auf diese alten Traditionen. Es ist die daraus resultierende Eigenständigkeit in Kunst und Kultur, die diesen Kulturkreis so einzigartig und für die Menschen im Westen so anziehend macht.

Das Land Iran ist eingebettet in den Vorderen Orient, aber zugleich auch Mittler zwischen den Kulturen Zentralasiens, des Industales und jenen Mesopotamiens, der Levante und Anatoliens; das Zentralplateau mit seinen Wüsten ist das „Herz" des Iran. Es ist eine verkehrsgünstige Durchgangslandschaft, in der sich die Offenheit für fremde Kultureinflüsse mit seinem Rohstoffreichtum paart. Daneben findet man in Iran ganz unterschiedliche klimatische und geographische Bedingungen: vegetationsreiche Küstensäume, Beckenlandschaften und Salzseen, abgeschiedene Hochgebirgstäler und auch niederschlagsarme, auf künstliche Bewässerung angewiesene Schwemmlandebenen. Es sind diese vielfältigen landschaftlichen Grundlagen, die zur Ausbildung starker regionaler kultureller Identitäten geführt haben. Bis heute ist dieses Nebeneinander vieler, unterschiedlicher Volksgruppen lebendig.

Mit Herodot und der griechischen Geschichtsschreibung erhält das von so vielen unterschiedlichen Kulturen besiedelte Gebiet des Iran auch im Westen geläufige Namen: den der Meder und Perser, zwei iranische Stämme, die nun stellvertretend für das gesamte Land stehen. Persische Kultur tritt in der Achämenidenzeit (550-330 v. Chr.) erstmals als eine über die Grenzen Irans hinausgehende Erscheinung vor Augen. Die Kulturleistungen dieser glänzenden Periode haben beträchtlichen Einfluss auf viele jüngere Kulturepochen des Iran: Sie wirken bis heute nach, und trotz vielfältiger politischer und kultureller Überprägung des Landes im Laufe der Jahrtausende konnte die „persische Kultur" seitdem ihre Eigenständigkeit bewahren und weiterentwickeln. Dabei verstanden es die Menschen des iranischen Hochlandes zu allen Zeiten, die fremden Einflüsse in ihre eigene Kultur zu integrieren und weiter zu entwickeln. Aus dem Westen waren es die der griechisch-hellenistischen, der römisch-byzantinischen und später der arabischen Welt, die ihre Spuren hinterlassen haben. Nicht weniger deutlich wurden die vielfältigen Strömungen aus der Steppenregion Zentralasiens wirksam.

Woher kommt diese Fähigkeit, Fremdes aufzunehmen und doch höchst eigenständig umzugestalten und zu neuen Ausdrucksformen zu führen? Ein Blick zurück in die Anfänge der Kulturgeschichte des Iran verdeutlicht, dass dieses Kulturphänomen schon in wesentlich älteren Phasen zu erkennen ist. Die prähistorischen Kulturen im Iran haben immer im Austausch mit den umliegenden Kulturen gestanden. Doch ist gerade am iranischen Zentralplateau das Eigenständige der keramischen Stile, der Bildinhalte und der ihr zugrunde liegenden Wertesysteme nicht zu übersehen, und es liegt auf der Hand, dass die Besonderheiten der Kulturen unmittelbar an die Landschaft und ihre Ressourcen gebunden sind.

Iran gilt als eines der Ursprungsgebiete der Metallurgie. Die reichen Metallressourcen des Landes werden zu den wichtigen und kulturell prägenden Faktoren gezählt, spätestens seit archäologische Fundstücke die Metallverwendung schon im 7. Jt. belegen. Manches spricht sogar dafür, dass die eigentliche Metallurgie, d. h. die Extraktion des Metalls aus den verschiedenen Metallerzen vor etwa 7000 Jahren auf dem Zentralplateau erfunden worden ist. Der Iran spielte seit dem späten 4. Jt. eine bedeutende Rolle als Rohstofflieferant für die frühe Stadtkultur Mesopotamiens (heute Irak), das über keine eigenen Metallressourcen verfügte: Es war ein „El Dorado" für die Sumerer. In jüngeren kulturgeschichtlichen Epochen ist die Bedeutung des Iran hinsichtlich der Herstellung hochqualitativer handwerklicher Erzeugnisse unübersehbar.

Metall und seine Produktion sind in der Kulturgeschichte des Iran allgegenwärtig. Auch die archäologische Forschung beschäftigte sich seit ihren Anfängen mit diesem Thema, doch trat es in der älteren Forschung hinter die Ausgrabung von berühmten Siedlungsstellen und Palästen zurück. Erst nach dem Zweiten Weltkrieg erkannte man, wie wesentlich die Kulturgeschichte Irans von seinen Metallerzressourcen bestimmt und wie bedeutend dieser Aspekt auch für umliegende Kulturräume gewesen waren. Nachdem die international ausgerichteten Forschungsprojekte nach 1979 Unterbrechungen erfahren hatten, gelang es seit der Mitte der 1990er Jahre erneut offizielle wissenschaftliche Kontakte zu knüpfen.

Die von Iran geförderte Öffnung ermöglichte schließlich verschiedenen deutschen Institutionen zusammen mit iranischen Partnern die Aufnahme von Geländeforschungen. Die seit dem Jahr 2000 durchgeführten Grabungen und Untersuchungen in Arisman, in Veshnäveh und Anarak sind die ersten ausländischen Grabungen in Iran seit mehr als 20 Jahren gewesen. In dem mittlerweile etablierten Projekt „Alter Bergbau und Metallurgie in West-Zentraliran" (im Folgenden verkürzt als „Arisman-Projekt" bezeichnet) versuchen iranische und deutsche Wissenschaftler gemeinsam Licht in das Dunkel des frühen Bergbaus und der Metallurgie zu bringen. Das von der Iranischen Kulturerbe-Organisation (ICHO), dem Geologischen Dienst des Iran (GSI) sowie dem Deutschen Archäologischen Institut (DAI), dem Deutschen Bergbau-Museum (DBM) und auch der TU Bergakademie Freiberg initiierte Projekt wurde so auch Ausgangspunkt für die in Bochum jetzt vorgestellte Ausstellung „Persiens Antike Pracht. Bergbau – Handwerk - Archäologie".

Die Idee zu dieser Ausstellung wurde während eines Gespräches bei einer der Felduntersuchungen in Veshnāveh, geboren, das Dr. Abdolrasool Vatandoust und Priv.-Doz. Dr. Thomas Stöllner über die Restaurierung der neu entdeckten Funde des Opferplatzes von Chale Ghar führten. Die dort gemachten Funde sollten restauriert und untersucht werden, warum sollte dies nicht mit einer kleinen Ausstellung verbunden werden? Aus etwas Kleinem wurde im Deutschen Bergbau-Museum Bochum schließlich etwas Großes, als dessen Museumsdirektor die Idee bereitwillig aufgriff und weiter entwickelte. Plötzlich befand sich das Deutsche Bergbau-Museum inmitten von Vorbereitungen für eine große Iran-Ausstellung, die zudem im Jahr des 75. Jubiläums des Deutschen Bergbau-Museums gezeigt werden sollte.

Es verstand sich von selbst, dass in der Ausstellung des Deutschen Bergbau-Museums die herausragende Rolle des Iran in der Frühphase der Metallurgie beleuchtet werden musste, war doch die Technologie der Metallverarbeitung der „Motor" einer prosperierenden wirtschaftlichen Entwicklung. Von Anfang an, d. h. mit der Erarbeitung des Konzeptes, war auch klar, dass die Inhalte des Arisman-Projektes einen Schwerpunkt der Ausstellung bilden würden und auch mussten. Die archäologische Erforschung dieser Zusammenhänge erhielt durch die neue deutsch-iranische Kooperation wichtige Impulse: Auch diese Arbeit und ihre Resultate sollten der Öffentlichkeit vorgestellt werden. Der Rohstoffreichtum und die Naturschönheiten des Landes als grundlegende Faktoren für das Verständnis der iranischen Kulturgeschichte kamen wie selbstverständlich hinzu. Die Eigenheiten und spezifischen Entwicklungen der verschiedenen Landesteile des Iran lassen sich vor allem in den Erzeugnissen des Kunsthandwerks erkennen, die Meisterwerke der Handwerker werden deshalb in ihrem historischen wie regionalen Kontext dargestellt und vermitteln gewisse Konstanten der geschichtlichen Entwicklung Irans, die bis heute andauern. Und schließlich führte die so wechselvolle Geschichte des Landes dazu, eine prinzipiell zeitgebundene Darstellung zu wählen. Der überwiegende Teil der in der Ausstellung gezeigten Objekte stammt deshalb aus der Zeit zwischen dem 6. Jt. v. Chr. und dem 14. Jh. n. Chr., doch reichen die Anfänge bis in die Altsteinzeit und an den Beginn der Rohstoffnutzung durch den Menschen zurück.

Auch diese Sonderausstellung des Deutschen Bergbau-Museums Bochum dient dem Zweck, der Öffentlichkeit die große Bedeutung des Bergbaus und des Hüttenwesens für die kulturgeschichtliche Entwicklung der Menschheit zu belegen, denn ohne die Wertschöpfung aus der Rohstoffe bereitstellenden und weiterverarbeitenden Industrie ist jeder Fortschritt undenkbar. Das Deutsche Bergbau-Museum hat diese Thematik auf eindrucksvolle Weise u. a. in seinen Ausstellungen „Silber und Salz in Siebenbürgen" (2000), „Georgien – Schätze aus dem Land des Goldenen Vlies" (2001) und „Das Gold der Karpaten" (2002) behandelt, die Ausstellung „Persiens Antike Pracht. Bergbau - Handwerk - Archäologie" baut auf den Erfahrungen der vorausgegangenen Präsentationen auf. Die überaus große Resonanz und das hohe Besucherinteresse belegen für das Deutsche Bergbau-Museum die Berechtigung, auf dem eingeschlagenen Weg weiterzugehen, zumal diese Konzeption, in den Ausstellungen neue Forschungsergebnisse vorzustellen, vom Wissenschaftsrat der Bundesrepublik Deutschland für ein Forschungsmuseum der Leibniz-Gemeinschaft als angemessen und „richtig" ausgewiesen worden ist.

Vor diesem Hintergrund ist auch die Konzeption des die Ausstellung begleitenden Kataloges zu verstehen: In mehreren Übersichtsbeiträgen wurde zunächst versucht, die Basisinformationen über den Iran zu vermitteln, um anschließend in Detailuntersuchungen die Bedeutung der Rohstoffe für die Kultur- und Zivilisationsentwicklung in diesem großen und reichen Lande zu erläutern und verständlich zu machen. Die Grunderkenntnis, dass das Montanwesen erst die Werte schafft, aus denen „Kultur" entsteht, ist auf andere Bereiche und Regionen der Welt übertragbar: Es bleibt der pädagogischen Aufbereitung überlassen, diese Erkenntnis der Öffentlichkeit näher zu bringen und ggfls. sogar Überlegungen und Wirkungen zu erzielen. Den zahlreichen Autoren danken wir für die gute Zusammenarbeit, Herrn Prof. Dr. Thilo Rehren, University College London, und Frau Margarete Merz, Bochum, sind wir für die umfangreiche Hilfestellung bei den Übersetzungsarbeiten verbunden.

Es ist dem Deutschen Bergbau-Museum Bochum ein Bedürfnis, all jenen zu danken, die an der Realisierung dieser großen Ausstellung beteiligt gewesen waren und zum Entstehen beigetragen haben. Ein besonderer Dank gilt dem Schirmherren, dem Bundesminister für Wirtschaft und Arbeit, Wolfgang Clement, der sofort bereit gewesen ist, diese Aufgabe zu übernehmen: Wir freuen uns sehr darüber! Verbunden sind wir der Stadt Bochum für Ihr großes Interesse an dieser Ausstellung – allen voran dem ehemaligen Oberbürgermeister Ernst-Otto Stüber, seiner Nachfolgerin im Amt Dr. Ottilie Scholz und dem Kulturdezernenten Dr. Georg Küppers. Gleiches gilt für Herrn Dr. Werner Müller, Vorsitzender des Vorstands der RAG Aktiengesellschaft, Essen, der wertvolle Ratschläge gab und unterstützend eingriff.

Die Botschaft der Bundesrepublik Deutschland in der Islamischen Republik Iran unterstützte das Ausstellungsprojekt von Anfang an. Unser Dank gilt dem ehemaligen und gegenwärtig amtierenden Botschafter in Teheran, Dr. Rüdiger Reyels und Paul Frhr. von Maltzahn, sowie der ehemaligen Leiterin der Kulturabteilung Deike Potzel.

Ohne die gute und offene Zusammenarbeit vor allem zwischen den iranischen und deutschen Partnern hätte diese Ausstellung nicht entstehen können – diese Feststellung ist zwar eine „Binsenweisheit", muss aber hier ausdrücklich betont werden, ansonsten wären keine Erfolge gezeigt worden. Über dieses gute und vertrauensvolle, von Freundschaft getragene Zusammenarbeiten über so weite Entfernungen hinweg sind wir dankbar und wissen dies sehr zu schätzen. Dass das Iranische Nationalmuseum mit seinem Direktor Dr. Mohammad Reza Kargar, die Iranische Kulturbehörde, der Geologische Dienst des Iran (unter der Leitung von Mohammad Ben Taghi Koreihi und Dr. Mahmood Mehrpartow) und das ebenfalls in Teheran liegende Reza Abbasi-Museum (mit seiner Direkto-

Vorwort

rin Batool Ahmadi) unserem Hause ihre kostbaren, einzigartigen Schätze anvertraut haben, ist nicht selbstverständlich: Umso dankbarer sind wir für das unserem Hause erwiesene Vertrauen. Gleiches gilt für die anderen Museen und Institutionen – allen voran dem Musée du Louvre, Paris (Dr. Agnes Benoit, Marie-Jo Castor, Dr. Annie Caubet, Dr. Nicole Chevalier und Elisabeth Fontan), den Koninklijke Musea voor Kunst en Geschiedenis/Musées Royaux d'Art et d'Histoire in Brüssel (Dr. Eric Gubel, Alexandra De Poorter und Dr. Bruno Overlaet), dem Ruhrlandmuseum Essen (Dr. Charlotte Trümpler), dem Kestner-Museum Hannover (Dr. Wolfgang Schepers), dem Museum für Ur- und Frühgeschichte Freiburg im Breisgau (Oberkonservatorin Dr. Andrea Bräuning und Oberkonservator Dr. R. Dehn), dem Knauf-Museum Iphofen (Ingrid Knauf und Markus Mergenthaler M.A.), der Mineralogischen Sammlung der TU Bergakademie Freiberg (Dipl.-geol. Karin Rank und Dipl.-Min. Andreas Massanek) sowie allen anderen ungenannt bleiben wollenden Leihgebern. Dass der international renommierte Fotograf Georg Gerster, Zürich, einige seiner einzigartigen Werke für die Ausstellung zur Verfügung gestellt hat, wissen wir sehr zu schätzen.

Einen ganz besonderen Dank möchten wir der Islamischen Republik Iran abstatten: Zunächst S. E. Hossenin Marashi, dem Vizepräsidenten der Islamischen Republik Iran und Präsidenten der Iranischen Organisation für das Kulturerbe und Tourismus, sowie S. E. Dipl.-Ing. Seyed Mohammad Behesti, dem Vizepräsidenten der Organisation für das Kulturerbe und Tourismus und Präsidenten des Forschungszentrums für das Kulturerbe der Islamischen Republik Iran, für ihr stets wohlwollendes Interesse an diesem Ausstellungsprojekt und die daraus entstandene Förderung unseres Vorhabens. Dann der Botschaft der Islamischen Republik Iran in Deutschland – allen voran dem Botschafter, S. E. Sayed Sh. Khareghani, dem Ersten Sekretär der Botschaft, Hossein Gharibi, und dem Botschaftsrat für Kommunikation M. Mehdi Mowahedi, die mit hohem persönlichen Einsatz, ständigem Interesse und großer Intensität das Ausstellungsprojekt befördert haben. Gleiches gilt für S. E. Dr. M. Mehdi Navab, dem Vizeminister für wirtschaftliche und internationale Angelegenheiten im Industrie- und Bergbauministerium der Islamischen Republik Iran, der viele Wege geöffnet hat: Ihm gilt unser Dank!

Auch den anderen Leihgebern aus Frankreich, Belgien und Deutschland möchten wir unsere Anerkennung ausdrücken, dass sie dem Deutschen Bergbau-Museum Bochum ihre Leihgaben zur Verfügung gestellt haben.

Die Ausstellung hätte ohne die Hilfe Dritter nicht entstehen können, denn ohne finanzielle und ideelle Unterstützung wäre das Museum nicht in der Lage gewesen, diese anspruchsvolle und aufwändige Präsentation aus eigenen Kräften zu erstellen. Deshalb sind wir den fördernden Unternehmen und den Verantwortlichen der

- Stiftung der Sparkasse Bochum zur Förderung von Kultur und Wissenschaft, Bochum (Assessor Volker Goldmann),
- Kunststiftung NRW, Düsseldorf (Ilse Brusis, Regina Wyrwoll), Degussa AG, Düsseldorf (Prof. Dr. Utz-Hellmuth Felcht; Dr. Andrea Hohmeyer),
- Heintzmann Holding, Bochum (Barbara Heintzmann, Dipl.-Ing. Rüdiger Oostenryck)
- Mahan Air, Teheran (Hamid Arabnejad)
- Gothaer Allgemeine Versicherung AG, Köln (Dr. Franz-Josef Becker),
- Infoscreen, Düsseldorf (Christine Keßler),
- Wilhelm Mommertz-Stiftung zur Förderung der Archäologie, Bochum (Ass. d. Bergf. Klaus-Otto Steinbrinck),
- DMT-Gesellschaft für Lehre und Bildung mbH, Bochum (Willi Kaminski, Dieter Sehrt)
und der
- Vereinigung der Freunde von Kunst und Kultur im Bergbau e.V., Bochum (Bergassessor Dr.-Ing. e.h. Dipl.-Kfm. Achim Middelschulte)

verpflichtet und bedanken uns in aller Form für die gewährte Hilfestellung. Besonders hervorheben möchten wir Herrn Oberbürgermeister a.D. Ernst Otto Stüber.

Nicht unerwähnt bleiben darf das große Engagement unseres „Schwestermuseums" in der Leibniz-Gemeinschaft: des Römisch-Germanischen Zentralmuseums in Mainz. Ohne großes „Aufheben" stellte es seine Kompetenz bei der Abformung der einzigartigen Bronzeskulptur eines parthischen Regenten zur Verfügung, dieses großartige Denkmal iranischer Kunst ist ein Höhepunkt in der Ausstellung. Dem Direktor des Mainzer Museums, Herrn Prof. Dr. Falko Daim, dem Abteilungsleiter Prof. Dr. Markus Egg sowie den Herren Ulrich Froberg und Maximilian Bertet, gilt unser Dank!

Schließlich möchten wir uns bei allen Mitarbeiter des Deutschen Bergbau-Museums Bochum bedanken. Ohne den hohen Einsatz „unserer Mannschaft" wäre die Ausstellung gescheitert. Vor allem verdienen die Werkstätten (allen voran die Herren Berthold Brunke, Heinrich Schaber und Ingo Wenzel) und unser Ausstellungsdesigner Dipl.-Des. Detlev Wölfel eine besondere Erwähnung, denn ihrem Einfühlungsvermögen ist es zu danken, dass die Ausstellung dieses so sehr ansprechende Erscheinungsbild erhalten hat. Gleiches gilt für die Gestalterinnen des Kataloges – Dipl.-Des. Karina Schwunk und Dipl.-Ing. Angelika Friedrich -, denen wir an dieser Stelle für ihren so intensiven Einsatz und ihr hohes Engagement Dank sagen wollen. Thomas Ludyga oblag in bewährter Weise die Regelung aller Versicherungsangelegenheiten, Margarete Merz übernahm die Koordination der Sekretariatsarbeiten. Vor allem Eva Koch, aber auch Monika Ellekotten, Katharina Peskes-Wagner und Sybille Frey danken wir für die Öffentlichkeitsarbeit und die Vorbereitungen für die museumspädagogischen Aktivitäten. Und nicht vergessen wollen wir Herrn Prof. Dr. Gerd Weisgerber für zahllose Hinweise und Verbesserungen Dank zu sagen!

Abschließend möchten wir unseren ganz besonderen Dank Frau Dr. Gabriele Körlin und Herrn Manfred Linden aussprechen, die als wissenschaftliche Mitarbeiter den Hauptteil der Arbeiten durchgeführt haben: Dieser Katalog wäre ohne ihr hohes Engagement und ihre immer währende Mitarbeit nicht zustande gekommen: Ihnen schulden wir eine besondere Erwähnung!

Rainer Slotta, Thomas Stöllner, Abdolrasool Vatandoost

شکوه ایران باستان

Beiträge

شکوه ایران باستان

Iran
Ein Überblick

Alter Bergbau und Metallurgie in Iran – Vergangenheit und Zukunft einer Forschungsperspektive

Abdolrasool Vatandoust

Einführung

Die reiche, lange Geschichte des Iranischen Plateaus und der immense Reichtum an metallurgischen Funden, die in zahlreichen Formen in verschiedenen Teilen des Landes gefunden wurden, ziehen seit vielen Jahren Archäometallurgen und Wissenschaftler an. Systematische archäologische Ausgrabungen und Raubgrabungen antiker Überreste förderten in den letzten Jahrzehnten in Iran laufend eine große Zahl prähistorischer Metallartefakte und verwandter Materialien zu Tage. Durch das in den letzten drei Dekaden bei iranischen und ausländischen Wissenschaftlern gewachsene Interesse an der Archäologie in Iran wurde in der 2. Hälfte des 20. Jh. eine Reihe prähistorischer Fundorte freigelegt. Viele von ihnen lieferten wertvolle Informationen zur antiken Metallbearbeitung über mehrere vorchristliche Jahrtausende. Metallgegenstände und Gussformen, Schlacken, Schmelztiegel und verschiedene andere Werkzeuge und Materialien, die prähistorischen Metallarbeitern gehörten, wurden bei einer Reihe von Ausgrabungen, in verschiedenen geographischen Regionen entdeckt: Sialk in Kāshān (Zentraliran), Ali Kosh in Khuzestan (SW-Iran), Khabis (Shahdad) in Dasht-e Lut (SO-Iran), Tappeh Yahya in Kerman (Südiran), Hasanlu (NW-Iran), Tal-i Iblis (Südiran), Arrajan (SW-Iran) so wie Susa (SW-Iran) und die Provinz Luristan im Westen des Landes. Diese und viele andere archäologische Fundorte in unterschiedlichen geographischen Lagen in Iran lieferten Informationen und Materialien, an denen verschiedene Aspekte der alten iranischen Metallurgie untersucht werden können. An diesen Lagerstätten wurden Objekte aus Kupfer und Kupferlegierungen gefunden, die in verschiedene Jahrtausende der prähistorischen Periode – vom 7. Jt. v. Chr. (Hole *et al.* 1969) bis ins 1. Jt. v. Chr. (Towhidi & Khalilian 1983) – datieren und Belege für die alte Metallurgie in Iran sind. Seit der Entdeckung von Stücken aus korrodiertem Kupfer aus Tappeh Ali Kosh in der Provinz Khuzestan, datiert in das 7. Jt. v. Chr., bis zu den laufenden archäologischen Grabungen in verschiedenen Landesteilen, wurden zahlreiche Metallartefakte entdeckt. Hunderte von archäologischen Fundstätten, alte Kupferbergbaue und -lagerstätten, die in Zusammenhang mit dem Beginn der Metallverarbeitung stehen, müssen noch erforscht werden. Eine umfassende und systematische Erforschung des Gebietes der Archäometallurgie war in Iran zwar immer ein dringendes Anliegen, aber bis zur Realisierung des so genannten „Arisman-Projektes" gab es in der Vergangenheit nur

 Abb. 1: Die Fundstelle Arisman (Prov. Isfahān) mit ihren enormen Schlackenhalden vor dem Beginn der archäologischen und archäometallurgischen Forschung; Foto: R. Vatandoust.

wenige brauchbare Bestrebungen, die versuchten, einige der dringendsten Fragen zu beantworten (Abb. 1). Dafür wurde eine Anzahl Metallartefakte aus Privatbesitz oder aus Museen katalogisiert und analysiert. Auf diesem Forschungsgebiet wurde Pionierarbeit geleistet: Ausgrabungen in Tappeh Hesār (Schmidt 1937) belegten die Existenz von Kupferbearbeitung in Nordostiran. Die 1938 von Desch veröffentlichten metallurgischen Analysen einiger Luristan-Bronzen gehören zu den frühen wissenschaftlichen Werken über prähistorische Metallgegenstände in Iran. Die Analysen eines Metallstücks aus der „M"-Periode von Geoy Tappeh (3. Jt. v. Chr.) bewiesen, dass das Objekt aus reinem Kupfer ist und deuteten darauf hin, dass zu Beginn des 3. Jt. v. Chr. Kupfer in dieser Gegend fast rein verwendet wurde. Zwischen der 1. Hälfte und der Mitte des 3. Jt. v. Chr. wurde allmählich die Präsenz von Arsen in Kupfer augenfällig (Burton-Brown 1951). Die analytischen Ergebnisse für rund 18 iranische Bronzen aus dem Nicholson Museum der Universität Sydney (Birmingham 1963) zeigten einen zwischen 0,01-5% variierenden Bleianteil. Das war damals spektakulär, weil es der erste Hinweis auf beabsichtigte Legierungen mit Blei war. Untersuchungen von iranischen Bronzen aus der Sammlung des Archäologischen Institutes der Universität London zeigten die Bedeutung der bei einigen Dolchen aus Nordiran angewandten Technik des Überfanggusses. Dieses Thema wurde neuerlich untersucht in Verbindung mit der Befestigung der Klinge am Griff einiger Dolche aus Nordwestiran (Maxwell-Hyslop 1962; Maxwell-Hyslop & Hodges 1964). Die metallurgischen Untersuchungen eines Luristan-Dolches durch Birmingham, Kennan & Malin (1964) enthüllten eine Reihe konkreter Hinweise auf die von den frühen Metallarbeitern verwendeten Herstellungsmethoden.

Hasanlu ist ein weiterer prähistorischer Fundort in Iran, an dem eine Anzahl interessanter Metallobjekte aus Bronze und Eisen entdeckt wurde (Muscarella 1966; 1988; De Schauensee 1988). Andere Untersuchungen zur Metallkultur in Iran konzentrierten sich vor allem auf die bunte Flammreaktion, wie sie von den frühen Metallgießern angewandt wurde, um die Temperatur der Schmelze zu sichern (Tsurumatsu 1967). Die Ergebnisse wissenschaftlicher Arbeiten über Hasanlu-Metallobjekte belegen die Bronzebearbeitung ebenso klar wie das Auftauchen von Eisen, das an diesem prähistorischen Fundort verwendet wurde (Vatandoust-Haghighi 1977; Pigott 1989). Im Rahmen eines archäologisch-metallurgischen Projektes, das von einer Gruppe von Wissenschaftlern im Bardsir-Tal der Provinz Kerman im Südwesten von Iran durchgeführt wurde, fand man Beweise für eine sehr alte Metallurgie (Ende des 5. Jt. v. Chr.; Caldwell 1967; 1968). Dieser Untersuchung folgte 1968 eine internationale Erkundungsexpedition durch ein Team (Tylecote 1970), das von Kabul (Afghanistan) durch den Iran nach Ankara (Türkei) reiste und 40 Orte alter Metallbearbeitung untersuchte. Obwohl die meisten der inspizierten Stätten der Islamischen Periode zuzurechnen sind oder noch jünger sind, zeigten die Untersuchungen, dass in vielen Arealen schon in älterer Zeit abgebaut worden sein könnte, besonders in denjenigen, die gediegen Kupfer enthalten. Die Überprüfung aller Aspekte der Entwicklung der Metallurgie in Iran war der Anlass, eine einfache Karte zur Erforschung der alten Metallurgie in Iran rückblickend und mit Blick in die Zukunft zu zeichnen. Ausgangspunkt war eine umfassende und sehr nützliche Bibliographie von P. R. S. Moorey, die nach seiner Studie über die historische Ent-

wicklung der Metallbearbeitung in Westiran unter besonderer Berücksichtigung von Luristan entstand (Moorey 1971; 1982). Sie klassifizierte das Konzept der Erforschung der antiken Metallurgie von Bergwerken, Bergbau, Verhüttung und Werkstätten. Im Hinblick auf die Unausgereiftheit des Gegenstandes muss beachtet werden, dass seine Schlussfolgerungen verfrüht sind. Die Analysen von sechs Artefakten aus Tappeh Yahya im Süden Irans, die zur Periode V (4000-3800 v. Chr.) des Fundortes gehören, ergaben ein Verhältnis Arsen : Kupfer von bis zu 3,7%. Daraus zog man den Schluss, dass das Gießen und Formen des Objektes durch Heiß- und Kaltverformung geschah (Lamberg-Karlowsky & Potts 2001; Thornton 2001). Weitere Studien, die Materialanalysen und die Untersuchung der technischen Entwicklung der Metallschmelze in Hesār (Pigott *et al.* 1982) umfassten, weisen auf den Wechsel der Erzherkunft und die Möglichkeit der Wiederverwendung von industriellem Abfall oder von Nebenprodukten der Bronze-Technologie hin. Verschiedene Grabungskampagnen in Shahdad lieferten konkrete Hinweise auf eine sehr alte Metallurgie in der Provinz Kerman. Weitere Ausgrabungen an verschiedenen archäologischen Fundorten in Iran, z. B. in Arrajan (Towhidi & Khalilian 1982; Vatandoust-Haghighi 1988) in Khuzestan, Bookab in Azarbaidjan, Pishva in Varamin (nahe Teheran) förderten ebenfalls sehr interessante Metallobjekte zutage.

Der metallurgische Hintergrund

Iran ist auch reich an Metalllagerstätten, inklusive Kupfer. Der Kupferreichtum in verschiedenen Gegenden könnte gut einer der Hauptgründe für die extensive Kupfermetallurgie in alten Zeiten sein. Tatsächlich scheint die Übereinstimmung der Orte mit Kupfervorkommen mit den prähistorischen Fundstätten die frühe Erkennung und Nutzung zu belegen.

Die wichtigsten Kupfervorkommen befinden sich in Kerman in Südiran, in Anarak in Zentraliran nahe der Stadt Kāshān, Abbasabad (NO-Iran), im nördlichen Azarbaidjan und in Tarom (SW des Kaspischen Meeres). Hier gibt es viele alte Kupferlagerstätten, die vermutlich von prähistorischen Metallarbeitern genutzt wurden. Qaleh Zari (Süd-Khorasan) und Veshnāveh (zwischen Qom und Kāshān) – nur 45 km von Tappeh Sialk entfernt, einem Ort, wo viele Kupfer- und Bronzeartefakte auftauchten – sind zwei wichtige Lagerstätten, die hier Erwähnung verdienen.

Die Kupferlagerstätten in der Umgebung von Kerman sind reichhaltig. Die Entdeckung von Metallbearbeitungsaktivitäten an prähistorischen Fundorten wie Tappeh Yahya, Tal-i Iblis und Shahdad, alle in der Provinz Kerman gelegen, und die Häufigkeit der Kupfervorkommen in dieser Region können als Hinweis darauf gelten, dass der Distrikt Kerman gut eines der Hauptmetallverarbeitungszentren der alten Welt gewesen sein könnte. Der Nachweis für das Schmelzen von Kupfer in Tal-i Iblis lässt sich auf das Ende des 5. Jt. v. Chr. datieren; dies und die Entdeckung der in das späte 4. Jt. v. Chr. datierten „Stadt der Handwerker" in Shahdad (Hakemi 1992; 1997) stützen die Idee, in Kerman die älteste Region im westlichen Asien zu sehen, in der Kupfererze verhüttet wurden.

Abb. 2: Teilnehmer des zweiten Seminars über „Old Mining and Metallurgy at the Iranian plateau", abgehalten im Dezember des Jahres 2001 in Teheran; Foto: RCCCR.

Bei verschiedenen Kupferbergwerken dieser Region wurden Spuren alter Bearbeitung an den Lagerstätten gefunden. In Chah-e Messi (Kupferbrunnen) wird von der Präsenz von Kupferkarbonat und etwas gediegen Kupfer berichtet (Bazin & Hübner 1969). Obwohl die Geologen glauben, dass die meisten heute in Betrieb stehenden Kupferbergwerke Irans auch von den frühen Metallarbeitern genutzt wurden, muss gesagt werden, dass alte iranische Kupferbergwerke von Archäologen, Geologen und Archäometallurgen noch gründlicher und detaillierter untersucht und erforscht werden müssen. Kürzlich durchgeführte Arbeiten (Abbass-Nejad 1994) in der Provinz Kerman haben gezeigt, dass das Bergwerk Zangalou, das dicht bei der Rafsanjan-Sar Cheshmeh-Straße und rund drei Kilometer von Sar Cheshmeh entfernt liegt, von frühen Bergleuten ausgebeutet worden sein könnte. In Zangalou befindet sich ein Loch von 2 m Tiefe, das vermutlich für den Abbau genutzt wurde. Die rund um dieses alte Bergwerk wachsenden Büsche werden lokal als Kollah-e Qazi bezeichnet. Es heißt, dass sie beim Verfeuern während zwei Stunden eine sehr hohe Temperatur entwickeln. Die Sheikh Ali-Lagerstätte, 25 km südwestlich von Tappeh Yahya, und das Zaqdar-Bergwerk, ebenfalls nicht weit von Tappeh Yahya entfernt, wurden tatsächlich in alten Zeiten genutzt. Ein Team von Archäologen und Geologen untersuchte das alte Bergwerk von Sheikh Ali (Berthoud *et al.* 1976); eine erste Nutzung konnte auf die Zeit zwischen dem Ende des 4. Jt. und dem Anfang des 3. Jt. v. Chr. datiert werden.

Das Projekt Bergbau und Metallurgie

Obwohl einige interessante Studien durchgeführt wurden, sind weitere systematische und umfassende Untersuchungen dringend nötig. Um die Rolle Irans für die Entwicklung der alten Metallverarbeitung und -technologie zu verstehen, musste ein interdisziplinäres Projekt ausgearbeitet und begonnen werden. Dies benötigte eine Vorbereitungszeit von mehreren Jahre. Erstmals kam 1991 eine Zusammenarbeit zwischen dem Geological Survey of Iran (GSI) und der Abteilung für mineralogische Studien der Universität Mainz zustande, kurz darauf folgte eine Teamarbeit zwischen diesen Partnern und der Iranian Cultural Heritage Organization (ICHO). Sie führte zu einem ersten internationalen Treffen in Iran und zur Gründung des Committee for Studies of Old Mining and Metallurgy am Research Centre for Conservation of Cultural Relics (RCCCR) des ICHO. 1997 organisierte das Komitee ein internationales Symposium über Archäometallurgie in West- und Zentralasien: In der Folge traten dem Komitee weitere deutsche Institutionen bei, z. B. das Deutsche Archäologische Institut (DAI), die TU Bergakademie Freiberg (TUBAF) und das Deutsche Bergbau-Museum Bochum (DBM). Diese Konferenz und ein zwei Jahre später in Kāshān abgehaltener Kompaktkurs zu altem Bergbau und Metallurgie schuf eine freundliche und wissenschaftlich fruchtbare Atmosphäre zwischen den Partnern und bestärkte den Wunsch nach einem gemeinsamen internationalen Projekt.

Ausgangspunkt wurde die kurz zuvor entdeckte Siedlung von Arisman, die 1996 dem ICHO von Herrn Davoud Hasanalian, einem örtlichen Geologen, vorgestellt wurde. Die Bedeutung von Arisman für die alte Metallurgie wurde deutlich durch die ersten Radiokarbondaten, die ins 4. und 3. Jt. v. Chr. zurückreichen. Diese Anfangsergebnisse und weitere Besuche und Exkursionen der Mitglieder des Komitees während verschiedener Treffen waren der Anlass, sich für das angestrebte umfassende Projekt zu entscheiden und es direkt in Arisman zu starten (Abb. 2). Später, basierend auf dem Fortschritt und der Entwicklung des Anfangsprogramms, wurden die Untersuchungen auf andere mögliche Fundorte und -bezirke ausgedehnt. Von Anfang an befasste sich das Projekt, das laufend auf eine weit größere Region ausgedehnt und als „Projekt zum altem Bergbau und Metallurgie auf dem zentraliranischen Plateau" bezeichnet wird, mit fünf verschiedenen Forschungsdisziplinen: Archäologie, Geologie und Mineralogie, Bergbauarchäologie, Metallurgie und Archäometrie sowie Konservierung und Restaurierung. Während der Grabungen in den Jahren 2000 und 2002 konnte ein gemeinsames iranisch-deutsches Team eine Reihe von Feldforschungen ausführen (Abb. 3): Den Ausgrabungen in Arisman folgten rasch Surveys und Sondierungen im Bergbaudistrikt von Veshnāveh.

Parallel zu diesen archäologischen Untersuchungen liefen von Anfang an geologische und mineralogische Surveys im Hinterland von Arisman und später auch in den Bergregionen, die sich zwischen Veshnāveh und Natanz erstrecken (Chegini *et al.* 2001) (Abb. 4). Schließlich kam ein archäometallurgischer Survey hinzu, der sich hauptsächlich auf die Regionen Anarak und Nakhlak konzentrierte.

Wegen ihrer reichen Metallvorkommen, vor allem von gediegen Kupfer, betrachteten Wissenschaftler die Region als ausgesprochen wichtig für die Entwicklung der frühesten Metallurgie. Aber ein genauer Beweis wurde bis heute noch nicht erbracht. Neben der Arbeit im Feld wurden in iranischen und deutschen Laboratorien verschiedene Untersuchungen vorgenommen: Geochemische Analysen von Erzen und Metallen sollen den Arbeitsablauf vom Erz zum Endprodukt verständlich machen. Die Radiokarbondatierung ergab eine erste gesicherte Chronologie, vor allem für das Bergwerk von Veshnāveh und verschiedene Schichten in Arisman. Verschiedene deutsche Institutionen führten archäozoologische und archäobotanische Studien durch, die eine Reihe von Erkenntnissen über die Ökonomie und die Lebensbedingungen der alten Metall produzierenden Gesellschaften im Westen des Zentralplateaus brachten. Obwohl noch eine Menge detaillierter Untersuchungen durchgeführt werden muss, brachte die erste Forschungsphase viele wichtige Resultate ans Licht, z. B.:

- Die Siedlung von Arisman war während eines Zeitraums von mehr als einem halben Jahrtausend (von der 1. Hälfte des 4. Jt. bis zu Beginn des 3. Jt.) auf die Produktion von Kupfer- und Silbermetallen spezialisiert. Wie bei anderen Fundstätten auf dem Iranischen Plateau gibt es Beweise für eine alte Kupferverhüttung und die Herstellung von Fertigprodukten vor Ort wie z.B. schwere Schaftloch- und Flachäxte. Sehr wichtig ist der Nachweis der Silberproduktion durch Kupellation silberhaltiger Bleierze. Es kann auch angenommen werden, dass feine Silberprodukte wie beispielsweise wertvolle Anhänger vor Ort hergestellt wurden. Erste Ergebnisse betreffend die Waldbewirtschaftung legen nahe, dass Arisman in einer semiariden Zone lag, in der es genügend Holz zur Verhüttung und für den täglichen Bedarf gab.

- Feldsurveys im Hinterland von Arisman brachten den Nachweis, dass es im Landstrich rund um die Karkas-Berge und die Ebenen östlich von Arisman und Badrod zwischen dem späten 5. Jt., vor allem im späten Chalkolithikum, in der Frühbronzezeit sowie während der Eisenzeit und in historischen Perioden handwerkliche Aktivitäten gab. Hauptgrund könnten die vergleichsweise günstigen Bedingungen für den Handel und den Zugang zu den Bodenschätzen sein. Allerdings gibt es noch immer keinen Beweis für eine lokale Kupferquelle, auf der die Siedlung von Arisman basieren würde.

Abb. 3: Arisman – Konservierungsarbeiten durch Mitarbeiter des RCCCR vor Ort an den Töpferöfen im Jahr 2000; Foto: R. Vatandoust.

- Geochemische Analysen von Erzen, Schlacken und Metallen ließen zwei bemerkenswerte Schlüsse zu: Zunächst scheint das Kupfer nicht aus einem Hauptvorkommen sondern aus verschiedenen Quellen zu stammen, vielleicht aus kleinen regionalen Lagerstätten. Trotzdem gibt es deutliche Hinweise auf Erzlieferungen aus der Nakhlak-Baqoroq-Region. Blei-Isotopen-Untersuchungen lassen vermuten, dass die in Arisman verarbeiteten silberhaltigen Bleierze aus Nakhlak stammen. Einige geochemische Hinweise deuten auf eine Kupferlagerstätte als mögliche Quelle für Arisman hin, die – ebenso wie Baqoroq – dicht bei Nakhlak liegt.

- Untersuchungen in Veshna-veh belegen für das frühe 3. Jt. zunächst Kupferabbau an der Oberfläche und – in geringerem Umfang – in Untertagebau. Radiokarbondatierungen lassen eine zweite Abbauphase zu Beginn des 2. Jt. v. Chr. möglich scheinen, jetzt verbunden mit extensivem Untertagebau. Die Datierung legt nahe, dass Kupfer aus Veshna-veh auf den regionalen Märkten im 3. Jt. zunächst selten, zu Beginn des 2. Jt. v. Chr. häufiger auftaucht – in einer Zeit, in der die Archäologie wieder Anzeichen für kleine permanente Siedlungsaktivitäten auf dem Zentralplateau fand. Technik und Logistik des Bergbaus weisen auf eine saisonale Produktionsweise hin, vielleicht durch Nomaden, die für den Abbau und Transport von Erz zu den Metall verarbeitenden Siedlungen in Hochtälern zuständig waren. Sozusagen als Nebenprodukt der Erforschung von Veshna-veh stießen die Ausgräber in einer der Gruben auf eine parthisch-sassanidische Opferstätte (Stöllner & Mireskanderi 2003) – dieser Fundplatz vermittelt nicht nur Einblick in religiöse Praktiken des 1. Jt. n. Chr., sondern dokumentiert die wechselnde Nutzung der Bergregionen durch die Menschen in dieser Zeit. Archäobotanische und archäozoologische Daten ermöglichen jetzt eine klare Unterscheidung dieser beiden Perioden. Die Auswertung dieser Daten gibt genaueren Aufschluss über die Landnutzung der Bronzezeit, da die ökologischen Daten stark von denen der späten Eisenzeit abweichen.

Abb. 4: Die Lagenstättenausbisse der Darhand Kupfermineralisation (gediegen Kupfer) von Darhand bei Natanz, Blick nach Nordosten; Foto: B. Helwing.

Die Zukunft

Diese ersten Ergebnisse verdeutlichen das großräumige wirtschaftliche Verhalten der prähistorischen Bevölkerung auf dem Zentralplateau – der Handel mit Erzen über Hunderte von Kilometern scheint heute wahrscheinlicher als noch vor zwanzig Jahren. Hatte sich das Projekt anfänglich mit einzelnen lokalen Fundplätzen befasst, so umfasst es jetzt eine ganze Region und wurde deshalb in „Early Mining and Metallurgy on the Central Iranian Plateau" umbenannt – der Arbeitsbereich erstreckt sich jetzt von der Qazvin-Ebene im Nordwesten bis zur Anarak-Region im Südosten und von den südlichen Vorbergen des Alborz im Nordosten bis in die Ebene von Isfahān im Südwesten. Der chronologische Rahmen erstreckt sich von der neolithischen Periode bis ins 1. Jt. v. Chr. Die Notwendigkeit einer Reorganisation des Projekts war in der zunehmenden Komplexität der wissenschaftlichen Fragestellungen und Ergebnisse begründet: Die ausgeprägte Metallwirtschaft wird seit kurzem als Teil eines komplexen Rohstoffmanagements verstanden, das notwendigerweise auf dem besonderen regionalen Charakter des Zentralplateaus basiert. Natürlich können derart komplexe Forschungsziele nur mit lang andauernder und intensiver Forschungsarbeit und einem Forschungsteam erreicht werden, das sich hoch motiviert in den Dienst dieser Sache stellt. Es ist vorgesehen, diese fruchtbare Zusammenarbeit in den kommenden Jahren in angenehmer und anregender Atmosphäre fortzuführen.

Die Organisation dieser Ausstellung ist eine große Chance für das Projekt, besonders mit der Möglichkeit, die Resultate und die Forschungsprogramme einem breiten Kreis von Wissenschaftlern und der Öffentlichkeit vorzustellen. Ein derartiges Großprojekt hat neben dem wissenschaftlichen Aspekt auch eine erzieherische und politische Aufgabe: Junge Wissenschaftler sollen für dieses Programm begeistert werden und ihre praktischen und theoretischen Studien in den Dienst dieses interdisziplinären Projekts stellen.

Das kulturelle Erbe und besonders der Wert der Wirtschafts- und Industriegeschichte brauchen mehr Akzeptanz; das ist weltweit ein dringendes Anliegen; der Iran bildet keine Ausnahme. Das iranische Volk, das sich seiner langen Geschichte bewusst ist und sich mit den Realitäten der heutigen Welt auseinandersetzt, fängt an, mit wachsender Begeisterung die Archäologie als wichtige, wissenschaftliche und soziale Aufgabe zu verstehen. Mögen Ausstellungen, wie die vom Deutschen Bergbau-Museums und der Iranian Cultural Heritage and Tourism Organization vorbereitete, dazu beitragen, dieses Interesse zu wecken und uns mit Begeisterung für unsere künftige Arbeit zu erfüllen.

Bibliographie

ABBASS-NEJAD, R.:
1994 Aspects of the art and craft of metalworking from the beginning to the end of the third millennium B.C. in the archaeological sites of south-east of Iran. Unpublished M.A. thesis in Archaeology, Faculty of Human Sciences, University of Tarbiat-e Modarress, Tehran.

BAZIN, D. & HÜBNER, H.:
1969 Copper Deposits in Iran. Geological Survey of Iran, Report No. 13, Tehran.

BERTHOUD, T., BESENVAL, R., CLEUZIOU, S., FRANCAIX, J. & LISZAK-HOURS, J.:
1976 Les anciennes mines de Cuivre en Iran. Recherche coopérative sur programme 442, Paris.

BIRMINGHAM, J. B.:
1963 Iranian bronzes in the Nicholson Museum, University of Sydney, part I. Iran 1, 71-82.

BIRMINGHAM, J., KENNAN, N. F. & MALIN, A. S.:
1964 A „Luristan" dagger: an examination of ancient metallurgical techniques. Iraq 26, 44-49.

BURTON-BROWN, T. B.:
1951 Excavations in Azarbaijan, 1948, London.

CALDWELL, J. R.:
1967 Investigations at Tal-i-Iblis. Illinois State Museum, Preliminary Reports 9, Springfield, Illinois.
1968 Tal-i Iblis and the Beginning of the Copper Metallurgy in the Fifth Millennium. Archaeologia Viva 1, 145-150.

CHEGINI, N. N., MOMENZADEH, M., PARZINGER, H., PERNICKA, E., STÖLLNER, T., VATANDOUST, A. & WEISGERBER, G.:
2001 Preliminary report on the archaeometallurgical investigations around the prehistoric site of Arisman near Kashan, western Central Iran. Arch. Mitteilungen aus Iran und Turan 32, 2000, 281-318.

DESCH, C. H.:
1938 The bronzes of Luristan; B: metallurgical analyses. In: A. Upham-Pope (ed.), A Surve of Persian Art from Prehistoric Times to the Present, London, 1, 278.

DE SCHAUENSEE, M.:
1988 Northwest Iran as a Bronzeworking Centre: The View of Hasanlu. In: J. Curtis (ed.), Bronze-working Centres of Western Asia c. 1000-539 B.C., London/New York, 45-62.

HAKEMI, A.:
1992 The copper smelting furnaces of the Bronze Age at Shahdad. In: C. Jarrige (ed.), South Asian Archaeology 1989. Monographs in World Archaeology 14, 119-132.
1997 Shahdad. Archaeological Excavations of a Bronze Age Center in Iran. ISMEO, Centro Scavi e recherche archeologiche. Reports and Memoirs 27, Rom.

HOLE, F., FLANNERY, K. V. & NEELY, J. A. (EDS.):
1969 Prehistory and Human Ecology of the Deh Luran Plain: An Early Village Sequence from Khuzistan, Iran, Ann Arbor, University of Michigan Museum of Anthropology.

LAMBERG-KARLOVSKY, C. C. & POTTS, D. T.:
2001 Excavations at Tappeh Yahya, Iran 1967-1975. American School of Prehistoric Research, Bulletin 45, Cambridge, Mass.

MAXWELL-HYSLOP, K. R.:
1962 Bronze from Iran in the collection of the Institute of Archaeology, University of London (with technical report on the bronzes by H. W. Hodges). Iraq 24, 126-133.

MAXWELL-HYSLOP, K. R. & HODGES, H. W. M.:
1964 A note on the significance of the techniques of `casting on´ as applied to a group of daggers from North-west Persia. Iraq 26, 50-53.

MOOREY, P. R. S.:
1971 A Catalogue of Persian Bronzes in the Ashmolean Museum, Oxford.
1982 Archaeology and Pre-Achaemenid Metalworking in Iran: A Fifteen Year Retrospective. Iran 20, 81-98.

MUSCARELLA, O. W.:
1966 Hasanlu 1964, Philadelphia.
1988 Bronze and Iron. Ancient Near Eastern Artifacts in the Metropolitan Museum of Art, New York.

PIGOTT, V. C.:
1989 Archaeo-metallurgical Investigations at Bronze Age Tappeh Hesar 1976. In: R. H. Dyson, Jr. & S. M. Howard (eds.), Tappeh Hesar, Reports of the Restudy Project, 1976, Florence, 25-33.

PIGOTT, V. C., HOWARD, S. M. & EPSTEIN, S. M.:
1982 Pyrotechnology and Culture Change at Bronze Age Tepe Hissar (Iran). In: T. A. Wertime & S. A. Wertime (eds.), Early Pyrotechnology. The Evolution of the First Fire-Using Industries, Washington, D.C., 215-236.

SCHMIDT, E. F.:
1937 Excavations at Tepe Hissar, Iran, Philadelphia.

STÖLLNER, TH. & MIRESKANDERI, M.:
2003 Die Höhle der Anāhitā. Ein sassanidischer Opferplatz im bronzezeitlichen Bergbaurevier von Veshnāveh, Iran. Antike Welt 32, 505-516.

THORNTON, CHR.:
2001 A Reassessment of the Metallurgical Sequence of the Iranian Plateau from the Chalcolithic to the Iron Age through Chemical and Metallographic Analyses of a „Trinket" Technology. B.A. thesis, Harvard University.

TOWHIDI, F. & KHALILIAN, M.:
1983 Report on the survey of objects discovered in the tomb of Arrajan (Behbaban). Athar Magazine 7, 8-9.

TSURUMATSU, D.:
1967 The chemical investigation of ancient metallic culture. Asakura shoten, Tokyo.

TYLECOTE, R. F.:
1970 Early Metallurgy in the Near East. Metals and Materials 4, 285-293.

VATANDOUST-HAGHIGHI, A.:
1977 Aspects of Prehistoric Iranian and Copper and Bronze Technology. Ph.D. Thesis, Institute of Archaeology, University College London.
1988 Conservation, restoration and technical investigations of some of Arrajan metal objects. Athar Magazine 15 & 16.
1999 A view on prehistoric Iranian metalworking: Elemental analyses and metallographic examinations. In: A. Hauptmann, E. Pernicka, Th. Rehren & Ü. Yalçin (eds.), The Beginnings of Metallurgy. Proc. Internat. Conf. Bochum 1995. Der Anschnitt, Beiheft 9, Bochum, 121-140.

Metallische Bodenschätze in Iran in antiker Zeit.
Ein kurzer Überblick

Morteza Momenzadeh
unter Mitarbeit von: Ali Hajisoltan & Mahsa Momenzadeh

Einleitung

Das Iranische Hochplateau ist eine der Gegenden der Welt, in denen am frühesten Metall abgebaut und gewonnen wurde. Es fehlt aber ein umfassender Überblick über den antiken Bergbau und die antike Metallurgie für diesen archäologisch wichtigen Teil der Alten Welt. Im Rahmen eines von Deutschland und Iran getragenen internationalen Forschungsprojektes hat man nun begonnen, die zeitlichen, geographisch-wirtschaftlichen und kulturellen Beziehungen zwischen der alten Rohstoffgewinnung und den unmittelbar angrenzenden regionalen archäologischen Siedlungen zu untersuchen. Die Beispiele für die Beziehungen zwischen einigen antiken Bergbaudistrikten und antiken Kulturstätten, die in diesem Beitrag diskutiert werden, zeigen, dass ein derartiges Programm überraschend wichtige Informationen liefern kann, die „alte Fragen" auf dem Gebiet der Archäologie klären können.

Natürlich ist es eine schwierige Aufgabe, geologische und mineralische Bodenschätze eines Landes, das dreimal größer ist als Frankreich, auf einigen wenigen Seiten komprimiert darzustellen. Deshalb versucht der Autor, sich auf die wichtigsten geologischen Elemente und auf einige wenige Erze zu konzentrieren, die in prähistorischen Zeiten verwendet worden sind. Obwohl verschiedene Typen von Bodenschätzen in prähistorischen Zeiten abgebaut wurden, sind für den vorliegenden Band die Metallerze, insbesondere die von Kupfer, Gold, Silber und Eisen von größerer Bedeutung. Die Herkunft von Rohstoffen wie Flint, Lehm, Bausteinen, Salzen, Brennstoffen, Asphalt, Gips, Schmucksteinen und Edelsteinen ebenso wie von Speckstein, Glimmer, Talk, Onyx, Jaspis, usw. wird deshalb nicht behandelt.

Metallogenese

Die zeitlich-räumliche Verteilung der Bodenschätze in der Natur ist ein Resultat tektonisch-magmatischer Ereignisse, die von orogenetischen Bewegungen in der Erdkruste verursacht werden. Sie finden in bestimmten Epochen der Erdgeschichte, in sog. tektonisch-magmatischen Epochen und in bestimmten Bereichen der Erdkruste, in sog. tektonisch-magmatischen Zonen statt. Hier sollen räumliche Verteilung und Epochen solcher tektonisch-magmatischer Ereignisse im Bereich der iranischen Erdkruste und die Entwicklung der Lagerstätten von Cu, Au, Fe und Pb, Zn und Ag (Abb. 1 und Tab. 1) kurz zusammengefasst werden.

Das Iranische Hochplateau, mit Ausnahme des Zagros-Faltengebirges im Südwesten und der Kopet Dagh-Kette im Nordosten, stellt den zentralen Teil des orogenetisch-metallogenetischen Gürtels dar,

 Tab. 1: Tektonisch-magmatische Phasen.

1	Uppermost Proterozoic-lower Cambrian episode (Assyntic)
2	Early Palaeozoic episode (Caledonian)
3	Late Palaeozoic-early Triassic episode (Early Cimmerian)
4	Late Jurassic-early Cretaceous episode (Late Cimmerian)
5	Late Cretaceous-Palaeocene episode
6	Oligocene plutonism
7	Young magmatism

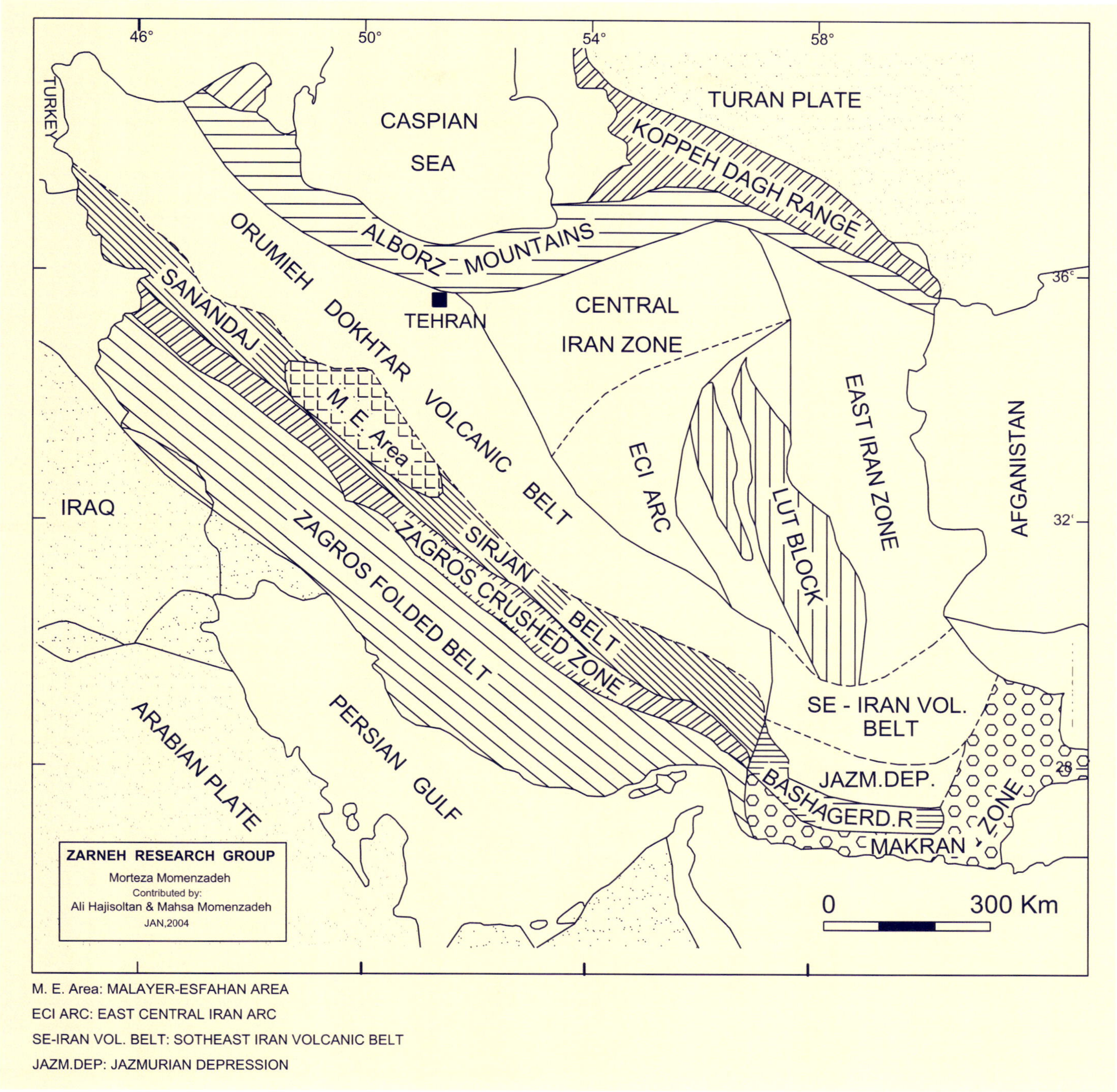

Abb. 1: Tektonisch-magmatische Zonen; nach Stöcklin 1968; vom Autor überarbeitet.

der von den Alpen bis zum Himalaya reicht (Abb. 1). Zahlreiche tektonisch-magmatische Phasen beeinflussten diesen Teil der Erde seit einer Milliarde Jahren, angefangen vom späten Proterozoikum bis in die heutige Zeit (Tab. 1).

Die assyntische tektonisch-magmatische Phase des Spät-Proterozoikums-Früh-Kambriums führte zur Bildung großer Eisen- und Blei-Silber-Zink-Vorkommen in Zentral-, Nordwest- und Südostiran.

Die kaledonische und die variszische tektonisch-magmatische Phase des frühen und späten Paläozoikums haben ebenso wie die frühe kimmerische Phase im frühen Mesozoikum zur Bildung von Hunderten von Gold-, Blei-Silber-Zink-, Eisen- und Kupfer-, Kupfer-Gold- und Kupfer-Zinn-Wolfram-Gold-Vorkommen geführt. Sie sind in Gesteine eines plutonisch-metamorphen Gürtels eingebettet, die sich in ostwestlicher Richtung in den Alborz-Bergen ausdehnen, nordwestlich-südöstlich entlang des Sanandaj-Sirjan Gürtels und nordsüdlich in Ostiran (Abb. 1). Ähnliche Gesteine gibt es in Ost-Zentraliran entlang eines nord-südlich verlaufenden Bogens (ECI-Bogen in Abb. 1). Der östliche Teil eines paläozoisch-vulkanisch-metamorphen Gürtels in den Alborz-Bergen besitzt ähnliche Bodenschätze wie in Afghanistan, Uzbekistan und Tadschikistan.

Außer Blei-Silber-Zink-Lagerstätten, die vorwiegend in Karbonate und Tonschiefer eingebettet sind, sind die Rohstoffe hauptsächlich in Phyllite, Schiefer, Meta-Vulkanite und gelegentlich in magmatische Gesteine eingebettet. Eisenvorkommen sind meist begleitet von submarinen Meta-Vulkaniten und Intrusivgesteinen. Gold-, Kupfer- und Gold-Kupfer-Vorkommen treten hauptsächlich in metamorphen Gesteinen auf, überwiegend in unmittelbarem Kontext mit Plutonen. Das gilt auch für Kupfer-Zinn-Wolfram-Gold-Vorkommen, die im Kontext mit Granit-Granodiorit-Plutonen gefunden werden.

Die ausklingende kimmerische Orogenese der frühen Kreidezeit ist fast auf dem gesamten Iranischen Hochplateau durch Blei-Silber-Zink-Mineralisationen gekennzeichnet, vor allem entlang der Malayer-Isfahân-Zone (M.E. Gebiet in Abb. 1). Viele andere vergleichbare Vorkommen sind über den Zentraliran verstreut. Eisenerz ist das nächst häufige Mineral, das in der frühen Kreidezeit entstanden ist. Die Erze sind ebenso wie Blei-Silber-Zink in Karbonate und Tonschiefer der unteren Kreidezeit eingebettet.

Die jüngeren Phasen der alpinen tektonisch-magmatischen Ära haben zur intensivsten und extensivsten Bildung zahlreicher Lagerstätten von Kupfer, Gold, Blei-Zink-Silber, Eisen und Türkis auf dem Iranischen Hochplateau geführt. Hunderte dieser Vorkommen, vor allem die von Kupfer, treten in eozänen submarinen pyroklastischen und anderen vulkanischen Gesteinen auf, z. B. in Andesiten und Basalten. Die Mehrheit der Kupfervorkommen hat unterschiedliche Gold-, Silber-, Blei-, Zink-, Nickel- und Kobalt-Gehalte. Die Erzkörper liegen im Allgemeinen als mineralisierte Gangfüllungen tektonischer Bruchzonen vor, allerdings gibt es auch schichtgebundene Vererzungen. Die Mineralisationen umfassen Chalkosin und Kupferoxide mit geringen Anteilen von gediegen Kupfer. Kupferkies ist selten. Die Gänge enthalten in der Regel reichhaltige Kupfererze und waren deshalb höchst attraktiv für die frühen Bergleute, die mit wenig bergmännischem Aufwand hohe Metallausbeute zu erzielen trachteten. Je nach geologischem Kontext, Tektonik und Alter des Nebengesteins variieren die Verhältnisse von Kupfer, Blei-Silber (Zink) und Kupfer-Gold in den verschiedenen Vorkommen. Deshalb sollte ein Teil der eozänen Vorkommen in Vulkaniten nicht als Kupferlagerstätten, sondern als kupferführende Blei-Silber-Mineralisationen und einige als Gold-Silber-reiche Kupfermineralisationen bezeichnet werden. Auch die bekannte Türkislagerstätte von Nishapur ist in eozäne submarine Andesite eingebettet.

Die eozänen submarin-vulkanischen Gesteine und ihre Mineralvorkommen erstrecken sich entlang des Orumieh-Dokhtar-Gürtels im Zentral-, Süd- und Südostiran. Ähnliche Mineralvorkommen sind in den südlichen Vorbergen der Alborz-Berge ebenfalls in diese Gesteinsserien eingebettet.

Die jüngste tektonisch-magmatische Epoche der Alpinen Orogenese resultiert aus einem „jungen Magmatismus" des späten Tertiärs bzw. Quartärs. Es ist dies die wichtigste metallogenetische Epoche für die Entstehung von Gold- und Kupfervorkommen auf dem Iranischen Hochplateau. Intensive und extensive magmatische Aktivitäten beeinflussten weite Teile Irans. Die auffälligste Erscheinungsform dieses Magmatismus ist eine Reihe von Vulkanen, die sich seit dem jüngeren Miozän-Pliozän bis in die jüngste Vergangenheit bildeten. Sie sind deutliche Kennzeichen domaler Aufwölbungen in der Erdkruste. Solche Aufwölbungen verlaufen entlang des vulkanischen Orumieh-Dokhtar Gürtels von NW-SE nach SE-Iran (Abb. 1). Weiter erstrecken sich diese Gürtel von der türkischen Grenze im Nordwesten bis an die pakistanische Grenze im Südosten Irans. Die bekannten Vulkane Ararat, Sahand und Sabalan in der Provinz Azarbaidjan sowie Bazman und Taftan in der Provinz Baluchistan sind Beispiele. Eine weitere Kette von domartigen Aufwölbungen und Vulkanen reicht ostwestlich von Azarbaidjan durch den Süd-Alborz nach Nordostiran.

Verbreitung von Kupfer, Gold, Silber, Eisen und Türkis

In alten Zeiten waren Kupfer, Gold, Silber und Eisen die wichtigsten Metalle. Einige andere Metalle wie Zinn, Arsen, Nickel, Kobalt, Wolfram, Blei, Zink, Quecksilber usw. können mit unterschiedlichen Anteilen in den Erzmineralen von Kupfer, Gold, Silber und Eisen enthalten sein. Im Fall von Kupfer können Zinn, Arsen, Antimon, Zink und Blei in den natürlichen Erzen verschiedene natürliche Legierungen verursacht haben, ohne dass die Bergleute und Metallurgen der Antike das beabsichtigt hätten. Deshalb sollten bei der Beschreibung von Kupfervorkommen in Iran alle Begleiterze und ihre Gehalte beachtet werden. Die Kupfervorkommen mit Kupfer-Zinn-Wolfram-Verbindung (mit und ohne Gold) werden in einer gesonderten Gruppe dargestellt; Silber in Verbindung mit Blei in Blei-Silber-Zink-Mineralisationen wird in der Blei-Silber-Zink-Gruppe der Minerale behandelt.

Kupfer: Erzlagerstätten und antiker Bergbau

Natürliche Ressourcen

Kupfer ist eines der Metalle, die in der iranischen Kruste stärker konzentriert sind als in der gesamten Erdkruste. Durch neue Explorationsaktivitäten wächst die Zahl von porphyrischen Kupferlagerstätten in Iran, die zu den großen und mittleren Lagerstätten dieses Typus in der Welt gehören. Sar Cheshmeh ist seit 30 Jahren bekannt als eine der großen porphyrischen Kupferlagerstätten von Weltrang. Sunghun und Meduk werden gerade erschlossen. Mindestens vier weitere Lagerstätten werden z. Zt. exploriert. Daneben gibt es über 400 bekannte Kupferlagerstätten und -vorkommen;

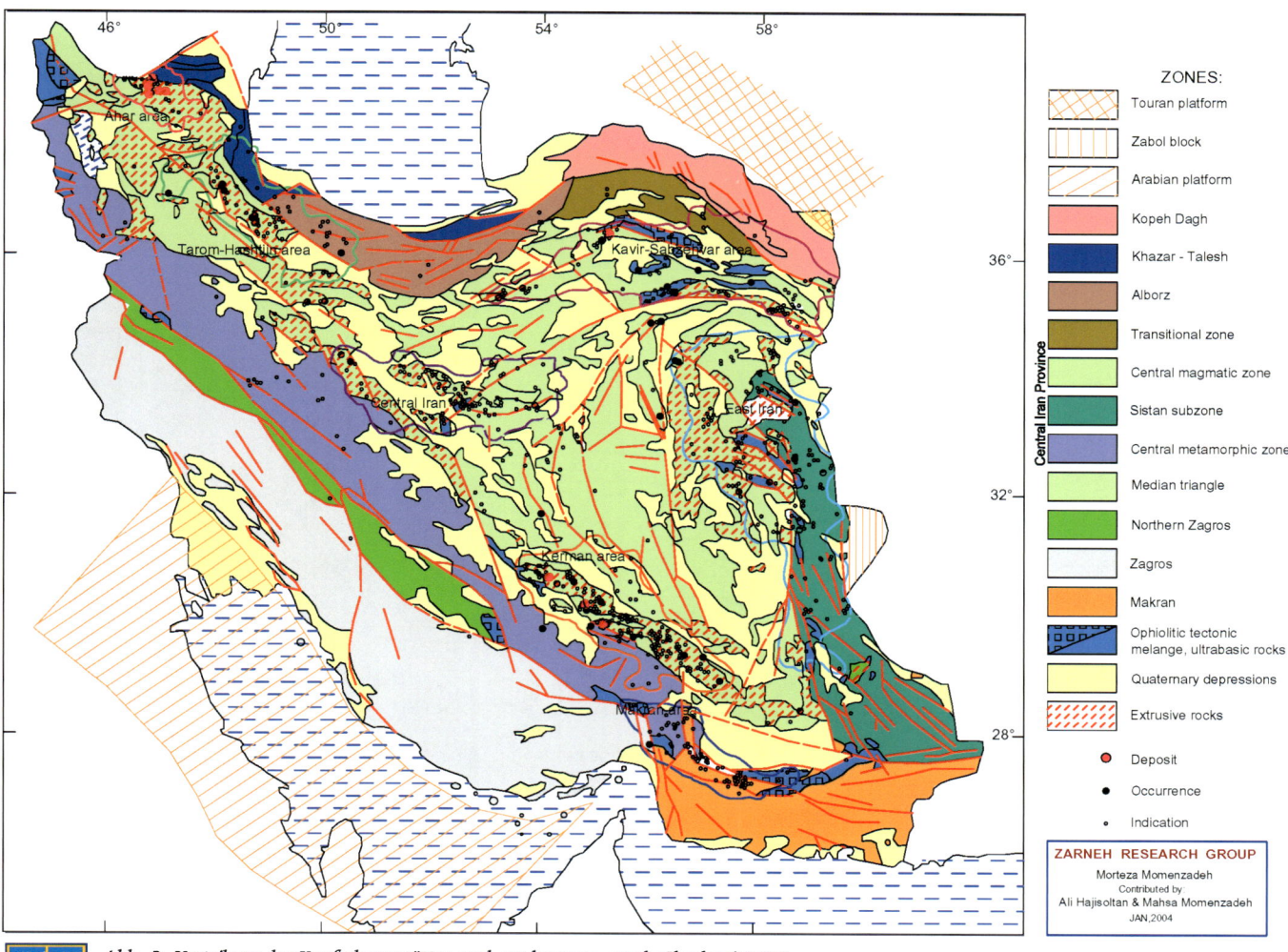

Abb. 2: Verteilung der Kupferlagerstätten und -vorkommen; nach Ghorbani 2002.

einige von ihnen könnten sich als große und mittlere porphyrische Kupferlagerstätten entpuppen (Abb. 2).

Kupfer in tertiären, magmatischen Gesteinen

Wie im Kapitel „Metallogenese" erwähnt, stammen die meisten Kupferquellen in Iran nach Anzahl und Gesamtmetallgehalt aus dem Tertiär. Sie liegen entlang des Orumieh-Dokhtar-Vulkan-Gürtels in Süd-Zentral-Iran (Anarak), in Nord-Zentral-Iran, am südlichen Alborz-Vorgebirge (Abbasabad-Tarut) und in den Regionen in Ost-iran (Abb. 1 & 2). Der Orumieh-Dokhtar-Vulkan-Gürtel ist innerhalb dieser Zonen der weitaus Wichtigste. Die bedeutendsten Abschnitte sind Kerman und Ahar (Abb. 2). Die nächsten Gebiete entlang dieses Gürtels sind Tarom-Hashtijn und Qom-Kāshān-Natanz. Entsprechend der Genese der Kupfermineralisationen im Tertiär können zwei Typen unterschieden werden:

1. Vererzungen, die in eozänen submarinen Vulkaniten und Pyroklastiten eingebettet sind; Vulkanite sind hauptsächlich Andesite und Andesit-Basalte. Die Erzkörper liegen hauptsächlich als Gänge vor, die normalerweise scharfe Kontakte zum Nebengestein haben. Der Mineralbestand ist einfach und durch Chalkosin, Kupferoxide und gelegentlich durch gediegen Kupfer charakterisiert. Der Kupfergehalt der Gänge ist meist hoch, d.h. in der Größenordnung von mehreren Prozenten Cu. Kupferkies fehlt typischerweise oder tritt nur selten auf. Eine hydrothermale Zersetzung des Nebengesteins fehlt oder ist begrenzt. Dieser Typ von Lagerstätten war bei den Bergleuten der Antike wegen des hohen Erzgehaltes, der einfachen Erzführung und der daraus resultierenden einfachen, extraktiven Metallurgie aus Kupferoxiden und gediegen Kupfer sehr begehrt. Obwohl die Reserven von gangförmigen Vererzungen normalerweise begrenzt und deshalb für den modernen Bergbau nicht sehr attraktiv sind, waren die antiken Bergleute wegen der begrenzten Jahresproduktion kaum für Fragen der Vorratshaltung sensibilisiert. Deshalb wurden Hunderte derartiger Vorkommen in prähistorischen und historischen Zeiten abgebaut (Talmessi, Meskani, Demanjala und Veshnāveh sind typische Beispiele dafür).

2. Vererzungen, die in Beziehung zu hydrothermalen Aktivitäten des ausklingenden Tertiärs stehen; die Zersetzung von Nebengestein und die Mineralisationen stehen im Kontext mit Vulkanismus und seinen Wurzeln. Dieser Mineralisationstyp führte zur Bildung von

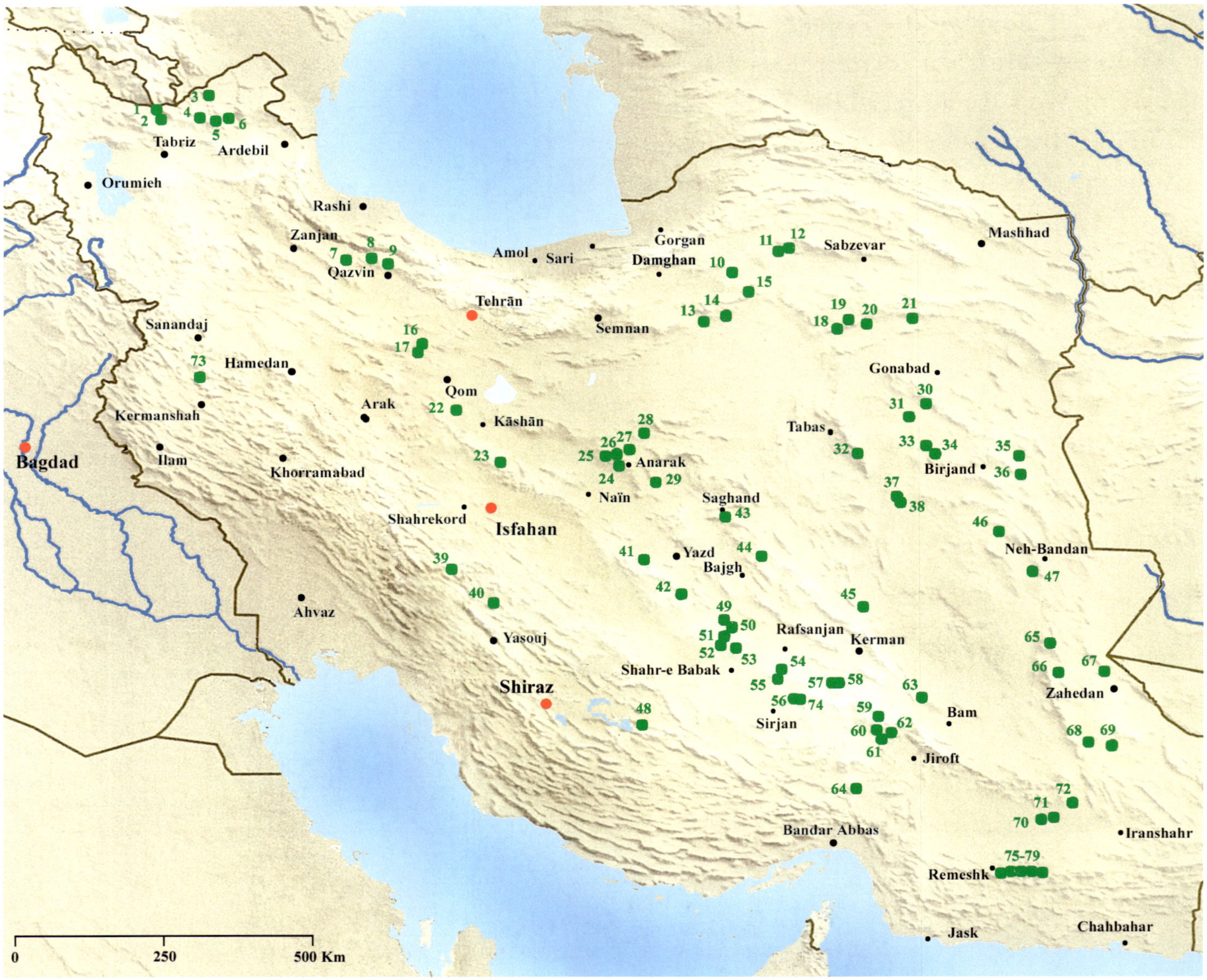

Abb. 3: Verteilung der antiken Kupferbergwerke.

1) QARACHILAR (GULAN), Cu (Mo), 2) CHESHMEH KHAN (ASTMAL), Cu, 3) AYNELU, Cu, 4) SUNGHUN, Cu (Mo, Au), 5) ANJERT, Cu (Mo), 6) MAZRAEH (GOWDEL), Cu (Fe, W, Bi, Au, Ag), 7) DAVA YATAGHI, Cu, 8) DIZEJIN, Cu (Au, Fe), 9) ZARRIN KHANI (ALAMUT), 10) BIARJOMAND, Cu, 11) DAMANJALA, Cu, 12) MADEN-E-BOZORG, (ABBASABAD), Cu, 13) CHAH MESI, Cu, 14) BAGHALU, Cu, 15) RUGHERU CHAH, Cu, 16) ABBASABAD-E-NARBAGHI, Cu, 17) TAKHT-E-CHAMAN, Cu, 18) BATO, Cu, 19) CHESHMEH GAZ, Cu, 20) TAKNAR, Cu (Pb, Zn, Au, Ag), 21) SORKHDARREH, Cu, 22) VESHNĀVEH, Cu, 23) GHAMSAR, Cu, (MADAN-E-LAJEVARD), Cu, (Co, Fe), 24) TALKHEH, Cu (Pb, Ag), 25) MESKANI, Cu (Ni, Co), 26) TALMESI, Cu (Ni, Co), 27) CHAH MILEH, Cu (Pb, Zn), 28) BAGH GHOROGH, Cu (Pb), 29) CHAH PALANG, Cu (Au, W), 30) KALATEH AHANI, Cu (Pb), 31) KAKHK, Cu (Zn), 32) GAZU, Cu (Tq), 33) MIR-E-KHASH, Cu, 34) SHIKASTEH SABZ, Cu, 35) DARMI-AN, Cu, 36) LOTFABAD, Cu, 37) HOWZ-E-RAIIS, Cu (Pb, Zn), 38) SEH CHANGI, Cu (Zn, Pb, Mo, Ag), 39) DEH-E-MADAN (KARUNRUD), Cu (Co), 40) KHANEGAH (RAVAK), 41) KHUT (MAZRAEH), Cu (W), 42) TANG-E-CHENAR, Cu (Mn), 43) KHOSHUMI, Cu (Pb, Zn), 44) NARIGAN, Cu (Fe), 45) KHANUK, Cu, 46) GHALEH ZAR, Cu, (Au, Pb, Zn, Ag), 47) GHOLLEHA, Cu, 48) KUHN-E-MES, Cu, Tq, 49) TEZARJ (TIZARK), Cu, 50) DARBIDU, Cu, 51) LACHAH (MEDUK), Cu, (Tq, Au), 52) CHAH MESI, Cu (Pb, Ag, Zn), 53) ADEA BAGH, Cu (Tq), 54) DEH SIAHAN, Cu (Tq), 55) SARCHESHMEH, Cu (Mo, Au, Tq), 56) BOLBOLU (SOLTAN HOSEIN), Cu, 57) GHALEH NARP, Cu, 58) ALLAH ABAD, Cu, 59) TALL-E-MADAN, Cu, 60) BAGHRAII, Cu (Au), 61) GERDU KULU, Cu, 62) KAMADURAN, Cu, 63) DARBINI (BIDE SORKH), Cu, 64) SHEIKH ALI, Cu, 65) CHEHEL KOUREH, Cu (Zn, Pb), 66) SIAH JEKUL, Cu, 67) HAJI KOSHTEH, Cu, 68) CHAH DOUST, Cu, 69) SHEIKH AHMAD, Cu (Pb, Ag), 70) ISHPASH, Cu, 71) MEHGUII (BORJAK), Cu, 72) PIRUZAKI (BAZMAN), Cu, 73) SHIRVANEH, Cu, 74) CHAHAR GONBAD, Cu (Au, Ag), 75) SARSOW, Cu, 76) TANGASHKUN, Cu, 77) KALLE GUN, Cu (Au?, Ag?), 78) KONAR GABON, Cu (Au?), 79) KISH PATIEL, Cu.

porphyrischen Kupfer- und Skarnlagerstätten sowie Ganglagerstätten mit ausgedehnter hydrothermaler Umwandlung des Nebengesteins. Hier tritt neben Kupfer auch Gold auf. Diese Kupfer-Gold-Mineralisationen des oberen Tertiärs sind sehr unterschiedlich. In manchen Regionen (wie in der Gegend Tarom-Hashtjin und Kerman) und in einigen Lagerstätten (wie Qaleh Zari und Chahar Gondbad) kann der Goldgehalt den ökonomischen Wert des Kupferproduktes erhöhen. Die Gold-Kupfer-Verhältnisse können in manchen Gegenden so stark variieren, dass einige Lagerstätten als Kupfer-Gold und einige als Gold-Kupfer betrachtet werden können bzw. als Kupfer- und Goldlagerstätten. Sogar innerhalb einer Kupferlagerstätte kann das Cu : Au-Verhältnis auf kurze Distanzen so wechseln, dass in einem Sektor der Lagerstätte auf Gold und in einem anderen Sektor auf Kupfer abgebaut wird (z.B. wurde in Qaleh Zari früher in einem Sektor auf Gold und heute in einem anderen auf Kupfer abgebaut). Die Zonierung von Gold und Kupfer im Orumieh-Dokhtar-Gürtel ist insofern interessant, als der Goldgehalt des Kupfers im Ahar-Bereich am niedrigsten und im Tarom-Hashtjin-Bereich am höchsten ist. Die Zahl der Goldvorkommen (mit oder ohne Kupfer) ist in der Ahar-Region auch nicht so häufig wie in der Tarom-Hashtjin-Region. Das Verhältnis von Au : Cu in individuellen Kupfervorkommen im westlichen Zentraliran und in der Kerman-Region ist vergleichsweise niedrig verglichen mit der Ahar- und Tarom-Hashtjin-Region. Die tertiären Kupfermineralisationen – sowohl der an das Eozän gebundene Typ ebenso wie die spättertiären porphyrischen und Gangverezungen, ist im Orumieh-Dokhtar-Gürtel häufiger als in anderen Teilen Irans.

Kupfer-Zinn-Wolfram-Gold-Lagerstätten in vorkreidezeitlichen magmatisch-metamorphen Terranen

Die Vergesellschaftung von Kupfer, Zinn, Wolfram und Gold ist in Iran nicht sehr bekannt. Dennoch lassen die metallogenetischen Rahmenbedingungen, wie z.B. die Ausdehnung kaledonischer, variszischer und kimmerischer magmatisch-metamorpher Terrane (vgl. Kap. Metallogenese) weitere bislang nicht entdeckte Lagerstätten dieses Typs vermuten. Bislang sind sie lediglich in vier metallogenetischen Bereichen im Mittelteil des Sanandaj-Sirjan-Gürtels, in Zentraliran, in Nordost- und Ostiran bekannt. Der erste Bereich, der Mittelteil des Sanandaj-Sirjan-Gürtels, liegt im Südwesten von Arāk. Hier sind die Astaneh-Gold-Lagerstätte und die Nezamabad-Bamsar-Revesht-Achse sowie die Deh Hosein-Lagerstätte bekannte Beispiele für die genannte Vergesellschaftung. Der zweite Bereich ist die Chahpalang-Lagerstätte in Zentraliran. Diese als Wolfram-Vererzung bekannte Lagerstätte scheint eine Kupfer-Zinn-Grube in alter Zeit gewesen zu sein. Der dritte Bereich liegt im Dreieck Mokhtaran-Sahlabad-Basiran südlich von Birjand und nordöstlich des Qaleh Zari-Goldbergwerks. Jüngste geochemische Geländearbeiten durch den Geological Survey of Iran (1970-1973) ergaben Wolfram-Zinn-Anomalien in Shakuh im Südosten der Qaleh Zari-Mine in Ostiran. Der vierte Bereich liegt in Nordost-Khorasan. Das Tarik Darreh-Vorkommen, östlich Mashad, ist ein Beispiel für diesen Lagerstättentyp. Die Kupfer-Zinn-Wolfram-Gold-Vererzung erstreckt sich nachweislich in den Mashad-Granit-Pluton und seine Aureolen. Die Goldlagerstätte von Torqabeht (Abb. 7) und mehrere andere Hinweise auf Gold-, Wolfram-, Zinn- und Kupfer- Anomalien wurden im Mashad-Granit und dem umgebenden metamorphen Komplex entdeckt.

Antiker Bergbau

Der Bergbau auf Kupfer im Iranischen Hochplateau ist einer der ältesten der Welt. Er ist seit dem letzten Jahrhundert einer der Forschungsschwerpunkte der Archäologen. Im letzten Jahrzehnt wurden montanarchäologische Untersuchungen besonders im Rahmen des Arisman-Projekts intensiviert. Die Herkunft der Rohstoffe für die Produktion der Luristan-Bronzen ist das nächste Problem, das die Archäometallurgie interessiert. Mit einem Überblick über die geographische Verteilung der Kupfer- (Abb. 2) und Kupfer-Zinn-Gold-Arsen-Vorkommen und durch die Vorlage einer Zusammenstellung einiger bekannter alter Kupfergruben möchte der Autor Vorlagen liefern, diese beiden Probleme besser zu erforschen.

Denn die geographische Verteilung der alten Kupfergruben, das Alter bergbaulicher Aktivitäten, die Lithologie des Nebengesteins sowie die Erzparagenesen und schließlich die Korrelation dieser Daten (Abb. 3) mit der geographischen Verteilung der wichtigsten archäologischen Fundstätten (Abb. 4) liefern die Grundvoraussetzungen, um diese beiden Fragen anzugehen. Obwohl die Datierung von Abbauperioden in Bergwerken und ihre Korrelation mit nahe gelegenen archäologischen Fundplätzen nur selten übereinstimmen, vermitteln sie doch erste Anhaltspunkte über die Herkunft von Metallobjekten, die in entsprechenden Siedlungen gefunden werden.

Da Kupfer, Gold und Zinn gemeinsam in der Natur vorkommen können, können bei der Kupferproduktion auch Gold- oder Zinn-Produkte anfallen. Da die meisten Kupfervererzungen aus dem späten Tertiär in Iran Gold und manche Goldvererzungen Kupfer enthalten, häufen sich die antiken Kupfer- und Goldbergwerke auch in den Gebieten der entsprechenden geologischen Formationen. Die alten Gruben in den Regionen von Ahar, Tarom-Hashtjin, Zentraliran, Kerman und Ostiran gehören zu diesem Typ (siehe Abb. 2 & 3). Die Kupfer-Zinn-Wolfram-Gold-Vererzungen in vor-kretazischen magmatisch-metamorphen Terranen sind dem modernen Bergbau kaum bekannt, waren aber früher weit verbreitet. Chakalap und Chah e Chaharnafari im Mokhtaran-Sahlabad-Basiran-Dreieck südlich von Birjand, in Ostiran, sind zwei Beispiele für derartige Paragenesen, wie sie früher abgebaut worden sein dürften. Hier wurden in einem paläozoischen Komplex metamorpher Gesteine am Kontakt von Marmor zu Schiefer alte Abbaue gefunden. Einige Schlackenhalden (20 km nördlich von Basiran und an anderen Orten) deuten auf antiken Erzbergbau und antike Metallurgie hin.

Der magmatisch-metamorphe Komplex aus dem Paläozoikum (bis frühen Mesozoikum) in Iran schließt im Sanandaj-Sirjan-Gürtel, in Zentraliran, in den östlichen Alborz-Bergen und im östlichen Iran (Abb. 1) Kupfer-Zinn-Gold-Wolfram-Paragenesen ein. In dem gleichen Komplex treten auch in den nordöstlichen und östlichen Nachbarländern, d.h. in Usbekistan, Tadschikistan und Afghanistan ähnliche Paragenesen auf. Moderne geochemische Surveys, geologische Explorationen und archäologische Studien zeigten auf, dass diese Paragenesen von Bergleuten in (prä-)historischer Zeit abgebaut wurden (Abb. 3). Die riesige Ausdehnung dieser magmatischen und metamorphen Gesteine, die Fülle unerforschter Bergbau- und Metallurgie-Relikte (Schlacken, Öfen und Siedlungsplätze) und die Fülle von Ortsnamen, die ihre Bedeutung aus dem Berg-

13

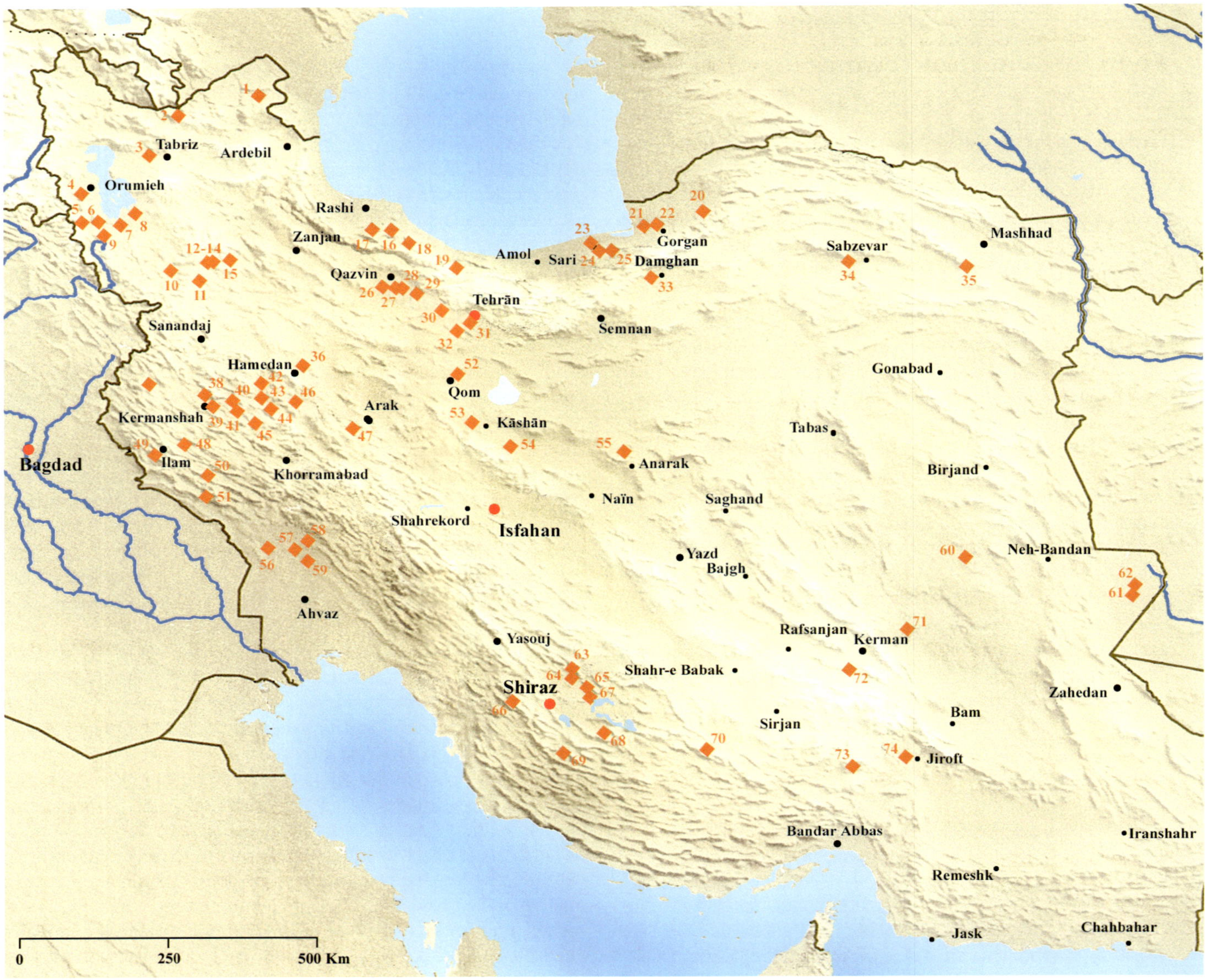

Abb. 4: Archäologische Hauptfundorte in Iran.

1) SHEIKHLAR TAPPEH, ?, 2) AGHCHE GHALEH, Sassanian, 3) TALL-E-PALANG, ?, 4) GOY TAPPEH, Prehistoric, 5) DINKHAH TAPPEH, Prehistoric, 6) HASANLU, Prehistoric, 7) HAJI FIRUZ, Prehistoric, 8) PESIDELI, Prehistoric, 9) DALMA TAPPEH, Prehistoric, 10) ZIWIYE, Median, 11) KARAFTU(GHAR), Prehistoric, 12) TAKHT-I-SULEIMAN, Parthian-Sassanian, 13) ZENDAN-I SULEIMAN, Prehistoric, 14) CHERAGH TAPPEH, Parthian-Sassanian, 15) TAPPEH NIZA, Parthian, 16) AMLASH, Prehistoric, 17) MARLIK, Prehistoric, 18) DEILAMAN, Prehistoric, 19) KALARDASHT, Prehistoric, 20) YARIM TAPPEH, Prehistoric, 21) SHAH TAPPEH, Prehistoric, 22) TURENG TAPPEH, Prehistoric, 23) HUTU (GHAR), Prehistoric, 24) KAMARBAND (GHAR), Prehistoric, 25) ALI TAPPEH (GHAR), Prehistoric, 26) TAPPEH ZAGHEH, Prehistoric, 27) TAPPEH GHABRISTAN, Prehistoric, 28) SAGZABAD, Prehistoric, 29) TAPPEH OZBAKI, Prehistoric-Median, 30) TAPPEH KHORVIN, Prehistoric, 31) RAY (CHESHMEH ALI), Prehistoric, 32) TAPPEH MAMOURIN, Prehistoric, (FORUDGAH-E-EMAM KHOMEINI), 33) TAPPEH HESAR, Prehistoric, 34) RAYBAND, ?, 35) GHA-RE-E-MOGHAN, ?, 36) HAKMATANEH, Median-Achaeminian, 37) BANZARDEH, Sassanian, 38) TAPPEH ASIAB, Prehistoric, 39) TAPPEH SARAB, Prehistoric, 40) GHAR-E-KHAR, Prehistoric, 41) TAPPEH GANJDARREH, Prehistoric, 42) KANGAVAR, Parthian-Sassanian, 43) GOWDIN TAPPEH, Prehistoric, 44) TAPPEH ABDOLHO-SEIN, Prehistoric, 45) TAPPEH BABAJAN, Median, 46) NUSHIJAN TAPPEH, Median, 47) DEH HOSEIN, Prehistoric, 48) TAPPEH GURAN, Prehistoric, 49) BORDBAL, Prehistoric, 50) DARREH SHAHR, Sassanian-Islamic, 51) TAPPEH ALI KOSH, Prehistoric (TAPPEH MUSIAN), 52) QOMROUD, Prehistoric, 53) TAPPEH SIALK, Prehistoric, 54) ARISMAN, Prehistoric, 55) NAKHLAK, Sassanian, 56) SHUSH (SUSA), Prehistoric-Historic-Islamic, 57) HAFT TAPPEH, Prehistoric, 58) CHOGHA MISH, Prehistoric, 59) TCHOGHA ZANBIL, Elamides, 60) QALEH ZARY CASTLE, Sassanian, 61) SHAHR-E-SOKHTA, Prehistoric, 62) KUH-E-KHAJEH, Sassanian, 63) TALL-E-NOKHODI, Prehistoric, 64) TALL-E-BAKUN, Prehistoric, 65) TAKHT-E-JAMSHID, (PERSPOLIS), Achaeminian, 66) BISHAPUR, Sassanian, 67) TALL-E- MUSHAKI, Prehistoric, 68) SARVESTAN, Sassanian, 69) FIRUZABAD, Sassanian, 70) DARAB, Sassanian?, 71) SHAHDAD (KHABIS), Prehistoric, 72) TALL-I-IBLIS, Prehistoric, 73) TAPPEH YAHYA, Prehistoric, 74) SHAHR-E-DAGHYANOUS, Prehistoric.

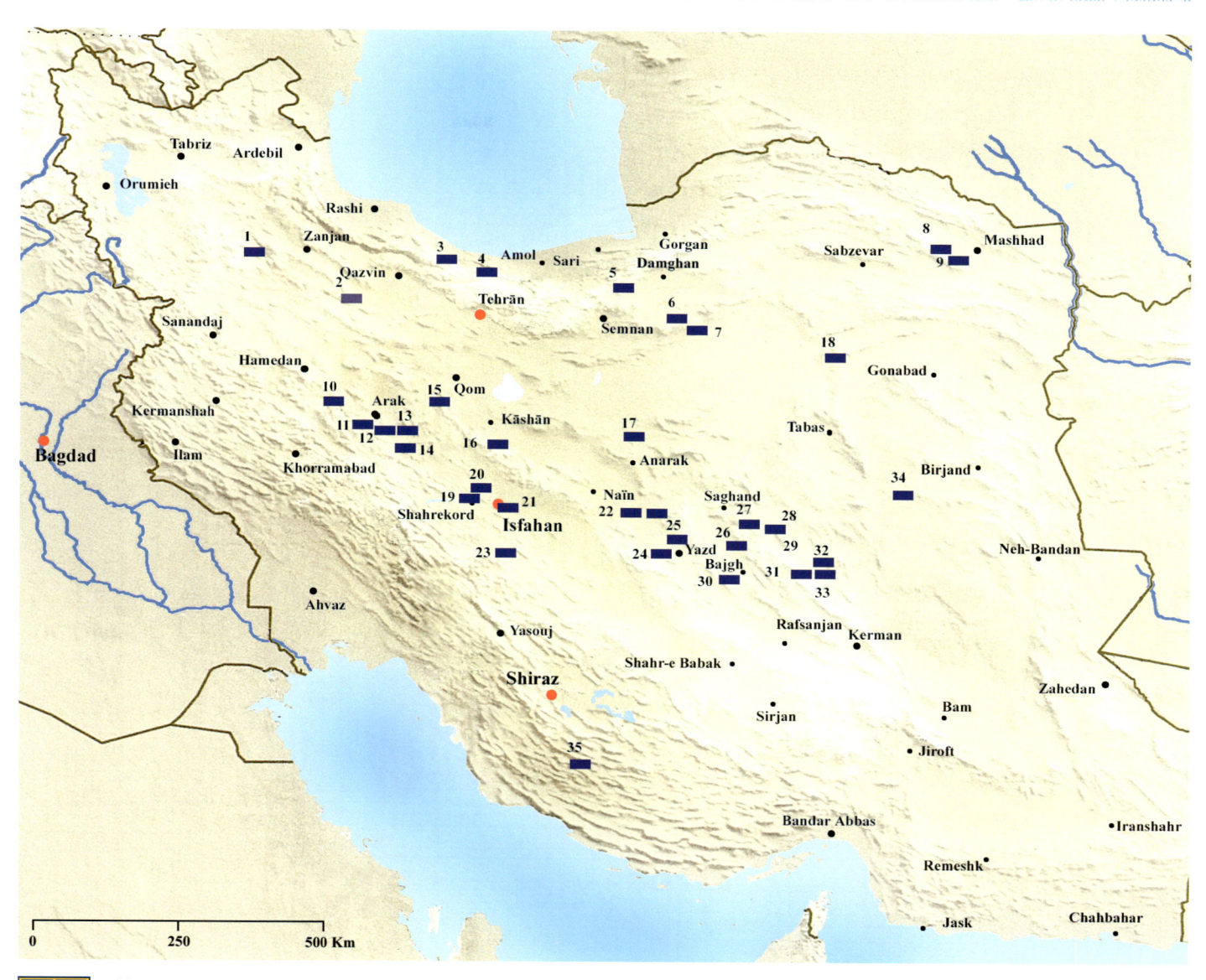

Abb. 5: Verteilung der antiken Blei-Silber-Zinkbergwerke.
1) ANGURAN, Zn, Pb (Ag), 2) SHAKIN, Pb, Ag, Zn (Ba), 3) KALARDASHT (GROUP), Zn, Pb, Ag (Ba, F), 4) DUNA, Pb, Ag, Zn (Ba), 5) TUYEH-DARVAR (GROUP), Pb, Ag, Zn (Ba, F), 6) ANARU, Pb, Ag, Zn (Ba), 7) RESHM (KHANJAR), Pb, Ag, Zn, 8) NORTH NEYSHABOUR (GROUP), Pb, Ag, Zn, 9) PIVEZHAN, Pb, Ag, Zn, 10) AHANGARAN, Pb, Ag, Zn, Fe (Au, Ba), 11) EMARAT-SHAMSABAD (GROUP), Pb,Zn, Ag (Fe), 12) LAKAN, Pb, Zn, Ag (Fe, Ba), 13) KHUGAN, Pb, Zn, Ag (Fe, Ba), 14) DARREH NOGHREH, Pb, Ag, Zn (Ba), 15) RAVANJ, Pb, Ag, Zn (Ba), 16) PINAVAND, Pb, Zn, Ag (Cu, Ba), 17) NAKHLAK, Pb, Zn, Ag (Ba), 18) OZBAKKUH (GROUP), Zn, Pb, Ag, 19) TIRAN (GROUP), Pb, Zn, Ag (Ba), 20) KHAN-E-SORMEH, Pb, Zn, Ag (Ba), 21) IRANKUH (SHAHKUH), Zn, Pb, Ag (Ba), 22) HAFTAR (AGHDA), Pb, Zn, Ag, 23) KOHRUYEH, Zn, Pb, Ag, 24) DARREH ZANJIR, Pb, Ag, Zn (Ba), 25) ANJIREH (YAZD), Pb, Ag, Zn (Ba), 26) ZIREKAN (ZARIGAN), Pb, Ag, Zn, 27) PUDANU, Zn, Pb (Ag?), 28) AHMADABAD, Pb, Zn, Ag (Ba, Fe), 29) KUSHK, Pb, Zn, Ag (Fe), 30) MEHDIABAD, Zn, Pb, Ag (Fe), 31) TAJKUH, Pb, Ag (Ag?), 32) GOWJAR, Zn, Pb (Ag), 33) TARZ, Zn, Pb, Ag, 34) NAYBAND, Pb, Ag, Zn, 35) KUH SORMEH, Zn, Pb, Ag (Ba).

bau und der Metallverarbeitung herleiten, zeigen, dass diese Gegenden erzhöffige Gebiete für Kupfer-, Zinn- und Goldvorkommen sind.

Hier könnten auch archäometallurgische Studien zum Nachweis der Herkunft der Luristan-Bronzen durchgeführt werden. Das Gebiet südwestlich von Arāk und das Sahlabad-Mokhtaran-Basiran-Dreieck sind viel versprechende Gegenden für archäologische Studien zur Klärung der Herkunft der Rohstoffe für diese Bronzeproduktion. Die Paragenese der dortigen Vererzungen ist geeignet, Bronze ohne beabsichtigte Mischung von Kupfer- und Zinnerzen oder von entsprechenden Metallen herzustellen. Die Gegend um Arāk, die vergleichsweise dicht an Mesopotamien liegt und Teil des alten Luristan-Territoriums ist, war möglicherweise Hauptlieferant von Kupfer-Zinnerzen für die Herstellung von Luristan-Bronzen. Kürzlich gefundene Relikte von Zinnabbau zwischen dem 2. und 1. Jt. v. Chr. in dem Gebiet von Deh Hosein und Nezamabad-Bamsar-Revesht (Momenzadeh *et al.* 2002) sind viel versprechend hinsichtlich ihrer möglichen Herkunft der Luristan-Bronzen.

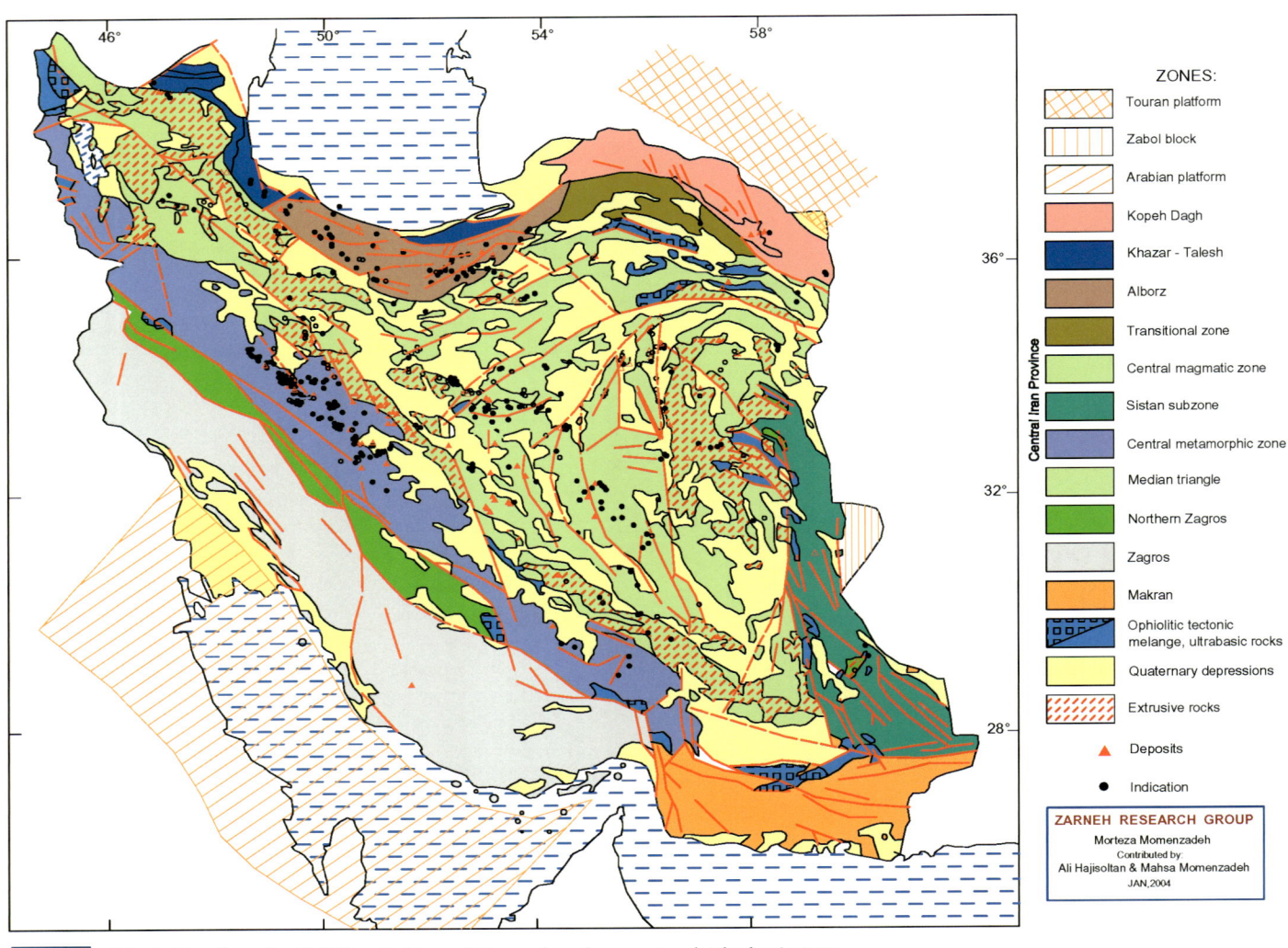

Abb. 6: Verteilung der Blei-Silber-Zinklagerstätten und -vorkommen (nach Ghorbani 2002).

Silber, Blei und Zink: Bodenschätze und antiker Bergbau

Das Iranische Hochplateau ist die älteste oder eine der ältesten Gegenden, wo Silber abgebaut und genutzt wurde. Da die wichtigsten natürlichen Silberträger Blei-Zink-Erze sind, sind durch die Arbeiten der Geowissenschaftler alle Silbergruben bekannt, und zwar nicht als Silbergruben selbst, sondern als Blei-Zink-Gruben. Diese Tatsache mag einen flüssigen Informationsaustausch zwischen den Geowissenschaften und der Archäologie beeinflusst haben, und deshalb werden heute viele der antiken Bergwerke als Blei-Zink-Bergwerke betrieben, ohne dass bekannt ist, dass es sich um antike Silberminen handelt.

Blei als Nebenprodukt des Silberabbaus wurde in alten Zeiten gefördert und in vielen der Blei-Zink-Silberlagerstätten zur Herstellung von „Sormeh"[1] genutzt. Es gab sogar Lagerstätten, in denen der Abbau von Blei-Silbererzen zur Produktion von „Sormeh" (nicht notwendigerweise für Silber?) angenommen werden kann, was sich an den heutigen Namen vieler alter Abbaustätten belegen lässt (z.B. Kuh „Sormeh" und Khan-e-"Sormeh").

Obwohl Zink in alter Zeit weder produziert noch als Metall genutzt wurde, wurde Zinkerz im Mittelalter doch zur Produktion von Tutti (Tutia auf Persisch und „Tuthia" in den romanischen Sprachen)[2] abgebaut, genutzt und exportiert, vor allem aus dem Süd-Zentral-Iran, d.h. Kuhbanan Gebiet (Abb. 5).

Lagerstätten

Blei-Zink-Silbervorkommen sind fast auf dem ganzen Iranischen Hochplateau verbreitet. Sogar im Zagros-Gebirge, das bekanntlich über keine metallhaltigen Lagerstätten verfügt, gibt es bei Kuh Sormeh ein Blei-Silber-Zink-Vorkommen. Abbildung 6 zeigt eine Über-

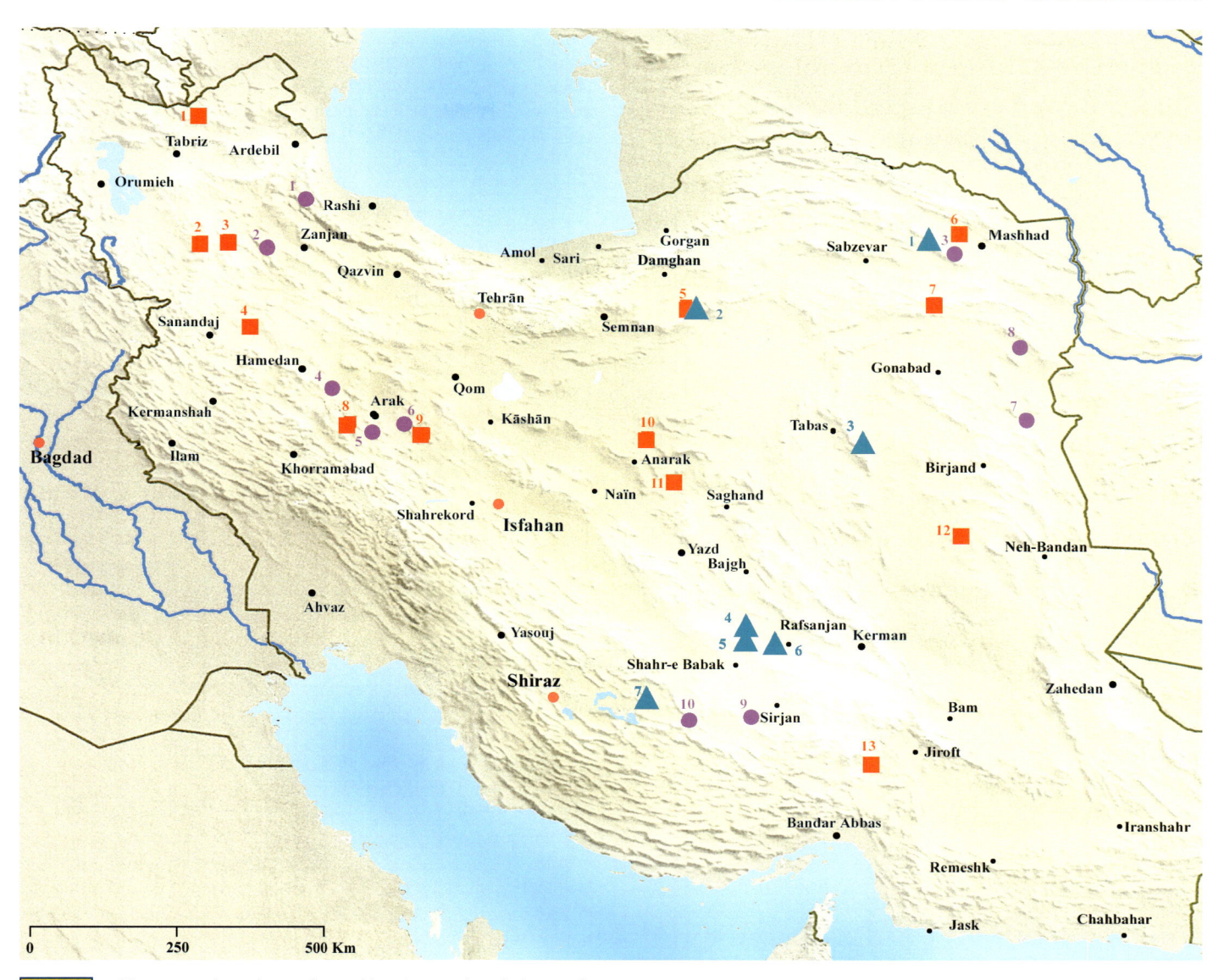

Abb. 7: Verteilung der antiken Gold-, Eisen- und Türkisbergwerke.
Gold (rot): 1) KHOYNARUD, Au, 2) AGHDARREH, Au (As, Sb, Hg, Pb, Zn), 3) ZARSHURAN, Au (As, Sb, Hg, Pb, Zn), 4) DASHKASAN, Au (As, Sb), 5) KUHZAR (DAMGHAN), Au, Cu, Tq, 6) TORGHABEH, Au, 7) KUHZAR (KASHMAR), Au, 8) ASTANEH, Au, 9) MUTEH, Au, 10) KHUNI, Au, 11) ZARRIN, Au, 12) GHALEH ZARI, Au, Cu, 13) ZARTOROSHT, Au.
Iron (lila): 1) MASULEH, Fe, 2) KAVAND (DAMIRLI GROUP), Fe, Au?, 3) PIVEZHAN, Fe (Pb, Zn), 4) AHANGARAN (EAST MALAYER), Fe, Pb, Zn, Ag, (Au, Cu, Ba), 5) SHAMSABAD, Fe, (Pb, Zn, Ag, Cu), 6) KHUGAN, Fe, Pb, Ag, (Ba), 7) SANGAN, Fe, 8) AHANGARAN (EAST IRAN), Fe, Cu, Pb, Zn, Ag , 9) GOLEGOHAR, Fe, 10) NEI-RIZ, Fe.
Turquoise (türkis): 1) NEYSHABOUR (MADAN), Turquoise (Cu, U), 2) KUHZAR (DAMGHAN), Turquoise Au, (Cu), 3) GAZU, Turquoise, Cu, 4) LACHAH (MEDUK), Turquoise Cu, (Au, Mo), 5) ADEABAGH, Turquoise, Cu, 6) SARCHESHMEH (CHAH FIRUZEH), Turquoise, Cu, Au, (Mo), 7) KUHN-E-MES (RUNIZ), Turquoise, Cu.

sicht über die geographische Verteilung all dieser Vorkommen und ihrer geochemischen Anomalien in Iran. Von wenigen Ausnahmen abgesehen sind fast alle Blei-Zink-Silbervorkommen in Iran in karbonatische Gesteine aus dem Kambrium, dem Devon, Perm, der Trias und der Kreidezeit sowie dem Tertiär eingebettet. Die Vorkommen des unteren Kambriums sind in Schiefer und Karbonate eingebettet. Das Zn : Pb-Verhältnis ist hoch. Die Vorkommen von Kushk und Anguran, die zu den größten Zink produzierenden Bergwerken in Iran zählen, sind die besten Beispiele dieser Gruppe. Das Nebengestein dieser Vorkommen sind Karbonate aus dem unteren Kambrium, mit einigen Ausnahmen aus dem Jura und dem Eozän. Die Blei-Zink-Silbervorkommen gehören nach ihrer Genese zum Irischen und dem Mississippi-Valley-Typ. Das Zn : Pb-Verhältnis variiert in den verschiedenen Formationen und geographischen Lagen, ist aber meistens > 2 und kann in einigen Fällen > 5 betragen. Es ist im ganzen Iran beachtlich hoch in allen Vorkommen, die in triassischen Karbonaten liegen. Der Silbergehalt ist in Abhängigkeit vom Bleigehalt beachtlich hoch in den Vorkommen, die in permischen Karbonaten eingebettet sind (Duna und Shakin sind zwei Beispiele). Vorkommen in Trias-Karbonaten sind die häufigsten und geographisch meist verbreiteten in Iran, gefolgt von jenen, die in kretazischen Karbonaten auftreten. Blei-Zink-Silbervorkommen in eozänen Gesteinen sind gekennzeichnet durch Kupfer-Barium-Gold-Paragenesen. Die Elementassoziation von Ba, Cd, Ge, Ga und Cu variiert naturgemäß nach dem Zn : Pb-Verhältnis, je nach geographischer Situation, nach Typ und Alter des Nebengesteins.

Antiker Bergbau

Die Blei-Zink-Silbervorkommen wurden in Iran seit prähistorischer Zeit bis in die Gegenwart abgebaut. Der Abbau dieser Vorkommen galt hauptsächlich dem Silber, das metallurgisch aus dem Blei extrahiert wurde, aber auch Blei wurde als Nebenprodukt abgebaut. Zink wurde ebenfalls zur Produktion von Tutti abgebaut. Bleiglanz wurde unmittelbar (ohne Schmelzen oder Reduktion) für die Herstellung von „Sormeh" verwendet. Der antike Bergbau von Blei-Zink-Silbervorkommen ist auf dem Iranischen Hochplateau weit verbreitet. Überreste alten Bergbaus (Abraumhalden, Abbau- und Fördergeräte, Abfälle und Tonscherben) findet man in oder bei fast allen bekannten Lagerstätten. Auch Überreste der Erzverhüttung (Schlacken, Tiegelfragmente, Blasebalgdüsen (tuyères), zerstörte Öfen usw.) werden gelegentlich in der Nähe der Abbauorte gefunden, dazu alte zerstörte Siedlungen, die Wohnstätten der Bergleute und Metallarbeiter waren. Die Ortsnamen einiger Blei-Zink-Silbervorkommen spiegeln den antiken Abbau von Silber und Bleisulfid „Sormeh" wider. Die Zahl der Erzlagerstätten mit Überresten alten Bergbaus beträgt über 35. Ihre geographische Verteilung wird in Abb. 5 gezeigt.

Gold: Vorkommen und antiker Bergbau

Es gibt in Iran zwei Arten von Goldvorkommen. Die erste, in der Gold als Hauptprodukt abgebaut wird, und die zweite, in der Gold als Nebenprodukt beim Kupferabbau anfällt. Von den insgesamt 113 bekannten Gold- und goldhaltigen Kupfervorkommen werden nur 13 auf Gold abgebaut (Abb. 7). In den übrigen Fällen ist Gold Nebenprodukt (Abb. 3).

Hinsichtlich Metallogenese, Typ und Alter des Nebengesteins gibt es in Iran zwei Kategorien von Goldvorkommen. Erstens solche, die in einen vorkreidezeitlichen, hauptsächlich paläozoischen magmatisch-metamorphen Komplex eingebettet sind, und zweitens, epithermale Goldlagerstätten des späten Tertiärs, die in Vulkanite und Sedimentgesteine eingebettet sind. Viele der Goldvorkommen liegen in den Aureolen der Porphyrischen Kupfervorkommen in der Gegend um Kerman und Ahar. Alle 13 bekannten Goldvorkommen wurden in alter Zeit ausgebeutet. Es gibt nur einige wenige Goldvorkommen, die in den letzten Jahren erforscht wurden, bei denen keine Relikte alten Bergbaus gefunden wurden. Alter Goldbergbau und altes Hüttenwesen bestehen mit Unterbrechungen von prähistorischer Zeit bis in die Gegenwart. Allerdings steckt der moderne Goldabbau in Iran noch in den Anfängen. Das einzige moderne Goldbergwerk ist Muteh in West-Zentraliran (Nr. 9 in Fig. 7). In zwei weiteren Bergwerken, in Sar Cheshmeh und Qaleh Zari, wird Gold als Nebenprodukt der Kupferproduktion gefördert (Abb. 3).

Eisen: Vorkommen und antiker Bergbau

Eisenabbau und -verarbeitung als ein Zweig der modernen Industrie gibt es in Iran seit 35 Jahren. Obwohl es eine große Zahl bekannter Eisenerzlagerstätten und -vorkommen gibt (Abb. 8), kommt der größte Teil des Eisenerzes aus nur drei Abbaugebieten in Ost-Zentral-, Nordost- und Südostiran (Choghart-Chadormalu-Achse, Sangan- und Golegohar-Gruben). Verschiedene andere kleinere Gruben sind für die Produktion von Stahl, Stahlbeton und anderen Baustoffen in Betrieb. Von diesen wichtigen Eisenerzminen wurde nur in Golegohar seit alter Zeit abgebaut. Die auf der Achse Choghart-Chadormalu liegenden Eisenvorkommen in Ost-Zentraliran, die verschiedene große Eisenerzlagerstätten und das Vorkommen von Sangan in Khorasan umfassen, könnten in alter Zeit abgebaut worden sein; allerdings wurden hier bislang keine entsprechenden archäologischen Forschungen durchgeführt.

Es gibt verschiedene Eisenvorkommen, die tatsächlich auch auf Eisen abgebaut wurden. Aber einige der alten Abbaue in den Eisenerzvorkommen galten offenbar nicht dem Eisen sondern Silber, wie z.B. in Ahangaran, Shamsabad und Khugan (Nr. 4, 5, 6 in Abb. 7). Masuleh und Kavand sind dagegen bekannt für ihre frühe Eisenproduktion. Die Namen dieser beiden Bergwerke tauchen in archäologischen und historischen Texten auf. Auch in Ahangaran in Ostiran wurde wahrscheinlich in der Antike Eisen abgebaut, gemäß dem Namen des Dorfes östlich des Bergwerks. Denn der Name Ahangaran, der in Iran häufig vorkommt, bedeutet „Platz des Eisenschmieds". Der Ortsname ist also ein wertvoller Hinweis, wenn nach Orten gesucht wird, an denen in der Antike Eisen gefördert wurde.

Türkise: Vorkommen und antiker Abbau

Türkis ist ein typisches Mineral, das im Hangenden und in den Aureolen epithermaler, porphyrischer Kupferlagerstätten vorkommt. Die antiken Türkisvorkommen in Nishapur, Kuhzar, Lachah (Meduk) und Sar Cheshmeh liegen alle in den hydrothermal zersetzten Randzonen von Kupfer-Gold-Mineralisationen. Türkisbergbau in Iran (Abb. 7) dauerte mit Unterbrechungen von prähistorischen bis in moderne Zeiten an. Das wichtigste, bekannteste und

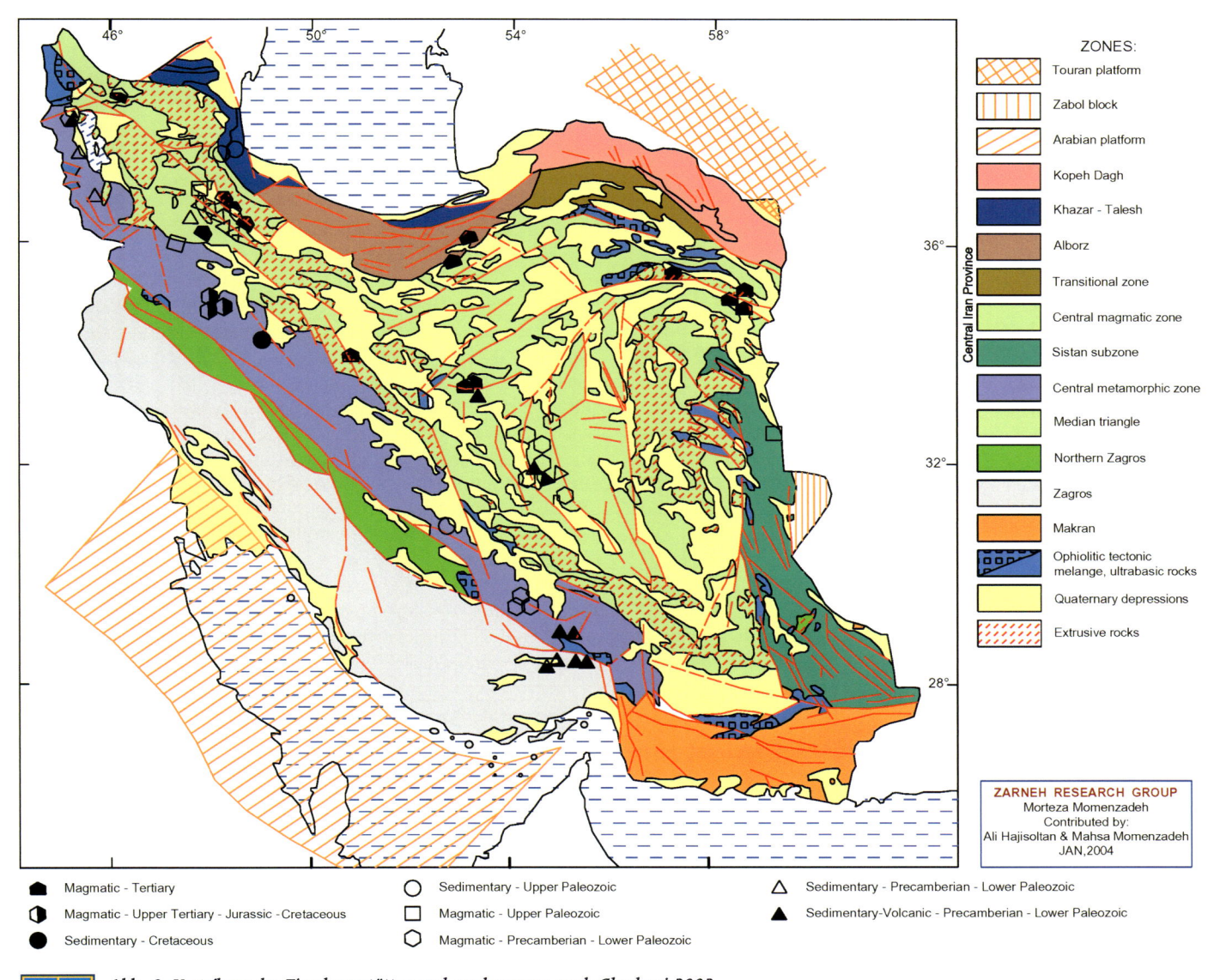

Abb. 8: Verteilung der Eisenlagerstätten und -vorkommen; nach Ghorbani 2002.

am längsten genutzte Vorkommen ist die Türkis-Grube von Nishapur. Einige andere Vorkommen im Westen von Kerman, im Süden von Damghan und südöstlich von Tabas lieferten ebenfalls Türkise. Türkis aus der Gegend von Kerman ist in der Geschichte und Archäologie von Iran gut belegt. Der „Kerman-Türkis" stammt mindestens teilweise aus den porphyrischen Kupferlagerstätten von Sar Cheshmeh und Maduk/Lachah.

Archäologische Fundplätze

Die wichtigsten und bekanntesten archäologischen Fundplätze in Iran sind auf einer Übersichtskarte (Abb. 4) eingetragen. Der Hauptgrund für die Präsentation dieser archäologischen Fundorte ist es, ihre geographische Lage mit der Lage der alten Kupfer-, Gold- und Silbergruben zu vergleichen. Außerdem soll der Frage nachgegangen werden, ob einige der antiken Siedlungen möglicherweise infolge von Bergbauaktivitäten entstanden und gewachsen sind. Der Autor gesteht, dass es manche Ungereimtheiten bei der Beantwortung dieser Frage gibt, zum Beispiel:

1) Fundplätze mit altem Bergbau und Hüttenwesen sind normalerweise sehr klein, während die vorliegende Liste nur die wichtigsten Fundstellen enthält.
2) Die chronologische Koinzidenz von Siedlungsaktivitäten und bergbaulichen Perioden ist ein wesentlicher Parameter für einen derartigen Vergleich. Die ausführlichen Daten fehlen aber bis heute. Deshalb ist wahrscheinlich eine geographische Korrelation von Bergbau und Hüttenplätzen mit archäologischen Siedlungen allein für irgendwelche Schlussfolgerungen über kulturelle und

technische Wechselwirkungen nicht ausreichend. Trotz dieser Einschränkungen kann ein grober Zusammenhang zwischen den archäologischen Fundorten, den alten Produktionsstätten und der geographischen Verteilung von Kupfer- und Blei-Silber-Lagerstätten hergestellt werden.

Zusammenhang zwischen geographischer Lage alter Bergwerke und größeren archäologischen Fundorten

Der chronologisch-geographische Zusammenhang zwischen der Lage alter Rohstoffproduktion und archäologischen Siedlungen ist eine ideale Methode zur Interpretation und zum Verständnis der wirtschaftlich-kulturellen Beziehungen zwischen diesen Fundorten und einem besseren Verständnis der Kulturgeschichte einer Nation. Aber eine genaue Korrelation hängt von detailliertem Wissen über die Archäologie von Bergbauaktivitäten und relevanten Siedlungsperioden ab. Der Stand der Forschung über antiken Bergbau in Iran ist weit entfernt von den minimalen Anforderungen an eine derartige Korrelation. Die Liste der bekannten antiken Bergwerke ist längst nicht vollständig. Das Wissen über bekannte alte Bergwerke, besonders die Produktionsperioden in jedem Bergwerk ist gleich Null. Deshalb ist eine chronologische Zuordnung fast unmöglich. Aber die geographische Zuordnung, obwohl nicht sehr erfolgreich bei der Interpretation, ist doch wichtig als einer der ersten Versuche, sich der Frage nach derartigen kommerziell-kulturellen Beziehungen zu nähern.

Zusammenfassung

Dieser Beitrag ist eine erste Einführung in die Probleme des alten Bergbaus in Iran. Er umfasst aber nur einige Beispiele aus einer langen Liste unbekannter und unerforschter Bergwerke. Es ist zu erwarten, dass die Zahl alter Kupfer-, Gold-, Blei-Silber-, Zink- und Eisenbergwerke um ein Vielfaches höher sein dürfte als die hier genannten. Außerdem gibt es viele Metalle, Nicht-Metalle, Baustoffe, Edelsteine, Salze, Chemikalien usw., die in früheren Zeiten abgebaut und genutzt wurden, in diesem Beitrag aber nicht berücksichtigt werden. Die Präsentation dieser Liste soll den bedenklichen Wissensstand zeigen, den wir von antikem Bergbau haben, was die Beantwortung vieler Fragen bei archäologischen Nachforschungen angeht. Woher stammen die Rohstoffe für Gold-, Kupfer- und Silberobjekte, woher kommt das Rohmaterial für die Luristan-Bronzen? Woher kommen Produkte und Objekte, die in archäologischen Fundstätten entdeckt worden sind? Die vorliegenden Informationen illustrieren und rechtfertigen eher „eine Fragestellung", als dass sie Antworten geben.

Von über 400 Kupferlagerstätten und -vorkommen und etwa der gleichen Anzahl von Blei-Silbervorkommen, die heute bekannt sind, sind nur 79 Kupfer- und 35 Blei-Silber-Bergwerke als antike Bergwerke aufgeführt (Abb. 3, 5). Grund dafür ist, dass fast keine organisierten und geplanten archäologischen Nachforschungen durchgeführt wurden, um antiken Bergbau an Lagerstätten zu dokumentieren. Die hier vorliegende, sehr kurze Liste wurde hauptsächlich von nicht professionellen, freiwilligen Mitarbeitern, zu denen sich der Verfasser zählt, zusammengestellt. Sie ist deshalb viel zu knapp für eine verlässliche Interpretation wirtschaftlich-kultureller Beziehungen zwischen den größeren archäologischen Fundstätten und z. B. den antiken Kupfer- und Silber-Bergwerken. Nach Auffassung des Autors ist es höchst unwahrscheinlich, dass man in Iran Kupfer- oder Blei-Silberlagerstätten, die an der Erdoberfläche ausbeißen, ohne Relikte von antikem Bergbau antrifft. Das heißt, dass die Zahl antiker Bergwerke in Iran mindestens genauso groß sein müsste wie die der (bekannten) Kupfer- und Blei-Silberlagerstätten. Infolgedessen ist eine Korrelation zwischen der geographischen Verteilung der größeren archäologischen Fundstätten und der Verteilung der bekannten Lagerstätten aussagekräftiger als die Korrelation mit den bekannten antiken Bergwerken. Was die wirtschaftlich-kulturellen Beziehungen zwischen antikem Bergbau und archäologischen Siedlungen betrifft, sind die folgenden Beispiele besonders markant:

1) Die Häufung der größten archäologischen Fundstätten in Kurdistan und südlich des Urumieh-Sees passt nicht gut zu der Häufung der antiken Blei- und Silberbergwerke in den angrenzenden Gegenden.
2) Die geographische Verteilung der archäologischen Hauptfundorte passt gut im Zentral-Alborz, in Südwest- und Zentraliran.

Der Verfasser hofft, dass dieser Beitrag den Anstoß zum Beginn eines internationalen Forschungsprojektes geben kann, das die antiken Produktionsorte des Berg- und Hüttenwesens vollständig erfasst, montanarchäologische Untersuchungen durchführt, Datierungen der alten Bergbauaktivitäten vornimmt und die kulturellen Beziehungen zu den entsprechenden Siedlungs- und Kulturzentren erforscht. Ein solches Projekt könnte auch Fragen zur Herkunft von Metallobjekten und Funden aus anderen Materialien beantworten. Zweifellos können die Ergebnisse eines solchen Forschungsprogramms wichtige neue Kenntnisse zur Geschichte von Bergbau und Metallurgie in der Welt liefern.

Danksagung

Der Autor schuldet verschiedenen Kollegen Dank, die Daten zur Verfügung gestellt, wissenschaftliche Aussagen gemacht und zur Herausgabe des vorliegenden Werks Beiträge geliefert haben. Herr Dr. Mohammad Rahim Sarraf hat wichtige Ratschläge zur zeitlichen Ansprache archäologischer Fundorte gegeben. Herr Mohammad Amin Emami erstellte die geographische Verbreitungskarte und die Liste der wichtigsten archäologischen Fundorte in Iran. PD Dr. Th. Stöllner und Prof. Dr. G. Weisgerber haben beim Verfasser das Interesse an der Ausarbeitung dieses Beitrags geweckt. Die Firma Zaryaban and Zarnab Consultant Engineers, besonders Herr B.

Ojaghi, unterstützten die Vorbereitung dieses Artikels finanziell. Die Kollegen von der Zarnab Research Group halfen dem Verfasser beim Schreiben und Zeichnen und bei der Arbeit am Computer. Die Mitarbeiter des Autors, Ali Hajisoltan und Mahsa Momenzadeh, besorgten die Vorbereitung der Karten und Tabellen durch Digitalisierung der Karten und Datenbeschaffung, sowie durch die teilweise Edition des Textes. Ohne ihre Hilfe hätte diese Arbeit nicht fertig gestellt werden können. Der Autor würdigt die Leistungen aller genannten Kollegen und der Kollegen, die zu nennen er versäumte.

Anmerkungen

1. „Sormeh", ein schwarzes Pulver aus zerstoßenem und gemahlenem Bleiglanz, vermischt mit Ölen und Zusatzstoffen, wurde zu kosmetischen und medizinischen Zwecken verwendet. Es wurde als Schminke wegen seiner schwarzen Farbe auf die Wimpern aufgetragen und als Medizin eingesetzt, weil Blei ein mildes Gift ist, das zur Behandlung von Bindehautentzündungen verwendet wird. „Sormeh" wurde, wie andere Kosmetika auch, von Männern und Frauen verwendet. Die Literatur erwähnt, dass „Sormeh" aus Silber, Antimon und Eisen hergestellt wird, aber die beobachteten Fakten, besonders die Ortsnamen der alten Blei-Zink-Silberbergwerke und die Untersuchung einiger Käufer von „Sormeh", hauptsächlich „Attars" auf entlegenen Märkten in Iran, überzeugten den Verfasser, dass „Galena" das ursprüngliche Material zur Herstellung von „Sormeh" ist. Der Autor fand noch kein antikes Bergwerk in Iran an Orten mit Antimon-Mineralisationen. Deshalb ist es unwahrscheinlich, dass Antimonerz für die Herstellung von „Sormeh" verwendet wurde. „Khol" wird in der Literatur als Synonym für „Sormeh" verwendet.
2. „Tutti" ist ein angenehm weißes Zinkoxidpulver. Es wurde in der Antike (und häufig im Mittelalter) durch die Sublimation von Zinkerz (Oxide und/oder Sulfide?) in speziellen Öfen gewonnen. Einige wenige Schriftsteller, darunter Marco Polo, beschreiben den Vorgang. Es wurde in Iran, Indien und überall im Mittleren Osten hergestellt. Der Dampf des Zinkoxids wurde über nasse Lehmstäbe geführt, die auf einem eisernen Rost im Ofen gestapelt lagen. „Tutia" lagerte sich auf den Lehmstäben als Kruste ab. Wenn der Ofen abkühlte, wurde das Zinkoxid von den Lehmstäben als Röhrchen getrennt, wie das Schwert von der Scheide. Dann wurde es gemahlen, mit anderen Substanzen gemischt und als Schminke und/oder Arznei für die Schönheit der Wimpern und/oder zur Pflege der Augen (Heilung von Bindehautentzündung) verwendet.

Bibliographie

BAZIN, D. & HÜBNER, H.:
1969   Copper deposits in Iran. Geological Survey of Iran. Report 13, Tehran.

CHEGINI, N. N., MOMENZADEH, M., PARZINGER, H., PERNICKA, E., STÖLLNER, TH., VATANDOUST, R. & WEISGERBER, G.:
2000   Preliminary report on archaeometallurgical investigations around the prehistoric site of Arisman near Kashan, west Central Iran. Arch. Mitt. Iran u. Turan 32, 281-318.

EMAMI, M. A.:
2002   Mineralogische Untersuchungen zur Archäometallurgie von Toroud, Iran. Master thesis, University Mainz, unpubliziert, 123 Seiten.

GHORBANI, M.:
2002   Economic geology of Iran – An introduction, Ministry of Industries and Mines, National data base of Geosciences of Iran, 695 Seiten (auf Persisch).

HOLZER, H. & MOMENZADEH, M.:
1971   Ancient Copper Mines in the Veshnoveh Area, Kuhestan-e-Qom, West-Central Iran. Archaeologia Austriaca 49, 1-47.

MOMENZADEH, M.:
1976   Stratabound lead-zinc ores in lower Cretaceous and Jurassic sediments in the Malayer-Esfahan district (west central Iran), lithology, metal content, zonation and genesis. Thesis, Institute of Mineralogy-Petrography, Uni Heidelberg, unpubliziert, 300 Seiten.
1989   Porphyry copper in Kerman region southeast Iran. Metallogenic interpretation, unpublished abstract in 28th IGC, Washington D.C., USA (9-19 July 1989), 2 Seiten.
2002   Mining archaeology in Iran. I: An ancient gold mining site of Zartorosht (SW-Jiroft, SE-Iran). Metalla (Bochum) 9.1, 47-53.
2003   Ancient mining and metallurgy in Kerman region – A review, Cheshmeh magazine, No. 2, 8-19 (auf Persisch).

MOMENZADEH, M. & RASHIDNEJAD OMRAN, N.:
1988   Geological potentials of gold in Iran. Geological Survey of Iran, internal report, 34 Seiten (auf Persisch).

MOMENZADEH, M. & SADIGHI, T.:
1989   Place names. A Guide in Detecting Ancient Gold Mines in Iran. In: A. Hauptmann, G. A. Wagner & E. Pernicka (Hrsg.), Archäometallurgie der Alten Welt: Beiträge zum Internationalen Symposium „Old World Archaeometallurgy", Heidelberg 1987. Der Anschnitt, Beiheft 7, Bochum, 307-317.

MOMENZADEH, M., AKRAMI, M., KHOEI, N. & RASTAD, E.:
1973   Preliminary report of lead-zinc mineralization at north of Neyshabour, Geological Survey of Iran, unpubliziert, 37 Seiten.

MOMENZADEH, M., NEZAFATI, N. & PERNICKA, E.:
2002   First indication of tin at ancient mining site near Deh Hosein (west central Iran) – A possible source of Loristan bronze? 33rd International Symposium on Archaeometry, 22-26.04.2002, Amsterdam.

STÖCKLIN, J.:
1968   Structural history and tectonics of Iran. A review. AAPG. Bulletin 5, 52/7, 1229-1258.

Eine kurze Geschichte der archäologischen Forschung in Iran

Sadegh Malek Shahmirzadi

Abb. 1: Die französischen Grabungen in Susa im späten 19. Jahrhundert: im Hintergrund ist das Fort der französischen Delegation in einem frühen Bauzustand zu sehen; Foto: Départment des Antiquités orientales, Louvre.

schen archäologischen Aktivitäten in Iran; von dieser Zeit an bis 1930 waren französische Archäologen die einzigen aktiven Ausgräber im Lande.

Der Staatsstreich von 1921 bedeutete den Beginn der Modernisierung des Iran. Politische und wirtschaftliche Verträge mit Russland, Frankeich und Großbritannien wurden geschlossen. Zu den neuen Verwaltungsmaßnahmen in Iran zählte die Verabschiedung des Antiken-Gesetzes durch das Parlament in den Jahren 1928-29, ein Ereignis, das das Ende der französischen Dominanz der archäologischen Forschung in Iran bedeutete, sowie die Einrichtung der Antiken-Behörde im Jahre 1930. Mit Erreichen des Jahres 1932 war dann Archäologen und Wissenschaftlern aus vielen verschiedenen Ländern die Arbeit in Iran gestattet, jedoch nicht in Khuzestan und vor allem nicht in Susa.

Nachdem das französische Monopol auf die archäologische Forschung gekündigt worden war und das Antiken-Gesetz vom iranischen Parlament verabschiedet worden war, suchten die iranischen Behörden nach Fachleuten zur Organisation der neuen Antiken-Behörde. Zunächst gab es einen scharfen Wettbewerb zwischen Ernst Hertzfeld (Deutschland), Arthur Upham Pope (USA) und André Godard (Frankreich), alle drei Archäologen und Historiker, um die Organisation der neu eingerichteten Behörde. Anfänglich gingen Hertzfeld und Pope eine enge Koalition ein. Später stichelte

Abb. 2: Die französischen Archäologen Roland de Mecquenem, Louis Le Breton und Jamshedji Maneckji Unvala bei einer Mittagspause während der Ausgrabungen in Jafarabad im Jahr 1934; Foto: Départment des Antiquités orientales, Louvre.

Abb. 3: Die französischen Ausgrabungen in Susa in den 1970ger Jahren: Pierre Amiet aus dem Louvre bei der 1972 gefundenen, bedeutenden Statue von Darius des Großen; Foto: Départment des Antiquités orientales, Louvre.

Archäologische Aktivitäten begannen in Iran im frühen 19. Jh., obwohl die Forschung zu diesem frühen Zeitpunkt nur wenig anderes als Schatzsuche darstellte. Die früheste Literatur, die sich auf archäologische Aktivitäten bezieht, datiert in die Mitte des 19. Jh. Während seines Besuches in Iran von 1880 bis 1881 lernte der französische Architekt und Historiker M. Dieulafoy einige der engen Gefährten von König Nasr al-Din Shah aus der Qajaren-Dynastie kennen. Das Ergebnis dieser Treffen könnte man als das Zeitalter der Aufklärung in der Geschichte der iranischen Archäologie bezeichnen.

Sechs Jahre später, während seines zweiten Iran-Besuchs im Jahre 1886, begann Dieulafoy mit Ausgrabungen an der biblischen Stätte von Susa in der südwestlichen Provinz Khuzestan (Abb. 1). Seine Arbeit wurde später von anderen französischen Ausgräbern wie Jacques de Morgan, Roland de Mecquenem und Roman Ghirshman fortgeführt (Abb. 2). Der Letzte von ihnen war Professor J. Perrot. Er leitete die letzte Saison der Ausgrabungen in Susa 1979, wenige Monate vor Gründung der Islamischen Republik (Abb. 3).

Im Jahre 1901 erreichte die französische archäologische Mission unter der Leitung de Morgans ein Monopol für sämtliche ausländi-

Abb. 4: Arbeit in den Tappeh Hesār I Siedlungen im Jahr 1931 (E. F. Schmidt, Excavations at Tepe Hissar Damghan, Philadelphia 1937, Fig. 20).

Pope gegen Godard und Hertzfeld. Letzterer war in Iran tätig und grub die äußerst prestigeträchtige und wichtige Stätte von Persepolis aus. Er wurde schließlich im Stich gelassen und gezwungen, nach neun Jahren den Iran zu verlassen. Er ging in die USA. Sein Nachfolger Erich Schmidt (Deutschland) grub in Ray, südlich von Teheran, und in Tappeh Hesār bei Damghan (Abb. 4). Später wurde Pope seinerseits von Godard beiseite gedrängt, der zum alleinigen Entscheidungsträger in der iranischen Archäologie wurde und den Iranischen Archäologischen Dienst mehr als dreißig Jahre lang leitete. Pope blieb in Iran und verbrachte seine Zeit mit der Veröffentlichung monumentaler Werke zur Untersuchung persischer Kunst. Er starb im Jahre 1960 und wurde am Südufer des Flusses Zayandeh Rood in Isfahān begraben. Nachdem er seine Rivalen auf die eine oder andere Weise losgeworden war, wurde der französische Architekt und Historiker André Godard im Jahre 1930 zum ersten Direktor des Antiken-Dienstes in Iran ernannt und blieb gute 30 Jahre im Amt. Im Verlaufe seiner Arbeit in Iran bestand eine seiner Verpflichtungen in der Fertigstellung des Gebäudes des Iran Bastan Museums im Jahre 1936, dem heutigen Iranischen Nationalmuseum. Ein Jahr später, 1937, wurden sämtliche Objekte vom Masoudieh Palast, in dem sie bis dahin gelagert waren, in dieses neu erbaute Museum verlegt. Der Masoudieh Palast ist ein Gebäude aus der Qajaren-Periode, das heutzutage das Institut für Archäologische Forschung der Iranian Cultural Heritage Organization beherbergt.

Die Zeit von 1930 bis 1950, von der Einrichtung der Antiken-Behörde bis zur Entwicklung der Radiokarbon-Datierung, könnte man als das zweite Zeitalter der archäologischen Arbeit in Iran ansehen. Diese Arbeit wurde von Archäologen mit vielfältigem akademischem und nationalem Hintergrund durchgeführt. Susa in Khuzestan (Ghirshman, Franzose), Persepolis in Fars (Hertzfeld, Deutscher), Sialk in Kāshān (Girshman, Franzose) (Abb. 5), Bakūn in Fars (Schmidt und Langsdorff sowie McCown, Amerikaner), Shah Tappeh in Gurgan (Arne, Schwede), Geoy Tappeh in Azarbaidjan (Burton Brown, Brite) und viele andere Stätten wurden während dieser Zeit untersucht.

In dieser zweiten Phase gab es einen Unterschied zu den früheren Methoden der Ausgrabung und des Herangehens an die Stratigra-

Abb. 5: Roman Ghirshman und seine Frau Tania Ghirshman im Fin Garten bei Kāshān während eines Besuchs des Direktors des Départments des Antiquités orientales, Georges Contenau, der Ausgrabung am Tappeh Sialk 1934, links: Maxime Siroux; Foto: Départment des Antiquités orientales, Louvre.

phie. Die frühen französischen Ausgräber hatten ihre Ausgrabungsprotokolle auf der Grundlage des metrischen Systems erstellt. Mit Beginn des Jahres 1957 wurde diese Methode durch die Einführung der Methode von Martimer Wheeler verfeinert, die zum ersten Mal an der Grabungsstätte von Hasanlu in Azarbaidjan angewandt wurde.

Das hauptsächliche Ziel der Archäologen in dieser Phase war es, durch typologische Studien der Artefakte – besonders Keramik – eine Chronologie der prähistorischen Perioden zu erstellen. Insbesondere McCown führte eine typologische Einteilung Irans in zwei kulturelle Bereiche ein, die Kulturen der „red ware" and „buff ware". Diese Typologie wurde bis 1950 akzeptiert, als sie von einer neuen Gruppe von Wissenschaftlern, zu denen auch anthropologisch orientierte Archäologen gehörten, in Frage gestellt wurde; sie hinterfragten die bestehenden Interpretationen und begannen, eine neue Liste von Zielen für die Untersuchung und das Studium der bestehenden Erkenntnisse zu entwickeln. Während die Einführung einer akzeptierbaren Chronologie für die iranische Vorgeschichte für diese Gruppe von Wissenschaftlern das hauptsächliche Ziel blieb, waren sie ebenfalls der Ansicht, dass eine verlässliche Chronologie eher auf Stratigraphien als auf Schlussfolgerungen aus stilistischen Änderungen bei den Fundstücken beruhen sollte.

Der irakische Staatsstreich brachte Robert Braidwood und sein Team in den Westiran, besonders in das Zagros-Hochland. Braidwoods Forschung konzentrierte sich auf die Entwicklung der ökonomischen Muster und der Ernährung; das hauptsächliche Augenmerk seiner Studien zeigt, dass, obwohl die Chronologie immer noch ein wichtiges Ziel der iranischen Archäologie war, es bezüglich der materiellen Kultur nicht mehr das einzige war. Tatsächlich wurden gerne bereits ausgegrabene Stätten neu untersucht, diesmal unter neuen Forschungsaspekten. Es gibt zwei herausragende Beispiele solcher Neuuntersuchungen: Hasanlu in Azarbaidjan (Dyson, Amerikaner), zuvor ausgegraben von Rad und Hakemi (Archaeological Service of Iran); und Tureng Tappeh in Gurgan (Deshayes, Franzose), zuvor untersucht vom Amerikaner Wulssin.

Nach der Einrichtung der iranischen Antiken-Behörde begannen iranische Archäologen Untersuchungen an der Seite ihrer nichtira-

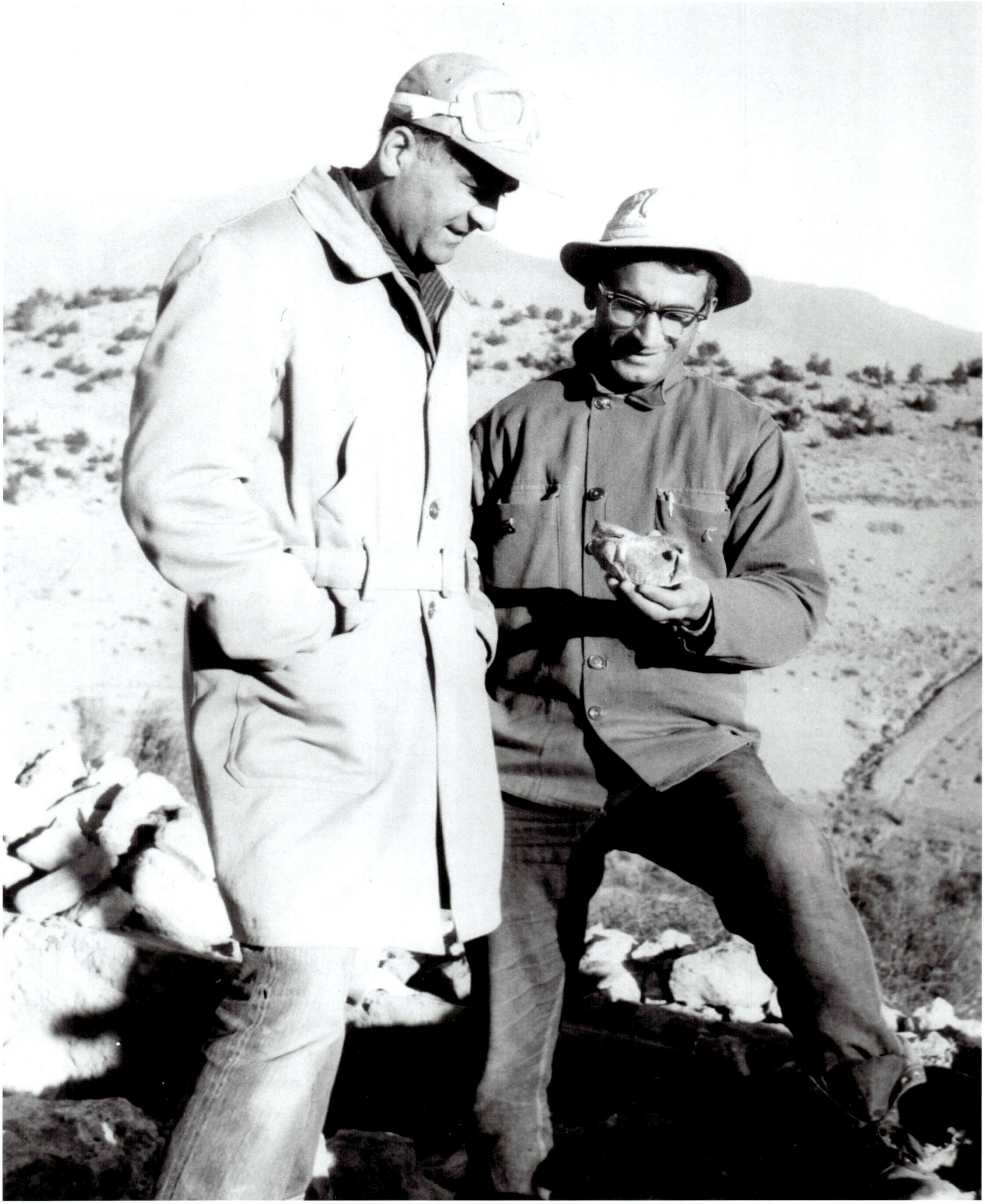

nischen Kollegen. Zunächst wurden iranische Archäologen hauptsächlich an französischen, deutschen, britischen, italienischen und amerikanischen Instituten und Universitäten ausgebildet. In der langen Liste nichtiranischer Archäologen, welche in der Zeit zwischen 1960 und der Errichtung der neuen politischen Herrschaft der Islamischen Republik im Jahre 1980 im Iran gruben und forschten, finden sich die Namen vieler bekannter Wissenschaftler aus den USA, Kanada, Dänemark, Großbritannien, Frankreich, Deutschland und Japan.

Während dieser extrem produktiven Periode archäologischer Forschung in Iran begegnen uns häufig äußerst engagierte deutsche Wissenschaftler und Archäologen, unter ihnen R. Nauman, der am Takht-i Suleiman in Azarbaidjan grub, sein stellvertretender Grabungsleiter H. Luschey, später der Erforscher von Taq-i Bustan bei Kermanshah, oder W. Kleiss, welcher zusätzlich zu seiner Tätigkeit beinahe im gesamten Iran auch Direktor des Deutschen Institutes für Archäologie im Iran und Leiter der Ausgrabungen von Bastam in Azarbaidjan war. Schließlich sind noch H. v. Gall und D. Huff zu nennen, die beide für ihre Studien der sassanidischen Zeit in Iran berühmt sind.

Im Jahre 1940 graduierte die erste Gruppe von Archäologie-Studenten der Abteilung für Archäologie der Fakultät für Geisteswissenschaften der Universität Teheran. Einige dieser Graduierten studierten später an renommierten Universitäten in Europa und den Vereinigten Staaten, wie zum Beispiel Ezat O. Negahban, der nach seiner Rückkehr in den Iran damit begann, die königliche Grabstätte bei Marlik in der Provinz Gilan auszugraben. Die großartigen und exotischen Gold- und Silberschätze von Marlik erregten die Aufmerksamkeit und das Interesse der Vertreter des iranischen Staates, und sie begannen, der Entwicklung der archäologischen Forschung im Feld und an der Universität besondere Aufmerksamkeit zu schenken. Negahban richtete bald an der Universität von Teheran das Institut für Archäologie ein; die Graduierten dieses Institutes wurden im Bereich der archäologischen Feldforschung im gesamten Iran aktiv, einige gingen auch ins Ausland, um zu promovieren bzw. zu habilitieren. 1957 forderte Negahban Braidwood auf, nach Iran zu kommen (Abb. 6). Seine Anwesenheit machte die Richtung klar, die die iranische Vorgeschichtsforschung einnehmen sollte. Zusätzlich zur Untersuchung der Kermanshah-Region grub er in den neolithischen Fundstätten von Sarab, Asiab und Siabid, in der Nähe der Stadt Kermanshah.

Die Periode von 1960 bis zur Islamischen Revolution von 1980 war eine Zeit, in der es das hauptsächliche Ziel der Archäologen in Iran war, die vergangenen Kulturen und ihre Mechanismen zu verstehen. Von 1980 bis 2000 waren in Iran ausschließlich iranische Archäologen aktiv; seitdem hat die Iranian Cultural Heritage Organization damit begonnen, im Rahmen von „Joint Projects" spezielle Zulassungen für archäologische Forschung und Ausgrabungen in Iran zu erteilen. Die beiden ersten wurden dem iranisch-französischen Team, das die Marv Dasht-Region in Fars untersuchte, und dem iranisch-italienischen Team erteilt, das die früheren Untersuchungen bei Old Atigh Mosq in Isfahān fortsetzte. Das erste Team, das tatsächlich bei Ausgrabungen aktiv wurde, war ein iranisch-deutsches Team, welches Untersuchungen und Grabungen in Arisman und Veshnāveh auf dem iranischen Zentralplateau bei Kāshān begann. Ihnen folgte bald ein iranisch-japanisches Team, das im Jahre 2003 bei Rostamabad in der Provinz Gilan im Nordiran Untersuchungen und Begehungen durchführte.

Die Ausstellung des Deutschen Bergbau-Museums Bochum ist die erste Ausstellung außerhalb Irans, die die Ergebnisse der wissenschaftlichen archäologischen Forschung – unter Leitung sowohl iranischer als auch nicht-iranischer Wissenschaftler – vorstellt. Das Ziel dieser Ausstellung ist es, zu einem besseren Verständnis der Rolle Irans, der „Wiege der Zivilisation", bezüglich der Entwicklung des Menschen und der Nutzung von Technologie zu verhelfen.

Abb. 6: Ezat O. Negahban (links) in Diskussion mit Seyfollah Kambakhsh Fard während einer Exkursion in den 1950er Jahren; Foto: DAI, Eurasien Abteilung.

Zur Bedeutung Irans für die Erforschung prähistorischer Kupfermetallurgie

Vincent C. Pigott

Einleitung

Archäologische Befunde scheinen die allgemeine Auffassung zu unterstützen, dass die Ursprünge der Metallurgie in Südwestasien zu finden sind, insbesondere auf den erzreichen Plateaus Anatoliens und Irans. Im Folgenden wird sich die Diskussion zur Beurteilung der Bedeutung Irans für die prähistorische Kupfermetallurgie auf diejenigen Aspekte konzentrieren, die für Iran und die Entwicklung seiner frühesten Metallurgie entscheidend sind, wird doch die Bedeutung Irans so hoch eingeschätzt, dass man vom „Kernland der Metallurgie" überhaupt spricht – d. h. es handelt sich um eine zentrale Region, die auf ihre eigene Weise technologisch vital war und die umliegenden Gegenden stark beeinflusst hat. Die Vorherrschaft Irans in der „prähistorischen" Metallurgie erstreckt sich vom Neolithikum im 7. Jt. v. Chr. bis zur frühgeschichtlichen Eisenzeit des 1. Jt. v. Chr. Es ist besonders wichtig, die Menschen im Blickfeld zu behalten, die diese technologischen Experimente unternahmen, sowie die jeweiligen soziologischen, kulturellen, ökonomischen und geologischen Verhältnisse, in welchen sie lebten. Sesshafte Bauern erkannten während des westiranischen Neolithikums – ca. 8500-4000 v. Chr. (zur Chronologie vgl. Voigt & Dyson 1992) – natürlich vorkommendes Metall, nämlich gediegen Kupfer, als ein eigenständiges Material. Anfänglich sammelten sie es bloß zu dekorativen Zwecken für Schmuck (zum Überblick vgl. Hole 1987a; b; Voigt 1990; Stech 1990). Das früheste und bekannteste Beispiel ist eine einzelne Perle aus gediegenem Kupfer von dem Fundort Ali Kosh auf der Ebene von Deh Luran, wo sie um 6500 v. Chr. in die Fundschichten geriet (Smith 1968; 1969) (Abb. 1).

Mit dem Beginn des Chalkolithikums im 5. Jt. erlernten die Bauern die Kunst, Kupfer aus Erzen zu erschmelzen. Wie es zur Beherrschung dieses Prozesses kam, ist noch nicht völlig geklärt, doch technologischer Fortschritt in anderen mit Feuer und Hitze verbundenen Handwerkstechniken (Pyrotechnik) mag eine bedeutsame Rolle gespielt haben (z. B. Wertime 1973b; Schoop 1995a, 33, Abb. 4). Klar ist aber, dass in relativ kurzer Zeit das iranische Plateau durch verschiedenste einzigartige Zusammenhänge zu einem Zentrum metallurgischer Innovationen und Aktivitäten wurde, die eine weitergehende metallurgische Entwicklung im Laufe der Jahrtausende erleichterten.

Umstände der Entwicklung

Das iranische Plateau als „Technologische Ökumene"

Bei dem Versuch, den übergreifenden Zusammenhang zu charakterisieren und die einzigartig zusammentreffenden Umstände zu verstehen, die die Bühne für die innovativen pyrotechnischen Entwicklungen in dieser Region der Alten Welt bereiteten, verwenden wir hier das Konzept der *Ökumene*, wie es von dem im 20. Jh. herausragenden Anthropologen A. L. Kroeber entwickelt wurde (Kroeber 1946)[1]. In diesem Sinne wird Ökumene als eine Region definiert, in der eine bestimmte Kombination kultureller Prozesse zusammen mit einer konzentrierten technologischen Komponente zu dem führte, was Kroeber als „ein in einander verwobenes Muster aus Geschehnissen und Produkten" bezeichnete. Die frühzeitliche iranische Ökumene war etwas, das wir eine wohl definierte sozio-technologische Interaktionssphäre nennen könnten (vgl. Caldwell 1964; vgl. auch Clarkes Definition eines Technokomplexes[2]), und die vom Beginn des sesshaften Dorflebens an ein „kulturelles Laboratorium" war, in dem mit einer Vielfalt von Materialien und pyrotechnischen Prozessen experimentiert wurde, wodurch häufig dekorative/ästhetische Effekte erzielt wurden (Smith 1976). Man darf die Querverbindungen der verschiedenen möglichen Pyrotechniken im Neolithikum/Chalkolithikum nicht unterschätzen – wie z. B. die Hitzebehandlung des Feuersteins oder die in den Kammern der tanurs (Backöfen) und der Töpferöfen erzeugte Atmosphäre, das Rösten von Kalk mit der sich daraus ergebenden Produktion von Kalkmörtel, d.h. die sichtbare Umformung dieser Materialien aus ihrem natürlichen Zustand in ihre häufig dramatisch andersartigen anthropogen veränderten Zustände (vgl. Paléo-

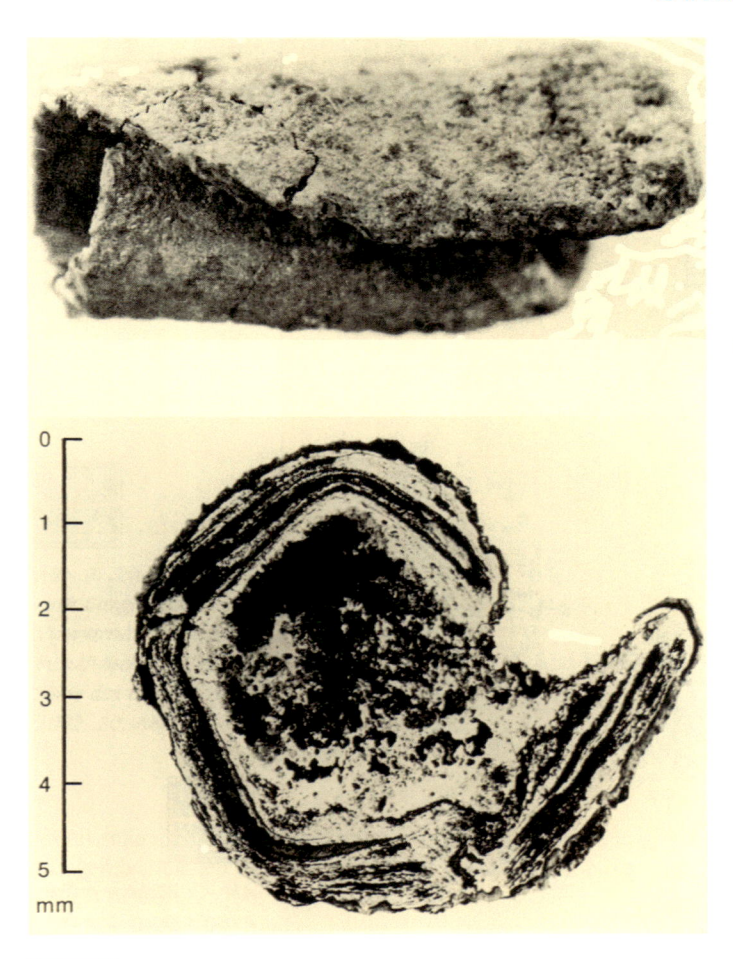

Abb. 1: a) Eingerollte Perle aus gediegenem Kupfer von Ali Kosh, Länge ca. 12 mm; b) Polierter Querschnitt durch die Ali Kosh Perle. Das Metall ist korrodiert, allerdings haben die Endprodukte Cuprit und Malachit die originale Form erhalten; aus Smith 1968; 1969.

rient 2001, 26/2 bez. frühgeschichtlicher Anwendung des Feuers). Die Metallurgie entsprang weder *sui generis* den Köpfen der neolithischen Völker als „Entdeckung" noch als „Erfindung", die auf Not oder Notwendigkeit beruhte. Es handelte sich im wahrsten Sinne des Wortes um eine Innovation, die sich im Laufe der Zeit entwickelte und teilweise auf der Anwendung traditioneller Techniken an neuen Materialien beruhte. Es kann kaum in Frage gestellt werden, dass der Kontext des sesshaften Dorflebens, unterstützt durch neue Ernährungsstrategien, eine bedeutsame und erleichternde Rolle dabei spielte. In diesen frühen Jahrtausenden dienten die meisten Metallobjekte (z. B. eine Perle oder Nadel aus Kupfer) bewusst oder (wahrscheinlicher) unbewusst der Befriedigung ästhetischer oder symbolischer Normen, während gleichzeitig die einfache Ahle oder Punze für bestimmte nützliche Aufgaben verwendet wurde. Dementsprechend ist es dieser kontinuierliche Prozess der Definition von Kontexten, in denen metallurgische Entwicklungen stattfanden, der es uns ermöglicht, besser zu verstehen, warum der frühzeitliche Iran so besonders wichtig war für das Verständnis der Entwicklung der Metallurgie in der Alten Welt. Wenden wir uns von der Diskussion kultureller Umstände und menschlicher Verhaltensweisen zur geologischen Verbreitung der Rohstoffe, dem natürlichen Kontext, aus dem heraus die prähistorische Metallurgie Irans entstehen konnte.

Der geologische Kontext

„Natürliche Prozesse bereiteten den Weg für diese Menschen" – (Charles 1980, 160)

Wenn man einen weltweit von Region zu Region schweifenden Blick auf die Ursprünge der Metallurgie wirft, wird klar, dass anfängliche Entwicklungen sehr oft in metallogenetisch reichen Gebieten konzentriert sind, d. h. in solchen, die durch Fülle und Vielfalt von Erzlagerstätten hervortreten. Dies gilt ganz gewiss für den Iran. Man muss nur die metallogenetische Karte Irans betrachten (Geological Survey of Iran), um den überaus bemerkenswerten Reichtum des iranischen Plateaus festzustellen (vgl. auch Ladame 1945; Bazin & Hübner 1969 bez. der geologischen Berichte über Erzlager auf dem Plateau). Der iranische Archäologe Abdolrasool Vatandoust[3] (1999, 123) hat eine gekürzte Fassung dieser Karte veröffentlicht, welche die Verteilung der Kupfervorkommen veranschaulicht (Abb. 2)[4]. Obwohl man bedenken muss, dass diese Karte auf moderner geologischer Feldforschung mit dem Ziel, ökonomisch nutzbare Erzlager aufzufinden, basiert, macht sie zwei wichtige Punkte deutlich. Erstens zeigt sie, wie großräumig Kupfererz und möglicherweise Metall schon in der frühesten Zeit der menschlichen Besiedlung des Plateaus zugänglich waren und zweitens, dass diese Vorkommen sich in bestimmten Gegenden ballen. Dementsprechend kann die Bedeutung Irans als Kernland der Metallurgie an der Tatsache gemessen werden, dass, verglichen mit anderen Gegenden Südwestasiens, die Häufigkeit abbaubarer Lagerstätten auf dem Plateau relativ am größten ist. Die Menschen in dieser Region müssen die Anzeichen für Lagerstätten an der Erdoberfläche bemerkt haben, da sie sich in Anordnung und Farbgebung von der umgebenden Landschaft unterschieden. Viele dieser Lagerstätten liegen an oder jedenfalls nahe den Rändern der heutigen großen zentraliranischen Wüsten – nämlich der Dasht-e Lut und Dasht-e Kavir. Die großen Inlandwüsten stellen einen der großen geographischen Unterschiede zwischen dem iranischen und dem anatolischen Plateau dar. Eine derart herbe und größtenteils ungastliche Umgebung hatte sicherlich ihren eigenen, ganz speziellen Einfluss sowohl auf die Art der menschlichen Besiedlung als auch auf die Versuche, Erzvorkommen auszubeuten.

Im Verlaufe der ausgedehnten geologischen Zeitspanne, während die polymetallischen, kupferreichen Erzlager auf dem iranischen Plateau tektonisch aufgeschlossen wurden, hat der Verwitterungsprozess diese hauptsächlich sulfidischen Ablagerungen in geschichtete geologische Strukturen umgewandelt, die an der Oberfläche von deutlichen „eisernen Hüten" bedeckt waren (Charles 1980, 158) (Abb. 3). Bis zum heutigen Tag lassen sich diese „Hüte" in der ausgedörrten Landschaft Zentralirans leicht identifizieren und werden auch in der Vorzeit aufgrund ihrer Form und Farbgebung

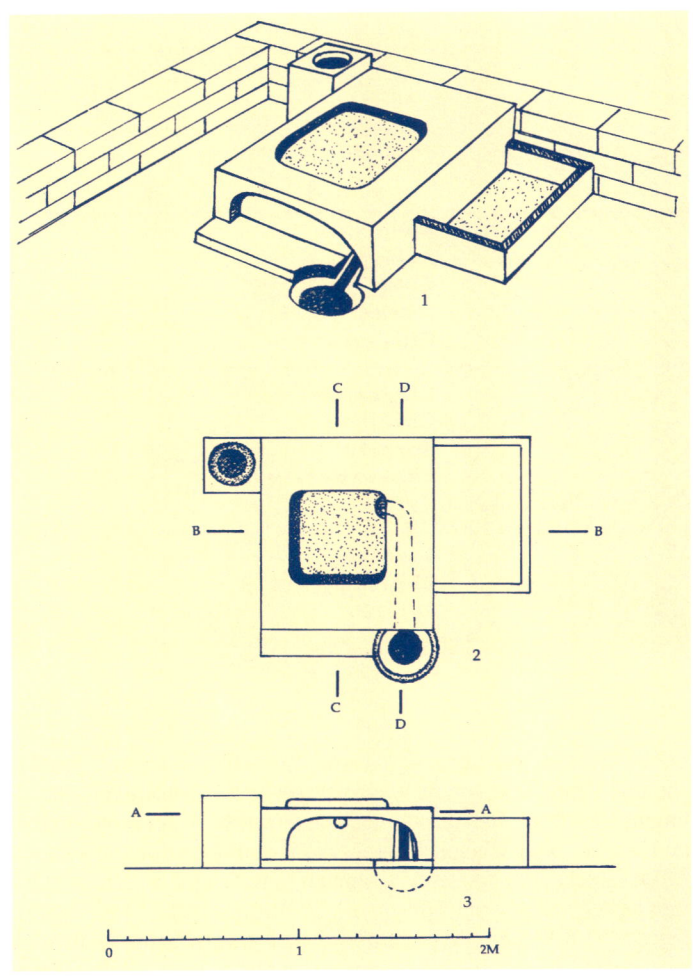

Abb. 4: Sog. metallurgischer Ofen aus der „Handwerkerstadt" von Shahdad; nach Hakemi 1997, 87, Abb. 50.

gediegem Kupfer, wahrscheinlich aus dem lokalen Vorkommen bei Sheikh Ali (Berthoud *et al.* 1982; Berthoud & Cleuziou 1983, 243). Eine Ausnahme könnte die Kupferahle aus dem 5. Jt. sein, die von Thornton & Lamberg-Karlovsky diskutiert wird (in diesem Band) und die eventuell aus arsenhaltigem gediegen Kupfer aus einem der Vorkommen bei Anarak hergestellt wurde (vgl. auch Thornton *et al.* 2002).

Wichtige Fragestellungen

War das iranische Zentralplateau ein sumerisches „El Dorado"?

Die relative Fülle von Produktionsstätten auf dem Plateau führt zu der Frage, auf die Roger Moorey (1993), einer der prominentesten Wissenschaftler zum frühgeschichtlichen Iran und seinen metallurgischen Traditionen, als erster hingewiesen hat. In den zentraliranischen Wüsten war die Besiedlung ursprünglich relativ gering und konnte erst durch die Qanat-Bewässerungssysteme der historischen Perioden zunehmen. Moderne archäologische Untersuchungen entlang der Wüstenränder haben in Verbindung mit verschiedenen Grabungsprojekten keine sonderlich große Siedlungsdichte vor der historischen/islamischen Periode festgestellt. Vieles von dem, was in Zentraliran heutzutage Wüste ist (Kavir oder Lut), war auch in der Frühzeit unbewohnbar. Dementsprechend war die neolithische Besiedlung in der Umgebung der größeren Wüsten erwartungsgemäß gering, während sich die Besiedlung im Chalkolithikum und der Bronzezeit in das iranische Hinterland entlang den Wüstenrändern ausdehnte. Der Zugang zu umfangreichen Vorräten an Rohmaterialien – möglicherweise vor allem Kupfererze – könnte sehr gut zu den Gründen für die zunehmenden Versuche einer Besiedlung der Randzonen gezählt haben. Die Dichte der Kupfervorkommen in der Nähe von Tal-i Iblis und Shahdad im Süden, von Shahr-i Sokhta im Osten, von Hesār im Nordosten und von Sialk und Arisman in Zentraliran (Abb. 2) bietet eine deutliche Erklärung dafür, dass an allen diesen Orten beachtliche Mengen an Abfall aus der Kupferproduktion/-schmelze gefunden werden. Es ist ebenfalls wichtig an dieser Stelle festzuhalten, dass mesopotamische Völker Verbindungen zum umliegenden iranischen Hochland hatten, und zwar durch „Austauschsysteme, die in einigen Fällen zu Beginn des 4. Jt. bereits sehr alt waren" (Yoffe 1993, 31).

Roger Matthews vom Institut für Archäologie (University College London) hat sich in einer kürzlich veranstalteten Vorlesung für die Annahme der Existenz einer Verbindung zwischen sumerischen Konsumenten im mesopotamischen Flachland und der Ausbeutung der Kupfervorkommen auf dem iranischen Plateau im Chalkolithikum (4. Jt.) ausgesprochen. Er stellte die Existenz typischer sumerischer Keramik (die Glockentöpfe[5]) bei einer Anzahl Kupfer produzierender Stätten auf dem Plateau fest, einschließlich Ghabristan (Majidzadeh 1979; 1989), Sialk (Schreiber 2002; Ghirshman 1938), Arisman (Chegini *et al.* 2000), Tal-i Iblis (Caldwell 1967) und Susa im südwestlichen Flachland (Voigt & Dyson 1992, 132). Zu dieser Liste lässt sich noch ein weiterer Kupfer produzierender Ort hinzufügen: Ausgrabungen der Banesh-Periode im späten 4./frühen 3. Jt. im Bereich TUV von Tal-i Malyan (William Sumner, pers. Information; vgl. Nicholas 1990; Pigott *et al.* 2003a). Der Punkt ist, dass bedeutende Kupfermengen in mesopotamischen Stätten dieser Übergangsperiode vom Chalkolithikum zur Bronzezeit zum ersten Mal erscheinen und dass sie aus einem Gebiet stammen müssen, das in relativer Nähe zu umfangreichen Reserven und vorhandenen Produktionskapazitäten lag, wie z. B. dem iranischen Plateau.

Da die meisten iranischen Kupfervorkommen im Inland liegen, bedeutete das, dass mesopotamische Konsumenten auf der Suche nach Metall sich ihren Weg durch das Zagros-Gebirge hindurch erhandeln mussten, quer durch die dort lebenden und durchgehend feindlichen Stämme, um anschließend in einer schwierigen Umgebung viel Zeit mit der Gewinnung von Kupfererz und seiner Verarbeitung zu Metall zum besseren Transport zu verbringen (Moorey 1993, 39-41). Eine vernünftigere Lösung könnte darin bestanden haben, Gemeinden des Plateaus in den Handel mit einzubeziehen, die bereits große Vorräte an erzeugten Kupferbarren besaßen. Dies

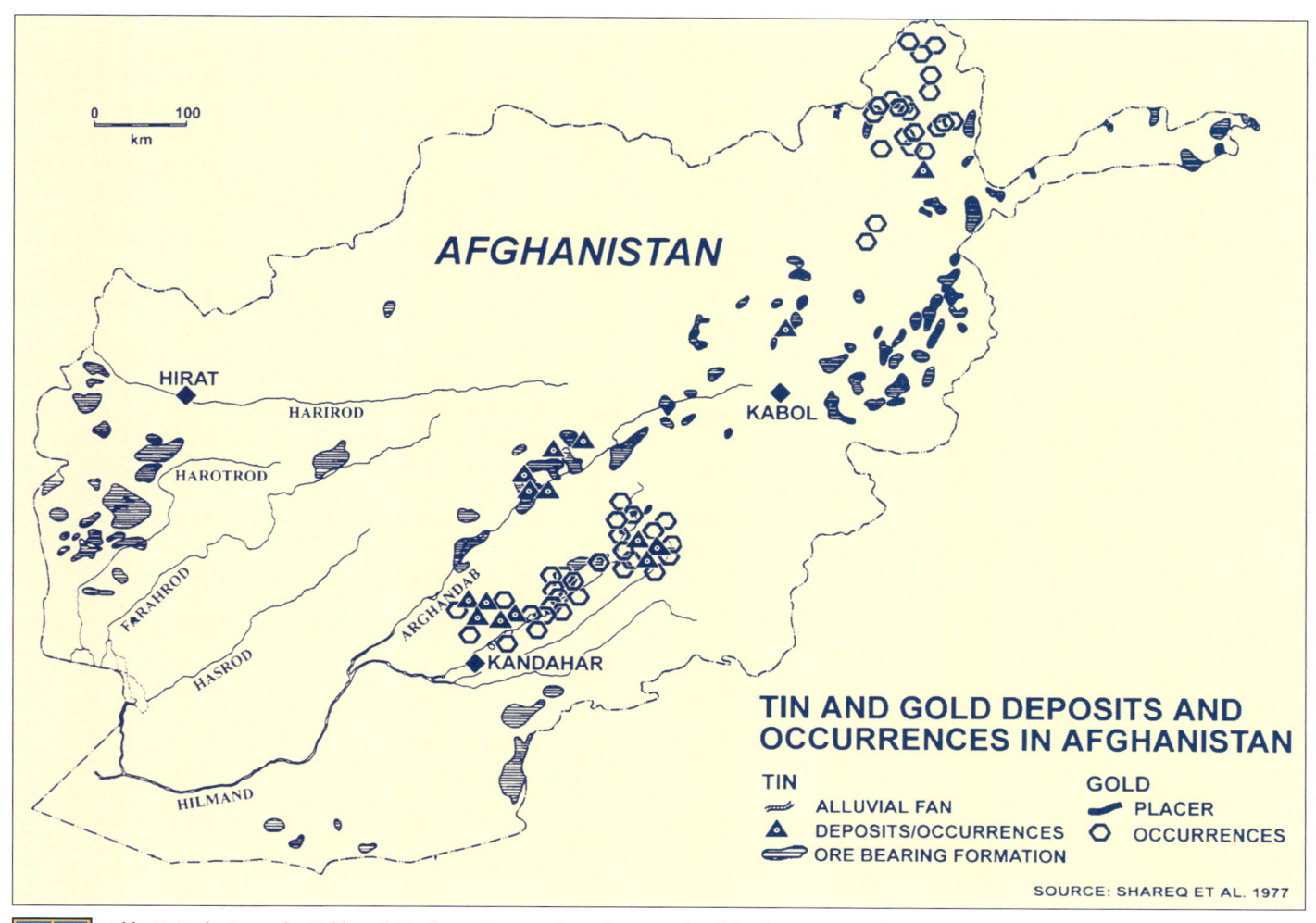

Abb. 5: Verbreitung der Gold- und Zinnlagerstätten und -vorkommen in Afghanistan; aus Stech & Pigott 1986, 40..

würde den Mangel an Nachweisen für das Schmelzen von Kupfererzen im eigentlichen Mesopotamien – selbst in Susa – erklären (vgl. Moorey 1993, 39-41). Diese Nachweise würden dementsprechend auf ein bisher unterschätztes Niveau der Beziehungen zwischen Hochland und Flachland hinweisen, zwischen Iran und Mesopotamien. Dies bestätigt aufs Neue, wie entscheidend die natürlichen Ressourcen Irans in Verbindung mit seinen seit langem bestehenden Traditionen der Metallherstellung im Kontext der Entstehung und des Wachsens der ersten urbanen Zentren der Welt im alten Sumer möglicherweise waren. In Mooreys (1993, 31) Worten: „Welche Rolle auch immer interne Faktoren bei der frühzeitigen Entwicklung der sumerischen Zivilisation spielten, sie wurde unterstützt durch Materialien, welches sie von ihren Nachbarn im Hochland erhielten." Der Iran spielte eindeutig eine Schlüsselrolle als ein, wenn nicht der einzige, frühe Versorger mit Materialien wie z. B. Metall. Mit dem Beginn der Bronzezeit ca. 3000 v. Chr. allerdings verlagerte die technologische Szene allmählich ihren Mittelpunkt, denn erst im 3. Jt. finden wir unter den archäologischen Funden Nachweise für die zunehmende Verwendung von Zinnbronze.

Zinnbronze im Iran der Bronzezeit: Eine Frage der Verfügbarkeit?

Seit Archäologen in den 1980er Jahren feststellten, dass Afghanistan beachtliche Vorräte an Zinnerz besaß (Abb. 5) – häufig in Verbindung mit alluvialem Gold (Cleuziou & Berthoud 1982) – hat der relative Mangel an Artefakten aus Zinnbronze im 3. Jt. auf dem iranischen Plateau die Gemüter verwirrt (Stech & Pigott 1986; Thornton *et al.* im Druck). Dies ist bis zum heutigen Tag so geblieben, besonders auch angesichts der neuen Belege archäologisch relevanter Zinnquellen und bronzezeitlichen Zinnbergbaus in Zentralasien (Cierny 1995; Weisgerber & Cierny 1999; Boroffka *et al.* 2002; Parzinger & Boroffka 2003; Cierny & Weisgerber 2003). Während in Iran bedeutende Zinnvorräte zu fehlen scheinen, aus denen sich die bronzezeitlichen Handwerker hätten versorgen können, stellt Vatandoust (1999, 123) vier Zinn"vorkommen" in Ostiran fest, nahe dem afghanischen Sistan (Strabos (xv.ii.10) „Drangiana"), wobei es sich hier um eine legendäre antike Zinnquelle handelt. Die bronzezeitliche Siedlung von Shahr-i Sokhta, die auch

33

eine wichtige Stätte der Kupferverhüttung darstellte, liegt in der Nähe (Heskel 1982; Tosi 1983; Hauptmann et al. 2003)⁶. Es gibt bis jetzt keine unabhängige Bestätigung für die Natur dieser Zinnvorkommen und ob sie irgendwelche Anzeichen für vorgeschichtliche Ausbeutung bieten, doch ist es sicherlich bedeutsam, dass für Shahr-i Sokhta keine Zinnbronze dokumentiert ist (vgl. Beitrag Thornton & Lamberg-Karlovsky). Vom Standpunkt der Elementanalyse sind Fundstücke aus Zinnbronze in Kontexten des 3. Jt. in Fundstätten auf dem Plateau selten, mit Ausnahme der Begräbnisplätze in Luristan (Moorey 1993, 42). In Nordostiran wiesen von den 200 spektralanalytischen Untersuchungen an etwa 1100 kupferreichen Fundstücken, die aus der gesamten, 4000 Jahre umfassenden Schichtenfolge von Tappeh Hesār ausgegraben wurden, nur sechs die Existenz von Zinn auf (Riesch & Horton 1937, 359; Pigott et al. 1982, 230; Berthoud et al. 1982, 50, n. 66). Dies ist generell repräsentativ für die Nutzung von Zinnbronze auf dem Plateau, und Zinnbronze erscheint in der Regel nicht vor dem frühen 2. Jt. v. Chr., wie z. B. in der Periode IVA von Tappeh Yahya (Thornton et al. 2002) oder in der Kaftari-Periode in Tal-i Malyan in der Provinz Fars (Pigott et al. 2003b).

Malyan war die alte Hochland-Hauptstadt der Elamiter, bekannt als „Anshan", und lag am südlichen Ende des Königreiches von Susa, der Flachland-Hauptstadt in Khuzestan. Möglicherweise aufgrund dieser langfristigen Beziehungen nach Mesopotamien ist Susa die Siedlung in Iran, die Zinnbronze in größerer Menge bereits zum Beginn des 3. Jt. v. Chr. aufweist (Berthoud et al. 1982; Malfoy & Menu 1987). Interessanterweise ist bis zum mittleren 3. Jt. v. Chr. in Luristan, der Gebirgsgegend im Norden von Elam, Zinnbronze genauso üblich wie in Susa (Moorey 1993, 42; Fleming et al. im Druck).

Woher kam die Verbindung von Elam zum Zinn?

Für das 3. Jt. gibt es deutliche Hinweise für die Vermutung, dass Mesopotamien (und Susa) einen großen Teil seines Kupfers aus dem alten Magan, dem modernen Oman, importierte, und eindeutig stark im Handel mit dem Golf engagiert war (vgl. Weeks 2003; Prange 2003). Den Textquellen zufolge ist Elam im späten 3./frühen 2. Jt. v. Chr. nicht nur stark am Handel mit Zinn und Lapislazuli beteiligt, sondern auch durch andere Handelsgüter mit dem Golf verbunden (z. B. Muhly 1973, 292-293; Moorey 1994, 90, 298; Weeks 1999, 51; Potts 1999; Pigott et al. 2003b, 163-165). Nach den gegenwärtig vorhandenen Nachweisen kam Lapislazuli aus der Provinz Badakhshan in Nordostafghanistan und wurde über das Plateau transportiert oder über das Industal und den Golf nach Mesopotamien (Hermann 1968; Tosi 1974a; 1990; Casanova 1992; 1999; Delmas & Casanova 1990; Weisgerber 2004; siehe Beitrag Weisgerber). Dieses Szenario lässt vermuten, dass die Elamiter eventuell über Mittelsmänner am Golf eine Art Konzession für die Belieferung zur Elite gehörender mesopotamischer Kunden mit Zinn und anderen seltenen Gütern hielten. Zu den wahrscheinlichen Kandidaten für die Sicherung des Zinns und den Transport zum Golf sowie in das eigentliche Mesopotamien zählen die Leute der Industal-Kultur, die Zinnbronze in ähnlichem Ausmaße nutzten wie die Mesopotamier (Kenoyer & Miller 1999; Agrawal 2000). Wieder verbinden sowohl schriftliche Quellen als auch Fundgegenstände Mesopotamien mit „Meluhha" – mittlerweile als das Industal identifiziert – und die Nachweise deuten darauf hin, dass Bewohner Meluhhas sich sogar in Ur niederließen (Mackay 1943 und Woolley 1933 in Possehl 1996; vgl. auch Parpola et al. 1977). So besteht also ein weiterer Grund für die Bedeutung Irans bei der Entwicklung der Metallurgie darin, dass eine frühgeschichtliche Polis in Südwestiran – nämlich Elam – eine Hauptrolle im Zinnhandel gespielt zu haben scheint. Interessanterweise scheinen von diesem Handel in erster Linie Elam, Mesopotamien und besonders Luristan profitiert zu haben, während das gesamte dazwischen liegende Gebiet in irgendeiner Weise umgangen wurde. Mögliche Gründe für dieses kulturelle Muster gibt es viele, wie zum Beispiel, dass Zinn zu teuer für den lokalen Verbrauch war oder dass Gemeinschaften sich dafür entschieden, ihre „lokale" Identität durch die Verwendung von Arsenkupfer zum Ausdruck zu bringen[7] (Thornton et al. im Druck). Die Übergangszone zwischen Flachland und Hochland – nämlich Luristan – bietet eine Möglichkeit, dieser Frage nachzugehen.

Zinnbronze in Luristan

Bei den auf Kupfer basierenden Fundgegenständen Irans, welche weltweit vielleicht am besten bekannt sind, handelt es sich um die so genannten „Luristan-Bronzen". Neueste Forschungen an diesen Artefakten haben sich auf die Objekte in den Sammlungen der Museen in aller Welt konzentriert (z. B. Calmeyer 1969; Moorey 1971; Muscarella 1988; 1989). Sie sind bedauerlicherweise das Ergebnis massiver Grabplünderungen während der 1930er Jahre in der entsprechenden Gegend. Eine wichtige Initiative, die diese Artefaktgruppe davor rettete, völlig ohne archäologischen Zusammenhang auf einem Abstellgleis zu landen, sind die Ausgrabungen der belgischen Mission in Iran von 1965 bis 1979, die von dem verstorbenen Louis Vanden Berghe (Universität Gent) geleitet wurden. Ein Vorbericht über ein größeres Programm von Analysen (PIXE-Analysen und Metallographie) der kupferreichen Fundstücke der belgischen Mission, durchgeführt beim Applied Center for Archaeology (MASCA) der University of Pennsylvania, ist im Druck. Diese Forschungen wurden durchgeführt von dem Wissenschaftlichen Direktor von MASCA, Stuart J. Fleming, dem Physiker Charles P. Swann, dem Metallurgen Samuel K. Nash und dem Autor.

Eines der faszinierendsten Ergebnisse der PIXE-Analysen ist, dass die aus dem 3. Jt. stammenden kupferreichen Artefakte von der Begräbnisstätte Kalleh Nisar in Luristan überwiegend Zinnbronzen mit einem beträchtlichen Anteil an Arsen sind. Mit der Eisenzeit allerdings und ihrem klaren kulturellen Übergang ändert sich dies, was die Blüte der lokalen Tradition klassischer „Luristan-Bronzen" einschließt. In diesen klassischen Zinnbronzen ist kein Arsen mehr zu finden. Mehr noch, es gibt keine erkennbare Verbindung zwischen dem Zinngehalt und der Funktion des jeweiligen Stückes, da Waffen und Schmuckstücke eindeutig in unterschiedlichen Kontexten auftreten. Analysen von drei Begräbnisstätten der Eisenzeit, Kutal-i Gulgul, Bard-i Bal und War Kabud, unterstützen diese Beobachtung. Vorläufige Argumente, die von Ernie Haerinck & Bruno Overlaet vorgebracht werden (2002; im Druck) – beide publizieren

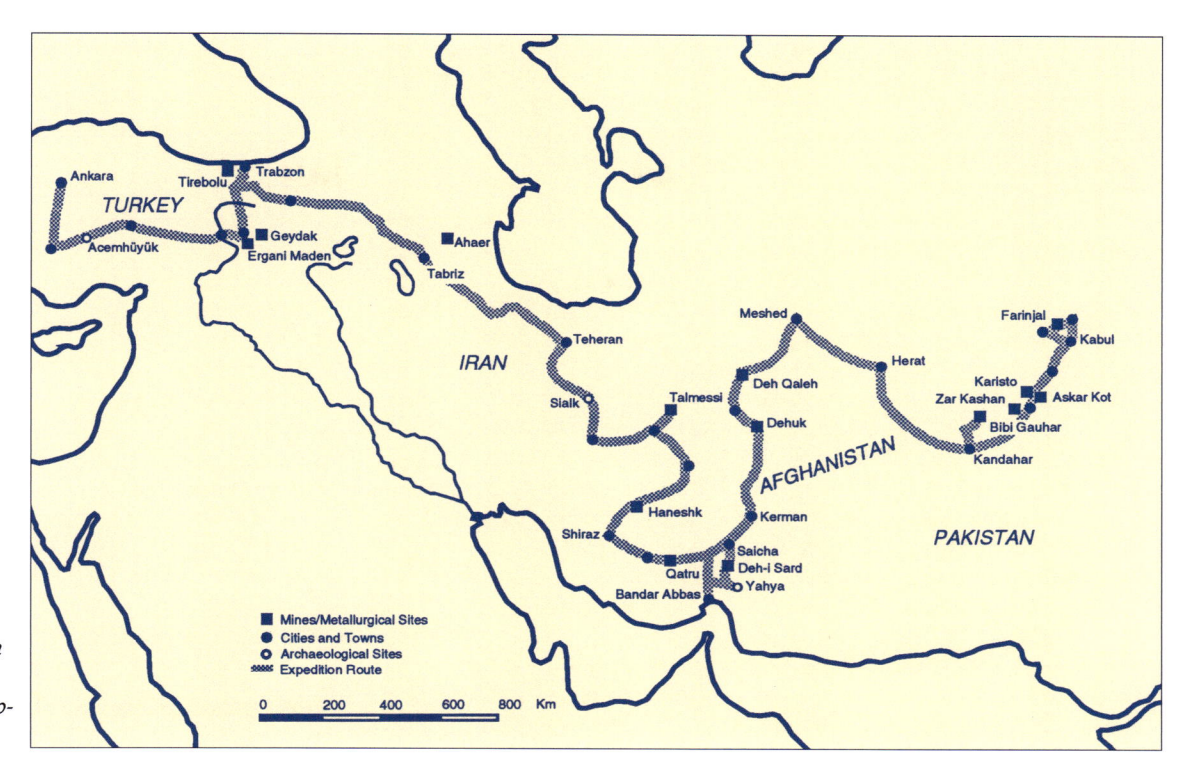

Abb. 6: Route der 1968 unter Leitung von C. S. Smith und Th. A. Wertime durchgeführten Expedition zu metallurgischen Plätzen Anatoliens, Irans und Afghanistans, nach: Tylecote 1970, 285, Abb. 1

zur Zeit die Ausgrabungen der belgischen Mission – gehen in die Richtung, dass ein Teil der Zinnbronze, die zur Herstellung der auf Kupfer basierenden bronzezeitlichen Artefakte aus Luristan verwendet wurde, möglicherweise aus Mesopotamien/Südwestiran (Khuzestan) kam. Zur Unterstützung dieser Argumentation sind wir der Ansicht, dass Mesopotamien wiederum dieses Material von Plätzen weiter im Süden bezog – nämlich vom Golf (Fleming *et al.* im Druck). Das Studium der „Luristan-Bronzen", fraglos eine der am besten zu unterscheidenden Traditionen des Metallhandwerks im frühgeschichtlichen Iran (und in Südwestasien), sollte weiterhin eine Quelle wissenschaftlichen Interesses und der entsprechenden Debatten sein.

Die Bedeutung der archäometallurgischen Feldforschung in Iran

Während Vanden Berghes archäologische Expeditionen nach Luristan von zentraler Bedeutung für das Verständnis einer wichtigen prähistorischen metallurgischen Tradition in Iran waren, gibt es eine ganze Reihe von bedeutsamen archäologischen Untersuchungen, die sich besonders auf die metallurgischen Überreste selbst konzentrierten. Zwei archäometallurgische Felduntersuchungen sollen hier beleuchtet werden, insbesondere wegen ihrer Konsequenzen für die sich daraus ergebende Forschung. Der Beginn der modernen archäometallurgischen Forschung in Iran ist durch mehrere wichtige, voneinander unabhängige Forschungsinitiativen gekennzeichnet. Zu den daraus resultierenden Publikationen gehören C.C. Lamberg-Karlovskys Dissertation (1965) an der Abteilung für Archäologie der University of Pennsylvania, die die erste Zusammenfassung der wichtigen archäometallurgischen Funde aus dieser Gegend bot (vgl. Lamberg-Karlovsky 1967), die Publikation von Hans Wulff aus dem Jahre 1966, The Traditional Crafts of Persia, mit ihren Kapiteln über Bergbau und traditionelle Metallbearbeitung, die Publikation von Joseph R. Caldwell von 1967 über die Ausgrabungen bei Tal-i Iblis mit ihren Nachweisen für frühe Kupferproduktion und die Veröffentlichung der analytischen Arbeiten, die von Cyril Stanley Smith an der Rohkupfer-Perle von Ali Kosh und einer Nadel von Sialk durchgeführt wurden (Smith 1968; 1969).

Smith spielte eine entscheidende Rolle bei der Initiierung des wissenschaftlichen Interesses am Studium der Archäometallurgie, und der Iran stand besonders im Zentrum seines Interesses. Dieses entstand höchstwahrscheinlich aufgrund der beträchtlichen Anstrengungen von Theodore A. Wertime, einem Technologiehistoriker und Organisator einer Reihe von „metallurgischen Expeditionen" durch Südwestasien mit besonderer Konzentration auf Iran. Die erste davon fand 1961 statt, als Wertime bei der US-Botschaft in Teheran arbeitete. Smith nahm an den nächsten Expeditionen in den Jahren 1962 und 1966 teil, vielleicht auch 1967, und wieder im Jahre 1968 (vgl. Arab 2003; Beitrag Rehren & Arab) (Abb. 6). Diese Untersuchungen wichtiger Erzlager, Bergwerke und Ausgrabungen der Vergangenheit und Gegenwart sowie verschiedener anderer historischer Örtlichkeiten gehörten in der Alten Welt zu den allerersten derartigen zentralen Bemühungen, die „Landschaft" der antiken metallurgischen Aktivitäten zu charakterisieren.

Anders als Smith wurde Wertime bei verschiedenen Gelegenheiten auf seinen Untersuchungen in Südwestasien von herausragenden Wissenschaftlern, einschließlich Frederick Matson (Spezialist für antike Keramik), Beno Rothenberg (Leiter der Ausgrabungen bei Timna in Israel), R. F. Tylecote (Metallurge/Metallurgiehistoriker), Robert Brill (Spezialist für antikes Glas und Pb-Isotope) und Radomir Pleiner (siehe Beitrag Pleiner)[8] (Archäologe/Spezialist für antikes Eisen) begleitet. Der Iran war für Wertime von besonderem Interesse wegen seiner Erfahrungen im Diplomatischen Dienst in Teheran. Schließlich fanden die Ergebnisse aus dem Iran besondere Aufmerksamkeit in seinen Publikationen in den Zeitschriften Science (vgl. Wertime 1968; 1973a) und American Scientist (1973b) sowie in den Veröffentlichungen von Tylecote (1970) und Pleiner (1967). Diese lose Gemeinschaft von Spezialisten, jeder von ihnen auf andere Aspekte der Archäometallurgie konzentriert, sah entweder aus erster Hand den Reichtum an Nachweisen in Iran oder erfuhr durch die Kollegen davon. Diese Wissenschaftler gehörten zu den „Gründervätern" des modernen Studiums der Archäometallurgie, und ihr persönliches Interesse an Iran hat das Land seitdem zu einem Mittelpunkt wissenschaftlichen Interesses werden lassen.

Die Aufmerksamkeit, die der iranischen Archäometallurgie *in situ* erwiesen wurde, sollte nicht nachlassen, als die Expeditionen Wertimes zu Ende gingen. Zwischen 1975 und 1978 leitete ein französischer Doktorand in Physik an der Universität Pierre et Marie Curie in Paris, Thierry Berthoud, ein Team von französischen Archäologen und Geologen auf einer ausgiebigen Untersuchung zur Sammlung von Belegen und Proben an wichtigen Stätten, die mit Bergbau oder archäometallurgischen Aktivitäten in Iran, Oman und Afghanistan in Zusammenhang standen (z. B. Berthoud 1979; Berthoud *et al.* 1982) (Abb. 7). Diese Untersuchung war eine gemeinsame Mission des Centre Nationale de Recherches Scientifiques, des Laboratoire des Museés de France und des Commissariat à L'Energie Atomique. Dieses Vorhaben unterschied sich von denen Wertimes dahingehend, dass die Geologen des Teams mit der Aufgabe betraut wurden, Funde von wichtigen bekannten Kupferlagerstätten in einem weiten Gebiet zusammenzutragen, um eine Datenbasis bezüglich der Zusammensetzung der Spurenelemente zusammenzustellen. Diese wiederum wurden mit den Elementanalysen verglichen, die Berthoud durchführte, indem er Emissions- und Massenspektralanalysen an kupferreichen Artefakten von iranischen Stätten der Bronzezeit (insbesondere Susa) vornahm. Es stellte sich heraus, dass ihre Arbeit eine Verbindung zwischen dem gediegen Kupfer von Talmessi und den aus dem 3. Jt. v. Chr. stammenden, in Susa in Khuzestan ausgegrabenen Artefakten (Periode I) sowie dem Jebel Hamrin in Irak (Berthoud *et al.* 1982, 43) herstellte. Zusätzlich zeigte sich, dass diese Analysen die Annahme einer Verbindung zwischen Kupfer aus Oman und bronzezeitlichen Fundstücken aus Susa unterstützte[9]. Ein drittes wichtiges Ergebnis ihrer Forschung war die Identifikation von Zinnvorkommen in Ostafghanistan im Sarkar-Tal mit seinen zahlreichen bronzezeitlichen Stätten. Dies waren die ersten Lagerstätten dieser Art, die von einem archäometallurgischen Team in Südwestasien dokumentiert wurden, und sie liegen nicht weit von der iranischen Grenze entfernt (Cleuziou & Berthoud 1982).

Die französische Forschung sollte sich so weit intensivieren, wie es das Studium der iranischen Metallurgie nur irgendwie lohnte. In den 1980er Jahren, in der Folge der kombinierten Feld- und Laboruntersuchungen von Berthoud und seinen Kollegen, erschien die wichtige Studie der Metalle und der Metallurgie in Susa von Françoise Tallon (1987) mit Analysen von Michel Malfoy und Michel Menu. Diese Studie ist eine der intensivsten Untersuchungen der Metallurgie von ihrem ersten Erscheinen bis zum 2. Jt. v. Chr., deren Schwerpunkt auf der Typologie und Zusammensetzung der Fundstücke im Kontext eines einzelnen größeren urbanen Zentrums für ganz Südwestasien liegt. Die metallurgischen Entwicklungen im Flachland von Susa über die Zeiten hinweg bieten den Blick auf einen Mikrokosmos des technologischen Wandels und der Trends im weiteren Mesopotamien, während sie gleichzeitig nützliche Einblicke in die prähistorische Interaktion zwischen Flachland und Hochland bieten.

Drängende Fragen zur zukünftigen archäometallurgischen Forschung in Iran

Es gibt zahlreiche umfangreiche Fragestellungen zu den frühen Phasen der metallurgischen Entwicklung im frühgeschichtlichen Iran, die zukünftige Aufmerksamkeit verdienen, doch können hier nur zwei davon erwähnt werden. Beginnend mit dem Neolithikum/Chalkolithikum ist es unumgänglich, die Lagerstätten gediegenen Kupfers bei Talmessi und Meskani im Bergbaubezirk von Anarak in Zentraliran neu zu untersuchen, und zwar durch ein kombiniertes Team von Archäologen, Geologen und Montanarchäologen. Man muss im Hinterkopf behalten, dass die Jahrhunderte des Bergbaus bis in die heutige Zeit unvermeidlicherweise die Anordnung der Nachweise verändert haben, möglicherweise sogar bis zu einem Punkt, an dem moderne Neuuntersuchungen nicht mehr fruchtbar sind. Doch sollte sich dieses in Grenzen halten. Systematische Untersuchungen der Oberflächen und der Region bezüglich kultureller Hinterlassenschaften in der Umgebung der Lagerstätten sollten von Archäologen unternommen werden, da bis jetzt derartige Nachweise noch nicht dokumentiert wurden. Montanarchäologen könnten die Spuren menschlicher Aktivitäten an den Lagerstätten dokumentieren, einschließlich der Arbeiten an der Oberfläche und an Untertage-Befunden, da sie ein Auge dafür haben, zu erkennen, wo alte Ausbeutung stattgefunden haben könnte. Geologen könnten ein Programm mit Röntgenuntersuchungen, Spurenelementanalysen (sofern anwendbar) und Pb-Isotopenanalysen zur Charakterisierung der Zusammensetzung dieser Erzlagerstätten, soweit dies archäometallurgisch relevant ist, initiieren, nachdem sie eine statistisch auswertbare Zusammenstellung von Erzen und Gesteinsproben von den Lagerstätten erarbeitet haben. Die Darstellungen in Bazin & Hübner 1969 und in Schürenberg 1963 sind bezüglich der archäometallurgischen Forschung nicht sehr informativ. Zukünftige Forschungsprogramme wären in der Lage, von der wissenschaftlichen Charakterisierung dieser Erzlagerstätten zu profitieren, denn letztere könnten möglicherweise zu einem Element- und/oder Isotopen-Profil des gediegen Kupfers füh-

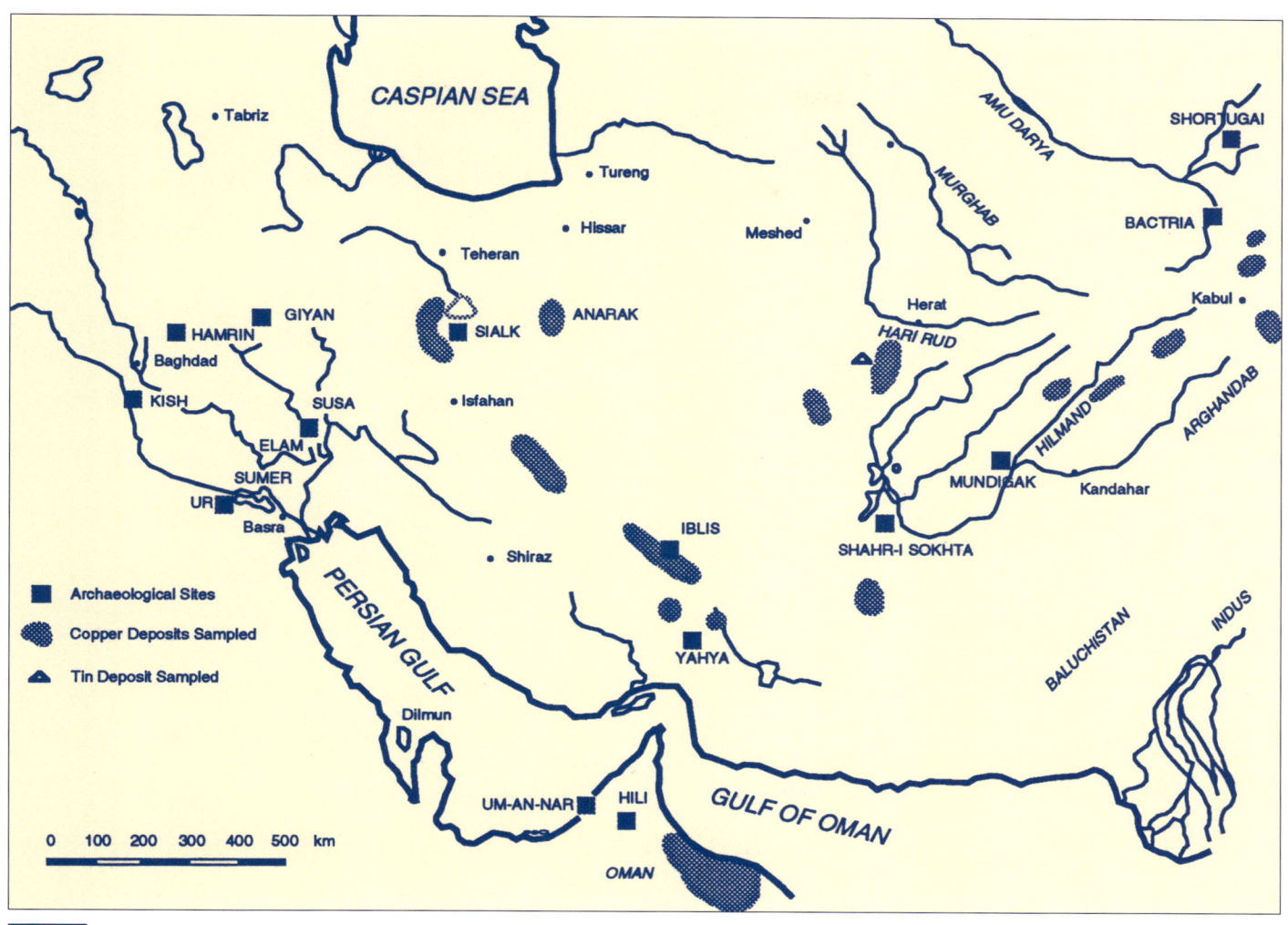

Abb. 7: Karte der wichtigsten Erzlagerstätten, die von der französischen Expedition 1975-1978 besucht wurden; nach: Berthoud et al. 1982, 41.

ren, das in der Frühgeschichte aus diesen Lagerstätten gewonnen und dann verwendet wurde. Solche Profile könnten Anwendung finden für Vergleichsstudien früher kupferreicher Fundstücke, die an Grabungsstätten in Iran ausgegraben wurden oder noch werden. Zu den wichtigeren Themen, die bezüglich des Chalkolithikums und der Bronzezeit noch bleiben, zählt die Frage nach den Quellen für Arsenkupfer auf dem Plateau. Eine Neubearbeitung dieser Frage, zusammen mit Geologen des Geological Survey of Iran, unter Berücksichtigung derzeitiger Kenntnisse über die Verfügbarkeit von Kupferarsenerzen könnte sehr gut neue Informationen erbringen. Sind die bekannten Lagerstätten so begrenzt, wie bisher angenommen (Heskel 1982; Heskel & Lamberg-Karlovsky 1980)? Im archäologischen Sinne könnten kupferreiche Artefakte aus den in Frage kommenden Perioden, wenn sie in einer Kontext, Typologie und wissenschaftliche Analyse kombinierenden Studie untersucht werden, neue Informationen darüber liefern, wo Arsenkupfer produziert wurde und wo es u. a. auf dem Plateau ausgetauscht wurde.

Als Ergebnis mag sehr wohl die Bedeutung Irans als ein sumerisches „El Dorado" konkreter erkennbar werden.

Ausgrabungsspezifische Untersuchungen

Wenn wir uns einer mehr an Fundstücken orientierten Diskussion zuwenden, können hier wiederum nur einige wenige frühe Fundstätten kurz erwähnt werden. Die archäometallurgischen Hinterlassenschaften aus dem chalkolithischen Tappeh Ghabristan verdienen eine auf die Stätte bezogene Analyse. Neue Ergebnisse könnte eine Studie in Erfahrung bringen, die sich auf die ausgegrabenen Schmelztiegel und Gussformen (Abb. 8) und ihre pyrotechnische

Geschichte konzentriert, in Verbindung mit einem Programm der Element- und metallographischen Analysen der kupferreichen Fundstücke aus den Schichten des Fundplatzes. Ein Versuch, das Vorkommen der 20 kg Malachit, die in der Werkstatt gefunden wurden, in einem lokalen Erzgang zu finden, wäre ein originelles Unternehmen. Ghabristan bietet eines der besten Beispiele für eine frühe Kupferverhüttung in Südwestasien und seine Hinterlassenschaften verdienen eine intensive Studie, um seinen „Technologiestil" bei der Kupferproduktion an sich und bei der Herstellung von Artefakten zu bestimmen (vgl. Lechtman 1977; Hegmon 1992; 1999). Es ist kaum eine Frage, dass die archäometallurgischen Überreste, die in Shahdad (dem alten Khabis) ausgegraben wurden, einer kritischen Neubewertung bedürfen (Abb. 9). Dies würde sehr stark davon abhängen, ob die dort in den fünf Werkstätten ausgegrabenen „Schmelzöfen" so weit erhalten sind, dass sie wissenschaftlich neu untersucht werden können. Wurden während der Ausgrabung Proben von den Produktionsabfällen genommen? Sicherlich könnten an dem Fundplatz selbst neue Proben systematisch gesammelt werden. Unglücklicherweise beschreibt die Publikation dieser pyrotechnischen Befunde die Natur der metallurgischen Tätigkeiten nicht deutlich genug (Hakemi 1992; Hakemi & Sjjadi 1997, 85-114). Die „Schmelzöfen" sind anders als alles, was bisher an anderen Stellen ausgegraben wurde, und scheinen nicht zum Vorgang der Verhüttung oder auch nur des Schmelzens zu passen. Schlacken von dort entsprechen morphologisch denen von Shahr-i Sokhta. Angesichts der Tatsache, dass die Werkstätten von Shahdad zu den größten Konzentrationen derartiger Anlagen in ganz Südwestasien zählen, sollten sie nicht auf Dauer rätselhaft bleiben dürfen.

Eine Neubewertung der Nachweise von Tal-i Iblis würde ebenfalls neue Informationen zu den metallurgischen Tätigkeiten erbringen, die an diesem Ort stattfanden. Wenn man auch in Betracht ziehen muss, dass die Stätte durch das Graben der örtlichen Dorfbevölkerung nach fruchtbarer Erde schwer beschädigt wurde, so könnte doch eine systematische Oberflächenuntersuchung neue Proben erbringen, die es wert wären, untersucht zu werden. Falls die Stätte nicht vollständig zerstört ist, könnten durch einen systematischen Survey noch weitere Schmelztiegel und Kupfererzstücke gefunden werden. Weitere Sondageschnitte könnten Holzkohle zur Datierung sowie metallurgische Funde erbringen. Die Oberfläche wirkt übersät mit großen Kieselsteinen, die möglicherweise zum Zerkleinern von Erz benutzt wurden, diese könnten gesammelt und vor diesem Hintergrund neu untersucht werden (Caldwell 1967).

Die Erlangung von Informationen über die Produktion von bronzezeitlichen Siedlungen ist ein besonders wichtiger, zentraler Punkt für die Forschung, und die derzeitigen Ergebnisse an iranischen Stätten sind ermutigend. Abgesehen von den letzten Analysen, die sich auf Tappeh Sialk (Schreiner 2002) und Shahr-i Sokhta (Hauptmann 1980; Hauptmann & Weisgerber 1980; Heskel 1982, 97-120; Hauptmann et al. 2003) konzentrieren, und die hoffentlich fortgeführt werden, bietet die Stätte von Tappeh Hesār noch Unerforschtes in Menge, das ein völlig neues Licht auf die großmaßstäbliche metallurgische Kupferproduktion während seiner bronzezeitlichen Blüte werfen könnte. Wir freuen uns auf deren zukünftige Untersuchung, wie auch auf diejenige der anderen

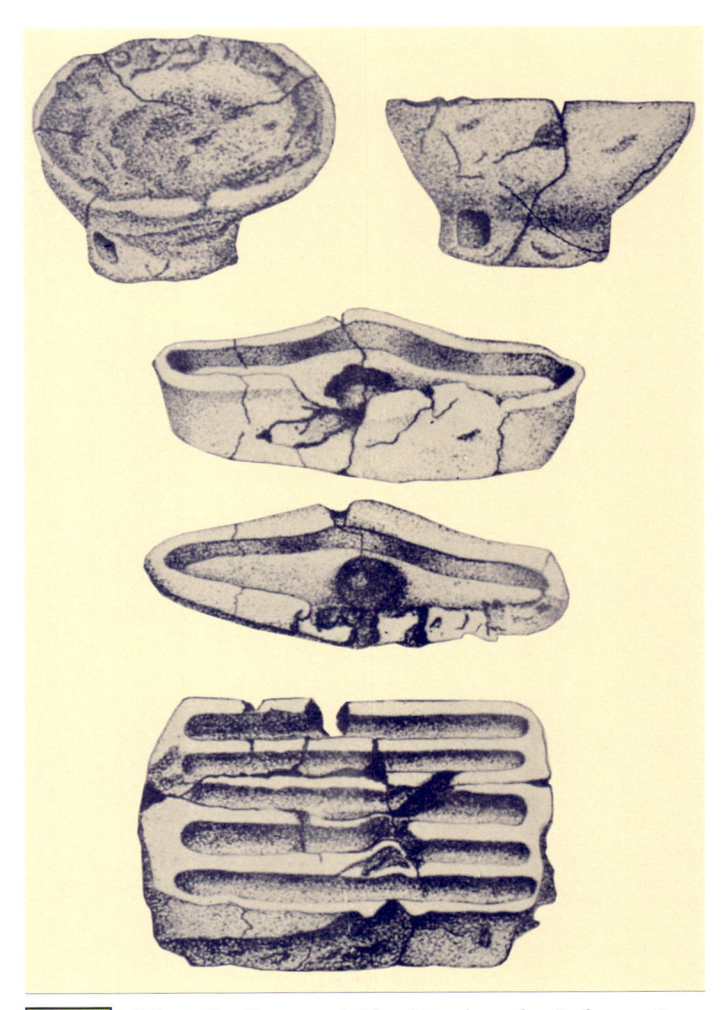

Abb. 8: Gussformen und Schmelztiegel aus den Grabungen Y. Majidzadehs am Tappeh Ghabristan, Schicht II, erste Hälfte des 4. Jt. v. Chr.; aus Majidzadeh 1979,

bemerkenswerten und reichen archäologischen Hinterlassenschaften der frühen technologischen Traditionen, die den frühgeschichtlichen Iran zu solch einer fruchtbaren Quelle fortgesetzter Untersuchungen der frühesten Entwicklung der Metallurgie machen.

Danksagungen

Der Autor ist etlichen Wissenschaftlern für ihre Kommentare, ihre Kritik und ihre Beiträge zu diesem Manuskript zu Dank verpflichtet. Christopher Thorntons zielgerichtete Kommentare unterstützten mich bei der Klärung einer Anzahl wichtiger, zur Diskussion stehender Punkte. Gregory Possehl richtete meine Aufmerksamkeit auf

Abb. 9: Shahdad, die „Handwerkerstadt" nach der Ausgrabung 1977 durch A. Hakemi.

sein wichtiges Kapitel über „Meluhha" in Reade 1996 und die Erwähnungen von Einwohnern Meluhhas in Ur. Gerd Weisgerber stellte mir sein demnächst zur Veröffentlichung anstehendes Manuskript über prähistorischen und historischen Bergbau in Afghanistan zur Verfügung, das die Diskussionen des Lapislazulihandels und der metallurgischen Hinterlassenschaften in Gardan-i Reg enthält. William Sumner half mit nützlichen Kommentaren zur Existenz von Schrägrandschalen an iranischen Fundorten.

Anmerkungen

1. Bezüglich kurzer Hintergrundinformationen zum Begriff „oikumene" siehe Pigott 1999, 118, Anm. 3. Alternativ, falls der Begriff „oikumene" mit seiner Konnotation technischer und verhaltensbezogener Interaktionen zu unpräzise für die derzeitige Diskussion bleiben sollte, kann man auch E. N. Chernykhs (1980; 1992) in gewisser Weise konkreteres Konzept der „metallurgischen Provinz" heranziehen – ein Modell, welches – wie das der „oikumene" – nicht nur der Diskussion in diesem Beitrag unterliegt, sondern auch eindeutig einen Bezug zum iranischen Plateau hat. Mittlerweile ist es jedenfalls Zeit für eine angemessene Kritik des Wertes solcher Modelle und ihrer grundlegenden Konstrukte im Licht der neuesten Feld- und Laboruntersuchungen und der neuesten anthropologischen Theorien.

2. David Clarke (1968, 357) definierte einen Technokomplex als „eine Gruppe von Kulturen, die durch Assemblagen gekennzeichnet ist, die eine polythetische Reichweite miteinander teilen, sich aber bezüglich bestimmter Typen aus derselben Artefakt-Familie unterscheiden, als eine weitgehend diffuse und miteinander verbundene Antwort auf allgemeine Faktoren der Umwelt, der Ökonomie und der Technologie." Dieser Begriff hat viel gemeinsam mit den Konzepten der „oikumene", der Interaktionssphäre und der metallurgischen Provinz.

3. Abdulrasool Vatandoust, der Leiter der Abteilung für internationale Beziehungen der Behörde für kulturelles Erbe des Iran in Teheran, ausgebildet am Institut für Archäologie in London (Promotion 1977) unter R. F. Tylecote, war Teilnehmer an Theodore F. Wertimes metallurgischer Expedition durch die persische Wüste (publiziert 1968) und dem entsprechend vertraut mit dem Potential, das der Iran der archäometallurgischen Forschung bietet.

4. Bezüglich einer weiteren veröffentlichten Karte der Kupferlagerstätten in Iran (und Anatolien) siehe Pigott 1999, 83, Abb. 4.6

5. In zahlreichen Diskussionen sind die Glockentöpfe häufig als mögliche Getreidemaße genannt worden. Unter diesem Aspekt würden Diskussionen, dass sumerische Nahrungsmittel im Austausch für Bodenschätze des Hochlandes wie z. B. Kupfer dorthin gehandelt wurden, weitere Erwähnung verdienen (z. B. Kohl 1978; Ratnagar 2001). Es sollte allerdings festgehalten werden, dass nicht alle Glockentöpfe, die auf dem Plateau gefunden wurden, typischen mesopotamischen Beispielen entsprechen.

6. Dieser Beitrag ist kein Versuch, an den Kontroversen bezüglich der Lage solcher Hinterland-Stadtstaaten wie Aratta, Marhashi und Shimaski teilzunehmen. Moorey (1993, 37) fragt sich, ob Aratta mehr war „als ein literarisches Phänomen – ein mythisches El Dorado, zusammengesetzt aus Wahrheiten und Halbwahrheiten, eher ein Land der Träume als der Realität?" Allerdings fährt er interessanterweise mit der Feststellung fort, dass

„der Periplus Maris Erythraei, der Roms maritimen Handel im Roten Meer, im Golf von Aden und im Indischen Ozean beschreibt, bei der Auflistung der Bewohner von Südafghanistan und Nordostpakistan ein Volk erwähnt, das unter dem Namen Aratrioi bekannt ist, dessen frühere Geschichte aber unbekannt ist." Man fragt sich, ob es irgend einen Zusammenhang gibt zwischen diesen Völkern, dem legendären Mineralreichtum des Landes Aratta, Strabos zinnreichem Drangiana (Sistan) und den enormen, möglicherweise bronzezeitlichen Schichten von Schlacke aus der Kupferverhüttung, die aus Gardan-i Reg in Afghanistan längs der südlichen iranisch-afghanischen Grenze bekannt sind (vgl. Dales & Flam 1969; Dales 1992; Weisgerber 2004).

7   Ein weiterer materieller Unterschied zwischen Mesopotamien und Iran könnte in der Häufigkeit der Verwendung von Türkis in Iran resp. von Lapis in Mesopotamien gesehen werden (vgl. Tosi 1974a; b).

8   Pleiner, der zwischendurch Smiths Gast am MIT gewesen war, schrieb auch den Einführungsbeitrag über Eisen im frühgeschichtlichen Iran (1969).

9   Die Kritiken an der Untersuchung des französischen Teams haben sich mittlerweile gehäuft; z. B. Seeliger *et al.* (1985, 643), die „einige der analytischen und geologischen Annahmen und Verfahren dieses Projektes in Frage stellen, mit dem Ergebnis, dass entscheidende analytische Nachweise dafür, ob das Kupfer einer bestimmten Gruppe von Objekten ursprünglich aus Oman oder aus dem Iran stammt, schwer nachzuvollziehen sind" (Moorey 1994, 249-250; vgl. auch Müller-Karpe 1990, 108; Hauptmann *et al.* 1988, 34).

Bibliographie

AGARWAL, D. P.:
2000   Ancient Metal Technology and Archaeology of South Asia, New Delhi.

ARAB, R.:
2003   The 1968 Pyrotechnological Survey of Afghanistan, Iran and Turkey: Catalogue, Context and Discussion. Unpublished BA thesis. Institute of Archaeology, University College London.

BAZIN, D. & HÜBNER, H.:
1969   Copper Deposits in Iran. Geological Survey of Iran. Report 13.

BERTHOUD, T.:
1979   Etude par l'analyse de traces et la modelisation de la filiation entre minerai de cuivre et objets archeologiques du Moyen-Orient (IVème et IIIème millénaires avant notre ère). Doctoral thesis, Universite Pierre et Marie Curie, Paris.

BERTHOUD, T., CLEUZIOU, S., HURTEL, L. P., MENU, M. & VOLFOVSKY, C.:
1982   Cuivres et alliages en Iran, Afghanistan, Oman au cours des IVe et IIIe Millénaires. Paléorient 8, 39-54.

BERTHOUD, T. & CLEUZIOU, S.:
1983   Farming Communities of the Oman Peninsula and the Copper of Makkan. Journal of Oman Studies 6, 239-246.

BOROFFKA, N., CIERNY, J., LUTZ, J., PARZINGER, H., PERNICKA, E. & WEISGERBER, G.:
2002   Bronze Age Tin from Central Asia: Preliminary Notes. In: K. Boyle, C. Renfrew & M. Levine, (eds.), Ancient Interactions: East and West in Eurasia. McDonald Institute Monographs, Cambridge, McDonald Institute of Archaeological Research, 135-160.

CALDWELL, J. R.:
1964   Interaction spheres in prehistory. In: J. R. Caldwell & R. L. Hall (eds.), Hopewellian Studies. Illinois State Museum, Scientific Papers v. XII 6, 135-143.
1967   Investigations at Tal-I-Iblis. Springfield, IL: Illinois State Museum, Preliminary Reports No. 9.
1968   Tal-I-Iblis and the Beginning of Copper Metallurgy at the Fifth Millennium. Archaeologia Viva 1, 145-150.

CALDWELL, J. R. & SHAHMIRZADI, S. M.:
1966   Tal-I-Iblis: The Kerman Range and the Beginning of Smelting, Springfield, Illinois State Museum Preliminary Reports No. 7.

CALMEYER, P.:
1969   Datierbare Bronzen aus Luristan und Kirmanshah, Berlin.

CASANOVA, M.:
1992   The Sources of the Lapis-lazuli Found in Iran. In: C. Jarrige (ed.), South Asian Archaeology 1989. Monographs in World Archaeology No. 14, Madison, 49-56.
1999   Le lapis-lazuli dans l'orient ancien. In: A. Caubet (ed.), Cornaline et pierres precieuses. La Méditerranée de l'Antiquité à l'Islam, Paris, 189-210.

CHARLES, J. A.:
1980   The coming of copper and copper-base alloys and iron: a metallurgical sequence. In: Th. A. Wertime & J. D. Muhly (eds.), The Coming of the Age of Iron, New Haven, 151-181.

CHEGINI, N. N., MOMENZADEH, M., PARZINGER, H., PERNICKA, E., STÖLLNER, TH., VATANDOUST, A. & WEISGERBER, G.:
2000   Preliminary Report on the Archaeometallurgical Investigations around the Prehistoric Site of Arisman Near Kashan, Western Central Iran. Archäologische Mitteilungen aus Iran und Turan 32, 281-318.

CHERNYKH, E. N.:
1980   Metallurgical Provinces of the 5th-2nd Millennia in Eastern Europe in Relation to the Process of Indo-Europeanization. Journal of Indo-European Studies 8, 317-335.
1992   Ancient Metallurgy in the USSR, Cambridge.

CHERNYKH, E. N., AVILOVA, L. I. & ORLOVSKAJA, L. B.:
2000   Metallurgical Provinces and Radiocarbon Chronology, Moscow, Rossijskaja Akademija Nauk, Institut Arkheologii.

CIERNY, J.:
1995   Die Gruben von Muschiston in Tadschikistan – Stand die Wiege der Zinnbronze in Mittelasien? Der Anschnitt 47, 1-2 68-69.

CIERNY, J. & WEISGERBER, G.:
2003   Bronze Age Tin Mines in Central Asia. In: A. Giumlia-Mair & F. Lo Schiavo (eds.), Le problème de l'étain à l'origine de la métallurgie – The Problem of Early Tin. Actes du XIVème Congrès UISPP, Université de Liège, Belgique, 2-8 septembre 2001. Section 11, ge du Bronze en Europe et en Méditerranée, Colloque / Section 11.2. BAR International Series 1199, Oxford, 23-31.

CLARKE, D. L.:
1968   Analytical Archaeology, London.

CLEUZIOU, S. & BERTHOUD, T.:
1982   Early Tin in the Near East. Expedition 25.1, 14-19.

CURTIS, J.:

1993 Early Mesopotamia and Iran: Contact and Conflict 3500-1600 BC, London.

DALES, G.:
1992 A Line in the Sand: Explorations in Afghan Seistan. In: G. Possehl (ed.), South Asian Archaeology Studies, New Delhi, 19-32.

DALES, G. & FLAM, L.:
1969 On Tracking the Woolly Kulli and the Like. Expedition 12.1, 15-23.

DELMAS, A. B. & CASANOVA, M.:
1990 The Lapis Lazuli Sources in the Ancient Near East. In: M. Taddei (ed.), South Asian Archaeology 1987. Serie Orientale, Roma 66, 493-505.

FLEMING, S. J., PIGOTT, V. C., SWANN, C. P. & NASH, S. K.:
in press Bronze in Luristan: Preliminary Analytical Evidence from Copper/Bronze Artifacts Excavated by the Belgian Archaeological Mission in Iran. In: E. Haerinck & B. Overlaet (eds.), Proceedings of the Conference „The Iron Age in Iran", University of Ghent, November 2003.

GHIRSHMAN, R.:
1938 Fouilles de Sialk, Vol I, Paris.

HAERINCK, E. & OVERLAET, B.:
2002 The Chalcolithic and Early Bronze Age in Pusht-I Kuh, Luristan (West-Iran): Chronology and Mesopotamian Contacts. Akkadica 123, 163-181.

HAKEMI, A.:
1992 The Copper Smelting Furnaces of the Bronze Age at Shahdad. In: C. Jarrige (ed.), South Asian Archaeology 1989. Monographs in World Archaeology 14, Madison, 89-138.

HAKEMI, A. & SAJJADI, S. M. S.:
1997 Shahdad: Archaeological Excavations of a Bronze Age Center in Iran, Rome, IsMEO.

HAUPTMANN, A.:
1980 Zur frühbronzezeitlichen Metallurgie von Shahr-i Sokhta (Iran). Der Anschnitt 2-3, 55-61.
1985 5000 Jahre Kupfer in Oman, Band 1 – Die Entwicklung der Kupfermetallurgie vom 3. Jahrtausend bis zur Neuzeit. Der Anschnitt. Beiheft 4, Bochum.

HAUPTMANN, A., REHREN, Th. & SCHMITT-STRECKER, S.:
2003 Early Bronze Age Copper metallurgy at Shahr-i Sokhta (Iran), Reconsidered. In: Th. Stöllner, G. Körlin, G. Steffens & J. Cierny (eds.), Man and Mining -- Mensch und Bergbau. Studies in Honour of Gerd Weisgerber. Der Anschnitt, Beiheft 16, Bochum, 197-213.

HAUPTMANN, A. & WEISGERBER, G.:
1980 The Early Bronze Age Copper Metallurgy of Shahr-i Sokhta (Iran). Paléorient 6, 120-127.

HAUPTMANN, A., WEISGERBER, G. & BACHMANN, H.-G.:
1988 Early Copper Metallurgy in Oman. In: R. Maddin (ed.), The Beginning of the Use of Metals and Alloys, Cambridge, 34-51.

HEGMON, M.:
1992 Archaeological Research on Style. Annual Review of Anthropology 21, 517-536.
1999 Technology, Style and Social Practices: Archaeological Approaches. In: M. Stark (ed.), The Archaeology of Social Boundaries, Washington, D.C., 264-279.

HERRMANN, G.:
1968 Lapis lazuli: The Early Phases of Its Trade. Iraq 30, 21-57.

HESKEL, D.:
1982 The Development of Pyrotechnology in Iran during the Fourth and Third Millennia B.C. Ph.D. Dissertation, Dept. of Anthropology, Harvard University, Ann Arbor, University Microfilms International.

HESKEL, D. & LAMBERG-KARLOVSKY, C. C.:
1980 An Alternative Sequence for the Development of Metallurgy: Tepe Yahya, Iran. In: T. A. Wertime & J. D. Muhly (eds.), The Coming of the Age of Iron. New Haven, 229-266.
1986 Metallurgical Technology. In: C. C. Lamberg-Karlovsky & Th. Beale (eds.), Excavations at Tepe Yahya, Iran: The Early Periods. American School of Prehistoric Research Bulletin 38, Cambridge, 207-214.

HOLE, F.:
1987a The Archaeology of Western Iran, Washington, D.C.
1987b Chronologies in the Iranian Neolithic. In: O. Aurenche, J. Evin & F. Hours (eds.), Chronologies in the Near East/Chronologies du Proche Orient. British Archaeological Reports International Series 379(i), Oxford, 353-379.

HOLZER, H. F. & MOMENZADEH, M.:
1971 Ancient Copper Mines in the Veshnoveh Area, Kuhestan-E-Qom, West Central Iran. Archaeologia Austriaca 49, 1-22.

KENOYER, J. M. & MILLER, H. M.-L.:
1999 Metal Technologies of the Indus Valley Tradition in Pakistan and Western India. In: V. C. Pigott (ed.), The Archaeometallurgy of the Asian Old World. MASCA Research Papers in Science and Archaeology 16, Philadelphia, The University Museum, 107-152.

KOHL, P.:
1978 The Balance of Trade in Southwestern Asia in the Mid-Third Millennium BC. Current Anthropology 19.3, 463-492.
1979 Reply. In: Current Anthropology 21, 166-167.

KROEBER, A. L.:
1946 The Ancient Oikoumene as a Historic Culture Aggregate (Huxley Memorial Lecture for 1945). Journal of the Royal Anthropological Institute 75, 9-20.

LADAME, G.:
1945 Les Ressources métalliferes de l'Iran. Schweizerische Mineralogische und Petrographische Mitteilungen 25, 167-303.

LAMBERG-KARLOVSKY, C. C.:
1965 The Development of a Metallurgical Technology, Documented Early Finds of Metals in the Near East and the Evidence from Hasanlu, Iran. Ph.D. Dissertation, Dept. of Anthropology, University of Pennsylvania, Ann Arbor, University Microfilms International.
1967 Archaeology and Metallurgical Technology in Prehistoric Afghanistan, India and Pakistan. American Anthropologist 69, 145-162.

LECHTMAN, H.:
1977 Style in Technology: Some Early Thoughts. In: H. Lechtman & R. S. Merrill (eds.), Material Culture: Styles, Organization, and Dynamics of Technology, St. Paul, 3-20.

MACKAY, E. J. H.:
1943 Chanu-daro Excavations 1935-36 (American Oriental Series, 20), New Haven, CT., American Oriental Society.

MAJIDZADEH, Y.:
1979 An Early Prehistoric Coppersmith Workshop at Tepe Ghabri-

stan. Akten des VII, Internationalen Kongresses für iranische Kunst und Archäologie, Berlin, Archäologische Mitteilungen aus Iran Ergänzungsband 6, 82-92.

1989   An Early Industrial Proto-urban Center on the Central Plateau of Iran: Tepe Ghabristan. In: A. Leonard, Jr. & B. B. Williams (eds.), Essays in Ancient Civilization Presented to Helene J. Kantor. Studies in Ancient Oriental Civilization No. 47, The Oriental Institute of the University of Chicago, 157-166.

MALFOY, J. M. & MENU, M.:
1987   La métallurgie du cuivre à Suse aux IVe et IIIe millenaires: analyses en laboratorie. In: F. Tallon (ed.), Metallurgie susienne I: de la fondation de Suse au XVIIIe avant J.-C. 2 Vols, Paris, Éditions de la Réunion des musées nationaux, 355-373.

MOOREY, P. R. S.:
1971   A Catalogue of Persian Bronzes in the Ashmolean Museum, Oxford.
1982   Archaeology and Pre-Achaemenid Metalworking in Iran: A Fifteen Year Retrospective. Iran 20, 81-98.
1993   Iran: A Sumerian El-Dorado? In: J. Curtis (ed.), Early Mesopotamia and Iran: Contact and Conflict 3500-1600 BC, London.
1994   Ancient Mesopotamian Materials and Industries, Oxford.

MUHLY, J. D.:
1973   Copper and Tin. The Distribution of Mineral Resources and the Nature of the Metals Trade in the Bronze Age, Hamden, CT.

MÜLLER-KARPE, M.:
1990   Aspects of Early Metallurgy in Mesopotamia. In: E. Pernicka & G. A. Wagner (eds.), Archaeometry '90, Basel, 105-116.

MUSCARELLA, O. W.:
1988   The Background to the Luristan Bronzes. In: J. Curtis (ed.), Bronzeworking Centres of Western Asia 1000-539 B.C., London, 33-44.
1989   Bronzes of Luristan In: E. Yarshater (ed.), Encyclopaedia Iranica, Vol. IV, Fasc. 5, New York, 478-483.

NICHOLAS, I. M.:
1990   The Proto-Elamite Settlement at TUV. Philadelphia, University Museum of Archaeology and Anthropology, University Museum Monograph 69.

PARPOLA, S., PARPOLA, A. & BRUNSWIG, R. H.:
1977   The Meluhha Village: Evidence of Acculturation of Harappan Traders in the Late Third Millennium. Journal of the Social and Economic History of the Orient 20.2, 129-165.

PARZINGER, H. & BOROFFKA, N.:
2003   Das Zinn der Bronzezeit in Mittelasien I. Archäologie in Iran und Turan, Bd. 5, Mainz am Rhein.

PIGOTT, V. C.:
1982   The Innovation of Iron: Cultural Dynamics in Technological Change. Expedition 25 (1), 20-25.
1989   Archaeo-metallurgical Investigations at Bronze Age Tappeh Hesar 1976. In: R. H. Dyson, Jr. & S. M. Howard (eds.), Tappeh Hesar, Reports of the Restudy Project, 1976, Florence, 25-33.
1999a   The Development of Metal Production on the Iranian Plateau: an Archaeometallurgical Perspective. In: V. C. Pigott (ed.), The Archaeometallurgy of the Asian Old World, Philadelphia, University Museum Symposium Series 7, 73-106.
1999b   A Heartland of Metallurgy. Neolithic/Chalcolithic Metallurgical Origins on the Iranian Plateau. In: A. Hauptmann, E. Pernicka, Th. Rehren & Ü. Yalçin, (eds.), The Beginnings of Metallurgy. Der Anschnitt, Beiheft 9, Bochum, 109-122.

PIGOTT, V. C., HOWARD, S. M. & EPSTEIN, S. M.:
1982   Pyrotechnology and Culture Change at Bronze Age Tepe Hissar (Iran). In: T. A. Wertime & S. A. Wertime (eds.), Early Pyrotechnology. The Evolution of the First Fire-Using Industries, Washington, D.C., 215-236.

PIGOTT, V. C. & LECHTMAN, H.:
2003   Chalcolithic Copper-base Metallurgy on the Iranian Plateau: a New Look at Old Evidence from Tal-i Iblis. In: T. Potts, M. Roaf & D. Stein (eds.), Culture Through Objects: Ancient Near Eastern Studies in Honour of P. R. S. Moorey, Oxford, Griffith Institute, 291-312.

PIGOTT, V. C., ROGERS, H. C. & NASH, S. K.:
2003a   Archaeometallurgical Investigations at Tal-e Malyan: The Banesh Period. In: W. M. Sumner (ed.), Early Urban Life in the Land of Anshan: Excavations at Tal-e Malyan in the Highlands of Iran. Philadelphia, University of Pennsylvania Museum, 94-102, 149-159.
2003b   Archaeometallurgical Investigations at Tal-e Malyan: The Evidence for Tin-Bronze in the Kaftari Phase. In: N. F. Miller & K. Abdi (eds.), Yeki Bud, Yeki Nabud: Essays on the Archaeology of Iran in Honor of William M. Sumner, Philadelphia, University of Pennsylvania Museum, 161-175.

PLEINER, R.:
1967   Preliminary Evaluation of the 1966 Metallurgical Investigation in Iran, In: J. R. Caldwell (ed.), Investigations at Tal-I-Iblis, Springfield, IL., 340-405 (Illinois State Museum Preliminary Reports, No. 9).
1969   The Beginnings of the Iron Age in Ancient Persia. Annals of the Náprstek Museum 6, Prague.

POSSEHL, G. L.:
1996   Meluhha. In: J. Reade (ed.), Indian Ocean in Antiquity, London, 133-208.

POTTS, D. T.:
1999   The Archaeology of Elam, Cambridge.

RATNAGAR, S.:
2001   The Bronze Age: Unique Instance of a Pre-industrial World System? Current Anthropology 42.3, 351-379.

RIESCH, L. C. & HORTON, D.:
1937   Technological Analyses of Objects from Tepe Hissar. In: E. F. Schmidt (ed.), Excavations at Tepe Hissar: Damghan, Philadelphia, University Museum, 351-361.

SALVATORI, S. & VIDALE, M.:
1982   A Brief Surface Survey of the Protohistoric Site of Shahdad (Kerman, Iran): Preliminary Report. Rivista di Archeologia 6, 5-10.

SCHOOP, U.-D.:
1995a   Die Geburt des Hephaistos: Technologie und Kulturgeschichte neolithischer Metallverwendung im Vorderen Orient, Espelkamp.
1995b   Aspects of Early Metal Use in Neolithic Mesopotamia, In: A. Hauptmann, E. Pernicka, Th. Rehren, Ü. Yalçın (eds.), The Beginnings of Metallurgy. Der Anschnitt, Beiheft 9, Bochum, 31-36.

SCHREINER, M.:
2002 Mineralogical and Geochemical Investigations into Prehistoric Smelting Slags from Tepe Sialk/Central Iran. Diplomarbeit Freiberg, Technische Universitat Bergakademie Freiberg.

SCHÜRENBERG, H.:
1963 Über Iranische Kupfererzvorkommen mit Komplexen Kobalt-Nickelerzen. Neues Jahrbuch für Mineralogie Abhandlungen 99.2, 200-230.

SEELIGER, T. C., PERNICKA, E. C., WAGNER, G. A., BEGEMANN, F., SCHMITT-STRECKER, S., EIBNER, C., ÖZTUNALI, Ö. & BARANYI, I.:
1985 Archäometallurgische Untersuchungen in Nord- und Ostanatolien. Jahrbuch des Römisch-Germanischen Zentralmuseums, Mainz 32, 597-659.

SMITH, C. S.:
1968 Metallographic Study of Early Artifacts Made from Native Copper. Actes du XIe Congrès International d'Histoire des Sciences, Warsaw 1965, 6, Paris, 237-252.
1969 Analysis of the Copper Bead from Ali Kosh, Appendix 2. In: F. Hole, K. V. Flannery & J. A. Neely (eds.), Prehistory and Human Ecology of the Deh Luran Plain: An Early Village Sequence from Khuzistan, Iran. Ann Arbor, University of Michigan Museum of Anthropology, 427-428.
1976 On Art, Invention and Technology. Technology Review 78.7, 2-7. Reprinted in: C. S. Smith, 1981. A Search for Structure, Cambridge, 325-331.

STECH, T.:
1990 Neolithic Copper Metallurgy in Southwest Asia. Archeomaterials 4.1, 55-61.

STECH, T. & PIGOTT, V. C.:
1985 The Metals Trade in Southwest Asia in the Third Millennium B.C., Iraq 48, 1986, 39-64.

TALLON, F.:
1987 Métallurgie susienne I. De la fondation de Suse au XVIIIe avant J.-C. 2 vols, Paris, Editions de la Réunion des musées nationaux.

THORNTON, C. P., LAMBERG-KARLOVSKY, C. C., LIEZERS, M. & YOUNG, S. M. M.:
2002 On pins and needles: tracing the evolution of copper-base alloying at Tepe Yahya, Iran, via ICP-MS analysis of common-place items. Journal of Archaeological Science 29.12, 1451-1460.
in press Stech & Pigott Revisited: New Evidence for the Origin of Tin-Bronze in Light of Chemical and Metallographic Analyses of the Metal Artifacts from Tepe Yahya, Iran. Geoarchaeological and Bioarchaeological Studies. Proceedings of the 2002 Archaeometry Conference, Amsterdam.

TOSI, M.:
1974a The Lapis Lazuli Trade Across the Iranian Plateau in the Third Millennium B.C. Gururajamanjarika. Studi in onere di Guiseppe Tucci. Naples, Istituto Universario Orientale, 3-22.
1974b The Problem of Turquoise in Protohistoric Trade on the Iranian Plateau. Memoire dell'Istituto Italiano di Paleontologia Umana, Roma, Nuova Serie 2, 147-162.
1983 Prehistoric Seistan I, Rome, IsMEO.
1990 4th Millennium BC Lapis Lazuli Working at Mehrgarh, Pakistan. Paléorient 16/2, 89-99.

TYLECOTE, R. F.:
1970 Early Metallurgy in the Near East. Metals and Materials 4, 285-293.

VATANDOUST-HAGHIGHI, A.:
1977 Aspects of Prehistoric Iranian and Copper and Bronze Technology. Ph.D. Thesis, Institute of Archaeology, University College London.
1999 A View on Prehistoric Iranian Metalworking: Elemental Analysis and Metallographic Examinations. In: A. Hauptmann, E. Pernicka, Th. Rehren & Ü. Yalçin (eds.), The Beginnings of Metallurgy. Der Anschnitt, Beiheft 9, Bochum, 121-140.

VOIGT, M. M.:
1990 Recasting Neolithic Societies and Economies in the Middle East. Archeomaterials 4.1, 1-14.

VOIGT, M. M. & DYSON, R. H., JR.:
1992 The Chronology of Iran, ca. 8000-2000. In: R. W. Ehrich (ed.), Vol. 1, Chronologies in Old World Archaeology, Chicago, 122-178.

WEEKS, L. R.:
1999 Lead Isotope Analyses from Tell Abraq, United Arab Emirates: New Data Regarding the 'Tin Problem' in Western Asia. Antiquity 73, 49-64.
2003 Early Metallurgy of the Persian Gulf, Boston.

WEISGERBER, G.:
1983 Makkan and Meluhha – Third Millennium B.C. Copper Production in Oman and the Evidence of Contact with the Indus Valley. In: B. Allchin (ed.), South Asian Archaeology 1981, Cambridge, 196-201.
2004 Prähistorischer und historischer Bergbau in Afghanistan. Der Anschnitt 56, 4, 2004.

WEISGERBER, G. & CIERNY, J.:
1999 Ist das Zinnrätsel gelöst? Auf den Spuren des Bronzezeit in Zentralasien. Oxus 4, 44-47.

WERTIME, T. A.:
1968 A Metallurgical Expedition through the Persian Desert. Science 159.3818, 927-935.
1973a The Beginnings of Metallurgy: A New Look. Science 182, 875-887.
1973b Pyrotechnology: Man's First Industrial Uses of Fire. American Scientist 61, 670-682.

WOOLLEY, C. L.:
1933 The Royal Cemetery (Ur Excavations, 2). 2 vcls. London, British Museum. Philadelphia, University Museum.

WULFF, H.:
1966 The Traditional Crafts of Persia, Cambridge, MA.

YOFFEE, N.:
1980 Explaining Trade in Ancient Western Asia. Monographs on the Ancient Near East 2 (2), Malibu.

Prähistorischer und antiker Erzbergbau in Iran[1]

Thomas Stöllner

Zum Stand der Forschung

Der reiche Lagerstättenraum Iran ist nicht umsonst mehrfach als „metallurgische Provinz" (nach E. N. Cernykh 1992) oder sogar als „heartland of metallurgy" (nach Pigott 1999a) bezeichnet worden. Der Bestand an 0Erzen zählt zu den bedeutendsten des Vorderen Orients. Er wird auch noch heute gewinnbringend abgebaut. In der älteren Forschung wurde immer wieder auf diesen Umstand verwiesen, doch zugleich gab es nur wenige verlässliche Kenntnisse darüber. Erst in den 60er und 70er Jahren begann man, diese Kenntnislücke zur primären Rohstoffgewinnung in vor- und frühislamischer Zeit zu schließen. Grundlage für diese Arbeiten waren zunächst die zahlreichen Forschungsreisen, die im 19. Jh., aber auch im frühen 20. Jh., von europäischen Gelehrten und Fachleuten im damaligen Persien unternommen wurden. Eines der frühesten Zeugnisse stammt vom britischen Reisenden H. C. Rawlinson, der 1838 über Tabriz, den Takht-i Suleiman bis nach Gilan reiste und u.a. auch die Blei-Zink-Gruben von Anguran beschrieb. Weitergehende Informationen sammelte der deutschstämmige General in persischen Diensten, A. Houtum-Schindler, der zugleich Ober-Inspektor der persischen Telegraphen gewesen war (1881). Seine bergbaukundlichen Beobachtungen sind ebenso grundlegend wie die Arbeiten des Deutschfinnen Alexander v. Stahl, der Ende des 19. Jh. als Generalpostdirektor frei reisen konnte und viele Lagerstätten beschrieb (1893; 1894a; 1894b; 1895; 1904; 1911). Auf den Spuren Schindlers reiste der Engländer J. Mactear im späten 19. Jh. (Mactear 1894-95). Gelehrte wie E. Titze, R. Helmhacker, H. B. Vaughan sind anzuschließen. In der ersten Hälfte des 20. Jh. kamen mit dem wirtschaftlichen Engagement ausländischer Bergbauunternehmen auch professionelle Geologen und Lagerstättenkundler ins Land (E. Baier, E. Diehl, G. Ladame, G. Burnial, P. Bariand). Erst seit den 60er Jahren konnten schließlich einige montanarchäologische Erkundungsfahrten und Surveys durchgeführt werden (siehe unten).

In den 60er Jahren begann der damals gegründete Geologische Dienst (Geological Survey of Iran) mit einem umfangreichen Prospektionsprogramm, das die wirtschaftliche Evaluierung der nationalen Lagerstätten zum Inhalt hatte. Seit dieser Zeit wurde immer wieder auch alter Bergbau verzeichnet. Dabei erwies sich die Zusammenarbeit mit dem österreichischen Geologen Herwig Holzer als äußerst fruchtbar: Zusammen mit dem Geologen Morteza Momenzadeh konnten erstmals montanarchäologische Vermessungsarbeiten und Geländesurveys durchgeführt werden, die zu einem besseren Verständnis einzelner Grubenreviere wie etwa jenem von Duna im Alborz-Gebirge oder dem bekannten Revier von Veshnāveh führten (Holzer & Momenzadeh 1971; 1973). Ebenfalls in den 60er Jahren haben die primär archäometallurgisch motivierten Surveyarbeiten des amerikanischen MIT Boston (Th. Wertime, C.S. Smith) und des Illinois State Museums (J. Caldwell) eingesetzt, die ausgehend von einzelnen Siedlungsregionen gearbeitet haben (Caldwell 1967; Caldwell & Shahmirzadi 1966). Es war dies der erste gezielte montanarchäologische Survey (Wertime 1967; Smith, Pleiner & Wertime 1967; Pleiner 1967). Während sich die frühen Anfänge der Forschung vor allem in Zentral- und Südostiran bewegten, haben einige jüngere Unternehmungen in den 70er Jahren den regionalen Rahmen beträchtlich ausgeweitet: Eine französische Gruppe um Thierry Berthoud besuchte 1975 und 1976 verschiedene Fundstellen und Lagerstätten nicht nur in Zentral- und Südostiran, sondern auch in Afghanistan, wohin die Amerikaner schon Ende der 60er Jahre gereist waren (Berthoud et al. 1975; 1976; 1982). Der Schwerpunkt der Arbeiten des Deutschen Bergbau-Museums (DBM) lag dagegen während zweier Reisen (1976; 1978) außer in Sistan vor allem in NW-Iran und Azarbaidjan (Weisgerber 1990; Weisgerber et al. 1990). Diese Anfänge führten zu einer ersten zusammenfassenden Betrachtungsweise über die Rohstoffbindung einer Vielzahl von prähistorischen Siedlungen, die allesamt seit dem späten 5. Jt. v. Chr. über zahlreiche Belege für eine extraktive Metallurgie verfügten (z.B. Shahmirzadi 1979). Allerdings blieben weitergehende Zusammenhänge unbekannt, sei es, dass die Bedeutung Irans für die Versorgung umliegender Regionen ungeklärt blieb, sei es, dass auch die regionale Einbettung in die Kultur- und Wirtschaftsentwicklung unterblieb. So fehlten die notwendigen Datierungsanhalte für die einzelnen Abbaugebiete und Bergwerke, natürlich ebenso alle weiteren Ergebnisse zur

Betriebsorganisation und Technik des frühen Abbaues. Viele Bezüge waren auf reine Annahmen gestützt und fanden auch durch entsprechende geochemische Untersuchungen an Fertigobjekten keine Unterstützung. Zu den herausragenden Entdeckungen dieser Zeit gehört sicherlich die Untersuchung des Werkstättenareals („city of artisans") in Shahdad am Rand der Dasht-e Lut in der Provinz Kerman durch A. Hakemi (Hakemi 1992). In den Jahren nach der Islamischen Revolution kam es wohl zu einzelnen Untersuchungen (Vatandoust 1999), doch unterblieb in der Regel ein zielgerichteter Ansatz.

Insofern war das Projekt „Ancient Mining and Metallurgy", das nach diversen Vorarbeiten im Jahr 2000 ins Leben gerufen wurde, ein echter Neubeginn. Das von DAI, Technischer Universität Freiberg und DBM zusammen mit iranischen Stellen initiierte Programm hatte vor allem zum Ziel, Aktivitätsmuster der regionalen Metallversorgung und ihre technischen und wirtschaftlichen Strukturen zwischen Chalkolithikum und später Bronzezeit aufzuklären. Ausgangspunkt wurde die Siedlungsstelle von Arisman, die wenige Jahre zuvor vom Lehrer D. Hasanalian entdeckt worden war (siehe Beitrag Chegini *et al.*). Das Deutsche Bergbau-Museum hatte zusammen mit dem Geologischen Dienst und der Bergakademie Freiberg die Aufgabe, die Herkunft des Erzes zu untersuchen (siehe Beitrag E. Pernicka). Das seit den 1960er Jahren bekannte prähistorische Grubenrevier von Veshnāveh war ein Ausgangspunkt (siehe Beitrag Stöllner *et al.*). Hier konnten die ersten bergbauarchäologischen Ausgrabungen in Iran überhaupt durchgeführt werden. Mehr und mehr wurden aber auch lagerstättenkundliche und montanarchäologische Surveys auf verschiedene Räume des westlichen Zentralplateaus ausgedehnt – ging es doch überhaupt um ein Grundverständnis der Metallversorgung für verschiedene Perioden der iranischen Kulturgeschichte.

Iran ist so reich an Lagerstätten, dass ein Überblick über die alte Lagerstättennutzung heute fast unmöglich ist – kaum eine der Erzlagerstätten, die keine Spuren alter Nutzung aufweist. Umso schwerer fällt es, heute schon ein verbindliches Bild über die wirtschaftliche Dynamik dieser Rohstoffgewinnung oder die Entwicklung ihrer technischen Komponenten zu zeichnen. Dies liegt vor allem an den bis heute nicht flächig untersuchten Bergbaurevieren, für die bisher kaum verlässliche Daten für eine zeitliche Einordnung vorliegen. Bisherige Untersuchungen zeigen vielmehr, dass sich die bergbauliche Technik nicht wie im mediterranen Raum entwickelt hat: Regelmäßig angelegte Grubenbaue mit söhligen Strecken und Wasserlösungsstollen sind vor der europäisch stimulierten Bergbautechnik des 19. Jh. praktisch nicht bekannt. Ähnlich wie in der Metallurgie (siehe Beitrag V. Pigott) hat auch die bergbauliche Technikentwicklung durchwegs eigenständige Züge. Sie zu verstehen, birgt im Ansatz die Möglichkeit für eine grobe zeitliche Einordnung der Geländedenkmäler – eine wesentliche Voraussetzung für die Zuweisung zu einzelnen kulturhistorischen Epochen. Doch selbstverständlich beschränkt sich eine montanarchäologische Analyse der Quellen nicht auf eine technikgeschichtliche Einordnung der Feldzeugnisse. Die bergbauliche Gewinnung metallischer Rohstoffe steht häufig in einem breiteren Kontext mit der Metallnachfrage der benachbarten Kulturen. Diese wirtschaftlichen Umstände bestimmten nicht nur Art und Umfang der Gewinnung, sondern auch die sozialen Bedingungen der frühen Grubenarbeit. Technologische Neuerungen (wie z.B. die Einführung des Eisens) führten zu erheblichen Änderungen in der Metallerznachfrage oder zu veränderten Ausbeutekonzepten, da nun andere Metalle, z.B. aus polymetallischen Erzkörpern, gewonnen wurden. In schriftlosen Kulturen tut man sich naturgemäß etwas schwer, solche weiter gefassten Zusammenhänge zu benennen und zu verstehen. Andererseits erlaubt gerade der Bergbau einen tiefen Einblick in wirtschaftsrelevante Bereiche auch einer schriftlosen Gesellschaft.

Kupfer

Betrachten wir die Verbreitung der Kupfer (pers. *mez*) führenden Lagerstätten in Iran, so ist deutlich zu erkennen, dass sich diese auf mehrere Gebiete verteilen und im Westen bzw. im Zagrosgebirge sehr spärlich sind. Dies gilt im Prinzip auch für andere Lagerstättentypen. Hauptzone Kupfer führender Mineralisationen ist dabei der zentraliranische Vulkanitgürtel (Urumiyeh-Dokhtar-copper-belt). Gleichsam als Rückgrat des Landes zieht er sich von Nordwesten bis in den Südosten und besteht aus Gesteinen überwiegend tertiären vulkanischen sowie sedimentären Ursprungs. Dabei kann vor allem die Region Kerman als Kupferkammer Irans gelten – mit Sar Cheshmeh liegt hier die größte und bedeutendste Lagerstätte des Landes. Weitere Regionen mit reicheren Kupferlagerstätten liegen im Osten, in Birjand (Qaleh Zari) und nahe des Hilmand-Beckens in Sistan (Chehel Kureh). Neben den bedeutenden Lagerstätten des Anarakgebietes umschließen die Lagerstätten der Zabsebar/Shahroud-Zone die Kavir-Wüste im Norden. In der Aharzone schließlich überwiegen fast ausschließlich Kupfermineralisationen (Weisgerber *et al.* 1990; Weisgerber 1990). Die Erzvorkommen umfassen neben solchen der oxidischen Serie (Cuprit, Tenorit) auch karbonatische Erze (Malachit/Azurit) sowie Sulfide (Chalkosin, Chalkopyrit) (Bazin & Hübner 1969). Von besonderer Bedeutung ist die große Lagerstätte von Talmessi (Abb. 1) und Meskani im Anarakgebiet, die wegen ihres bedeutenden Vorkommens von gediegenem Kupfer bekannt geworden ist. Ältere Untersuchungen haben vor allem auf die Bedeutung Talmessis für die frühen Stufen der Metallurgie Irans hingewiesen. Schon C. Smith (1968, 241) hatte in einer Nadel aus Sialk Einschlüsse von Kupfer-Arsen-Mineralen entdeckt und diese mit Talmessi in Verbindung gebracht. Einen ähnlichen Weg gingen Th. Berthoud *et al.* (1982) und D. Heskel (1982), die aufgrund der hohen Arsengehalte für die Herkunft der frühen Kupferobjekte von Susa, Tappeh Sialk oder Tappeh Yahya aus dem Anarakgebiet plädierten. Sie bezogen sich vor allem auf die hohen Arsengehalte der Funde aus gediegenem Kupfer der reichen Lagerstätte – doch setzt dies voraus, dass vor allem gediegenes Kupfer in großer Menge genutzt worden wäre[2]. Dies nun lässt sich für die jüngeren Phasen der Metallurgieentwicklung im 4. und am Beginn des 3. Jt. nicht mehr nachweisen. Die Arsengehalte scheinen eher nicht mit einer bestimmten Mineralvergesellschaftung, sondern eher mit einem frühen Legierungsprozess zusammen zu hängen[3]. Arsen, das den Bronzeobjekten eine bestimmte silbrige Farbe verleiht, dominiert in den Legierungen bis in das frühe 2. Jt. v. Chr. (Vatandoust 1999). Die detaillierten Analysen zu Arisman (siehe Beitrag Pernicka) zeigen das Zusammenschmelzen mehrerer Kupfererze, was in der entwickelten

45

Abb. 1: Landschaftsbild von Talmessi/Meskani in den 1970er Jahren; Foto: G. Weisgerber.

Metallurgiephase um 3000 v. Chr. für eine aus mehreren Lagerstätten erfolgte Kupfererzversorgung spricht.

Zusammengefasst lässt sich also erkennen, dass – trotz des reichen Vorkommens von gediegenem Kupfer – Talmessi und Meskani als zentrale Lagerstätten für die früheste extraktive Metallurgie am Plateau eher in Frage zu stellen sind. Doch wie sieht es mit montanarchäologischen Zeugnissen vor Ort aus? Das Gebiet, seit dem 19. Jh. immer wieder beschrieben (E. Baier, P. Bariand, G. Ladame), wurde auch mehrfach im Rahmen von Surveys untersucht (Pleiner 1967; Wertime 1967; Berthoud *et al.* 1976; Weisgerber 1976/1978; siehe Beitrag Pernicka): Heute sind in beiden Revieren noch ausgedehnte Spuren der modernen Gewinnung vorhanden, die auf den Bergbau vor dem 2. Weltkrieg bis etwa 1960 verweisen. Trotz intensiver Nachsuche fehlen allerdings deutliche Spuren einer prähistorischen Gewinnung – selbst wenn sich oberfläche Nutzung von gediegenem Kupfer oder auch der oxydischen Anteile der Erzkörper nur schwer nachweisen lässt. Einige Schlackenhaufen bei Talmessi und einige älter anmutende Abbauspuren in Meskani gehören wahrscheinlich in eine frühneuzeitliche Gewinnungsphase, wie eine 1978 entnommene Schlackenprobe andeuten mag (Ham-1045: 270±70 BP: 1σ-Konfidenzintervall: 1490-1680 [59,9%], 1770-1800 [6,9%], 1940-1950 [1,4%]). Reste von älterem Bergbau stammen dagegen aus der ebenfalls hauptsächlich in der ersten Hälfte des 20. Jh. ausgebeuteten Lagerstätte von Baqoroq, wo wir durch Schlackenhalden, alten Bergbau (Abb. 2) und Scherbenfunde – ähnlich wie in der benachbarten Blei-Zink-Grube von Nakhlak – Hinweise auf eine einfach organisierte vorneuzeitliche Gewinnungsphase besitzen (Weisgerber, pers. Komm.). Im Anarak-Nakhlak-Gebiet lässt sich zwar bis jetzt eine prähistorische Bergbautätigkeit nicht sicher erkennen; dennoch dürfen wir sie erwarten.

Anders steht es im Raum Qom-Kāshān, wo mit dem Bergbaurevier von Veshnāveh ein gutes Beispiel für prähistorischen Abbau vorliegt (siehe Beitrag Stöllner *et al.*). Die in Veshnāveh nachgewiesene Bergbaumethode kann für die Imprägnationslagerstätten des zentraliranischen Vulkanitgürtels als angepasste Methode bezeichnet werden: Feuersetzen und zermalmende Gewinnung mit Steinschlägeln wird während des 3. und 2. Jt. zu der überregional gängigen Gewinnungsmethode (Weisgerber & Willies 2000) (Abb. 3). Auch nach Einführung metaller (Eisen-)Geräte (Keilhauen, Picken) bleibt Feuersetzen wichtiges Hilfsmittel der Gewinnungsarbeit.

Abb. 2: Alte Gruben in Baqoroq; Foto: G. Weisgerber.

Durch die Untersuchungen in Veshnāveh wissen wir heute, dass diese Technik wahrscheinlich seit dem frühen 3. Jt. auch auf dem Plateau eingeführt wurde – eine Zeit, in der vielfach ein Austausch mit anderen Regionen des Vorderen Orients in technologischer Hinsicht zu beobachten ist[4].

In Iran ist die Feuersetztechnik mit zermalmender Gewinnung durch Rillenschlägel bisher aber nur an wenigen Plätzen zweifelsfrei nachgewiesen (siehe unten Shakin, Anaru): Aufgrund eines Rillenschlägelfundes dürfte das Revier von Mazrayeh in Nordiran dazugehören, doch fehlen hier weitere Untersuchungen (Weisgerber 1990, 77 Abb. 2,2). Altbergbauspuren sind auch für viele andere Bergbaugebiete nachgewiesen, allein Bazin & Hübner (1969, 195 ff. [Appendix]) überliefern sie für 65 Kupferlagerstätten.

Die ältesten Nachweise für extraktive Metallurgie liegen aus dem Südosten des Landes vor, wo vor allem in der bedeutenden Siedlung von Tal-i Iblis an der Wende vom 5. zum 4. Jt. Kupfererze in Tiegeln geschmolzen wurden (siehe Beitrag Thornton). Dies verwundert kaum, zählen doch die Kupfervorkommen zu den reichsten des Landes. Nähere Aufschlüsse erbrachten Surveyarbeiten im Bardsir-Tal südlich des Tal-i Iblis: In Tal-i Homi dokumentierte R.

Pleiner runde Pingen – Tagebauspuren, die sich aufgrund von Keramik zumindest bis in die Parther- und Sassanidenzeit zurückführen ließen (Pleiner 1967, 373 ff. Fig. 13). Dazu passen zeitlich die im

Abb. 3: Veshnāveh, Grube 3-4, Aufnahme vom Feuersetzen mit Pickenspuren; Foto: Th. Stöllner.

Abb. 4a: Lagerstätte von Sheikh Ali. Im Vordergrund befindet sich der Bergbau, dahinter die großflächigen Schlacken, auf der rechten Bergspitze die kleine Burganlage; Überblicksfoto: Th. Stöllner.

Abb. 4b: Schematischer Plan von Sheikh Ali nach Th. Berthoud et al. 1976, Plan 8: 1 Grube, 2 Schlackenhalden, 3 Burg, 4 Siedlung, 5 Gräberfelder.

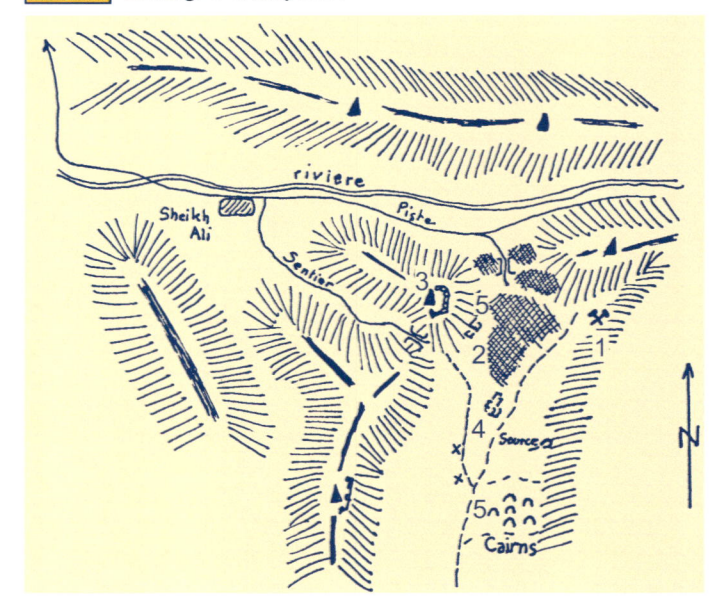

Umfeld lokalisierten Halden von Kupferschlacken. Weitere Hinweise auf alten Bergbau fand die französische Expedition weiter östlich in den vulkanitischen Gebirgszügen des Kuh-e Ahurak (Qaleh Narp, Sang-e Sayat u.a.: Bazin & Hübner 1969, Nr. 184, 186; Berthoud *et al.* 1975, 20 ff. 23). Hier wie anderswo sind ältere Bergbauspuren ohne intensiven Survey jedoch kaum zu finden, doch wird man an Bezügen zur Metallurgie in den Siedlungen des Bardsir-Tales nicht zweifeln dürfen.

Frühe Kupfermetallurgie ist auch von der bekannten Fundstelle von Tappeh Yahya im Soghun-Tal bekannt. Auch dort gab es eine Diskussion um eine frühe Nutzung der regionalen Kupferlagerstätten, obwohl – aufgrund der Arsengehalte (s. o.) – auch ein Import von Kupferarseniden aus dem Anarakgebiet erwogen wurde. Um 3600-3200 v. Chr. (Periode VB-VA) ist ein markanter Wechsel in der Metallurgie am Tappeh Yahya zu beobachten: Nach einer langen Zeit mit einer grundlegenden Verarbeitung von gediegen Kupfer traten ab dieser Periode eine Reihe komplexer metallurgischer Verfahren und die Verwendung polymetallischer, sulfidischer Erze hinzu (Thornton 2001, 113 f.). Dies lässt vermuten, dass in dieser Phase neue Komplexerzlagerstätten erschlossen wurden: In der Region bietet sich vor allem die ophiolitische, oberkreidezeitliche Sulfidlagerstätte von Sheikh Ali an. Die Lagerstätte zeigt überdies eine

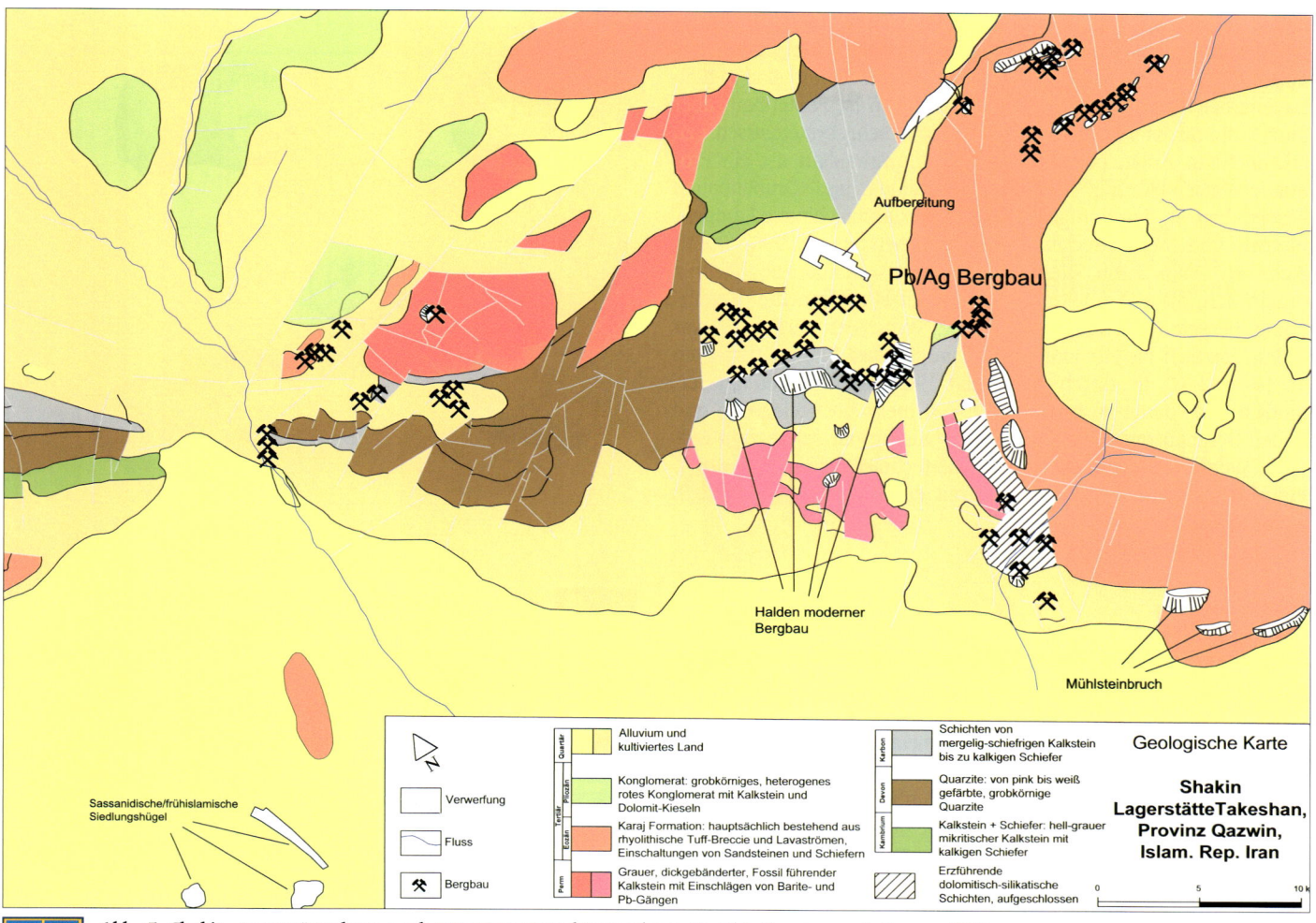

Abb. 5: Shakin, Lagerstättenkarte nach Kānsārān Consulting und Ing. Sepāhi; Umsetzung: J. Garner, DBM.

enge Korrelation von Kupfer und Zink durch Chalkopyrit und Sphalerit (Rastad *et al.* 2002): die Verhüttung solcher Erze führt auch zu natürlichen Messinglegierungen, wie wir sie vor allem im 2. Jt. v. Chr. vom Tappeh Yahya kennen (Thornton & Ehlers 2003, Tab. 1). Dies ist ein wichtiger Fingerzeig für die frühe Nutzung der Sheikh Ali Lagerstätte.

Auch hier lässt sich dies an der Lagerstätte selbst nicht nachweisen: Insbesondere die sassanidische bis frühislamische Nutzung hat jegliche älteren Spuren überprägt. Dennoch ist Sheikh Ali ein herausragendes Beispiel für ein frühgeschichtliches Produktionsensemble in Iran: Die Ganglagerstätte ist verhauartig, später sogar durch Untertagebergbau abgebaut worden (Abb. 4a). Im Tal selbst finden sich großflächige Schlackenhalden auf einer Länge von mehreren hundert Metern; Gebäudereste, eine Befestigung und Gräber sprechen für eine permanente Kupfergewinnung mit zugehöriger Infrastruktur (Abb. 4b). Solche Produktionsensembles sind für Iran während dieser Zeit mehrfach überliefert, sie sprechen für eine radikale Abkehr von saisonalen Produktionsbedingungen, wie sie noch bis in die frühe Eisenzeit im 1. Jt. v. Chr. üblich waren (s. u.). Auch andere Kupferlagerstätten sind während dieser Zeit so ausgebeutet worden: Khut östlich von Yazd (Berthoud *et al.* 1976, 11 ff. Plan 5-6), die Lagerstätte von Qaleh Zari im Norden der Dasht-e Lut (a.O. 25 ff. Plan 11-13) oder auch Chehel Kureh (a.O. 22 ff. Plan 10) sind gute Beispiele für diese Gewinnungsstrategie. In der sassanidisch bis frühislamischen Zeit wurde der Abbau großer Lagerstätten offensichtlich zentralisiert gesteuert und organisiert; dafür sprechen auch die Nachweise von Festungsanlagen und Forts. Häufig wurde das Erz aus umliegenden Abbaustellen zentral zu Verhüttungsplätzen in Hochtallagen gebracht – dort wurde auch gesiedelt. Ähnliche Strategien sind auch noch später zu beobachten, wie etwa das islamische Bergbaugebiet von Komjan/Karwand im Karkasgebirge beweist (Bericht Arisman-Projekt, siehe Hezarkhani *et al.*). Dieses funktionale Prinzip ist auch im Bergbaugebiet von Ahar zu beobachten, wo G. Weisgerber nahe Andab Jadid eine Abraumhalde der Kupferverhüttung aus Blasebalgdüsen, Schlackenklein und Asche aus frühislamischer Zeit entdecken konnte (Weisgerber 1990, 78 ff.; Ham-1168: 2σ-Konfidenzintervall: AD 770-1040 [95,4%]).

Die in diesen jüngeren Phasen angewendete Bergbautechnik gleicht nur noch oberflächlich den prähistorischen Abbaumethoden –

Abb. 8b: Oberflächennahe Grubenbaue im Revier Duna im Jahr 1978; Foto: G. Weisgerber.

bergewinnung könnte in Nakhlak bis in das späte 4. Jt. zurückgehen, wie Provenienzstudien zu Funden aus Arisman belegen (siehe Beitrag Pernicka). Doch ist Nakhlak nicht die einzige Fundstelle, die einen Nachweis für chalkolithische bzw. bronzezeitliche Gewinnung bereithält. In Shakin nahe Takestān findet sich eine in permische Dolomite eingebettete Blei-Silberlagerstätte (Abb. 5). Schräg geneigte, feuergesetzte Tummelbaue, Halden und Rillenschlägel- wie auch Klopfsteinfunde sprechen eindeutig für eine prähistorische Datierung (Abb. 6). Jüngere Bergbauphasen sind ebenfalls nachzuweisen, etwa durch Strecken und schräge Gesenke, die mit Hilfe von Feuersetzen in Keilhauenarbeit und Schlägel-Eisenarbeit vorgerichtet wurden. Dieses und Lampennischen sind Indikatoren für eine Datierung zwischen Eisenzeit und frühislamischer Zeit (Abb. 7)[5]. Ob die frühestens in der Eisenzeit wieder aufgenommene Gewinnung bis in die frühislamische Periode hinein reicht, ist allerdings noch zu untersuchen. Dieser Bergbau scheint jedenfalls schon mit festen Ansiedlungen und landschaftlicher Nutzung des Hochtälchens zusammen zu gehen, wie dies Siedlungshügel in der

Abb. 9: Anguran, Übersichtsaufnahme mit Laal-Maaden (am Kamm des Hanges am linken Tiefbau) und dem Pb-Zn-Tagebau 2003; Foto: Th. Stöllner.

Ebene belegen. Es ist verlockend zu denken, dass Shakin zu den frühen Blei-Silber-Lieferanten am Plateau gehört hat.

Möglicherweise ebenfalls schon früh ausgebeutet wurde der hohe n Silbergehalte wegen der Kuh-e Dom-Metamorphite die Lagerstätte von Gorgab IV, 50 km östlich von Arisman. Die im eisernen Hut der Lagerstätte umgehenden Tummelbaue weisen alle Merkmale eines mit Feuersetzen vorgetriebenen prähistorischen Abbaues auf und unterscheiden sich deutlich von einer jüngeren, mit Schächten und schrägen Abbaugesenken betriebenen Gewinnung. Im Einzugsbereich des Tappeh Hesār und seiner seit der 2. Hälfte des 3. Jt. reichhaltigen Silberfunde liegt die Lagerstätte von Anaru, die sich etwa 100 km südlich von Damghan befindet – Feuersetzen und unregelmäßiger, oberflächennaher Tummelbau sowie Funde von Rillenschlägeln sprechen eine deutliche Sprache (siehe Beitrag Momenzadeh).

Alle diese Lagerstätten im Umkreis der Kavir-Wüste bzw. in der Randzone der siedlungsgünstigen Qazwin-Ebene befinden sich wahrscheinlich seit dem späten 4. Jt. in Nutzung. Sie deutet sich aufgrund der frühen Blei-Silber-Metallurgie in Siedlungen wie Sialk, Arisman oder Hesār an und ist darum umso wahrscheinlicher, da die genutzten Lagerstätten im Nahbereich der damaligen Wirtschaftszonen liegen.

Anders dagegen die Lagerstätten von Duna und Elikah, die weitab der antiken Siedlungszentren mitten im Alborz-Gebiet liegen. Alte Gewinnungsspuren sind schon seit den 60er Jahren des 20. Jh. beschrieben worden (Diehl 1944, 340 f. [Paskaleh]; Holzer & Momenzadeh 1973; Weisgerber 1990, 82 f.). In dem bis vor kurzem in Betrieb stehenden Bergbau von Duna ist alter Bergbau auf der N-Flanke der Lagerstätte angefahren worden: Zink-, Blei- und Bariumsulfat führende Erze sind hier durch eher flache, leicht geneigte, hallenförmige Tummelbaue abgebaut worden (Abb. 8a-b), die typische Merkmale von Feuersetzarbeit, phasenweise aber auch den Einsatz von Keilhauen zeigen. Ein ^{14}C-Datum (HAM 1170: 2σ-Konfidenzintervall: AD 590-870 [95,4%]) sichert wie der Fund eines Öllämpchens die Datierung in die spätsassanidisch-frühislamische Periode.

Für diese Periode gibt es mehrfach Hinweise auf Silbergewinnung in Khorasan und Transoxanien (z.B. im berühmten Panjhir, siehe Beitrag Weisgerber), aber auch im Umfeld von Isfahān, von der Ibn Rusta um 900, und später al-Maffārikhī berichten (Allen 1979, 15 f.). In diese Blütezeit der Gewinnung von Blei, Zink und Silber (pers. *noghreh*; *sīm*) fallen auch die Nachweise, die wir aus dem Gebiet von Seh Changi bei Naiband (Sistan) und aus Chubanan bei Tars kennen (Pleiner 1967, 353 ff.). Die Erzgänge von Seh Changi weisen ältere Auserzungsphasen auf. Ein senkrechter Schacht scheint jüngeren Datums zu sein. Dazu gehören Abraumhaufen mit zerkleinertem Gangmaterial von der Erzscheidung sowie großflächige Schlackenhalden, die das Schmelzen des Blei-Zinkerzes vor Ort belegen (Pleiner 1967, 354 Fig. 5). In der Garkheshti-Grube, nur 3 km nordöstlich davon, ist ein ähnlich angelegter Bergbau ebenfalls mit Doppelschächten und Behausungsstrukturen kombiniert – glasierte Keramik datiert ihn in frühislamische Zeit (Pleiner 1967, 356, pl. 7, 2-3). Im Bergbaugebiet Chubanan nahe Tars wird ein durch modernen Bergbau angeschnittener Schrägschacht überliefert, der in 50 bis 60 m Teufe reichlich Funde wie Tonlämpchen, Körbe aus Palmblättern und sogar einen mumifizierten Bergmann geliefert haben soll.

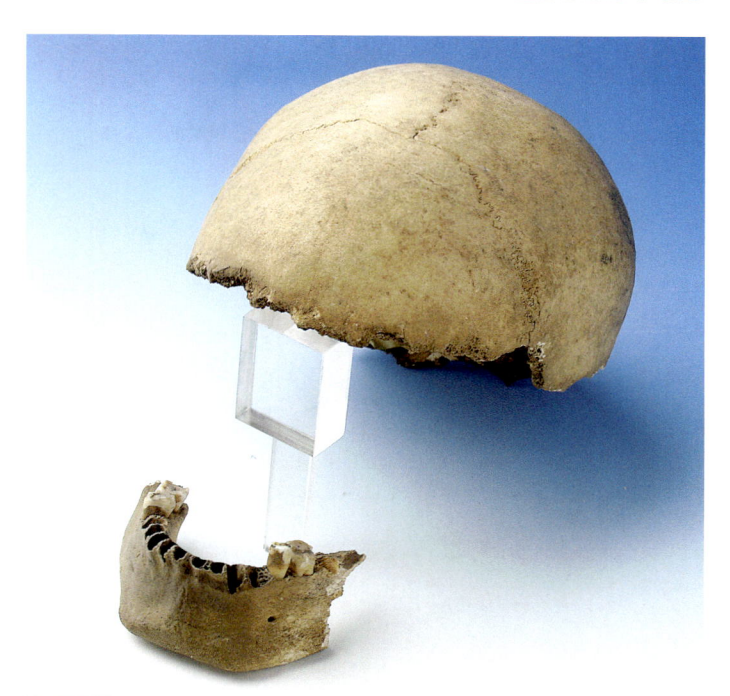

Abb. 10: Anguran, Fragment eines Erwachsenenschädel aus der Untertagegrube, Sammlung des Geologischen Dienstes in Teheran (GSI); Foto: DBM, M. Schicht.

Eine der größten Pb/Zn-Lagerstätten in Iran ist die Grube von Anguran westlich von Zanjan – sie wird heute auf Zink in einem riesigen Tagebau abgebaut (Abb. 9). Noch vor zwanzig Jahren war im Tagebau ausgedehnter Untertagebergbau zu beobachten, aus dem die Bergleute verschiedentlich Skeletteile zogen (Abb. 10), etwa jene eines Jugendlichen sowie die Teile eines etwa 6 bis 8-jährigen Kindes (Weisgerber 1990, 77) (Katalog 268, 14C-Datum aus dem 7.-9. Jh. n. Chr.). Berichte aus dem 19. Jh. geben einen Hinweis für die häufigen Todesfälle in der Anguran-Grube; so berichtet A. Houtum-Schindler: *„Die jetzigen Schächte sind im Schutte der alten Gruben getrieben und sehr gefährlich und fallen oft zusammen. Man rechnet, dass jährlich zwei bis drei Arbeiter…. in dieser Grube umkommen"* (Houtum-Schindler 1881, 184 f.). Wenige Jahre später berichtet J. Mactear von schlechter Luft, schlechter Standfestigkeit und vielen Toten in den Untertagegruben: *„…the air was so foul that our candles would not burn. The miners were, however, working 20 or 30 feet lower than this and without lights at all, trusting to their sense of touch to enable them to follow the ore, which they took out in skin bags, hauling them up behind them as they scrambled out of the burrow, for this is the only name one can give it. Many deaths have occurred from the bad air…"* (Mactear 1894-95, 11).

Alle diese Strukturen erweisen die intensive Nutzung der Pb-Zn-Lagerstätten spätestens seit der Eisenzeit und besonders in der sassanidisch bis frühislamischen Periode, wobei je nach Lagerstätte das Silber, das Blei oder das Zink im Vordergrund der Gewinnung standen.

Das Areal Chubanan (Cobinan des Marco Polo) ist vor allem durch die Gewinnung von tūtīyā bekannt geworden, jenes Zinkoxides, das zur Zeit des Besuchs von Marco Polo im 13. Jh. als begehrtes Heilmittel für Augenleiden gehandelt wurde. Tūtīyā wurde aber vor allem für die Herstellung von Messing genutzt, das als „goldgelbe" Legierung von Kupfer und Zink besonders in der frühmittelalterlichen, islamischen Welt weithin beliebt war.

Die Produktion des tūtīyā, eines künstlichen Zinkoxides, ist durch arabische Schriftgelehrte, aber auch durch Marco Polo gut überliefert. Die Rückstände dieser spezialisierten Produktion finden sich in bestimmten Teilen Irans, vor allem südöstlich Yazd und nordöstlich Kerman im Erzbezirk von Tars und Kushk in einiger Anzahl. Häufig handelt es sich um große Halden aus fingerdicken, gebrochenen Stäben, wie sie etwa aus Kushk, Sāvand bei Tars oder Dah-Qala südwestlich Kerman überliefert werden (Pleiner 1967, 364 ff. pl. 10, 1-2; Allen 1979, 39 ff.) (Katalog 538); Untersuchungen durch J. Barnes (1970) ergaben eine deutliche Anreicherung von Zinkoxid an der Außenseite dieser Stäbe. Dies spricht für eine Sublimierung der flüchtigen Zinkoxide auf der Außenseite von Sand- und Tonstäbchen in speziellen, langen Öfen bei Temperaturen zwischen 800 und 1130° C, so wie es von iranischen und arabischen Autoren überliefert wird (Al Birūnī, im 11. Jh.; al-Muqaddasī im 10. Jh.; Al-Hamdānī im 13. Jh. und Marco Polo). Wie diese Stäbe aufgestapelt waren (z.B. auf einer Art Eisenrost) ist bis heute unklar. Bezüglich der Prozessführung gibt es gegenteilige Überlieferungen, die für einen zweiten, sehr unterschiedlichen Prozess sprechen könnten, der ohne Sublimierung der Oxide funktioniert haben könnte (ausführlich: Barnes 1970; Allen 1979, 40 ff.; Craddock *et al.* 1990). Unklar ist auch, ob für die Herstellung der Zinkoxide nur Blei-Zinkerze, z.B. Galenit oder Sphalerit, oder ob auch polymetallische Kupfersulfiderze mit höherem Zinkanteil verwendet wurden. Jedenfalls muss sich das Produkt einer großen Beliebtheit erfreut haben, persisches tūtīyā ist weithin exportiert worden, wohl wegen seiner Heilkraft: Im Jahr 990 soll ein Fläschchen persischer tūtīyā über Kanton bis an den chinesischen Kaiserhof gebracht worden sein (Gabriel 1963, 162 Anm. 6).

Gold, Quecksilber und Arsen

In sumerischen Quellen wird die Herkunft von Gold (pers. zar) aus Iran seit dem 3. Jt. v. Chr. genannt, etwa aus dem Land Aratta (Pettinato 1972, 79). Diese Nachricht kann man vielleicht mit Goldlagerstätten in Kerman in Verbindung bringen (zur Identifikation: Majidzadeh 1976). So berichtet Strabo vom goldreichen Fluss Hyktanisin in Carmania (Kerman: Wulff 1966, 13). Auch aus dem Westen Irans ist Gold mehrfach überliefert, sowohl im späten 3. Jt. v. Chr. (Bericht des Shu-Sin: Moorey 1994, 220) als auch in neuassyrischen Quellen für das Gebiet der Meder. Dagegen nennt die Bauinschrift des Darius in Susa eine Herkunft des beim Bau verwendeten Goldes aus Baktrien (Alluvialgold aus dem Oxus/Amu Darja) bzw. aus Sardis (Patoklos: Ramage & Craddock 1999). Vor allem das Gold aus dem Oxus und seiner umliegenden Flüsse war zu allen Zeiten als sehr ergiebig gerühmt (Allen 1979, 3 f.).

Gold liegt aus metallogenetischer Sicht vor allem in zwei grundsätzlich verschiedenen Typen vor, die auch die Art seiner Gewinnung bedingen: erstens vorkreidezeitliche, paläozoische plutonometamorphe Lagerstätten und zweitens epithermales Gold, das im späten Tertiär durch Vulkanismus zusammen mit kupferführenden Lagerstätten in vulkanogenen und sedimentären Nebengesteinen abgelagert wurde. Häufig ist daher auch die Goldgewinnung als Nebenprodukt der Kupfergewinnung, vor allem seit der Neuzeit, als moderne Aufbereitungstechniken eine bessere Trennung von Kupfer zuließen (z.B. Sar Cheshmeh in Kerman, Qaleh Zari in Sistan oder im Ahar-Bezirk).

Im Gegensatz zu Kupfer- und Blei-Silber-Erzen ist die klassische Berggoldgewinnung relativ selten in Iran; insgesamt zählt M. Momenzadeh nur 13 Nachweise für alte, vorneuzeitliche Goldgewinnung auf, abgesehen von den viel zahlreicheren Orten, die aufgrund ihrer Namengebung Beziehung zum Edelmetall aufweisen (Momenzadeh & Sadighi 1989; siehe Beitrag Momenzadeh). Regelhafte Berggoldgewinnung unterscheidet sich grundsätzlich von der Seifengoldgewinnung, die meistens an Flüssen an alluvialen Goldseifen vorgenommen wurde (Weisgerber 2001, 38). Welche Anstrengungen unternommen wurden, um an die goldhaltigen Sande zu kommen, zeigen die riesigen Abraumhalden, die in Zarshuran („Stätte des Goldwaschens") und Yar Aziz nordwestlich des berühmten Takht-i Suleiman auf mehreren hundert Metern aufgeschüttet wurden (Abb. 11). Offensichtlich mussten größere Mengen Flussschotter und Kiesel aus dem Flussbett entfernt werden. Dies geschah vielleicht in jedem Frühjahr wieder, wenn Schmelzwasser erneut Sedimentmengen ablagerte. Wie auch in Baktrien überliefert (Ibn Khurdādhba; Nasīr al-Dīn Tūsī: Allen 1979, 7), dürfte das Gold selbst mit den üblichen Waschbänken, -trögen und Schafvliesen gewonnen worden sein. Für den Ort Chah Baq im Goldbezirk von Muteh ist diese traditionelle Gewinnungsmethode noch bis in jüngere Zeit überliefert – dort auch in Verbindung mit Berggoldgewinnung als nasse Aufbereitung angewandt (Wertime 1967, 329; Pleiner 1967, 342 ff.).

Das bekannte Goldrevier von Muteh (wahrscheinlich das alte al-Taymara: Allen 1979, 4) ist noch aus anderem Grunde erwähnenswert – es verfügt über eine der reichsten Goldführungen in Iran; bis zu 35 kg Gold soll aus einer Tonne Reicherz gewonnen worden sein. Mehrere Grubenreviere mit tonnigem Abbau der goldführenden Gänge sind überliefert. Lampenfunde, eiserne Keilhauen und Keramikfunde sind klare Hinweise für die Datierung dieser Betriebsphase in sassanidische bis frühislamische Zeit (Pleiner 1967, Abb. 1-3). Besonders zahlreich sind jedoch die Goldmühlen, die auf den Halden vor den Bergwerken gefunden werden – immer weisen sie die typischen, konzentrischen Rillen auf. Einzelne Goldmühlen von Muteh sind wohl nachträglich mit flachen, eisernen Klammern an der Rotationsachse befestigt worden – wohl aufgrund intensiver Nutzung. Solche Goldmühlen können als untrüglicher Hinweis auf die quarzhaltige Gangart in Berggoldlagern gelten. In Iran sind sie aus mehreren frühgeschichtlich genutzten Lagerstätten

Abb. 11: Zarshuran, Yar Azis, Waschhalden der frühgeschichtlichen Goldgewinnung; Foto: Th. Stöllner.

bekannt: Aus Khoynari in Azarbaidjan (Weisgerber 1990, Abb. 10, 1; hier Abb. 12), aus der sog. Maden Kharabe nördlich Zarshuran (Weisgerber 1990, Abb. 6, 2), vom Kuhzar in Semnan (unpubl. Bericht Momenzadeh) oder aus Zartorosht im südlichen Kerman (Momenzadeh 2002, Abb. 4). Aus Zartorosht liegen auch Rillenschlägel vor, was für prähistorische Gewinnung spricht.

Die zahlreichen Goldmühlen belegen das feine Aufmahlen des goldhaltigen Quarzes und in vielen Fällen dürfte man eine weitere Trennung mithilfe des Wassers vorgenommen haben. Wann in Iran die Gewinnung mit Hilfe von Quecksilber (pers. $sim\bar{a}b$), das so genannte Amalgamieren, erstmals angewendet wurde, bleibt unklar; frühislamische Quellen jedenfalls kennen dieses Verfahren (Al-Hamdānī: Allen 1979, 1 ff.). Quecksilber kann in der Natur als metallische Tröpfchen vorkommen, wird aber meistens aus den Dämpfen des gerösteten Zinnobers kondensiert. Zinnobervorkommen werden für das Afshar-Gebirge im Umfeld des Takht-i Suleiman erwähnt. Sie sollen die einzigen im heutigen Iran sein, sehen wir von den reichen Quecksilbervorkommen Transoxaniens ab, über die arabische Gelehrte berichten (siehe a.O.): In Zarshuran,

Abb. 12: Khoynari, Azarbaidjan, Goldmühlen; Foto: G. Weisgerber 1978.

Yar Aziz und Shirmard treten gediegenes Quecksilber bzw. Zinnober im Fluss bzw. den umliegenden Schwemmsandhügeln auf; auch soll es in rein metallischer Form in den Basalten bei den Dörfern Kiz Kapan, Karakeya und Sandjud aufzufinden sein (Houtum-Schindler 1881, 188; Diehl 1944, 347 f.; Ladame 1945, 268; Tardieu 1998, bes. 253 ff.). So liegt es nahe, im Umfeld des sassanidisch-frühislamischen Handwerkszentrums am Takht-i Suleiman (dem alten Shiz) ein Zentrum der Goldgewinnung und Metallverarbeitung zu vermuten. In Khoynari im Ahar-Bezirk, wo Zinnober oder metallisches Quecksilber nicht vorkommen, ist darum das Auftreten von Quecksilber im Untergrund umso auffälliger und dürfte dort tatsächlich mit dieser äußerst ungesunden Gewinnungsmethode zusammenhängen (Weisgerber 1990, 80).

Das Afshar-Gebirge ist aber auch noch für seine Auripigment- und Realgar-Vorkommen bekannt (Titze 1879, 598 f.; Diehl 1944, 348 f.; Ladame 1945, 191 ff.). Nach Funden vom Takht-i Suleiman wurde es schon seit dem Mittelalter abgebaut und zu einer Paste verrührt, das als Enthaarungsmittel verwendet oder als gelber Farbstoff eingesetzt wurde. Auripigment aus Azarbaidjan war bis in jüngere Zeit begehrtes Handelsprodukt und wurde bis Istanbul verkauft. Ein regelrechter Bergbau auf Arsenerze ist bei Valilu nördlich von Tabriz an der Straße nach Ahar bekannt. Nach einem ^{14}C-Datum der gut erhaltenen Grubenfunde ist er mindestens seit dem 15.-17. Jh. betrieben worden (Weisgerber 1990, 78; Ham-1169: 2σ-Konfidenzintervall: AD 1400-1640).

Eisen

Abb. 13: Eisenschwert mit Maskenzier der Stufe Iron II (um 1000 v. Chr.); Koninglyke Musea voor Kunst en Geschiedenis (Brüssel); Foto: DBM, M. Schicht.

Aus dem 5. Jt. sind aus Tappeh Sialk, Periode II, mehrere Eisenkugeln überliefert, die für meteorisches Eisen gehalten werden. Allerdings wurden die älteren Untersuchungen (Nachweis von sog. Widmannstätten-Strukturen) angezweifelt – möglicherweise handelt es sich doch um natürlichen Hämatit, der für die Kupferbearbeitung (Glätten) genützt wurde (Ghirshman 1939, 206; Waldbaum 1980, 69 f.; Pigott 1984, 625). Die Verwendung von im Schmelzverfahren reduziertem Eisen (pers. āhan) tritt in Iran aber erst am Ende des 2. Jt. v. Chr. auf und ist in der Stufe Eisenzeit I (Iron I) noch ganz selten. Erst seit dem 11. und 10. Jh. v. Chr. setzt sich Eisen mehr und mehr durch und taucht nun als Metall für Geräte, Waffen, anfänglich auch für Schmuck in größerer Zahl auf; häufig sind auch bimetallische Waffen (Iron II, 1100-800/750 v. Chr.: Pigott 1984; 1989; 1999b). Der Befund der Zerstörungsschicht von Hasanlu IVB (9. Jh. v. Chr.) zeigt mit etwa 2.000 Eisenobjekten erstmals größere Quantitäten – Hasanlu lässt auch erkennen, dass Eisen nunmehr mehrheitlich für funktionale und militärische Zwecke eingesetzt wurde und Bronze dagegen überwiegend für Pferdegeschirr und dekorative Elemente (Pigott 1989; 1999b; de Schauensee 1989). Mit der Stufe Iron III hat sich Eisen allgemein durchgesetzt und findet sich jetzt in größerer Zahl auch in den Gräberfeldern Luristans (siehe z.B. Moorey 1991). Der zunehmend verstärkte Gebrauch des Eisens mag im Westen und Nordwesten Irans ebenso wie im urartäischen Südosten der Türkei mit häufigen militärischen Auseinandersetzungen vor allem mit Assyrien zusammenhängen. Assyrien scheint schon früh im 1. Jt. eine funktionierende Eisenwirtschaft etabliert zu haben (Maxwell-Hyslop 1974). Zuvor ist eher ein starkes Verharren an der Bronze und die Produktion von allenfalls unregelmäßig gekohltem und weichem Eisen auf provinziellem Niveau zu beobachten – dies deckt sich mit den Zuständen in der Osttürkei im nachmaligen urartäischen Gebiet (McConchie 1998).

In diesem Zusammenhang fallen vor allem die Schwerter mit Maskenzier auf, die in größerer Zahl aus Westiran (Luristan) vorliegen und aufgrund fehlender Fundvergesellschaftungen nur stilistisch bzw. durch die ^{14}C-Datierung in das 11. und 10. Jh. v. Chr. eingeordnet werden (Abb. 13). Diese Schwerter stellen technologisch herausragende Stücke dar: Die plastisch geformte Maske wurde nicht gegossen, sondern wahrscheinlich mit gehärteten Meißeln geschnitten und wie andere Zierteile auf den Griff appliziert (Hummel 1974; Moorey 1991; Rehder 1991; Pigott 1999, 92 f.).

Aus NW-Iran konnte G. Weisgerber im Grubenbezirk von Andab Jadid die Überreste einer nach dem Rennofenprinzip durchgeführten Verhüttung dokumentieren – dafür sprechen die zahlreichen Schlackenklötze, die für Schachtöfen mit Schlackengruben sprechen; die Anlagen datieren überraschend in die Eisenzeit I/III (14C-Datum siehe Katalog 374).

Von diesen herausragenden Funden aus der Frühphase gibt es allerdings kaum weiterführende Untersuchungen zur Metallurgie des Eisen in den jüngeren Perioden (Pigott 1984; 1999); sie lassen allenfalls erkennen, dass qualitätvoller Stahl erst in nachachämenidischer Zeit gängiger wurde, und zwar durch Handel mit Transoxanien, der in parthischer Zeit über Merv (heute Turkmenistan, 2. Jh. n. Chr.: Pigott 1984, 628) abgewickelt wurde. Wie auch noch in frühislamischer Zeit dürften die Zentren in der Ferghana (heute Usbekistan), in Baktrien, wie auch im östlichen Khorasan (heute Afghanistan) gelegen haben. So berichtet Ibn Hauqal vom Export von Stahlkuchen aus Herat nach Westen (Allen 1979, 66 f.). Auch die berühmten Salmānī-Schwerter, wohl aus damasziertem Stahl hergestellt, dürften aus Transoxanien kommend über den Iran weiter verhandelt worden sein. In dieser Zeit werden, z.B. von Al-Kindī, eine Fülle von Schwerttypen in Bezug auf den bei ihnen verwendeten Eisen-Stahl-Verbund erwähnt (Allen 1979, 82 ff.)[6]. Doch noch einen anderen Tatbestand lassen die zahlreichen frühislamischen Quellen erkennen: In Iran haben sich viele innovative Zentren für die Verarbeitung eiserner Produkte entwickelt (Allen 1979, Tab. 13-14), so etwa für Schutzwaffen aus der alten Königsstadt Gur (Firuzabad), Pfeilspitzen in Damāvand, Scheren in Ray oder blankpolierte (Stahl-)Spiegel und Weihrauchgefäße in Hamadan (Pigott 1984, 628). Diese Produkte wurden sowohl innerhalb Irans als auch weit darüber hinaus verhandelt. Dabei stehen die Eisenerzeugnisse jenen des Buntmetalls oder des Keramikhandwerks dieser Zeit kaum nach (Allen 1979; 1982). Dies zeigt eindrücklich die besondere Wertschätzung des Handwerks in den teilweise bis in achämenidische Zeit zurückgehenden Städten; wahrscheinlich geht diese Spezialisierung weiter zurück, als uns die Quellen erkennen lassen. So sprechen vor allem die differenzierten Pahlavi-Bezeichnungen von Eisenhandwerkern in sassanidischer Zeit eine deutliche Sprache: Neben dem *āhangar* (Schmied) ist beispielsweise der *āhan-paykar* (Eisengießer) überliefert, jemand also, der in der Lage war, Gusseisen herzustellen. In frühislamischer Zeit werden so allgemein drei Arten von Eisen überliefert, neben dem *fuladh*, wohl feiner Stahl, auch das *shaburqan*, wahrscheinlich Gusseisen, sowie das Schmiedeeisen, ein weicher Mischstahl, der als *narm-āhan* bezeichnet wird. Einen nicht geringen Anteil hatten die Metallzentren Irans wohl auch an der Entwicklung des damaszierten Stahls, der in den Reiseberichten Marco Polos als *Ondanique/Andanicum* aus Kerman und Chubanan überliefert ist (Marco Polo I 17, 21)[7]. Mit der mongolischen Zeit scheint nach den Quellen eine gewisse Verlagerung der Eisenwirtschaft nach Nordwestiran bzw. nach Hormuz am Persischen Golf einzusetzen (Allen 1979, 66 ff.).

Obschon sich die Entwicklung eines spezialisierten Eisen-Stahl-Handwerkes in Iran – wenngleich mit Lücken – nachzeichnen lässt, so sind unsere Kenntnisse über die primäre Gewinnung des Eisens unbefriedigend; vor der historischen Zeit ist die Gewinnung von Eisen völlig unklar, sehen wir von vereinzelten Schmiedeschlacken etwa in Hasanlu ab (Moorey 1994, 280; Pigott 1989; Katalog 370). Es fehlen bisher auch gut datierte montanarchäologische Zeugnisse dieser Zeit.

Besser steht es für das 1. Jt. n. Chr.: Für die parthisch-sassanidische und frühislamische Epoche können einige Zeugnisse benannt werden, die auf ausgedehnte Nutzung lokaler Eisenvorkommen hindeuten. Momenzadeh (in diesem Katalog) beschreibt insgesamt vier Zonen unterschiedlicher Erzgenese in mesozoischen oder metamorphen, paläozoischen Kontexten; dabei lassen sich prinzipiell polymetallische Lagerstätten mit Eisenanreicherungen im sog. eisernen Hut von jenen mit hauptsächlicher Eisenerzführung unterscheiden: Bei ersteren ist es schwer zu entscheiden, ob der Abbau tatsächlich dem Eisen und nicht dem Silber (wie z.B. bei Ahangaran im Malayer-Bezirk) oder dem Kupfer (wie z.B. in Shamsabad bei Arāk) gegolten hat. Für den Abbau gangförmiger Lagerstätten in historischer Zeit stellt eine Grube in den Kuh-e Qar Lawān südlich Qazvin ein gutes Beispiel dar. Dort wurde eine zumindest oberflächig limonitische Lagerstätte mit einfachen Tummelbauen, vielleicht später mithilfe tonnlägiger Strecken und Schachtanlagen erschlossen (Abb. 14). Das Erz wurde von Hand geschieden und an anderer Stelle verhüttet[8]. Ausgedehnteren Eisenerzbergbau haben die iranisch-deutschen Forschungen auch in Holabad bei Natanz dokumentiert – umliegende Burgen aus parthischer Zeit könnten einen entsprechenden zeitlichen Bezug herstellen (Abb. 15).

Sehen wir von solchen einzelnen Beobachtungen ab, liegt systematische Arbeit zu primärer Eisengewinnung nur von der alten Expedition Th. Wertimes vor: In Haneshk, etwa 60 km nördlich von Pasargadae, hat R. Pleiner einen frühgeschichtlichen Eisenerzbezirk dokumentiert. In mehreren Grubenfeldern wurden gangförmige Hämatitvererzungen abgebaut. Das Erz wurde anschließend im Cheshmeh-Gol Tal in Rennöfen mit Blasebalg weiter verhüttet. Die gut geflossene Rennofenschlacke zeugt von guten Redoxbedingungen im Ofen – die aufgefundenen Y-förmigen Düsenverzweigungen lassen auf eine ausgeklügelte Luftzuführung in dem Ofen schließen (Pleiner 1967, 379 ff.). Gelb glasierte Keramik, gefunden auf den Halden, soll den Komplex in das 11. Jh. n. Chr. datieren.

Jedenfalls hat der östliche Teil der Fars in frühislamischer Zeit eine nicht unbeträchtliche Bedeutung in der Eisengewinnung, wie Altbergbaureste und Schlackenhalden in Neiriz und Golegohar belegen

Abb. 14: Eisengrube von Kuh-e Ghar Lawān, Prov. Qazwin: rechteckiger, mit Keilhauen und Eisen-Schlägelarbeit geteufter Schacht, frühgeschichtlich; Foto: Th. Stöllner.

Abb. 15: Parthische Burg im Holabad bei Natanz, Prov. Isfahān, in der Nähe eines ausgedehnten Eisenbergbaukomplexes; Foto: Th. Stöllner.

(siehe Beitrag Momenzadeh). Über die Qualität des Eisens aus Neiriz/Niriz berichten zeitgenössische arabische Geographen, wie Ibn Ahmad al Muhammad al-Idrisi, das Jahān Numā, die Große Türkische Geographie oder auch Marco Polo im 13. Jh. (Yule & Cordier 1992, 92 f. Anm. 2).

Auch über das in Kerman produzierte Eisen gibt es Hinweise: Al-Muqaddasi (Muqaddasī, 311), Al-Idrisi (Yule & Cordier 1992, 92) und auch die Kosmographie des Dimasqi (1874, Kap. VII, 3) erwähnen das in den „Kalten Bergen" zwischen Jiroft und „Bāriz" (Bardsir?) erzeugte Silber und Eisen. Unzweifelhaft sind das Quellgebiet des Halil-Rud bei Rahbour und die Kuh-e Hazar-Berge nördlich Baft gemeint. Von dort gibt es eine Reihe archäometallurgischer Hinweise (Pleiner 1967, 389 ff.), z.B. mehrere Schlackenhalden mit Rennofenschlacke und Hämatiterz. Auch neuere Forschungen seitens der Archäologischen Abteilung des ICHO lassen eine intensive Lagerstättennutzung in diesem Gebiet erkennen[9].

Andere Erze: Kobalt, Zinn, Antimon

Der Frage des Zinns ist in der Forschung in den letzten Jahrzehnten immer wieder erhöhte Aufmerksamkeit geschenkt worden. In Iran tritt es als Legierungsmittel in Bronzen seit dem frühen 2. Jt. v. Chr. regelhafter auf und dominiert vor allem in Westiran (Luristan, frühe Eisenzeit-Kulturen Nordirans) in den Kulturen der frühen Eisenzeit (Vatandoust 1999, Tab. 2). Ob es auch in Iran gewonnen wurde, ist aber derzeit unklar. Zinngruben des 2. Jt. v. Chr. sind zuletzt nur in Usbekistan, Tadschikistan und in Ost-Kasachstan nachgewiesen worden, weiter im Westen, z.B. in Anatolien (Kestel: Tener 2000) sind entsprechende Nachweise heftig diskutiert (siehe zuletzt Alimov et al. 1998; Muhly et al. 1991; Pigott 1999, 81 f. Fig. 4.5; Weisgerber & Cierny 2002).

Zinn in Form von Kassiterit ist in Iran selbst selten: Von Zinngruben im Norden Irans wird mehrfach berichtet, doch ist keine der angegebenen Lagerstätten (z.B. in der Kupferlagerstätte von Anjert im Karadagh-Gebiet) wirklich stichhaltig belegt (Mactear 1894-95, 3; Diehl 1944, 347). Nur aus Sistan gibt es nach geologischen Berichten bessere Hinweise, die deutlich mit den Vorkommen im Westen Afghanistans zusammenhängen (Stöcklin et al. 1972). Aus Kuh-Benan nordwestlich Kerman schließlich berichtet Stahl von einem Zinnvorkommen (Stahl 1911). Keines der Vorkommen weist bislang eine sicher belegte, alte Nutzung auf.

Ähnlich schwierig ist es mit einer vorneuzeitlichen Antimonnutzung aus sulfidischen Antimonerzen, dem Stibnit. Eine textliche Evidenz für Antimon ist in mesopotamischen Schriftquellen des späten 3. Jt. bis frühen 1. Jt. sehr umstritten (siehe Moorey 1994, 240 f.) und wird auch in den frühislamischen Quellen noch stark in Zweifel gezogen, im Gegensatz zu den Arsenerzen, für die es durch die Farbstoff- und Schminkenutzung Anhalte gibt (siehe Allen 1979, 55-58).

An den wenigen Stibnitlagerstätten Irans in Shurāb in Sistan, einer Lagerstätte nahe Anarak oder am Kuh-e Sorkh in Khorasan ist kein Altbergbau belegt. So müssen wir eher denken, dass die wenigen Antimonfunde, wie z.B. Ringe aus Assur oder aus dem früheisenzeitlichen Hasanlu, aus gediegenem Antimon aus den reichen Antimonlagerstätten im Kaukasus stammen (siehe Moorey 1994, 241 f.).

Besser steht es mit der Kenntnis über die Kolbalterze, die aber bis weit in die Neuzeit, ähnlich wie auch die Arsensulfide – nur als Pigment und nicht als Metall genutzt wurden. Kobaltoxide aus Qamsar bei Kāshān waren als „Lāǧward-Stein" ein wesentlicher Bestandteil für die Blaufärbung von kobaltblauen Glasuren im 13. Jh. Der Abbau fand bis in das 20. Jh. statt. Die montanarchäologischen Zeugnisse lassen mindestens mittelalterlichen, islamischen Bergbau erkennen (siehe Beitrag Pernicka/Stöllner). Weitere Kobaltquellen sind in Iran mehrfach mit Nickel vergesellschaftet und im Umkreis von Kupferlagerstätten zu finden (z.B. im Anarakbezirk); in einer alten Kupfergrube von Meskani wird ein Rotnickelkiesgang überliefert, der in den Salbändern aus Speisskobalt ($CoAs_3$) und Kobaltblüte bestehen soll. Dieses Vorkommen ließ sich noch Anfang des 20. Jh. wirtschaftlich ausbeuten. Ob diese Vorkommen früher gezielt ausgebeutet wurden, ist unbekannt (Titze 1879, 626 f.; Diehl 1944, 349 f.; Ladame 1945, 196 f.).

Schlussbetrachtung

Unser Überblick über die Kenntnis des vorneuzeitlichen Erzbergbaus in Iran hat vor allem die grundlegenden Probleme eines nicht systematisch erforschten Bergbaugebietes vor Augen geführt: Die meisten Spuren alter Lagerstättennutzung sind nicht datiert und entziehen sich damit einer eindeutigen Zuordnung in einen historischen Kontext. Der von Seiten mehrerer Forscher vorgeschlagene Ansatz, Lagerstätten und räumlich verbundene Siedlungsspuren auf einander zu beziehen (siehe z.B. Shahmirzadi 1979; siehe auch Beitrag Momenzadeh), ist aus verschiedenen Gründen nur bedingt hilfreich. Zunächst lässt sich die zeitliche Beziehung zwischen Siedlungen und Bergbaugebieten selten ausreichend festlegen. Darüber hinaus ist ohne archäometallurgische und geochemische Begleitforschung kaum zu entscheiden, wo und wie die betreffenden Erze bzw. Metalle weiterverwendet wurden. Und schließlich spricht die frühe sozioökonomische Struktur der Rohstoffgewinnung und -verteilung am Zentralplateau nicht unbedingt für solche Rohstoffbezüge. Die Nutzung der Lagerstätten erfolgte in den prähistorischen Phasen wahrscheinlich bis weit in historische Zeiten sporadisch oder saisonal. Vor sassanidischer Zeit sind bisher überhaupt keine Siedlungen und dauerhaftere Anlagen in Bergbaugebieten belegt. So wird man eher an Nomaden-Gruppen denken wollen, die sich durch ihre ausgedehnte Wanderweidewirtschaft (Transhumanz) intensive Kenntnisse von Lagerstätten und Erzen erworben hatten, diese abbauten und auch deren Verteilung zu den Märkten hin übernahmen. Für diese Annahme spricht die große Bedeutung solcher Gruppen im Wirtschaftsleben und im Kommunikationsaustausch zwischen Zentralplateau einerseits und den Zagrosprovinzen, der Fars und Khuzestan andererseits (siehe Beitrag Alizadeh; Besenval 1987). P. Amiet hat schon vor längerem darauf hingewiesen, dass der Reichtum der Grabfunde Luristans an Metallfunden überwiegend auf solchen Austauschbeziehungen mit den Lagerstätten des Zentralplateaus basieren könnte (Amiet 1986) – bedenken wir die nur geringen Metallvorkommen in Luristan und Kermanshah. Bis in moderne Zeiten sind wandernde Metallhandwerker eine geläufige Erscheinung in verschiedenen iranischen Gebieten. So kennen wir die Sibbi in Khuzestan und die Kuli-Schmiede (Wulff 1966, 35, 48 f.); einzelnen Stammesgruppen, wie den Bakhtiari-Stämmen, werden besondere Kenntnisse in der Metallurgie zuerkannt (siehe Beitrag Alizadeh).

Doch sind die wirtschaftlichen Verhältnisse nicht im gesamten, hier besprochenen Zeitraum seit dem 5. Jt. v. Chr. in ähnlicher Weise zu beurteilen. Spätestens seit dem 1. Jt. v. Chr. ist es zu einem verstärkten Zugriff des Staats auf das traditionell organisierte Montanwesen gekommen, was sich in zunehmend festen Einrichtungen in den Bergbaugebieten selbst widerspiegelt. So wird nun vor Ort verhüttet und längerfristig gesiedelt. In manchen Fällen sind auch militärische Anlagen zu beobachten (siehe z.B. Nakhlak: Beitrag Stöllner *et al.*).

Im Zeitenwandel deuten sich auch Änderungen in der Bergbautechnik an, die sich durch eine systematische Betrachtung der montanarchäologischen Zeugnisse ergeben. Diese technische Entwicklung ist selbstverständlich auch in soziale und wirtschaftliche Rahmenbedingungen einzubetten. So gelingt es heute, zumindest drei technologische Entwicklungsschritte in der Entwicklung des Montanwesens zu umschreiben:

1. In einer prähistorischen Phase wird überwiegend mit Hilfe des Feuersetzens und durch zermalmende Gewinnung abgebaut (Feuersetzen, Schlägelarbeit) und an der Lagerstätte eine trockene Aufbereitung und Erzkonzentration vorgenommen. Die pyrotechnische Weiterverarbeitung findet in den Siedlungen statt (z.B. Arisman, Tappeh Sialk, Tal-i Iblis).

2. Die frühgeschichtliche Entwicklung führt seit dem Ende des 2. Jt. v. Chr. vor allem durch die Eisenmetallurgie zu einer Verlagerung der Verhüttung an die Lagerstätten. Es werden jetzt metallene Geräteformen eingeführt, die neben den herkömmlichen Verfahren eingesetzt werden. Eiserne Keilhauen ermöglichen das Hereingewinnen von Erz und die systematische Aufwältigung von tiefen Ganglagerstätten durch die Anlage von Bewetterungs- und Förderschächten. Der Fund eines gelochten Eisenpickels in der urartäischen Festung Bastam (8. Jh. v. Chr.) belegt die frühe Einführung solcher Gerätetypen (Weisgerber 1982; Katalog 257). Wahrscheinlich werden seit dieser Zeit auch Öllampen für die Beleuchtung unter Tage eingesetzt (Abb. 16).

3. Mit dem 1. Jt. n. Chr. (Parther, Sassaniden, Frühislam) wird die bergbauliche Gewinnung technisch perfektioniert, in dem jetzt in großem Stil und teilweise unter staatlicher Kontrolle abgebaut wird. Es entwickeln sich ortsfeste Siedlungen an den Lagerstätten. Vereinzelt werden auch militärische Anlagen zum Schutz der Rohstoffgewinnung errichtet. Die verbesserten Kenntnisse im Tunnelbau führen auch zur Entwicklung einer leistungsfähigen Wasserwirtschaft durch die Qanattechnik, die umgekehrt wiederum stabile Erträge aus der Landwirtschaft ermöglicht.

Abb. 16: Verschiedene Lampen aus frühgeschichtlichen Bergbauen in Darreh Zanjir (Yazd) und Mansurabad, Sammlung des Geologischen Dienstes in Teheran (GSI); Foto: DBM, M. Schicht.

Dieses grobe Schema wird sich hoffentlich in Zukunft mit neuen technologischen Details weiter entwickeln und absichern lassen. Vorläufig ist noch weitgehend unklar, ob und wann mit Brüchen in der Entwicklung, Produktionshöhepunkten oder Abschwüngen zu rechnen ist. Ob die Verringerung der Siedlungstätigkeit am Zentralplateau am Ende des 3. Jt. und am Beginn des 2. Jt. v. Chr. zu einem Rückgang in der Metallgewinnung geführt hat, ist zumindest nach den Datierungen aus Veshnāveh in Frage zu stellen (siehe Beitrag Stöllner *et al.*).

Nach der Zahl der Nachweise deutet sich ein Höhepunkt in der sassanidischen und auch in der frühislamischen Zeit an. Das spiegelt sich zwar in zahlreichen montanarchäologischen Befunden, vor allem in der Eisen- und Silber-/Bleigewinnung, aber interessanterweise nur eingeschränkt in den Beschreibungen arabischer Autoren des 10.-13. Jh. Dies überrascht umso mehr, als mehrere dieser Autoren teilweise selbst aus dem Land stammten[10]. Dafür könnten mehrere Gründe ausschlaggebend gewesen sein. Nahe liegend ist, dass die meisten Kosmographien Wissen aus älteren, heute verlorenen Werken zusammenstellten und in diesen eben nur eine eingeschränkte Kenntnis weitergegeben wurde (so beispielsweise bei Al-Hamdani, der die meiste Zeit seines Lebens in Sanaa verbrachte). So kann sich der Hinweis auf die Silbergewinnung bei Darfarid bei Jiroft in Kerman (Al-Muqaddasi 1877, 311; Dimasqi 1874, Kap. VII, 3) kaum auf eine reale Lagerstättennutzung beziehen, vielleicht eher auf eine ausgedehnte Silbertoreutik in diesen Städten, die sich aus anderen Quellen speiste. Auch findet man die Nachrichten über die reichen Silbervorkommen von Balkh (Panjhir-Tal) ebenso immer wieder wie jene der Stahlgewinnung in der Margiana/Ferghana. Beides ist zweifellos richtig (siehe Beitrag Weisgerber), aber als Topos wahrscheinlich doch überzeichnet. Die wenigen, bisher nur ausschnitthaft vorliegenden montanarchäologischen Zeugnisse aus Iran belegen reichhaltige frühmittelalterliche Zeugnisse sowohl für Blei-Silbergewinnung als auch für die Eisengewinnung. Auch die Kupfergewinnung wird im Früh- und Hochmittelalter noch eine Rolle gespielt haben, wie Bergbaubefunde beispielsweise aus Kerman (Naku bei Sirjan; Sheikh Ali oder Bardsir-Tal-i Homi) oder Azarbaidjan verdeutlichen. Seltsamerweise fehlen detailliertere Hinweise darüber in der Literatur. So heißt es etwa im Hudūd al-Ālam 1970, §28: *„Kerman, hier liegen zahlreiche Berge mit Gold, Silber, Kupfer, Blei und Magnetstein"*. Die meisten solcher Hinweise sind selbst für die gut dokumentierte frühislamische Zeit zu allgemein um mehr daraus zu schöpfen.

Bislang bleiben in Iran noch viele montanarchäologische Zeugnisse unerforscht und ihre wirtschaftshistorischen Zusammenhänge sind erst in Umrissen zu erkennen. Doch steht außer Zweifel, dass sie einen grundlegenden Beitrag zur iranischen Geschichte und Kultur bereithalten.

Anmerkungen

1 Für vielfältige Anregungen, Diskussionen und Hinweise habe ich besonders Herrn Dr. M. Momenzadeh, Teheran, und Prof. Dr. G. Weisgerber, Bochum, zu danken.

2 Im Gegensatz zu höheren Nickelanteilen treten Nickel-Arsenide oder die Minerale Algodondit und Domeykit im Phasenbestand der polymetallischen Vererzungen des Anarakgebietes nicht sehr prominent auf: Bazin & Hübner 1969, 66 f.

3 Die Frage der Arsenlegierung ist etwas kompliziert und bis heute nicht eindeutig entschieden, ob Arsen nur aus den Ausgangserzen oder auch als Legierungsmittel zugefügt wurde, siehe dazu Hauptmann *et al.* 2003, bes. 200 f.: Der Nachweis von Speiss lässt hier im 3. Jt. das ergänzende Verschmelzen von Arsenopyrit erkennen und vermuten, dass ergänzend zu den Kupferschmelzen auch arsenhaltige Erze hinzugefügt worden sind – damit wäre aber Arsen als Hinweis für die Herkunft des Kupfererzes untauglich. Auch in Arisman ist Speiss nachgewiesen: Hezarkhani *et al.* 2003, 27 f.

4 Bezüge zu den Windöfen des Fenangebietes zeigt etwa der im Jahr 2000 ausgegrabene Ofen von Arisman (Schnitt D). Auch die Technik der Kupellation für die Silberherstellung verbreitet sich in dieser Zeit (siehe Hess *et al.* 1998).

5 Öllämpchen sind ja insgesamt ein wichtiger Anhalt für die Datierung des Grubenbaues; wahrscheinlich wurden pflanzliche Öle verfeuert. In Nakhlak ist bis in neuere Zeit das sog. Roghan-e Mandāb für die Grubenbeleuchtung eingesetzt worden, das aus einer lokalen Pflanze gewonnen wurde, wie uns die Einheimischen berichtet haben. Dafür wurden spezielle Lederkannen hergestellt, die das genaue Portionieren des Lampenöls erlaubten.

6 Zur Herkunft der Eisenrohstoffe nach den Schriftquellen siehe: Allen 1979, 66 ff. Tab. 13.

7 Der Ondanique wird auch von al'Idrisi und Avicenna überliefert und mit entsprechendem Qualitätsstahl („Wootz") aus Indien zusammengebracht, siehe die ausführlichen Bemerkungen bei Yule & Cordier 1992, 92 ff. Note 3.

8 Der Grubenbau konnte anlässlich eines kurzen Besuches nicht befahren werden; die Stelle wurde uns dankenswerterweise von Kollegen der Universität Teheran gezeigt, wofür Herrn R. Abbas Nejad, Doktorand an der Univ. Teheran, zu danken ist.

9 Verf. konnte das Gebiet im Jahr 2003 mehrfach besuchen; das Gebiet lässt eine Reihe kleinerer Lagerstätten mit Kupfer- und Eisenführung erkennen. Blei-/Silberlagerstätten konnte ich dagegen nicht sehen. Für Hinweise und Hilfe danke ich dem Geologischen Dienst Kerman sowie dem ICHO Kerman/Jiroft, Herrn Pas sowie Herrn Soleimani und Herrn H. Tofighian.

10 Blanchard 2001, 33 ff. kommt aufgrund seiner eingeschränkten Kenntnisse zu der hiesigen Blei-/Silbergewinnung zu der irreführenden Auffassung, dass es weder in sassanidischer noch in frühislamischer Zeit eine nennenswerte Silbergewinnung in Iran gegeben habe.

Bibliographie

ALIMOV, K., BOROFFKA, N., BUBNOVA, M., BURJAKOV, JU., CIERNY, J., JAKUBOV, J., LUTZ, J., PARZINGER, H., PERNICKA, E., RADILILOVSKIJ, V., RUZANOV, V., ŠIRINOV, T. & WEISGERBER, G.:
1998   Prähistorischer Zinnbergbau in Mittelasien. Vorbericht der ersten Kampagne 1997. Eurasia Antiqua 4, 137-199.
ALLEN, W. A.:
1979   Persian Metal Technology. 700-1300 AD, London-Oxford.

1982 Nishapur: Metalwork of the Early Islamic Period, New York.

AL-MUQADDASI, MUHAMMAD IBN AHMAD:
1877 Ahsan al-tagāsīm fī ma'rifat al-aqālīm (ed. M. J. de Goeje). Bibliotheca Geographorum Arabicorum 3, Frankfurt.

AMIET, P.:
1986 L'âge du échanges inter-iraniens 3500-1700 avant J.V.C. Notes et documents des musées de France 11, Paris.

BARIAND, P.:
1962/63 Contribution à la minéralogie de l'Iran. Bulletin de la Société française de minéralogie et de cristallographie 76, 17-64.

BARNES, J. W.:
1970 Ancient Clay Furnace Bars from Iran. Bulletin of the Historical Metallurgy Group 7, 8-17.

BAZIN, D. & HÜBNER, H.:
1969 Copper Deposits in Iran. Geological Survey of Iran, Report No. 13, Tehran.

BERTHOUD, T., BESENVAL, R., CLEUZIOU, S., FRANCAIX, J. & LISZAK-HOURS, J.:
1975 Etude sur la métallurgie Iranienne aux IVe-IIIe millénaires. Commissariat à l'energie atomique laboratoire de recherche des musées de France, Unité de recherche archéologique 7, Paris.
1976 Les anciennes mines de Cuivre en Iran. Recherche coopérative sur programme 442, Paris.

BERTHOUD, T., CLEUZIOU, S., HURTEL, L. P., MENU, M. & VOLFOVSKY, C.:
1982 Cuivre et alliages en Iran, Afganistan, Oman au cours de IVe et IIIe millénaires. Paléorient 8/2, 39-54.

BESENVAL, R.:
1987 Les populations nomades et l'exploitation des ressources minérales dans les zones arides et semi-arides: données ethnologiques et problèmes archéologiques. Le cas du plateau iranien aux 4e et 3e millénaires. In: H. P. Francfort (ed.), Nomades et sédentaires en Asie centrale. Approches de l'archéologie et de l'ethnologie. Actes du colloque franco-soviétique Alma Ata (Kazakhstan), Paris, 53-56.

BLANCHARD, I.:
2001 Mining, Metallurgy and Minting in the Middle Ages I. The Asiatic supremacy, Stuttgart.

CALDWELL, J. R.:
1967 Investigations at Tal-i-Iblis. Illinois State Museum, Preliminary Reports 9, Springfield, Illinois.

CALDWELL, J. R. & SHAHMIRZADI, S. M.:
1966 Tal-i-Iblis. The Kerman Range and the Beginning of Smelting. Illinois State Museum Preliminary Reports 7, Springfield, Illinois.

CHERNYKH, E. N.:
1992 Ancient metallurgy in the USSR, Cambridge.

CRADDOCK, P. T., LA NIECE, S. C. & HOOK, D. R.:
1990 Brass in the Medieval Islamic World. In: P. T. Craddock (ed.), 2000 Years of Zinc and Brass. British Museum Occasional Paper 50, 73-79.

DIMASQI (Shems Ed-Din Abou-Abdallah Mohammad de Damas):
1874 Manuel de la Cosmographie du Moyen Age. Übers. u. komm. v. A. F. Mehren, Copenhague.

DIEHL, E.:
1944 Beitrag zur Kenntnis der Erzfundstellen Irans. Schweizerische Mineralogisch-Petrographische Mitteilungen 24, 334-371.

GABRIEL, A.:
1963 Marco Polo in Persien. Verlag Typographische Anstalt, Wien.

GHIRSHMAN, R.:
1939 Fouilles de Sialk, près de Kashan 1933, 1934, 1937 (II). Série Archéologique, tome V, Paris.

HAKEMI, A.:
1992 The copper smelting furnaces of the Bronze Age at Shahdad. In: C. Jarrige (ed.), South Asian Archaeology 1989. Monographs in World Archaeology 14, 119-132.

HAUPTMANN, A., REHREN, Th. & SCHMID-STRECKER, S.:
2003 Early Bronze Age Copper Metallurgy at Shahr-I Sokhta (Iran), reconsidered. In: Th. Stöllner, G. Körlin, G. Steffens & J. Cierny (Hrsg.), Man and Mining. Mensch und Bergbau. Studies on occasion of the 65th birthday of Gerd Weisgerber. Der Anschnitt, Beiheft 16, Bochum, 197-213.

HELMHACKER, R.:
1898 Die nutzbaren Lagerstätten Persiens. Zeitschrift für praktische Geologie 6, 430-432.

HESKEL, D.:
1982 The development of pyrotechnology in Iran during the fourth and third millennia B.C. Ph.D. Dissertation, Havard University, Cambridge.

HESS, K., HAUPTMANN, A., WRIGHT, H. T. & WHALLON, R.:
1998 Evidence of fourth millennium B.C. silver production at Fatmali-Kalecik, East Anatolia. In: Th. Rehren, A. Hauptmann & D. J. Muhly (eds.), Metallurgica Antiqua. Der Anschnitt, Beiheft 8, Bochum, 57-67.

HEZARKHANI, Z., MOMENZADEH, M., NEZAFATI, N., VATANDOUST, R., HEIMANN, R. B., PERNICKA, E., SCHREINER, M. & WINTERHOLLER, B.:
2003 Archaeometallurgical researches in central Iran. Unpubliziertes Manuskript Freiberg/Sachsen.

HOLZER, H. & MOMENZADEH, M.:
1971 Ancient Copper Mines in the Veshnoveh Area, Kuhestan-e-Qom, West-Central Iran. Arch. Austriaca 49, 1-47.
1973 Note on the Geology of Elikah and Duna Lead Mines, Central Alborz, Northern Iran. Geological Survey of Iran, Report 21, Teheran.

HOŪTŪM-SCHINDLER, A. H.:
1881 Neue Angaben über die Mineralreichtümer Persiens und Notiz über die Gegend westlich von Zendjan. Jahrbuch der Kaiserl. Königl. Geologischen Reichsanstalt 31, 169-190.

HUDŪD al-'ĀLAM:
1970 Hudūd al-'Ālam „The Regions of the World": A Persian Geography 372 A.H.-982 A.D., übers. und erläutert von V. Minorsky mit einer Einleitung von V. V. Barthold, London 1937; 1970[2] (E. J. W. Gibb Memorial N.S. 11).

HUMMEL, F.:
1974 Ergebnisse der Untersuchung eines Eisenschwertes mit Maskenzier „Aus Luristan". Jahrb. RGZM 21 (Festschrift f. H.-J. Hundt), 125-127.

LADAME, G.:
1945 Les resources métallifères de l'Iran. Schweizerische Mineralogisch-Petrographische Mitteilungen 25, 165-303.

MACTEAR, J.:
1894-95 Some Notes on Persian Mining and Metallurgy. Transactions

MAJIZADEH, Y.:
1976 The Land of Aratta. Journal of Near Eastern Studies 35, 82-92.

MC CONCHIE, M.:
1998 Iron technology and Ironmaking Communities in Notheastern Anatolia: First Millenium B.C. Ph. D. thesis, Department of Classical Studies and Archaeology, University of Melbourne, Australia.

MAXWELL-HYSLOP, R.:
1974 Assyrian Sources of Iron. Iraq 36, 139-154.

MOMENZADEH, M.:
2002 Mining Archaeology in Iran I: An ancient gold mining site of Zartorosht (SW-Jiroft, SE-Iran). Metalla 9/1, 47-53.

MOMENZADEH, M. & SADIGHI, T.:
1989 Place names. A Guide in Detecting Ancient Gold Mines in Iran. In: A. Hauptmann, G. A. Wagner & E. Pernicka (Hrsg.), Archäometallurgie der Alten Welt: Beiträge zum Internationalen Symposium „Old World Archaeometallurgy", Heidelberg 1987. Der Anschnitt, Beiheft 7, Bochum, 307-317.

MOOREY, P. R. S.:
1991 The Decorated Ironwork of the Early Iron Age Attributed to Luristan in Western Iran. Iran 29, 1-12.
1994 Ancient Mesopotamian Materials and Industries. The Archaeological Evidence, Oxford.

MUHLY, J. D., BEGEMANN, F., ÖZTUNALI, Ö., PERNICKA, E., SCHMITT-STRECKER, S. & WAGNER, G. A.:
1991 The Bronze Metallurgy in Anatolia and the Question of Local Tin Sources. In: E. Pernicka & G. A. Wagner (eds.), Archaeometry '90. Proceedings of the 27th Symposium on Archaeometry held in Heidelberg April 2-6, 1990, Basel, 209-220.

PETTINATO, G.:
1972 Il commercio con l'estero della Mesopotamia alla luce delle fonti letterarie e lessicale sumeriche. Mesopotamia 7, 43-166.

PLEINER, R.:
1967 Preliminary evaluation of the 1966 metallurgical investigations in Iran. In: J. Caldwell (ed.), Investigations at Tal-i-Iblis. Illinois State Museum Preliminary reports 9, Springfield, Illinois, 340-405.

PIGOTT, V.:
1984 āhan. In: E. Yarshater (ed.), Enzyclopaedia Iranica 1/6, London, 624-633.
1989 The Emergence of Iron Use at Hasanlu. Expedition 31, 67-79.
1999a A heartland of metallurgy. Neolithic/Chalcolithic metallurgical origins on the Iranian Plateau. In: A. Hauptmann, E. Pernicka, Th. Rehren & Ü. Yalçin (eds.), The Beginnings of Metallurgy. Proc. Internat. Conference Bochum 1995. Der Anschnitt, Beiheft 9, Bochum, 107-120.
1999b The Development of Metal Production on the Iranian Plateau: An Archaeometallurgical Perspective. In: V. Pigott (ed.), The archaeometallurgy of the Asian old world. University Museum Monograph 89, 73-106.

RAMAGE, A. & CRADDOCK, P.:
1999 King Croesus' Gold. Excavations at Sardis and the History of Gold Refining, Cambridge.

of the Institution of Mining and Metallurgy 3, 2-39

RASTAD, E., MONAZAMI MIRALIPOUR, A. & MOMENZADEH, M.:
2002 Sheikh-Ali Copper Deposit, a Cyprus-type VMS Deposit in Southeast Iran. Journal of Sciences, Islamic Republic of Iran 13/1, 51-63.

REHDER, J. E.:
1991 The Decorated Iron Swords from Luristan: Their Material and Manufacture. Iran 29, 13-20.

SCHAUENSEE, M. DE:
1988 Northwest Iran as a Bronzeworking Centre: The View of Hasanlu. In: J. Curtis (ed.), Bronze-working Centres of Western Asia c. 1000-539 B.C., London/New York, 45-62.

SHAHMIRZADI, S. M.:
1979 Copper, Bronze, and Their Implementation by Metalsmiths of Saghzabad, Qazwin Plain, Iran. Archäologische Mitteilungen aus Iran 12, 49-66.

SMITH, C. S.:
1968 Metallographic study of early artefacts made from native copper. In: Actes du XIe Congrès International d'Histoire des Sciences, Warschau 1965, Paris, 237-252.

SMITH, C. S., WERTIME, TH. A. & PLEINER, R.:
1967 Preliminary reports of the metallurgical project. In: J. Caldwell (ed.), Investigations at Tal-i-Iblis. Illinois State Museum Preliminary reports 9, Springfield, Illinois, 318-326.

STAHL, A. F. VON:
1883 Die Eisenerze Persiens. Chemiker Zeitung 1893, 1910 f.
1894a Die Kupfererze Persiens. Chemiker-Zeitung, 3 f.
1894b Verschiedene Erze und Mineralien Persiens. Chemiker-Zeitung, 487-488; 882-883.
1895 Reisen in Nord- und Zentral-Persien. In: Petermanns Mitteilungen, Ergänzungsheft 118, 1-39.
1904 Die Erze des Karadag in Persien. Chemiker Zeitung, 58, 85.
1911 Persien. Handbuch der regionalen Geologie, V, 6, Heidelberg.

STÖCKLIN, J., EFTEKAHR-NEZHAD, J. & HUSMAND-ZADEH, A.:
1972 Central Lut Reconnaissance, East Iran. Geological Survey of Iran, Report 22, Tehran.

STÖLLNER, TH., WEISGERBER, G., MOMENZADEH, M., PERNICKA, E. & SHIRAZI, A. SH. = STÖLLNER & WEISGERBER 2004:
2004 Die Blei-/Silbergruben von Nakhlak und ihre Bedeutung im Altertum. Zum Neufund eines Förderkörbchens im Alten Mann. Der Anschnitt 56/2-3, 76-97.

TARDIEU, M.:
1998 Les gisements miniers de l'Azerbayjān méridional (région de Taxt-e Soleymān) et la localisation de Gazaka. Bulletin of the Asia Institute NS 12, 249-268.

TIETZE, E.:
1879 Die Mineralreichtümer Persiens. Jahrbuch der Kaiserlich-Königlichen Geologischen Reichsanstalt 29/4, 565-658.

THORNTON, CHR.:
2001 A Reassessment of the Metallurgical Sequence of the Iranian Plateau from the Chalcolithic to the Iron Age through Chemical and Metallographic Analyses of a "Trinket" Technology. B.A. thesis, Harvard University.

THORNTON, CH. P. & EHLERS, CH. B.:
2003 Early brass in the ancient Near East. Iams 23, 3-8.

VATANDOUST, A.:
1999 A view on prehistoric Iranian metalworking: Elemental analyses and metallorgaphic examinations. In: A. Hauptmann,

E. Pernicka, Th. Rehren & Ü. Yalçin (eds.), The Beginnings of Metallurgy. Proc. Internat. Conf. Bochum 1995. Der Anschnitt, Beiheft 9, Bochum, 121-140.

WALDBAUM, J. C.:
1980 The First Archaeological Appearance of Iron and the Transition to the Iron Age. In: Th. A. Wertime & J. D. Muhly (eds.), The Coming of the Age of Iron, New Haven, London, 69-98.

WEISGERBER, G.:
1976 Altägyptischer Bergbau auf der Sinaihalbinsel. In: Technikgeschichte als Vorbild moderner Technik. Schriften der Georg-Agricola-Gesellschaft 2, Essen, 27-43.
1982 Ältestes Bergeisen bei den Urartäern gefunden. Der Anschnitt 34/4, 177.
1990 Montanarchäologische Forschungen in Nordwest-Iran 1978. Archäologische Mitteilung aus Iran 23, 73-84.
1996 Montanarchäologie – mehr als Technikgeschichte: Das Beispiel Fenan (Jordanien). In: W. Kroker (Hrsg.), Montantechnologie an technischen Schnittstellen. Schriftenreihe Georg-Agricola-Gesellschaft 20, 19-34.
2001 Mittelalterliche Goldgewinnung – Wege und Methoden ihrer Erforschung. In: G. Ammerer & A. St. Weiß (Hrsg.), Das Tauerngold im europäischen Vergleich. Archäologische und historische Beiträge des Internationalen Kongresses in Rauris 2000. Mitteilungen der Gesellschaft für Salzburger Landeskunde 141, 33-51.

WEISGERBER, G. & CIERNY, J.:
2002 Tin for Ancient Anatolia? In: Ünsal Yalcin (ed.), Anatolian Metal II, Der Anschnitt, Beiheft 15, Bochum, 179-186.

WEISGERBER, G., KROLL, S., GROPP, G. & HAUPTMANN, A.:
1990 Das Bergbaurevier von Sungun bei Kighal in Azarbaidjan (Iran). Archäologische Mitteilung aus Iran 23, 85-103.

WEISGERBER, G. & WILLIES, L.:
2000 The Use of Fire in Prehistoric and Ancient Mining: Firesetting. Paléorient 26/2, 131-149.

WERTIME, TH. A.:
1967 A metallurgical expedition through the Persian desert. In: Caldwell 1967, 327-339.

WULFF, H. E.:
1966 The Traditional Crafts of Persia, Cambridge, Mass.

YENER, K. A.:
2000 The Domestication of Metals, Leiden, Boston, Köln.

YULE, H. & CORDIER, H.:
1992 The Travels of Marco Polo, The Complete Yule-Cordier Edition, New York: Dover, 2nd edition.

Schmucksteine im Alten Orient (Lapislazuli, Türkis, Achat, Karneol)

Gerd Weisgerber

In Irak wurden auf dem Siedlungshügel Yarim Tappeh aus der Zeit um die Mitte des 6. Jt. v. Chr. Perlen aus Azurit, Karneol, Bergkristall und Türkis gefunden (Moorey 1994, 77). Da keines dieser Minerale (vgl. Bauer 1932) im Zweistromland autochthon vorkommt, stellt sich die Frage nach der Herkunft der Schmucksteine. Da bieten sich neben Anatolien vielfach erzhöffige Gebirge, wie Zagros, Alborz, Hindukusch u.a., welche das Iranische Hochplateau umgeben, als Rohstoffquellen an. Aber mit Ausnahme für Türkis und Lapislazuli besaß die Welt des alten Persiens keine Schmucksteinvorkommen von überregionaler Bedeutung. Dabei liegt diejenige für Lapislazuli schon im äußersten Nordosten im heutigen Afghanistan.

So sah es auch al-Ta'alibi am Ende des 1. Jt. (961-1038), denn für alle Schmucksteine gab es prominente Herkunftsgebiete: *„Der Türkis findet sich nur bei Nishapur. ... Der Türkis von Nishapur gehört zu den kostbaren Edelsteinen, wie der Jaqut* (Korundgruppe) *von Ceylon, die Perle von Oman* (hier im Sinne von Persischer Golf), *der Zabargad* (Smaragd) *von Ägypten, der Karneol von al-Jemen, der Bigadi* (Granat) *von Balch, der Lal* (Rubin) *von Badachschan, der Onyx von Zafar und die Koralle von Afrika"* (Wiedemann 1969, 242).

Das Besondere an Türkis und Lapislazuli ist die unglaublich lange Zeit ihrer bergmännischen Gewinnung, Verarbeitung und Wertschätzung. Das hat teilweise mit der blauen Farbe beider Schmucksteine zu tun, denn es fällt auf, dass nach dem besonders in der Altsteinzeit beliebten Rot und dem Grün der Jungsteinzeit Blau die bevorzugte Farbe der Bronzezeit des 3. Jt. v. Chr. im Alten Orient wurde. Vielleicht wurde der Farbe bereits damals eine Unheil abwehrende Kraft beigemessen, wie es noch heute in den Ländern um das Mittelmeer und bis Iran der Fall ist. Die Bedeutungsebenen von Schmuck, Amulett, Talisman, Wertgegenstand und Prestigezeichen sind heute nur noch im Einzelfall zu trennen.

Abb. 1: Sar-e Sang, Blick auf das Massiv mit der Lapislazuli-Lagerstätte. Blick vom mittleren Kohe Madane Surb nach SO über das Koktscha Tal auf Sar-e Sang bei der Baumgruppe (ganz unten halbrechts) und den Kohe Lajaward. Die Spitze des Kohe Lajaward erscheint vor der 5.698 m Wand des Kohe Shake Safed; Foto: Kulke 1973.

Lapislazuli

Dem Venezianer Marco Polo (1254-1324) verdankt das Abendland die Kenntnis von der Herkunft des Steins, aus dem man vor allem im Mittelalter das Pigment Ultramarin (= „von jenseits des Meeres") herstellte, nämlich Badakhshan in Afghanistan: *„Im selben Land ist ein anderer Berg, in dem Steine gefunden werden, aus denen Azur der feinsten Qualität der Welt gemacht wird. Diese Steine stammen wie Silber aus aderähnlichen Gängen"* (Polo 1958, 76f.).

Lapislazuli ist unter Gemmologen und Archäologen das bekannteste Produkt Afghanistans. Er kommt am Flusse Koktscha, einem Nebenfluss des Panj / Amu Darja hoch im Hindukush-Gebirge vor[1]. Für die kornblumenblaue Farbe sind die Minerale Lasurit, Sodalith und Afghanit verantwortlich (Bariand 1979; Bariand *et al.* 1968; Wyart *et al.* 1981).

Der Berg mit der Lagerstätte heißt Kuh-e Ma'din (= Bergwerksberg), er ist der äußerste Sporn des Kuh-e Lajaward (Lapislazuli-Berg). Lapislazuli findet sich bevorzugt in einer wenige Zehnermeter mächtigen Bank in Marmor. Auch feinkristalliner Lapis kommt in Nestern, Knollen und – selten genug – als (Misch-) Kristall vor. Der durch den Mündungsbereich des Nebenbaches erweiterte Talboden liegt in rd. 2.300 m Höhe und ist breit genug, um der kleinen Siedlung Sar-e-Sang für Saisonarbeiter und Regierungssoldaten Raum zu geben. Die Bergwerke befinden sich über 300 m oberhalb des Tales und sind nur mühsam zu Fuß oder mit Eseln zu erreichen (Lapparent *et al.* 1965; Kuhlke 1976). Heute reichen extrem steile Bergehalden bis zum Fluss hinab. Die jährliche Gesamtproduktion wurde für 1968 mit 10 t angegeben (Hermann 1968) (Abb. 1 & 2).

Für die ältesten prähistorischen Zeiten, in denen dieser Stein bereits genutzt wurde (5. Jt. v. Chr.), kann vielleicht davon ausgegangen werden, dass die überwiegende Menge des Schmucksteins durch Abklauben des Hangschutts und Absuchen der Flussgerölle gewonnen wurde. Derartiges Klauben könnte auch die mindere Qualität manches Lapislazulis, wie etwa dem der Prunkaxt von Troja, erklären. Im Berg selbst hätte man wahrscheinlich besseres Material gewonnen. Es kann aber durchaus auch so sein, dass die über Tausende von Kilometern in den Westen weiter gereichten Steine durch Auslese der jeweils besten Stücke vor Ort immer mehr an Qualität einbüßten. Im prähistorischen Persien jedenfalls ist die Qualität noch hervorragend (Abb. 3).

Afghanischer Lapislazuli wurde bereits ins jungsteinzeitliche Ägypten nach Naqadah exportiert. Jünger ist der sensationelle Fund von Abydos, wo 2003 in einem Tonkrug 6,5 kg Lapislazuliplättchen entdeckt wurden[2]. Die Blüte seiner Verwendung liegt aber im bronzezeitlichen Mesopotamien. Zwar kommt auch in der Afghanistan näher gelegenen Industal-Kultur des 3. Jt. Lapislazuli vor, aber anscheinend spielte er dort keine besonders große Rolle. Isoliert steht bislang die Verarbeitung des Schmucksteins zu Perlen im 4. Jt. in Mehrgarh in Südpakistan: die frühesten Spuren derartiger Tätigkeiten überhaupt (Tosi & Vidale 1990). Offenbar gewann der

Abb. 2: Sar-e Sang, Blick in den ausgeräumten Gang der Grube 4; Foto G. Bowersox, Gem Industries, Hawaii.

blaue Schmuckstein aus dem Hindukusch aber an Euphrat und Tigris eine derartige Bedeutung für das Prestige seiner Besitzer oder für die Spender, dass keine Mühen gescheut wurden, ihn in großen Mengen aus der Ferne zu beschaffen. Neben Perlen wurde der blaue Stein vielfach und gekonnt in mosaikartigen Einlegearbeiten wie etwa in der berühmten Standarte oder der Harfe von Ur verwendet, wenn auch dazu anscheinend nicht die erste Qualität zur Verfügung stand oder gestellt wurde. Herrscher ließen sich in kleinen Statuetten aus dem edlen Material darstellen (Moortgat-Correns 1967). Dieser Bedeutungsinhalt reichte offenbar bis Troja im Westen Anatoliens. Denn eine dort schon von Heinrich Schliemann gefundene Prunkaxt aus Lapislazuli diente zusammen mit zwei weiteren Äxten aus Jade und Jadeit ebenfalls der Selbstdarstellung und dem Prestige ihres Besitzers. Dass Lapis in großen Mengen importiert wurde, geht aus einem neu veröffentlichten Text aus der Zeit um 2700 v. Chr. von Tell Fara (das sumerische Schuruppak in Süd-Mesopotamien) hervor, in dem von Eselsladungen von 70 kg Lapislazuli die Rede ist (Steible & Yildiz 2000). Aus dem 2. Jt. v. Chr. stammt ein Depot von 27 Rohstücken in Mari/Syrien (Pinnock 1988; 1990). Unübersehbar wird die Rolle des Iranischen Plateaus, seiner Menschen und Städte als Mittler und Vermittler der Güter des Ostens und Nordostens für den Westen.

Im 3. Jt. v. Chr. kann der Weg des blauen Steines vom Nordosten Afghanistans über das persische Hochplateau ins Zweistromland

Abb. 3: Mari, Syrien. Löwenköpfiges Adleramulett mit Flügeln aus Lapislazuli, Höhe 12,8 cm, um 2650 v. Chr., Museum Damaskus (1993). J. Aruz, Art of the first cities. New York 2003, 141, Nr. 81.

gut an den Fundstätten von Rohmaterial, Werkstattabfällen und Fertigprodukten festgemacht werden. Am besten untersucht wurde die Verarbeitung des importierten blauen Steins zu Perlen für Halsketten in Shahr-i Sokhta. Dort waren komplette Sätze von Feuersteinklingen, Bohrern, verworfene Halbfertigprodukte und entsprechende Abfälle gefunden worden (Bulgarelli 1977; Bulgarelli & Tosi 1977; Casanova 1992; 1999; Piperno & Tosi 1973; Tosi 1974a) (Abb. 4). Derber Lapislazuli wurde mittels Feuersteinklingen angesägt, mittels Schlägen getrennt, zu kleinen Prismen zurecht geformt und anschließend mit spitzen Flintbohrern perforiert, bevor diese

Abb. 4: Shahr-i Sokhta, Werkzeuge aus einer Lapislazuli-Werkstatt: Flintklingen als Sägen und Bohrer, Abfall und Perlen; Foto: Weisgerber 1976.

Abb. 6: Susa, Iran. Torso einer Taube aus Lapislazuli mit Goldeinlagen (Musée du Louvre, Paris); Foto: G. Weisgerber.

Abb. 5: Sarazm, Tadschikistan. Perlen und Schmuck aus der Grabung (Museum Pendzikent); Foto: G. Weisgerber.

wohl auf Steinplatten zylindrisch geschliffen wurden. Den seit längerem bekannten Handelsstationen (Herrmann 1968; Tosi 1974a; 1976a; Delmas & Casanova 1990) kann aus eigenen Beobachtungen als weitere Tal-i Iblis/Iran hinzugefügt werden. Daraus kann abgeleitet werden, dass zumindest im 3. Jt. die Perlenproduktion jeweils vor Ort mehr oder weniger für den eigenen und/oder den lokalen Bedarf stattfand. In den Westen weiterverhandelt wurde hauptsächlich das Rohmaterial selbst. In Mesopotamien und in Ägypten wurden dann vor Ort die jeweils erwünschten Produkte daraus hergestellt.

In der mittelasiatischen bronzezeitlichen Siedlung von Sarazm im Zerafshan-Tal und in ihren Gräbern waren Halsketten aus zahlreichen Lapislazuli- und Türkisperlen gefunden worden. Man kann sich gut vorstellen, dass die dunkelblauen Perlen aus dem gar nicht so weit entfernten oberen Koktscha-Tal gegen die lokalen Türkisperlen eingetauscht worden waren (Abb. 5) (Isakov 1981). Im 2. Jt. v. Chr. spielte der Stein eine geringere Rolle. Deshalb soll besonders auf die ca. 6 cm große Taube aus Lapislazuli von Susa hingewiesen werden. Sie ist mit runden Goldeinlagen verziert (Amiet 1966, 435, Abb. 25; Ry 1969, 124) (Abb. 6).

In Iran wurde Lapislazuli besonders seit den Achämeniden erneut eine große Bedeutung zuteil, wie zahlreiche Kunstwerke zeigen. Für die Herkunft des Lapislazuli wird von Darius I. in der Inschrift über den Bau seines Palastes in Susa die Satrapie Sogdiana angegeben, diese schloss damals Badakhschan ein (Derakhshani 1999).

Türkis

Türkis ist ein poröses Kupfer-Aluminium-Phosphat mit der Härte 5 bis 6, ist also deutlich weicher als Quarz (Mohs-Härte 7). Er kommt von Himmelblau bis Graugrün vor und nur die beste Qualität ist „türkisblau". Der Stein entstand, als kupferhaltige hydrothermale Lösungen in Klüfte und Hohlräume von aluminiumphosphatreichen Sediment- oder vulkanischen Gesteinen eindrangen und meist als ein weit verzweigtes Netz plattiger oder knolliger Ausbildungen in der Nachbarschaft von Kupferlagerstätten aushärteten. Türkis in Edelsteinqualität ist hart und hat wenige Poren, da er im Laufe seiner Entstehung stabilisiert und die Poren durch Kieselsäure verschlossen wurden. Hauptlieferant für Spitzenqualität ist immer noch der Iran.

Der persische Name (Firuzeh) heißt der Siegreiche. Unser Name Türkis entstand erst im Mittelalter in Frankreich, als das Osmanische Reich den Handel mit dem „türkischen Stein" vermittelte. Er ist und war das wertvollste undurchsichtige Mineral im Juwelen-

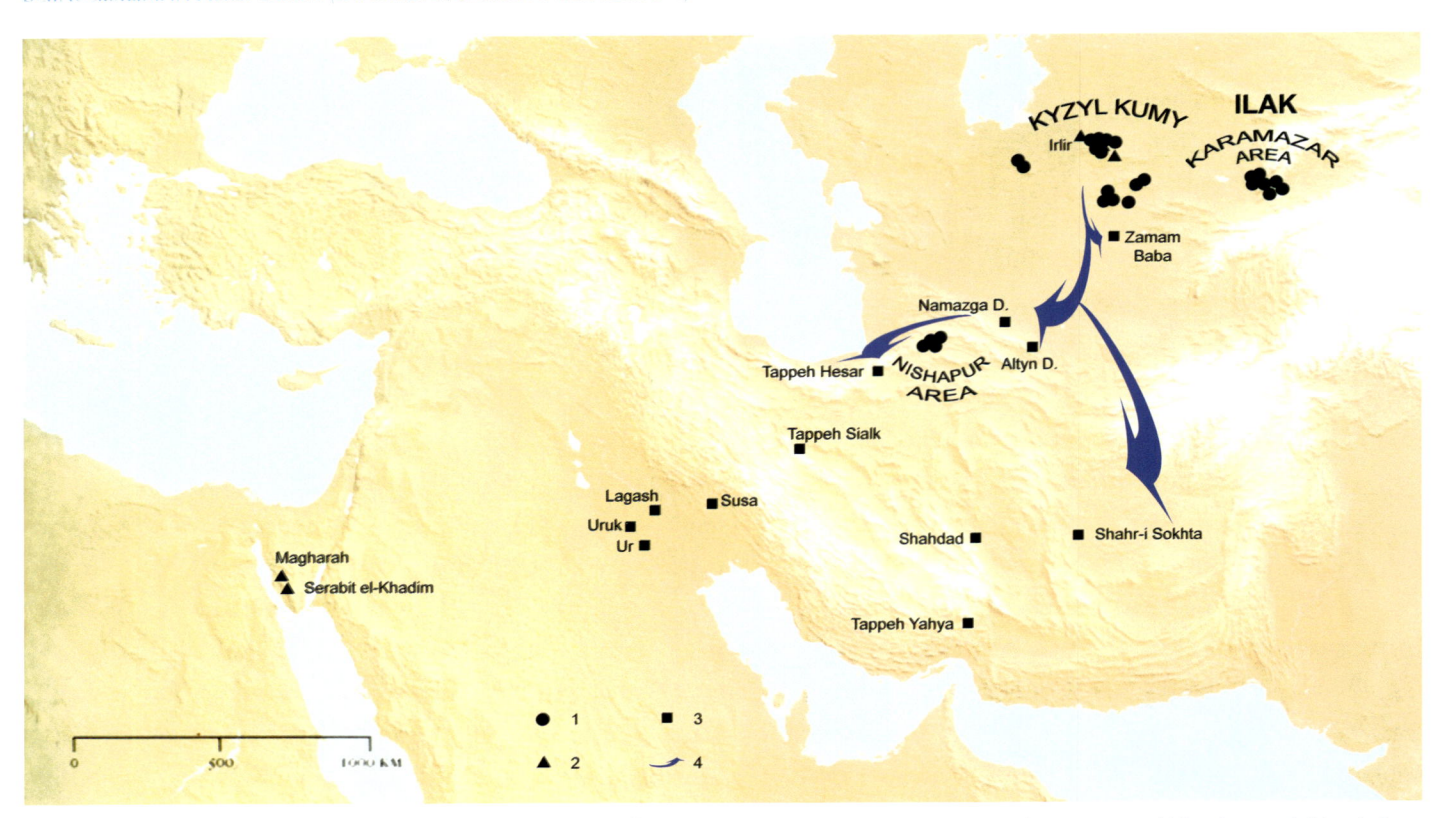

Schmucksteine im Alten Orient (Lapislazuli, Türkis, Achat, Karneol)

Abb. 7: Karte der hauptsächlichen Türkislagerstätten in Ägypten und Asien mit möglichen Handelsrichtungen. 1 Türkisbergbau nach historischen Quellen, 2 Gruben des 3. Jt., 3 wichtige Stätten des 3. Jt. mit Handelsfunktionen, 4 vermutete Wege des Türkishandels; Tosi 1974b.

68

Abb. 9: Magharah im Sinai, Blick auf die Steilwand mit den Grubenöffnungen und Halden; Foto: G. Weisgerber 1976.

Abb. 10: Nishapur, Spuren eines mehrsöhligen Abbaus; Foto: G. Weisgerber 1976.

handel. Kein anderer Stein wird und wurde in so vielen Kulturen als Schutzstein, Talisman oder Glücksbringer geschätzt.

Dem Alten Orient standen im Wesentlichen fünf Türkisvorkommen zur Verfügung, die auf der Halbinsel Sinai, in Iran und in Mittelasien lagen (Abb. 7). Da Türkis im Zusammenhang mit Kupferlagerstätten entstand, kann es sehr wohl weitere Vorkommen geben, die als Kupferlagerstätte bekannt, als gleichzeitige Vorkommen für Türkis aber bislang nicht gesondert aufgefallen sind, wie etwa das des Kuh-i Dashak südlich Herat in Afghanistan.

Sinai-Türkise wurden bereits im Chalkolithikum des 4. Jt. systematisch gewonnen, an Ort und Stelle verarbeitet (Beit Arieh 1980) und etwa nach Beersheba in der Levante exportiert (Mellaart 1966, 28). Später waren sie bereits seit den Pharaonen der 3. Dynastie geschätzt, etwa von Pharao Chephren. Diese unterwarfen die einheimische „asiatische" Bevölkerung und nahmen die bergmännische Gewinnung im Nubischen Sandstein durch besondere Bergbau-Expeditionen bis weit ins 2. Jt. v. Chr. hinein in die eigene Hand. Überwältigende bergbauliche und infrastrukturelle Überreste in Serabit el-Khadim und Maghara harren noch der Erforschung (Weisgerber 1976; 1991) (Abb. 8 & 9). Leider waren die Sinai-Türkise nicht sehr beständig, sie wurden leicht grünlich.

Das in Iran gelegene Aratta spielte nach Aussage der Tontafeltexte eine wichtige Vermittlerrolle im Handel mit Schmucksteinen, Metallen und Edelmetallen. Iran hat mehrere Türkis-Vorkommen (vgl. Beitrag Momenzadeh). Von größerer Bedeutung scheinen nur die im weiteren Bereich um Kerman und Yazd in Zentraliran und die im Norden um Damghan und Nishapur in Khorasan gewesen zu sein (Abb. 10). Prähistorische und antike Gewinnungsspuren wurden bislang nirgendwo festgestellt. Archäologische Funde weisen aber auf früheste Gewinnung hin. Es kommen Perlen aus Türkis bereits auf Fundstellen des 6. Jt. sowohl in Irak (Yarim Tappeh) als auch im Iran vor[3]. Hier gibt es Türkisperlen vom Tappeh Zagheh und in

Abb. 8: Serabit el Khadem auf der Sinai-Halbinsel, zweisöhlige Abbauhohlräume; Foto: G. Weisgerber 1976.

Abb. 11: Tappeh Hesār, ausgegrabene Werkstatt, in der Türkise verarbeitet wurden; Foto: G. Weisgerber 1976.

Ali Kosh. Aus dem 5. Jt. wurden solche in Bakūn und in Tappeh Yahya gefunden, alle meistens zusammen mit solchen aus Lapislazuli. Neben Achat und Bergkristall gibt es Türkise auch in Tal-i Malyan (Amshan) im 3. Jt., wie auch in Shahr-i Sokhta und Tappeh Hesār (Abb. 11). Dabei liegt die Fundstelle Tappeh Hesār fast in der Nachbarschaft der nördlichen Lagerstätten. In Shahr-i Sokhta wurden auch die dazugehörigen Flintbohrer in großer Zahl entdeckt. Türkisstücke machen aber nur 2% des Abfalls der gesamten Perlenherstellung aus, im Gegensatz zu den 90% des Lapislazulis. Aber in den Gräbern bestehen mehr als ein Drittel aller Perlen aus Türkis, 557 Stück, deutlich mehr als aus Lapis. Das könnte einen Hinweis darauf geben, dass Türkis auch bereits als Fertigprodukt in die Städte kam, im Gegensatz zu Lapislazuli, der erst an Ort und Stelle verarbeitet wurde (Tosi 1974b).

Gelegentlich taucht Türkis auch in der Harappa-Kultur und im Persischen Golf in Bahrain auf. Auch in Irak gibt es Türkisperlen bereits im 6. Jt. (Hassuna, Halaf, Tell es-Sawwan). Im 3. und 2. Jt. v. Chr. gibt es neben Perlen (Uruk, Nippur, Babylon) auch Einlagen (Telloh). Auf dem irakischen Tappeh Gaura kommt Türkis in frühdynastischer Zeit (2900-2450 v. Chr.) in einigen Gräbern vor: Die Perlenketten enthalten neben Gold- und Lapislazuli- auch Türkisperlen beachtlicher Größe, in oft unregelmäßiger Form (Strommenger 1978, Kat. 102). Bemerkenswert aus späterer Zeit ist ein 2,2 x 1,6 x 0,6 cm großes, beschriftetes Amulett des assyrischen Königs Ninurta-apal-Ekur aus Nimrud, der von ca. 1192-1180 v. Chr. regierte (Abb. 12), das von einer früheren Verwendung eine zweite Bohrung aufweist (Ismail & Tosi 1976). Als schon weit im Westen liegender Fundpunkt haben die Perlen in den Gräbern des berühmten Kurgans von Maikop im Nordkaukasus zu gelten, etwa aus der Zeit um 2200 v. Chr.

Danach spielt Türkis in Mesopotamien längere Zeit keine große Rolle mehr, kommt aber gelegentlich doch noch in schönen Artefakten vor, wie etwa einer Votivscheibe aus Nippur. Aber aus spätachämenidischer Zeit stammen zwei große Cloisonné-Knöpfe aus einem aufwändigen Grab. Der Tote lag in einem bronzenen Sarkophag, trug einen goldenen Halsreif mit Löwenkopfenden, Silbergefäße standen in der Nähe der Beine und besagte Knöpfe lagen auf der Brust. Diese bestehen aus Gold und tragen Einlagen aus Lapislazuli und Türkis (Amiet 1988, 136). Aus dem 1. Jt. v. Chr. stammen auch die erst 1989 entdeckten Gräber der assyrischen Königinnen aus Nimrud. Vor allem im Grab der Gattin Jaba des Königs Tiglatpileser III. (744-727 v. Chr.) gab es ungeahnte goldene Schmuckbeigaben. Viele davon sind mit Türkis und Achaten eingelegt (Damerji 1998). Nicht vergessen werden sollen die Türkiseinlagen in manchen skytischen Kurganen, besonders die in dem jüngst entdeckten Grab von Aržan in Sibirien.

In Mittelasien konzentrieren sich die Türkis-Vorkommen in zwei Gegenden, einmal im Bereich der Wüste Kyzylkum, dann in Ilak in den Karamazar-Bergen. Letztere sind besonders aus Schriftquellen des Mittelalters bekannt, „Türkis aus Chodschend" war ein gängiger Begriff. Der Bergbau blühte vom 11.-14. Jh. Von einigen Revieren wird aber auch berichtet, dass man sie wegen Erschöpfung aufgegeben hatte. Im geologischen Museum von Taschkent sind Türkise von Bukantau, Bessopan und Garabutan (alle in Usbekistan) und von Birjuzaban (= Türkisdorf) in Tadschikistan ausgestellt (Abb. 13).

Die genannten Türkisminen waren von russischen Geologen entdeckt und von den Archäologen A. V. Vinogradov (1972; Vinigradov *et al.* 1965) und E. B. Pruger (Pruger 1971; 1989) erforscht worden. Sie liegen zwischen Amu Darja und Syr Darja in silifiziertem Schiefer. Zwanzig Vorkommen zeigten Spuren älteren Abbaus. In Taskazgan erstrecken sich diese über einen Bereich von 20 x 4 km. Zumindest für Irlir im Bukantau-Gebirge konnte in der Nähe einer Quelle ein Abbau für das 4./3. Jt. v. Chr. nachgewiesen werden. Erhalten haben sich nur fünf rd. 1 m tiefe Pingen, die Abbaue reichen bis in 6 m Teufe. Dabei hat man Flintgeräte entdeckt, die der späten Kel'teminar Kultur zugerechnet werden können.

Abb. 13: Türkisadern in einem Handstück aus Mittelasien im Geologischen Museum von Taschkent (1992), Foto: Weisgerber.

Abb. 12: Nimrud, Türkis-Anhänger des Königs Ninurta-apal-Ekur (ca. 1192-1180 v. Chr.); Iraq-Museum, Baghdad.

Es ist durchaus möglich, dass auch in anderen Revieren Mittelasiens damals Abbau umging. In Auminsatau in Koktau/Dangiz konnte der Autor 1999 ein kleines Türkisabbaugebiet sehen, das aber keine alten Spuren aufwies. An zahlreichen Siedlungsplätzen der Kel'teminar-Kultur wurden kleine Flintbohrer zusammen mit Türkisabfällen gefunden, am eindrucksvollsten in Beshbulak 1 bei Dhzmankum im NO der Kyzylkum. Über die Fundorte Zaman Baba und Altyn Tappeh scheint eine Nordsüd-Verbindung zu den Siedlungen des Iranischen Hochplateaus vorstellbar, wo es etwa in Tappeh Hesār ebenfalls zahlreiche Türkisfunde gibt, die aber weiter nach Süden bis Shahdad in der Lut und Shahr-i Sokhta in Sistan geführt haben kann.

Insgesamt scheint Türkis, mit Ausnahme von Ägypten und Shahri Sokhta, im Alten Orient keine dem Lapislazuli vergleichbare Bedeutung gehabt zu haben. Wegen seiner mangelnden Härte und seiner großen Empfindlichkeit wurde er höchst selten als Siegelstein verwendet (Kat. Nr. 426). Auch in der Industal-Kultur tauchen beide, zumindest im Kernland, nicht eben häufig auf.

Achat

In der Bronzezeit Irans begann man den gebänderten Achat zu schätzen. Vor allem wurden daraus große Anhänger, aber auch Perlen hergestellt. Als Siliziumdioxid ist das Material sehr hart und erforderte bei der Bearbeitung neben gewiss großen Anstrengungen und erheblicher Ausdauer vor allem das Vorhandensein der notwendigen Techniken. Deswegen sind die Erzeugnisse allerdings bis heute bestens erhalten. Achatdrusen sind innen mit verschieden

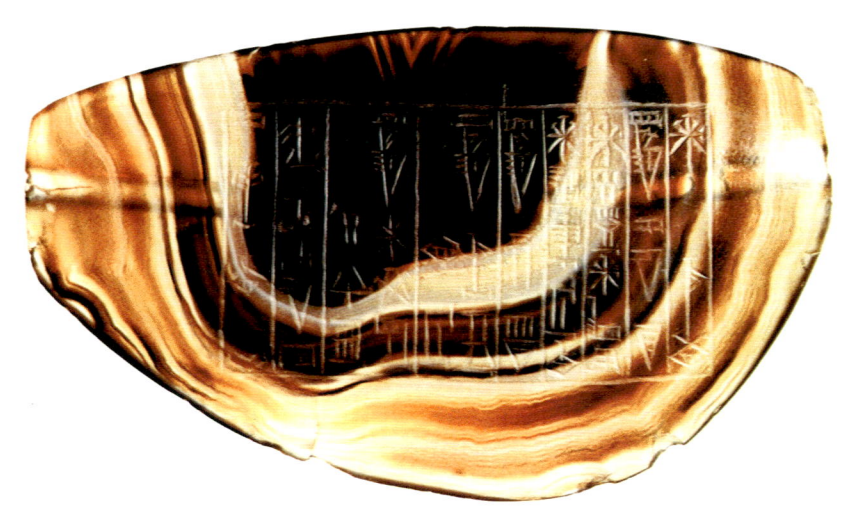

Karneol

Mit Recht kann man sagen, dass Karneol der häufigste und beliebteste Schmuckstein des Orients seit über 5000 Jahren ist (Moorey 1994, 97f.; Tosi 1976b). Der Name dieses Minerals wird vom Lateinischen „carneus" abgeleitet oder von der dunkelroten Farbe der Kornelkirsche. Das Mineral ist blass- bis tiefrot, manchmal auch braunrot, gelegentlich durchscheinend und ziemlich gleichmäßig gefärbt oder leicht gebändert und wachsglänzend. Die Farbe geht auf feinst verteilten Hämatit zurück. Karneol stellt eine Varietät des Chalzedons der Quarzfamilie dar. Er ist sehr hart (Mohs-Härte 6, 5-7). Beste Qualitäten kommen bis in die heutige Zeit aus Indien (Inizan 1999).

Karneol kann in Iran leicht aus Flussgeröllen im Alborz und dem Zentralen Hochplateau gewonnen werden, wird in Busheir am Golf sogar in großen Blöcken gefunden. Er kommt auch auf der anderen Seite des Golfs und in Oman vor. Aber zahlreiche lange dünne Perlen in Ur entsprechen derartigen Perlen der Harappa-Kultur so genau, dass kein Zweifel daran bestehen kann, dass zumindest die großen Perlen (> 12 cm) in den reichen Gräbern Iraks (Ur) aus Meluhha/Indien kommen, wie auch keilschriftliche Texte nahe legen. Von Gujarat kommen noch heute die besten Qualitäten. (Vieles, was heute als Karneol verkauft wird, ist gefärbter Achat aus Südamerika.)

In Uruk kommt Karneol zusammen mit Bergkristall und Chalzedon sowie Flintbohrern bereits in einer Werkstatt des 4. Jt. v. Chr. vor. In Frühdynastischer Zeit taucht er im 3. Jt. v. Chr. zusammen mit Gold, Silber und Lapislazuli auf. Seine Schönheit kommt am besten in Verbindung mit Lapis und Gold, oft in winzigen Perlen flächig angeordnet, zur Geltung, gelegentlich auch in Einlegearbeiten. Frühdynastische Werkstätten für einfache Karneolperlen wurden in

Abb. 14: Ur, große Achatperle mit der Inschrift des neusumerischen Königs Ibbi-Sin (ca. 2000 v. Chr.); Musée du Louvre, Paris.

gefärbten Schichten ausgekleidet. Je nachdem wie sie geschnitten werden, zeigt sich die Bänderung unterschiedlich. Schneidet man die Wandung senkrecht, so erhält man einen Querschnitt durch die Schichten; d.h. die daraus gefertigten Perlen bestehen in ihrer Längsrichtung aus wechselnden Schichten, das war die am häufigsten angewandte Methode. Schneidet man eine kleine Druse in Scheiben, so hat man Platten mit mehr oder weniger konzentrisch umlaufenden Farbbändern. Dieses Verfahren war in aufwändigem Schmuck der Eisenzeit beliebt, kommt aber auch bereits wesentlich früher vor (Abb. 14). Schneidet man eine Druse etwa wandungsparallel, so kann man aus sog. Lagensteinen Scheiben mit mehreren übereinander liegenden Schichten erzeugen; erstrebt wird, dass eine dunkle Schicht über einer helleren liegt (sog. „Onyx"). War die oberste Schicht schwarz, konnte man daraus die in der Eisenzeit beliebten „Augen" schleifen.

Über das berühmte Anshan, lokalisiert auf dem Tal-i Malyan in Iran, bezog Mesopotamien im 3. Jt. v. Chr. Achat und Türkis. Letzterer kommt als Perlen in Hesār III C- und in Ur III-Zusammenhängen vor. Aus neusumerischer Zeit (2036/2028 v. Chr.) stammt die 1,80 m lange Prunkkette der Priesterin Abasti, die neben Gold- und runden Karneolperlen 13 große gefasste Achatperlen enthält. Dabei kommen sowohl gefasste Querschnittsscheiben (Dm. 10 cm!), als auch aus dem Vollen geschliffene Perlen vor (Boese in Orthmann 1975, 212, Taf. 123b). Schöne Achate gibt es auch in dem o.g. Grab der Jaba, wo sowohl nach Mustern ausgewählte geschliffene Achate vorkommen, als auch die sog. Augenperlen als Einlagen (Damerji 1998). In neubabylonischer und persischer Zeit lösen Achat und Karneol sogar den Lapislazuli in der Bedeutung ab (Kat.-Nr. 414) (Moorey 1994).

Im Achämeniden-Reich waren Steingefäße sehr beliebt, im Schatzhaus zu Persepolis fand man 626 Gefäße, davon einige aus Achat/Chalcedon mit Lapislazuli (Bühler 1973, 37).

Abb. 15: Drei rezent arrangierte Halsketten aus geätzten Karneolperlen, kleinen Türkis- und winzigen Edelmetallperlen (Privatsammlung).

Diqdiqqa bei Ur und in Uruk gefunden. Im späten 3. Jt. v. Chr. treten dann Achat und Bergkristall neben anderen nicht als edel anzusehenden Gesteinen hinzu. Wegen seiner Härte eignete er sich im Gegensatz zu Türkis sehr gut zum Anfertigen von Stempelsiegeln (Kat. Nr. 430-431). Berühmt ist ein kunstvoll gearbeiteter Ring aus Telloh im Ostirak (Louvre, Paris).

Karneol ist der erste Schmuckstein, der chemisch behandelt wurde. Dabei ging es nicht darum (wie heute) die Qualität des Steins zu verbessern, sondern darum, ihn durch Mehrfarbigkeit dauerhaft zu verschönern. Dazu wurden und werden Muster auf bereits geschliffene Perlen mit Alkali aufgetragen. Das Ergebnis sind weiße Linien auf rotem Karneol, nachdem das Material Temperaturen von über 300 Grad ausgesetzt worden war. Zusätzlich wird die Farbqualität verbessert (Roux 2000; Inizan *et al.* 1999).

Geätzte Karneolperlen (etched carnelian beads) (Abb. 15) gibt es in großer Zahl etwa in den Gräbern von Ur, wie die herrliche Kette mit fünf großen bikonvexen Perlen aus der Zeit der I. Dynastie von Ur aus der 2. Hälfte des 3. Jt. (Bolz-Augenstein 1964, Kat. Nr. 90) oder die vom Tal-i Malyan (Anshan). Sie werden im 2. Jt. immer seltener und verschwinden dann, um erst wieder in Achämenidischer Zeit aufzutauchen. Sie wurden noch lange weiterproduziert und finden sich, wahrscheinlich immer als indischer Import, z.B. in vielen Gräbern der vorislamischen Samad-Kultur in Oman, und auch aus sassanidischer Zeit in Iran.

Anmerkungen

1 Bauer 1932; Brückl 1935, 375; 1937; Blaise & Cesbron 1966; Kuhlke 1976. Ausführlich referiert in Weisgerber 2004. Neueste Beiträge in Caubet 1999.
2 Internet www.selket.de/news20032505.htm. Hinweis J. Cierny.
3 Zusammenstellung nach Moorey 1994, 101f.

Bibliographie

AMIET, P.:
1966 Elam, Paris.
1988 Suse. 6000 ans d'histoire, Paris.
BARIAND, P.:
1979 Lapis-Lazuli von Sar-e-Sang, Afghanistan. Lapis 4, 9-14.
BARIAND, P., CESBRON, F. & GIRAUD, R.:
1968 Une nouvelle espèce minérale: l'afghanite de Sar-e-Sang, Badakhshan, Afghanistan. Comparaison avec les minéraux du groupe de la cancrinite. Bull. de la Société française de Minéralogie et de Cristallographie 91, 34-42.
BAUER, M.:
1932 Edelsteinkunde, Leipzig 1932³.
BEIT ARIEH, I.:
1980 A chalcolithic Site near Serabit el-Khadim. Tel Aviv 7, 45-64.
BLAISE, J. & CESBRON, F.:
1966 Données minéralogiques et pétrographiques sur le gisement de lapis-lazuli de Sar-e-Sang, Hindou-Kouch, Afghanistan. Bulletin de la Société française de Minéralogie et de Cristallographie 89, 333-343.
BOLZ-AUGENSTEIN, I.:
1964 Schätze aus dem Irak von der Frühzeit bis zum Islam. Ausstellung im Rautenstrauch-Jost-Museum Köln, Köln.
BRÜCKL, K.:
1935 Über die Geologie von Badakhshan und Kataghan (Afghanistan). Neues Jahrb. Mineral., Geol. und Paläont., Beil.-Bd. 74 Abt. B, Stuttgart, 360-401.
1937 Die Minerallagerstätten von Ostafghanistan. Versuch einer Gliederung nach genetischen Gesichtspunkten. Neues. Jahrb. Mineral., Geol. und Paläont., Beil.-Bd. 72, Abt. A, Stuttgart, 1-97.
BÜHLER, H.-P.:
1973 Antike Gefäße aus Edelsteinen. Mainz.
BULGARELLI, G. M.:
1977 Tecnologia litica e industria su osso – Stone-working Techniques and Bone Industry. In: G. Tucci (ed.), La città bruciata del deserto salato, Venezia-Mestre, 263-276.
BULGARELLI, G. M. & TOSI, M.:
1977 La lavorazione ed il commercio delle pietre semipreziose nelle città dell'Iran protostorico, 3200-1800 c.C. Geo-archeologia 1977, 37-50.
CASANOVA, M.:
1992 The sources of the lapis lazuli found in Iran. In: C. Jarrige (ed.), South Asian Archaeology 1989, Monographs in World Archaeology 14, Madinson (Wisconsin), 49-56.
1999 Le lapis-lazuli dans l'Orient ancien. In: Caubet 1999, 189-210.
CAUBET, A. (Ed.):
1999 Cornaline et pierres précieuses. La Méditerranée, de l'Antiquité à l'Islam, Paris
DAMERJI, M. S. B.:
1998 Gräber assyrischer Königinnen aus Nimrud. Jahrb. RGZM 45, 1-84.
DELMAS, A. B. & CASANOVA, M.:
1990 The lapis lazuli sources in the ancient East. In: M. Taddei (ed.), South Asian Archaeology 1987. Serie Orientale Roma 66, Rome, 493-505.
DERAKHSHANI, J.:
1999 Kupfer und Lapislazuli in Text und Archäologie. Internet: www.int-pub-iran.com/ipis06.htm.
HERRMANN, G.:
1968 Lapis lazuli: the early phases of its trade. Iraq 30, 21-57.
INIZAN, M.-L., JAZIM, M. & MERMIER, F.:
1999 La cornaline de l'Indus et la voie du Golfe au IIIe millenaire. In: Caubet 1999, 127-140.
ISAKOV, I:
1981 Excavations of the Bronze Age Settlement of Sarazm. In: Ph. Kohl (Hrsg.), The Bronze Age civilisations in Central Asia: Recent Soviet Discoveries, New York, 273-286.
ISMAIL, B. KH. & TOSI, M.:

1976	A Turquoise Neck-Stone of King Ninurta-apal-ekur. Sumer 32, 105-112.

KUHLKE, H.:
1976	Die Lapislazuli-Lagerstätte von Sare Sang (Badakhshan) – Geologie, Entstehung, Kulturgeschichte und Bergbau. In: Afghanistan Journal 1, 43-56.

LAPPARENT, A. F. de, BARIAND, P. & BLAISE, J.:
1965	Une visite au gisement de lapislazuli de Sar-e-Sang (Hindou-Kousch, Afghanistan. Compte rendu somm. Soc. géol. France, 30.

MELLAART, J.:
1966	The Chalcolithic and Early Bronze Ages in the Near East and Anatolia, Beirut.

MOOREY, P. R. S.:
1994	Ancient Mesopotamian Materials and Industries, Oxford.

MOORTGAT-CORRENS, U.:
1967	Kleiner Männerkopf aus Lapislazuli. Zeitschrift für Assyriologie u. Vorderasiatische Archäologie 58, N.S. 24, 299-301.

ORTHMANN, W.:
1975	Der alte Orient. Propyläen Kunstgeschichte, Bd. 18, Berlin.

PINNOCK, F.:
1988	Observations on the Trade of Lapis Lazuli in the IIIrd Millennium B.C. In: H. Hauptmann & H. Waetzoldt (Hrsg.), Wirtschaft und Gesellschaft von Ebla. Heidelberger Studien zum Alten Orient 1, Heidelberg, 107-110.
1990	Patterns of Trade at Ebla in the Third Millennium B.C. Les Annales Archéologiques Arabes Syriennes 40, 39-49.

PIPERNO, M. & TOSI, M.:
1973	Lithic Technology behind the Ancient Lapislazuli Trade. Expedition 15, 15-23.

POLO, Marco:
1958	The Travels of Marco Polo. Übersetzt von R. Latham, Harmondsworth 1958 (1982).

PRUGER, E. B.:
1971	Birjuza Ilaka i „ilanskij rudnik" birjuzy (Die Türkisgruben und der Türkis von Ilak). Sov. Arch. 118-126.
1989	Mesto Kyzylkumov v istorii dobyci i rasprostranenii sredneaziatskoj birjuzi (Die Rolle der Kyzylkum in der Geschichte der Gewinnung und Verbreitung des zentralasiatischen Türkises). Drevnij Merv, Aschabad, 192-205.

ROUX, V.:
2000	Cornaline de l'Inde. Des pratiques techniques de Cambay aux techno-système de l'Indus, Paris.

RY, C. J. du:
1969	Völker des alten Orients, Baden-Baden.

STEIBLE, H. & YILDIZ, F.:
2000	Lapislazuli-Zuteilungen an die „Prominenz" von Šuruppak. In: S. Graziani, Studi sul vicino oriente antico. Festschrift-Luigi Cagni, Napoli, 985-1031.

STROMMENGER, E. (Red.):
1978	Der Garten Eden. Ausstellungskatalog München, Mainz.

TOSI, M.:
1974a	The lapis lazuli trade across the Iranian Plateau in the 3rd millennium B.C. In: Gururâjamañjrikâ. Studi in onore di Giuseppe Tucci 1, Napoli, 3-22.
1974b	The Problem of Turquoise in protohistoric Trade on the Iranian Plateau. Memorie dell'Istituto Italiano Paletnologia Umana 2, 147-162.
1976a	Gedanken über den Lasursteinhandel des 3. Jt.s v.u.Z. im Iranischen Raum. In: J. Harmatta & G. Komoroczy (Hrsg.), Wirtschaft und Gesellschaft im alten Vorderasien, Budapest, 33-43.
1976b	„Karneol". In: Reallexikon der Assyriologie, Bd. V, 448-452.

TOSI, M. & VIDALE, M.:
1990	4th Millennium BC Lapis Lazuli Working at Mehrgarh, Pakistan. Paléorient 16/2, 89-99.

VINOGRADOV, A. V.:
1972	Kysylkumskoye juveliry. Uspechi Sredneaziatskoj Archeologii 2, Ashabad, 43-45.

VINOGRADOV, A. V., LOPATIN, S. V. & MAMEDOV, E. D.:
1965	Kysylskumskaja Birjuka (Türkis in der Kysylkum). Sovetskaja Etnografija 2, 114-134.

WEISGERBER, G.:
1976	Altägyptischer Bergbau auf der Sinaihalbinsel. In: Technikgeschichte als Vorbild moderner Technik. Schriften der Georg-Agricola-Gesellschaft 2, Essen, 27-43.
1991	Bergbau im Alten Ägypten. Das Altertum 37/3, 140-154.
2004	Prähistorischer und historischer Bergbau in Afghanistan. Der Anschnitt 56, 4-2004, S. 126-151.

WINTER, I. J.:
	The Aesthetic Value of Lapis Lazuli in Mesopotamia, in: Caubet 1999, 43-58.

WIEDEMANN, E.:
1969	Zur Mineralogie im Islam. Beiträge zur Geschichte der Naturwissenschaften XXX. Aufsätze zur Arabischen Wissenschaftsgeschichte, Bd. 1, 829-880, hier 867, Hildesheim/New York.

WYART, J., BARIAND, P. & FILIPPI, J.:
1981	Lapis-lazuli from Sar-e-Sang, Badakhshan, Afghanistan. In: Gems & Gemology 1981, 184-190.

Nomaden im Osten Sistans mit ihren aus Stein und Holz errichteten Behausungen (1976); Foto: G. Weisgerber.

Wanderhirten: Ihre Bedeutung für die Kulturgeschichte Irans in geschichtlicher und vorgeschichtlicher Zeit

Abbas Alizadeh

Einleitung

Die Domestikation bestimmter Pflanzen- und Tierarten vor etwa 10.000 Jahren stellte eine drastische Veränderung der Lebensbedingungen im Mittleren Osten dar. Der Mensch erlangte eine vorher nie dagewesene Kontrolle über seine Nahrungsversorgung; eine Entwicklung mit weit reichenden Konsequenzen, von der wir noch heute zehren. Eine logische Folge dieser bahnbrechenden Revolution scheint die Entwicklung des Wanderhirtentums in Südwestasien (insbesondere im iranischen Hochland) und möglicherweise auch anderswo gewesen zu sein[1]. Doch ein Nachweis für Beziehungen zwischen den Wanderhirten des Hochlandes und sesshaften Bauern-Gemeinschaften im Tiefland ist nach wie vor schwer zu erbringen. Dafür gibt es zwei Hauptgründe: 1) Der Mangel an materiellen Nachweisen aufgrund der hohen Mobilität von Wanderhirten und 2) die immer noch bestehende Vorstellung von prähistorischen Hirten als Wandervölker mit allenfalls minimalem Kontakt zu sesshaften agrarischen Gemeinschaften. Mittlerweile stehen einige wenige Nachweise bzw. Hinweise zur Verfügung, die dieses Problem etwas deutlicher beleuchten. Bevor wir die jüngsten Entdeckungen und Interpretationen zur Existenz vorhistorischer Wanderhirten-Gesellschaften im damaligen Iran darstellen und die sozialen und ökonomischen Interaktionen mit den sesshaften Bauern diskutieren, ist es sinnvoll, einige einführende Bemerkungen zu diesem Thema zu machen.

Die Existenz einer zahlenmäßig großen Bevölkerung wird in fast allen Theorien und Hypothesen als hauptsächlicher Faktor für die Entwicklung jener staatlichen Organisationen angesehen, die um große, bedeutende Orte im Mittleren Osten herum bestanden. Thesen, die die Entwicklung früher Staaten erklären sollen, basieren in erster Linie auf Modellen, die sich von Systemanalyse und Informationstheorie ableiten. Kurz gesagt, je größer die Bevölkerung, desto mehr Informationen werden erzeugt, die umgekehrt Gesellschaften dazu zwingen, notwendige Institutionen zur Verarbeitung der sich ansammelnden Informationsmengen zu entwickeln (Wright & Johnson 1975). Diejenigen, die solchen Herausforderungen gewachsen sind, entwickeln sich in der Folge zu einer Gesellschaft mit einem differenzierteren, höher entwickelten sozialen Aufbau. Wir werden im Vorliegenden argumentieren, dass dies im selben Maße für die prähistorischen Wanderhirten-Gemeinschaften im iranischen Hochland galt und dass es einige archäologische Hinweise (und ethnographische Nachweise) darauf gibt, dass hohe Mobilität nicht notwendigerweise ein Merkmal des nicht sesshaften Wanderhirtentums ist, letzteres hier definiert durch die Viehhirten (die Qashqaii und Bakhtyari), die regelmäßig über bestimmte Routen zwischen den Hochländern und dem Tiefland sowie den zwischen den Bergen liegenden Tälern Südwestirans (Fars) pendeln.

Ich habe bereits früher dargelegt (Alizadeh 1988a; 1988b; 2003a; 2003b; 2004), dass das 5. Jt. v. Chr. jene Periode war, in der sich in Südwestiran die Lebensweise des Wanderhirten herauskristallisierte. Ich habe ebenfalls argumentiert, dass Tall-e Bakūn A im Hochland von Fars ein Verbindungspunkt für Produktion und Austausch war, der von den Wanderhirten der Region betrieben wurde. Dieser Platz weist eine Anzahl von Merkmalen auf, die mit eben jenem Niveau sozialer Komplexität in Verbindung gebracht wird, das einigen der späteren frühhistorischen städtischen Zentren zugeschrieben wird. Doch passen die geringe Größe des Platzes und regionale Siedlungsstrukturen während der Bakūn A-Phase (ca. 4300-4000 v. Chr.) nicht zu einer Zentralort-Theorie oder den Modellen einer Tribut-Ökonomie. In solchen Modellen würde man bei einem höheren Siedlungsniveau eine entsprechend größere Bevölkerung und vielfältige Funktionen erwarten. So habe ich die sozioökonomische Struktur von Bakūn mit „vertikalen" Wanderhirten[3] verbunden, die diese Region prägten.[4]

Man könnte Tall-e Bakūn als Einzelfall werten, doch dem ist nicht so. Es gibt eine Anzahl anderer Plätze, die die meisten Merkmale größerer Regionalzentren aufweisen, aber doch für den Faktor „große Bevölkerung" zu klein sind. Herausragend unter diesen speziellen Orten sind Tappeh Gawra (Tobler 1950)[5], Tell Abada (Jasim 1985), Kheit Qasim (Forest-Foucault 1980; Margueron 1987) und eventuell auch Tell Madhhur (Roaf 1982; 1987). Diese Plätze stellen eine eigene Kategorie von Siedlungen dar, die nicht zu den gegenwärtigen Modellen früher urbaner Entwicklung passt. In einer solchen Entwicklung spielte eine große, klar definierte agrarische Bevölkerung eine grundlegende Rolle bei der Schaffung sozioökonomischer und politischer Systeme. In allen deskriptiven und erklärenden Modellen bestimmt die Anzahl der Siedlungsplätze die Größe einer regionalen Bevölkerung, während die Bevölkerung einer jeden Siedlung durch ihre Größe definiert wird. Solche Schätzungen sind ganz offensichtlich für die sesshafte und Ackerbau treibende Bevölkerung einer bestimmten Region gültig. Allerdings sind diese Modelle nicht für prähistorische Transhuman-Gesellschaften im Mittleren Osten gültig – obwohl diese Gemeinschaften über Jahrtausende in engem Austausch mit den sesshaften Gemeinschaften in Koexistenz gelebt haben. Dieser Irrtum ist verständlich und sogar zu rechtfertigen, wenn man die Schwierigkeiten bedenkt, die bei der Zuweisung materieller Relikte zu Gemeinschaften mit hoher Mobilität entstehen.

Die Mobilität unter den zeitgenössischen „vertikalen" Wanderhirten-Stämmen im Südwest- und im südlichen Zentraliran ist nicht hoch, verglichen mit den „horizontalen" Hirten der ausgedehnten Steppen Zentralasiens. Die Qashqaii- und Bakhtyari-Stämme waren lediglich während ihrer jährlichen Wanderung mobil. Sobald sie ihre angestrebten bzw. traditionellen Sommer- und besonders die Winterweiden erreicht hatten, verbrachten sie mehrere Monate des Jahres in relativ begrenzten Gebieten unter den sesshaften Bauern. Dies lässt ein hohes Niveau in der sozioökonomischen Interaktion erkennen.

Es scheint geographische Gründe für die intensiven Beziehungen zwischen den iranischen Wanderhirten und den sesshaften Bauern gegeben zu haben. Randgebiete, die für den Getreideanbau nicht nutzbar sind, aber exzellente Weidegründe bieten und dementsprechend eine schwache Bevölkerungsdichte aufweisen (wie die Negev-Wüste in Israel und das Jezireh-Gebiet in Nordwestiran) sind im Südwest- und südlichen Zentraliran extrem selten. Die Winterweiden der Wanderhirten-Stämme des Zagros-Gebirges umschließen die fruchtbaren Bergtäler in Fars und im südwestlichen Tiefland. Beide sind dicht besiedelt von sesshaften Bauern und weisen ausgedehnte Flächen kultivierten Landes auf. Folglich müssen diese Menschen in höherem Maß in Interaktion mit den sesshaften Bauern ihrer Winter-Zufluchten gestanden sein als jene in den ausgedehnten Steppen beispielsweise Zentralasiens oder der Sahara – unabhängig davon, wann sich „vertikales" Wanderhirtentum in Iran als spezialisierte Lebensweise entwickelte. Wichtiger ist, dass, anders als Wanderhirten-Gruppen der ausgedehnten Steppen- und Halbwüstenzonen (z. B. der Sahara, der Negev oder des Sinai), einige der „vertikalen" Wanderhirten-Stämme der Zagros-Berge sowohl in ihren Sommer- als auch besonders in ihren Winter-Zufluchten über nur teilweise permanent bewohnte Dörfer verfüg(t)en, mit solider Architektur und in enger Nachbarschaft zu den sesshaften Bauern und den städtischen Zentren (Alizadeh 1988a; 2003b; 2004). Wenn in der späten prähistorischen Zeit ein solches Muster bestand, wie wir annehmen, dann sind bei Surveys solche semipermanent bewohnten Nomadendörfer nicht von ständig bewohnten Bauerndörfern zu unterscheiden. Dementsprechend beruht die Annahme solcher Dörfer während jüngerer prähistorischer Perioden inmitten reicher landwirtschaftlicher Regionen weitgehend auf ethnographischen und historischen Erkenntnissen. Daneben gibt es archäologische Hinweise, die im Folgenden noch angesprochen werden sollen. Diese Vermutung ist theoretisch bedeutsam, weil sie die Abhängigkeit von einer Art Wirtschaft der „Größe" verdeutlicht. Produktion von sesshaften Bevölkerungsgruppen, vor allem Keramik, und ihre Verbreitung innerhalb mobiler Gruppen muss daher nicht unbedingt gegeben sein[6].

Jüngere Studien weisen darauf hin, dass prähistorische Wanderhirten möglicherweise einen gewissen Einfluss auf die Entwicklung komplexer Gesellschaften im prähistorischen Mittleren Osten hatten, insbesondere in Südwestiran (z. B. Wright 1987a, 141-155; 2001; Zagarell 1982). Allerdings wird bis heute bei der Untersuchung der Entwicklung staatlicher Organisationen im Mittleren Osten die Rolle mobiler Hirten-Gemeinschaften entweder völlig ignoriert oder allenfalls als ein nebensächlicher Faktor angesehen. Dies liegt vielleicht an der Tatsache, dass der Spielraum für strukturelle und ökonomische Vielfalt in mobilen Hirten-Gesellschaften begrenzt ist, und zwar so sehr, dass das Niveau staatlicher Organisation innerhalb solcher Gesellschaften nicht erreicht werden kann. Allerdings sind Bestrebungen in Richtung auf ein höheres Niveau politischer und ökonomischer Kontrolle unter günstigen Umständen möglich. Dies gilt besonders in Gegenden, wo sich ein hohes Maß an Interaktion zwischen Wanderhirten und Gemeinschaften sesshafter Bauern entwickeln konnte (was Rowton [1981] „einbeziehendes Nomadentum" nennt). Dies gilt jedoch nur, wenn diese Kontrolle so weit ausgedehnt wird, dass sie sesshafte Bauerngemeinschaften einschließt. Die eindimensionale Wirtschaftsweise der Hirten sowie ihre nur begrenzten Möglichkeiten, zu Wohlstand zu gelangen, führt insbesondere bei der Stammeselite zu einem starken Verlangen, Wohlstand und Macht auf Landbesitz zu gründen. Dies kann als wichtige Konstante im dynamischen Verhältnis von sesshaften und Wanderhirten-Gemeinschaften im Vorderen Orient angesehen werden. Die ethnographische Literatur ist reich an Hinweisen auf Landnahme durch einzelne Stammesführer. Tatsächlich hat Rowton (1981, 26-27) gezeigt, dass es im „einbeziehenden Nomadentum" für die nomadischen Stämme üblich war, sesshafte Stämme einer regionalen Bevölkerung mit zu integrieren. Dasselbe gilt in bemerkenswerter Weise für die gleichzeitigen Wanderhirten-Stämme des Zagros-Gebirges (Vgl. Barth 1961; Beck 1986; Garthwaite 1983).

Der Vergleich dieser Erkenntnisse mit Untersuchungen und Ausgrabungsergebnissen führte mich zu der Auffassung, dass eine ganze Anzahl von Siedlungshügeln der jüngeren, prähistorischen Fars und im Flachland der Susiana als Ergebnis einer solchen Wanderhirten-Ökonomie errichtet wurden (Alizadeh 1988a; 1988b; 2004)[7].

Als im Jahre 1995 im Rahmen eines Gemeinschaftsprojektes von ICHO (Iranian Cultural Heritage Organization) und dem Oriental Institute der University of Chicago eine archäologische Untersuchung in Nordwest-Fars durchgeführt wurde, ging es darum, den Wert dieser Hypothese zu überprüfen. Es zeigte sich, dass die räumliche Verteilung von Fars-Keramik aus dem 5. Jt. den Wanderrouten einiger heutiger Wanderhirten-Stämme der Qashqaii entspricht. Zudem fanden wir viele permanente und halbpermanente Qashqaii-

Dörfer mit starken Beziehungen zu ihren Hirtentum treibenden Stammesbrüdern (Alizadeh 2003b)[8]. In einem solchen bipolaren sozioökonomischen und politischen Kontext wird man die gesamten sesshaften, halbsesshaften und mobilen Bevölkerungsteile eines Stammesgebietes in die Betrachtungen mit einbeziehen müssen.

Wenn wir erst einmal – gestützt auf ethnographische Vergleiche – die Existenz halbpermanenter Hirtendörfer in der alten Zeit annehmen, dann ist das schwierige Problem, den prähistorischen Wandervölkern des Hochlandes industrielle Aktivitäten, künstlerisches Schaffen und die Verbreitung bestimmter regionaler Keramikstile zuzuschreiben, nicht mehr ganz so abwegig. Mehr noch, jüngere Studien zeigen, dass selbst Nomaden Keramik produzieren können (siehe unten). In unserer Fallstudie könnte man die Verbreitung des spezifischen „Punkt-Motiv"-Stils (vgl. Alizadeh 1992) des 5. Jt. v. Chr. (Abb. 3) von Fars in das Zagros-Gebirge, das Flachland der Susiana und sogar in das Zentralplateau (Alizadeh 1992) als das kombinierte Ergebnis beider Teilbereiche der Hirtengesellschaft beschreiben. Diese Keramik wäre als Produkt der Klienteldörfer, in denen materielle Güter hergestellt wurden, und der mobilen Bevölkerung, die solche transportieren bzw. gegen Anderes austauschen konnten, anzusehen. Die Verbreitung dieser speziellen Art von Keramik könnte auch durch Heiratsallianzen intensiviert worden sein, bei denen dekorierte Gefäße Teil der Mitgift waren[9]. Da interregionale Heiratsallianzen zwischen den regierenden Eliten der jeweiligen Gesellschaften üblich sind, könnte man der Verbreitung dieser verzierten Keramikgefäße auch einen gewissen Symbolwert zubilligen.

Da Hirtengruppen regelmäßig in ausgedehnten Gebieten einer Region operieren, könnte man nach Earle (1994) postulieren, dass die sich in ihnen herausbildende Hierarchie ein soziales und politisches Organisationsniveau entwickeln konnte, das in dieser Weise in keiner einzelnen gesellschaftlichen Gruppe zu finden ist. Ein solches Organisationsniveau würde die Integration ökonomisch und politisch getrennter Gruppen befördern[10]. Die potentielle militärische Macht der Wanderhirten des Hochlandes kann allerdings zweischneidig sein. Wie Earle argumentiert (1994, 956), kann militärische Macht nicht nur zur Unterwerfung führen, sondern ebenso Widerstand gegen Beherrschung hervorrufen. Dies wiederum würde einen wichtigen Faktor bei der Reorganisation der Bauerngesellschaften des Flachlandes erzeugen. In diesem Szenario wären die militärischen Fähigkeiten mobiler Hirten ein wichtiger Faktor bei der Entwicklung der staatlichen Organisation im Flachland der Susiana.

Aufgrund ihrer hoch spezialisierten und undifferenzierten Ökonomie sind Hirtenvölker eher an Handel interessiert als sesshafte Völker – entweder indem sie ihre eigenen Produkte austauschen oder als Vermittler im Fernhandel dienen. Doch sind die sich selbst versorgenden Bauerndörfer für die Stämme *qua definitionem* keine guten Handelspartner. Andererseits können mobile Viehtreiber aufgrund ihrer einseitigen Produktionsmethode nicht untereinander Handel treiben. Demgemäß kennen wir aus geschichtlicher Zeit – und setzen dies für die prähistorische Zeit voraus – eine Verbindung zwischen den Wanderhirten des Hochlandes und dem Aufstieg großer Bevölkerungszentren. Diese besitzen eine diversifizierte Ökonomie und eine umfangreiche Bevölkerung, die ihrerseits selbst nicht notwendigerweise eine Subsistenzlandwirtschaft betreibt.

Wenn für eine Hirtengesellschaft erst die notwendigen demographischen, ökonomischen und politischen Bedingungen gegeben waren, die Herstellung und den Vertrieb überschüssiger tierischer Produkte und materieller Güter zu betreiben, dann dürften sie auch einen ständigen Ort gewählt haben, an dem Herstellung, Verwaltung und Wohnbereiche gebündelt waren. Tall-e Bakún A und die bereits erwähnten ähnlichen Fundplätze könnten somit Wohnplätze einiger der wohlhabenderen und höherrangigen Personen gewesen sein, deren ökonomische Stärke und sozialer Status es ihnen erlaubte, an dem Handelsverkehr der sesshaften Bevölkerung teilzunehmen. Ein gemeinsamer ethnischer Hintergrund und eventuelle verwandtschaftliche Bindungen zwischen den sesshaften und den mobilen Gemeinschaften in Fars und dem Zagros-Gebirge könnten die ökonomischen und soziopolitischen Prozesse sowie die regionale Integration in Fars erleichtert haben.

„Vertikales" Wanderhirtentum

Bis vor kurzem stellten die Qashqaii und Bakhtyari die zwei hauptsächlichen Zusammenschlüsse von Wanderhirten in Südwest- und Südmitteliran dar. Ihre sozioökonomischen und politischen Strukturen sind die besten Beispiele für das, was Salzmann (1972) „Multi-Ressourcen-gestütztes Nomadentum" nennt. Sie gestatten ein hohes Maß an ökonomischer und sozialer Komplexität und Vielfalt. Diese Charakteristika entstehen, wie bereits festgestellt, durch geologische und Umweltbedingungen des Zagros-Gebirges, durch die bestimmte Wanderrouten und die Wahl der Winter- und Sommerweiden festgelegt werden. Es dürfte also hilfreich sein, einige der wichtigsten Charaktermerkmale dieser Wanderstämme darzulegen, bevor auf die relevanten archäologischen Nachweise eingegangen wird.

Reiche und komplexe Gesellschaften von Wanderhirten haben u.a. im Mittleren Osten eine lange Geschichte[11]. Wanderhirten des Mittleren Ostens im Allgemeinen und besonders jene des Zagros-Gebirges haben immer schon ein hohes Maß an ökonomischer und sozialer Interaktion mit den sesshaften Bauerndörfern und städtischen Zentren gehabt. Diese Wechselbeziehung wird den ökologischen und geographischen Faktoren zugeschrieben, welche voneinander abhängige, territorial gebundene und autonome Einheiten dazu gezwungen haben, Gebiete miteinander zu teilen. Territoriale Ko-existenz und ökonomische gegenseitige Abhängigkeit von Wanderhirten und sesshaften Landwirten gelten als bedeutsame Faktoren (Rowton 1973a; 1973b; 1974; 1981).

Die topographischen Merkmale Irans trugen dazu bei, multi-kulturelle und vielsprachige Gesellschaften zu bilden, die sich seit dem Neolithikum nicht wesentlich verändert haben. Das Aufkommen von Zivilisation und von staatlichen Organisationen um 3400 v. Chr. sowie der Aufstieg mächtiger Reiche mit geordneten Mechanismen zur Sicherstellung des Informationsflusses sorgten für ein fruchtbares Milieu, in dem viele Kulturregionen miteinander in Verbindung treten und Güter und Vorstellungen austauschen konnten. Allerdings dauerte es bis zum Aufkommen des modernen Nationalstaates im frühen 20. Jh., ehe die verschiedenen regionalen Kulturen miteinander in einem einzigen Nationalstaat mit einer alles überbrückenden zentralen Autorität verschmolzen. Um also ein tieferes Verständnis für die komplexen Beziehungen zwischen Wanderhirten und Bauern zu gewinnen, werden wir uns dem Problem von einer evolutionären und historischen Perspektive nähern müssen, welche die prähistorische Zeit mit einbezieht.

Die Lebensweise der Wanderhirten kann als eine von der Umwelt abhängige, ökonomische und manchmal auch politische Anpassung angesehen werden. Unter der Voraussetzung der geographischen und geologischen Gegebenheiten Westirans und der relativ stabilen klimatischen Bedingungen seit dem 4. Jt. v. Chr. kann man annehmen, dass diese Strategie des Umgangs mit dem Umfeld sich bis vor kurzem nicht drastisch geändert hat, denn im Fall des „vertikalen" Wanderhirtentums im Zagros-Gebirge erzwingt die räumliche und zeitliche Verteilung gewisser ökologischer Nischen und Ressourcen bestimmte Wanderungsmuster über festgelegte Routen. Der wichtigste Aspekt der iranischen Wanderhirtenstämme des Hochlandes ist ihre große Nähe zu den sesshaften Bauern in ihren Winterzufluchten (hauptsächlich in Fars und Khuzestan) für mehr als vier Monate pro Jahr. Diese Nähe führt nicht nur zu Spannungen, sondern begünstigt auch ökonomische und soziale Interaktion, die es in den ausgedehnten Steppen Zentralasiens, Nordafrikas, des Sinai und der Negev-Wüste nicht gibt.

Trotz zahlreicher Programme der Zentralregierung im Verlauf der zweiten Hälfte des letzten Jahrhunderts, durch die die Wanderhirtenstämme dazu gezwungen werden sollten, sesshaft zu werden, ist der Südwestiran immer noch relativ stark von Wanderstämmen geprägt, insbesondere den Qashqaii. Bis vor kurzem waren diese Stämme nicht nur sehr aktiv und frei in ihren Bewegungen, sondern beeinflussten auch das politische Leben der sesshaften Bevölkerung während der gesamten aufgezeichneten Geschichte Irans (Beck 1986; Garthwaite 1983). Hier ist es wichtig, einige Aspekte des Wanderhirtentums im iranischen Hochland, besonders in Fars, darzustellen, die zu der sozialen und politischen Komplexität im iranischen Hochland beigetragen haben müssen.

Aspekte der Hirtenökonomie

Landwirtschaft

Die Vielschichtigkeit, die sich aus der saisonalen Wanderung der Hirten und der dadurch bedingten Produktion ergibt, ist ein wichtiger Faktor der Wechselbeziehung mit den sesshaften Bauern. Ich habe diese Punkte an anderer Stelle detailliert dargestellt (Alizadeh 1988a; 1988b; 2004). Hier werde ich mich auf die speziellen ökonomischen Aspekte des Wanderhirtentums im Hochland beschränken.

Umfassende anthropologische und historische Studien haben gezeigt, dass es nie eine reine „Hirtenwirtschaft" gegeben hat, denn andere Erzeugnisse, besonders Getreide, waren immer ein wichtiger Bestandteil der Nahrung von Wanderhirten (vgl. Levy 1983, 17; Spooner 1972, 245-268; Teitelbaum 1984). Die gegenseitige Abhängigkeit sesshafter Bauern und Wanderhirten sollte zur Schaffung eines Marktes führen, von dem beide Gesellschaften profitierten. Diese Interaktion schafft umgekehrt einen Kontext, in dem politische und ökonomische Hegemonie ausgeübt wird. Es sind diese gegenseitige Abhängigkeit und die große Nähe der zwei Gesellschaften im Hochland und im Flachland Irans, die die Grundlage für vieles in der soziopolitischen und ökonomischen Entwicklung im Mittleren Osten im Allgemeinen und in Iran im Besonderen bilden.

Obwohl Bauern für die Masse des Getreides sorgen, das Wanderhirten benötigen, ist Landwirtschaft unter den Letzteren im iranischen Hochland ebenfalls weit verbreitet. Die Mitglieder vieler Wanderhirten-Stämme verließen sich ausnahmslos auf Trockenanbau und nutzten die Vorteile anbaufähigen Landes sowohl auf den Sommer- als auch auf den Winterweiden. In der großen Höhe der Sommerweiden säten einige Stammesmitglieder Getreide, kurz bevor sie die Gegend verließen, das dann vom Schnee des Winters bedeckt wurde, im Frühjahr austrieb und zur Zeit der Rückkehr des Stammes erntereif war. In ähnlicher Weise bauten einige Familien des Stammes im Dezember kleine Flächen mit Gerste und Weizen an, die sie im April abernteten, unmittelbar bevor sie zu ihren Sommerweiden in den Bergen aufbrachen (vgl. z.B. Amanollahi-Baharvand 1981, 47-48, 86-89; Garrod 1946a, 33). In Zeiten, in denen die Wintersaat noch nicht gereift war, wurden einige örtliche Arbeiter angeworben, um für den Stamm zu ernten. In den Bakhtyari-Bergen zum Beispiel brach der Stamm der Bamadi gewöhnlich im März/April in die Berge auf, einen Monat bevor die Saat reif war. Die Stammesmitglieder ließen dann entweder einige Leute zurück, um die Ernte einzubringen und sie in provisorischen Vorratslagern unter Steinen zu verbergen, oder sie warben einige sesshafte örtliche Bauern an, die Ernte in ihrer Abwesenheit für sie einzubringen[12]. Stack (1882, 68, 100) berichtet von derselben Praxis bei den Qashqaii: „Sie lassen einige Männer zurück, um ihre verstreuten Felder abzuernten, die sie in ihren „qeshlaq" oder Winter-Zufluchten bei Firouzabad gepflügt und eingesät haben. Das Getreide wird in Vorratsgefäßen (pits) bis zur Rückkehr des Stammes im nächsten Jahr vergraben." Garthwaite (1983, 21, 40) hält ebenfalls die Wichtigkeit der Landwirtschaft bei den Bakhtyari fest und berichtet, dass einige Männer zurückbleiben, um die Ernte einzubringen, wenn der Stamm zu den Winter-/Sommerweiden zieht[13]. Diese strategisch wichtige Praxis vermindert das Risiko der völligen Abhängigkeit von den bäuerlichen Gemeinschaften und stellt etwas Sicherheit her, falls in anderen Gebieten die Ernte ausfällt. Zusätzlich zeigten einige Oberhäupter der Bakhtyari sogar so großes Interesse an großflächiger Landwirtschaft, dass sie Bewässerungssysteme in Westiran bauten und instand hielten (Garthwaite 1983, 30).

Zu den Faktoren, die einzelne Wanderhirten dazu ermutigen könnten, in landwirtschaftlich nutzbares Land zu investieren, zählt ihr Wissen über die Wichtigkeit der Landwirtschaft (Barth 1961, 101 ff.; 1965; Garthwaite 1983, 21, 40) sowie die Gefahr, ihre gesamte Herde durch Epidemien und längere Trockenzeiten zu verlieren. Diese Investition bedeutet nicht, dass die Wanderhirten irgendeinen Vorteil in der Sesshaftigkeit sehen; es handelt sich hier eher um eine Vorsichtsmaßnahme für den Fall, dass ihre Zucht fehlschlägt.

Barth stellt fest, dass in manchen Fällen einzelne Wanderhirten ausreichende Landparzellen an sich bringen, so dass, wenn ihre Wirtschaft erst einmal durch solchen Besitz bestimmt wird, Sesshaftigkeit das natürliche Ergebnis zu sein scheint[14]. Während das Interesse des einfachen Wanderhirten, Bauernland zu besitzen eventuell wirtschaftlich bedingt und eine Antwort auf das Risiko ist, kann es im Falle höherrangiger Einzelner, besonders der Oberhäupter, auch als politisch motiviert angesehen werden: In Wahrheit bietet nämlich die Ökonomie der Wanderhirten nur begrenzte Möglichkeiten, politische Ambitionen von Stammesoberhäuptern zu unterstützen.

Diese Prozesse in Richtung Sesshaftigkeit führen nicht unbedingt zu wirklicher Sesshaftigkeit; selbst letztere ist keineswegs umkehrbar und absolut[15] . Dies ist teilweise in Zeiten ökonomischer und politischer Unsicherheit der Fall, wenn Wanderhirten sich die Option offen halten, von einer Lebensweise zur anderen zu wechseln (Marx 1980, 111; vgl. auch Adams 1978). Tatsächlich bedeuten die Prozesse hin zur Sesshaftigkeit keine Bedrohung der Existenz des Wanderhirtentums, wie Barth argumentiert; diese Prozesse stärken eher das Hirtentum, indem sie aufgrund diverser Mechanismen das Gleichgewicht des Umfeldes in Stand halten (Barth 1961, 124). Obwohl Teilzeit betriebene Landwirtschaft die Wanderstämme von totaler Abhängigkeit von den Bauern befreit, kann sie ihre Nachfrage nach Getreide nicht völlig befriedigen. Sie wird entweder durch Tauschhandel oder auf Märkten (z.B. in Städten) befriedigt. Nichtsdestotrotz haben Kenntnis und Anwendung von Landbau durch Wanderhirten eine strategische Bedeutung dadurch, dass sie ihnen eine größere Flexibilität bei der Anpassung an verschiedene politische Umstände und Umweltprobleme erlaubt (Spooner 1972, 245-268). Von strategischer Wichtigkeit ist auch das überlegene Ressourcenwissen der Wanderhirten in den von ihnen zeitweise genutzten Territorien. Wanderhirten sind wesentlich vertrauter mit Klimaveränderungen, Bodenarten, Rohstoffen und der Lage von Wasserstellen und natürlichen Ressourcen. Es ermöglicht ihnen, leicht zu einem sesshaften Leben zu wechseln. Umgekehrt ist es für sesshafte Bauern ungleich schwieriger, die angestammten Lebensumstände zu wechseln, insbesondere wenn sie nicht in enger Verwandtschaft mit den Wanderstämmen ihrer Gegend stehen. In einer günstigen Umwelt mit vielfältigen natürlichen Ressourcen und idealen Weideflächen, wie sie das Zagros-Gebirge bietet, scheint der Wechsel von Wanderhirtentum zu sesshafter Landwirtschaft und vice versa die hauptsächliche Antwort auf Umweltveränderungen und politischen Druck gewesen zu sein[16]. Das jüngste Beispiel ist die Rückkehr von Teilen der Qashqaii-Stämme zum Wanderleben nach der iranischen Revolution von 1979 (Hottinger 1988, 126-30, sowie eigene Beobachtungen).

Wie bereits festgestellt, verlangt die Lebensweise der „vertikalen" Wanderhirten Organisation und Planung; sie verlangt auch Informationen über große Reichweiten hinweg. „Vertikales" Wanderhirtentum ist eine kunstvolle Anpassung an die soziopolitischen, ökonomischen und ökologischen Merkmale des iranischen Hochlandes. Wachstum der mobilen wie auch der sesshaften Bevölkerung kann zu einer Zunahme von Landwirtschaft und genutztem Weideland führen. Dieses wiederum führt zu größerer Nähe beider Bevölkerungen und zu einer Intensivierung der sozialen Interaktion. Im Kontext staatlicher Organisation oder angesichts äußerer Bedrohung können Wanderstämme Bündnisse schmieden, die, wenn auch ephemer, dem Niveau staatlicher Organisationen sehr nahe kommen können. In solch einem Kontext entwickelt sich soziale Komplexität aus dem ständigen Bedürfnis der Hirten nach Kommunikation und Kooperation, um ökonomischen und sozialen Zusammenhalt zu gewährleisten, üblicherweise charakterisiert durch lose strukturierte zentralisierte Systeme, die ihre Spitze im Amt des Oberhauptes haben und die die scheinbar verstreuten Stämme zusammen halten (Barth 1961, 71ff.).

Austausch/Handel

Ein weiterer Faktor, von dem man glaubte, er habe zum Prozess der politischen Zentralisierung beigetragen, ist die Existenz von Handelsrouten in von Stämmen kontrollierten Territorien[17]. Vor der Einführung moderner Straßen in Iran gab es nur sehr wenige natürliche und schmale Pässe, die den südlichen Zentraliran und den Südwestiran mit dem Zentralplateau und den Orten östlich davon verbanden. In dieser Beziehung könnten die alten Siedlungshügel wie Tall-e Bakūn, Tall-e Deh Bid, Tall-e Do Tulun, Tall-e Nourabad und Tall-e Arjān das Äquivalent zu den heutigen Marktstädten der Wanderhirten Marv Dasht, Deh Bid, Nourabad, Ardekān, Jahrom, Firuzabad und Deh Dasht dargestellt haben.

Daher erscheint es vernünftig anzunehmen, dass die anfänglichen Charakteristika des Wanderhirtentums, wie oben dargestellt, sich mit ihrer Kristallisierung im iranischen Hochland im frühen 5. Jt. entwickelt haben, wenn auch noch nicht so komplex wie moderne Hirtengesellschaften. Bevor sie in der ersten Hälfte des 20. Jh. von Reza Shah gezwungen wurden, sich anzusiedeln, schwankte die Zahl der Wanderhirten in Iran zwischen einer und zwei Millionen (Barth 1961; Beck 1986; Garthwaite 1983; Safinezhad 1989; Amanollahi-Baharvand 1981). Doch diese Zahlen, wenn auch für sich genommen groß, spiegeln nicht die Wichtigkeit der Wanderhirten des Hochlandes für die iranische Geschichte wider. Während der gesamten Geschichte Irans hatten Wanderhirten eine wesentlich größere Bedeutung, als ihre Anzahl glauben macht. Sie belegen einen wichtigen Platz in der Gesellschaft, da sie gut organisierte ökonomische, soziale und politische Einheiten darstellen (Briant 1982; Ehmann 1975; Sunderland 1968), die entweder innerhalb des Staates oder im Falle des Fehlens staatlicher Organisationen eine militärische Bedrohung für städtische und bäuerliche Gemeinschaften darstellen können. Abgesehen von der Tatsache, dass Wanderhirten als sich bewegende Ziele nur schwer mit militärischen Mitteln überwältigt werden können, sind es die organisatorischen Aspekte der pastoralen Gesellschaften im iranischen Hochland, die sie in die Lage versetzten, in ihren Regionen eine Oberherrschaft über die sesshaften Gemeinschaften auszuüben. Dies galt insbesondere, solange es keinen starken Zentralstaat gab - in der Geschichte Irans eher die Regel als die Ausnahme. Tatsächlich benötigte das Pahlevi-Regime mehrere Jahrzehnte der Kriegsführung mit Hilfe von Kampfflugzeugen, schwer bewaffneten Helikoptern und Artillerie, um die Qashqaii und die Bakhtyari politisch unter Kontrolle zu bringen. Man kann sich daher leicht vorstellen, dass selbst in prähistorischen Zeiten Gruppen von Wanderhirten den Landwirten unter militärischen und organisatorischen Aspekten überlegen waren, sodass angesichts des Fehlens zentralstaatlicher Organisationen die Wanderhirten sogar in einer dominierenden Position gegenüber der sesshaften Bevölkerung waren.

Es lässt sich argumentieren, dass die militärische Überlegenheit von Wanderhirten in hohem Maße von Pferden und Kamelen abhängt. Dies gilt sicherlich für die ausgedehnten Steppen Zentralasiens und der Sahara. In Regionen mit vergleichsweise hoher Bevölkerungsdichte, wie es im Flachland der Susiana und in Fars der Fall ist, würde die rein zahlenmäßige Überlegenheit der sesshaften Bauern sicherlich eine Abschreckung gegenüber jeglichem nomadischen Eindringen oder Überfällen zu Fuß darstellen. Im Falle des „vertikalen" Wanderhirtentums des Zagros waren Verstecke leicht in den nahe liegenden Bergen erreichbar. Diese waren allerdings für die sesshaften Bauern eher schwer zugänglich und nicht ungefährlich. Wie die zahlreichen Angriffe durch Regierungstruppen zur Unterdrückung der Qashqaii und Bakhtyari während der Regierung von Shah Reza in den 1920er und 1930er Jahren zeigten, ist es selbst für eine gut organisierte Armee mit moderner Technologie nicht leicht, die Bergstämme zu überwältigen. Der militärische Vorteil der „vertikalen" Wanderhirtenstämme liegt in ihrer Lebensweise, den geographischen und geologischen Merkmalen ihrer Umgebung, ihrer hohen Mobilität und dem generellen Mangel an standortgebundenem Vermögen.

Vor der Domestikation von Pferd und Kamel war es nicht einfach, sich vorzustellen, wie Wanderhirtenstämme eine Hegemonie über sesshafte Bauern ausüben konnten. Doch waren leichtfüßige Wanderhirten durchaus in der Lage, eine sesshafte Regionalbevölkerung durch reine Belästigung zur Unterwerfung zu bringen – vor allem in Zeiten des Fehlens staatlicher Organisationen oder in Situationen, in denen eine organisierte militärische Antwort nicht sofort erfolgen konnte. Es ist leicht, sich die Verwundbarkeit der Bauern während der Erntezeit vorzustellen; eine kleine Gruppe von Wanderhirten konnte leicht die Ernte in Brand setzen und spurlos wieder in den Bergen verschwinden. Ganz ähnlich konnten Herden von Ziegen und Schafen, die von den Bauern in die nahe gelegenen Hügel auf die Weide getrieben worden waren, leicht von Wanderhirten gestohlen werden, so, wie es in zahlreichen Berichten über solche Ereignisse (ob nun real oder eingebildet) aus den hauptsächlichen Stammesgebieten Irans erzählt wird. Wie Saénz (1991) im Falle der Tuareg in Nordafrika darlegt, kann die militärische Überlegenheit „vertikaler" Wanderhirten alleine schon zu Erpressungen führen, die umgekehrt zu einer Interaktion zwischen Kriegern und Klienten und in der Folge zu einer Schichtung und zunehmender sozialer Komplexität führen.

Die archäologischen Hinweise

Das Zagros-Gebirge

Außer den archäologischen Nachweisen von Fars bieten drei Beweislinien zusätzliche Hinweise auf die Existenz und die Aktivitäten von Wanderhirten in Iran. Vor allem archäologische Untersuchungen und Ausgrabungen im iranischen Zentralplateau, dem Zagros-Gebirge und dem Flachland der Susiana liefern Hinweise.

Die frühesten Hinweise auf die Existenz einer sozioökonomischen Differenzierung unter Wanderhirten in Iran finden sich in den isolierten Gräberfeldern von Hakalān und Parchineh in Luristan, den ältesten nomadischen Grabstätten in Iran und im gesamten prähistorischen Mittleren Osten. L. Vanden Berghe (1973a; 1973b; 1973c; 1975; 1987)[18] grub von 1971 bis 1973 beide Grabstätten aus. Die Gräbergruppen liegen längs des Flusses Meimeh in der Region Pusht-i Kuh in Luristan in den südwestlichen Ausläufern des Zagros-Gebirges. Man hält diese Plätze für nomadische Grabstätten, weil sie nicht in Verbindung mit irgendwelchen bekannten Siedlungen zu bringen sind; bezüglich ihrer Lage und der Machart der Gräber ähneln sie den späteren nomadischen Gräbern der Bronze- und Eisenzeit in der selben Region; schließlich ist die Gegend für Getreideanbau nicht nutzbar, und es gibt dort beinahe keine prähistorischen oder modernen Dörfer, die von Landwirtschaft leben (vgl. Alizadeh 2003b; 2004).

In beiden Grabstätten waren Keramikgefäße (ca. 200) die häufigsten Grabbeigaben. Basierend auf einem generellen Vergleich mit der Keramik des frühen mittleren Chalkolithikums im zentralen Zagros-Gebirge (Henrickson 1985) datieren Haernick und Overlaet (1996, 27) die Grabstätten der Fläche A bei Parchineh auf 4600-4200 v. Chr. Keramikgefäße von beiden Grabstätten zeigen eine starke Affinität zu der Keramik der Phasen Obed 3 und 4 in Mesopotamien und den Phasen Mittel-Susiana und Spät-Susiana 1 (5000-4300 v. Chr.) im Flachland der Susiana. Das interessanteste Charakteristikum der Funde dieser Grabungsstätten, besonders der Keramikgefäße, besteht daher in den vielfältigen spezifischen Regionalstilen, die Mesopotamien, das Flachland der Susiana und das iranische Hochland repräsentieren. Der offenkundig vielfältige Reichtum der Grabbeigaben, verweist auf einen differenzierten Status der Beigesetzten. Auf diesem Niveau sozialer Evolution und bei ihrer anzunehmenden militärischen Überlegenheit über die sesshaften Gemeinschaften ist es nicht schwierig, sich ihr Verlangen danach vorzustellen, die reichen agrarischen Gebiete innerhalb ihrer Territorien unter ihre Kontrolle zu bringen (siehe unten)[19].

Wenn man sich die Anwesenheit von Wanderhirten im 5. Jt. v. Chr. vor Augen hält, als aufstrebende städtische Zentren sowohl in Mesopotamien als auch im Flachland der Susiana heranwuchsen, ist es weder schwierig noch ungerechtfertigt, sich vorzustellen, dass die Art, in der die Wanderhirten eine Subsistenzwirtschaft betrieben, und ihre Lebensweise sie in eine Vermittlerposition zwischen dem Flachland der Susiana, Mesopotamien und dem iranischen Hochland brachten. In ganz ähnlicher Weise hätte dann der Zuwachs der Bevölkerung in den Gemeinschaften der sesshaften Bauern im Flachland und den ausgedehnten Bergtälern von Fars einen Kontext geschaffen, welcher der Schaffung einer nomadischen Überschussproduktion förderlich war, die Nebenprodukte der Milchwirtschaft, Leder, Wolle und vielleicht auch textile Produkte mit einschloss. Außer diesen materiellen Produkten könnten Gruppen von Wanderhirten auch durch Dienstleistungen wie Arbeit, militärischen Schutz, Kundschaftertätigkeit und den Schutz von

Handelsrouten in ökonomische Interaktion getreten sein (Bates 1973; Black-Michaud 1986; Rosen 2003).

Ob ein solcher Austausch auch Keramik mit einschloss, ist eine Frage, die vom Ausmaß der Mobilität abhängt, durch welche die Keramikherstellung beschränkt wird (Close 1995; Rice 1999; Skibo & Blinman 1999). Arnold (1985) argumentiert, dass sich für Gruppen mit hoher Mobilität eine ganze Anzahl praktischer, logistischer und ökonomischer Probleme (Größenordnung) bei der Keramikherstellung ergeben, wobei er darauf hinweist, dass weniger als 30% aller mobilen Gesellschaften Keramik herstellen und benutzen. Allerdings diskutieren Jelmer Eerkens (2003) und ihre Kollegen (Eerkens & Bettinger 2001; Eerkens et al. 2002) in einer Artikelserie eine Anzahl von Strategien, durch die derartige Probleme von den hochgradig mobilen Stämmen der Paiute und Schoschonen des südwestlichen Großen Beckens in Nordamerika überwunden wurden. Die Keramik, die von diesen Stämmen der amerikanischen Ureinwohner hergestellt wurde, ist grundsätzlich einfach, roh, und bezüglich Form und Ausstattung begrenzt (Eerkens et al. 2002, 203-205). Dasselbe gilt für die Negbite-Keramik der Negev-Wüste, die nomadischen Gruppen dieser Gegend zugeschrieben wird (Haiman & Goren 1992). Diese Feststellungen weisen darauf hin, dass selbst wenn mobile Gruppen Keramik herstellen, ihre Produkte technologisch und ästhetisch denen sesshafter Völker unterlegen sind.

Im Fall des „vertikalen" Wanderhirtentums des Zagros-Gebirges muss eine solche Unterscheidung nicht gemacht werden. Zunächst einmal verbringen die Zagros-Hirten nur einen Teil des Jahres auf Wanderschaft von ihren Sommer- zu ihren Winterweiden und vice versa. Während sie auf ihren Sommerweiden Gegenden besetzt halten, die für den Getreideanbau nicht geeignet und daher nur dünn besiedelt sind, verbringen sie auf ihren Winterweiden bei Fars und im Flachland von Khuzestan etliche Monate in dicht besiedelten und landwirtschaftlich reichen Gebieten. Manche Stämme besitzen sogar Dörfer mit festen Gebäuden oder einer Mischung aus Zelten und Lehmziegel- oder Steinhäusern. Falls diese Situation im 5. Jt. v. Chr. und danach ebenfalls bestand, dann ist es zumindest theoretisch nicht allzu weit her geholt, den Gruppen der Wanderhirten in einem gewissen Ausmaß die Herstellung und somit Verbreitung dieser sehr speziellen Art von Keramik des 5. Jt. im südwestlichen Iran zuzuschreiben. Interregionales Heiraten, ein wichtiger Faktor, um durch Verwandtschaft interregionale Bündnisse zu schmieden, könnten ebenfalls als zusätzlicher Faktor bei der Verbreitung einiger Keramikgattungen in Betracht gezogen werden (s. u.).

Das Flachland der Susiana

Die Siedlung von Chogha Mish hatte den Status eines zentralen Ortes in der gesamten Susiana-Ebene, von der archaischen Susiana Periode (6900 v. Chr.) bis zum Ende der mittleren Susiana Periode (5000 v. Chr.), als ihr Monumentalgebäude durch Feuer zerstört und der Ort, zusammen mit seinen Satelliten, anschließend verlassen wurde (Delougaz & Kantor 1996). Es ist nicht sicher, ob das sog. „Monumentalgebäude" durch Feinde oder durch einen Unglücksfall zerstört wurde. Die Zerstörung des monumentalen Gebäudes aus gebrannten Ziegeln traf nicht nur mit der Aufgabe von Chogha Mish zusammen, sondern auch mit der Aufgabe einer ganzen Anzahl von Stätten im östlichen Teil der Ebene, mit dem Erscheinen einer spezifischen Art von bemalter Keramik, und mit der Begründung der Gräberfelder von Hakalān und Parchineh im Hochland (Vanden Berghe 1973; 1973b; 1975; 1987). Eine Anzahl von Keramikformen und Dekorationen, die wir als typisch für die Phase Susiana 1 spät angesehen haben (der Periode, in der Chogha Mish unbesiedelt blieb), sind charakteristisch für Keramik, die im Hochland von Fars, dem Zentralplateau und im Zagros-Gebirge gefunden wurde[20]. Alles zusammen genommen deutet auf einen Wechsel in der Organisation der Siedlungsstruktur in der ersten Hälfte des 5. Jt. v. Chr. hin. Wir haben diese Entwicklung provisorisch den regionalen Konflikten zugeschrieben, die eine Folge der Herausbildung der Wanderhirten-Gemeinschaften im Hochland waren.

Nachdem Chogha Mish während der späten Phase von Susiana 1 (ca. 4800-4300 v. Chr.) verlassen lag, scheint es, dass kein einzelner Ort die Bedeutung eines zentralen Ortes gewinnen konnte[21]. Die zu beobachtende Westverlagerung der Susiana-Siedlungen um 4800 v. Chr. und das Auftauchen der Grabstätten im Hochland geben einen wichtigen Hintergrund für Frank Holes Beobachtung, dass *„…manche Stätten oft nur für kurze Zeit besiedelt waren, dann für einige Zeit verlassen lagen und anschließend wieder besiedelt wurden. Etwa die Hälfte der Orte wechselte ihren Zustand von besiedelt zu unbesiedelt und vice versa … was voraussetzt, dass die Besiedlung unstabil war und Land nicht sonder-*

Abb. 1: Luftbild des Flachlandes der Susiana mit der Lage von KS-1626.

Abb. 2: Fläche 36 vor Beginn der Ausgrabungen. Die starken alluvialen Ablagerungen sind zu erkennen.

Bauer, die an der geomorphologischen Untersuchung teilnahmen[22], schlossen, dass dies auf die Konstruktion des großen Bewässerungskanals (heute der Gargar-Fluss/Kanal) während der parthischen Periode in der Susiana zurück zu führen ist (Alizadeh 2003). Daraus folgt, dass die archäologischen Stätten in dieser Region nur in einzelnen freiliegenden Abschnitten der Wadis sichtbar sind.

Das Wadi bei Dar Khazineh hatte den Hügel so durchschnitten, dass ein großer Abschnitt in seinem westlichen Teil freigelegt war (Abb. 3 & 4). Dies bot uns eine exzellente Gelegenheit, seine Stratigraphie zu untersuchen und archäologische, botanische und zoologische Funde zu gewinnen, ohne die Stelle mehrere Kampagnen lang ausgraben zu müssen. An den freiliegenden Abschnitten konnten wir feststellen, dass sich unter der 2 m starken alluvialen Schicht die Kulturschichten bis zum Bett des Wadis fortsetzten. Als wir schließlich die Abschnitte bis zum Wadibett freigelegt hatten, erkannten wir, dass die Stärke des Hügels nur von 30 cm bis 180 cm reichte und dass sich an einigen Stellen des Hügels überhaupt keine Kulturablagerungen fanden. Ausgrabungen in unserem Hauptschnitt (Fläche 379) ergaben eine merkwürdige, bisher unbe-

lich knapp und daher auch nicht sehr wertvoll war." (Hole 1987, 42, Taf. 8) Diese Westwanderung setzte sich fort, bis die Region östlich des Flusses Shur zu Beginn der frühschriftlichen Periode beinahe völlig verlassen war. Selbst während der frühschriftlichen Periode lassen sich nur sechs Orte in dieser Gegend feststellen (Hole 1987, Abb. 10).

Der vermutete Zusammenhang zwischen der verstärkten Aktivität der Wanderhirten des Hochlandes und der Westverlagerung der Susiana-Siedlungen in der mittleren Susiana-Periode wird noch plausibler, wenn wir feststellen, dass der östliche Teil der Susiana-Ebene traditionell – bis heute – die Winterweide für die Wanderhirten der Region darstellt. Wenn diese Umweltnische ebenfalls in prähistorischer Zeit genutzt wurde, wie man vermuten darf, dann darf die Westwanderung der sesshaften Gemeinschaften als ein Anzeichen für zunehmende Aktivitäten der Wanderhirtengruppen in dieser Gegend angesehen werden, als Zeichen für den Interessenkonflikt zwischen der sesshaften und der mobilen Bevölkerung der Region, eine Dichotomie, die bis heute das Leitmotiv iranischer Geschichte durch alle Zeitalter geblieben ist.

Als Teil eines gemeinsamen Projektes der Iranian Cultural Heritage Organization (ICHO), des Orient-Instituts sowie der Archäologischen Fakultät der University of Chicago, unterstützt durch ein Stipendium der National Science Foundation (BSC-0120519), entschlossen wir uns zu einer geomorphologischen Untersuchung dieses Teils der Region. Um zusätzliche Daten für die wichtige späte Phase von Susiana 1 zu gewinnen, entschieden wir uns ebenfalls für Ausgrabungen in Dar Khazineh (KS-1626).

Dar Khazineh (KS-1626) liegt gut 30 km südöstlich der Provinzhauptstadt Shushtar (Abb. 1). In diesem Teil der Susiana-Ebene sind sowohl prähistorische als auch historische Stätten unter gut zwei Metern alluvialer Ablagerungen begraben (Lees & Falcon 1952) (Abb. 2). Tony Wilkinson, Nick Kouchoukos und Andrew

Abb. 3: Die Karte zeigt die Umrisse von KS-1626.

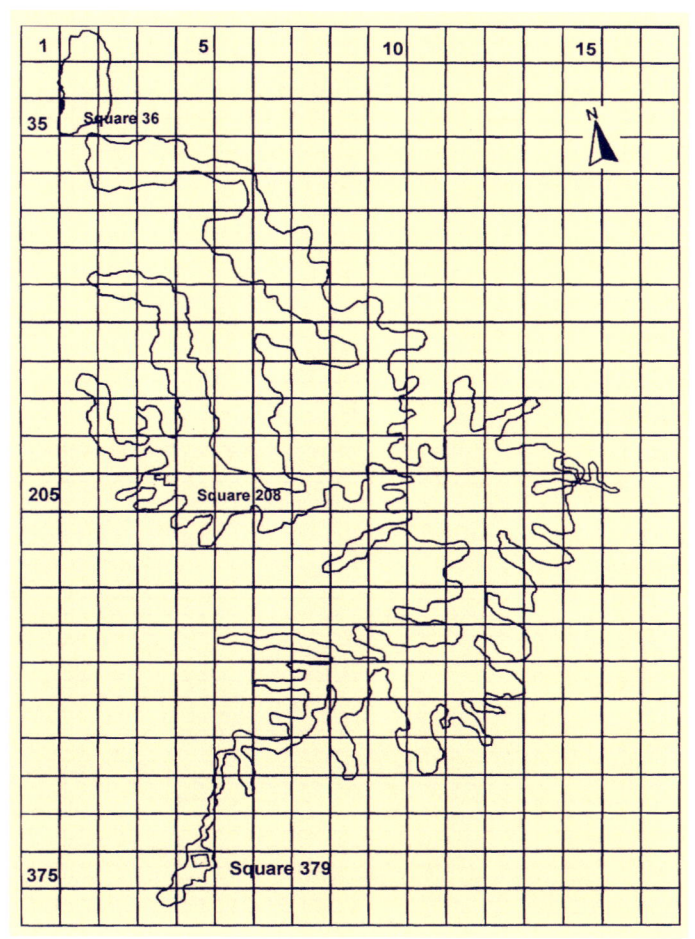

Abb. 4: Die Grabungsstätte KS-1626 und das Wadi. Blick nach Südwesten.

kannte Ablagerungssequenz. Lehmige und sandige Sedimente von 5 bis 10 cm Stärke überlagerten dünne, kreisförmige Schichten von Kulturablagerungen. Außer extrem schlecht erhaltenen Pisé-Trennwänden, deren Außenflächen im Allgemeinen aus gebranntem Material bestanden, wurde keine feste Architektur gefunden; auch Pfostenlöcher, Spuren von Asche und Feuerstellen wurden entdeckt. Tatsächlich bestanden die „Fußböden", auf denen diese Aktivitäten stattfanden, aus alluvialen Ablagerungen. Dementsprechend gruben wir im Zentralteil der Grabungen die alluvialen Schichten über den kreisförmigen Kulturschichten aus. So konnten wir etwa 30 cm Ablagerungen für die gesamte Dauer des 5. Jt. v. Chr. gewinnen. Wir fanden keinen ausgeprägten organischen Horizont, der auf die Existenz von Tierpferchen hätte hinweisen können.

Wir gruben auch auf dem zentralen, höchsten Teil des Hügels (Fläche 208) und am äußersten nordwestlichen Teil (Fläche 36). In Fl. 208 fanden wir unter den alluvialen Ablagerungen drei einfache Grabgruben, die in eine weitere Schicht lehmigen Alluviums eingetieft waren. Die Skelette waren fragmentarisch und schlecht erhalten – Beine und Hüftknochen fehlten völlig. Die Gräber 1 und 2 (Befunde 1-2) enthielten einige Reibsteine und Mörser. Grab 3 (Abb. 5 & 6), das wahrscheinlich einer Frau gehörte, enthielt einen sattelförmigen Mühlstein, steinerne Mörser und eine Kupfernadel, die, nach ihrer Lage zu urteilen, wahrscheinlich als Haarnadel gedient hatte. Unterhalb der Schicht dieser Grabgruben wurden keine weiteren archäologischen Funde gemacht.

In Fläche 36, wieder unterhalb der alluvialen Ablagerungen, fanden wir Fragmente einer Steinpflasterung, in die Tonscherben der späten Phase Susiana 1 eingelagert waren (Abb. 7). Wieder begegneten uns keine anthropogenen Befunde unterhalb dieses Steinpflasters.

Es scheint also, dass das Zentrum der kulturellen Aktivitäten in Dar Khazineh KS-1626 im Bereich von Fläche 379 war. Nach unseren Testschnitten in anderen Teilen des Hügels zu urteilen, scheint es sich bei den horizontalen Befunden in KS-126 um Hüttenstandorte gehandelt zu haben. Tatsächlich hatten wir das Glück, während unserer Ausgrabungen bei Dar Khazineh eines dieser Lager beobachten zu können.

Wie oben erwähnt ist Ostkhuzestan die Gegend, in der einige Wanderhirtenstämme der Bakhtyari hauptsächlich die Wintermonate verbringen. Während wir bei KS-1626 arbeiteten, bemerkten wir, dass diese Stämme das Westufer des Stromes im Wadi als Übernachtungsplatz nutzten (Abb. 8). Dies gab uns eine ausgezeichnete Gelegenheit, einige ethnoarchäologische Beobachtungen zu machen. Als wir, nachdem ein Stamm die Gegend am frühen Morgen verlassen hatte, untersuchten, was sie hinterlassen hatten,

Abb. 5: Skelettreste in Grab 3.

Abb. 6: Grabbeigaben aus Grab 3.

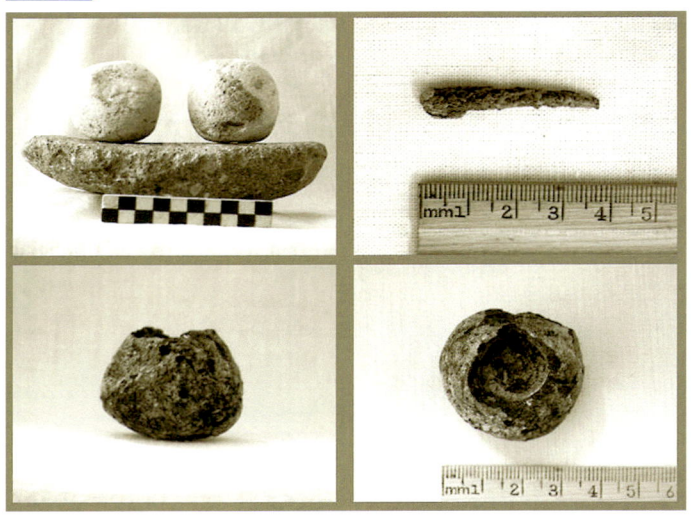

Abb. 7: Fragmente des Steinpflasters von Fläche 36.

Abb. 8: Das Lager der Bakhtyari bei KS-1626.

waren wir überrascht zu sehen, dass sie drei flache Feuergruben in jeweils 10 m Entfernung gegraben hatten. Sie benutzten die vorhandenen Zweige und den Dung der Tiere als Brennmaterial. Die Lehmklumpen, die ausgegraben worden waren, um die Feuergruben anzulegen, waren vom Feuer der vorangegangenen Nacht gebrannt und geschwärzt. Sonst war nicht viel liegen geblieben. Dies war den Mustern sehr ähnlich, die wir in Fläche 379 ausgruben. Wir wussten ebenfalls, dass Wanderhirten, die einen Übernachtungsplatz für eine längere Zeit nutzen, eine Einbettung aus Steinen anlegen, um ihr Hab und Gut vor Feuchtigkeit und Regen zu schützen; dies ähnelt der steinernen Bettung von Fläche 36 sehr. Zusätzlich nutzen Wanderhirten den höchsten Punkt umliegender (natürlicher oder künstlicher) Hügel, um ihre Toten zu begraben, eine Praxis, die derjenigen der Gräber entspricht, die wir in Fläche 208 fanden.

Subsistenzwirtschaft

Marjan Mashkour vom CNRS, Paris, analysierte die zoologischen Funde. Obwohl wir jedes Knochenfragment aus jeder Schicht einsammelten, wurden nur etwa 400 Knochenfragmente gefunden, was nicht überrascht, wenn man die Art des Fundplatzes bedenkt. Die vorwiegend vorhandenen domestizierten Arten, die bestimmt werden konnten, waren Ziegen und Schafe; Rinder (6-7%) gab es ebenfalls. Wild lebende Arten schlossen Wildesel (Equus heminous onager), Damwild (Dama dama mesopotamica), mittelgroße Nagetiere und einige Überreste von Mollusken ein.

Naomi Miller von der University of Pennsylvania (MASCA) analysierte die botanischen Funde. Nur eine geringe Menge an Samen wurde gefunden, ungeachtet der Tatsache, dass wir große Mengen an Bodenmaterial, besonders von den Feuerstellen, nass durchsiebten. Wieder entspricht die geringfügige Menge an verkohlten botanischen Überresten der Natur des Fundortes, der den Elementen über lange Jahre hinweg ausgesetzt war. Nach Miller beinhalteten die verkohlten Samen zwei Pflanzenfamilien, nämlich Gräser (Paceae) und Hülsenfrüchte (Fabaceae). Die einzige kultivierte Pflanze war Gerste (Hordeum). Marco Madella von der University of Cambridge ist zur Zeit dabei, die phytolitischen Funde zu analysieren, die wir an der Stätte geborgen hatten.

Diesen Beobachtungen folgend schlossen wir, dass Dar Khazineh (KS-1626) wahrscheinlich von den prähistorischen Wanderhirten der Region saisonal genutzt wurde, ein Muster, das sich in Ostkhuzestan noch immer nachweisen lässt. Die Analysen der botanischen und zoologischen Überreste des Fundplatzes unterstreichen ebenfalls die Charakterisierung des Ortes als Lager von Wanderhirten. Es ist ebenfalls wichtig, sich zu vergegenwärtigen, dass die hauptsächliche Nutzung von Dar Khazineh mit der Phase von Spät-Susiana 1 zusammenfällt, einer Periode, von der wir annehmen, dass sich in ihr die Ökonomie der Wanderhirten in Iran heraus kristallisierte.

KS-1626 war keineswegs einzigartig in der Region. Unsere Schlussfolgerungen bezüglich der Ereignisse in der Susiana des 5. Jt. beruhen nicht nur auf dem Fundplatz KS-1626, sondern auch auf einer Anzahl ähnlicher Fundorte im selben Großraum. Auf einen – wir nannten ihn „Chogha Kuch" (Hügel der Wanderung) – wurden wir von Frau Gudarzi vom ICHO in Shushtar aufmerksam gemacht. Die Fundstätte liegt etwa 20 km südlich von KS-1626 inmitten eines ausgedehnten unkultivierten Landstriches ohne Dörfer. Die Keramik dieser Stätte datiert in die Phasen spätes Mittelsusiana und Spätsusiana 1 (ca. 5200-4300 v. Chr.). Es handelt sich um einen flachen Hügel mit diversen Keramikbrennöfen, die noch immer an der Oberfläche zu sehen sind (vgl. Alizadeh *et al.* 2004).

Abb. 9: Beispiele für Keramik der Phase Spät-Susiana 1 (ca. 4800-4300 v. Chr.).

Das Zentralplateau

Wie bereits erwähnt, gibt es mittlerweile weitere Beweise vom Zentralplateau, der primären Kupferquelle Irans. Dieser bemerkenswerte Nachweis für Kontakte zwischen Fars, dem Flachland der Susiana und dem Hochland des Zentralplateaus ergibt sich aufgrund einer Serie von Untersuchungen, die von Mir Abedin Kaboli vom Teheraner ICHO durchgeführt wurden. Die untersuchte Region liegt nordöstlich der Stadt Qom, etwa 100 km südlich von Teheran. Die unverwechselbare Keramik der Phase Spät-Susiana 1 wurde in mindestens sechs Hügeln gefunden[23]. Andere zeitgleiche prähistorische Hügel in der Region enthielten lediglich die typische späte Cheshmeh Ali-Keramik. Obwohl ich nicht die Möglichkeit hatte, die aktuell gefundene Keramik zu untersuchen, lassen die Illustrationen und Beschreibungen der Töpferware keinen Zweifel, dass die verzierten Stücke genuine Keramik der Susiana und des Hochlandes von Fars aus dem frühen 5. Jt. v. Chr. darstellen.

Nach Kaboli (2000, 133) wird Wanderhirtentum in dieser Region noch immer von einigen kleinen Stämmen praktiziert. Schafe und Ziegen bilden das vorwiegend gehaltene Nutzvieh, es werden allerdings auch Kamele gezüchtet. In den heißen Sommermonaten ziehen die Hirten in die Berge nahe der Provinzhauptstadt Saveh, nordwestlich von Qom, oder in die nahe gelegenen Marreh-Berge. Obwohl noch viel Forschungsarbeit notwendig sein wird, um Licht auf die Dynamik des Erscheinens der typischen Keramik von Fars und aus der Susiana aus dem 5. Jt. auf dem Zentralplateau zu werfen, kann dieses durchaus mit der Nachfrage nach Kupfer im südlichen und südwestlichen Iran in Verbindung gebracht werden.

Die typische, hauptsächlich mit dem Punkt-Motiv verzierte Keramik wurde auch in der Gegend von Arisman in der Kāshān-Region gefunden, dem Ort zahlreicher Kupferbergwerke. Diese Keramik wurde im Verlauf einer Untersuchung von Barbara Helwing vom Deutschen Archäologischen Institut (DAI) und Nasr Chegini von

ICHO in der Gegend von Arisman gefunden[24]. Ausgrabungen an diesen Stätten mit typischer Keramik Südwestirans sollten in der Lage sein, uns einiges über die Prozesse zu verraten, durch die sie auf das Zentralplateau kam.

Wenn das Erscheinen typischer Keramik des 5. Jt. aus dem Südwesten und dem südlichen Zentraliran, die mit dem Punkt-Motiv verziert ist, auf Interaktionen zwischen dem Südwestiran und dem Zentralplateau hinweist, dann liefert die Existenz von typischer Keramik des Zentralplateaus im Zagrosgebirge weitere Hinweise für unser Argument (Abb. 9). Es wird zwar keine echte Keramik des Sialk II-Typs (Cheshmeh Ali-Phase) aus dem Südwestiran erwähnt, dafür aber Sialk III-Keramik, die bei Untersuchungen und Ausgrabungen im Herzen des Gebietes der Wanderhirtenstämme der Bakhtyari im Zentral-Zagros bei Khaneh Mirza (Zagarell 1975, 146) ans Licht kam, sowie aus der Periode Godin VI und vom She Gabi-Hügel in der Gegend von Kangavar.[25] Zusammen mit grauer Keramik des späteren 3. Jt., die sowohl im Zagrosgebirge als auch auf dem Zentralplateau gefunden wurde, stellt dies den Nachweis für die Kontinuität der Beziehungen zwischen Südwest- und südlichem Zentraliran dar.

Schlussbemerkungen

Die Einführung der spezifischen Keramik der Phase Spät-Susiana 1 am kupferreichen Zentralplateau kann man durchaus mit Austausch-Aktivitäten südwestlicher Wanderhirtenstämme in Verbindung bringen, die sich Kupfer, Türkise und Lapislazuli beschafften. Sie erschienen in Fars, dem Flachland der Susiana und in Mesopotamien[26] im 5. Jt. v. Chr. Allerdings wird noch viel Arbeit in der Region notwendig sein, um mehr Licht auf dieses Auftauchen zu werfen. Die Existenz der typischen südwestlichen Keramik des 5. Jt. auf dem Zentralplateau kann jedenfalls durch die Annahme eines reziproken Sozialsystems erklärt werden, das den Geschenketausch von Keramikgefäßen und/oder ihrer Inhalte einschloss, um Zugang zu „fremden" Ländern zu gewinnen (z. B. Earle 1994; Gregory 1982; Hodder 1980).

Ein weiterer Faktor bezüglich der sozioökonomischen Entwicklung des Wanderhirtentums in Südwestiran könnte im allmählichen Aufstieg städtischer Zentren mit industrieller und ökonomischer Spezialisierung und dem Aufkommen einer regionalen Elite zu sehen sein. Besonders die steigende Nachfrage nach Wolle könnte als ein Beitrag dazu gesehen werden (Kouchoukos 1998). In einer Annäherung, die das Verhältnis der NISP (number of identified specimens present) unter den *taxa* wertet, hat Richard Redding (1981; 1993) gezeigt, dass mit Ausnahme der Fundorte der Hassuna- und Halaf-Zeit in Nordmesopotamien und Syrien in der Zeit vor 5500 v. Chr. das Verhältnis von Schafen zu Ziegen mehr oder weniger einheitlich niedrig war (>0,5). Bis 4500 v. Chr. verändert sich das Verhältnis auf 1,5-4,5, was auf einen Wechsel in der Strategie der Herdenhaltung hinweist, weg von der Subsistenzwirtschaft hin zu einer Wirtschaft, für die tierische Nebenprodukte wichtig wurden (vgl. Kouchoukos 1998, 294-301 mit einer ausführlichen Beschreibung).

Bis zur späten Phase Mittel-Susiana (ca. 5000 v. Chr.) wurden Schafe und Ziegen in der Susiana dominierend und machten in Jafarabad etwa 65% des Bestandes aus, wobei Schafe in der späteren Phase noch dominierender wurden (Kouchoukos 1998, 68). Eine ähnliche Entwicklung fand im zeitgleichen Chogha Mish statt. Wenn wir diese Entwicklung als einen Hinweis für die zunehmende Wichtigkeit von Wolle in der Susiana wie auch in Südmesopotamien[27] ansehen, dann ist das damit einhergehende Erscheinen der großen Grabstätten der Wanderhirten des Hochlandes bei Hakalän und Parchineh vielleicht kein Zufall. Wir können uns also eine Situation vorstellen, in der die anfängliche Entwicklung des Wanderhirtentums im Hochland in der späten prähistorischen Zeit eventuell mit der Wichtigkeit der Wolle für die Ökonomien der Susiana und des südlichen Mesopotamien verbunden war.

Zusammenfassend weisen die bisher bekannten Befunde darauf hin, dass sich aufstrebende städtische Zentren mit einer handwerklichen Spezialisierung entwickelten und während des 5. Jt. v. Chr. dichter bevölkert, besser organisiert und sozial wie wirtschaftlich differenzierter wurden. Währenddessen nahm die Nachfrage nach Getreide, Wolle, Milchprodukten, tierischen Nebenprodukten, Holz und exotischen Waren zu (z. B. Kupfer, Türkis, Lapislazuli, Muscheln aus dem Persischen Golf). In diesem Kontext waren die Gruppen der Wanderhirten in einer bevorzugten strategischen Position, in der sie zum Vermittler zwischen Hochland und Flachland wurden. Während kleine Bauerndörfer das nötige Getreide für diese neu entstandenen Bevölkerungszentren bereitstellen konnten, wurden Handelsobjekte, die sich im Flachland nicht fanden, durch die Wanderstämme Südwestirans vermittelt. Anderseits, wenn als Ergebnis der Bevölkerungszunahme und der Spezialisierung des Handwerks mehr Land in Khuzestan kultiviert wurde, um den Teil der Bevölkerung zu ernähren, der nicht an der Nahrungsmittelproduktion beteiligt war, dann ist eine Reduzierung des Weidelandes in eben diesen Gebieten zu erwarten. Dieses könnte eine Situation geschaffen haben, in der die Wanderstämme Maßnahmen zur Rückgewinnung des an die Bauern verlorenen Landes ergriffen. Während es keinen direkten Beweis für die Intensivierung der Landwirtschaft und einem daraus folgenden Verlust an Weideland im Khuzestan des 5. Jt. v. Chr. gibt, so ist doch das Muster des Wettbewerbs um das vorhandene Land den heutigen Wanderhirtenstämmen und den sesshaften Bauern in Iran nur all zu vertraut.

Anmerkungen

1   Siehe Adams 1974; Bernbeck 1992; Cribb 1991; Geddes 1983; Gilbert 1975; 1983; Köhler-Rollefson 1992; Levy 1983; Oates & Oates 1976; Smith 1983.

2   Siehe z.B. Carneiro 1967; Earle 1991; Flannery 1972; Friedman & Rowlands 1977; Sanders & Price 1968; Upham 1987. Vgl. auch Feinman 2000 bez. einer detaillierten Analyse der Rolle dieses Faktors in sozialen Organisationen.

3   Kommentar der Redaktion: Unter „vertikalem" Wanderhirtentum werden Transhumanbeziehungen zwischen unterschiedlichen Kultur- und Wirtschaftsräumen verstanden, unter „horizontalem" Wanderhirtentum jene

Beziehungen, die gleichartige Räume miteinander verbanden.

4 Akkermans & Duistermaat (1996) schreiben den viel früheren Nachweis von Siegelfunden in Tell Sabi Abyad in Syrien dem nomadischen Bevölkerungsteil der Region zu.

5 Rothman 1988, 461, 599-625, hält Gawra für einen unabhängigen, spezialisierten Ort mit einer eventuell nomadischen Klientelbevölkerung.

6 Vgl. Eerkens bez. der vollständigen Behandlung des Problems und der Frage der Mobilität.

7 Vgl. Alizadeh et al. 2004.

8 „Starke Verbindungen" schließen „endotribale" Heiraten (sowohl mit den sesshaften als auch den mobilen Qashqaii), Schlichtung nicht-krimineller Streitigkeiten durch die örtlichen Qashqaii-Oberhäupter und ökonomische Interaktion mit ein. Letztere besteht vorwiegend in der Anstellung von Qashqaii-Hirten, um Schaf- und Ziegenherden zu beaufsichtigen.

9 Falls Frauen in der prähistorischen Zeit als Töpferinnen oder beim Bemalen von Keramik aktiv waren – und es gibt keinen Grund, diese Möglichkeit nicht in Betracht zu ziehen – dann führten interregionale Heiraten, bei denen die Frauen ihre Familien verließen, zweifellos zur Verbreitung spezifischer Keramikstile, die im Laufe der Zeit entweder abgeschwächt wurden oder sich mit anderen vermischten.

10 Vgl. Earle bez. detaillierter Ausführungen zu verschiedenen Aspekten sozioökonomischer Integration im Verlauf der gesellschaftlichen Evolution.

11 Vgl. Bosworth 1973; Bottero 1981; Castillo 1981; Cribb 1991; Digard 1981; Edzard 1981; Herodotus 1972; Khazanov 1984; Lambton 1973; Luke 1965; Malbran-Labat 1981; Melink 1964; Oppenheim 1977; Postgate 1981; Roux 1966; Rowton 1981; Strabo 1969.

12 Vgl. Varjavand 1967, 19. bez. ähnlicher Praktiken bei den Wanderhirten des Sudan vgl. Teitelbaum 1984, 51-65.

13 Vgl. auch die lebendige Darstellung von Freya Stark (1934), die dieselbe Praxis aus Teilen von Luristan berichtet.

14 Barth 1961, 104 ff.; vgl. ebenfalls Ehmann 1975, 113-115, wo er dieselbe Tendenz unter den Babhtyari-Stämmen berichtet.

15 Bez. einer anderen Sicht dieser Sesshaftigkeitsprozesse vgl. Galaty 1981; Salzman 1980.

16 Vgl. Adams 1974 bez. der Rolle des Wanderhirtentums bei der Anpassung an durch Umwelt und Politik bestimmte Gegebenheiten; vgl. ebenfalls Adams 1978.

17 Siehe Barth 1961,130, wo er die Bedeutung der Handelsrouten, die zu den wichtigen Häfen des Persischen Golfes führen, für die Wanderhirten darstellt.

18 Der abschließende Bericht wurde in hervorragender Weise posthum von E. Haerinck und B. Overlaet (1996) publiziert.

19 Siehe Flannery 1999b bez. einer vergleichenden Studie der modernen Wanderhirten-Konföderation von Khamseh und anderer Häuptlings-Gesellschaften im Mittleren Osten.

20 Vanden Berghe 1975, Abb. 5:6, 6:7-8, 17, 20 (später Obed-Stil); Abb. 5:13-15, 18, Abb. 6:9, 13, 16, 18 (Später Susiana 1 Stil); Abb. 6:11 (Zentralplateau-Stil); Abb. 5:2, 12 (Fars -Stil).

21 Grabungsstätte KS-04, etwa 10 km südwestlich von Chogha Mish wird von Kouchoukos (1998) als großes Bevölkerungszentrum aus dieser Phase angesehen. Doch ist es nicht sicher, wieviel von dieser Stätte in der Phase Späte Susiana 1 besiedelt war.

22 Unter den weiteren Mitgliedern des Untersuchungsteams waren Kourosh Roustaei und A. Moqadam von ICHO.

23 Vgl. Kaboli 2000, Taf. 19: 1; 29: 1-3; 33: 15-16; 36: 10; 37: 1-5; 39: 11.

24 Mündlicher Hinweis B. Helwing, DAI, Außenstelle Teheran.

25 Vgl. Young 1969, Abb. 7: 1-17; Young & Levine 1974, Abb. 14: 1-20; Levine & Young 1987, Abb. 10: 50.2-5, 12: 10, 17: 1-12.

26 Der Nachweis aus Mesopotamien ist sogar früher, mit Ausnahme dessen, was bei Gawra gefunden wurde: Yarim Tappeh I, Schicht 9 (Merpert & Munchaev 1987, 15, 17); Arpachiyah, Half levels (Mallowan & Rose 1935, 97, Taf. ivb), Gawra Schicht XIII (Tobler 1950, 192).

27 Bez. der detaillierten Studie über die Wichtigkeit der Wolle in der Wirtschaft Südmesopotamiens während der Uruk-Periode vgl. Kouchoukos 1998.

Bibliographie

ADAMS, R. MCC.:
1974   Anthropological Perspectives on Ancient Trade. Current Anthropology 15, 239-257.
1978   Strategies of Maximization, Stability and Resilience in Mesopotamian Society, Settlement, and Agriculture. Proceedings of the American Philosophical Society 122(5), 329-335.

AKKERMANS, P. M. M. G. & DUISTERMAAT, K.:
1996   Of Storage and Nomads, the Sealings from Late Neolithic Sabi Abyad, Syria. Paléorient 22/2, 17-32.

ALIZADEH, A.:
1988a   Socio-economic Complexity in Southwestern Iran During the Fifth and Fourth Millennia BC: The Evidence from Tall-e Bakūn A. Iran 26, 17-34.
1988b   Mobile Pastoralism and the Development of Complex Societies in Highland Iran: The Evidence from Tall-e Bakūn A. Ph.D. dissertation, Department of Near Eastern Languages and Civilizations, University of Chicago.
1992   Prehistoric Settlement Patterns and Cultures in Susiana, Southwestern Iran. University of Michigan Museum of Anthropology Technical Report 24. Ann Arbor, University of Michigan.
2003a   Report on the Joint Archaeological and Geomorphological Research Expedition in Lowland Susiana, Iran. Oriental Institute News and Notes, 1-7.
2003b   Some Observations Based on the Nomadic Character of Fars Prehistoric Cultural Development. In: N. Miller & K. Abdi (eds.), Yeki Bud, Yeki Nabud: Essays on the Archaeology of Iran in Honor of William M. Sumner, Los Angeles, Cotsen Institute of Archaeology, 83-97.
2004   The Origins of State Organizations in Prehistoric Highland Fars, South-central Iran. Oriental Institute Publications, forthcoming.

ALIZADEH, A., KOUCHOUKOS, N., WILKINSON, T. & BAUER, A.:
2004   Preliminary Report of the joint Iranian-American Landscape and Geoarchaeological Reconnaissance of the Susiana Plain, September-October 2002. Paleorient, forthcoming.

AMANOLLAHI-BAHARVAND, S.:
1981   Pastoral Nomadism in Iran, Tehran, Bongah Tarjomeh va Nashr Ketab (auf Persisch).

ARNOLD, D. E.:
1985   Ceramic Theory and Cultural Process, Cambridge, University of Cambridge.

BARTH, F.:
1959   The Land Use Pattern of Migratory Tribes of South Persia. Norsk Geografisk Tidsskrift 17, 1-11.
1961   Nomads of South Persia, London.
1964   Capital, Investment and the Social Structure of a Pastoral Nomadic Group in South Persia. In: R. Firth & B. S. Yamey (eds.), Capital Saving and Credit in Peasant Societies, Chicago, 69-81.
1965   Herdsmen of Southwest Asia. In: P. B. Hammond (ed.), Cultural and Social Anthropology. 4th printing, New York, 63-83.

BATES, D. G.:
1973   Nomads and Farmers: A Study of the Yoruk of Southeastern Turkey. Anthropological Papers of the Museum of Anthropology 52, Ann Arbor, University of Michigan.

BERNBECK, R.:
1992   Migratory Pattern in Early Nomadism: A Reconsideration of Tepe Tula'i. Paleorient 18/1, 77-88.

BLACK-MICHAUD, J.:
1986   Sheep and Land, Cambridge, Cambridge University.

BECK, L.:
1986   The Qashqaii, New Haven.

BOSWORTH, C. E.:
1973   Barbarian Incursions: The Coming of the Turks into the Islamic World. In: D. S. Richards (ed.), Islamic Civilisation, Oxford, 1-16.

BOTTERO, J.:
1981   Les Habiru, les nomades et les sédentaires. In: J. S. Castillo (ed.), Nomads and Sedentary Peoples, Mexico City, University of Mexico, 89-108.

BRIANT, P.:
1982   Etat et pasteurs au Moyen-Orient ancient, Paris.

CARNEIRO, R. L.:
1967   On the Relationship between Size of Population and Complexity of Social Organization. Southwestern Journal of Anthropology 23, 234-243.

CASTILLO, J. S.:
1981   Tribus pastorales et industrie textile a Mari. In: J. S. Castillo (ed.), Nomads and Sedentary Peoples, Mexico City, University of Mexico, 109-122.

CLOSE, A. E.:
1995   Few and Far Between: Early Ceramics in North Africa. In: W. K. Barnett & J. W. Hoopes (eds.), The Emergence of Pottery, Washington, DC, Smithsonian Institution, 23-37.

CRIBB, R.:
1991   Nomads in Archaeology, Cambridge.

DIGARD, J. P.:
1981   A propos des aspects économiques de la symbiose nomades-sédentaires dans la Mésopotamie ancienne: le point de vue d'un anthropologue sur le Moyen Orient contemporain. In: J. S. Castillo (ed.), Nomads and Sedentary Peoples, Mexico City, University of Mexico, 13-24.

EARLE, T.. K. (ED.):
1991   Chiefdoms: Power, Economy, and Ideology, New York, Cambridge University.
1994   Positioning Exchange in the Evolution of Human Society. In: T. Baugh & J. Ericson (eds.), Prehistoric Exchange Systems in North America, New York, 419-437.

EDZARD, D. O.:
1981   Mesopotamian Nomads in the Third Millennium B.C. In: J. S. Castillo (ed.), Nomads and Sedentary Peoples, Mexico City, University of Mexico, 37-46.

EERKENS, J. W.:
2003   Residential Mobility and Pottery Use in the Western Great Basin. Current Anthropology 44 (5), 728-738.

EERKENS, J. W. & BETTINGER, R. L.:
2001   Techniques for Assessing Standardization in Artifact Assemblages: Can We Scale Material Variability? American Antiquity 66(3), 493-504.

EERKENS, J. W., NEFF, H. & GLASCOCK, M. D.:
2002   Ceramic Production among Small-scale and Mobile Hunters and Gatherers: A Case Study from the Southwestern Great Basin. Journal of Anthropological Archaeology 21, 200-229.

EHMANN, D.:
1975   Bahtiyaren-Persische Bergnomaden im Wandel der Zeit. Beihefte zum Tübinger Atlas des vorderen Orients, Reihe B, Nr. 15, Wiesbaden.

FOREST-FOUCAULT, CH.:
1980   Rapport sur les fouilles de Keit Qasim III-Hamrin. Paléorient 6, 221-224.

FRIEDMAN, J. & ROWLANDS, M. J.:
1977   Notes Toward an Epigenetic Model of the Evolution of Civilisation. In: J. Friedman & M. J. Rowlands (eds.), The Evolution of Social Systems, London, 210-276.

GALATY, J. G.
1981   The Future of Pastoral Peoples, Ottawa, International Development Research Centre.

GARROD, O.:
1946a   The Nomadic Tribes of Persia To-day. Journal of the Royal Central Asian Society 33, 32-46.
1946b   The Qashqai Tribe of Fars. Journal of the Royal Central Asiatic Society 33, 293-306.

GARTHWAITE, G. R.:
1983   Khans and Shahs: A Documentary Analysis of the Bakhtyari in Iran, Cambridge.

GEDDES, D. S.:
1983   Neolithic Transhumance in the Mediterranean Pyrenees. World Archaeology 15(1), 51-66.

GILBERT, A. S.:
1975   Modern nomads and Prehistoric Pastoralism: The Limits of Analogy. Journal of Ancient Near Eastern Societies of Columbia University 7, 53-71.

GREGORY, C. A.:
1982   Gifts and Commodities, New York.

HAERINCK, E. & OVERLAET, B.:
1996   The Chalcolithic Parchineh and Hakalān, Brussels, Royal Museum of Art and History.

HAIMAN, M. & GOREN, Y.:
1992   „Negbite" Pottery: New Aspects and Interpretations and the Role of Pastoralism in Designating Ceramic Technology. In: O. Bar-Yosef & A. M. Khazanov (eds.), Pastoralism in the Levant: Archaeological Materials in Anthropological Perspectives, Madison, 143-152.

HENRICKSON, E.:
1985   An updated Chronology of the Early and Middle Chalcolithic of the Central Zagros Highlands, Western Iran. Iran 23, 63-108.

HERODOT
1972 The Histories, London.
HODDER, I.:
1980 Trade and Exchange: Definition, Identification and Function. In: R. E. Fry (ed.), Models and Methods in Regional Exchange. Society for American Archaeology Papers No. 1, Washington DC, 151-156.
HOLE, F.:
1987 The Archaeology of Western Iran: Settlement and Society from Prehistory to the Islamic Conquest. Smithsonian Series in Archaeological Inquiry, Washington D.C.
HOTTINGER, V. A.:
1987 Der andere Iran: wo der Krieg noch keine Schatten wirft. Hörzu (Okt.), 126-130.
KABOLI, M. A.:
2000 Archaeological Survey at Qomrud, Tehran, Cultural Heritage Organization.
KHAZANOV, A. M.:
1984 Nomads and the Outside World, Cambridge.
KÖHLER-ROLLEFSON, I.:
1992 A Model for the Development of Nomadic Pastoralism on the Transjordanian Plateau. In: O. Bar-Yosef & A. Khazonov (eds.), Pastoralism in the Levant, Madison, 11-19.
KOUCHOUKOS, N.:
1998 Landscape and Social Change in Late Prehistoric Mesopotamia. Doctoral Thesis, Yale University, New Haven.
LAMBTON, A.:
1973 Aspects of Saljuq-Ghuzz Settlement in Persia. In: D. Richards (ed.), Islamic Civilisation, Oxford, 105-126.
LEES, G. & FALCON, N.:
1952 The Geographic History of the Mesopotamian Plains. The Geographic Journal 68, 24-39.
LEVINE, L. D. & YOUNG, C. T. JR.:
1987 A Summary of the Ceramic Assemblages of the Central Western Zagros from the Middle Neolithic to the Late 3rd Millennium B.C. In: J.-L. Huot (ed.), Préhistoire de la Mésopotamie. Paris, 15-53.
LEVY, TH. E.:
1983 The Emergence of Specialized Pastoralism in the Southern Levant. World Archaeology 15, 16-36.
LUKE, J. T.:
1965 Pastoralism and Politics in the Mari Period. Doctoral dissertation, University of Michigan Microfilms, Ann Arbor.
MALBRAN-LABAT, F.:
1981 Le nomadisme a l'époque néoassyriene. In: J. S. Castillo (ed.), Nomads and Sedentary Peoples, Mexico City, University of Mexico, 57-76.
MALLOWAN, M. & ROSE, J. C.:
1935 Excavations at Tall Arpachiyah, 1933. Iraq 2, 1-178.
MARGUERON, J.-CL.:
1987 Quelques remarques concernant l'architecture monumentale l'époque d'Obeid. In: J.-L. Huot (ed.), Préhistoire de la Mésopotamie: La Mésopotamie préhistorique et l'exploration récente du djebel Hamrin, Paris, 349-378.
MARX, E.:
1980 Wage Labor and Tribal Economy of Bedouin in South Sinai. In: P. C. Salzman (ed.), When Nomads Settle: Processes of Sedentarization as Adaptation and Response, New York, 111-123.

MELINK, M. (ED.):
1964 Dark Ages and Nomads: 1000 BC, Istanbul, Nederlands Historisch-Archaeologische Institut.
MERPERT, N. & MUNCHAEV, R. M.:
1987 The Earliest Levels at Yarim Tepe I and Yarim Tepe II in Northern Iraq. Iraq 49, 1-36.
OATES, D. & OATES, J.:
1976 The Rise of Civilization, Oxford.
OPPENHEIM, A. L.:
1977 Ancient Mesopotamia: Portrait of a Dead Civilization. 2nd revised edition, Chicago, University of Chicago.
POSTGATE, J. N.:
1981 Nomads and Sedentaries in the Middle Assyrian Sources. In: J. S. Castillo (ed.), Nomads and Sedentary Peoples, Mexico City, University of Mexico, 47-56.
REDDING, R.:
1981 Decision Making and Subsistence Herding of Sheep and Goats in the Middle East. Ph.D. Thesis, the University of Michigan.
1993 Subsistence Security as a Selective Pressure Favoring Increased Cultural complexity. Bulletin of Sumerian Agriculture 7, 77-98.
RICE, P.:
1999 On the Origins of Pottery. Journal of Archaeological Methods and Theory 6, 1-54.
ROAF, M.:
1982 The Hamrin Sites. In: J. Curtis (ed.), Fifty Years of Mesopotamian Discoveries, London, The British School of Archaeology in Iraq, 40-47.
1987 The 'Ubaid Architecture of Tell Madhhur. In: J.-L. Huot (ed.), Préhistoire de la Mésopotamie: La Mésopotamie préhistorique et l'exploration récente du djebel Hamrin, Paris, 425-435.
ROSEN, ST. A.:
2003 Early Multi-resource Nomadism: Excavations at the Camel Site in the Central Negev. Antiquity 77 (298), 750-761.
ROTHMAN, M., S.:
1988 Cetralization, Administration, and Function at Fourth Millennium B.C. Tepe Gawra, Northern Iraq. Ph.D. thesis, University of Pennsylvania, Philadelphia.
ROUX, G.:
1966 Ancient Iraq, London.
ROWTON, M.:
1973a Autonomy and Nomadism in Western Asia. Orientalia 42, 247-258.
1973b Urban Autonomy in a Nomadic Environment. Journal of Near Eastern Studies 32, 201-215.
1974 Enclosed Nomadism. Journal of Economic and Social History of the Orient 17, 1-30.
1981 Economic and Political Factors in Ancient Nomadism. In: J. S. Castillo (ed.), Nomads and Sedentary Peoples, Mexico, 25-36.
SÁENZ, C.:
1991 Lords of the Waste: Predation, Pastoral Production, and the Process of Stratification among the Eastern Twaregs. In: T. Earle (ed.), Chiefdoms: Power, Economy, and Ideology, Cambridge, New York, 100-118.
SAFINEZHAD, J.:
1989 Nomads of Central Iran, Tehran.

SALZMAN, PH. C. (ED.):
1972 Multi-resource Nomadism in Iranian Baluchistan. In: W. Irons & N. Dyson-Hudson (eds.), Perspective on Nomadism, Leiden, 60-68.
1980 When Nomads Settle: Processes of Sedentarization as Adaptation and Response, New York.

SANDERS, W. T. & PRICE, B. J.:
1968 Mesoamerica: The Evolution of a Civilization, New York.

SKIBO, J. M. & BLINMAN, E.:
1999 Exploring the Origins of Pottery on the Colorado Plateau. In: J. M. Skibo & G. M. Feinman (eds.), Pottery and People: A Dynamic Interaction, Salt Lake City, University of Utah, 171-183.

SMITH, A. B.:
1983 Prehistoric Pastoralism in the Southwestern Cape, South Africa. World Archaeology 15(1), 79-89.

SPOONER, B.:
1972 Iranian Desert. In: B. Spooner (ed.), Population Growth: Anthropological Implications, Cambridge, 245-268.

STACK, E.:
1882 Six Months in Persia. 2 Bände, New York.

STARK, F.:
1934 The Valleys of the Assassins and Other Persian Travels, London.

STRABO
1969 Geography. Übers. von H. L. Jones, Cambridge.

SUNDERLAND, E.:
1968 Pastoralism, Nomadism, and Social Anthropology of Iran. In: W. B. Fisher (ed.), Cambridge History of Iran. Vol. I, Cambridge, 611-683.

TEITELBAUM, J. M.:
1984 The Transhumant Production System and Change Among Hawayzma Nomads of the Kordofan Region, Western Sudan. Nomadic People 15, 51-65.

TOBLER, A. J.:
1950 Excavations at Tepe Gawra, Philadelphia.

VANDEN-BERGHE, L.:
1973a La nécroploe de Hakalān. Archeologia 57, 49-58.
1973b Le Luristan avant l'âge du Bronze: La Nécropole de Hakalān. Archéologia 57, 49–58.
1973c Le Lorestan avant l'âge du Bronze. Le necropole de Hakalān. Proceedings of the 2nd Annual Symposium on Archaeological Research in Iran, Tehran, Iranbastan Museum, 66-79.
1975 Luristan. La nécropole de Dum-Gar-Parchinah. Archéology 79, 46-61.
1987 Luristan, Pusht-i-Kuh au chalcolithique moyen (les nécropoles de Parchinah et Hakalān). In: J.-L. Huot (ed.), Préhistoire de la Mésopotamie: La Mésopotamie préhistorique et l'exploration récente du Djebel Hamrin, Colloque international du Centre National de la Recherche Scientifique, Paris, 91-106.

VARJAVAND, P.:
1967 Bamadi, Tayefe-i as Bakhtiari, Tehran, Tehran University (auf Perisch).

WRIGHT, H. T.:
1987 The Susiana Hinterlands During the Era of Primary State Formation. In: F. Hole (ed.), The Archaeology of Western Iran: Settlement and Society from Prehistory to the Islamic Conquest. Smithsonian Series in Archaeological Inquiry. Washington D.C., Smithsonian Institution, 141-155.
2000 Uruk States in Southwestern Iran. In: J. Marcus & G. Feinman (eds.), Archaic States, Santa Fe, 173-197.

WRIGHT, H. T. & JOHNSON, G.:
1975 Population, Exchange, and Early State Formation in Southwestern Iran. American Anthropologist 77, 267-289.

YOUNG JR., C. T.:
1969 Excavations at Godin Tepe: First Progress Report, Toronto, Royal Ontario Museum.

YOUNG JR., C. T. & LEVINE, L. D.:
1974 Excavations of the Godin Project: Second Progress Report, Toronto, Royal Ontario Museum.

ZAGARELL, A.:
1975 An Archaeological Survey in the North-east Baxtiari Mountains. Proceedings of the IIIrd Annual Symposium on Archaeological Research in Iran, Tehran, 23-30.
1982 The Prehistory of the Northeast Bahtiyari Mountains, Iran: The Rise of a Highland Way of Life. Beihefte zum Tübinger Atlas des Vorderen Orients. Reihe B, Nr. 42, Wiesbaden.

Iran und Deutschland – Wissenschaftliche, wirtschaftliche und politische Berührungen und Beziehungen durch die Jahrhunderte

Rainer Slotta

Zusammenfassung

Iran und Deutschland haben lange Zeit quasi nebeneinander gelebt – eine auf Grund der großen Entfernung der beiden Länder und Völker voneinander durchaus nicht unerwartete Situation. Dennoch hat es seit der Frühen Neuzeit immer wieder Berührungspunkte gegeben, die aus der Neugier der Menschen auf fremde Regionen und aus dem Wunsch nach neuen Erfahrungen und Beziehungen heraus entstanden sind: sie waren politischer, wirtschaftlicher und kultureller Natur.

Im Folgenden sollen aus der Fülle der Beispiele nur einige wichtige Berührungen und Beziehungen aufgezeigt werden. Dabei ist die hier vorgelegte Zusammenstellung nicht das Ergebnis eigener Untersuchungen und Forschungen, sondern vielmehr eine Zusammenfassung der Ergebnisse von Bast (Bast I; Bast II), Blücher (Blücher 1960), Catanzaro (Catanzaro), Fragner (Fragner), Gabriel (Gabriel 1952), Huff (Huff), Kochwasser (1960; 1961) und Kröger (Kröger).

Persien in den Berichten deutscher bzw. deutschsprachiger Reisender und Forscher bis 1950

Im Jahr 1396 geriet der Ritter Johann Schiltberger (1381-1440?) aus dem bayerischen Freising in der Schlacht von Nikopolis in die Gefangenschaft des Sultans Bajasid I., der ihn als persönlichen Gefangenen in seiner Umgebung hielt (Schiltberger 1859). Sechs Jahre später wurden Fürst und Sklave in der Schlacht von Ankara (1402) von den Mongolen Timurs/Tamerlans (1336-1404) gefangen genommen. Schiltberger folgte dem Mongolen von der heutigen türkischen Grenze bis an den Golf, bis zum Kaspischen Meer und nach Khorasan und sogar nach China, bis ihm im Jahre 1427 die Flucht gelang. Nach Bayern zurückgekehrt, schrieb er seine Abenteuer nieder und erwähnte Isfahān, Yazd, Shiraz und die persische Golfküste: Sein Bericht fand weite Verbreitung und ist deshalb von Interesse, weil er die Reihe der deutschen Berichte über Persien eröffnet hat, wenngleich er dabei das damalige europäische Wissen mehr ausgeschöpft als bereichert hat: Wusste man in Deutschland damals doch schon einiges über den Mittleren und Fernen Osten aus den Schriften von Marco Polo (1254-1324), von Ruy Gonzalez de Clavijo (?-1412), der venezianischen Botschafter und der Sendboten der Kirche. Von den ausführlichen Beschreibungen Persiens durch die arabischen Geographen war dagegen in Mitteleuropa nichts bekannt.

Der Politik scheint das Primat in den deutsch-iranischen Beziehungen zuzukommen; Auslöser war in der Renaissance die „Lust an der Forschung", die aus den antiken Schriftstellern geboren war und durch die Berichte eines Marco Polo von den sagenhaften, reichen Ländern des Orients und Persiens neue Nahrung erhielt. Die Seefahrten von Abenteurern und Forschern wie Christoph Columbus (ca. 1451-ca. 1506) und Fernando Maghellan (1480-1521) und die Expansion von Staaten wie Spanien und Venedig auf bislang unbekannte Märkte führten zu „neuen Ufern". So schickte auch der in Prag residierende Kaiser des Heiligen Römischen Reiches Deutscher Nation, Rudolf II. (1552-1612) im Jahre 1602 eine Gesandtschaft unter Führung des Siebenbürger Magnaten Stephan Kakasch von Zalonkemeny in politischer Mission nach Persien, um einen persischen Gesandtenbesuch aus dem Jahr 1600 im Auftrag des großen Schahs Abbas I. (1558-1628) zu erwidern. Aufgabe der Gesandtschaft war es, eine politische Allianz zwischen Persien

Abb. 1: „Das Thor Schah Abdulazim´s in Teheran"; Globus 1862a, 33.

und dem Heiligen Römischen Reich Deutscher Nation gegen das Osmanische Reich zu begründen. Die Expedition verlief tragisch, der Sachse Georg Tectander von der Jabel, Geheimschreiber der Gesandtschaft, überlebte als Einziger und gab im Jahr 1610 einen Bericht von dieser Reise, von der er „gar allein in großer trauren und bekümmerniß verblieben" erzählte. Danach reiste er durch Gilan und Azarbaidjan und verbrachte eine Zeit lang in Tabriz, bevor er Schah Abbas I. auf seiner Kampagne nach Transkaukasien begleitete. Tectander vergrößerte die Kenntnisse Mitteleuropas von Persien nur wenig, übertraf aber immerhin doch die Ergebnisse einer zweiten, sieben Jahre später durchgeführten Gesandtschaftsreise unter der Leitung von Wratislaw von Dohna, der in Persien verstarb: Über diese Reise liegt ebenso wenig ein Bericht vor wie über die Reise einer Gesandtschaft Karls V. (1500-1558) als der ersten derartigen Mission deutscher Politiker (Hinz 1935, 408).

Mit den Schlesiern Heinrich von Poser und Groß-Nedlitz, die 1621 auf einer anderen Route durch Persien nach Indien reisten und drei Jahre später über Bander Abbas und Isfahān zurückkehrten, beginnt die Reihe der Persönlichkeiten, die aus eigenem Antrieb Kenntnisse von Persien zu erlangen suchten. Groß-Nedlitz berichtete erstmals von verschiedenen Gebieten im Osten Persiens: Seine Schilderungen von Isfahān, wo er den berühmten italienischen Reisenden Pietro della Valle (1586-1652) traf, von Jolfa, Tabriz, Sultaniyeh, Golpaygan und Kuansar beschränken sich auf Weniges, scheinen aber zuverlässig zu sein. Von Poser wollte nach Indien, aber anstatt den kürzeren Seeweg über Bander Abbas zu nehmen, wählte er die Route über Yazd, die Wüste Lut und Afghanistan. Auf seinem Rückweg reiste er über Bander Abbas und Isfahān. Der Bericht von Posers wurde „von dessen danckbahrem Sohne Heinrich von Poser und Groß-Nedlitz" im Jahre 1675 in Jena publiziert (Poser 1675).

Die ersten wissenschaftlich gut vorgebildeten Persien-Reisenden waren Hans Christoph von Teufel von Krottendorf, Freiherr von Guntersdorf-Eckartsau, und Georg Christoph Fernberger von Egenberg, die gemeinsam im Jahre 1588 von Österreich in den Orient reisten und über Aleppo und den Euphrat Ormus am Golf erreichten. Dort trennten sich die beiden: von Teufel wählte den Weg über Isfahān nach Qazwin und wurde völlig ausgeraubt, als er, um Räubern auszuweichen, den Umweg über Gilan nach Tabriz vorzog.

Seine Landes- und Wegbeschreibungen schildern den realen Zustand, er berichtet über ein „sehr unfruchtbares, sehr (doch von kahlen, fölsigen pergen) gebürgiges landt". Fernberger durchquerte Persien auf seiner Rückreise von Hinterindien – von Isfahān nach Tabriz – aus Sicherheitsgründen mit einer der damals üblichen Riesenkarawanen mit mehreren tausend Eseln auf bekannten Routen und kehrte 1590 in seine Heimat zurück (Stratil-Sauer 1960, 268). Als nach dem Ersten Weltkrieg eine Aktiengesellschaft versuchte, mit Motorjachten über die Ostsee, den Marienkanal, die Wolga und das Kaspische Meer einen Warenaustausch ins Leben zu rufen, scheiterte ihr Unterfangen ebenso wie 300 Jahre zuvor die so genannte Holsteiner Mission (1635 bis 1639) des Herzogs Friedrich III. von Holstein-Gottorp (1597-1659). Sie war aufgebrochen, um Seide und andere Güter vom safawidischen Hof über Russland nach Friedrichstadt zu transportieren. Der aus Aschersleben stammende Teilnehmer Adam Ölschläger (latinisiert Olearius) (1599-1671) berichtete über diese Mission. Von besonderer Bedeutung waren seine auf eigenem Urteil fußenden Beschreibungen und astronomischen Beobachtungen, die von ihm nach seinen Ortsbestimmungen gezeichnete Karte bedeutete einen wesentlichen Fortschritt für die Landeskunde Persiens. Er berichtigte z. B. die Lagebestimmung vom Südwesten des Kaspischen Meeres, indem er es um vier Grad nach Süden rückte, und stellte das Landesinnere, das noch zehn Jahre vorher auf der Karte des Engländers Herbert kaum zur Geltung gekommen war, in annähernd richtigen Formen dar (Olearius 1656; 1658). Als die Holsteiner Gesandtschaft im Jahre 1638 Persien und den Schah Safî (1629-1642) verließ, trennte sich Johann Albrecht von Mandelslo von ihr (1616-1644): Er setzte seine Reise mit einem Danziger und zwei Mecklenburgern fort, besuchte Persepolis und in Shiraz die Mission der Karmeliter. Vom Trinken des „breydicken stinckenden Wassers" erkrankt, erreichte von Mandelslo den Golf, um von dort nach seiner Wiederherstellung nach Indien, Ceylon und Madagaskar weiterzureisen (Mandelslo 1651; Kochwasser 1960, 37-41). 1647 trat Jürgen Andersen (1620-1679?), ebenfalls im Auftrag von Herzog Friedrich III. von Holstein-Gottorp, als Artillerie-Offizier in die Dienste von Schah Abbas II. (1642-1667): Er kehrte Ende 1650 zurück und schrieb einen Bericht über seine Reise, der ebenfalls von Olearius publiziert worden ist (Gabriel 1952, 88-92; Olearius [hrsg. v. Haberland], 18-21; Kochwasser 1960, 246-255).

Durch wissenschaftlichen Ernst zeichnete sich Engelbert Kaempfer (1651-1716) aus, der eine schwedische Gesandtschaft unter holländischer Leitung als Arzt begleitete; er ist von allen frühen deutschen Reisenden der genaueste Beobachter gewesen. Obwohl er in den Jahren 1683 bis 1688 nur bereits bekannte Örtlichkeiten besuchte, hat er in seinen genauen und kritischen Darlegungen viel Neues publiziert: Er kam 1684 nach Isfahān, blieb dort 20 Monate, studierte dort die Pflanzenwelt Persiens (vor allem über „Asa foetida" und die Dattelpalmen) und widmete sich der Medizin und der Kartographie. Er reiste Ende 1685 nach Bander Abbas, verbrachte auf dem Wege dorthin drei Tage in Persepolis, und musste in Bander Abbas mehr als zwei Jahre auf ein Schiff warten. Deshalb nahm er dort die Aufgaben eines Arztes der Holländischen Ost-Indien-Compagnie wahr. 1688 setzte er seine Reise bis nach Japan fort: Seine lateinisch in fünf Bänden verfasste „Amoenitates exoticae" (deren letzter Band freilich von Japan handelt) gerieten zwar in Vergessenheit, wurden aber im mittleren 20. Jh. quasi „neu entdeckt" und als Gewinn für die Wissenschaft herausgegeben (Kaempfer 1712; Stratil-Sauer 1960, 268).

Immer wieder kamen einzelne Deutsche in das Persien der Safawiden, so auch Daniel Parthey, ein Soldat im Dienste der Holländischen Ost-Indien-Compagnie, der gegen arabische Piraten bei Bander Abbas kämpfte. Johann Gottlieb Worms begleitete 1717 einen Gesandten der Ost-Indien-Compagnie an den Hof der Safawiden und reiste von Indien aus über Bander Abbas nach Isfahān, wo er den deutschen Arzt Wenzel von Altenburg traf, der in Persien 18 Jahre lang lebte. Worm vermittelte dem Westen neue Nachrichten über die Route von Bander Abbas nach Isfahān; fünf Jahre später wurde die damalige Hauptstadt Persiens von den Afghanen niedergebrannt und nahezu entvölkert. Die letzten deutschen Besucher Persiens des 17. Jh. waren im Jahre 1700 die beiden katholischen Geistlichen Wilhelm Weber und Wilhelm Mayr, der Student Ernst Hanxleden (1681-1732) sowie der junge Franz Kaspar Schillinger, der einen Bericht veröffentlichte: Sie durchquerten Persien auf der Route Tabriz, Qazvin, Isfahān nach Bander Abbas auf dem Weg nach Indien; nur zwei von ihnen überlebten (Gabriel 1952, 98, 111-112, 118; Kochwasser 1961, 41-42; Parthey 1697; Worm 1737; Schillinger 1716).

Das 18. Jh. brachte Persien den verheerenden Afghaneneinfall und das Ende der Safawiden-Dynastie sowie Kriege mit den Türken und Russen, die Eroberung Indiens durch Nadir Schah (1688-1744) und dazwischen immer wieder Plünderungen durch Nomadenstämme: Die unruhigen Zeiten luden in der ersten Jahrhunderthälfte kaum Fremde und Reisende nach Persien ein.

Carsten Niebuhr (1733-1815), der Erforscher des Jemen, war 1765 in Persien, wo er in Persepolis als Erster Keilschrift-Inschriften als Grundlage späterer Entzifferungsversuche kopierte. Auf dem Rückweg war er der einzige Überlebende einer Expedition, die der dänische König Frederick V. (1723-1766) nach Indien und Arabien entsandt hatte. Niebuhr reiste von Busheir nach Shiraz, nahm aber einen erheblichen Umweg durch Kormuj und Lar (Gabriel 1952, 123) und besuchte auch die Insel Karg im Persischen Golf. Seine scharfe Beobachtungsgabe und seine kartografischen Fähigkeiten erweiterten das Wissen über Persien erheblich (Scurla 1876, 243-249).

Zu dem in Indien erbeuteten Pfauenthron Nadirs schickte die russische Zarin Elisabeth I. (1709-1761) eine große Gesandtschaft, die nach den Berichten des Arztes J. J. Lerch wegen zahlreicher Todesfälle und Erkrankungen abgebrochen werden musste. Mit russischer Unterstützung führten die Naturforscher der St. Petersburger Akademie Samuel Gottlieb Gmelin (1744-1774) und C. Hrablitzl zwischen 1770 und 1774 ihre Studien in der Umgebung des Kaspischen Meeres durch. Diesen beiden Wissenschaftlern, von denen der erste jung im Gefängnis verstarb, verdankt man aufschlussreiche Schilderungen der Flora und Fauna Persiens (Stratil-Sauer 1960, 268-269; Gabriel 1952, 129; Gmelin 1784).

War Persien früher den europäischen Mächten als Handelspartner, als Durchgangsland oder auch als Bundesgenosse wichtig gewesen, so wurde es bei zunehmender politischer Schwäche im 19. Jh. vor allem als Bollwerk gegen Indien oder Russland betrachtet: Damit

Abb. 2: „Vorstadt von Teheran"; Globus 1862a, 36.

erwachte zugleich auch das Interesse an einer intensiveren (politischen, militärischen und wirtschaftlichen) Einsicht in diesen Raum. Es waren vor allem Balten in russischen Diensten gewesen, die jetzt Beachtung verdienen: Moritz von Kotzebue (1789-1861) begleitete und beschrieb die Reise einer russischen Gesandtschaft, die 1817 von Tbilissi über Tabriz und weiter nach Teheran, der neuen Hauptstadt der Qadsharen-Dynastie, wo sie der persische Kronprinz begrüßte, und dann weiter nach Zanjan und Soltaan führte; sein Bericht wurde von seinem Vater in Weimar veröffentlicht (Stratil-Sauer 1960, 269; Kotzebue 1819, 153-174, 319-327).

In den 1840er Jahren bereiste der deutsche Geograf Moritz Wagner (1813-1887) das westliche Azarbaidjan. Sein besonderes Interesse galt der Region um den Rezaiye- (früher Urmia-) See (Gabriel 1952, 150; Wagner 1852). 1849 wagte F. A. Buhse, der bereits im Alborz und in Azarbaidjan beachtliche Forschungen betrieben hatte, eine Reise zur Großen Kewir, die vor ihm noch kein Europäer durchquert hatte: Er übermittelte der Wissenschaft erstmals Kunde von diesen weiten, im Sommer trockenen Salzsümpfen mit ihrem graugelblichen Kavirboden, dessen Hauptbestandteile Buhse bereits durch Analyse festgestellt hatte. Eine ganz neue Welt war damit entdeckt (Stratil-Sauer 1960, 269)!

C. Grewingk (1819-1887) beschrieb 1853 „die geognostischen und orographischen Verhältnisse des nördlichen Persiens" mit großer Karte und Textbildern. 1856 findet man N. v. Seydlitz in Azarbaidjan, und dort vor allem im Gebiet des Rezaiye-Sees. Außerordentlich stark war auch der baltische Anteil an der großen Expedition der Petersburger Geographischen Gesellschaft unter Führung Nikolaus v. Khanikoffs: Dem Astronom R. Lenz verdankt man die Ortsbestimmungen, nach denen sich endlich zuverlässige Karten von Ost-Persien herstellen ließen; der Geologe A. Goebel besuchte im Zuge seiner Studien allein die alten Kupfergruben von Qaleh Zari bei Besiran am Rande der Lut und der Botaniker A. v. Runge konnte erstmals Forschungen im Ostpersischen Gebirge und in der Lut durchführen. Der Zoologe Graf Keyserling wandte sich enttäuscht von Persien ab, weil sich ihm in den Wüsten Irans kein reiches Forschungsmaterial anbot.

1857 besuchte der österreichische Attaché in Konstantinopel Otto Blau von Trabzon aus das türkisch-persische Grenzgebiet; sein Interesse lag auf Wirtschafts- und Handelsfragen. Als Ergebnis seiner Untersuchungen spricht Blau von einem hohen wirtschaftlichen Potenzial und legt eine Ausweitung des Handels nahe (Blau 1858, 251-262; Kochwasser 1961, 61-63; Martin 1959, 20). Auch unter

Abb. 3: „In einem Hofraume zu Teheran"; Globus 1862a, 37.

dem Eindruck der von Blau geschilderten möglichen Perspektiven bereiste eine preußische Militärmission unter Führung von Julius Freiherr von Minutoli (1817-1891) West- und Zentralpersien zwischen April 1860 und April 1861; die Unternehmung zeitigte kaum nennenswerte Erfolge, in seiner Veröffentlichung aber berichtete der Orientalist Heinrich Brugsch (1827-1894), der die Leitung der Mission nach dem Tode von Minutoli übernommen hatte, besonders über die Region zwischen Hamadan und Teheran Neues. 1885 kehrte Brugsch nach Persien als Angehöriger der deutschen Vertretung in Teheran zurück (Brugsch 1862-1863; Scurla 1876, 322-325).

Seit 1851 war der Wiener Arzt Jakob Eduard Polak (1818-1891) zunächst an der medizinischen Schule in Teheran und später auch als Leibarzt des Schahs tätig. Auf Grund seiner umfangreichen Reisen und seiner gründlichen Kenntnisse der persischen Sprache und Literatur war Polak ein subtiler Kenner Persiens, wie dies sein 1865 erschienenes zweibändiges Hauptwerk sowie seine Spezialabhandlungen belegen (Polak 1865; 1888). Er vermittelte anderen Forschern entscheidende Anregungen: Zu ihnen gehört vor allem der 1845 in Breslau geborene Emil Tietze, der 1870 an die K. K. Geologische Reichsanstalt in Wien kam und während seiner Arbeiten in Persien zwischen 1873 und 1875 einen Vorstoß zum Siah-Kuh am Nordrand der großen Salzwüste unternahm. Aus diesen Studien ging seine wichtige Abhandlung „Zur Theorie der Entstehung der Salzsteppen" hervor. Seine Untersuchungen im Alborz und am Damavand-Massiv legten die Fundamente für die Kenntnis dieser Gebirgszüge, als Synopse seiner Forschungen verfasste er seine Publikation „Bodenplastik und Geologie Persiens" (Stratil-Sauer 1960, 269).

Der Geologe Hermann Abich (1806 in Berlin geboren, 1886 gestorben), 1842 an die Universität Dorpat berufen, widmete seine Lebensarbeit dem kaukasischen, transkaukasischen und z. T. auch dem azarbaidjanischen Gebirge, bis er 1876 nach Wien ging. Gustav Radde (1831-1903), der Gründer des Kaukasischen Museums im georgischen Tbilissi, und ebenfalls in russischen Diensten, wurde 1879/1880 im Westen und 1886 im Osten des russisch-persischen Grenzgebietes erfolgreich eingesetzt. Am Ende des 19. Jh. erwarb der Deutsch-Finne A. F. v. Stahl – als Postdirektor Irans – in ausgedehnten Reisen hohe Verdienste um die geologische Erforschung des Landes, vor allem des meist noch unbekannten Grenzlandes der inneren Wüsten. Er arbeitete mehrfach im Nordwesten Persiens und studierte eingehend den Gebirgsbau des Alborz. Ihm verdankt man wichtige Berichte zu Erzlagerstätten und umgehenden Bergbau. Nachdem er mehrmals nach Persien zurückgekehrt war, legte er einen zwar lückenhaften, aber mustergültig zusammenfassenden Bericht über das Land vor. Seine geologischen Karten bildeten lange Zeit den Ausgangspunkt für weitere Forschungen (Stratil-Sauer 1960, 269).

Der Geograph Franz Stolze (1836-1910) war zwar als Astronom nach Isfahān geschickt worden, um dort 1874 den Venusdurchgang zu beobachten, doch nahmen ihn, wie den später eingetroffenen Philologen Friedrich Carl Andreas (1846-1930), die Denkmäler altpersischer Geschichte so gefangen, dass beide bedeutende Bildwerke darüber publizierten. Stolze besuchte Persepolis, Fasa, Darab und Firuzabad, wo sich Andreas ihm anschloss. Beide Forscher blieben in Persien bis 1880 bzw. 1881; ihre Beobachtungen formulierten sie in einem viel beachteten Bericht zum Handel und zur Infrastruktur Persiens (Stolze & Andreas 1882; 1885; Kochwasser 1961, 89-89).

Der in Prag gebürtige Johann Wilhelm Helfer (1810-1840) konnte sich auf seiner Reise durch die Türkei einer großen britischen Expedition anschließen, die im Zusammenhang mit dem Projekt einer Postverbindung von London über Mesopotamien nach Indien auch das Deltagebiet von Khuzestan erforschte. Helfer starb im Jahre 1840, doch konnte seine Frau 33 Jahre später seine Ergebnisse, die z. T. auch heute iranisches Gebiet behandeln, publizieren.

Unter den Österreichern, die im 19. Jh. in den Vordergrund der Persienforschung traten, machte Theodor Kotschy (1813-1866) den Anfang: Er bestieg 1842, vielleicht nicht als Allererster, aber doch als einer der ersten, den 5.680 m hohen Damavand, legte bedeutende botanisch-zoologische Sammlungen an und veröffentlichte die ersten geologischen Beobachtungen über das Alborz-Gebirge; darüber hinaus war er auch im Süden des Landes tätig. Seine einzigartigen Sammlungen haben sich erhalten, seine Aufzeichnungen dagegen sind in Teilen verloren gegangen. Die Wienerin Ida Pfeiffer (1797-1858) soll hier ebenfalls erwähnt werden: Als eine der ersten Frauen betrat sie auf ihren Reisen bislang unbekannte Regionen. Sie überquerte 1848 die im Kurdengebiet liegenden Zagros-Ketten, um von ihrer Reise um die Erde mit einer reichen Insekten- und Reptiliensammlung über Tabriz zurückzukehren (Stratil-Sauer 1960, 269).

Auf dem Weg von Hamadan nach Qazvin hat Polak im Jahre 1882 gemeinsam mit dem Geologen F. Wähner zahlreiche wichtige Beobachtungen gesammelt. 1885 veranlasste er eine grundlegende Erforschung des Rezaiye-Beckens in Nordwestpersien durch den Geologen A. Rodler, der 1886 auch das Bakhtiaren-Gebirge (Mittlerer Zagros) auf noch unbekannten Pfaden durchforschte. Vorher hatte bereits H. Pohlig geologische Studien im Sahand-Gebirge und am Rezaiye-See betrieben. Mit Polaks Unterstützung reiste auch O. Stapf: Ihm verdankt man neben einer reichen Sammlung von Pflanzen aus den südlichen Zagros-Ketten die Erforschung des vorher nicht besuchten Gaw-Khane, d. i. des Endsees bzw. -sumpfes des Isfahān-Flusses (Stratil-Sauer 1960, 269).

1876 unternahm der österreichische Vizekonsul in Konstantinopel C. von Call-Rosenberg eine Reise nach Persien: Er bestieg den Damavand und studierte vor allem die wirtschaftlichen Verhältnisse der Küstenprovinz. Unter den österreichischen Forschern ist auch der Tiroler A. Gasteiger von Ravenstein-Kobach zu nennen (als persischer General Gasteiger-Khan genannt), der zwischen 1860 und 1882 ausgezeichnete Kenntnisse von Land und Leuten erwerben konnte und als einziger Ingenieur der zahlreichen Militärmissionen Österreichs im Lande des Schah-in-Schahs die geographische Einsicht in Persien zu vertiefen verstand. Hervorzuheben ist auch der österreichische Major A. Krziz, dessen Aufmessungen von Teheran Polak im Jahre 1877 veröffentlicht hat. Gasteiger bereiste Mazandaran und Astarabad, baute Gebirgsstraßen in den Alborz und marschierte in Baluchistan auf Wegen, die vor ihm noch kein Europäer oder – wie am Djaz Muriyan – nur Alexander der Große betreten hatte. Im Dienste des Schahs standen auch die Österrei-

Abb. 4: „Persische Physiognomien"; Globus 1862a, 40.

cher G. v. Riederer (als Generalpostdirektor) und C. v. Taufenstein (als Generalgouverneur), die beide über ihre eifrigen, jedoch meist vergeblichen Bemühungen berichtet haben. H. Winklehner veröffentlichte im Jahr 1899 einen Bericht über seine Lagerstättenforschungen in Südpersien. Schließlich soll noch der 1847 in Wien geborene Geologe Carl Ludwig Griesbach erwähnt werden, der von 1893 bis 1903 als Direktor des Geologischen Dienstes in Britisch-Indien tätig gewesen war: Sein Lebenswerk ist eine zweibändige Geologie von Afghanistan, in deren Zusammenhang er sich wiederholt auch mit der persischen Provinz Khorasan beschäftigt hat (Stratil-Sauer 1960, 269-270).

Diese besondere Bevorzugung der Österreicher hat eine ebenso einfache, wie auch bezeichnende Ursache: Als der persische Schah Nasr-ed Din in der zweiten Hälfte des 19. Jh. mehrfach mit großem Aufwand Mitteleuropa besuchte, reagierten die Höfe, die erstmals mit Regenten aus dem Mittleren Osten zu tun hatten, sehr unterschiedlich. Die Mehrzahl belächelte die fremden Sitten und empfand eher Sensation als Respekt vor der ältesten Krone – mit einer Ausnahme: Franz Josef I. behandelte seinen Gast durchaus als ebenbürtig. Mit Vorliebe und Anerkennung griff daher der Schah in der Folgezeit auf Österreicher zurück, wenn sein Land Fachkompetenz benötigte.

Aber auch zahlreiche Persönlichkeiten aus Deutschland machten sich im 19. Jh. um die Erforschung Persiens verdient. Nach einer Orientreise in den Jahren 1852 bis 1855 beschrieb H. Petermann seine Reiseroute vom Golf über Shiraz und Yazd nach Teheran (Petermann 1865). Moritz Wagner (1813-1887), der sich eine Erforschung Nordwestpersiens zum Ziel gesetzt hatte, begegnete in dieser Region allerdings so großen Schwierigkeiten, dass er sich auf die Umgebung des Urmia-(Rezaiye-)Sees beschränken musste (Wagner 1852). Über die Beobachtungen von W. Faber bei den Kurden südlich des Sees ist leider nur wenig bekannt geworden. 1867 vermochte der Botaniker G. Hausmann bis in den kurdischen Zagros vorzustoßen, wo er u. a. dem Oberlauf der Djala folgte. Von seinen Studien über die Hochgebirgsflora von Fars berichtete er H. Kiepert (1818-1899) für dessen Karte (Stratil-Sauer 1960, 270).

Als einer der eifrigsten und verlässlichsten Persien-Autoren muss A. Schindler genannt werden, der als persischer General Houtum-Schindler einen hervorragenden Ruf besaß. Während sein Vorgänger Gasteiger-Khan dem Schah vorwiegend als Wegebauer gedient hatte, bereiste Schindler das Land, um ein Telegraphennetz zu errichten. Mehr noch als seine Schilderungen bestechen seine sorgsamen Routenaufnahmen als wertvolle Grundlage für die Kartographie Persiens. Wesentliche Erkenntnisse verdanken wir seiner „Beschreibung einiger weniger bekannten Routen in Chorassan", die nicht nur über die von ihm errichtete Telegraphenlinie nach Mashad, sondern auch über Abstecher abseits der Straße berichtet. Ihm wird eine erste Beschreibung des Türkisbergbaus von Nishapur verdankt. 1877 bereiste er Luristan, durchstreifte das Gebiet der kriegerischen Bakhtiaren und entdeckte dort zwei Seen. Bei seinen Arbeiten für die Strecke von Hamadan nach Teheran entdeckte er einen antiken Tempel, den – wie Herzfeld später feststellte – damals einzigen seleukidischen Bau in Persien. 1879 verlegte Schindler eine Doppelroute von Kerman nach Bander Abbas durch (oft) unbekanntes Gebiet, und durchforschte das Khabiser-(Kermaner-)Gebirge am Westrand der Wüste Lut. 1881/1882 verlegte er Telegraphenlinien in Azarbaidjan, kartierte in Kurdistan und arbeitete verlässliche Routen bis nach Teheran aus. In seine Heimat zurückgekehrt, veröffentlichte er noch im Jahr 1909 Klimatafeln über Persien, nachdem zwanzig Jahre zuvor schon W. Gotthardt die Klimaangaben früherer Reisender in seiner sehr verdienstvollen Dissertation gesammelt und publiziert hatte (Stratil-Sauer 1960, 270).

In der zweiten Hälfte des 19. Jh. und bis zum Ausbruch des Ersten Weltkrieges wurde Persien sehr häufig von deutschen Reisenden besucht, so dass hier nur jene erwähnt werden sollen, deren Veröffentlichungen neue Ergebnisse für Wissenschaft und Forschung erbracht haben. So hat Max von Thielmann in seinen „Streifzügen im Kaukasus, in Persien und in der Asiatischen Türkei" 1872 das Rezaiye-Becken und die kurdischen Zagros-Ketten durchquert (Thielmann 1875). In Rasht am Ufer des Kaspischen Meeres hatte der sächsische Arzt J. C. Häntzsche eine Klinik eröffnet und während seines siebenjährigen Aufenthaltes gründliche Kenntnisse von Land und Leuten erworben: Er erwarb sich besondere Verdienste durch seine 1869 erschienene „Spezialstatistik von Persien", die erstmals Einblick in die komplizierten ethnographischen Verhältnisse vermittelte (Stratil-Sauer 1960, 270).

Der Botaniker J. Bornmüller (1862-1948) arbeitete 1892/1893 im Hochgebirge südlich und östlich von Kerman und bis an den Golf sowie zehn Jahre später am Damavand und an anderen Gipfeln des Alborz: Er ist vor allem als Bearbeiter persischer Herbarien bekannt geworden. Erwähnt werden muss auch Franz Theodor Strauß, der 20 Jahre lang in Sultanabad (Arāk) als Kaufmann ansässig gewesen war: Er besuchte zwischen 1889 und 1910 das Bakhtiaren-Gebiet, reiste von Kermanshah aus über das 4.000 m hohe Gebirge nach Sultanabad zurück und lernte in den Schluchten des lurischen Zagros eine einst lebens- und bedeutungsvolle Landschaft kennen. Die von ihm sorgsam ausgearbeiteten Karten haben viel zur Kenntnis der mittelpersischen Gebirgslandschaften beigetragen. Die Reisen von C. F. Lehmann-Haupt (1898) und die von O. Mann (1901-1903) galten im Wesentlichen archäologischen Zielen; doch brachten die ausgedehnten Reisen des letzteren in Fars, durch das

Abb. 5: „Perser"; Globus 1862a, 41.

Bakhtiaren-Gebirge, durch Luristan und das südliche Kurdistan auch der Geographie manche Bereicherung (Lehmann-Haupt 1910; Mann 1903; Stratil-Sauer 1960, 270).

Der deutsche Beitrag zur persischen Archäologie (u.a. durch Friedrich Sarre und Ernst Herzfeld) ist bedeutend (s.u.), so dass hier nicht näher darauf eingegangen werden soll. Mit Ernst Herzfeld (und seinem Nachfolger E. F. Schmidt, einem in die USA emigrierten Deutschen) begann ein neues Kapitel in der Archäologie Irans (s. u.): Beide Persönlichkeiten haben der Erforschung der Geschichte Persiens eine neue Richtung und Deutung gegeben, und auch die Geographie verdankt ihnen viel, vor allem Herzfeld durch seine z.T. gefährlichen Reisen durch Luristan und den damals noch unbekannten Osten und Schmidt für seine eindrucksvollen Luftbilder.

1904 arbeitete der Münchner Zoologe E. Zugmayer am Urmia-See, den H. Bruck acht Jahre später gründlich kartieren konnte; im Ersten Weltkrieg findet man Zugmayer in Serhad. 1907 wagte Hugo

Grothe einen Vorstoß zum Pusht-i Kuh im mittleren Zagros, hatte aber in diesem nahezu unabhängigen Gebiet mit sehr großen Schwierigkeiten zu kämpfen. Dennoch haben seine Veröffentlichungen zur Landeskunde von Westpersien reichliches und gutes Material geliefert (Zugmayer 1905; Grothe 1910; Stratil-Sauer 1960, 271).

1912 findet man Oskar von Niedermayer (1885-1948) erstmalig in Nordost-Persien, wo er nach mühevoller Überquerung der nordöstlichen Randgebirge und nach einer Ostwest-Reise durch den Rand der Kavir-Wüste den damals bestehenden Forschungsstand erheblich erweitern konnte. Streckenweise wurde er von dem österreichischen Kunsthistoriker Ernst Diez begleitet, der über die noch wenig bekannten khorassanischen Baudenkmäler berichtete. Im Ersten Weltkrieg erhielt Hauptmann von Niedermayer den Auftrag, eine Expedition von deutschen und österreichischen Soldaten durch das im Wesentlichen von feindlichen Truppen besetzte Persien nach Afghanistan zu führen. Wenn die kleine Einheit auch fast aufgerieben wurde, so gelang die Erfüllung dieses Auftrages dennoch, denn von Niedermayer konnte trotz aller furchtbaren Strapazen wissenschaftliche Beobachtungen durchführen, die er, wegen seiner Kriegsleistungen geadelt, in seiner Dissertation über die Binnenbecken des persischen Hochlandes niedergelegt hat. Oberleutnant Seiler, der innerhalb der gleichen Militärmission eine Abteilung in Südpersien befehligte, hat über die erste Durchquerung der Wüste Lut von Khabis nach Dehsalm berichtet (Niedermayer 1924; 1925; Stratil-Sauer 1960, 271).

In der Zeit zwischen den beiden Weltkriegen taten sich die Österreicher erneut in der Erforschung Persiens hervor. Der Arzt Alfons Gabriel (1892-1976) unternahm mit seiner Frau im Jahre 1927 erste Entdeckungsfahrten im Süden des Landes (Baschakirt), auf späteren Reisen konnten beide auch das zuvor noch nie besuchte Gebirgsland Hudiyan und den unbekannten Norden des Serhard durchforschen. Ihre größten Erfolge aber errangen die Gabriels in der Lut: In durchaus gefahrvoller, zweimaliger Durchquerung dieser Wüste entdeckten sie die so genannten Lut-Boulevards, von phantastischen Gebilden gesäumte „Straßenzüge", die der Wüstensturm aus dem Seelöss ausgeblasen hat. In der südlichen Lut fanden sie das größte Sandmeer Irans mit Riesendünen von bis dahin unbekannter Höhe. Gabriel erwähnt als Erster das prähistorische Shahdad in der Lut. Auch die Große Kavir durchquerten sie auf erstmalig begangenen Wegen. Dieser Landarzt und Forschungsreisende aus Leidenschaft hat außer vier Büchern und sieben grundlegenden Abhandlungen auch ein Werk über die Erforschung Persiens vorgelegt (Gabriel 1952; Stratil-Sauer 1960, 272).

Ähnlich wie die Gabriels hat auch Gustav Stratil-Sauer (1894-1975) den Iran 1925 alleine und 1931 bis 1933 mit seiner Frau bereist. Die erste Reise erbrachte als Ergebnis eine Studie über die Verkehrsgeographie Persiens, die Ergebnisse der zweiten Reise verarbeitete er in Publikationen über Mashad, die „ostpersische Meridionalstraße", „Routen durch die Wüste Lut und ihre Randgebiete" sowie über den „Umbruch im Morgenland". Es folgten Abhandlungen über die pleistozänen Ablagerungen und das Klima der Lut, über Morphologie und das Klima am Kuh-e Hazar als dem höchsten Berg Südpersiens, über die Sommerstürme in Ostpersien, über Sistan, die Wanderungen der ostiranischen Bevölkerung, die Wirtschaftsgeographie des Nordostens, die Stadt Birjand, über die Bewässerungsanlagen (Qanate) u. a. m. In den Büchern „Kampf um die Wüste" und „Iranisch-Ironisches" schildert das Ehepaar seine Erlebnisse (Stratil-Sauer 1960, 272).

Mehrfach seit 1934 und schließlich auch als Gastprofessor an der Universität Teheran war H. Bobek in Iran tätig. Neben einer Abhandlung über die natürlichen Wälder des Landes berichtete er in mehreren Aufsätzen vor allem über den Nordwesten, das südkaspische Küstentiefland, den Regenfeldbau, die Vergletscherung sowie die Klimaverhältnisse der Vorzeit und der Gegenwart: Außerdem legte er eine photogrammetrische Aufnahme des Takht-i Suleiman-Gebietes vor (Stratil-Sauer 1960, 272).

Der Geologe A. Pruttner hat Kartierungen für die Nordoststrecke der Transiranischen Eisenbahn vorgenommen. Ebenfalls geologisch hat F. Künel einige Kriegsjahre in Persien gearbeitet, während O. Kühn, der Paläontologe der Wiener Universität, zahlreiche ihm als Spezialisten vorgelegte Fossilien aus Iran untersucht und A. M. Sedlacek die Gesteinssammlungen Gabriels bearbeitet hat. Beachtlich ist auch der Anteil an der biologischen Feldforschung. E. Gauba berichtete über eine botanische Reise in die persische Dattelregion mit wertvollen Hinweisen auf zuvor nur dürftig bekannte Gebiete und anschließend über seine Fahrt durch den „hyrkanischen Wald" am Ufer des Kaspischen Meeres (Mare Hyrkanum). Dabei kam den Studien Gaubas zugute, dass er schon vor dem Zweiten Weltkrieg im Dienste der landwirtschaftlichen Behörden Persiens viel vom Lande gesehen hatte. Auch Karl Heinz Rechinger (1906-1998), der Nachfolger von Kotschy in Wien, war bereits 1937 in Persien gewesen, ehe er 1948 seine Studien in entlegenen Gebirgsgegenden durchführen konnte (Stratil-Sauer 1960, 272).

Auch das Zoologische Institut Wien hat einige Expeditionen in Persien durchgeführt. 1949 brach eine Gruppe von Zoologiestudenten unter F. Starmühler und H. Löffler in das Gebiet des wenig bekannten Djas Murian auf. Vor allem Starmühler arbeitete 1957 am Niris-See und sah sein Ziel, nach Herausgabe beachtlicher Forschungsergebnisse, in einer zusammenfassenden Limnologie Irans. P. Arzt legte 1934 an der Hochschule für Welthandel in Wien eine Dissertation über Wirtschaft und Verkehr Persiens vor. In diesem Zeitraum traten auch Schweizer Wissenschaftler auf den Plan: H. Rieben, der zwischen 1925 und 1931 in Azarbaidjan gearbeitet hat, schrieb unter Zusammenfassung der Ergebnisse seiner Vorgänger eine moderne Geologie des nordwestlichen Persiens. E. G. Bonnard und I. W. Schroeder legten neue Auffassungen über die Tektonik Irans vor, H. Hirschl untersuchte die Salzaufbrüche im Norden und im Süden, und P. Aellen botanisierte 1948 bei Kāshān. E. Baier hat neue Ansichten über den Aufbau der inneren Becken vorgetragen, wenngleich er sich – ebenso wie E. Boehme – nur an ihren Randgebieten aufgehalten hat. Aufgrund einer kurz vor dem Ausbruch des Zweiten Weltkriegs erfolgten Reise hat H. Wenzel die Entwicklung Mazandarans dargestellt, während V. Segner über persische Städte geforscht und geschrieben hat. H. Melchior hat sich im Wesentlichen auf die Pflanzengeographie des Alborz-Gebirges konzentriert, K. Kaehne ist Spezialfragen zum Rezaiye-Becken nachgegangen. K. Scharlau nahm zu den umstrittenen Pluvialzeiten Stellung (Stratil-Sauer 1960, 272).

Abb. 6: „Perserinnen im Frauengemach"; Globus 1862a, 42.

Die politischen Beziehungen zwischen Deutschland und Persien

Persien fand erst spät das Interesse der europäischen Mächte. Der erste offizielle Kontakt zwischen den Safawiden und dem Heiligen Römischen Reich Deutscher Nation stammt aus dem Jahre 1523, als Schah Ismail I. (1501-1524) einen Brief an Karl V. schickte, um gemeinsame militärische Operationen gegen das Osmanische Reich vorzuschlagen. Als daraufhin Johann Balbi als Gesandter Karls V. im Jahre 1529 in Persien eintraf, war Ismail I. bereits seit fünf Jahren verstorben (Hinz 1934, 37). Schah Abbas I. nahm Kontakt mit Kaiser Rudolf II. auf und entsandte 1598 eine Delegation nach Prag, die am 7. Oktober 1600 dort eintraf, sowie später noch einmal im Jahre 1604 zwei weitere Gesandte. Ziel der Delegation war es, Pläne gegen das Osmanische Reich als den gemeinsamen Feind auszuarbeiten. Diese Kontakte hielten bis 1609 an, zu greifbaren Resultaten scheint es aber nicht gekommen zu sein (Hinz 1935, 408-409).

Aus wirtschaftlichen Gründen schickte Herzog Friedrich III. von Holstein-Gottorf im Oktober 1635 eine Gesandtschaft an den Safawidischen Hof, um persische Güter nach Mitteleuropa zu importieren. Die Delegation blieb über ein Jahr in Isfahān und kehrte am 8. August 1639 in Begleitung einer persischen Abordnung zurück. Letztlich aber entwickelten sich keine nachhaltigen Handelsbeziehungen (Kochwasser 1960, 246-254).

Obwohl einzelne Reisende immer wieder Kunde von Persien nach Mitteleuropa und Deutschland brachten (s. o.), entwickelten sich die politischen Beziehungen zwischen Persien und Deutschland erst im letzten Viertel des 19. Jh., wobei das Deutsche Reich zunächst eine eher zögerliche Rolle gespielt hat. Die Deutsche Zollunion schloss am 25. Juni 1857 einen Freundschafts- und Handelsvertrag mit Persien ab (Martin 1959, 20): Während die Entwicklung des Handels vom ersten preußischen Gesandten Otto Blau im Jahre

1857 noch optimistisch bewertet wurde (Blau 1858), widersprach die erste preußische Delegation der Jahre 1860/1861 dieser Einschätzung energisch, so dass es zu keiner ernsthaften Beziehung kam (Brugsch 1862-1863).

In der zweiten Hälfte des 19. Jh. regierte in Persien mit Schah Nasred Din (1848-1896) fast 50 Jahre lang ein kluger und tüchtiger Herrscher, der sein Land zwar noch in orientalischen Formen regierte, aber gleichzeitig das klare Gefühl besaß, dass seinem Staatswesen die Auseinandersetzung mit der europäischen Welt nicht erspart bleiben würde. Da Nasr-ed Din befürchtete, Russland und England würden in ihrem Expansionsdrang vor den Grenzen Persiens nicht Halt machen, und Deutschland nach seinem Siege über Frankreich auf dem Gipfel seiner Macht stand, hoffte er, im Deutschen Reich einen Beschützer zu finden (Blücher 1960, 234).

Er unternahm deshalb im Jahre 1873 seine erste Europareise, die ihn für neun Tage auch nach Berlin führte. Vor der Ankunft in Deutschland hatte er in St. Petersburg durch seinen Botschafter mit dem dortigen deutschen Vertreter den Entwurf eines Freundschafts-, Handels- und Beitragsvertrages aufsetzen lassen. Nasr-ed Din wurde von Kaiser Wilhelm I. (1859-1888) in Deutschland freundlich begrüßt, der persische Schah hat seine Eindrücke vom Deutschen Reich in einem amüsanten Tagebuch niedergelegt. Er wurde von Otto von Bismarck (1815-1898) empfangen und tauschte mit diesem die Ratifikationsurkunden des in St. Petersburg entworfenen Abkommens aus. Bismarck war aber keineswegs bereit, die guten Beziehungen zu Russland zu Gunsten Persiens zu opfern. Als der Schah später auf die Einrichtung einer deutschen Botschaft in Teheran drängte, verhielt sich Bismarck zögerlich und verlangte seinerseits, dass zunächst eine persische Botschaft in Berlin eingerichtet würde. Es dauerte allerdings noch bis zum Frühjahr 1885, bis Ernst von Braunschweig als erster deutscher Botschafter nach Teheran entsandt wurde (Blücher 1960, 234).

Auch als der Schah den Wunsch äußerte, dass Persiens Neutralität von Deutschland und Österreich garantiert werden sollte, nahm Bismarck eine ablehnende Haltung ein. Im Herbst 1885 schickte der Schah einen Sonderbevollmächtigten nach Berlin und bat um Militärinstrukteure für die persische Armee. Bismarck gestattete allerdings nur eine Entsendung von aus dem aktiven Dienst bereits ausgeschiedenen Offizieren als „Privatiers", woraufhin die Generäle a. D. Fellmer und Weth nach Persien gingen (Blücher 1960, 234-235). Im September 1885 wurde von englischer Seite das Projekt der Erschließung Persiens mit Eisenbahnlinien an Bismarck zur Stellungnahme herangetragen. Bismarck schrieb damals ein kurzes „Nein" an den Rand des Konzepts und ließ erklären, dass ein solches Projekt gegen Russland gerichtet und daher für das Deutsche Reich unannehmbar wäre. Als der Schah im Jahre 1889 seinen zweiten Besuch in Berlin abstattete, hielt Bismarck sich wegen angeblicher Krankheit auf seinem Gut Varzin auf, so dass es zu keinem Treffen zwischen den beiden Staatsmännern gekommen ist (Blücher 1960, 235).

Mit Nasr-ed Din, der im Jahre 1896 in der Schah Abdul Asim-Moschee von einem Fanatiker ermordet wurde, verstarb der letzte Schah, der sein Land frei vom Einfluss der europäischen Großmächte halten konnte, wurde Persien doch unter seinen Nachfolgern zum Schauplatz von Rivalitäten zwischen Russland und England. Die beiden Großmächte engagierten sich in wirtschaftlicher und politischer Hinsicht in Persien, erwarben Konzessionen, gründeten Banken, gaben der Persischen Regierung Vorschüsse und ließen sich dafür Zolleinnahmen verpfänden.

Im Deutschen Reich war nach Bismarcks Entlassung im Jahre 1890 unter Kaiser Wilhelm II. (1859-1941) ein neuer außenpolitischer Kurs eingeschlagen worden; der Monarch suchte für die wachsende Industrie Deutschlands Absatzmärkte im Ausland, im Orient war dies vor allem die Türkei. Eine bestimmende Rolle spielte auf diesem Gebiet der Bau der Baghdad-Bahn. Das Deutsche Reich verfolgte mit diesem Projekt keine ursächlichen politischen Interessen, sondern wollte sich vielmehr darauf beschränken, Frachtträger zu sein sowie die Rivalität Englands und Russlands so ausnutzen, dass es „bald mit einer Verbeugung vor dem britischen Löwen, bald mit einem Knicks vor dem russischen Bären" das Bahnprojekt bis nach Kuwait an den Persischen Golf fortführen konnte; eine Absicht, die Bahnlinie bis nach Persien fortzuführen, bestand nicht. Dennoch betrachtete der englische Außenminister Lord Landsdowne den Bau der Bahn für die englischen Interessen als schädlich, da England bis dahin die kürzeste Verbindung nach Indien allein in Händen hielt. Auch die russische Regierung sah den Bau einer Bahnlinie zwischen Westen und Osten, die nicht ihrer Kontrolle unterlag, als abträglich für die russische Position in Persien an (Blücher 1960, 235).

Unter diesen Vorzeichen konnte sich der deutsche Handel auf dem persischen Markt nur schwer etablieren: Dennoch gelang dies mit Geschicklichkeit, Zuverlässigkeit und Ausdauer. Neben deutschen Firmen mittlerer Größe, die deutsche Waren importierten, gab es zwei große Unternehmen: Die Persische Teppichgesellschaft (Petag), die eine modern eingerichtete Fabrik für Wollspinnerei und Wollfärberei in Tabriz und Zweigstellen in den wichtigsten Städten des Landes besaß, sowie die Robert Woenkhaus & Co., die Niederlassungen in den Golfhäfen unterhielt und sich mit der Ausfuhr von Getreide, Perlmutt und Austernschalen befasste. Das erste Unternehmen war den Russen und das zweite den Engländern ein Dorn im Auge, so dass es zu zahlreichen unangenehmen Zwischenfällen kam, die sogar das Auswärtige Amt in Berlin beschäftigten. Außerdem richtete die Hamburg-Amerika-Linie einen regelmäßigen Schifffahrtsdienst zwischen Hamburg und den Golfhäfen ein, der sich wegen seiner Pünktlichkeit einer großen Beliebtheit bei den Persern erfreute, von den Engländern indessen, die um ihre Monopolstellung am Golf fürchteten, mit Argwohn betrachtet wurde (Blücher 1960, 235).

Zur Stärkung der deutschen Position und um Persien auf direktem Wege an den Fortschritten der deutschen Wissenschaft teilnehmen zu lassen sowie begabten jungen Persern den Eintritt in die deutschen Universitäten zu ermöglichen, wurde in Teheran im Jahre 1906 eine deutsch-persische höhere Lehranstalt mit der Berechtigung, das Abiturientenzeugnis zu erteilen, errichtet. Sie wurde von acht deutschen und acht persischen Lehrern geleitet und erhielt von der deutschen und der persischen Regierung eine jährliche Subvention von jeweils 40.000 Mark. Sie war ein Gymnasium nach deutschem Muster, jedoch mit dem Unterschied, dass anstelle von Lateinisch und Griechisch Persisch und Arabisch gelehrt wurden (Blücher 1960, 235-236; Rehs 1960, 276-278).

Abb. 7: „Der Demavend in Persien"; Globus 1862a, 251.

Zusammenfassend lässt sich feststellen, dass das Deutsche Reich in Persien zwischen 1884 und 1914 ausnahmslos Handelsziele verfolgt und die beste Bürgschaft für das Gedeihen seiner Interessen in einer Reformierung der persischen Verhältnisse erblickt hat. Angesichts der Bedeutung, die Persien allmählich für die Wirtschaft des Deutschen Reiches gewann, wäre es nur natürlich gewesen, wenn die Berliner Regierung sich für das Schicksal des Landes auch politisch interessiert hätte: Dies war aber nicht der Fall. Zu stark wirkte im Auswärtigen Amte noch die Tradition Bismarcks. Auch Kaiser Wilhelm II. ließ im Jahre 1902 die Äußerung fallen: „Persien ist mir Hekuba. Mit Persien haben wir absolut nichts zu schaffen". Im gleichen Sinne schrieb Staatssekretär v. Tschirsky in einer Instruktion vom 29. Juli 1906: „Wir werden vielmehr in Persien nach wie vor lediglich wirtschaftliche, keinerlei politische Ziele verfolgen". Doch erhoffte und wünschte sich der deutsche Handel eine offene Tür in Persien und die im deutsch-persischen Handelsvertrag zugestandene Meistbegünstigung, doch wurde das Deutsche Reich von Russland und England als unliebsamer Eindringling betrachtet. Daraus ergaben sich zahlreiche Komplikationen, die die Beziehungen zwischen dem Deutschen Reich auf der einen Seite und Russland und England auf der anderen Seite trübten. Persien verstand es aber in der Folgezeit, eine erfolgreiche Außen- und Handelspolitik zwischen den beiden Großmächten und dem Deutschen Reich zu führen. Diese Situation veränderte sich im Jahre 1907, als England und Russland sich über ihre Interessen in Persien verständigten und das Land in eine russische, englische und neutrale Zone aufteilten, wobei der ganze Norden den Russen zufiel.

Nachdem auch die Engländer anerkennen mussten, dass Russland auf Grund seiner geographischen Nähe sein Hauptinteresse in Persien sah, setzte sich in Berlin ebenfalls mehr und mehr die Überzeugung durch, dass Russland im Reiche des Schahs am längeren Hebel saß und man sich arrangieren müsse. Nach schwierigen Verhandlungen kam es am 19. August 1911 zum deutsch-russischen Abkommen von Potsdam, in dem das Deutsche Reich auf Konzessionen für Eisenbahnen, Straßen und Telegraphen innerhalb der russischen Zone verzichtete. Russland gab im Gegenzug seinen Widerstand gegen die Baghdad-Bahn auf und erbot sich, entsprechende Anschlussbahnlinien durch Persien zu bauen (Blücher 1960, 236).

Als der Erste Weltkrieg ausbrach, versuchten persische Patrioten die Chance zu nutzen und Persien in die Unabhängigkeit zu führen. Sie gründeten in Berlin unter dem Führer der Demokratischen Partei Taqi Sadeh ein persisches Komitee, das mit den Zentralmächten zusammenarbeiten wollte. Die deutsche Regierung hatte anfangs Bedenken, auf die persischen Anregungen einzugehen, denn Persien besaß keine Armee und lag über 3.000 km vom Deutschen Reich entfernt; zudem war die Baghdad-Bahn als einzige mögliche Verbindungslinie nicht fertiggestellt. Als aber auf Anregung von Enver Pascha (1881-1922) eine deutsch-türkische Mission unter der Führung von Legationssekretär von Hentig und Oberleutnant Niedermayer im September 1914 nach Kabul geschickt wurde, um den Emir von Afghanistan zum Eintritt in den Krieg zu bewegen, veränderte sich die Sachlage: Der Emir verfügte über eine reguläre Armee, sein Regierungsgebiet grenzte an den Khaiber-Pass, den strategisch empfindlichsten Punkt im von Großbritannien regierten Indien. Zur Realisierung dieser Planungen brauchte man in Persien Bewegungsfreiheit: So wurde im Auswärtigen Amt eine Aktion in Persien beschlossen, die dem Feldmarschall von der Goltz-Pascha (1843-1916) unterstellt wurde, der die in Baghdad in Bildung befindliche 6. Türkische Armee übernahm. Dem Feldmarschall wurde für seine Persien-Aktion ein Stab von 20 deutschen Offizieren zugeteilt, die den Auftrag erhielten, die im Lande zahlreich vorhandenen, gut bewaffneten, aber schlecht disziplinierten Freiheitskämpfer zu organisieren und geschlossen einzusetzen. Dieser Auftrag überstieg indessen die Kräfte der deutschen Offiziere: Als Großfürst Nikolai Nikolajewitsch (1831-1891) von Norden her ein russisches Armee-Korps gegen Persien in Bewegung setzte, vertrieb er die persischen Freiheitskämpfer und gelangte bis an die persisch-türkische Grenze bei Qasr-i Shirin. Zum Glück für die Mittelmächte hatte sich inzwischen das von der 6. Türkischen Armee belagerte Kut-el Omara mit seiner englischen Besatzung ergeben, so dass osmanische Kräfte frei wurden, die gegen die Russen offensiv vorgingen und diese bis über Hamadan zurückwarfen (Blücher 1960, 236; Gehrke 1960).

Das Deutsche Reich erhielt damit die Gelegenheit, im Sommer 1916 auf persischem Boden in der Stadt Kermanshah die nationale Regierung unter Nisam-es Saltaneh zu unterstützen: Geheimrat Nadolny fungierte damals als deutscher Geschäftsträger und unternahm alles, um den nationalen persischen Kräften bei ihrer Befreiung von den Russen und Engländern und bei der Auseinandersetzung mit den Lebensformen des Westens zu helfen. Doch musste auch dieses Vorhaben aufgegeben werden, als im März 1917 eine englische Armee von Süden her Baghdad einnahm und damit die Verbindung zum Deutschen Reich verloren ging: Die deutschen und osmanischen Truppen mussten Persien verlassen, russische und englische Kräfte besetzten das Land.

Als sich in Russland die Revolution ausbreitete und das Zarenreich unterging, zerfielen auch in Persien die russischen Truppen: Die persischen patriotischen Kräfte fassten neue Hoffnung, die Regierung des Deutschen Reiches erfüllte diese Hoffnungen dadurch, dass sie in den am 15. Dezember 1917 in Brest-Litowsk abgeschlossenen Waffenstillstand mit Russland die Bestimmung einbrachte, dass Russland die Souveränität und Integrität Persiens anerkannte und sich zur Räumung des Landes verpflichtete: Das Deutsche Reich hatte mit dieser Haltung seine Orient-Politik konsequent fortgesetzt.

Persien wusste diese neue Lage zu nutzen und schloss am 26. Februar 1921 mit der Sowjet-Regierung einen Vertrag, in dem diese auf alle Vorrechte verzichtete, die von der zaristischen Regierung in Persien erworben waren. Damit entfiel auch die Einteilung in die drei Zonen und es blieb England nichts anderes übrig, als die neue Situation anzuerkennen (Blücher 1960, 236-238; Gehrke 1960).

Während des Ersten Weltkrieges und in den ersten Nachkriegsjahren saß Schah Ahmad Qadshar auf dem Pfauenthron – ein indolenter junger Mann, der den anstehenden Aufgaben nicht gewachsen war. Er wurde gestürzt und an seine Stelle trat General Reza, der sich Pahlewi nannte und der Reformator Persiens wurde. Er baute eine Eisenbahnlinie, die das gesamte Land von Norden nach Süden durchquerte, unter ihm begann die Industrialisierung durch den Bau von Spinnereien und Webereien, von Zucker- und Jutefabriken, er schaffte die bisherige Kopfbedeckung der Männer und den Schleier der Frauen ab, brach mit z. T. brutaler Gewalt die Macht der Nomadenstämme und richtete eine starke Zentralregierung in Teheran ein (Blücher 1960, 238).

In diesen Jahren war das Deutsche Reich durch einen seiner tüchtigsten Diplomaten, Graf von der Schulenburg (1875-1944), in Persien vertreten, der die großen Chancen der einsetzenden Industrialisierung Persiens für die deutsche Wirtschaft erkannte. In den Jahren zwischen 1926 und 1934 entwickelte sich das deutsch-persische Verhältnis außerordentlich gut. Im April 1928 schloss die persische Regierung Verträge mit führenden deutschen Unternehmen (z. B. mit Siemens und Ferrostaal) ab, deutsche Banken leisteten im gleichen Jahr einen Kredit in Höhe von 40 Mio Reichsmark. Im Juli 1928 wurde die Baufirma Julius Berger damit beauftragt, einen Teil der Transiranischen Eisenbahn zu erbauen, im November 1927 hatte Junkers das persische Luftverkehrsnetz eröffnet. Deutsche Berater nahmen führende Positionen in der staatlichen Finanzverwaltung ein, Karl Lindenblatt fungierte als Vorstandsvorsitzender der neu gegründeten Persischen Nationalbank, die am 8. September 1928 ihren Betrieb aufnehmen konnte: 70 deutsche Bankbeamte leisteten Aufbauhilfe, Otto Schniewind arbeitete in wichtiger Position im Finanzministerium. Auch die deutsche Schule in Teheran, die ein Opfer des Ersten Weltkrieges geworden war, lebte 1925 wieder auf, und zwar auf persischen Wunsch in Form einer Gewerbeschule, die Unterricht in den Hauptfächern des Handwerks, vor allem Schreinerei und Metallbearbeitung, erteilte. Die Zahl der Schüler betrug rd. 300, an der Spitze der fünf deutschen Lehrer stand Oberregierungsrat Dr. Strunk (Blücher 1960, 238; Rehs 1960).

Die einsetzende Weltwirtschaftskrise führte 1929 zwar zunächst zu einem Abschwung in den deutsch-persischen Wirtschaftsbeziehungen, doch schon im Frühjahr 1930 wurden deutsche Unternehmen wieder verstärkt beim Aufbau der persischen Textil- und Zuckerindustrie eingesetzt, der von der persischen Nationalbank überwacht und koordiniert wurde. Der starke Einfluss des Deutschen Reiches auf Persien wurde von Russland und Großbritannien hingegen wieder mit wachsendem Misstrauen betrachtet. Als Persiens „starker Mann" Abd-al Hossein Teymurta versuchte, Russland und Großbritannien gegen das Deutsche Reich auszuspielen, kam es zu ernsten Differenzen zwischen Persien und Deutschland, die noch durch einen Presseskandal verstärkt wurden, weil die Münchner Illustrierte Presse Reza Schah lächerlich gemacht hatte. Im April 1932 wurde Junkers gezwungen, den Flugdienst einzustellen, Lindenblatt wurde unehrenhaft entlassen und 1933 vor Gericht gestellt, Horschitz-Horst als sein Nachfolger erreichte niemals den Einfluss seines Vorgängers in diesem Amt, und für den weiteren Ausbau der Transiranischen Eisenbahn wurde der Auftrag nicht an Julius Berger, sondern an den nordischen Mitbewerber Kampsax vergeben. Anfang 1934 erreichte das deutsch-persische Verhältnis einen Tiefpunkt, Persien wandte sich beim Aufbau des Landes verstärkt Ländern wie Italien, Belgien, Dänemark, Schweden und der Tschechoslowakei zu.

Mit der Übernahme der Macht durch die Nationalsozialisten änderte sich die außenpolitische Strategie des Deutschen Reichs gegenüber Persien indessen diametral, und es kam seit 1934 zu einer erneuten Annäherung. Alfred Rosenberg entwarf Pläne für eine deutsche Interessenssphäre vom Balkan über die Türkei und Persien bis nach Indien. Im März 1935 kam es zu einem wichtigen Vertragsabschluss zwischen dem Deutschen Reich und Iran, als dessen Folge die Beziehungen sich wieder verbesserten. Im November 1936 reiste Hjalmar Schacht als Reichswirtschaftsminister nach Teheran, in der Folge engagierten sich deutsche Unternehmen wie die DEMAG und Ferrostaal wieder in Iran, deutsche Firmen beteiligten sich an einem Bergbauprojekt in Meskani, Talmessi, Nakhlak und Baqoroq bei Anarak, und seit April 1937 flog die Deutsche Lufthansa Teheran und Mashad an. Doch trotz aller Annäherung verfolgte die iranische Regierung keine allzu engen Bindungen an das Deutsche Reich. Dennoch kam es 1937 erneut

Abb. 8: „Die Chobschah-Rebi-Moschee, nördlich von Mescheb"; Globus 1862b, 97.

zu einer ernsten iranisch-sowjetischen Verstimmung, die ihrerseits wieder die deutsch-iranische Wirtschaftsentwicklung hemmte. Als das Deutsche Reich mit drastischen Preiserhöhungen für seine Waren reagierte, schlossen Iran und das Deutsche Reich am 4. Januar 1939 eine neues Abkommen, woraufhin sich die Beziehungen wieder verbesserten. Nach der Annektierung von Böhmen und Mähren im Frühjahr 1939 übernahmen deutsche Unternehmen die ehemals an tschechoslowakische Firmen übertragenen Aufträge in Iran. Die deutschen Produkte standen hoch im Kurs, der Anteil des deutschen Handels am Gesamthandel Persiens stieg auf über 40 Prozent im letzten Jahr vor dem Zweiten Weltkrieg und die Zahl der Deutschen im Land wuchs auf rund 2.000 an (Blücher 1960, 238; Hirschfeld 1980).

Bei Ausbruch des Zweiten Weltkrieges befürchtete Iran einen Einmarsch der Sowjetunion. Der Einfall des Deutschen Reiches in Russland führte zu einer erneuten Annäherung Irans an das Deutsche Reich. Mit zunehmender Kriegsdauer und nach dem Eintritt der Vereinigten Staaten entschloss sich Iran am 23. August 1941 zur Ausweisung aller Deutschen aus seinem Hoheitsbereich und unterzeichnete am 29. Januar 1942 einen Vertrag mit Großbritannien und der Sowjetunion, in dem es die Besetzung seines Landes durch die Alliierten anerkannte; als Folge erklärte Persien am 9. September 1943 dem Deutschen Reich den Krieg (Blücher 1960, 238; Hirschfeld 1980; Madani 1986).

Als die westdeutsche Industrie nach dem Zweiten Weltkrieg auf den Weltmärkten wieder wettbewerbsfähig wurde, entwickelten sich auch die deutsch-persischen Beziehungen wieder, die durch den Krieg zwar unterbrochen, aber letztlich nicht abgerissen waren: Sie wurden von beiden Seiten mit bemerkenswerter Tatkraft wieder aufgenommen. Am 2. Oktober 1950 wurden ein Handelsabkommen zwischen der Bundesrepublik Deutschland und Iran geschlossen, ein Zusatzabkommen am 3. Juni 1952; diplomatische Beziehungen nahmen beide Länder im Oktober 1953 auf. Die vor dem Zweiten Weltkrieg bestehenden Verträge wurden – zusammen mit einer Übereinkunft über eine wirtschaftlich-technische Zusammenarbeit – am 4. November 1954 wieder in Kraft gesetzt, Ende Februar 1955 besuchte der Schah die Bundesrepublik Deutschland, Konrad Adenauers Gegenbesuch in Teheran fand im März/April 1957 statt. Eine Folge dieses Besuchs war ein Freihandelsabkommen, das deutsche Exporte in den Iran in großem Umfang erlaubte. Die Zahl der Deut-

Abb. 9: „Ruinen des Mussalah in Mescheb", Globus 1862b, 99.

schen in Iran stieg jetzt schnell auf 3.000 an, und die wichtigsten deutschen Unternehmen richteten Vertretungen im Lande ein. Die deutsche Ausfuhr erreichte im Jahre 1959 eine Rekordhöhe von 515 Mio. DM, die Einfuhr stieg auf 410 Mio. DM. Eine deutsche Schule mit 16 deutschen Lehrern und 250 Schülern wurde in einem Vorort von Teheran errichtet, die Zahl der auf deutschen Hochschulen immatrikulierten persischen Studenten stieg auf 2.800 (Blücher 1960, 238; Rehs 1960; Ansari 1967, 36-42; Bast I).

Auch in den 1960er Jahren entwickelten sich die guten Beziehungen zwischen der Bundesrepublik Deutschland und dem Iran weiter; der Besuch des iranischen Ministerpräsidenten Ali Alam in Bonn (1962), von Bundespräsident Lübke in Teheran (1963) und der zweite Besuch des Schah (Mai/Juni 1967) spiegelten die Intensivierung der bilateralen Beziehungen wider. Auch in den ersten Jahren der sozialdemokratisch-liberalen Koalition (1969-1982) entwickelten sich die wirtschaftlichen Beziehungen weiter; der deutsche Export nach Iran belief sich im Jahre 1972 auf 1,3 Mrd. Mark und 1976 auf 5,7 Mrd. Mark. Nach den Auswirkungen der Ölkrise (1973) versuchte Iran verstärkt westdeutsche Investitionen und Technologietransfer einzuwerben. Die damalige Bundesregierung mit Außenminister Hans-Dietrich Genscher verhielt sich auf Grund der inner-iranischen Verhältnisse eher passiv. Zwar bildete die iranische Revolution 1978/1979 eine einschneidende Zäsur der stetig ausgebauten Wirtschaftskontakte, aber zu einem Abbruch der Verbindungen kam es niemals: Von 250 deutschen Unternehmen in Iran blieben rd. 100, ernsthaft gefährden konnten die politischen Entwicklungen die wirtschaftlichen Beziehungen nie. Außenminister Genscher war 1984 der erste hochrangige westliche Politiker, der Iran wieder besuchte. Die Bundesrepublik Deutschland spielte darüber hinaus eine wichtige Rolle beim Waffenstillstandsabkommen zwischen dem Irak und dem Iran im Juli 1988 (Bast I; Genscher 1995).

Der so genannte kritische Dialog mit Iran, der die Vereinigten Staaten verschiedentlich gegen die Bundesrepublik Deutschland aufbrachte, stabilisierte die Beziehungen trotz mancher Rückschläge (z. B. die Schließung des Goethe-Instituts in Teheran im Februar 1987 oder die „Mykonos-Affäre" im Jahre 1993). Im Juli 2000 besuchte der iranische Staatspräsident Mohammed Khatami Deutschland; dabei bekräftigten er und Bundespräsident Johannes Rau die Bedeutung des Dialogs der Kulturen. 2001 reiste Bundestagspräsident Wolfgang Thierse zur Pflege der parlamentarischen Kontakte nach Teheran.

Iran nahm im Jahre 1973 diplomatische Beziehungen mit der Deutschen Demokratischen Republik auf, nachdem die beiden deutschen Staaten 1972 den Grundlagenvertrag abgeschlossen hatten. Die Aufnahme der diplomatischen Beziehungen erfolgte von Seiten der DDR aus dem Grund, von möglichst vielen Staaten als souveräner Staat anerkannt zu sein, Iran suchte wegen seiner geographischen Nähe zur Sowjetunion Kontakte zum Ostblock. 1975 unterzeichneten beide Staaten ein Handelsabkommen, gründeten eine gemeinsame Wirtschaftskommission und beschlossen regelmäßige Treffen auf Ministerebene: Das von der Sowjetunion erbaute Stahlwerk in Isfahān wurde als Folge des Abkommens mit DDR-Ausrüstung versehen. 1975 wurde ein bilaterales Kulturabkommen unterzeichnet, im Februar 1978 erlitten die Beziehungen allerdings einen gewissen Rückschlag, als Exil-Iraner die iranische Botschaft in Ost-Berlin besetzten und zerstörten. Die Tatsache, dass ein geplanter Schah-Besuch in der DDR nicht zustande gekommen ist, förderte die Beziehungen der DDR zur neuen iranischen Regierung nach der Revolution der Jahre 1978/1979.

1982 besuchte der iranische Vizeminister Abd-Allah Jafer-Ali die DDR, eine Erweiterung des Handels war die Folge: Die DDR lieferte Militärgerät, elektrische Anlagen und modernisierte das Isfahān Stahlwerk. Der Besuch des iranischen Premierministers Hossein Musaw im Oktober 1986 in Berlin markierte den Höhepunkt der politischen Beziehungen, doch kam es auf Grund der wirtschaftlichen Schwierigkeiten innerhalb der DDR zu keinem weiteren Ausbau der bilateralen Beziehungen (Bast I).

Deutsche Kultur in Persien

Das Interesse der Perser an Deutschland und deutscher Kultur lässt sich aus den Machtverhältnissen des späten 19. Jh. und den Allianzen des Ersten Weltkriegs erklären. Deutschland, als mächtiger Feind von Großbritannien und Russland, sollte Persiens Freund sein und helfen, sich aus der Abhängigkeit dieser beiden Großmächte zu befreien: Seitdem ist das Image Deutschlands in Iran – trotz mancher politischer Misstöne – gut, auch heute noch, mehr als 20 Jahre nach der Revolution ist die Popularität Deutschlands trotz sporadischer kritischer Beziehungen ungebrochen. Diese Popularität ist jedoch nicht bedingt durch die Intensität der kulturellen Beziehungen, sondern basiert eindeutig auf wirtschaftlicher und technischer Zusammenarbeit und der persischen Wertschätzung für deutsche Produkte. So wird deutsche Kultur in Iran zwar hoch geschätzt, doch wird ihr Einfluss auf die persische Kultur eher überschätzt: Ein nachhaltiger Einfluss ist nur bei Iranern festzustellen, die entweder die deutsche Schule in Iran besucht haben, persönlichen Kontakt zu Deutschen unterhalten oder in Deutschland studiert oder gearbeitet haben.

Deutsche Schulen

Bei der politischen Öffnung Persiens im späten 19. Jh. und mit der Einführung moderner Erziehungsmethoden in Persien war Französisch die einzige europäische Sprache, die an persischen Schulen gelehrt wurde; in einigen Fällen war Französisch die Sprache im Unterricht und bei Prüfungen. 1907 führte ein Kulturabkommen zwischen dem Deutschen Reich und Persien zur Gründung der ersten deutschen Schule in Teheran, an der Schüler vom ersten Schuljahr an Deutsch in neun Wochenstunden lernten. Finanziell getragen von der persischen und der deutschen Regierung war die Schule sehr gut ausgerüstet mit Laboratorien und Sportmöglichkeiten. Die Schulzeit war als Oberrealschule anerkannt, hierdurch sollte vor allem den Schülern der Weg zu den Fach- und Hochschulen in Deutschland geebnet werden. Der Schulabschluss beinhaltete Kenntnisse, die persischen Absolventen Beschäftigungsmöglichkeiten in hohen Regierungspositionen eröffneten. Einige Absolventen, die ihr Studium in Deutschland weiterführten, gehörten zur technischen Elite und entwickelten das persische Eisenbahnwesen.

Nachdem die deutsche Schule nach dem Ende des Ersten Weltkrieges geschlossen werden musste (die letzten Abgangszeugnisse wurden 1919/1920 ausgegeben), wurde die „Iranisch-Deutsche Gewerbeschule" in Teheran auf Wunsch der persischen Regierung im Jahre 1922 wieder gegründet und nahm 1925 den Unterricht auf; 1937 wurde sie von der iranischen Regierung übernommen. Nach der alliierten Besetzung Irans 1941 wurde deutscher Unterricht verboten, jedoch beschäftigte man die deutschen Lehrer bis in die 1950er Jahre weiter. In den 1930er Jahren wurden weitere Berufsschulen mit deutscher Beteiligung in Tabriz, Isfahān, Shiraz und Mashad gegründet, in denen qualifizierte Techniker ausgebildet wurden, die nachweislich die Industrialisierung des Landes vorangetrieben haben. Auch viele Politiker unter Reza Schah Pahlewi waren Absolventen dieser Schulen; sie galten als ausgesprochen deutsch-freundlich.

1932 richtete die deutsche Kolonie in Teheran eine deutsche Schule ein, die während des Zweiten Weltkrieges geschlossen werden musste. 1955 wurde die deutsche Schule zusammen mit der deutschen Botschaft neu gegründet, 1964 umfasste sie alle Grund- und weiterführenden Klassen und wurde als höhere Schule im Ausland betrachtet. Ende 1978 hatte sie 1.500 Schüler und war damit die größte deutsche Schule im Ausland. Ein hoher Prozentsatz der Schüler kam aus deutsch-persischen Familien oder es waren Iraner, die in Deutschland gelebt und dort mit der Schule begonnen hatten.

Nach der Aufkündigung des Kulturabkommens und der Schließung des Goethe-Instituts im Jahre 1987, das 1958 gegründet worden war, 1978 um die 1.000 Studenten aufwies und sich bemüht hatte, deutsche Sprache und Kultur den Iranern näher zu bringen, begannen die Jahre des Monopols des österreichischen Kultur-Instituts. Dem neuen deutschen Sprachen-Institut, das von der deutschen Botschaft im Frühjahr 1995 gegründet wurde, war es nicht erlaubt, sich kulturell zu engagieren, weil, im Zuge der Salman Rushdie-Kontroverse, das neue Kulturabkommen zwischen Teheran und Bonn am 29. November 1988 nicht in Kraft gesetzt wurde.
Deutsche Sprache und Literatur konnten zwar an der 1935 gegründeten Universität Teheran studiert werden, jedoch gab es bis in die 1960er Jahre nur wenige Studenten für diese Fachbereiche. In den 1960er und 1970er Jahren wurden Studienkurse in deutscher Sprache und Literatur an der Nationaluniversität und am Lehrer-College in Teheran sowie an den Universitäten in Isfahān, Shiraz und Kerman eingerichtet. Diese Kurse werden auch heute noch angeboten und haben in den letzten fünf Jahren wachsendes Interesse hervorgerufen. Im September 1977 wurde als Folge eines Abkommens zwischen den Regierungen Irans und der Bundesrepublik Deutschland eine deutsch orientierte Universität in Rasht gegründet. Sie bot neben anderen Fächern deutsche Sprache und Literatur an; das Abkommen wurde jedoch 1980 annulliert und die Universität schloss für zwei Jahre. 1982 nahm sie die Kurse wieder auf, jedoch ohne deutsche Ausrichtung (Rehs 1960, 276-278; Peters 1928; Draeger 1928).

Persische Studenten an deutschen Universitäten

Eine große Anzahl von Regierungs-Stipendiaten oder Söhnen aus reichen Familien, die in Europa zwischen 1811 und der Gründung der Teheraner Universität 1935 studierten, wählten Frankreich oder den französisch sprechenden Teil der Schweiz für ihre Hochschulausbildung. Nur einige wenige gingen nach England und nur ein verschwindend kleiner Teil wählte Deutschland. Sowohl finanzielle als auch sprachliche Probleme führten dazu, dass nur in den frühen 1950er Jahren ein starker Zustrom iranischer Studenten nach Deutschland einsetzte, in den 1960er und 1970er Jahren wählten fast ein Viertel aller iranischen Studenten, die sich im Ausland aufhielten, Hochschulen in der Bundesrepublik Deutschland als Studienort. Bis zur Revolution 1978/1979 wurden mehr als 40.000 persische Studenten, besonders in Medizin und Ingenieurwissenschaften, in Deutschland ausgebildet. Davon blieben nur wenige in Deutschland, die Mehrzahl kehrte in den Iran zurück und half, die bilateralen Bindungen zu stärken. Einige der Rückkehrer fanden Positionen an den persischen Universitäten, in denen sie ihren Studenten die Kenntnisse und Methoden, die sie in Deutschland erworben hatten, weitergaben (Blücher 1960, 235-238).

Deutsche und persische Literatur: Die Kenntnis voneinander

Die Verbindungen zwischen Persien und Deutschland in der Literatur werden immer wieder als sehr alt und eng und von gegenseitigem Verständnis geprägt beschrieben. Deutsche Gelehrte spielten eine wichtige Rolle bei der Einführung des persischen Geisteslebens im Westen, eine Rolle, die sich besonders in den Wissenschaften und in zahlreichen deutschen Übersetzungen persischer Werke manifestiert.

Hier ist zunächst und vor allem Johann Wolfgang von Goethe (1749-1832) zu nennen: Mit orientalischer Geschichte, Dichtung und Religion hat sich Goethe sein ganzes Leben hindurch beschäftigt. Von der Bibel ging er aus, lernte dann den Koran kennen und die noch vor Mohammed entstandenen Beduinengedichte der Moallakat; aus beiden Werken übersetzte er ihn besonders fesselnde Abschnitte. Über Persien hörte er zuerst durch Carsten Niebuhrs gedruckte Beschreibung seiner Reise von 1761 bis 1767, an die Herders Schrift „Persepolis" von 1787 anknüpft. Dann war Dschamis Liebesroman „Medschnun und Leila" die erste persische Originaldichtung, die er 1808 las. Wie groß die Kulturleistung Persiens vom 10. bis 15. Jh. gewesen war, hatte er schon laufend durch Literaturzeugnisse aus der Türkei und dem muslimischen Indien erfahren: Für diese Länder galt Persiens Dichtung als „klassisch" und vorbildlich.

Aber erst 1815, als Goethe den „Diwan" des persischen Dichters Hafiz (1327 bis 1390) in der Übersetzung von Hammer-Purgstall kennenlernte, wurde er von diesem persischen Dichter des 14. Jh.

Abb. 10: „Der innere Hof in der Moschee des Iman Ali Risa"; Globus 1862b, 101.

so ergriffen wie es ihm in Jugendtagen bei Homer und Shakespeare geschehen war. „Ich musste mich dagegen produktiv verhalten, weil ich sonst vor der mächtigen Erscheinung nicht hätte bestehen können". Denn was der 400 Jahre vor ihm Lebende in der Welt erfahren hatte und an Gesinnungen aussprach, ließ das gleiche große Gesetz erkennen, unter dem für den alten Goethe alles Tun der Menschen und ihr Verhältnis zu Gott steht. So beschloss er, einen „Deutschen Diwan" zu schreiben und sich darin gleich Hafiz zu der ewigen Aufgabe des Dichters zu bekennen, „von der Fülle der Welt sein Teil dahinnehmend, in die Geheimnisse der Gottheit von fern hineinblickend, dagegen auch einmal Religionsübung und Sinnenlust ablehnend, wie denn überhaupt diese Dichtart durchaus eine skeptische Beweglichkeit behalten muss". Die meisten Gedichte sind auf den beiden Reisen der Jahre 1814 und 1815 entstanden, die Goethe in die alte Heimat an Rhein, Main und Neckar führten. Die Erschütterung, die ihm in Frankfurt und Heidelberg Zusammensein und Trennung mit Marianne von Willemer brachten, ist in das Buch „Suleika" und in das „Buch der Liebe" in lyrische Verse geflossen, in denen wie bei Hafiz Nachtigall und Rose zu mystischer Bedeutung erhoben und als Gleichnis besungen werden.

Durch die zahlreichen Veröffentlichungen der Orientalisten Hammer-Purgstall und Heinrich Friedrich von Diez (1751-1817) lernte Goethe zur gleichen Zeit den weiteren Umfang der orientalischen Poesie kennen, durch alte und zeitgenössische Reisewerke und Forschungsberichte die politische Geschichte und den Ablauf der Kulturen des Ostens. Spuren dieser Lektüre finden sich an unzähligen Stellen des „West-Östlichen Diwans". In den „Noten und Abhandlungen", die er dem Gedichtband „zu besserem Verständnis" beigab und die umfangreicher als das Werk selber sind, schrieb Goethe eine Geschichte des östlichen Geisteslebens, wie sie vor ihm noch niemand verfasst hatte. Seine westliche Geschichtsanschauung und Deutung sah hier Urformen und Metamorphosen, die der Europäer in seiner Gegenwart wirkend fand: „Orient und Okzident sind nicht mehr zu trennen". Denn „der höchste Charakter orientalischer Dichtkunst ist, was wir Deutsche Geist nennen, das Vorwaltende des oberen Leitenden" (von Maltzahn 1962, 42).

Als Übersetzer persischer Dichtkunst haben sich große Verdienste erworben: Friedrich Rückert (1788-1866), Graf Schack (1815-1894), der die 60.000 Verse des „Schahname" von Firdousi (940-1020) in einer deutschen Übertragung auf drei Bände reduzierte,

Abb. 11: Johann Wolfgang von Goethe: West-oestlicher Divan, Titelblatt; Erstausgabe, Geschenkexemplar für Sulpiz Boisserée. Das Titelkupfer wurde ausgemalt von Johann Heinrich Meyer. Original im Goethe-Museum Düsseldorf, Anton-und-Katharina-Kippenberg-Stiftung; Foto: Walter Klein.

und vor allem Friedrich Rosen (1856-1935), der die Werke von Omar-i Chajjam (1048-1131) durch seine kongeniale Übersetzung der Sinnsprüche – Rubayat – in Deutschland bekannt machte.

Die Bemühungen, die klassische persische Literatur ins Deutsche zu übersetzen, reichen also bis in die Aufklärung zurück; deutsche Literatur wurde in Persien nicht viel später bekannt. In der 2. Hälfte des 19. Jh., als im Zuge der generell westlichen Orientierung europäische Literatur ins Persische übersetzte wurde, war Französisch die Schlüssel-Sprache, um westliche Kultur in Persien einzuführen. Alle deutschen Klassiker nahmen bis in die 1930er Jahre in französischer Übersetzung ihren Weg nach Persien, z. B. Johann Wolfgang von Goethe's „Leiden des jungen Werther" und der erste Teil des „Faust". Zu den wenigen Werken, die direkt aus dem Deutschen durch persische Literaten, die in Deutschland zwischen den beiden Weltkriegen lebten, übersetzt wurden, zählen z.B. Friedrich von Schillers „Jungfrau von Orléans" und „Maria Stuart".

Nach dem Zweiten Weltkrieg wurde Englisch die meist studierte und meist gesprochene ausländische Sprache in Iran, und bot einen anderen Weg, um deutsche Literatur in Persien bekannt zu machen. Auch heute noch wird deutsche Literatur meist nicht direkt aus dem Deutschen übersetzt, obwohl Deutsch mittlerweile die zweitwichtigste Sprache in Iran (nach Englisch und vor Französisch) geworden ist.

Die deutsche Literatur des 20. Jh. erfreut sich in Iran recht großer Beliebtheit. Ihre Verbreitung in Iran verdankt sie dem literarischen

Abb. 12: „Das Mausoleum Rabir Schahs"; Globus 1862b, 103.

Journal Sokòan, in dem zahlreiche deutsche Autoren und ihre Werke der persischen Öffentlichkeit vorgestellt wurden, z.B. Franz Kafkas „Vor dem Gesetz" und die „Verwandlung". Zu den weiteren, in Iran sehr beliebt und bekannt gewordenen Werken zählen Hermann Hesses „Steppenwolf" und „Siddhartha", Heinrich Bölls „Ansichten eines Clowns", Günter Grass' „Katz und Maus", Max Frischs „Andorra" und Friedrich Dürrenmatts „Besuch der alten Dame". Besonders populär sind Franz Kafka und vor allem (vor der Revolution) Bertolt Brecht. Einen ausgesprochenen Erfolg verzeichneten auch die Werke von Stefan Zweig: Ein Drittel aller Prosaliteratur, die aus westlichen Sprachen zwischen 1945 und 1955 übersetzt wurde, stammte von diesem Literaten. Doch muss festgehalten werden, dass der Anteil der deutschen Literatur im iranischen Kulturleben insgesamt eher unbedeutend und die Kenntnisnahme vieler Werke einer kleinen kulturellen Elite vorbehalten (gewesen) ist.

Der Einfluss deutscher Literatur ist auch heute noch relativ unbedeutend. Die persische Lyrik hat kaum europäische Einflüsse aufgenommen, der moderne iranische Roman ist hauptsächlich von französischen Romanautoren beeinflusst worden. Iranische Kurzgeschichtsautoren folgen englischen und amerikanischen Beispielen. Das deutsche Drama war in Iran populär und wurde vor der Revolution häufig aufgeführt, aber auch auf diesem Sektor kam der Hauptanreiz für iranische Dramatiker für lange Zeit aus französischen Werken.

Dennoch: Einem nachhaltigen Einfluss ausgesetzt waren einige prominente Repräsentanten der modernen iranischen Literatur, die in Deutschland lebten und deshalb in unmittelbaren Kontakt mit der deutschen Kultur gekommen sind. So lebte Bozorg Alavi (1904-1997), der in den 1920er Jahren in Deutschland studierte, von 1953 bis zu seinem Tod in Deutschland: Er war bis 1975 Professor für persische Sprache und Literatur an der Ost-Berliner Humboldt-Universität und bekannte im Vorwort zu seiner „Geschichte der persischen Literatur", dass er seine persönliche intellektuelle Entwicklung der deutschen Kultur verdankte. Gleiches gilt für seinen Freund Mohammad-Al Jamalzada (1892-1997), den Vater der modernen persischen Kurzgeschichte, der von 1916 bis 1930 an der persischen Botschaft in Berlin arbeitete: Er war Mitglied des Komittées Persischer Nationalisten, das 1915 in Berlin unter Vorsitz von Hassan Taqzada gegründet wurde, und schrieb für die Zeitschrift Kava, die er später auch herausgab und die eine herausragende Rolle bei der Verbreitung von wissenschaftlichen Methoden und bei der Entwicklung der modernen iranischen Geistesgeschichte spielte. Die Einflüsse der deutschen Kultur und Literatur auf Alavi und Jamalzada zeigen sich indirekt auch bei anderen iranischen Autoren wie bei Hushanng Golshir (1937-2000).

Der Einfluss deutscher Denkweise ist im Bereich der Philosophie besonders spürbar. Ahàmad Fardad (1912-1994), einer der einflussreichsten, zeitgenössischen iranischen Philosophen, hatte in Deutschland und Frankreich studiert und brachte iranische Intellektuelle u. a. mit Friedrich Nietzsche, Friedrich Hegel, Emmanuel Kant und Martin Heidegger in Berührung. Seit den 1950er Jahren bildete sich um Fardad ein Kreis führender Intellektueller, Philosophen und Übersetzer (Catanzaro; Alavi 1965; Gelpke 1961; 1962; Chehabi 1981; Rahnema 1981).

Archäologie

Die ersten Nachrichten deutschsprachiger Reisender über archäologische Denkmäler auf dem Boden Persiens aus der Zeit vor dem frühen 19. Jh. stammen von Reisenden wie Johannes Schiltberger (s.o.), Heinrich von Poser (s.o.), Adam Olearius (s.o.), Johann Albrecht von Mandelslo (s.o.), Engelbert Kaempfer (s.o.) oder Carsten Niebuhr (s.o.). Es war Carsten Niebuhr, dessen Kopien achämenidischer Inschriften von Persepolis die Fundamente für die Entzifferung der Keilschrifttexte durch Georg Friedrich Grotefend in Göttingen im Jahre 1802 gelegt haben.

In den folgenden Jahren kam es zu einer fulminanten Suche nach Keilschrifttexten im Vorderen und Mittleren Orient, 1828/1829 bereiste der Orientalist Friedrich Eduard Schulz mit Unterstützung der Französischen Akademie der Wissenschaften das Gebiet um den Urmia-See und besuchte u.a. Ujan, Qalat-e Zohahaak und den Takht-i Suleiman, wo er die Inschriften an den heute zusammengestürzten Mauern des Ilkhaniden-Palastes kopierte. Ebenso entdeckte Schulz die urartäische Stele am Kelishin-Pass. Seine Kopien und Reisenotizen gingen teilweise verloren, als er 1829 von kurdischen Stammesangehörigen ausgeraubt und ermordet wurde (Gabriel 1952, 144; Willock 1834, 134-136). Auch R. Rosch wurde während seiner Feldarbeiten beim Abguss der Kelishin-Stele von Einheimischen ermordet (Lehmann-Haupt 1910, 245).

Um 1857 bereiste Otto Blau (Blau 1858) die Regionen südlich und westlich des Urmia-Sees und nahm Kopien von den urartäischen Inschriften von Tappeh Tash (westlich von Miandoab), die diese Örtlichkeit als urartäischen Außenposten an der Manneischen Grenze belegten, und fertigte Abgüsse der Kelishin-Inschrift an, die

Abb. 13: „Residenz des Statthalters von Kermanshah in Persien. (Nach einer Originalzeichnung des Major Krziz)"; Globus 1864, 52.

jedoch auf dem Rückweg zerbrachen (Lehmann-Haupt 1910, 219-222). In den Jahren 1898 und 1899 dehnten Waldemar Belck und Carl Friedrich Lehmann-Haupt ihren archäologischen Survey über urartäische Zeugnisse in das Urmia-Gebiet aus und überprüften die vorausgegangenen Untersuchungen und Forschungsergebnisse: Auf ihren Reisen fanden sie die Tash Tappeh-Inschrift nicht mehr *in situ* vor; Bruchstücke gelangten später in den Besitz des British Museum (Lehmann-Haupt 1910, 219-222). Beide führten auch Grabungen z. B. am Tappeh Goek aus. 1884 und 1885 unternahmen die deutschen Geologen H. Pohlig, Alfred Rodler und Theodor Strauss im Dienste österreichischer Unternehmen paläontologische Untersuchungen in der Gegend von Maraga (Weithofer 1890, 756).

Obwohl das 19. Jh. den Schwerpunkt seines Interesses auf den an Inschriften so reichen Nordwesten Persiens gelegt hat, kam es auch zu Untersuchungen der historischen Zentren von Fars und Persepolis. 1874 entsandte das Preußische Ministerium für Wissenschaft und Bildung eine astronomische Expedition nach Isfahān, um den Durchgang der Venus zu beobachten. Der Fotograf der Expedition, Friedrich Stolze, Professor an der Berliner Technischen Hochschule, hatte schon vor Albrecht Meydenbauer die Technik der fotogrammetrischen Vermessung entwickelt: Als die astronomischen Arbeiten beendet waren, nahm Stolze bis 1878 einen photographischen und photogrammetrischen Survey an archäologischen Denkmälern und Inschriften in Persepolis und im südlichen Fars-Gebiet zusammen mit dem Orientalisten Friedrich Carl Andreas vor, der später der führende Lehrer für persische Sprache an der Universität Göttingen wurde, an der u.a. auch Arthur Christensen, Kaj Barr und Walter B. Henning studierten. Dieser Survey im Gebiet zwischen Darab, Tasuj und Busheir führte u.a. zur Entdeckung der sassanidischen Reliefs von Busheir. Daneben widmeten sich die beiden Forscher architektonischen, ethnographischen und zoologischen Forschungen. In Persepolis erlebten beide die umfangreichen Ausgrabungen des Gouverneurs von Fars, Farhad Mrza Motamed-al-Dawla: Stolze erforschte dort einen Teil der Lehmziegelbefestigungen und erstellte einen photogrammetrischen Grundriss der Örtlichkeit, der für die späteren Ausgrabungen von großer Bedeutung war. Nur ein kleiner Teil des Materials von Stolze und Andreas wurde in zwei Bänden publiziert (Stolze & Andreas 1882; Stolze 1883).

Eine Reihe von deutschsprachigen Veröffentlichungen des 19. und frühen 20. Jh. vermittelte dem deutschen Publikum Informationen und Illustrationen von archäologischen und historischen Stätten Persiens. Heinrich Brugsch beschrieb die Ergebnisse der Expedition der preußischen Gesandtschaft unter Leitung von Baron Julius von Minutoli während der Jahre 1860 und 1861 von Tiflis nach Teheran, Hamadan, Isfahān und Shiraz (s.o.). Der österreichische Physiker Jakob Eduard Polak veröffentlichte einen ausführlichen Bericht über Qajar Persia und erklärte die Herkunft von Goldvorkommen (Polak 1865; 1888, 141-142). Der ungarische Orientalist Armin Vambery reiste verkleidet durch Persien, Afghanistan und Zentralasien (Vambery 1865), und zwischen 1901 und 1903 durchquerte der Orientalist Oscar Mann Persien von Busheir nach Nordwesten: Dabei fertigte er Fotografien und Abgüsse der Pahlavi-Inschriften in Hajabad und von den elamischen Reliefs in Malamir an, studierte und dokumentierte die archäologischen Denkmäler im Kermanshah-Harsin-, im Qaleh Yazdegerd- und im Urmia-See-Gebiet (Mann 1903; 1904/1905). Andere Reisende und Forscher in dem damals noch gefährlichen nordwestlichen Persien waren die Österreicherin Ida Pfeiffer (Pfeiffer 1850), außerdem Moritz Wagner (Wagner 1852), Max von Thielmann (Thielmann 1875), G. Pauli (Pauli 1887), Hugo Grothe (Grothe 1910) und E.-J. Westarp (Westarp 1913).

Im ausgehenden 19. Jh. wuchs das wissenschaftliche Interesse an islamischer Kunst und persischer Kultur im Deutschen Reich. Seit 1897 hatte Friedrich Sarre als Spezialist für islamische Kunstgeschichte Persien mehrfach besucht und sassanidische und islamische Denkmäler studiert, wobei sein Hauptinteresse auf der Periode des Übergangs von vorislamischer zur islamischen Kultur lag (Sarre 1899; 1902; 1910); in seinem Schüler Ernst Herzfeld fand Sarre einen hervorragenden Partner.

Ernst Herzfeld war Architekt mit einer zusätzlichen Ausbildung als Archäologe, Kunsthistoriker und Orientalist. Er hatte an den Ausgrabungen der Jahre 1903 bis 1905 in Assur teilgenommen, und begann von dort aus die westlichen Provinzen Persiens zu erforschen. Seine Sichtweise und Interpretation von persischer Kultur bestimmten die Forschung für ein halbes Jahrhundert. Eine seiner frühen Reisen (1905-1907) führte ihn nach Pasargadae und Persepolis, in Berlin wurde er 1907 mit einer Arbeit über Pasargadae promoviert (Herzfeld 1908). 1917 habilitierte er sich in Berlin und lehrte dort bis 1935 als Ordinarius für Orientalische Archäologie, wobei er allerdings den größten Teil seiner Zeit mit Feldarbeit verbrachte.

Herzfeld war kein „begnadeter" Ausgräber. Sein Hauptinteresse lag auf der Erforschung historischer und archäologischer Lokalitäten und Denkmäler Persiens. Seine erste, mit Sarre gemeinsam durchgeführte Publikation betraf Felsmalereien (Sarre & Herzfeld 1910), ein zweiter Band widmete sich den archäologischen Denkmälern an der Verbindungsstraße von Mesopotamien nach Medien. Letztere Veröffentlichung entstand in Zusammenarbeit mit dem Leiter der französischen archäologischen Mission von Hamadan und Sar-e pol-e Zohab, Charles Fossy (Herzfeld 1920).

Herzfeld veröffentlichte zusammen mit Sarre im Anschluss an einen archäologischen Survey im nördlichen Mesopotamien (1907-1908) eine Publikation über die Reste der sassanidischen Paläste von Ktesiphon und Dastagerd (Sarre & Herzfeld 1911-1920). Zwischen 1911 und 1923 bereiste er dreimal das irakisch-persische Grenzgebiet bei Suleimanija: Anschließend entstand die Publikation über den rätselhaften Turm von Paikuli mit einer langen Pahlavi-Inschrift des sassanidischen Königs Narseh (Herzfeld 1914; 1924); eine neue Bearbeitung dieser Inschrift veröffentlichten Helmut Humbach und Prods O. Skjoervö 1978-1983 (Humbach & Skjoervö 1978-1983). Herzfelds ausgedehnteste Reise dauerte von 1923 bis 1925 und führte ihn von Baghdad über Ktesiphon, Qasr-i Shirin, Kermanshah, Hamadan nach Teheran und von dort über Korha, Isfahān, Persepolis, Shiraz, Firuzabad, Farrashband, Kazerun, Fahlan und die Insel Karg nach Busheir und von dort durch Pakistan und Afghanistan nach Sistan und zurück nach Teheran. Sein 1926 erschienener Reisebericht informierte nur eher oberflächlich und kurz, z. B. über die Gebäude in Firuzabad, über die Architektur der sassanidischen Feuertempel, über das zoroastrische Heiligtum in

Abb. 14: „Inschriftfelsen von Bisutun"; Globus 1864, 241.

Kuh-e Kuaja und die Identifizierung von Ahr-e Qames mit dem parthischen Hekatompylos (Herzfeld 1926).

Seit 1928 forschte Herzfeld in Pasargadae, Persepolis und Esatakor. Nach 1934 wurden seine Arbeiten in Persepolis von Erich Friedrich Schmidt fortgesetzt, der – genauso wie Herzfeld – emigrieren musste. Dennoch veröffentlichte Herzfeld noch bis 1938 seine Ergebnisse in den „Archäologischen Mitteilungen aus Iran" (seit 1929), den „Ergänzungsbänden" (seit 1938) und in den „Iranischen Denkmälern" (nach 1932). Seine Londoner Vorlesungen (1934) und seine Lowell Lectures in Harvard erschienen als „Archaeological History of Persia" (Herzfeld 1935) sowie als „Persia in the Ancient East" (Herzfeld 1941). Herzfelds Endpublikationen über seine Forschungen im Fars-Gebiet und in Sistan sind indessen niemals erschienen. Es unterliegt keinem Zweifel, dass Herzfeld als einer der großen Forscher und Interpretatoren persischer Kunst und Geschichte angesehen werden muss (Herzfeld 1938a; 1938b; Erdmann 1937; 1954).

Herzfelds Ausgrabungen in Ktesiphon wurden von 1928 bis 1929 und von 1931 bis 1932 unter Oskar Reuther und Ernst Kühnel fortgesetzt; vor allem die letzte Kampagne, die unter amerikanischer Beteiligung stattfand, erbrachte grundlegende Kenntnisse über die Topographie, Architektur und Geschichte dieser sassanidischen Hauptstadt (Reuther 1930; Kühnel 1933).

In der Nachfolge von Sarres frühen Untersuchungen zur islamischen Archäologie setzten weitere deutsche und österreichische Aktivitäten in Persien und Zentralasien im späten 19. Jh. ein. Der Gründer des Berliner Ethnologischen Museums, Adolf Bastian, sammelte seit 1899 Keramik und archäologisches Material in Afras und Toi Tappeh (bei Tashkent) (Grünwedel 1890; Erdmann 1942). Zwischen 1912 und 1914 versuchten der Wiener Ernst Diez und Oskar von Niedermayer in Nishapur auszugraben; als ihre Grabungserlaubnis aufgehoben wurde, dokumentierten sie zahlreiche Denkmäler aus islamischer Zeit (Diez 1918); von Niedermayer sammelte reichhaltiges Fotomaterial während einer Militärmission in Afghanistan (1916/1917) (Niedermayer 1924).

Einen Markstein in den deutsch-iranischen Wissenschafts-Beziehungen stellt die Errichtung eines Deutschen Instituts in Isfahān im Jahre 1938 unter der Leitung des Iranisten Wilhelm Eilers dar, der auch kurzzeitig an den Ausgrabungen in Persepolis teilgenommen hatte. Die Hauptinteressen dieses Instituts lagen indessen seit 1939 auf philologischem und linguistischem Gebiet. 1941 musste das Institut auf Grund der politischen Situation geschlossen werden, Eilers wurde nach Australien deportiert. Er kehrte allerdings 1957 mit Kurt Erdmann und Ernst Kühnel nach Iran zurück, um künftige Aktivitäten vorzubereiten. Auf einer Expedition unter Leitung des Archäologen Hans Henning von der Osten und des Schweden Bertil Almgren im Jahre 1958 wurden das sassanidische Feuerheiligtum von Takht-i Suleiman und die benachbart gelegenen eisenzeitlichen Ruinen am Zendan-i Suleiman für künftige Grabungen ausgewählt. Nach Hans Henning von der Ostens plötzlichem Tod im Jahre 1960 leiteten Rudolf Naumann bis 1976 und Dietrich Huff bis 1978 die dortigen Untersuchungen (Damm 1968; Naumann 1961; 1962; 1964; 1965; 1974; 1975; 1977; Huff 1969; 1977; 1987).

Im Jahre 1961 konnte die Abteilung Teheran des Deutschen Archäologischen Instituts eröffnet worden. Als erster Leiter fungierte Heinz Luschey (bis 1971), ihm folgte Wolfram Kleiss bis 1995. Von Anfang an setzte das Institut seine Publikationsreihen fort: Die „Archäologische Mitteilungen aus Iran", „Ergänzungsbände" und „Iranische Denkmäler" wurden fortgesetzt, dazu kamen die „Teheraner Forschungen" (seit 1960), „Beiträge zur Archäologie und Geologie des Zendan-i-Suleiman" (seit 1968), „Tacht-e Suleiman" (seit 1976), „Führer zu Archäologischen Plätzen in Iran" (seit 1977), „Bastam" (seit 1979) und „Materialien zur Iranischen Archäologie" (seit 1993). Die ersten deutschen Ausgrabungen und Surveys nach dem Ende des Zweiten Weltkrieges fanden 1963 in Bisotun statt (Luschey 1968; Kleiss 1970; 1972; 1974; Trümpelmann 1968; Salzmann 1976; Huff 1985;1998; Kleiss & Calmeyer 1996).

Nach intensiven Feldarbeiten in Azarbaidjan trat die Erforschung des Urartäischen Reiches seit 1968 in den Mittelpunkt des Interesses. Kleiss grub 1968 den befestigten Platz Sangar mit seinen Felsgräbern aus (Kleiss 1969; 1970), 1969 folgten Ausgrabungen in der urartäischen Festung Bastam im Norden von Koyn (Kleiss 1970; 1972; Kleiss (Hrsg.) 1979; 1988; Kleiss & Kroll 1979; Kroll 1977; von Schuler 1972).

Die Verbesserung des Kenntnisstandes der frühen sassanidischen Zeit war jetzt eines der Hauptinteressen der deutschen archäologischen Forschung in Iran. Untersuchungen in den Umgebungen von Firuzabad, Farrashband, Kazerun und Nurabad, in der kreisrund angelegten Stadt Ardashir Kura (1972) und die in Verbindung mit der National Iranian Organization for the Conservation of Historical Monuments durchgeführten Ausgrabungen in den beiden Palästen in Firuzabad (1975-1978) müssen hier erwähnt werden.

Zwischen 1971 und 1975 wurde ein Forschungsprogramm unter Leitung von H. J. Nissen in der Behbahan-Lordagan-Region unter Beteiligung des Oriental Institute of Chicago und der Berliner Universität durchgeführt. Dabei konnte im Verlauf der Arbeiten die aus dem 5. vorchristlichen Jahrtausend stammende Siedlung von Tappeh Sohz bei Behbahan ausgegraben werden (Nissen 1973; Bernbeck 1989). Von 1971 bis 1978 fanden Grabungen an dem früheisenzeitlichen Fürstensitz Kordlar Tappeh (bei Urmia) durch eine österreichische Expedition statt (Lippert 1979).

Neben Ausgrabungen führten das Deutsche Archäologische Institut und andere archäologische Institutionen in der Folgezeit eine große Zahl von Surveys und Untersuchungen durch. Besondere Aufmerksamkeit widmete man der Luristan-Kultur (Calmeyer 1964; 1969; 1973 a und b). Persepolis und Pasargadae waren ebenfalls Gegenstand von Untersuchungen: Herzfelds und Sarres Studien zur achämenidischen Skulptur und persischen Felskunst konnten fortgesetzt werden (Calmeyer 1973a; 1973b; 1981; 1992; Gall 1974b; 1990; Gropp 1971b; Herrmann 1977; 1980-1983; Herrmann & MacKenzie 1989; Huff 1984; Hrouda & Trümpelmann 1976; Kleiss & Calmeyer 1975; Krefter 1971; 1973; Trümpelmann 1975a; 1975b; Walser 1966), ebenso fanden Forschungen zu den so genannten medischen und südpersischen Felsgräbern und Feuerheiligtümern statt (Calmeyer 1978; Gall 1966; 1974a; 1988; Gropp 1970, 203-208; Huff 1971a; 1975c; 1988, 1992; 1999b; Kleiss 1972, 199-204). Die Untersuchungen der zoroastrischen Feuertempel wurden sowohl vom Teheraner Institut, als auch von den Universitätsinstituten Hamburg und Göttingen fortgesetzt (Gropp 1969; 1971a; Schippmann 1971), Architekturstudien zu persischen Palästen veröffentlichten u.a. Huff (Huff 1993; 1999a) und Kleiss (Kleiss 1989). Dämme, Brücken, das Straßenwesen und Karawansereien aus achämenidischer bis islamischer Zeit waren ebenfalls Gegenstand von Forschungsreisen (Kleiss 1991; 1992; 1996-1997). Untersuchungen der Elamischen Kultur führte die Universität Göttingen durch (Hinz 1964; Hinz & Koch 1987; Seidl 1986), während die Universität Tübingen und andere Hochschulen Surveys in verschiedenen Regionen Irans vornahmen (Carls 1982; Gaube 1973a; 1980; Gropp 1995; Hinz 1969; Pohanka 1986; Schippmann 1970; Schweizer 1972). Die Universitäten Bamberg und Tübingen widmeten sich intensiv der islamischen Archäologie (Finster 1994; Leisten 1998), die Universitäten Wien und Tübingen der antiken Numismatik und Sphragistik (Gaube 1973b; Göbl 1971; 1973; 1976; 1984; 1993). Die Universität München entwickelte sich zu einem Zentrum der archäozoologischen Forschung (Boessneck 1973; Boessneck & Krauss 1973).

Nach 1978 konnten in Iran zunächst weder Ausgrabungen noch umfangreichere Feldarbeiten durchgeführt werden. Nach 1989 weiteten sich die Aktivitäten der Teheraner Abteilung des Deutschen Archäologischen Instituts deshalb nach Zentralasien aus (Götzelt 1996): 1993 setzten in Zusammenarbeit mit dem Uzbekischen Archäologischen Institut Grabungen in der uzbekischen Provinz Surkhandaria ein, zunächst am Tappeh Dzhandaulat, seit 1994 in Dzharkutan (Huff 1997).

1996 wurde die Teheraner Abteilung im Zuge der Neuorganisation des Deutschen Archäologischen Instituts in die neu geschaffene „Eurasien-Abteilung" integriert. Neben anderen Aktivitäten begannen 1997 unter Führung von Hermann Parzinger Ausgrabungen und Forschungsarbeiten zu Rohstofffragen im uzbekischen Karnab-Gebiet und im Tajik-Gebiet von Pendzikent (vor allem in Mushiston): Diese Forschungen fanden in Kooperation mit dem Deutschen Bergbau-Museum Bochum, der TU Bergakademie Freiberg und dem Uzbekischen und Tadschikischen Archäologischen Institut statt (Alimov et al. 1998; Parzinger & Boroffka 2003). Ein weiteres Forschungsprogramm in Tadschikistan betraf 1997 das Kuljab-Gebiet.

Die Zeitschriften der Teheraner Abteilung wurden teilweise von der Eurasien-Abteilung fortgesetzt: Die „Archäologischen Mitteilungen aus Iran (AMI)" heißen seit 1997 „Archäologische Mitteilungen aus Iran und Turan (AMIT)", die „Ergänzungsbände" wurden in „Archäologie in Iran und Turan" umbenannt. Eine neue Zeitschriftenserie („Eurasia Antiqua") und eine Reihe von Monographien („Archäologie in Eurasien") entstanden seit 1995 bzw. 1996.

Bibliographie

ALAVI, B.:
1965   Geschichte und Entwicklung der modernen persischen Literatur, Berlin.

ALIMOV, K., BOROFFKA, N., BUBNOVA, M., BURJAKOV, J., CIERNY, J., JAKUBOV, J., LUTZ, J., PARZINGER, H., PERNICKA, E., RADILILOVSKIJ, V., RUZANOV, V., ŠIRINOV, T., STARŠININ, D. & WEISGERBER, G.:
1998   Prähistorischer Zinnbergbau in Mittelasien. Vorbericht der Kampagne 1997. Eurasia Antiqua 4, 137-199.

ANDERSEN, J.:
1669   Orientalische Reise-Beschreibungen: Jürgen Andersen aus Schlesswig, der an Christi 1644 aussgezogen und 1650 wieder kommen … (hrsg. v. Adam Olearius), Schleswig.

ANSARI, H.:
1967   Deutsch-iranische Beziehungen nach dem Zweiten Weltkrieg, Phil.-Diss. München.

BAST, O. = BAST I
    Stichwort „German-Persian Diplomatic Relations". In: Encyclopaedia Iranica (auch www. iranica.com/articles).

BAST, O. = BAST II
    Stichwort „German Travelers and Explorers in Persia". In: Encyclopaedia Iranica (auch www. iranica.com/articles).

BERNBECK, R.:
1989   Die neolithische Keramik aus Qaleh Rostam, Berlin.

BLAU, O.:
1858   Commercielle Zustände Persiens: aus den Erfahrungen einer Reise im Sommer 1857, Berlin.

BLÜCHER, W. VON:
1960   Deutsch-Persische Beziehungen im Laufe der Geschichte. Mitteilungen des Instituts für Auslandskunde 10, 234-239.

BOESSNECK, J.:
1973   Tierknochenfunde vom Zendan-i Suleiman (7. Jahrhundert v. Christus). Arch. Mitteilungen aus Iran, N.S. 6, 95-112.

BOESSNECK, J. & KRAUSS, R.:
1973   Die Tierwelt um Bastam/Nordwest-Azerbaidjan. Arch. Mitteilungen aus Iran, N.S. 6, 113-133.

BRUGSCH, H. C.:
1862-1863   Reise der Königlich preussischen Gesandtschaft nach Persien, 1860 und 1861, Leipzig, 2 Bde.

CALMEYER, P.:
1964   Altiranische Bronzen der Sammlung Bröckelschen, Berlin.
1969   Datierbare Bronzen aus Luristan und Kirmanshah, Berlin.
1973a   Reliefbronzen im babylonischen Stil: Eine westiranische Werkstatt des 10. Jahrhunderts v. Chr., München.
1973b   Zur Genese altiranischer Motive I-XI. Arch. Mitteilungen aus Iran, N.S. 6, 135-152.
1978   Das Grabrelief von Ravansar. Arch. Mitteilungen aus Iran, N.S. 11, 73-85.
1981   Figürliche Fragmente aus Pasargadae nach Zeichnungen E. Herzfelds. Arch. Mitteilungen aus Iran, N.S. 14, 27-44.
1992   Zur Genese altiranischer Motive XI: eingewebte Bildchen. Arch. Mitteilungen aus Iran, N.S. 25, 95-125.

CARLS, G.:
1982   Alt-Hormuz: Ein historischer Hafen an der Straße von Hormuz, München.

CATANZARO, CH.:
    Stichwort „German Cultural Influence in Persia". In: Encyclopaedia Iranica (auch www. iranica.com/articles).

CHEHABI, I.:
1981   „In meinem Land gibt es keine Rose…": Kulturelle Beziehungen zwischen Deutschland und Iran. Die Horen 123, 149-152.

DAMM, B.:
1968   Geologie des Zendan-i Suleiman, Wiesbaden.

DIETZ, E.:
1918   Churasanische Baudenkmäler, Berlin.

DRAEGER, R.:
1928   Die Deutsche Schule in Teheran seit 1909. In: Aus deutscher Bildungsarbeit im Auslande, Langensalza.

ERDMANN, K.:
1937   Das Datum des Taq-i Bostan. Ars Islamica 4, 79-91.
1942   Die Keramik von Afrasiab. Berliner Museen 53, 1941, 18-28.
1954   Zur Datierung des Taq-i Bustan und der Pariser Silberschale. Zeitschrift der Deutschen Morgenländischen Gesellschaft 104, 538-539.

ESSEN
1962   7000 Jahre Kunst in Iran. 16. Februar bis 24. April 1962 in Villa Hügel, Essen.

FINSTER, B.:
1994   Frühe iranische Moscheen. Vom Beginn des Islam bis zur Zeit saljuqischer Herrscher, Berlin.

FRAGNER, B. G.:
    Stichworte „Iranian Studies in German: Pre-islamic Period" und „Iranian Studies in
German;   Islamic Period". In: Encyclopaedia Iranica (auch www. iranica.com/articles).

GABRIEL, A.:
1952   Die Erforschung Persiens: Die Entwicklung der abendländischen Kenntnis der Geographie Persiens, Wien.

GALL, H. VON:
1966   Zu den „medischen" Felsgräbern in Nordwestiran und Iraqi Kurdistan. Archäologischer Anzeiger 1966, 19-43.
1974a   Neue Beobachtungen zu den sog. Medischen Felsgräbern. Proceedings of the 2nd Annual Symposium on Archaeological Research in Iran, Tehran 1973, Tehran 139-154.
1974b   Die Kopfbedeckung des persischen Ornats bei den Achaemeniden. Arch. Mitteilungen aus Iran, N.S. 7, 145-161.
1988   Das Felsgrab von Qizqapan: Ein Denkmal aus dem Umfeld der achämenidischen Königsstraße. Baghdader Mitteilungen 19, 557-582.

1990	Das Reiterkampfbild in der iranischen und iranisch beeinflussten Kunst parthischer und sasanidischer Zeit, Berlin.

GAUBE, H.:
1973a	Die südpersische Provinz Arragan, Kuh-khuyeh von der arabischen Eroberung bis zur Safawidenzeit, Wien.
1973b	Arabo-sasanidische Numismatik, Braunschweig.
1980	Im Hinterland von Sraf: Das Tal von Galledar/Fal und seine Nachbargebiete. Arch. Mitteilungen aus Iran, N.S. 13, 149-167.

GEHRKE, U.:
1960	Persien in der deutschen Orientpolitik während des Ersten Weltkrieges. Darstellungen zur Auswärtigen Politik 1, Stuttgart, 2 Bde.

GELPKE, R.:
1961	Persische Meistererzähler der Gegenwart.
1962	Die iranische Prosaliteratur im 20. Jahrhundert: Grundlagen und Voraussetzungen, Wiesbaden.

GENSCHER, H.-D.:
1995	Erinnerungen, Berlin.

GLOBUS
1862a	Illustrierte Zeitschrift für Länder- und Völkerkunde 1, Hildburghausen.
1862b	Illustrierte Zeitschrift für Länder- und Völkerkunde 2, Hildburghausen.
1864	Illustrierte Zeitschrift für Länder- und Völkerkunde 5, Hildburghausen.

GMELIN, S. G.:
1784	Reise durch Russland zur Erkundung der drey Naturreiche. III: Reise durch das nördliche Persien in den Jahren 1770, 1771 bis im April 1772, 4 Teile in 3 Bde., St. Petersburg 1770-1784, Teil 4: Reise von Astrachan nach Zarizyn … im gleichen zweyte persische Reise in den Jahren 1772 und 1773 bis im Frühling 1774, nebst dem Leben des Verfassers, St. Petersburg.

GÖBL, R.:
1971	Sasanian Numismatics, Braunschweig.
1973	Der Sasanidische Siegelkanon, Braunschweig.
1976	Die Tonbullen vom Tacht-e Suleiman, Berlin.
1984	System und Chronologie der Münzprägung des Kushanreiches, Wien.
1993	Donum Burns. Die Kushanmünzen im Münzkabinett Bern und die Chronologie, Wien.

GÖTZELT, T.:
1996	Ansichten der Archäologie Süd-Turkmenistans bei der Erforschung der „mittleren Bronzezeit" (Periode Namazga V), Espelkamp.

GROPP, G.:
1969	Die Funktion des Feuertempels der Zoroastrier. Arch. Mitteilungen aus Iran, N.S. 2, 147-175.
1970	Bericht über eine Reise in West- und Südiran. Arch. Mitteilungen aus Iran, N.S. 3, 173-208.
1971a	Die rezenten Feuertempel der Zarathustrier. Arch. Mitteilungen aus Iran, N.S. 4, 263-288.
1971b	Beobachtungen in Persepolis. Arch. Mitteilungen aus Iran, N.S. 4, 25-49.
1995	Archäologische Forschungen in Khorasan, Iran, Wiesbaden.

GROTHE, H.:
1910	Wanderungen in Persien, Berlin.

GRÜNWEDEL, A.:
1890	Bericht über die Reise des Herrn Bastian. Zeitschrift für Ethnologie 212, 347 ff.

HERRMANN, G.:
1977	Naqsh-i Rustam 5 and 8: Sasanian Reliefs attributed to Hormuzd II and Naresh. Iranische Denkmäler 8, Berlin.
1980-1983	Iranische Denkmäler, Berlin.

HERRMANN, G. & MACKENZIE, D. N.:
1989	The Sasanian Rock Reliefs at Naqsh-i Rustam: Naqsh-i Rustam 6, The Triumph of Shapur I. Iranische Denkmäler 13, Berlin.

HERZFELD, E.:
1908	Pasargardae. Klio 8/1, 1-68.
1914	Die Aufnahme des sasanidischen Denkmals von Paikuli. Abhandlungen der Königlich preussischen Akademie der Wissenschaften, Phil.-Hist. Klasse 1, Berlin.
1920	Am Tor von Asien, Berlin.
1924	Paikuli: Monument and Inscription of the Early History of the Sasanian Empire, Berlin.
1926	Reisebericht. Zeitschrift der Deutschen Morgenländischen Gesellschaft 80, N.S. 5, 225-284.
1935	Archaeological History of Persia, London.
1938a	Altpersische Inschriften, Berlin.
1938b	Khusrau Parwez und der Taq i Vastan. Arch. Mitteilungen aus Iran 9, 91-158.
1941	Persia in the Ancient East, Oxford.

HERZFELD, E. & WALSER, G.:
1968	The Persian Empire, Wiesbaden.

HINZ, W.:
1934	Persische Darstellung eines deutschen Botschafters am Hofe des Shah Abbas vom Jahre 1609. Berliner Museen 55, 34-38.
1935	Iran und Deutschland im 17. Jahrhundert. Forschungen und Fortschritte 11, 408-409.
1964	Das Reich Elam, Stuttgart.
1969	Altiranische Funde und Forschungen, Berlin.

HINZ, W. & KOCH, H.:
1987	Elamisches Wörterbuch, Berlin.

HIRSCHFELD, Y.:
1980	Deutschland und Iran im Spielfeld der Mächte: Internationale Beziehungen unter Reza Schah 1921-1941. Schriftenreihe des Instituts für Deutsche Geschichte an der Tel Aviv Universität 5, Düsseldorf.

HROUDA, B. & TRÜMPELMANN, L.:
1976	Sarpol-i Zohab: Die Felsreliefs I-IV, das parthische Felsrelief. Iranische Denkmäler 7, Berlin.

HUFF, D.:
1969	Takht-e Suleiman. Iran 7, 192-193.
1971a	Das Felsgrab von Fakhrikah. Istanbuler Mitteilungen 21, 161-171.
1975c	Nurabad: Dum-i Mil. Arch. Mitteilungen aus Iran, N.S. 8, 167-209.
1977b	Takht-i Suleiman. Arch. Mitteilungen aus Iran, N.S. 10, 211-230.
1984	Das Felsrelief von Qir (Fars). Arch. Mitteilungen aus Iran, N.S. 17, 221-247.
1985	Harsin. Arch. Mitteilungen aus Iran, N.S. 18, 15-44.

1987	Technological Observations on Clay Bullae from Takht-i Suleiman. Mesopotamia 22, 367-390.
1988	Zum Problem zoroastrischer Grabanlagen im Fars I. Gräber. Arch. Mitteilungen aus Iran, N.S. 21, 145-176.
1992	Zum Problem zoroastrischer Grabanlagen im Fars II. Arch. Mitteilungen aus Iran, N.S. 25, 207-217.
1993	Sassanidische Architektur/Architecture sassanide. In: Splendeur des Sassanides: L'Empire perse entre Rome et la Chine (224-624). Catalogue of Exposition at the Musées Royaux d'Art et d'Histoire (12 February-25 April 1993), Brüssel, 45-61.
1997	Deutsch-uzbekische Ausgrabungen auf dem Džandaulattepe und in Džarkutan, Süduzbekistan, 1993-1995. Mitteilungen der Berliner Gesellschaft für Anthropologie, Ethnologie und Urgeschichte 18, 83-95.
1998	Fire Altars and Astodans. In: V. Sarkhosh-Curtis, R. Hillenbrand & J. Rogers (Hrsg.), The Art and Archaeology of Ancient Persia, London, 74-83.
1999a	Traditionen iranischer Palastarchitektur in vorislamischer und islamischer Zeit. In: B. Finster, Rezeption in der islamischen Kunst. Beiruter Texte und Studien 61, Beirut, 141-160.
1999b	Das „Medische" Grabrelief von Deh Now. In: Studia Iranica 28, 7-40.

HUFF   Stichwort „Archaeological Explorations and Excavations". In: Encyclopaedia Iranica (auch www. iranica.com/articles).

HUMBACH, H. & SKJOERVÖ, P. O.:
1978-1983	The Sassanian Inscription of Paikuli, Wiesbaden, 3 Bde.

KAEMPFER, E.:
1712	Amoenitatum exoticarum politico-physico-medicarum fasciculi V: quibus continentur variae relationes, observationes et descriptiones rerum persicarum et ulterioris Asiae…, Lemgo.

KLEISS, W.:
1969	Bericht über zwei Erkundungsreisen im Nordwest-Iran. Arch. Mitteilungen aus Iran, N.S. 2, 7-119.
1970	Bericht über Erkundungsfahrten im Nordwest-Iran im Jahre 1969. Arch. Mitteilungen aus Iran, N.S. 3, 107-132.
1972	Bericht über Erkundungsfahrten im Iran im Jahre 1971. Arch. Mitteilungen aus Iran, N.S. 5, 135-242.
1974	Die urartäischen Anlagen in Bastam nach der Grabung 1973. Arch. Mitteilungen aus Iran, N.S. 7, 107-114.
1989	Die Entwicklung von Palästen und palastartigen Wohnbauten in Iran. Sitzungsberichte der Österreichischen Akademie der Wissenschaften, Phil.-Hist. Klasse 524, Wien. Veröffentlichungen der Kommission für Iranistik 22.
1991	Wasserschutzdämme und Kanalbauten in der Umgebung von Pasargadae. Arch. Mitteilungen aus Iran, N.S. 24, 23-30.
1992	Dammbauten aus achaemenidischer und aus sasanidischer Zeit in der Provinz Fars. Arch. Mitteilungen aus Iran, N.S. 25, 131-145.
1996-1997	Karawanenbauten in Iran, 2. Bde.

KLEISS, W. (HRSG.):
1979	Bastam 1. Ausgrabungen in den urartäischen Anlagen 1972-1975 (Teheraner Forschungen 4), Berlin.
1988	Bastam 2. Ausgrabungen in den urartäischen Anlagen 1977-1978 (Teheraner Forschungen 5), Berlin.

KLEISS, W. & CALMEYER, P.:
1975	Das unvollendete achaemenidische Felsgrab bei Persepolis. Arch. Mitteilungen aus Iran, N.S. 8, 81-98.
1996	Bisutun: Ausgrabungen und Forschungen in den Jahren 1963-1967, Berlin.

KLEISS, W. & KROLL, ST.:
1979	Früharmenische Burgen in Nordwest-Azerbaidjan. Arch. Mitteilungen aus Iran, N.S. 12, 289-302.

KOCH, H.:
1990	Verwaltung und Wirtschaft im persischen Kernland zur Zeit der Achämeniden, Wiesbaden.

KOCHWASSER, F.:
1960	Die holsteinische Gesandtschaftsreise 1633/1639. In: Mitteilungen des Instituts für Auslandsbeziehungen 10, Nr. 3/4, 246-255.
1961	Iran und Wir: Geschichte der deutsch-iranischen Handels- und Wirtschaftsbeziehungen, Herrenalb.

KOTZEBUE, M. VON:
1819	Reise nach Persien mit der Russisch Kaiserlichen Gesandtschaft im Jahre 1817, Weimar.

KREFTER, F.:
1971	Persepolis. Rekonstruktionen: Der Wiederaufbau des Frauenpalastes, Rekonstruktionen der Paläste. Modell von Persepolis, Berlin.
1973	Persepolis. A Propos: Beiträge zur Funktionsbestimmung. Arch. Mitteilungen aus Iran, N.S. 6, 153-161.

KRÖGER, J.:
     Stichwort „Collections and Study of Persian Art in Germany". In: Encyclopaedia Iranica (auch www. iranica.com/articles).

KROLL, ST.:
1977	Keramik urartäischer Festungen in iranisch-Azarbaidjan, Berlin.

KÜHNEL, E.:
1933	Die Ausgrabungen der zweiten Ktesiphon-Expedition, Winter 1931/1932, Berlin.

LEHMANN-HAUPT, C. F.:
1910	Armenien einst und jetzt, Berlin.

LEISTEN, T.:
1998	Architektur für Tote: Bestattungen in architektonischem Kontext in den Kernländern der islamischen Welt zwischen 3./9. und 6./12. Jahrhundert, Berlin.

LIPPERT, A.:
1979	Die österreichischen Ausgrabungen am Kordlar-Tepe in Persisch-Westaserbeidschan (1971-1978). Arch. Mitteilungen aus Iran, N.S. 12, 103-153.

LUSCHEY, H.:
1968	Die Datierung der sasanidischen Kapitelle aus Bisutun und des Monuments von Taq-i Bustan. Arch. Mitteilungen aus Iran, N.S. 1, 129-142.

MADANI, S. D.:
1986	Iranische Politik und Drittes Reich, Bern, Frankfurt, New York.

MALTZAHN, H. FRHR. V.:
1962	Goethe und der Osten. In: Essen 1962, 42.

MANDELSLO, J. A. VON:
1651	Reyse uyt Persien nae Ost-Indien, Amsterdam.

MANN, O.:
1903 Archäologisches aus Persien. Globus 83, 327-331.
1904/1905 Reisen im westlichen Persien. In: Sitzungsbericht 9.11.1904: Mittheilungen des Vereins für Erdkunde, Leipzig, 33-38.

MARTIN, B. G.:
1959 German-Persian Diplomatic Relations 1873-1912, Den Haag.

MOORTGAT, A.:
1932 Bronzegerät aus Luristan, Berlin.

NAUMANN, R.:
1961 Takht-i Suleiman und Zendan-i Suleiman. Archäologischer Anzeiger 1961, 30-53.
1962 Takht-i Suleiman und Zendan-i Suleiman. Archäologischer Anzeiger 1962, 636-666.
1964 Takht-i Suleiman und Zendan-i Suleiman. Archäologischer Anzeiger 1964, 8-27.
1965 Takht-i Suleiman und Zendan-i Suleiman. Archäologischer Anzeiger 1965, 620-698.
1974 Vorbericht über die Ausgrabungen auf dem Taxt-e Soleyman 1973. Proceedings of the 2nd Annual Symposium in Archaeological Research in Iran, Tehran, 194-215.
1975 Takht-i Suleiman und Zendan-i Suleiman. Archäologischer Anzeiger 1975, 109-204.
1977 Die Ruinen von Tacht-e Suleiman und Zendan-e Suleiman, Berlin.

NAUMANN, R. & NAUMANN, E.:
1976 Takht-i Sulaiman, München.

NIEBUHR, C.:
1774-1778 Reisebeschreibung nach Arabien und den umliegenden Ländern, Kopenhagen, 3 Bde.

NIEDERMAYER, O. R. VON:
1920 Das Binnenbecken des iranischen Hochlandes, München.
1924 Afghanistan, Leipzig.
1925 Unter der Glutsonne Irans: Kriegserlebnisse der deutschen Expedition nach Persien und Afghanistan, Dachau.

NISSEN, H. J.:
1973 Tepe Sohz. Iran 11, 206-207.

OLEARIUS, A.:
1656 Vermehrte Newe Beschreibung der Muscowitischen und persischen Reyse, Schleswig.
1658 Des hoch edelgebornen Johan Albrechts von Mandelslo morgenländische Reyse-Beschreibung …, Schleswig.

PARTHEY, D.:
1697 Ost-Indianische und Persianische Neun-jährige Kriegs-Dienste und warhafftige Beschreibung, was sich, Zeit solcher 9. Jahren, … von Anno Christi 1677 biss 1686 …, Nürnberg-Altdorf.

PARZINGER, H. & BOROFFKA, N.:
2003 Das Zinn der Bronzezeit in Mittelasien I. Die siedlungsarchäologischen Forschungen im Umfeld der Zinnlagerstätten. Archäologie in Iran und Turan 5, Mainz.

PAULI, G.:
1887 Von Tabriz bis Van. Mittheilungen der Geographischen Gesellschaft 11, Lübeck.

PETERMANN, J. H.:
1865 Reisen im Orient, Leipzig, 2 Bde.

PETERS, G.:
1928 Die deutsche Schule in Teheran von 1907 bis 1909. Aus deutscher Bildungsarbeit im Auslande, Langensalza, 2 Bde.

PFEIFFER, I.:
1850 Eine Frauenfahrt um die Welt, Wien, 3 Bde.

POHANKA, R.:
1986 Burgen und Heiligtümer in Luristan, Südiran. Sitzungsberichte der Österreichischen Akademie der Wissenschaften, Phil.-Hist. Klasse 466, Wien.

POLAK, J. E.:
1865 Persien, das Land und seine Bewohner, Leipzig, 2 Bde.
1888 Beiträge zur Expedition nach Persien im Jahre 1882. Mittheilungen der K.K. Geographischen Gesellschaft in Wien, N.S. 21, 136-142.

POSER, H. VON:
1675 Der beeden königlichen Erb-Fürstenthümer Schweidnitz und Jauer in Schlesien hochverordneten Landes-Bestellten des hochedelgebohrnen Herren Heinrich von Poser und Gross-Nedlitz Lebens- und Todes-Geschichte …, Jena.

RAHNEMA, T.:
1981 Die deutsche Literatur des 20. Jahrhunderts in Iran. Die Horen 123, 141-148.

REHS, M.:
1960 Deutsches Schulwesen in Iran. Mitteilungen des Instituts für Auslandsbeziehungen 10, Nr. 3/4, 276-278.

REUTHER, O.:
1930 Die Ausgrabungen der deutschen Ktesiphon-Expedition im Winter 1928/1929, Berlin.

SALZMANN, W.:
1976 Die Felsabarbeitung und Terrasse des Farhad in Bisutun. Archäologischer Anzeiger 1976, 110-134.

SARRE, F.:
1899 Reise von Ardebil nach Zendschan im nordwestlichen Persien. H. Petermanns Mittheilungen 45, 215-217.
1902 Reise nach Mazenderan. Zeitschrift der Gesellschaft für Erdkunde 1902, Berlin, 99-111.
1910 Denkmäler persischer Baukunst, Berlin.

SARRE, F. & HERZFELD, E.:
1910 Iranische Felsreliefs: Aufnahmen und Untersuchungen von Denkmälern aus alt- und mittelpersischer Zeit, Berlin.
1911-1920 Archäologische Reise im Euphrat- und Tigris-Gebiet, Berlin, 4 Bde.

SCHILLINGER, F. C.:
1716 Persianische und Ost-Indianische Reis, welche Frantz Caspar Schillinger mit P. Wilhelm Weber und P. Wilhelm Mayr durch das Türckische Gebiet im Jahr 1699 angefangen und 1702 vollendet, Nürnberg.

SCHILTBERGER, H.:
1859 Reisen des Johannes Schiltberger aus München in Europa, Asia und Africa von 1394 bis 1427 (hrsg. v. K. F. Neumann), München.

SCHIPPMANN, K.:
1970 Notizen einer Reise in den Bachtiaribergen. Arch. Mitteilungen aus Iran, N.S. 1, 231-237.
1971 Die iranischen Feuerheiligtümer, Berlin.

SCHULER, E. VON:
1972 Urartäische Inschriften aus Bastam. Arch. Mitteilungen aus Iran, N.S. 3, 93-106 und 117-134.

SCHWEIZER, G.:
1972 Bandar Abbas und Hormuz: Schicksal und Zukunft einer iranischen Hafenstadt am Persischen Golf. TAVO Tübinger Atlas des Vorderen Orients, B 2, Wiesbaden.

SCURLA, H.:
1876 Im Reich des Königs der Könige: Berichte deutscher Persienreisender aus dem 17. bis 19. Jahrhundert, Berlin.

SEIPEL, W. (HRSG.):
2001/2002 7000 Jahre persische Kunst. Meisterwerke aus dem Iranischen Nationalmuseum in Teheran, Wien, Bonn.

STOLZE, D.:
1883 Persepolis. Verhandlungen der Gesellschaft für Erdkunde Berlin 10, 251-276.

STOLZE, F. & ANDREAS, F. C.:
1882 Persepolis, die achaemenidischen und sassanidischen Denkmäler und Inschriften von Persepolis, Istakhr, Pasargadae, Shahpur, Berlin, 2 Bde.
1885 Die Handelsverhältnisse Persiens: mit besonderer Berücksichtigung der deutschen Interessen. Petermanns Mitteilungen aus Justus Pertes' Geographischer Anstalt, Ergänzungsheft 77, Gotha.

STRATIL-SAUER, G.:
1960 Der deutsche Anteil an der Erforschung Irans. Mitteilungen des Instituts für Auslandsbeziehungen 10, Nr. 3/4, 267-272.

TECTANDER, G. VON DER JABEL:
1608 Kurtze und warhafftige Beschreibung der Reiss von Prag aus, durch Schlesien, Polen, Moscaw, Tartareyen, bis an den Königlichen Hoff in Persien … anno 1605, Leipzig.
1610 Iter persicum: kurtze doch ausführliche und warhafftige Beschreibung der Persianischen Reiss: welche auff der Röm: Kay: May: aller gnedig. Befelch im Jahr Christi 1602, Altenburg.

THIELMANN, M. VON:
1875 Streifzüge im Kaukasus, in Persien und in der asiatischen Türkei, Leipzig.

TRÜMPELMANN, L.:
1968 Die Terrasse des Khosrow. Archäologischer Anzeiger 1968, 11-17.
1975a Das sasanidische Felsrelief von Sar Mahad. Iranische Denkmäler 5, Berlin.
1975b Das sasanidische Felsrelief von Darab. Iranische Denkmäler 6, Berlin.

VAMBERY, A.:
1865 Reise in Mittelasien, Leipzig.

WAGNER, M.:
1852 Reise nach Persien und dem Lande der Kurden, Leipzig.

WALSER, G.:
1966 Die Völkerschaften auf den Reliefs von Persepolis: Historische Studien über den sogenannten Tributzug an der Apadanatreppe, Berlin.

WEBER, W. & MAYR, W.:
1716 Persianische und Oost-Indianische Reise, 1699-1702, Nürnberg.

WEITHOFER, K. A.:
1890 Über Jura und Kreide aus dem nordwestlichen Persien. Sitzungsberichte der Kaiserlichen Akademie der Wissenschaften, Mathematisch-Naturwissenschaftliche Klasse 98, 1889, 756-773.

WESTARP, E.-J.:
1913 Unter Halbmond und Sonne, Berlin.

Willock, A. D. H.:
1834 Notice of the Circumstances attending the Assassination of Prof. Schultz. JRAS 1, 134-136.

WORMS, J. G.:
1737 Johann Gottlieb Worms, aus Döbeln, Ost-indian- und persianische Reisen (hrsg. v. M. C. Weis), Dresden.

Zugmayer, E.:
1905 Eine Reise durch Vorderasien im Jahre 1904, Berlin.

Der 5612 m hohe Damavand nordöstlich von Teheran. Foto. G. Gerster

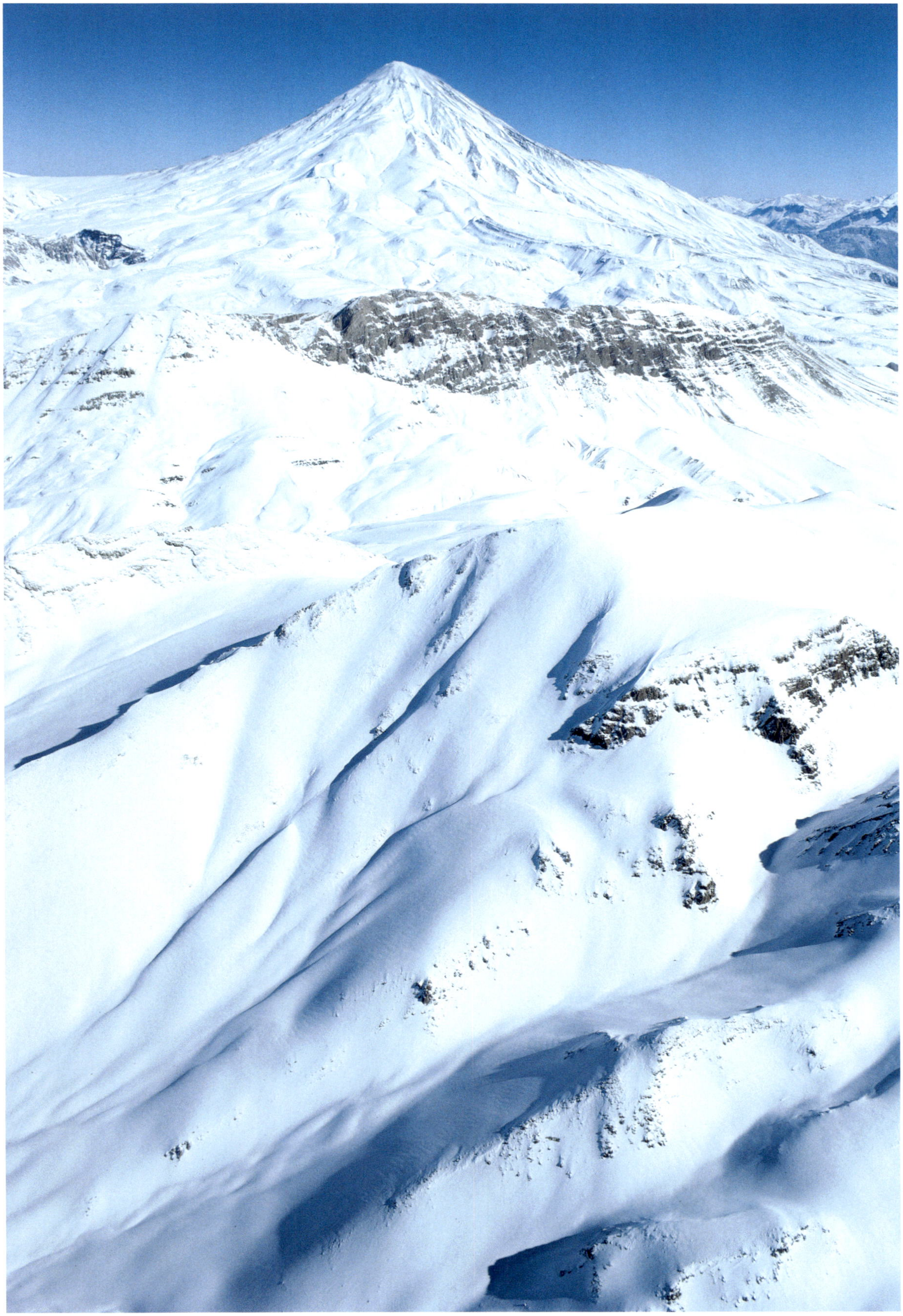

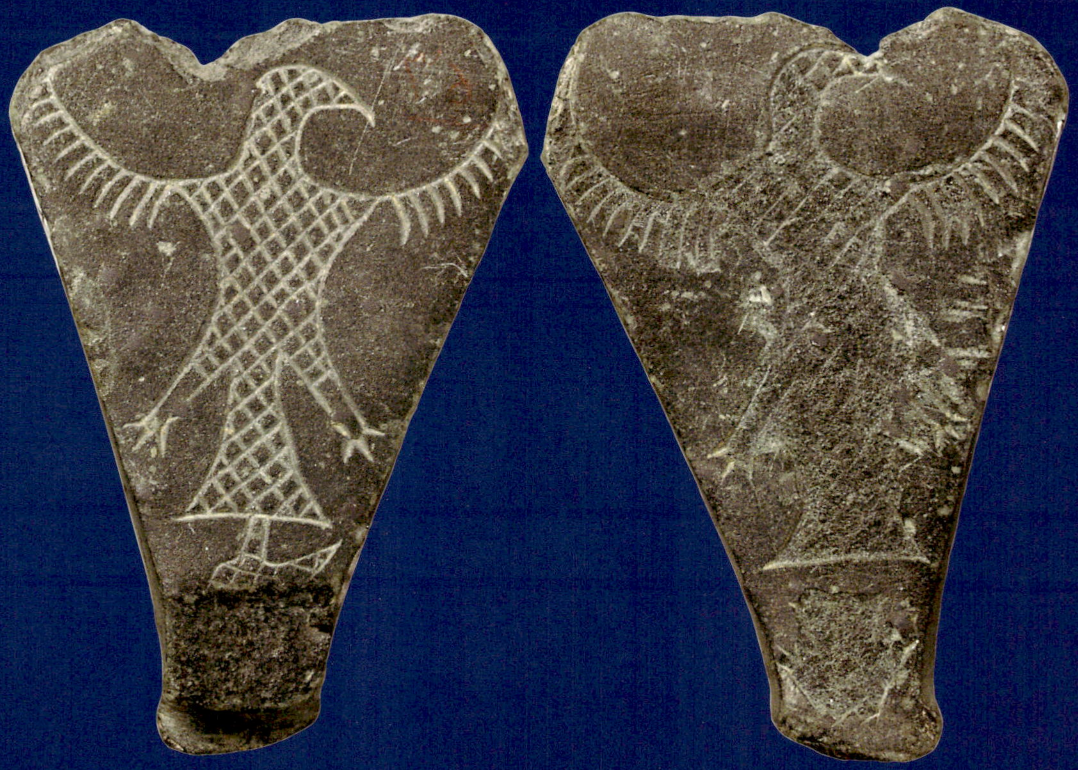

شکوه ایران باستان

Prähistorische
Epochen

Rohmaterialvorkommen für Stein in Iran
Einige Fallstudien

Saman Heydari

Einleitung

Geoarchäologische Forschungen, die im Verlauf der letzten Jahre in verschiedenen Regionen Irans durchgeführt wurden, haben gezeigt, dass geologische Gegebenheiten für prähistorische Gemeinschaften eine wichtige Rolle bei der Auswahl von Siedlungsplätzen spielten. Daher ist es das Ziel dieser Untersuchung, die Quellen für mineralische Rohmaterialien ausfindig zu machen – insbesondere Feuerstein und kieseligen Tuff – sowie das Verhältnis zwischen diesen Ressourcen und prähistorischen Siedlungsmustern zu bewerten. Radiolarit und kieseliger Tuff erscheinen in großen Mengen als Rohmaterial in einigen Gegenden Irans.

Das am häufigsten verwendete Material für prähistorische Artefakte ist Stein und/oder Mineralien. Stein war das haltbarste Material, das dem frühen Menschen zur Verfügung stand, und in den meisten Umgebungen auch das am einfachsten erhältliche. Feuerstein ist dabei das am meisten geschätzte Rohmaterial. Feuerstein enthält viel Silikat und ist daher einerseits sehr fest, andererseits bricht er muschelig. Dies macht Feuerstein zum idealen Rohmaterial für die Herstellung von Schneidwerkzeugen, indem man die Kanten retuschiert.

Die Bedeutung des Feuersteins für den Menschen im Verlauf der Geschichte beruht hauptsächlich auf seinen Brucheigenschaften. Er gehört zu den vergleichsweise wenigen Gesteinsarten, welche man in kontrollierter Weise spalten kann und die dann eine scharfe, aber harte Kante bilden. Dieser Prozess des Bruches, auch Abschlag- und Abslissgewinnung oder Steinbearbeitung genannt, ist die hauptsächliche Art, in der Feuerstein zu verwendbaren Gegenständen verarbeitet wurde, obwohl sich Feuerstein auch in eine gewünschte Form schleifen oder reiben lässt (Luedtke 1992, 79).

Silikat kann in drei Formen vorkommen: amorph wie beim Opal, kryptokristallin und mikrokristallin. Alle drei Formen sind in den unterschiedlichen Arten des Feuersteins zu finden. Die häufigsten Arten sind Flint, Jaspis und Novakulit. Es gibt ebenso eine Abart von Feuerstein, die zum großen Teil aus fibrösem Chalzedon besteht und danach auch benannt ist. Grundsätzlich ist Feuerstein eine Mischung aus allen oder aus einigen dieser Arten. „Flint" ist eine weitere Bezeichnung für Feuerstein. Im engeren Sinne bezeich-

Abb. 1: Dünnschliffe von Do Ashkaft- (a) und Gakia-Feuerstein (b) im Vergleich zu Tuff (c).

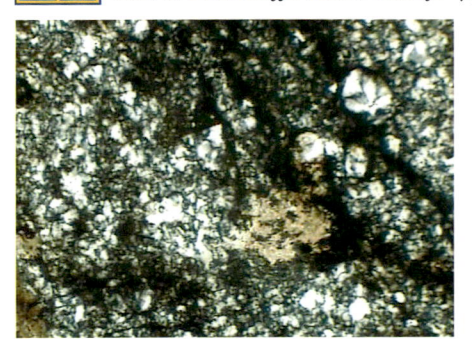

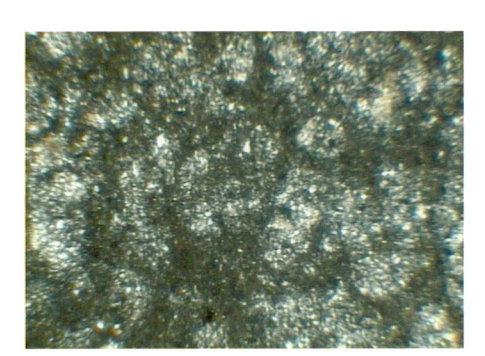

Abb 2: Plattenförmiger, bräunlicher Gakia Feuerstein; Foto: DBM, Th. Stöllner.

Abb 3: Unbearbeiteter gräulich-bräunlicher Beshahr Feuerstein; Foto: DBM, M. Schicht.

net „Flint" einen grauen bis schwarzen Feuerstein, der hauptsächlich aus Chalzedon und/oder kryptokristallinem Quarz besteht (Garrison 2003).

Feuerstein tritt in mehreren Regionen Irans in großen Mengen auf. Für die Zwecke dieser Untersuchung wurden folgende Feuersteinvorkommen aus drei verschiedenen Regionen Irans untersucht (Abb. 1):

Abb 4: Abschläge aus rötlichem, radiolarischem Gakia Feuerstein von Do Ashkaft; Foto: DBM, M. Schicht.

1. Die Region Kermanshah im westlichen Teil des zentralen Zagrosgebirges im Hinblick auf Radiolaritvorkommen (Feuerstein-Kreide), wo der Gakia-Feuerstein und der Do-Ashkaft-Feuerstein gefunden werden.
2. Die Region Behshar in den nördlichen und nordöstlichen Ausläufern des Alborzgebirges, wo der Behshar-Feuerstein in Kreidefelsen aus dem Jura eingebettet ist.
3. Die Region Kāshān im Karkasgebirge am Südrand der Dasht-e Kavir auf dem iranischen Zentralplateau, wo ein kieselhaltiger Tuff vorkommt.

Auf der Basis geologischer und morphologischer Beobachtungen sowie der Lage der Vorkommen (einschließlich Zugänglichkeit und Höhe) wurden die in diesen Regionen gefundenen Rohmaterialien in die folgenden vier Kategorien eingeteilt:

a) Radiolarit als plattenförmiger Feuerstein findet sich im Zentrum der Ebene von Kermanshah (Abb. 2).
b) Feuersteinvorkommen, die als Knollen in Kreideablagerungen in der Region Behshar vorkommen (Abb. 3).
c) Vorkommen, die in Form von Radiolaritknollen, vermischt mit Kreide, in der Region Kermanshah zu Tage treten (Abb. 4).
d) Eingelagertes oder zu Tage tretendes Steinmaterial, das als nicht-verkittete, abgerundete und vom Wasser abgeschliffene Kiesel bzw. Gerölle auf alluvialen Fächern in der Region Kāshān vorkommt (Abb. 5).

Beruhend auf geologischen und geomorphologischen Beobachtungen kann die Verteilung der Feuersteinvorkommen untersucht werden. Die drei Regionen, auf die ich mich konzentriere, wurden ausgesucht, da sie Informationen über die beiden verwandten Aspekte bieten, die hier besprochen werden sollen: Die Lage der silizischen

Abb 5: Gräulicher Tuff aus der Karkas-Region; Foto: DBM, M. Schicht.

Steinvorkommen und die Wahl der Lage prähistorischer Stätten. Es wird deutlich werden, dass ein Grund für die Wahl prähistorischer Siedlungsplätze die große Nähe zu Rohmaterialvorkommen ist.

Region Kermanshah (Kermanshah-Radiolarit)

Die Region Kermanshah liegt im westlichen Teil des zentralen Zagrosgebirges, nahe der iranisch/irakischen Grenze. Der Bogen des Zagrosgebirges ist eine eigenständige Hochlandzone, die sich über etwa 1500 km vom Südosten der Türkei und dem nordöstlichen Irak zum Südwesten Irans nahe dem Persischen Golf erstreckt. Archäologische Untersuchungen und Ausgrabungen paläolithischer und neolithischer Stätten im Zagros seit den 1950er Jahren haben gezeigt, dass die Gebirgstäler (Mortensen 1974) – zum Beispiel das von Kermanshah – zu den am dichtesten besiedelten Gebieten in Iran zählten (Braidwood & Howe 1960; Levine 1977).

Geologisch gesehen besteht das Zagrosgebirge im Gebiet von Kermanshah aus drei großräumigen tektonischen Zonen des Zagros-Orogen. Diese sind von Ost nach West: der Rezaiye-Esfandagheh Orogenic Belt, die Zagros Crush Zone (farbige-Melange und Radiolarite) und der Zagros Folded Belt.

Die Zagros Crush Zone ist in drei Unterzonen unterteilt: (a) eine südwestliche Zone aus Verwerfungen spätkreidezeitlichen Kalksteins; (b) eine nordöstliche Zone aus aufgefalteten Massen farbiger Melange, die aus Ophiolit und Radiolarit bestehen, tektonisch geformt während der Auffaltung des Rezaiye-Esfandagheh Orogenic Belt in der späten Kreidezeit; (c) einer mittleren Zone aus Radiolarit und Kreideschutt (Brookes 1989). Der Ophiolit und der Radiolarit in der Region Kermanshah sind seit langer Zeit bekannt. Der Radiolaritgürtel von Kermanshah besteht aus einem mehr oder weniger regelmäßigen, 15 km langen Band, welches vom Borujerd-Gebiet im Süden hinauf nach Pāveh im Nordwesten verläuft (Heydari 2000). In der Ebene von Kermanshah ist es besonders gut zu sehen, eingerahmt von den nordöstlichen Bergen und der südwestlichen Gebirgskette, und besteht aus dicken Platten massiver Kreide. Der ganzjährig wasserführende Fluss Qara Su hat sich in die Gakia-Hügel eingeschnitten, in dieser Gegend wie auch auf den kleinen Ebenen jenseits hat sich ein verästeltes Entwässerungsmuster gebildet. Dort wurden die neolithischen Dörfer gegründet.

Vorkommen von Radiolarit finden sich auf der Ebene und an den Hängen des Hochlandes. Auf der bereits genannten Ebene tritt der „Gakia-Feuerstein" in einer Reihe von kuppelförmigen Erhebungen zu Tage (Abb. 2). Der Feuerstein, ursprünglich in plattenförmigen Formationen, ist durch die Witterungseinflüsse häufig in kleinere Blöcke zerteilt, die aus fein- bis grobkörnigem, milchigem Feuerstein in den Farben Weiß, Grau oder Creme bestehen. Kennzeichnend für die typischste Form des Gakia-Feuersteins sind Einsprengsel, Streifen, Bänderung und Schichtung.

Gakia ist eines der wichtigsten Feuersteinvorkommen dieser Art in der Region Kermanshah. Es liegt 1400 m über Meereshöhe, 9 km östlich der heutigen Stadt Kermanshah. Dies ist auch die Gegend, in der der erste acheuléenzeitliche Faustkeil in den 1950er Jahren von Robert Braidwood und seinem Team gefunden wurde (Braidwood 1960; Smith 1986). Das große Vorkommen von Gakia steht in Verbindung mit Schlagplätzen und Bereichen der Verarbeitung. In den letzten Jahren wurde von F. Biglari und dem Autor eine Reihe von Abschlägen und Werkzeugen bei Oberflächenbegehungen bei Gakia aufgelesen.

An den Berghängen treten die Feuersteinvorkommen, die wir in diesem Fall „Do-Ashkaft Radiolarit" (oder Feuerstein) nennen, als Knollen und vermischt mit Kreide zu Tage (Abb. 4).

Paläolithische Gemeinschaften nutzten beide Vorkommen, während neolithische Gesellschaften nur die Vorkommen mit höherer Qualität ausbeuteten, die näher an ihren Siedlungen in der Ebene lagen. Tatsächlich wurden an dem mousterienzeitlichen Fundplatz der Höhle von Do-Ashkaft, an einem Hang der Maivaleh-Berge in der Region Kermanshah gelegen, örtliche Feuersteinvorkommen genutzt, die unmittelbar in der Nähe des Fundplatzes lagen (Biglari & Heydari 2000; Biglari im Druck). Häufig wurden hier vertikale und horizontale Lagen ausgebeutet, die im Felsen natürlich vorkommen.

Im Gegensatz dazu nutzten die zahlreichen neolithischen Bewohner der Ebene, die auf die Herstellung von Steinwerkzeugen spezialisiert waren, wie zum Beispiel die Einwohner von Sarab, Asiab, Murian und Ban Asiab, ausschließlich Material aus den örtlichen Radiolaritvorkommen der Ebene (Bernbeck et al. im Druck). Wir können an diesen Orten die großen Kerne, Grundformen und Abschläge feststellen; nachweislich liegen diese Fundplätze nahe an den Feuersteinvorkommen. Dies wird bestätigt durch die Existenz großer Kerne in Ban Asiab und Abschläge in Murian (persönliche Beobachtung).

Abb 6: Natürlicher Steinbruch in der Behshar-Region, wo Behshar-Feuerstein an die Oberfläche tritt; Foto: S. Heydari.

Region Behshar

Zum nördlichen Hochland gehört das Alborz-Massiv, mit dem höchsten Berg Irans, der Damavand. Die Region Behshar liegt in der Provinz Mazandaran im Norden Irans. Die Region bietet eine großartige natürliche Abwechslung, die luxuriöse grüne Vegetation der regenreichen kaspischen Küstenzone.

Carlton Coon (1952) war der erste, der in seinem Bericht über die Ausgrabungen in der Hotu-Höhle auf den Feuerstein von Behshar hinwies. Zum Beispiel stellte er interessanterweise fest: „Dieses Kreidegestein enthält Feuersteinknollen, die meistens zwischen die Schichten gepresst sind wie aufgegangene Plätzchen."

Der Feuerstein aus der Region Behshar kommt in dicken, fortlaufenden Platten vor, deren Stärke von 5 bis 50 cm reicht, abwechselnd mit Kreideschichten. Die Hotokash-Berge zwischen den Städten Neka und Galugah bestehen aus einem aufgeworfenen Massiv und kreidezeitlichem Kalkstein. Sie erstrecken sich über 46 km Länge von West nach Ost, bei einer durchschnittlichen Breite von 12 km, und erreichen eine Höhe von 800 bis 1200 m über dem Meeresspiegel. Das Steinmaterial lässt sich als Feuerstein- oder Flintknollen identifizieren, die in Kreideablagerungen eingebettet sind. Die Knollen treten üblicherweise in gerundeten, ellipsoiden Formen auf, sie sind mehrere Zentimeter groß und sind der Lage ihrer Einbettung entsprechend abgeflacht. Sie werden sowohl als plattenförmige Schichten als auch in Knollenform gefunden und gehören verschiedenen geologischen Perioden an.

Die plattenförmige Schicht wird in einer Abfolge von Steilhängen gefunden, die mehr oder weniger 20 m hoch und 1000 m lang sind und vertikale wie horizontale Verwerfungen und Klüfte aufweisen (Abb. 6). Diese Steilhänge erstrecken sich entlang der Hotokash-Berge. Kleine vertikale Hohlräume stellen natürliche Steinbrüche dar, in denen das Herauslösen des Feuersteins leichter fällt. Die starke Verwitterung dieser Steilhänge führt zur Ablösung von Fels-

Abb. 7: Behshar-Feuerstein in situ; Foto: S. Heydari.

brocken, welche die Hänge hinabfallen und, nachdem sie weiter fragmentiert sind, als Feuersteinknollen in den saisonal oder ganzjährig wasserführenden Flüssen der Täler gefunden werden (Abb. 7). Dieses Steinmaterial erscheint auch als nicht-verkittete, abgerundete, vom Wasser abgeschliffene Kiesel bzw. Gerölle an den Berghängen, in Vorkommen, die von der Arbeit der Flüsse herrühren. Dieses Material wird von den jahreszeitlichen Überflutungen weit in das Flachland gespült, nahe den dortigen Siedlungen. Es wurde regelmäßig von den prähistorischen Menschen ausgebeutet, was sich anhand von Abschlägen und Kernen in den Flussbetten zeigt.

Unglücklicherweise wurden die meisten der Feuersteinvorkommen im Gebiet von Behshar in den letzten Jahren durch den unbedachten Abbau von Dolomit zerstört, in unmittelbarer Nähe zu den oben beschriebenen Steilhängen. Es erscheint als sicher, dass viele alte Bergbaue dabei zerstört worden sein müssen.

Der plattige Feuerstein zeigt einen splitterigen Bruch und Glanz auf frisch geschlagenen Oberflächen (Abb. 3). Die knollenförmigen Feuersteine sind sphäroid, ellipsoid oder diskusförmig, wenn auch viele unregelmäßig oder fantastisch geformt sind und gelegentlich an Schildkrötenpanzer, Knochen oder andere Fossilien erinnern. Beide Arten sind homogen, zeigen eine opake, weiße Kortex und ein netzartiges Muster auf der Oberfläche. Die Kerne dieser Feuersteine sind ebenfalls homogen, aber durchscheinend und milchig weiß bis blassgelb. Sie können auch opak, weiß, braun oder blassrot sein. Die Untersuchung der epipaläolithischen und neolithischen Steinwerkzeuge der Komishan-Höhle und von Sang Tappeh in der Region Behshar, besonders der Klingenkerne, zeigen, dass die Menschen der Frühzeit sowohl platten- als auch knollenförmige Feuersteinvorkommen nutzten (E. Ghasidian, pers. Information). An den zahlreichen neolithischen Fundplätzen, die in der Ebene von Behshar identifiziert wurden (Mahfrozi 2002), wurden Feuersteinbrocken manchmal als Schleifsteine verwendet, zum Beispiel in Gohar Tappeh.

Region Kāshān (Karkas Tuff)

Im Unterschied zu Feuerstein ist Tuff ein Rohmaterial vulkanischen Ursprungs. Tuff ist ein Eruptivgestein, bestehend aus vulkanischer Asche und einer Vielzahl von mineralischen Bestandteilen und Steinfragmenten. Seine Farbe reicht von hellbraun-rosafarbenen Erdtönen bis zu Grau. Kristalle und Einschlüsse von Fragmenten von Lavagestein und anderer Pyroklasten sind bei Tuff üblich. Tuff scheint in der Antike nur selten zum Bauen verwendet worden zu sein (Garrison 2003). Dieses spezielle Material wurde von prähistorischen Gemeinschaften auf dem Zentralplateau vom Paläolithikum bis zum Chalkolithikum verwendet (Biglari 2004; Heydari 2004).

Die Kāshān-Region umfasst die Ausläufer, die alluvialen Fächer und das alluviale Flachland der Karkas-Berge auf dem Zentralplateau. Die Karkas-Berge sind vulkanischen Ursprungs, und das Gestein entstand als Folge vulkanischer Ausbrüche. Basalt, Rhyolit, Andesit und besonders Tuff sind verschiedene Gesteinsarten dieser Region.

Entlang der Nordhänge der Karkas-Kette haben sich in der Kāshān-Region typische kegelförmige alluviale Schotterfächer herausgebildet. Sie sind nicht steil, sondern das Ergebnis des hohen topographischen Reliefs. Sie liegen in Gruppen von kleinen Fächern zusammen, die in kleinen Schluchten oberhalb ihren Ausgang nehmen, und sind von größeren Fächern aus größeren Schluchten deformiert/überlagert. Verschiedene Arten und Größen des Steinmaterials, das nach der Art und Größe des Gesteins unterschieden wird, finden sich auf diesen Fächern (Heydari 2004).

Eine Art zeigt Wüstenpatina, die auftritt, wenn loses Material, das Kieselsteine oder größere Steine enthält, der Erosion durch Wind ausgesetzt ist. Der feine Staub und Sand wird weggeblasen und die Kiesel, die sich allmählich auf der Oberfläche ansammeln, zeigen eine schimmernde Patina, die aus der Kombination der Wirkung von Wind und Sonne entsteht (Abb. 5). Diese Wüstenpatina erlaubt es, je nach Stärke der Patina paläolithisches Material von jüngerem zu unterscheiden.

Höchstwahrscheinlich war die leichte Zugänglichkeit des Rohmaterials, das sich in Form von Kieseln und Geröll in einem weiten Gebiet findet und leicht aufzusammeln ist, einer der hauptsächlichen Gründe für die Wahl gerade dieses Materials. Seit dem Paläolithikum wurde Tuff von den menschlichen Gemeinschaften, die in dieser Region lebten, in großem Ausmaß genutzt (Biglari 2003; 2004). Die Fundsammlung des jungpaläolithischen Fundplatzes von Sefid Ab, wo Tuff zur Herstellung von Abschlägen, Schabern und anderen Werkzeugen verwendet wurde, ist ein gutes Beispiel für diese Art von Gestein. Im Neolithikum veränderte sich die Nutzung von Tuff, das Material wurde großenteils für Klopfsteine und Abschläge benutzt, während Feuerstein mittlerweile das wichtigste Rohmaterial war. Ein Beispiel dafür stammt von dem berühmten Tappeh Sialk, das im alluvialen Flachland direkt vor einem alluvialen Fächer am Fuß der Karkas-Berge liegt; hier begann die Siedlungsaktivität um etwa 5800 v. Chr.

Zusammenfassung und Diskussion

Unsere Untersuchungen zeigen, dass überall eine große Menge an Steinmaterial gefunden werden kann; die prähistorischen Stätten liegen ganz in der Nähe. Lediglich der Ansatz zur Nutzung des Steins war in diesen Zeiten unterschiedlich. Während des Paläolithikums nutzte der Mensch Rohmaterialien sowohl hoher als auch niedriger Qualität, das sich in der Nähe, aber auch weiter entfernt fand. Doch kennen wir viele neolithische Fundplätze, die direkt an den Vorkommen liegen. Dies begünstigte die Gewinnung des Rohmaterials und half bei der Entwicklung einer höheren Produktionsqualität. Vorläufige Untersuchungen in der Gakia-Region haben gezeigt, dass es etliche neolithische Fundplätze gibt, an denen Feuerstein extensiv als Rohmaterial genutzt wurde (Bernbeck *et al.* im Druck).

In diesem Beitrag stellten wir drei Gegenden vor, in denen Feuerstein und Tuff ausgebeutet wurden. Es gibt höchstwahrscheinlich noch viele andere Stellen auf dem iranischen Plateau, die noch untersucht werden müssten. Ich möchte diese Diskussion damit beenden zu betonen, dass prähistorische Siedlungen mit Steinmaterial in Zusammenhang stehen.

Danksagungen

Ich bedanke mich bei Margareta Tengberg von der Universität Paris 1, bei Nima Nezafati von der Technischen Universität Freiberg, bei Barbara Helwing vom Deutschen Archäologischen Institut, Außenstelle Teheran, bei Abbas Alizadeh, dem Direktor des Iranian Praehistoric Project des Orient-Institutes und bei Fereidoun Biglari vom Centre for Palaeolithic Research beim Iranischen National-Museum für ihre hilfreichen Vorschläge.

Bibliographie

BERNBECK, R., POLLOCK, S., GHASIDIAN, E. & HEYDARI, S.:
In Vorbereitung Middle Chalcolithic Ban-Asiab: a Lithic Production Site in the Mahidasht, Iran.

BIGLARI, F.:
2003 The preliminary report on stone artefacts of Tappeh Sialk. In: S. M. Shahmirzadi (ed.), The Ziggurat of Sialk, I.C.A.R. Iran 143-168 (auf Persisch).
2004 The Preliminary Report on the Paleolithic sites in Kāshān Region. In: S. M. Shahmirzadi (ed.), The Silversmiths of Sialk, Sialk Reconsideration Project, Report No. 2, 151-168.
Im Druck The Preliminary Observations on Middle Paleolithic Raw Material Procurement and Usage at Do-Ashkaft Cave, Kermanshah Region.

BIGLARI, F. & HEYDARI, S.:
2001 Do-Ashkaft: A Recently Discovered Mousterian Cave Site in the Kermanshah Plain, Iran. Antiquity 75, 487-488.

BRAIDWOOD, R. J.:
1960 Preliminary investigations concerning the origins of food-production in Iranian Kurdistan. British Association for Advancement of Science 17, 214-218.

BRAIDWOOD, R. J. & HOWE, B.:
1960 Prehistoric Investigations in Iraqi Kurdistan, SAOC 31, Chicago.

BROOKES, I. A.:
1989 The Physical Geography, Geomorphology and Late Quaternary History of the Mahidasht Project Area, Qara Su Basin, Central West Zagros. ROM Mahidasht Project, Vol. 1, Royal Ontario Museum, Toronto.

COON, C. S.:
1951 Cave Exploration in Iran 1949. Museum Monographs, the University Museum, Philadelphia, University of Pennsylvania.

GARRISON, E. G.:
2003 Techniques in Archaeological Geology, Berlin, Heidelberg.

HEYDARI, S.:
2000 Late Quaternary climatic changes of the Kermanshah Region based on sedimentological evidence from the geological sections of Sorkheh Lizeh and Tange-e Kenesht. Unpublished MA thesis, Department of Geography, The Azad University of Najafabad, Isfahan (auf Persisch).
2004 Geoarchaeological Researches on the Karkas Mountains Slopes, Kāshān Region. In: S. M. Shahmirzadi (ed.), The Silversmiths of Sialk, Sialk Reconsideration Project, Report No. 2, 129-149.

LUEDTKE, B. E.:
1992 An Archaeologist's Guide to Chert and Flint, Archaeological Research Tool 7, Institute of Archaeology, University of California, Los Angeles.

MAHFROZI, A.:
2004 A preliminary report on archaeological surveys and excavation in east Mazandaran, Archaeological reports (2), I.C.A.R. Iran, 263- 278 (auf Persisch mit einem englischen summary).

MORTENSEN, P.:
1974 A Survey of Prehistoric Settlements in Northern Lurestan. Acta Archaeologia 45, 1-47.

SMITH, P. E. L.:
1986 Paleolithic Archaeology in Iran. University of Pennsylvania, Philadelphia.

Vorläufige Beobachtungen zur Gewinnung mittelpaläolithischen Rohmaterials und seiner Verwendung in der Ebene von Kermanshah
Das Fallbeispiel der Höhle von Do-Ashkaft

Fereidoun Biglari

Hintergrund

Das Studium von Rohmaterialien als eine Möglichkeit, die Nutzung der Landschaft durch paläolithische Gruppen von Jägern und Sammlern zu verstehen, war im Verlauf der letzten Jahrzehnte ein zentrales Thema der Forschung (Dibble 1991; Kuhn 1995). Während diese Studien einen Einblick in die paläolithische Lebensweise in anderen Regionen boten, gab es beinahe keine ähnlichen Versuche, das paläolithische Inventar Irans näher zu betrachten. Henry Wright war der erste Archäologe, der sich eingehender mit der prähistorischen Nutzung von Feuerstein an den südwestlichen Hängen des Zagros-Gebirges an der Ebene von Deh Luran beschäftigte (Wright 1981). Anhand von Struktur und Farbe unterschied er drei Arten von Feuerstein, wobei seine Analyse auf archäologischen Funden von der Fundstätte von Tappeh Farukhabad aus dem 4. Jt. v. Chr. beruhte. Darüber hinaus gibt es jüngere Studien zur Nutzung lithischen Rohmaterials und dem Handel damit in der Zagros-Region (siehe Abdi *et al.* 2002; Bernbeck *et al.* im Druck; Biglari & Abdi 1999; Heydari 2000).

Dieser kurze Artikel stellt lediglich eine Einführung zu den Ressourcen lithischen Rohmaterials in der Ebene von Kermanshah und der Verwendung von Rohmaterial während des Mittelpaläolithikums in der Höhle von Do-Ashkaft dar und ist in einem weiteren Sinne eine Grundlage für die entsprechende Forschung im Bereich der paläolithischen Archäologie in Iran. Die untersuchte Fundsammlung besteht aus Oberflächenfunden, die vom Autor selbst und von S. Heydari bei Do-Ashkaft während der späten 1990er Jahre gesammelt wurden (Biglari & Heydari 2001).

In dieser Studie werden Rohmaterialtypen an Hand makroskopischer Charakteristika identifiziert. Dann werden sie entsprechend ihrer Häufigkeit bzw. in einem Fall an Hand des Gewichtes klassifiziert, um ihre relative Häufigkeit innerhalb der Fundsammlung zu bestimmen.

Einleitung

Die Erforschung des Mittelpaläolithikums der Kermanshah-Region begann vor mehr als sieben Jahrzehnten durch Carlton Coons mit dessen als Pioniertat anzusehenden Ausgrabung des Felsabris von Bisotun (Coon 1951). Diese Fundstätte erbrachte das Fragment eines menschlichen Knochens in Zusammenhang mit einer reichen Mousterien-Steinindustrie. Der nahe gelegene Fundort von Ghar-e Khar wurde im Jahre 1965 von Philip Smith untersucht. Smiths Untersuchung ergab eine Schichtenfolge, die mindestens vom späten Mittelpaläolithikum über das Jungpaläolithikum und das Epipaläolithikum bis in spätere Zeiten reichte (Young & Smith 1966). Im Verlaufe des Iranischen Vorgeschichts-Projektes unter Leitung von R. Braidwood in der Region Kermanshah wurden von B. Howe zwei Mousterien-Fundorte bei Warwasi und Kobeh untersucht (Braidwood 1960). Außer diesen Zuflucts-Fundorten wurde im Jahre 1977 von Mortensen und Smith noch eine große Werkstatt mit Levalloisfunden bei Harsin entdeckt (Smith 1986; Mortensen & Smith 1977).

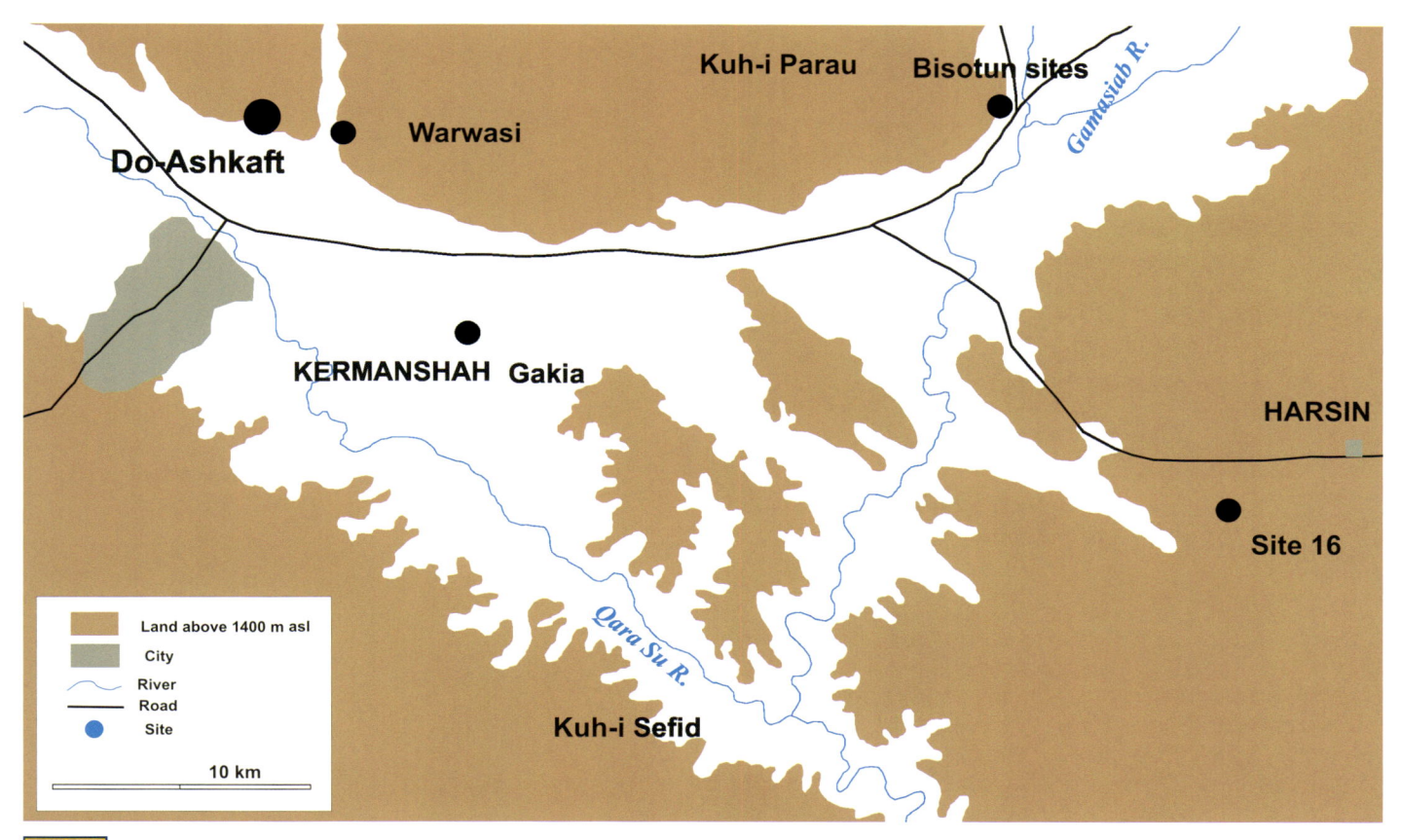

Abb. 1: Karte der Ebene von Kermanshah und der Lage von Do-Ashkaft und weiterer im Text erwähnter Fundplätze.

Archäologische Untersuchungen, die vom Autor und von S. Heydari in den 1980er und 1990er Jahren unternommen wurden, erhöhten die Zahl der in der Region bekannten mittelpaläolithischen Fundorte. Im Verlaufe dieser Untersuchungen wurden mindestens sechs Höhlen und Freilandfundorte mit Mousterien-Funden entdeckt (Biglari 2001; Biglari & Abdi 1999, 6; Biglari & Heydari 2001). Von diesen enthielt die Höhle von Do-Ashkaft die meisten Funde, was uns erlaubt, eine detaillierte Studie zu beginnen und Vergleiche mit anderen bekannten Mousterien-Funden aus der Zagros-Region anzustellen.

Regionaler Kontext und Rohmaterialvorkommen

Die Ebene von Kermanshah ist eine breite Intermontane im Zagros-Gebirge im westlichen, mittleren Iran mit einer durchschnittlichen Höhe von etwa 1350 m über Meereshöhe (Abb. 1). Zwei wichtige Flüsse, welche diese intermontane Ebene entwässern, sind der Qara Su und der Gamasiab sowie ihre Nebenflüsse. Die ausgedehnte Ebene ist im Nordosten und im Südwesten durch zwei von NW nach SO verlaufende Gebirgsketten begrenzt. Geologisch liegt die Ebene im tektonischen Bereich der Zagros-crush zone, zwischen zwei weiteren tektonischen Zonen, der Zagros-thrust zone und der Zagros-fault zone (Brookes 1989; Heydari 2000; Waltham & Ede 1973).

Allerdings hat es bisher noch keine regelrechten Untersuchungen des zu Tage tretenden Feuersteins in dieser Region gegeben. Unsere Untersuchungen in der Region führten jedoch zur Auffindung einer Anzahl von größeren und kleineren Vorkommen, die von den paläolithischen Bewohnern der Gegend genutzt wurden (Heydari 2000).

Zu diesen Vorkommen zählt ein herausragendes Vorkommen für Rohmaterial, Gakia-Harsin. Hier kommt in einem hügeligen Gelände südöstlich von Kermanshah Radiolarit in Form schmaler Knollen und plattiger Formen vor. Dieses Hügelgebiet ist ein Teil des so genannten Radiolarit-Gürtels von Kermanshah, der sich von Borujerd im Südosten nach Paveh im Nordwesten erstreckt (siehe Beitrag Heydari). Das Hügelgebiet ist etwa 25 km lang und 16 km breit und liegt an den nördlichen Hängen des Kuh-i Sefid. Seine Breite beträgt im östlichen Teil etwa 10 km und verjüngt sich im westlichen Teil, nahe des östlichen Vorortes von Kermanshah, auf etwa 5 km (Abb. 2). Die Gegend ist im Norden und Nordwesten von der alluvialen Ebene des Flusses Qara Su umgeben. Im Süden wird sie durch den Qara Su von den Nordhängen des Kuh-i Sefid getrennt. Zahlreiche Feuersteinknollen sind durch Verwitterungsprozesse aus den offenen Lagerstätten heraus erodiert.

Abb. 2: Luftbild des westlichen Teils des Gakia-Gebietes. Do-Ashkaft liegt an der Klippe im Zentrum; Quelle: Schmidt 1940.

Bis heute sind in dieser Gegend drei Hauptarten von Radiolarit bekannt. Der Harsin-Typ besteht normalerweise aus einheitlich rotbraunem, opakem Material, das in zwei Varianten erscheint, fein und mittel. Die feine Struktur zeigt eine dunklere Färbung mit leichtem Glanz (2,5 YR 2,5/4 dunkles Rotbraun), während die mittlere Struktur eine helle (2,5 YR 6/4 helles Rotbraun) oder mittlere Färbung (5 YR 4/3 Rotbraun) zeigt. Es könnte sich hierbei um Varianten des „feinen roten und grünen Feuersteins" handeln, wie er von H. Wright (1981) beschrieben wurde. Die offenen Lagerstätten dieses Materials wurden im südöstlichen Teil der Hügelgegend nachgewiesen (westlich und südwestlich von Harsin): Es kommt ebenfalls im westlichen Teil des Hügellandes vor, zusammen mit zwei weiteren Arten von Gakia-Feuerstein. Diese sind sehr fein und zeigen eine violette bis hellrote Farbgebung mit leichtem Glanz (10

Abb. 3: Kerne und ein Abschlag aus Gakia; Foto: DBM, M. Schicht.

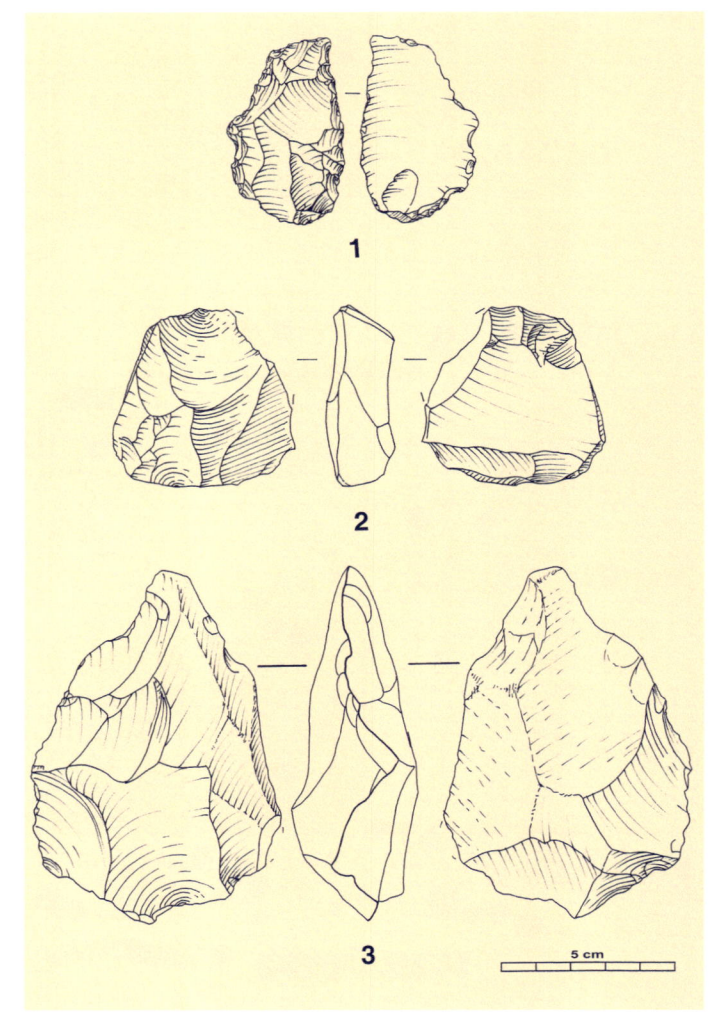

Abb. 4: Lithische Artefakte aus Gakia.

YR 6/3, 2,5 YR 4/4, 5 YR 6/3), für die H. Wright die Bezeichnung „Feiner opaquer weißroter oder brauner Feuerstein" vorschlug (H. Wright, p. c.). Er hat höherwertige Schlagqualitäten. Der andere Typ, ein grauer Feuerstein, erscheint hauptsächlich in mittlerer Struktur und in geringerer Menge in feiner oder grober Struktur (10 YR 7/2). Dieses Material wurde im Neolithikum und Chalkolithikum häufiger für die Herstellung von Klingen verwendet (Bernbeck *et al.* im Druck; sowie pers. Beobachtungen). Die Gipfel der Hügel sind bedeckt mit umfangreichen und lange genutzten Werkstätten und Schlagplätzen und stehen mit der Herstellung von Feuersteinartefakten während verschiedener Perioden der Vorgeschichte in Verbindung. Eine große Mousterien-Werkstatt (Fundort 16), die von Mortensen und Smith westlich von Harsin entdeckt wurde (Mortensen & Smith 1977), weist darauf hin, dass der östliche Bereich der Gegend seit dem Mittelpaläolithikum ausgebeutet wurde, was sich sogar bis in das Neolithikum fortsetzte und durch Ansammlungen von Abschlägen bei Ganj Dareh dokumentiert wird (pers. Beobachtung).

Es scheint, dass der westliche Teil (Gakia) den Jägern und Sammlern sogar noch früher bekannt war. Im Rahmen des Iranischen Vorgeschichts-Projektes von 1959-1960 wurden ein acheuléenzeitliches bifazielles Gerät sowie einige Abschläge und Kerne gefunden, etwa 30 m nördlich des Flusses Qara Su im Gakiagebiet (Braidwood 1960; Singer & Wymer 1978, 15). Im Verlauf der Untersuchung einer Hügelkuppe etwa 5 km nördlich dieser Stelle durch den Autor und S. Heydari im Jahre 1997 wurden einige Chopper, Levalloiskerne sowie Abschläge und weitere lithische Artefakte westlich des Dorfes Gakia gefunden (Abb. 3 & 4). Diese Funde weisen darauf hin, dass die Lagerstätten von Gakia im Alt- und Mittelpaläolithikum ausgebeutet wurden. Die zwei bekannten chalkolithischen Siedlungshügel von Tappeh Murian und Ban Asiab, die auf Steinproduktion spezialisiert waren, weisen darauf hin, dass dieses Feuersteinvorkommen seine Bedeutung sogar in späteren prähistorischen Perioden behielt (Bernbeck *et al.* im Druck; Braidwood 1960).

In dieser Gegend hatten prähistorische Jäger und Sammler leichten Zugang zu diesen Rohmaterialien. Die Existenz von acheuléenzeitlichen und Mousterien-Artefakten in dieser hügeligen Gegend weist darauf hin, dass in dem Hügelland von Gakia-Harsin seit dem mittleren Pleistozän keine dramatische Veränderung in der Nutzung von Steinvorkommen stattgefunden hat. Wir dürfen daher erwarten, Mousterien-Inventare aus Höhlen-Fundorten längs des Nordrandes der Ebene zumindest teilweise auf diese Rohmaterialsorten zurück führen zu können. Die mittelpaläolithische Fundstätte von Do-Ashkaft, etwa 13 km nordwestlich von Gakia, enthielt einige Nachweise für eine derartige Nutzung (Abb. 2).

Der Fundort

Do-Ashkaft liegt an den nördlichen Außenbezirken von Kermanshah, an der Südseite des Maiwaleh-Berges etwa 15 km nordwestlich der Quelle von Taq-e Bostan und der berühmten sassanidi-

Abb. 5: Do-Ashkaft, die Lage des nächst gelegenen offenen Vorkommens lokalen Rohmaterials ist durch einen Pfeil gekennzeichnet; Foto: S. Heydari.

Abb. 6: Das offene Radiolarit-Vorkommen unmittelbar bei Do-Ashkaft.

schen Felsenreliefs. Die Höhle öffnet sich nach Süden und liegt etwa 190 m über der Ebene in 1600 m Höhe (Abb. 5). Die strategische Lage des Fundortes hoch über der Ebene mit leichtem Zugang zu diversen Großwild-Biotopen, der Existenz einer ständig fließenden Quelle unmittelbar oberhalb des Eingangs und von Radiolarit-Vorkommen nahe der Stätte (Abb. 6-8) haben während des mittleren Paläolithikums wiederholt örtliche Jäger und Sammler angezogen.

Mehr als 4000 Feuersteinartefakte wurden im Eingangsbereich und dem Hang darunter im Verlaufe von fünf Jahren (1996-2001) gesammelt. Das Steininventar beinhaltet Geräte, Abschläge, Retuschierabschläge, Trümmer und Kerne. Die einfachen Schaber und Spitzschaber (einschließlich Mousterien-Spitzen) bilden den größten Prozentsatz an Werkzeugen, gefolgt von anderen Arten von Schabern, retuschierten Stücken, Hohlkerben/gezähnten Stücken, Sticheln und verschiedensten anderen Fundstücken. Wie es für das Zagrosgebirge typisch ist, sind die Retuschen auf diesen Werkzeugen stark und ausgedehnt (Biglari & Heydari 2001).

Abb. 7: Nahansicht des offenen Vorkommens.

Gebiete der Rohmaterialversorgung

Auf Grund der Entfernung der Fundstätte von den nächst gelegenen Rohmaterialvorkommen und der geographischen Verteilung der Rohmaterialvorkommen in der Gegend lassen sich zwei hauptsächliche Beschaffungszonen vorschlagen.

1. Die Maiwaleh-Zone: Rohmaterialquellen, die in unmittelbarer Nähe der Fundstelle bis zu einer Entfernung von 4 km westlich und 2,5 km östlich entlang der südlichen Hänge des Maiwaleh-Berges gefunden wurden. Die Rohmaterialsorten dieser Zone bestehen meist aus Radiolarit in kristallinem Kalk aus der mittleren Kreidezeit. Unsere zu Fuß vorgenommene Untersuchung entlang des Südhangs des Maiwaleh-Berges bestätigte die Existenz vieler offener Vorkommen dieses Materials. Auf Grund der Tatsache, dass diese Vorkommen in der Nähe der Höhle tektonischem Druck ausgesetzt waren, der zu vielen Fissuren führte, neigt der Radiolarith eher zur Brüchigkeit. Dieses opake Material hat ein wächsernes Aussehen und ist von rötlich-brauner, brauner und grüner Farbe. Die Bewohner der Höhle konnten es in den Vorkommen selbst freilegen oder es in Form von Brocken an den Hängen um die Höhle einsammeln. Andere offene Vorkommen dieses Rohmaterialtyps in der Maiwaleh-Zone sind im Gegensatz zu an Do-Ashkaft angrenzenden Vorkommen nicht tektonisiert. Weitere Rohmaterialien in der Maiwaleh-Zone, die sich als kleine Klumpen im Kalksteinfels finden, sind Opal und Chalzedon. Die meisten Vorkommen in dieser Zone fallen in die Kategorie „örtlich".

2. Die Radiolaritgürtel-Zone: Rohmaterialvorkommen entlang des Radiolaritgürtels, das nächst gelegene (in südlicher Richtung) etwa 8 km vom Fundort entfernt. Die Rohmaterialtypen in dieser Zone wurden bereits beschrieben. Die Bewohner von Do-Ashkaft dürften einige Schwierigkeiten bei der Rohmaterialbeschaffung der näher gelegenen Vorkommen dieser Zone gehabt haben, da sie dazu den Fluss Qara Su überqueren mussten, der etwa 5 km vom Fundort entfernt fließt. Zur Ausbeutung der Gakia-Quellen konnten sie am Fluss entlang gehen, was weniger als zwei Stunden gedauert haben dürfte. Allerdings zeigt diese Studie, dass die Bewohner von Do-Ashkaft diese Quellen gelegentlich nutzten. Alle Vorkommen dieser Zone fallen in die Kategorie „nicht örtlich" oder regional.

Da sich unser Wissen über Rohmaterialvorkommen in der Ebene von Kermanshah noch in den Anfängen bewegt, sollte erwähnt werden, dass einige Arten, die als nicht örtlich anzusehen sind, aus einer näher gelegenen Quelle in der Maiwaleh-Zone stammen könnten. Dementsprechend könnte das Vorkommen nicht örtlichen Rohmaterials im Fundbestand geringer sein. Eine präzise Herkunftsbestimmung der meisten Rohmaterialtypen aus nicht örtlichen oder regionalen Gruppen erscheint nicht möglich, bis eine gründliche Rohmaterial-Untersuchung in der Region durchgeführt wurde. Um das Problem dieser Konfusion bei der Bestimmung der Vorkommen zu minimieren, planen wir chemische Analysen von Rohmaterialproben aus verschiedenen offenen Vorkommen sowohl im Hügelgebiet von Gakia-Harsin als auch an den Berghängen.

Versorgungsstrategien und Rohmaterialnutzung

Ein hoher Anteil des regionalen Materials besteht aus rötlich-braunem, opakem Feuerstein, der im östlichen Teil des Hügellandes von Gakia-Harsin häufig vorkommt und auch im westlichen Teil in einer gewissen Anzahl erscheint. Da in der Maiwaleh-Zone keine nahe gelegene Quelle für dieses Rohmaterial bestimmt werden konnte, außer vereinzelten Stücken an den Berghängen, ist es möglich, dass es aus dem Gakia-Gebiet oder einer näher gelegenen Quelle

Abb. 8: Ein großer Klumpen lokalen Feuersteins.

Abb. 10: Kerne und Werkzeuge aus lokalem Feuerstein; Foto: DBM, M. Schicht.

westlich von Kermanshah aus der selben Zone des Radiolaritgürtels stammt. Allerdings kann die Möglichkeit der Existenz naher Vorkommen in den Seitentälern von Tang-e Kenesht und Malaverd an den östlichen und westlichen Enden des Maiwaleh-Berges nicht ausgeschlossen werden. Die Mousterien-Inventare der Fundorte bei Bisotun enthielten einen relativ großen Anteil dieses Materials, das aus dem östlichen Teil des Gebietes von Gakia-Harsin stammen könnte (Biglari 2001).

Im Fundbestand findet sich eine nicht „örtlich" vorkommende Feuersteinsorte, deren Herkunft beinahe präzise identifiziert werden kann. Wie bereits erwähnt, kommt dieser sehr hochwertige Feuerstein von violetter bis hellroter und brauner Farbe im westlichen Teil des Hügelgebietes von Gakia in der Radiolarit-Zone vor. Sein nächstes Vorkommen liegt etwa 13 km südöstlich des Fundortes. Dieser Feuersteintyp hat einen Anteil von weniger als 3% am gesamten Fundbestand. Dieser geringe Anteil deutet darauf hin, dass dieses hochwertige Material in Do-Ashkaft nur gelegentlich verwendet wurde. Sein Vorhandensein in Do-Ashkaft führt zu einigen Schlussfolgerungen bezüglich der Bewegungsmuster der örtlichen mittelpaläolithischen Jäger und Sammler. Die Beschaffung dieses Feuersteintyps dürfte für die Bewohner von Do-Ashkaft einen Fußmarsch von weniger als zwei Stunden von ihrer Höhle aus bedeutet haben (Abb. 8). Daher wäre der Zeit- und Energieaufwand logistischer Ausflüge in das westliche Gebiet von Gakia nicht sehr groß gewesen; der sehr geringe Anteil dieses Materials im Fundbestand verweist auf ein sehr beschränktes Beschaffungsgebiet. Es existieren noch einige andere Steintypen, deren Vorkommen unbekannt sind. Sie könnten aus dem Radiolaritgürtel oder einer näher gelegenen Quelle in der Maiwaleh-Zone stammen.

Wenn man die technologische und typologische Struktur lokaler und nicht lokaler Materialkomponenten im Fundbestand von Do-Ashkaft miteinander vergleicht, lassen sich bestimmte Unterschiede bezüglich Reduktion und Artefaktherstellung beobachten (Abb. 9). Der Anteil örtlichen Materials beträgt 34% des Fundbestandes. Seine Bearbeitung erscheint verschwenderischer, da die Quellen in nächster Umgebung reichhaltig waren. Im Falle dieses Rohmaterialtyps, besonders des Materials von der Fundstelle selbst (tektonisiert), erfolgte die Verarbeitung beinahe vollständig am Fundort, was sich an dem dort gefundenen hohen Prozentsatz von Kortexabschlägen, Abschlägen, Kernen und anderen Abfallprodukten des Abbaus zeigt (Abb. 10). Der Prozentsatz der Grundproduktion überschreitet den Anteil fertiger Produkte bei Weitem und erreicht 97% aller Fundstücke aus örtlichem Rohmaterial. Die Gesamtzahl der Werkzeuge aus örtlichem Rohmaterial beträgt 39 oder nur etwa 8% des Werkzeugbestandes. Das sehr geringe Verhältnis von Werkzeugen zu Kernen (1,25 Werkzeuge pro Kern) und von Werkzeugen zu Abschlägen (ein Werkzeug auf 14 Abschläge) verweist darauf, dass die Abschläge aus örtlichem Material selten für die regelrechte Werkzeugherstellung verwendet wurden. Bei den regionalen Rohmaterialien steigt das Verhältnis Werkzeug-Abschläge deutlich an (ein Werkzeug auf zwei Abschläge).

Von den Artefakten, die aus nicht örtlichem Rohmaterial hergestellt wurden, sind Kortexabschläge und Abschläge mit Kortexresten selten (47%). Dies kann als Hinweis dafür gewertet werden, dass eine erste Bearbeitung außerhalb des Fundplatzes vorgenommen wurde. Retuschierabschläge unter 2 cm und Abfall sind

Abb. 9: Vergleich der Verteilung lokaler vs. nicht lokaler Materialtypen von Do-Ashkaft entsprechend der Artefaktklasse.

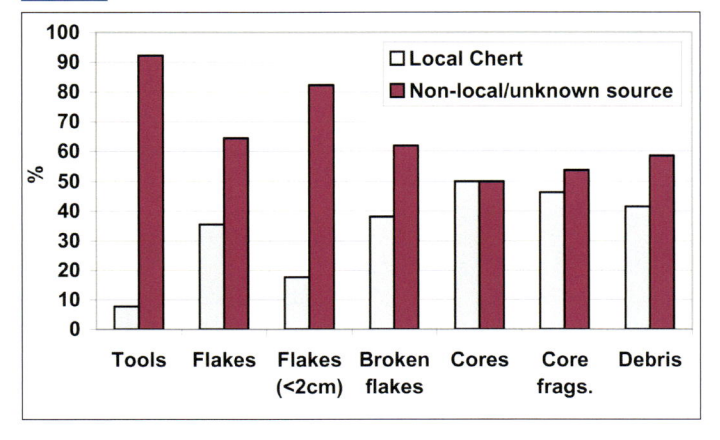

Abb. 11: Kerne und Werkzeuge aus nicht lokalem Feuerstein; Foto: DBM, M. Schicht.

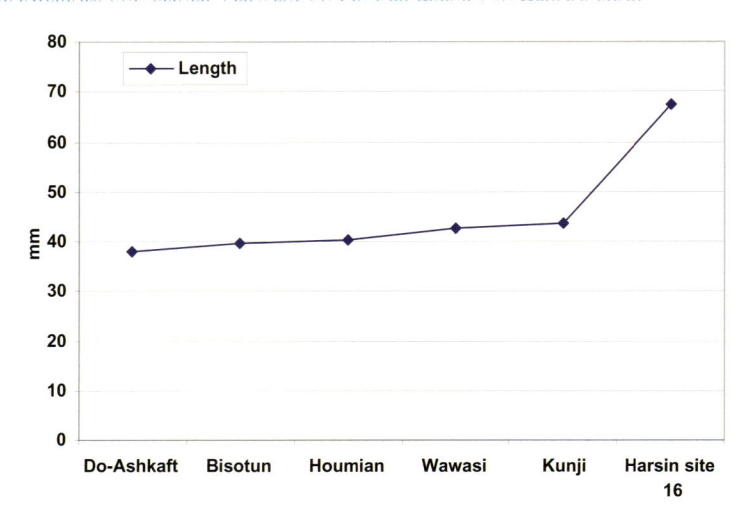

Abb. 13: Vergleich der durchschnittlichen Maximalgrößen vollständiger Kerne von Do-Ashkaft mit denen anderer Mousterien-Fundorte in der Zagros-Region.

wesentlich häufiger bei nicht örtlichem Material als bei lokalem Radiolarit, was darauf hinweist, dass Werkzeuge aus nicht örtlichem Material öfter nachgeschärft wurden, um ihren Gebrauch zu optimieren (Abb. 11).

Die Kerne sind prinzipiell klein, abgearbeitet und bestehen aus radialen oder subradialen Kernen, Parallel-Kernen (Kerne mit parallel verlaufenden Reihen von Abschlägen mit einer oder zwei Schlagflächen), polyedrischen Kernen und Levallois-Kernen. Die durchschnittliche maximale Größe der Kerne beträgt 38,04 mm. Die verschiedenen Typen der Kerne unterscheiden sich nicht sonderlich in

Abb. 12: Häufigkeit und Gewicht von Kernen aus lokalen vs. nicht lokalen Materialtypen.

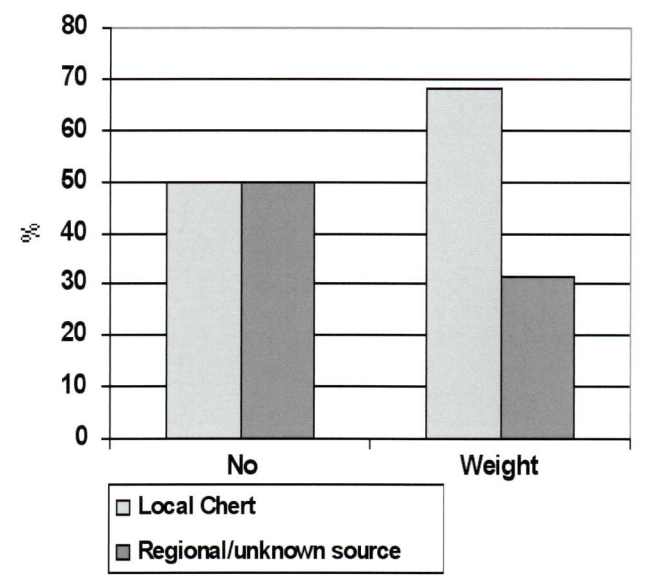

ihrer Größe, doch der prismatische/kugelige Typ zeigt eine etwas geringere durchschnittliche Größe (39,76 mm), gefolgt von den Parallel-Typen und den polyedrischen Typen. Der Anteil der Kerne aus lokalem und nicht lokalem Feuerstein ist gleich groß. Doch bei 68% der Kerne überwiegt das lokale Material bezüglich Gewicht und Menge (Abb. 12). Das mittlere Gewicht beträgt 36,77 g bei Kernen aus örtlichem und 17,10 g bei Kernen aus regionalem Feuerstein. Dieser Unterschied zeigt sich auch bei der Größe der Kerne. Kerne aus örtlichem Material sind größer als die aus nicht örtlichem Feuerstein, ihre mittlere Größe beträgt 33,7 mm. Ein interessanter Aspekt der Kerne aus nicht örtlichem Material liegt in der Herstellung sehr kleiner Stücke. Beinahe 38% der vollständigen Kerne aus nicht örtlichem Feuerstein sind kleiner als 30 mm, während alle Kerne aus örtlichem Rohmaterial größer sind. Solch kleine Kerne werden auch von anderen Mousterien-Fundorten in der Zagros-Region und von einem Fundort auf dem iranischen Zentral-Plateau berichtet (Biglari 2004; Dibble 1984; Lindly 1997; Shidrang in Vorbereitung). Diese stark abgearbeiteten Kerne aus nicht örtlichem Feuerstein lassen vermuten, dass nicht örtliches Rohmaterial so verarbeitet wurde, dass der Kern die höchst mögliche Anzahl an Abschlägen ergab, bis die Schlagfläche zu klein wurde.

Im Allgemeinen sind die Kerne deutlich kleiner in ihrer Länge, Breite und Dicke als Kerne in anderen Mousterien-Inventaren der Zagros-Region (Abb. 13). Dies könnte auf größere Probleme bei der Rohmaterialbeschaffung und auf größere Reduktion im Fundbestand von Do-Ashkaft hinweisen. Bisotun liegt bezüglich der mittleren Maximalgröße der Kerne Do-Ashkaft am nächsten, abgesehen davon, dass die Kerne von Do-Ashkaft dicker sind.

Kortex ist bei 33 Kernen bzw. bei 53% vorhanden. Nur bei 35% der Kerne aus nicht örtlichem Material ist Kortex vorhanden, während fast 71% der örtlichen Kerne eine Rinde haben. Die geringe Zahl von Stücken mit Rinde aus nicht örtlichem Material weist darauf hin, dass das Material, das zum Fundort gebracht wurde, bereits teilweise zugeschlagen war.

Schlussbemerkungen

Die Steinindustrie von Do-Ashkaft wird durch größere Probleme bei der Rohmaterialbeschaffung und durch größere Reduktion gekennzeichnet, was sich an den kleinen und abgearbeiteten Kernen erweist, besonders an den Kernen aus nicht örtlichem Material und an stark nachgeschärften Werkzeugen. Der Größenunterschied zwischen Kernen aus lokalem und nicht lokalem Material verweist auf eine ökonomischere Ausbeutung des regionalen Rohmaterials, das zur Fundstelle gebracht wurde. Dies weist darauf hin, dass die Bewohner von Do-Ashkaft keinen einfachen Zugang zu hochwertigen Rohmaterialquellen in der Region besaßen. Allerdings zeigt die Herstellung der Werkzeuge eine wesentlich größere Bevorzugung hochwertigen Feuersteins aus der Region. Die Jäger und Sammler, die Do-Ashkaft bewohnten, schienen ein begrenztes Territorium gehabt zu haben, da die Ausbeutung von Ressourcen eine Entfernung von 15 km anscheinend nicht überschreitet, was sich an der sehr geringen Menge von Feuerstein aus dem westlichen Gakia im Fundbestand zeigt (Abb. 14).

Die Ergebnisse dieser Studie weisen darauf hin, dass die Bewohner von Do-Ashkaft Rohmaterial höherer Qualität von Vorkommen aus der Zone des Radiolaritgürtels oder von unbekannten Quellen aus der Region von Kermanshah bezogen, und zwar bevor sie Do-Ashkaft besiedelten, wobei gelegentlich auch örtliche Quellen der Maiwaleh-Zone genutzt wurden. Da die Beschaffung des örtlichen Materials minderer Qualität nur einen geringen Aufwand bedeutete, wurden daraus hergestellte Artefakte ohne weitere Modifizierung für den einfachen täglichen Bedarf verwendet. Dagegen wurde die Ausnutzung hochwertigerer Rohmaterialsorten optimiert, diese dienten zur Herstellung besserer Werkzeuge.

Die weitere Untersuchung dieses Höhlenfundortes und der Werkstattfundorte im Hügelland von Gakia-Harsin wird ein besseres Verständnis der Strategien zur Beschaffung von Rohmaterial und der Muster der Landnutzung in dem hohen intermontanen Tal von Kermanshah im Mittelpaläolithikum gestatten.

Abb. 14: Kern und Werkzeuge aus Gakia-Feuerstein; Foto: DBM, M. Schicht.

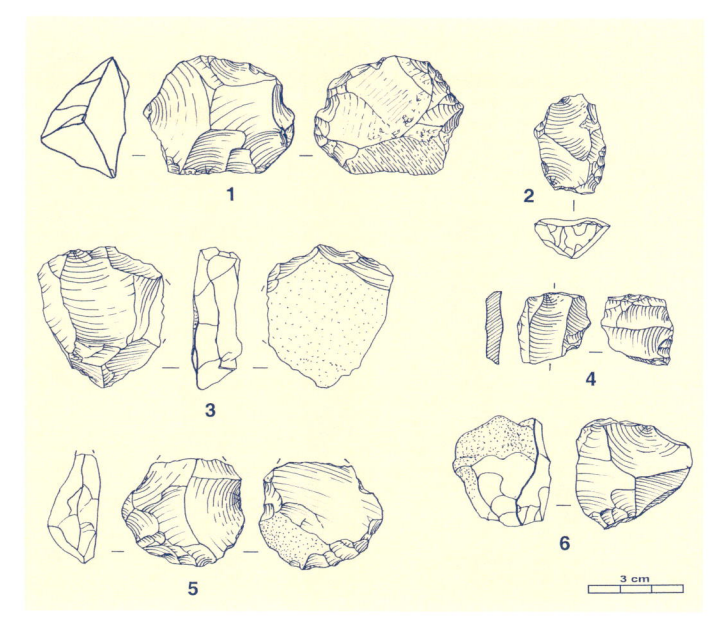

Abb. 15: Steinartefakte aus der Höhle von Do-Ashkaft: 1. Zentripetaler Kern mit einer Abbaufläche (lokaler Feuerstein); 2. bipolarer Levalloiskern (chalzedonisch); 3. Levalloiskern mit einer Abbaufläche und Kortexrücken (lokaler Feuerstein); 4. flacher Levalloiskern mit zwei Abbauflächen, um 90° gedreht (nicht lokaler Feuerstein); 5. flacher zentripetaler Abschlagkern (lokaler Feuerstein); 6. zentripetaler Abschlagkern (Levallois?).

Danksagungen

Vielen Dank an Saman Heydari für die Besprechung vieler der hier genannten Punkte und für seine Kommentare zu einer früheren Version dieses Artikels, an Henry Wright für seine Kommentare zu regionalen Rohmaterialtypen und an Sonia Shidrang für ihre große Hilfe bei der Forschung. Mein Dank geht ebenfalls an P. Mortensen, der mir freundlicherweise gestattete, den mittelpaläolithischen Fundbestand von Fundort 16 zu untersuchen. Dank geht ebenso an die Organisatoren der Ausstellung dafür, dass sie mich einluden, zu diesem Katalog einen Beitrag zu leisten. Ich danke Herrn Kargar, dem Direktor des National Museum of Iran und Dr. Azarnoush, dem Direktor des Iranian Centre for Archaeological Research für ihre fortwährende Unterstützung und Ermutigung.

Bibliographie

ABDI, K., NOKANDEH, G., AZADI, A., BIGLARI, F., HEYDARI, S. & MASHKOUR, M.:
2002 Tuwah Khoshkeh: A Middle Chalcolithic pastoralist campsite in the Islamabad Plain, West Central Zagros Mountains, Iran. Iran 40, 43-74.

BERNBECK, R., POLLOCK, S., GHASIDIAN, E. & HEYDARI, S.:
Im Druck Middle Chalcolithic Ban-Asiab: a Lithic Production Site in the Mahidasht. Iran.

BIGLARI, F.:
2001 Recent Finds of Paleolithic Period from Bisotun, Central Western Zagros Mountains. Iranian Journal of Archaeology and History 28, 50-60 (auf Farsi, mit einem englischen Abstract).
2004 The Discovery of the First Evidence of Middle Paleolithic Occupation at Nargeh in the Qazvin Plain in the Northwest Central Plateau of Iran, Archaeological Reports 2, Iranian Center for Archaeological Research, Tehran, 165-169 (auf Farsi, mit einem englischen Abstract).

BIGLARI, F. & ABDI, K.:
1999 Paleolithic Artifacts from Cham-e Souran, the Islamabad Plain, Central Western Zagros Mountains, Iran. Archäologische Mitteilungen aus Iran und Turan 31, 1-8.

BIGLARI, F. & HEYDARI, S.:
2001 Do-Ashkaft: A Recently Discovered Mousterian Cave Site in the Kermanshah Plain, Iran. Antiquity 75, 487-488.

BRAIDWOOD, R.:
1960 Seeking the world's first farmers in Persian Kurdistan. Illustrated London News 237, 695-697A.

BROOKES, I. A.:
1989 The Physical Geography, Geomorphology and Late Quaternary History of the Mahidasht Project Area, Qara Su Basin, Central West Zagros, ROM Mahidasht Project, Vol. 1, Royal Ontario Museum, Toronto.

COON, C. S.:
1951 Cave explorations in Iran. Philadelphia (PA): University Museum, University of Pennsylvania.

DIBBLE, H. L.:
1984 The Mousterian Industry from Bisitun Cave (Iran). Paleorient 10(2), 23-34.
1991 Local raw material exploitation and its effects on Lower and Middle Paleolithic assemblage variability. In: A. Montet-White & S. Holen (eds.), Raw material economies among prehistoric hunter-gatherer, Publications in anthropology No. 19, University of Kansas, Lawrence, 33-48.

HEYDARI, S.:
2000 Late Quaternary climatic changes of the Kermanshah Region on the basis of sedimentological evidence from the geological sections of Sorkheh Lizeh and Tang-e Kenesht. Unpublished MA thesis, Department of Geography, The Azad University of Najafabad, Isfahan (auf Farsi).

KUHN, S. L.:
1995 Mousterian lithic technology, Princeton, New Jersey.

LINDLY, J. M.:
1997 The Zagros Mousterian: a regional perspective. Unpublished Ph. D dissertation, Department of Anthropology, Arizona State University, Tempe (AZ).

MORTENSEN, P. & SMITH, P. E. L.:
1977 A survey of prehistoric sites in the Harsin region.

SHIDRANG, S.:
In Vorbereitung Jawri, A Paleolithic Cave Site in the Rawansar Region, Northwest of the Kermanshah Plain.

SINGER, R. & WYMER, J.:
1978 An Hand-Axe from Northwest Iran: The Question of Human Movement between Africa and Asia in the Lower Palaeolithic Periods. In: L. G. Freeman (ed.), Views of the Past, The Hague, 13-27.

SMITH, P. E. L.:
1986 Palaeolithic archaeology in Iran. Philadelphia (PA): University Museum, University of Pennsylvania.

WALTHAM, A. C. & EDE, D. P.:
1973 The karst of the Kuh-e Parau. Transactions of the Cave Research Group, Great Britain 15, 27-40.

WRIGHT, H.:
1981 An Early Town on the Deh Luran Plain: Excavation at Tepe Farukhabad. Memoir no. 13, Ann Arbor, University of Michigan Museum of Anthropology.

YOUNG, T. C. & SMITH, P. E. L.:
1966 Research in the Central Western Iran, Science 153, 386-391.

Traditioneller Feldbau im Nordwesten Irans (1978), Foto: G. Weisgerber.

Iran im Neolithikum

Reinhard Bernbeck

Einleitung

Bis vor etwa 60 Jahren war der Zeitraum zwischen ca. 20000 und 5000 v. Chr. eine weit klaffende Kenntnislücke in Iran und Vorderasien. Davor lebten dort altsteinzeitliche Jäger und Sammler, danach sesshafte Dörfler. Robert Braidwood vom Oriental Institute in Chicago brachte die Erforschung dieses Zeitraums durch gezielte Ausgrabungsprojekte in Gang (Braidwood 1960; 1962). Eines seiner Hauptarbeitsgebiete war dabei der Westiran, besonders die Gegend um Kermanshah im Zagros-Gebirge. Im Anschluss an seine Arbeiten folgten Feldforschungen jüngerer Archäologen in den Jahren zwischen 1960 und 1980, die im Tiefland von Khuzestan, in Iranisch Azarbaidjan, in der Qazvin-Ebene und der Marv Dasht stattfanden.

Heutzutage haben wir ein sehr viel dichteres Gerüst an Ausgrabungen und Wissen aus Geländebegehungen. Dennoch sind weite Teile Irans immer noch, was das Neolithikum angeht, weiße Flecken auf der Landkarte, und man darf auf zukünftige Forschungsergebnisse gespannt sein.

Der zeitliche und geographische Rahmen

Um die derzeitigen Kenntnisse über das Neolithikum zusammenzufassen, ist es zunächst notwendig, die zwei prinzipiellen Dimensionen allen archäologischen Wissens, Zeit und Raum, abzustecken. Ist der Raum, nämlich Iran, leicht definierbar, so stoßen wir bei der zeitlichen Eingrenzung auf eine Schwierigkeit. Denn obwohl wir mit der Radiokarbonmethode eine naturwissenschaftlich solide und immer zuverlässigere Quelle für die zeitliche Festlegung von Siedlungsschichten und Funden in der Hand haben, sind viele ältere Radiokarbondatierungen unscharf und oft widersprüchlich. Bis heute bleibt Archäologen in Hinsicht auf ältere Ausgrabungen also nichts übrig als nicht-naturwissenschaftliche Datierungskriterien mit zu berücksichtigen.

Man greift dabei auf zwei Ansätze zurück. Zum einen werden Vergleiche materieller Kultur zwischen Orten bzw. deren Schichten herangezogen, ein Verfahren der „relativen Chronologie", das insbesondere für frühe Zeiten nicht unproblematisch ist. Denn zum einen änderte sich der Stil der Gegenstände – im frühen Neolithikum etwa Steinklingen – nicht rasch. Zum anderen wurden Einschnitte in der Entwicklung von materieller Kultur, die besonders auffällig sind, etwa das Aufkommen von Töpferei, über weite Regionen hin zeitlich gleichgesetzt. Dabei wurde nicht bedacht, dass eine Gegend die Keramiktechnologie deutlich später oder früher als eine andere aufnehmen konnte.

Ähnliche Probleme entstehen mit einer anderen Art des Datierens. Ökologisch ausgerichtete Archäologen haben studiert, wie Wildtiere und -pflanzen allmählich domestiziert wurden. Aus diesen Beobachtungen wurden dann komplexe Theorien formuliert. Es ist die Rede von „broad-spectrum revolution" (Breitband-Revolution), „incipient agriculture" (beginnende Landwirtschaft), „food resource management" usw. Viele Wissenschaftler gehen von einer zeitlichen Stufenabfolge solcher Aneignungsweisen der natürlichen Ressourcen aus. Jedoch gilt hier wie für die Einführung der Keramik als Datierungsanhalt, dass Jagen und Sammeln nicht überall zur gleichen Zeit aufgegeben worden sein muss.

Mit diesen Einschränkungen als Hintergrund versuche ich dennoch, einen kurzen zeitlichen Überblick über das Neolithikum Irans zu geben. Das Ende des Paläolithikums, mit dem Ausdruck „Epipaläolithikum" belegt, ist eine etwa 7.000 Jahre währende Zeitspanne, die von ca. 18000-11000 v. Chr. reicht. Damals lebten Jäger- und Sammlergruppen vor allem in den Höhlen des Zagrosgebirges (Abb. 1). Gegenüber früheren paläolithischen Wildbeutergruppen ist eine Tendenz zur Ausweitung der gesammelten Pflanzen- und gejagten Tierarten bemerkbar. Es wurden nicht nur kleine Wirbeltiere gejagt, sondern man sammelte auch Pistazien und wilde Früchte. Schließlich ist der Verzehr von Schnecken und kleinen Wassertieren wie Krabben eine Neuerung (Flannery 1973).

Wir wissen praktisch nichts über die an das Epipaläolithikum nach 11.000 v. Chr. anschließenden 2500 Jahre. Erst mit dem Ort Asiab (ca. 8500-8000 v. Chr.) in der Gegend von Kermanshah befinden

Abb. 1: Die epipaläolithische Höhle von Pa Sangar, am Stadtrand oberhalb von Khorramabad, Iran; Foto: R. Bernbeck.

wir uns in besser bekannten Epochen (Abb. 2). Asiab war ein kleines, nur saisonal genutztes Lager von Jägern und Sammlern. Abgesehen von Wildziege und Wildschaf als Jagdtieren wurden unter anderem große Mengen an Schneckenhäusern entdeckt. Diese Funde werden so gedeutet, dass die Bewohner Asiabs von Zeit zu Zeit durch Misserfolge auf der Jagd zur Umstellung auf anderweitig verschmähte Nahrungsmittel gezwungen waren.

Etwas später als Asiab, in die Zeit zwischen 8000 und 6800 v. Chr., datieren einige nahe gelegene festere Siedlungen im iranischen Zagros. Die materielle Kultur von Tappeh Ganj Dareh und Tappeh Abdul Hosein beinhaltet noch keine Töpferwaren. Diese Epoche wird daher oft als „akeramisches Neolithikum" bezeichnet. Das gilt ebenso für die untersten Schichten von Tappeh Guran, in Luristan gelegen, sowie des frühen Ali Kosh und Chogha Sefid in der den Zagros-Bergen westlich vorgelagerten Deh Luran-Ebene. Dort wurden erstmals Herden von Schafen und Ziegen gehalten. Das Management von Tieren bedeutete eine grundsätzliche Neuorientierung der neolithischen Bewohner Irans und muss in Zusammen-

Abb. 2: Karte mit den wichtigsten, im Text erwähnten Orten.

hang mit einer ganzen Reihe weiterer Innovationen gesehen werden, unter denen vor allem Hausarchitektur hervorzuheben ist. Wir wissen sehr wenig darüber, ob in diesen Zeiten Getreideanbau betrieben wurde. Zwar sind die Werkzeuge für die Ernte von Halmpflanzen und die Verarbeitung von Körnerprodukten vorhanden, wie etwa Sichelklingen, Reibsteine und Mörser, doch sind die Reste verkohlter Getreidekörner äußerst rar.

An dieses erste Stadium des Neolithikums, das nur in Westiran sicher belegt ist, schließt sich um 6800 v. Chr. eine nächste Phase an, die praktisch aus dem gesamten Land bekannt ist. Dieses späte Neolithikum ist durch die Einführung der Keramik gekennzeichnet. Funde stammen aus den hohen Bakhtiari-Bergen bei Isfahān, aus der Ebene von Marv Dasht, Hajji Firuz nahe Urmia und dem Südosten nahe Tappeh Yahya. Auch vom iranischen Hochland sind mit den untersten Schichten in Tappeh Sialk, Zagheh bei Qazvin und Cheshm Ali südlich von Teheran ähnliche Materialien bekannt. Schließlich sind das erst rezent gegrabene Aq Tappeh sowie Tappeh Sang-i Chakhmaq, beide nördlich des Elburs in der Gorgan-Ebene gelegen, diesem Horizont des keramischen Neolithikums zuzurechnen.

Traditionell bestimmen Archäologen das Ende des Neolithikums in Iran durch eine weitere Entwicklung der Keramiktechnologie. Um etwa 5500 v. Chr. kommen in vielen Tälern des Zagros und der Tiefebene von Khuzestan bei hohen Temperaturen gebrannte, mit feinem Mineral versetzte Waren auf, die in der Regel schwarz bemalt sind. Diese ersetzen die früheren mit Häcksel aufbereiteten Töpfereien und charakterisieren die dem Neolithikum folgende Ära des Chalkolithikums.

Abb. 3: Pfeilspitzen aus kleinen Silex-Klingen von Toll-e Bashi, Provinz Fars; Foto: R. Bernbeck.

Technologie

Sesshaftwerden, Ackerbau und Viehzucht waren solch fundamentale Eingriffe in das gesellschaftliche Leben, dass Menschen sich gleichzeitig eine gänzlich neue materielle Umgebung schufen. Technologien wurden entweder entscheidend weiterentwickelt oder ganz neue Produktionszweige kamen auf.

Steingeräteindustrie

Die Steingeräteindustrie kann hier nur grob umrissen werden. Da Metall erst ganz am Ende des Neolithikums aufkam (s. u.), machte man die benötigten Schneide-, Schabe- und Bohrwerkzeuge zu einem großen Teil aus Feuerstein. Für das Neolithikum sind besonders Geräte kennzeichnend, die mit dem Ackerbau zu tun haben, darunter lange, schmale Klingen mit sog. Sichelglanz, einer Silikatablagerung, die sich auf Feuerstein bildet, wenn er zum Schneiden von Gräsern und anderen Halmpflanzen benutzt wird. Ebenso typisch sind die zylindrischen, unten spitz zulaufenden Feuersteinkerne, von denen diese Klingen abgeschlagen wurden. Viele andere Geräte wurden sekundär aus Klingen hergestellt. Im frühen Neolithikum produzierte man Pfeilspitzen aus an einem Ende abgeschrägten Klingen. Später ging man dazu über, kleinere Spitzen in Halbmond- oder Trapezform zu produzieren, die auch als „geometrische Mikrolithen" bekannt sind (Abb. 3).

Das Rohmaterial für die Klingenindustrie war nicht ausschließlich Feuerstein. In geringen Mengen gab es auch Obsidian, ein schwarzes vulkanisches Gestein, das fast glasartig ist. Da es in Vorderasien nur an einigen wenigen Stellen vorkommt, und zwar in der Osttürkei am Van-See sowie etwas weiter südwestlich im Krater eines anderen erloschenen Vulkans, kann man aus dem Vorkommen von Obsidian auf recht weitreichende Handelsbeziehungen schon im Neolithikum schließen. Jedoch darf man sich keineswegs wandernde Händler vorstellen. Vielmehr wurde Obsidian von Siedlung zu Siedlung in jeweils sehr kleinen Mengen weitergereicht, eher als Kuriosum denn als Rohstoff für Instrumente des tagtäglichen Gebrauchs.

Reibsteine

Große, runde bis ovale Mahlsteine aus Basalt oder anderen grobkörnigen Gesteinen sind schon aus Höhlensiedlungen des Epipaläolithikums bekannt. Sie sind vor allem deshalb von Bedeutung, weil sie in späterer Zeit als Verarbeitungsgeräte von Getreide eingesetzt wurden. Es hat jedoch den Anschein, dass sie bis ins akeramische Neolithikum für das Zerkleinern von Farbstoffen wie Ocker dienten und nur sekundär zur Herstellung von Mehl aus Wildgetreiden. Reibsteine sind auch deshalb von Interesse, weil sie wegen ihres Gewichtes nicht transportabel waren. Die Existenz solcher Geräte weist darauf hin, dass Menschengruppen nicht mehr weiträumig umherschweiften, sondern länger an ein und demselben Ort blieben.

Töpferei

Die ältesten Töpfereierzeugnisse in Iran sind handgeformte Gefäße aus dem ansonsten keramiklosen Ganj Dareh (Abb. 4). Diese waren im Zustand der Nutzung ungebrannt, und sind nur durch ein Feuer, das die Siedlung vernichtete, erhalten. Erst später fing man an, die Tongefäße absichtlich zu brennen. In ganz Iran gibt es nur einen Ort, Tappeh Guran, wo der Übergang von keramiklosen zu Keramik führenden Schichten belegt ist. Über die Einführung dieser Technologie kann also im Moment nicht viel ausgesagt werden (Vandiver 1987).

Tongefäße wurden mit der Hand geformt, oft aus zwei separat geformten Teilen. Zunächst wurden Boden und unterer Wandteil hergestellt. Nachdem diese Hälfte etwas getrocknet und stabilisiert war, setzte man das zylindrische Oberteil auf. Dadurch entstand an der Anfügungsstelle meist ein Wandungsknick, der oberflächlich überstrichen wurde. Behälter mit diesem Merkmal sind aus weiten Teilen Irans bekannt, von Khuzestan bis in den hohen Zagros. Oft wurden Töpfe außen wie innen mit einer wässrigen Tonschlickerschicht überzogen, um sie für Flüssigkeiten nutzbar zu machen. Auf diese Schicht wurde manchmal eine zusätzliche rote Farbschicht aufgebracht, die poliert wurde, was die Dichtungsfunktion erhöhte (Abb. 5). Die feineren Gefäße erhielten schließlich im oberen Teil und am Innenrand eine gemalte Verzierung in Schwarztönen (Bernbeck 1989). Alle neolithischen Töpfereiprodukte sind bei vergleichsweise niedrigen Temperaturen gebrannt (um 600° C max.). Hierzu wurden sie wahrscheinlich auf einer offenen Fläche ausgelegt und mit lange brennendem Brennmaterial wie Dung oder Zweigen abgedeckt.

Während wir über die technischen Prozesse der Keramikherstellung recht gut informiert sind, wissen wir wenig über ihre Nutzung. Bis vor kurzem wurde der Gebrauch aus allgemeinen Merkmalen wie der Größe (z.B. sind sehr große Gefäße für Vorratshaltung bestimmt), Form oder Oberflächenbehandlung (Abdichtung ist für

Abb. 4: Siedlungshügel Ganj Dareh des akeramischen Neolithikums, Kermanshah-Region; Foto: R. Bernbeck.

Abb. 6: Abstrakte Keramikbemalungsmotive aus Toll-e Bashi, Provinz Fars; Foto: R. Bernbeck.

Abb. 5: Rot polierte Keramik aus Qaleh Rostam, hohes Zagros-Gebirge; Foto: Hans J. Nissen.

Abb. 7: Bemalte Keramik aus Qaleh Rostam, Zagros; Foto: Hans J. Nissen.

Flüssigkeiten) grob erschlossen. Erst in den letzten 15 Jahren hat sich eine ganz neue Richtung der Keramikforschung ausgebildet, die mittels chemischer Analysen Lebensmittelreste identifiziert, und durch die systematische Erfassung mikroskopischer Gebrauchsspuren Handhabungspraktiken rekonstruiert. Nur in einigen wenigen Fällen wurde dieses Instrumentarium auf neolithische Keramik des Irans angewandt, und man darf in diesem Bereich auf neue Ergebnisse gespannt sein.

Die Bemalung der Töpfererzeugnisse setzt nicht unmittelbar mit dem Aufkommen von Keramik ein, wird jedoch sehr schnell überall in Iran übernommen. Auffällig ist die sehr beschränkte geographische Verbreitung von Bemalungsmotiven. Fast jedes Tal des Zagros und jede Hochebene hatten ein eigenes Repertoire (Hole 1987). In manchen Regionen ist die Bemalung ausschließlich abstrakt (Abb. 6), in anderen finden wir hochkomplex strukturierte Dekorationsmuster mit figürlichen Darstellungen (Abb. 7). Heutzutage wird die Ansicht vertreten, dass solche Bemalungen nicht einfach einem ästhetischen Bedürfnis entsprangen, sondern dass die Symbolik zweifach wirkte: als Abgrenzung gegen andere Kleinregionen mit deutlich unterschiedlichen Motiven, und als integratives Moment innerhalb einer Siedlung, als eine allen Gemeinschaftsmitgliedern bekannte Welt der Zeichen.

Layout der Siedlungen und Architektur

Über die Einzelheiten des Bauens im neolithischen Iran sind wir recht gut informiert. Was jedoch bislang nur ganz unzureichend bekannt ist, sind großflächige Siedlungspläne, die Auskunft über Nachbarschaftsverhältnisse, Verkehrswege und den Prozess des Wachsens und Schrumpfens von Siedlungen geben könnten.

Aus den wenigen Belegen können wir zweierlei schließen. Erstens standen die Häuser in den neolithischen Dörfern in weitem Abstand voneinander (Voigt 1983). Öffentliche Flächen waren weitaus größer als die kleinen Innenräume, die kaum je eine Größe von 2 x 2 m überstiegen. Zweitens gab es in den öffentlichen Flächen Einrichtungen wie Öfen und Feuerstellen, die von den Bewohnern mehrerer Haushalte gleichzeitig genutzt wurden. Es gibt bisher kaum genaue Daten zur Verteilung von Objekten inner- und außerhalb von Häusern, doch wo sie vorliegen, sind weitaus mehr Gegenstände im öffentlichen Bereich gefunden worden. Man mag daher daraus schließen, dass die Menschen den meisten Teil ihrer Zeit außerhalb der Häuser zubrachten.

Die Baupläne sind insofern einheitlich, als fast alle ergrabenen Orte rechteckige Architektur aufweisen (z.B. Smith 1990). Die Häuser sind meist zweiräumig und haben manchmal kleine Seitengelasse (Abb. 8). Baumaterialien waren entweder Stampflehm oder handgeformte, lange Lehmziegel, die an der Oberfläche zur größeren Stabilität aufgeraut sein konnten. Man kann davon ausgehen, dass Lehmziegel direkt am Bauplatz hergestellt wurden. Denn die dünnen, langen und schweren Bauelemente wären beim Transport auch über kurze Strecken zerbrochen. Dächer waren, soweit erschließbar, flach. Sie bestanden aus Holzstangen mit einem Reisigbelag und einer dünnen Lehmschicht darüber, die – wie auch heute noch in Westasien üblich – jährlich erneuert werden musste. Stabilitätsprobleme sind zumindest aus einem Ort, Tappeh Abdul Hosein, bekannt. Dort wurden unter der zusammengestürzten Wand eines Hauses drei Skelette gefunden. Es muss unklar bleiben, ob das Haus wegen Baufälligkeit oder aus äußeren Ursachen, etwa nach einem Erdbeben, zusammenbrach.

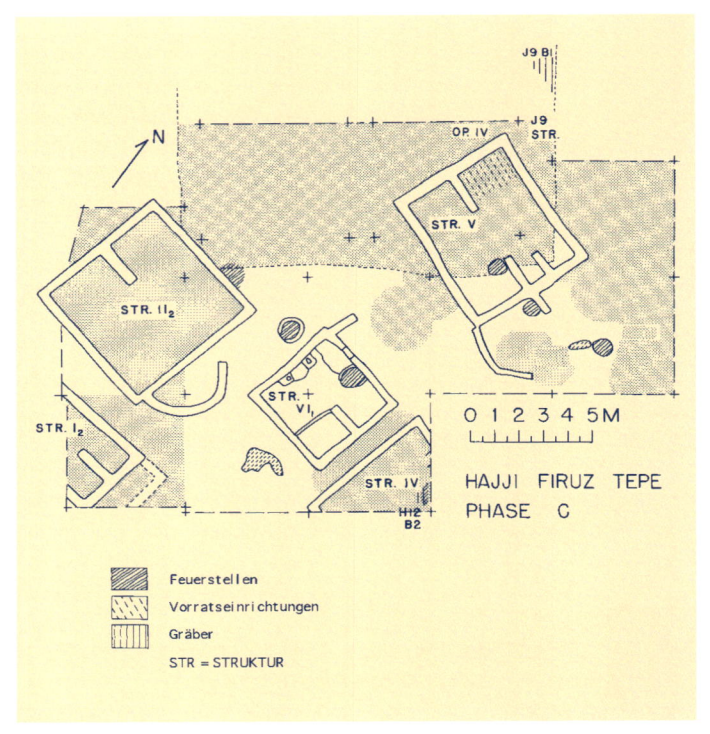

Abb. 8: Siedlungsplan der Phase C aus Hajji Firuz, Nordwest-Iran; nach Voigt 1983, Abb. 138.

Metallherstellung

Schon im Neolithikum wurde in geringen Mengen Kupfer zu Gegenständen verarbeitet. Soweit wir wissen, handelt es sich jedoch dabei nicht um geschmolzenes, sondern allein um kaltgehämmertes Metall. Das meiste Kupfer wurde in Grabungen auf dem Hochland gefunden. Erstaunlich sind Einzelfunde fernab von Rohstofflagerstätten im Tiefland. In Ali Kosh und Chogha Sefid kam jeweils ein kleiner Kupfergegenstand zu Tage, was auf Beziehungen nach Nordosten schließen lässt, die wohl ebenso indirekt wie beim Handel mit Obsidian waren.

Während viele Kupferobjekte Schmuck zu sein scheinen, Ringe oder Perlen von Ketten, ist ein Gegenstand aus Tall-i Mushki wegen seiner noch erhaltenen Umwicklung mit einer Schnur und der gebogenen Form als Angelhaken bestimmbar. In Sialk gibt es neben Kupferschmuck Nadeln und Ahlen.

Tonfiguren

An einigen der neolithischen Orte, besonders in Tappeh Sarab, wurde eine Menge kleiner Tonfiguren in Form unterschiedlicher Tiere sowie von Menschen gefunden. Interessanterweise sind die Tierfiguren meist realistisch gehalten (Abb. 9a-b), wohingegen Menschen- (meistens Frauen-) darstellungen abstrakt sind und oft Gliedmaße oder Kopf vermissen lassen (Abb. 9c) (Broman-Morales 1990). Daneben findet man fast überall in kleinen Mengen, in der Provinz Fars aber gehäuft, abstrakte, kleine Tongegenstände, deren Grundform kegelartig, zylindrisch oder knopfförmig sein kann (Abb. 10). Diese Objekte gibt es auch in steinernen Ausführungen. Sie wurden wahrscheinlich als Gedächtnisstützen benutzt, wobei je eine spezifische Form wohl einen spezifischen Gegenstand oder Lebewesen, etwa ein Herdentier, markierte.

Forscher wie Kathleen Kenyon und Robert Braidwood als selbstverständlich an, dass die Domestikation von Getreide Sesshaftigkeit nach sich zog. Das mangelnde Interesse an Sesshaftwerdung schlug jedoch um, als man sich genauer mit den frühesten Vorläufern des Neolithikums an der Mittelmeerküste beschäftigte, wo vor jeder Domestizierung schon Sesshaftigkeit belegt ist (Bar-Yosef & Meadow 1995). Kent Flannery behauptete nach Durchsicht der Funde im epipaläolithischen Zagros, dass zu dieser Epoche eine „Breitband-Revolution" stattfand, während derer Gruppen dazu tendierten, möglichst lange an einem Ort zu bleiben (Flannery 1973). Um dies zu erreichen, mussten sie auf natürliche Ressourcen zurückgreifen, die in früheren Zeiten nicht Teil der Nahrungsmittel waren, wie Schnecken, andere Weichtiere und kleine Wirbeltiere wie Hasen. Jedoch ist diese These für den Zagros bisher nicht klar nachweisbar. Die Jäger- und Sammlergruppen lebten weiterhin in Höhlen, und bei der Abschätzung der Dauer ihrer Nutzung ist man trotz neuerer Forschungen bislang auf Spekulation angewiesen.

Abb. 9: Tierfigurinen und abstrakte anthropomorphe Figurine aus Tappeh Sarab, Kermanshah-Region; nach Broman-Morales, 1990; a: Tafel 4c; b: Tafel 4e; c: Tafel 12i.

Abb. 10: Abstrakte Tongegenstände aus Toll-e Bashi, Provinz Fars; Foto: R. Bernbeck.

Die „Neolithische Revolution"

Der Übergang vom Paläolithikum zum Neolithikum, von V. Gordon Childe in Anlehnung an den Begriff der „industriellen Revolution" als „neolithische Revolution" bezeichnet, nimmt in der Weltgeschichte einen so wichtigen Rang ein, da er einen Prozess markiert, ohne den unsere heutige Lebensweise völlig undenkbar wäre. Heutzutage sieht man vom Begriff der „neolithischen Revolution" weitgehend ab, da es sich erwiesen hat, dass diese Entwicklung im Nahen Osten, einschließlich des Irans, Jahrtausende gedauert hat. Es ist angebrachter, von einem „Neolithisierungsprozess" zu sprechen.

Vor 60 Jahren, als diese weltgeschichtlich fast einmaligen Vorgänge zentrales Forschungsziel wurden, konzentrierte man sich zunächst ganz darauf, die ältesten Orte zu finden, an denen domestizierte Pflanzen und Tiere nachgewiesen werden konnten. Dabei nahmen

Die Analyse der Knochenfunde machte jedoch in anderer Hinsicht methodische Fortschritte. So fingen Archäologen an, sich mit dem Schlachtalter von Tieren zu beschäftigen, und stellten fest, dass vor der Domestizierung von Herdentieren, vor allem Schaf und Ziege, diese Tiere selektiv gejagt wurden. Anstatt Schafe, Ziegen und andere Paarhufer (Schweine, Gazellen, Rinder) wahllos zu erlegen, wurden vor allem junge männliche Tiere aus den Wildherden aufs Korn genommen. Diese Art des selektiven Jagens, manchmal als „Management" bezeichnet, wurde von Melinda Zeder (1999; 2003) in allen Details analysiert. Sie geht davon aus, dass gerade junge männliche Tiere gejagt wurden, weil für die biologische Reproduktion der Herden nur einige wenige männliche Tiere nötig waren. Andere Forscher meinen, dass diese zunehmend selektive Jagd zu einer so großen Familiarität mit den Gewohnheiten der Tiere führte, dass die Domestikation fast von selbst geschah.

Hans-Peter Uerpmann (1996) weist jedoch darauf hin, dass zur Domestikation unbedingt auch der Verlust der Scheu der Tiere vor den Menschen notwendig war, und dies konnte nicht im Kontext von Jagd, ob wahllos oder selektiv, passieren. Er behauptet, dass das Aufziehen von neugeborenen Wildtieren wie Wölfen, Wildziegen und Wildschafen die einzige Möglichkeit ist, die entstehende Symbiose von Mensch und Tier zu erklären. Dann würden die schon im Epipaläolithikum sowohl im Zagros als auch für den Mittelmeerraum belegten Hunde ein wichtiges Glied in der Argumentationskette liefern. Die Domestikation des Wolfs als Prototyp der Tierdomestikation lässt jedoch die Frage offen, warum diese Idee auf nur einige wenige andere Tiere ausgedehnt wurde, und warum dies, wenn die nachahmende Bemutterung ein menschlicher „Instinkt" ist, nicht schon früher in der Menschheitsentwicklung geschah.

Bei Wildgetreide geht man davon aus, dass die Domestizierung unbeabsichtigt geschah. Die Ähren von Wildgetreide fallen schnell auseinander, so dass sie schwer zu ernten sind. Jedoch gibt es in den Ständen wilden Getreides, die auch heute noch im Zagros vorkommen, immer Mutanten, deren Ähren nicht zerfallen, und die daher mit größerer Wahrscheinlichkeit den Siedlungs- oder Lagerbereich der Menschen nach der Ernte erreichten. Wenn über Jahre hin jeweils einige dieser Körner am Siedlungsrand zu Boden fielen und im nächsten Jahr keimten, dann aber mitgeerntet wurden, konnte die Anzahl der Mutanten allmählich steigen. Diese Theorie setzt schon weitgehende Sesshaftigkeit voraus.

Für den iranischen Zagros wird angenommen, dass Getreide nicht vor Ort domestiziert, sondern aus dem Mittelmeerraum als Mutant eingeschleppt wurde (Miller 1992). Ziegen hingegen dürften im hohen Zagros domestiziert worden sein, für Schafe wissen wir noch zu wenig über diesen Prozess. Der Schwerpunkt auf einer biologischen Analyse von Pflanzen, Tieren und ökologischen Faktoren war für lange Zeit insofern einseitig, als die Motivationen handelnder Menschen eine zweitrangige Rolle spielten.

Dies änderte sich erst mit einer neuen Ausrichtung der Archäologie, die menschliches Verhalten nicht nur von außen betrachtete und naturwissenschaftlich zu erklären versuchte, sondern die Vergangenheit als einen Prozess sinnvollen menschlichen Handelns ansah. Ian Hodder, der Ausgrabungsleiter der berühmten neolithischen Siedlung von Çatal Höyük (Türkei), meinte beispielsweise, dass die Neolithisierung weniger ein Prozess der Domestizierung von Tier und Pflanze, als vielmehr eine Zähmung des Menschen durch sich selbst gewesen sei (Hodder 1990; siehe Watkins 1990). Er interpretiert neolithische Symbolik als den Versuch, einen „häuslichen" von einem „wilden" äußeren Bereich zu trennen und sich dem ersten einzuschreiben. Menschen kommen erst im Zuge dieses Prozesses in die Lage, sich selbst als von der Natur – als Kulturträger – verschieden wahrzunehmen. Jacques Cauvin (1996) sieht im Neolithikum das Aufkommen einer Religion mit einem weiblichen Prinzip, das in den weiblichen Tonfigürchen Materie geworden ist, und einem männlichen Prinzip, das er in Darstellungen von Stierhörnern verkörpert sieht. Diese neueren Theorien haben ihre eigenen Schwächen, da sie vom grundsätzlichen Bedürfnis der neolithischen Menschen nach Symbolismus ausgehen. Gerade im frühneolithischen Iran findet man aber eine Situation, wo Gruppen sich Ackerbau und Viehzucht zuwendeten, ohne dass hierfür im archäologischen Material ein symbolisch-ideologisches Gerüst auszumachen wäre. Man kann somit sagen, dass die nach dem Sinn des Ablaufs der Neolithisierung fragenden Theorien derzeit nur für den westlichen Teil des Vorderen Orients eine befriedigende Auskunft geben können.

Neuere Ideen stellen die Frage des Aufkommens neolithischer Lebensweisen aus einer gänzlich anderen Perspektive. Welche inneren Schwierigkeiten hatten Jäger- und Sammler-Gruppen im Prozess der Sesshaftwerdung und des Übergangs zu Ackerbau und Viehzucht zu überwinden? Ethnographische Untersuchungen in heutigen Jäger- und Sammlergesellschaften legen nahe, dass eine gedankliche Trennung zwischen menschlicher Welt und Natur in solchen Gesellschaften nicht besteht (Ingold 2000). Damit aber fehlt auch die Idee der Ressourcenknappheit, und deswegen ist das Teilen der gesammelten Früchte und gejagten Tiere untereinander ein nicht hinterfragter Lebensgrundsatz. Eigentum in unserem Sinne ist Geiz. Natürlich mag es von Zeit zu Zeit Engpässe geben. Da jedoch das, was wir heute als uns äußerliche, „natürliche" Ressourcen bezeichnen, bei Jäger- und Sammlergruppen eher im Sinne einer ernährenden Einheit, fast als „Eltern" aufgefasst wird, wäre eine individuelle Aneignung auf Kosten anderer gruppenschädigend.

Wenn auch in vorneolithischen Zeiten „Natur" ein allgemeiner „Ernährer" war, und bedingungsloses Teilen zu den gesellschaftlichen Grundlagen gehörte, so stellt sich die dringende Frage, ob nicht der Prozess der Neolithisierung, d.h. der Aneignung von nunmehr als extern wahrgenommenen Ressourcen, erhebliche ideologische Widerstände hervorrufen musste. Warum begannen Menschen, ihren „Ernährer", die Natur, in der Domestikation nachzuahmen? Gab es im Gefolge dieser Entwicklungen gesellschaftliche Verwerfungen? Susan Pollock, Kamyar Abdi und der Verfasser haben im Jahre 2003 ein Projekt in der Ramjerd-Ebene in der Provinz Fars begonnen, das über diese Fragen Auskunft geben soll (Abdi *et al.* 2003).

Erst im Rückblick sind uns die Konsequenzen der Neolithisierung bekannt. Es entwickelten sich Dorfleben, dann Städte mit gesellschaftlichen Hierarchien, politische Großreiche und Unterschiede zwischen arm und reich, Krieg und Frieden. Mit der Schrift schließlich konnte glorioser Geschichte erinnert, Niederlagen und Vergehen verschwiegen werden. Heute sind wir mit der Gentechnologie an der Schwelle einer weiteren, ebenso tiefgreifenden Dimension der Naturnachahmung angelangt. Ebensowenig wie paläolithische Wildbeuter des Irans können wir heute das ganze Ausmaß dessen abschätzen, was uns aus dieser Entwicklung an gesellschaftlichen Folgen entstehen kann.

Bibliographie

ABDI, K., POLLOCK, S. & R. BERNBECK, R.:
2003　　Fars Archaeology Project 2003: Excavations at Toll-e Bashi. Iran 41, 339-344.

BAR-YOSEF, O. & MEADOW, R. H.:
1995　　The Origins of Agriculture in the Near East. In: T.D. Price & A.B. Gebauer (eds.), Last Hunters - First Farmers. New Perspectives on the Prehistoric Transition to Agriculture, Santa Fe, 39-94.

BERNBECK, R.:
1989　　Die neolithische Keramik aus Qale Rostam, Bakhtiyari-Gebiet (Iran), Freiburg i.Br.

BRAIDWOOD, R. J.:
1960　　Seeking the World's First Farmers in Persian Kurdistan: A Full-Scale Investigation of Prehistoric Sites Near Kermanshah. The Illustrated London News, October 22, 695-697.
1962　　The Earliest Village Communities of Southwestern Asia Reconsidered. In: Atti del Sesto Congresso Internazionale delle Scienze Preistoriche e Protoistoriche Band 1, Florenz, 115-126.

BROMAN-MORALES, V.:
1990　　Figurines and other Clay Objects from Sarab and Çayönü, Chicago.

CAUVIN, J.:
1996　　Naissance des divinités. Naissance de l'agriculture, Paris.

FLANNERY, K. V.:
1973　　The Origins of Agriculture, Annual Review of Anthropology 2, 271-310.

HODDER, I.:
1990　　The Domestication of Europe, Oxford.

HOLE, F.:
1987　　Archaeology of the Village Period. In: F. Hole (ed.), The Archaeology of Western Iran, Washington D.C., 29-78.

INGOLD, T.:
2000　　The Perception of the Environment, London.

MILLER, N. F.:
1992　　The Origins of Plant Cultivation in the Near East. In: C.W. Cowan, P.J. Watson & N. Benco (eds.), The Origins of Agriculture, Washington D.C., 39-58.

SMITH, PH. E. L.:
1990　　Architectural Innovation and Experimentation at Ganj Dareh, Iran. World Archaeology 21, H.3, 323-335.

UERPMANN, H.-P.:
1996　　Animal Domestication – Accident or Intention? In: D. R. Harris (Hrsg.), The Origins and Spread of Agriculture and Pastoralism in Eurasia, Washington, D.C., 227-237.

VANDIVER, P. B.:
1987　　Sequential Slab Construction; A Conservative Southwest Asiatic Ceramic Tradition, ca. 7000-3000 B.C. Paléorient 13 (2), 9-36.

VOIGT, M. M.:
1983　　Hajji Firuz Tappeh, Philadelphia.

WATKINS, T.:
1990　　The Origins of House and Home? World Archaeology 21, H. 3, 336-347.

ZEDER, M. A.:
1999　　Animal Domestication in the Zagros: A Review of Past and Current Research. Paléorient 25, H.1, 11-25.
2003　　Hiding in Plain Sight: The Value of Museum Collections in the Study of the Origins of Animal Domestication. In: G. Grupe & J. Peters (eds.), Deciphering Ancient Bones, Rahden, 125-138.

Obsidian in Iran vom Epipaläolithikum bis zur Bronzezeit

Kamyar Abdi

Einleitung

Obsidian ist ein hauptsächlich grüngraues bis schwarzes (manchmal allerdings auch braunes bis rotes), natürlich vorkommendes Vulkanglas, entstanden durch plötzliche Abkühlung zähflüssiger Lava von rhyolitischer Zusammensetzung (Gourgaud 1998). Auf der Härteskala von Mohs liegt Obsidian etwa bei sechs. Obsidian lässt sich leicht bearbeiten, wobei er muschelartig bricht und extrem scharfe Kanten bildet. Aufgrund dieser wichtigen physikalischen Eigenschaft war Obsidian vor der Einführung metallener Klingen ein sehr gefragtes Rohmaterial zur Herstellung von Werkzeugen.

Zwei hauptsächliche Techniken werden zur Datierung von Obsidian angewandt: Die „hydratation"-Datierung und die „fission-track"-Datierung. Die „hydratation"-Datierung (Friedman, Trembour & Hughes 1997; Stevenson, Mazer & Scheetz 1998) beruht darauf, dass Obsidian-Oberflächen in gleichmäßiger Weise und in gleichbleibender chemischer Zusammensetzung Wasser aufnehmen, wobei sich eine Feuchtigkeitsschicht bildet. Indem man die Stärke der Schicht misst und sie mit der bekannten örtlichen Feuchtigkeitsrate vergleicht, lässt sich eine ungefähre Angabe für die Zeit der Bearbeitung bestimmen. Die „fission-track"-Datierung (Westgate, Sandhu & Shane 1997; Poupeau *et al.* 1998) beruht darauf, dass die spontane Spaltung von Uran-Atomen bei natürlichen dielektrischen Feststoffen wie Obsidian einen Strahlungsschaden verursacht. Unter den Bedingungen der Erdoberfläche akkumuliert dieser Schaden – „fission-tracks" genannt – und bleibt erhalten, sodass er zu chronologischen Zwecken gemessen werden kann. Allerdings zählt die gewonnene Rate der spontanen Spaltung häufig nach Jahrmillionen, was für die geologische Datierung nützlich ist, selten aber für die archäologische.

Die Herkunft von Obsidianfunden aus archäologischen Kontexten lässt sich mittels einer chemischen Methode ermitteln. Mit ihrer Hilfe können sich Obsidianfunde unbekannter Herkunft wie durch einen Fingerabdruck zurück verfolgen lassen, indem man sie mit der chemischen Zusammensetzung bekannter Vorkommen vergleicht und so ihre geologische Quelle feststellen kann (Glascock, Braswell & Cobean 1998). Aufgrund seiner chemischen Zusammensetzung und der Petrographie der geologischen Struktur, in der er vorkommt, lässt sich Obsidian in drei hauptsächliche Arten gruppieren: Alkalin, Kalk-Alkalin und Per-Alkalin. Diese lassen sich durch die Zusammensetzung ihrer wichtigsten Elemente bestimmen – die Anteile an Alkali und alkalischen Elementen. Doch sind es die geringfügigen Spurenelemente, die es erlauben, feine Unterschiede zwischen diversen möglichen Quellen festzustellen. Allerdings können einzelne Ströme innerhalb eines Vulkans hinsichtlich ihrer chemischen Zusammensetzung stark variieren. Daher sind sehr sorgfältiges Sammeln an jedem Vorkommen und eine exakte Analyse erforderlich, um einen akkuraten Fingerabdruck und die Zuordnung zu einem bestimmten Vorkommen zu ermöglichen.

Obsidianvorkommen im Nahen Osten

Die wichtigsten Obsidianvorkommen im Nahen Osten liegen in Anatolien und im Kaukasus. Es existieren auch kleinere Vorkommen im Südjemen, möglicherweise in Südwestjrabien und auf den Inseln des Roten Meeres (Zarins 1989; Francaviglia 1990). Aus dem Iran sind bislang keine Vorkommen bekannt. Die wichtigsten Vorkommen in Anatolien und im Kaukasus lassen sich vier unterschiedlichen geographischen Bereichen zuweisen (Abb. 1): Zentralanatolien (Kappadokien), Nordostanatolien, Südostanatolien (die Umgebung des Van-Sees) und den Kaukasus (Armenien, Azarbaidjan und Georgien) (Poidevin 1998).

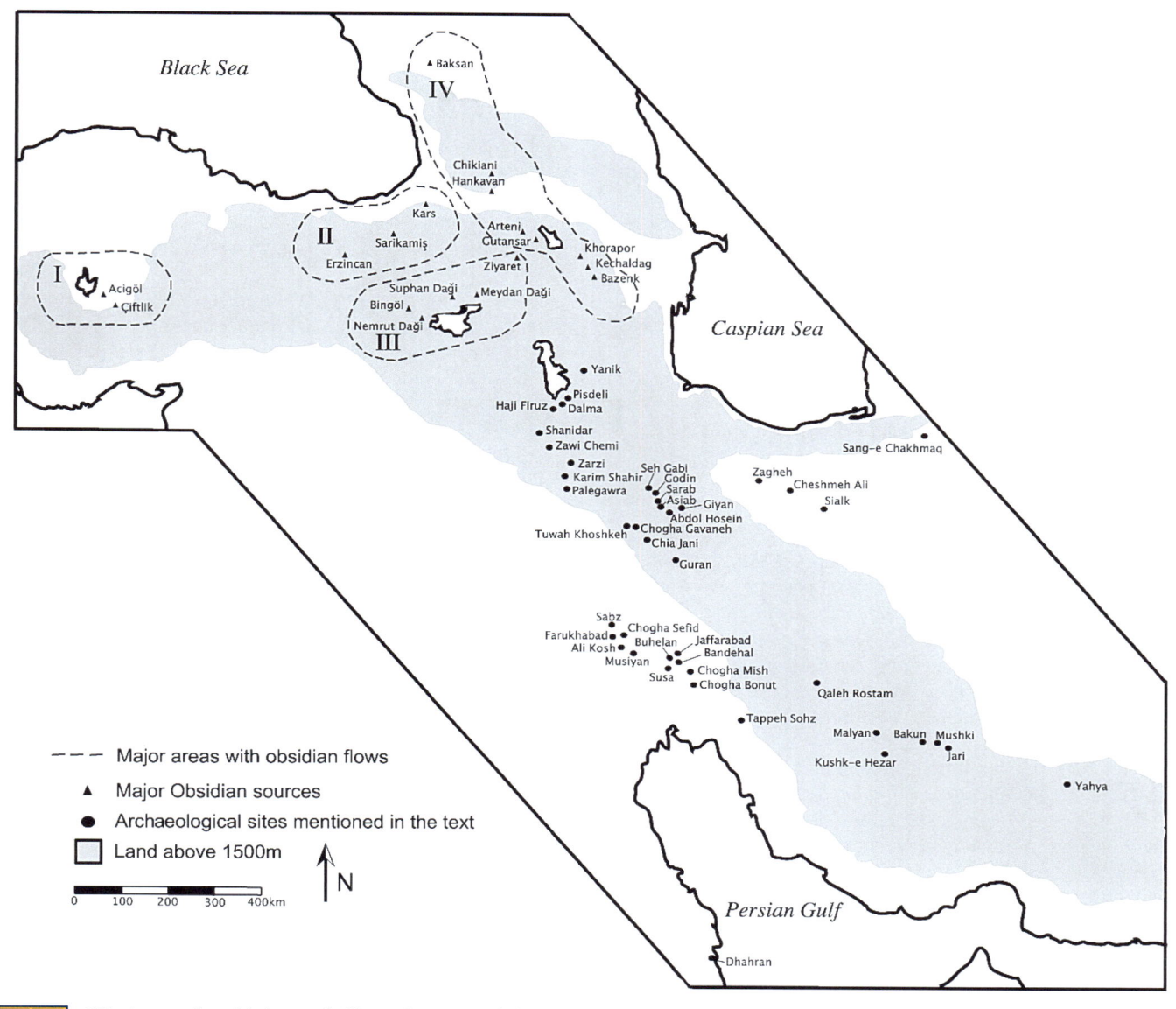

Abb. 1: Lage der wichtigsten Obsidianvorkommen und der im Text erwähnten Fundstellen; nach K. Abdi.

I. Die zentral-anatolischen (kappadokischen) Obsidian-Vorkommen liegen hauptsächlich östlich von Tuz Gölü (Salzsee). Obsidian aus Zentralanatolien ist vom kalk-alkalinen Typ. Diese Vorkommen versorgten ein ausgedehntes Gebiet, das sich von Westanatolien und der Levante bis nach Syrien und im Osten bis zur Deh Luran-Ebene in Südwestiran (Renfrew, Dixon & Cann 1968; Wright 1969; Chataigner 1998, 277-293) erstreckt. Allerdings gibt es bisher noch keinen Beweis dafür, dass Obsidian aus Zentralanatolien den Zagros und das iranische Plateau weiter im Osten erreichte.

II. Die nordost-anatolischen Vorkommen liegen südöstlich des Schwarzen Meeres in der Gegend von Erzincan bis zum Ararat (Poidevin 1998, 125-134). Bezüglich der chemischen Zusammensetzung handelt es sich hier ebenfalls um Kalk-Alkalin.

III. Die südost-anatolischen Vorkommen (die Gegend um den Van-See) beinhalten eine Anzahl von größeren Lagerstätten, aber auch Vorkommen östlich um den Urmia-See in Iran (Wright 1969; Wright & Gordus 1969; Dixon 1976; Renfrew & Dixon 1977; Poidevin 1998, 135-150). Die Vorkommen am Van-See beinhalten sowohl den per-alkalinen als auch den kalk-alkalinen Typ.

IV. Die kaukasischen Vorkommen liegen überwiegend in den Bergen nordwestlich und südöstlich des Sevan-Sees in Armenien und Azarbaidjan, doch gibt es auch isolierte Vorkommen in Georgien und dem Nordkaukasus längs des Baksan-Flusses auf der russischen Seite des Kaukasus. Diese Vorkommen gruppieren sich in 14 verschiedene chemische Gruppen, hauptsächlich vom kalk-alkalinen Typ (Blackman et al. 1998).

Obsidianfunde in Iran

Obsidian wurde in Ostanatolien bereits im mittleren Paläolithikum gewonnen und verwendet (Yalçinkaya 1998), aber Obsidianfunde erscheinen in nur geringen Mengen in archäologischen Kontexten im Zentral-Zagros erst mit Beginn des späten Jungpaläolithikums bei Shanidar (Schicht C) und bei Zarzi. Zu Beginn des frühen Epipaläolithikums tritt Obsidian in größeren Mengen auf, und zwar u. a. bei Zarzi und Palegawra, was sich durch das späte Epipaläolithikum hindurch bei Shanidar und Zawi Chemi fortsetzt. Die meisten dieser Obsidianfunde scheinen aus der Umgebung des Van-Sees zu stammen (Renfrew, Dixon & Cann 1968).

Eine Verringerung der Obsidianfunde im frühen akeramischen Neolithikum lässt sich auf die geringe Zahl von erforschten Stätten aus dieser Periode zurückführen; Funde aus Palegawra, Karim Shahir und Asiab sind bemerkenswerte Ausnahmen.

Obsidianfunde aus dem zentralen Zagros setzen sich bei Guran und Chia Jani (spätes akeramisches Neolithikum), Sarab und Abdul Hosein (frühes und mittleres Neolithikum), Choghah Gavaneh (frühes Chalkolithikum), Godin, Seh Gabi und Giyan (mittleres und spätes Chalkolithikum) während des gesamten Neolithikums fort. Bei Seh Gabi findet sich Obsidian aus Nemrut Dağ, direkt nördlich des Van, und aus zwei kaukasischen Lagerstätten. Bei Chogha Gavaneh sind in den Schichten IX-VIII (frühes Chalkolithikum) nur drei Stücke Obsidian gefunden worden (Wright o. J.). Diese drei Stücke sind opake oder leicht durchsichtig und von schwarzer Farbe, dementsprechend stammen sie wahrscheinlich nicht aus der Region des Van-Sees. Allerdings zeigt das eine Stück Obsidian aus dem nahe gelegenen Tuwah Koshkeh, aus dem späten mittleren Chalkolithikum, genau jenen grünlichen Farbton, der für die Region des Van-Sees typisch ist, was auf eine mögliche Verlagerung der Bezugsquellen für Obsidian im Zentral-Zagros hinweist.

Weiter südöstlich im zentralen Zagros, bei Qaleh Rostam in der Region Bakhtiari, waren aus einer Gesamtzahl von 280 lithischen Funden aus dem späten Neolithikum nur vier bearbeitete Klingen (1,4%) aus Obsidian hergestellt (Gebel 1994).

In den südwestlichen Ausläufern des Zagros, in der Deh Luran-Ebene, erscheint Obsidian bereits im späten akeramischen Neolithikum mit Beginn der Sesshaftigkeit bei Tappeh Ali Kosh (Boz Mordeh-Phase) und setzt sich während des frühen Neolithikums bei Tappeh Ali Kosh (Ali Kosh-Phase) und Chogha Sefid fort, im späten Neolithikum bei Tappeh Ali Kosh (Mohammed Jafar-Phase), bei Chogha Sefid und Chogha Sabz, und bis zum Beginn des Chalkolithikums bei Chogha Sabz, Musiyan und Farukhabad (Renfrew 1969; 1977). Bei Tappeh Ali Kosh in der Boz Mordeh-Phase findet sich eine Gesamtzahl von 347 Obsidianstücken (0,9% der gesamten lithischen Funde), die während der Ali Kosh-Phase auf 474 Stücke (2%) zunimmt und bis zum Beginn der Mohammad Jafar-Phase auf 417 Stücke (1,7%) absinkt (Hole, Flannery & Neely 1969, 173). Obsidian wurde in Deh Luran durchgehend während des Neolithikums und des Chalkolithikums verwendet, üblicherweise stellt er maximal 1% des gesamten lithischen Bestandes, mit Ausnahme einer Steigerung in der Mohammad Jafar-Phase (156 Stücke = 8%) und der Sefid-Phase (2042 Stücke = 5%) in Chogha Sefid (Hole 1977, Tab. 38; Renfrew 1977). Zu Beginn der Uruk-Periode ist ein Absinken der Anzahl der Obsidiane innerhalb des Steinartefaktmaterials festzustellen (Wright 1981, 275). Der Obsidian aus Deh Luran kam beinahe vollständig aus Nordostanatolien und besonders aus den Vorkommen am Van-See (Renfrew 1969; 1977), mit Ausnahme einer geringen Menge aus der Bayat-Phase von Tappeh Sabz, die anscheinend aus Zentralanatolien stammt (Renfrew, Dixon & Cann 1968, 325; Chataigner 1998, 292, Abb. 7a-b).

Weiter im Südosten bei Chogha Bonut, Chogha Mish, Bandebal, Buhelan, Jafarabad und Susa auf der Susiana-Ebene und bei Tappeh Sohz auf der Behbahan-Ebene wird von Obsidian im neolithischen und chalkolithischen Kontext berichtet. Während der akeramischen und der „Formativ"-Phase in Chogha Bonut belaufen sich die Obsidianfunde auf 26 Stücke (2,18%) der gesamten 1.190 Stücke an lithischen Objekten (Alizadeh 2003, 91.113). Obsidian aus Chogha Mish kam aus verschiedenen Vorkommen am Van-See (Blackman 1984, 36).

Im nördlichen Zagros in Azarbaidjan erscheint Obsidian während des mittleren Neolithikums bei Hajji Firuz und Yanik und setzt sich im Chalkolithikum bei Yanik, Pisdeli und Dalma fort (Renfrew & Dixon 1977, Tab 1).

Auf dem Zentralplateau treten Obsidianfunde in neolithischen und chalkolithischen Kontexten bei Zagheh, Cheshmeh Ali und Sialk auf, im Osten bis Sang-i Chakhmaq, ebenfalls in sehr geringen Mengen.

Im südlichen Zagros, besonders im Flussbecken des Kur, findet sich Obsidian bereits in der frühesten Siedlungsphase in der Mushki-Periode, wenn auch nur in geringen Mengen. Bei einer Gesamtzahl von 2.951 Steinartefakten von Tall-i Mushki sind nur 12 (0,4%) aus Obsidian (Furuyama 1983). Im Anschluss an die Mushki-Periode gibt es ein Absinken der Obsidianfunde; aus der Mushki-Jari-Übergangsperiode bei Toll-e Bashi gibt es kein Obsidian, und bei Kushk-e Hezar nur einmal unter 50 Oberflächenfunden (Alden *et al.* 2004, Tab. 5). Zu Beginn der Jari B-Periode findet sich kein Obsidian (Hori 1988-89), was vielleicht auf eine Unterbrechung hinweist, während der die Bewohner des Flussbeckens des Kur keinen Zugang zu diesem Material hatten. Einige wenige Stücke Obsidian stammen aus Oberflächenfundplätzen aus Shamsabad/Bakūn (Mahdavi & Bovington 1972, Tab. 1) und aus Grabungen in Bakūn. Während es keine Kenntnisse über Obsidian aus der Lapui-Phase gibt, erscheint er in Banesh- und Kaftari-Kontexten. Analysen von Funden in Banesh-Kontexten bei Malyan (Operation ABC and TUV) deuten an, dass über 80% der Funde auf die Vorkommen am Van-See zurückzuführen sind (Blackman 1984). In der darauf folgenden Kaftari-Phase geht der Anteil an Obsidian aus den Vorkommen am Van-See auf 29% zurück, zu Gunsten von Obsidian aus anderen Quellen, einschließlich 30% aus den Vorkommen im Kaukasus (Blackman *et al.* 1998, 222).

Weiter im Osten wird von geringen Mengen an Obsidian aus chalkolithischen Schichten bei Tappeh Yahya in Kerman berichtet (Perioden VA-IVB), ebenso aus der Region des Van-Sees (Blackman 1984).

Die entferntesten Funde von Obsidian vom Van-See sind von einigen Plätzen um Dhahran an der Südküste des Persischen Golfes berichtet worden (Renfrew & Dixon 1977, Tab. 1).

Mechanismen von Gewinnung und Austausch

Die weiträumige Verteilung von Obsidian im Nahen Osten von einer relativ kleinen Zahl von Vorkommen aus hat zu vielen Spekulationen bezüglich der Natur und der Mechanismen der Austausch-Netzwerke für Obsidian geführt. Der Dank für die erste systematische Erforschung und Charakterisierung des Obsidian-Austausches im Nahen Osten geht an Colin Renfrew und seine Kollegen (Cann & Renfrew 1964; Renfrew, Dixon & Cann 1966; 1968; Dixon, Cann & Renfrew 1968; Renfrew 1969; 1977; Dixon 1971; Renfrew & Dixon 1977). Diese frühen Studien lieferten nicht nur eine erste Klassifikation der Obsidiantypen anhand der Spurenelement-Analyse, sondern führten auch zu einem räumlichen Modell in Form einer abfallenden Kurve, um die Verteilung von Obsidian im Nahen Osten zu erklären. Dieses Modell postulierte ein Austausch-Netzwerk entlang dessen, was Renfrew und seine Kollegen die „Zagros Interaktions-Zone" nannten, das im Neolithikum (7500-5500 v. Chr.) Obsidian aus den Vorkommen am Van-See bis zu so weit südlich gelegenen Gegenden wie der Susiana brachte. In dem, was Renfrew und seine Kollegen als „Gesetz der monotonen Verminderung" bezeichneten, stellten sie fest, dass der Anteil an Obsidian an den gesamten ausgegrabenen Steinartefakten regelmäßig exponentiell mit der Entfernung vom Vorkommen abnahm (Renfrew, Dixon & Cann 1968, Abb. 2). Bei der Gegenüberstellung des prozentualen Anteils des Obsidians am Gesamtbestand der Steinartefakte im Verhältnis zur Entfernung vom jeweiligen Vorkommen stellten sie fest, dass sich eine Kurve ergibt, die auf zwei Zonen hinweist: Eine „Versorgungszone", etwa im Umkreis von bis zu 300 km vom Vorkommen, in der bis zu 80% des gesamten lithischen Fundbestandes aus Obsidian bestehen kann, und eine „Kontaktzone", die durch einen „down-the-line-Handel" versorgt wurde (Renfrew & Dixon 1977, 147-149).

Renfrew und seine Kollegen argumentierten außerdem dahingehend, dass aufgrund zahlenmäßig geringer Daten für ausgegrabenen Obsidian bezüglich späterer neolithischer und chalkolithischer Perioden (ca. 5000-3000 v. Chr.) ihr Modell nicht für jedes Vorkommen über die Versorgungszone hinaus reiche. Sie führten daher eine „Tigris-Iranische Plateau-Zone" ein, die den Westiran abdeckte und sich über die gesamte Strecke bis nach Dhahran am südlichen Ufer des Persischen Golfes ausdehnte, womit der südlichste belegte Obsidian aus den Vorkommen am Van-See einbezogen war. Doch die Kurve „Menge gegen Entfernung" (s. o.) schien nicht mehr gleichmäßig abzunehmen, sondern das Gegenteil schien der Fall zu sein, z. B. schienen örtliche Ansammlungen vorzukommen. Beispielsweise scheinen bestimmte wichtige Siedlungen wie Susa außergewöhnlich große Mengen an Obsidian erhalten zu haben. Renfrew und seine Kollegen interpretierten dies als eine Verlagerung von einem reziproken zu einem Austausch an zentralen Orten, was möglicherweise auf das Auftreten von Händlern hinweist, eine Feststellung, die durch die Beobachtung unterstützt wird, dass zu dieser Zeit Obsidian nicht nur für Werkzeuge des Alltags benutzt wurde, sondern auch für Gegenstände wie Siegel und persönlichen Schmuck, die Prestige und soziale Stellung ausdrückten (Renfrew & Dixon 1977).

Das oben beschriebene Modell ist aus einer Reihe von Gründen auf Kritik gestoßen. Zum Beispiel argumentiert Warren (1981), dass die Abnahme, die Renfrew und Dixon beobachteten, mit Mechanismen von Abbau und Verteilung an den Vorkommen und nicht mit Vorgängen in der Versorgungszone zusammen gesehen werden müsste. Blackman (1984, 22) argumentiert andererseits, dass die Funktion und nicht die Art des Materials den Austauschmechanismus definiert, so dass unterschiedliche Gegenstände in dasselbe Austauschsystem einbezogen werden konnten. Wichtiger ist aber, dass Gary Wright (1969, 47-52) auf einige Schwächen in dem Modell Renfrews und seiner Kollegen hinwies: Zunächst scheint es geringfügige Abweichungen in der geraden Linie zu geben, die Renfrew und seine Kollegen prognostizierten. Zweitens betonte Wright, dass man das Gewicht statt des Anteils an Fundstücken aus Obsidian hätte berechnen sollen, da im Neolithikum der Mensch und nicht Packtiere zum Transport eingesetzt wurde. Drittens argumentierte Wright, dass Obsidian im Zusammenhang mit der Funktion des Ortes, an dem er gefunden wurde, bewertet werden sollte, d. h. in ständigen Siedlungen. Viertens wies er darauf hin, dass die lokale Verfügbarkeit von örtlichem Silex und Feuerstein bei der Frage berücksichtigt werden sollte, inwieweit Obsidian importiert wurde.

Trotz solcher Kritik scheint das Modell, das Renfrew und seine Kollegen vorschlugen, als Arbeitshypothese, mit der die Verbreitung von Obsidian im vorgeschichtlichen Nahen Osten erklärt werden kann, nach wie vor weit gehend akzeptiert zu sein. Die geologischen, petrologischen und chemischen Analysen an Obsidian sind jedenfalls im Verlauf der vergangenen Jahrzehnte in diversen Sprüngen weiter entwickelt worden. Zum Beispiel hat eine kürzlich erschienene Sammlung von Aufsätzen zum Thema „Obsidian" im Nahen Osten (Cauvin et al. 1998) die Schranke zwischen den verschiedenen Disziplinen bezüglich der Studien des archäologischen Obsidians aufgehoben. Verschiedene Beiträge im genannten Band (siehe insbesondere Gourgaud 1998; Bigazi et al. 1998; Poidevin 1998; Blackman et al. 1998) präsentieren tiefgreifende Analysen bezüglich eines weiten Feldes von Vorkommen und Arten, in einigen Fällen verfolgen sie Funde zu exakt bestimmten Vorkommen zurück.

Schlussbemerkung

Mit der Einführung der Metalle seit dem späten 4. Jt. verlor Obsidian allmählich seine nützliche Funktion, doch war er aufgrund seines Aussehens noch immer wertvoll als Luxusmaterial für die Herstellung von u. a. persönlichem Schmuck, von Gefäßen und Siegeln (bezüglich der Geschichte der späteren Nutzung von Obsidian siehe Moorey 1994, 70-71).

Wie weiterführende Studien des Obsidianabbaus und -austausches an anderen Orten der Alten Welt (vgl. Torrence 1986) und der Neuen Welt (vgl. Hirth 2003) andeuten, wurde zur Beschaffung und Verteilung von Obsidian ein weites Feld von Techniken und Taktiken angewandt. Da sich die archäologischen Untersuchungen zu Obsidian im Nahen Osten von breit angelegten regionalen Synthesen hin zu stark auf Kleinräume konzentrierte Analysen verlagern, dürfen wir in den kommenden Jahren noch ausgefeiltere Untersuchungen erwarten.

Bibliographie

ABDI, K., NOKANDEH, G., AZADI, A., BIGLARI, F., HEYDARI, S., FARMANI, D., REZAII, A. & MASHKOUR, M.:
2002   Tuwah Khoshkeh: A Middle Chalkolithic Pastoralist Campsite in the Islamabad Plain. Iran 40, 43-74.

ALDEN, J. R., ABDI, K., AZADI, A., BIGLARI, F. & HEYDARI, S.:
2004   Kushk-e Hezar: A Mushki/Jari Period Site in Kur River Basin, Fars, Iran. Iran 42.

ALIZADEH, A.:
2003   Excavations at the Prehistoric Mound of Chogha Bonut, Khuzestan, Iran: Seasons 1976/77, 1977/78, and 1996. Oriental Institute Publications 120. Chicago, The Oriental Institute of the University of Chicago.

BIGAZI, G., POUPEAU, G., YEGINGIL, Z. & BELLO-GURLET, L.:
1998   Provenance Studies of Obsidian Artefacts in Anatolia using the Fission-Track Dating Method: An Overview. In: Cauvin *et al.* 1998, 69-89.

BLACKMAN, M. J.:
1984   Provenance Studies of Middle Eastern Obsidian from Sites in Highland Iran. In: J. B. Lambert (ed.), Archaeological Chemistry III. American Chemical Society Advances in Chemistry Series 205, Washington, D.C., 19-50.

BLACKMAN, J., BADALJAN, R., KIKODZE, Z. & KOHL, P.:
1998   Chemical Characterization of Caucasian Obsidian Geological Sources. In: Cauvin *et al.* 1998, 205-231.

CANN, J. R. & RENFREW, C.:
1964   The Characterization of Obsidian and its Application to the Mediterranean Region. Proceedings of the Prehistoric Society 30, 111-133.

CAUVIN, M.-C., GOURGAUD, A., GRATUZE, B., ARNAUD, N., POUPEAU, G., POIDEVIN, J.-L. & CHATAIGNER, C. (eds.):
1998   L'obsidienne au Proche et Moyen Orient: Du volcan à l'outil. BAR International Series 738, Oxford.

CHATAIGNER, CH.:
1998   Sources des artefacts du Proche Orient d'après leur caractérisation géochimiques. In: Cauvin *et al.* 1998, 273-324.

DIXON, J. E.:
1976   Obsidian Characterization Studies in the Mediterranean and Near East. In: R.E. Taylor (ed.), Advances in Obsidian Studies: Archaeological and Geochemical Perspectives, Park Ridge, NJ, 288-333.

DIXON, J. E., CANN, J. R. & RENFREW, C.:
1968   Obsidian and the Origins of Trade. Scientific American 218/3, 38-46.

FRANCAVIGLIA, V. M.:
1990   Les gisements d'obsidienne hyperalcaline dans l'ancien monde: étude comparative. Revue d'Archéometrie 14, 43-64.

FRIEDMAN, I., TREMBOUR, F. W. & HUGHES, R. E.:
1997   Obsidian Hydratation Dating. In: R. E. Taylor & M. J. Aitken (eds.), Chronomoetric Dating in Archaeology. Advances in Archaeological and Museum Sciences Vol. 2, New York, London, 297-321.

FURUYAMA, M.:
1983   Chipped Stone Tool Types at Tall-i Mushki, Iran. Bulletin of the Ancient Orient Museum 5, 109-119.

GEBEL, H. G.:
1994   Die Silexindustrie von Qaleh Rostam, NE-Zagros, Iran. In: H. G. Gebel & S. K. Kozlowski (eds.), Neolithic Chipped Stone Industries of the Fertile Crescent. Studies in Early Near Eastern Production, Subsistence, and Environment 1, Berlin, 117-142.

GLASCOCK, M. D., BRASWELL, G. E. & COBEAN, R. H.:
1998   A Systematic Approach to Obsidian Source Characterization. In: M. S. Shackley (ed.), Archaeological Obsidian Studies: Method and Theory. Advances in Archaeological and Museum Sciences Vol. 3, New York, London, 15-65.

GOURGAUD, A.:
1998   Géologie de l'obsidienne. In: Cauvin *et al.* 1998, 15-29.

GRATUZE, B.:
1998   Les méthodes de caractérisation de l'obsidienne. In: Cauvin *et al.* 1998, 31-48.

HIRTH, K. G. (ed.):
2003   Mesoamerican Lithic Technology: Experimentation and Interpretation, Salt Lake City.

HOLE, F.:
1977   Studies in the Archaeological History of the Deh Luran Plain: The Excavation of Chogha Sefid. Memoir 9. Ann Arbor, University of Michigan Museum of Anthropology.

HOLE, F., FLANNERY, K. V. & NEELY, J. A.:
1969   Prehistory and Human Ecology of the Deh Luran Plain. Memoir 1. Ann Arbor, University of Michigan Museum of Anthropology.

HORI, A.:
1988-89   Chipped Stone Artifacts from Tape Djari B, Iran. Bulletin of the Ancient Orient Museum 10, 21-46.

MAHDAVI, A. & BOVINGTON, C.:
1972   Neutron Activation Analysis of Some Obsidian Samples from Geological and Archaeological Sites. Iran 10, 148-151.

MOOREY, P. R. S.:
1994   Ancient Mesopotamian Materials and Industries: The Archaeological Evidence, Oxford.

POIDEVIN, J.-L.:
1998   Les gisement d'obsidienne de Turque et de Transcaucasie: géologie, géochimie et chronométrie. In: Cauvin *et al.* 1998, 105-203.

POUPEAU, G., BIGAZZI, G., BELLOT-GURLET, L. & DORIGHEL, O.:
1998   Fission-Track Dating of Obsidians and Archaeology. In: Cauvin *et al.* 1998, 53-67.

RENFREW, C.:
1969   The Sources and Supply of the Deh Luran Obsidian. In: F. Hole, K. Flannery & J. A. Neely, Prehistory and Human

	Ecology of the Deh Luran Plain. Memoir 1, Ann Arbor, University of Michigan Museum of Anthropology.
1977	The Later Obsidian of Deh Luran: The Evidence of Chogha Sefid. In: Frank Hole, Studies in the Archaeological History of the Deh Luran Plain: The Excavation of Chogha Sefid. Memoir 9, Ann Arbor, University of Michigan Museum of Anthropology, 289-311.

RENFREW, C. & DIXON, J. E.:

1977	Obsidian in Western Asia: A Review. In: G. de G. Sieveking, I. H. Longworth, & K. E. Wilson (eds.), Problems in Economic and Social Archaeology, Boulder, 137-150.

RENFREW, C., DIXON, J. E. & CANN, J. R.:

1966	Obsidian and Early Culture Contact in the Near East. Proceedings of the Prehistoric Society 32, 30-72.
1968	Further Analysis of Near Eastern Obsidian. Proceedings of the Prehistoric Society 34, 319-331.

STEVENSON, CH. M., MAZER, J. J. & SCHEETZ, B. E.:

1998	Laboratory Obsidian Hydratation Rates: Theory, Method, and Application. In: M. S. Shackley (ed.), Archaeological Obsidian Studies: Method and Theory. Advances in Archaeological and Museum Sciences Vol. 3, New York, London, 181-204.

TORRENCE, R.:

1986	Production and Exchange of Stone Tools: Prehistoric Obsidian in the Aegean. Cambridge.

WARREN, S. E.:

1981	Linear Exchange Mechanisms and Obsidian Trade. Revue d'Archéometrie 5, 167-175.

WESTGATE, J., SANDHU, A. & SHANE, P.:

1997	Fission-Track Dating. In: R. E. Taylor & M. J. Aitken (eds.), Chronomoetric Dating in Archaeology. Advances in Archaeological and Museum Sciences Vol. 2, New York, London, 127-158.

WRIGHT, G. A.:

1969	Obsidian Analysis and Prehistoric Near Eastern Trade: 7500 to 3500 B.C. Anthropological Papers 37. Ann Arbor, University of Michigan Museum of Anthropology.

WRIGHT, G. A. & GORDUS, A. A.:

1969	Distribution and Utilization of Obsidian from Lake Van. Sources between 7500 and 3500 B.C. American Journal of Archaeology 73/1, 75-77.

WRIGHT, H. T.:

1981	An Early Town on the Deh Luran Plain: Excavations at Tepe Farukhabad. Memoir 13. Ann Arbor, University of Michigan Museum of Anthropology.
2005	Chipped Stone. In: K. Abdi (ed.), Excavations at Operation W263 at Chogha Gavaneh: Report on the First and Second Seasons, 1998-1999. Tehran, Iranian Cultural Heritage Organization, Tehran.

YALÇINKAYA, I.:

1998	Découvertes paléolithiques en obsidienne en Anatolie orientale. In: Cauvin *et al.* 1998, 235-240.

ZARINS, J.:

1989	Ancient Egypt and the Red Sea Trade: The Case for Obsidian in the Predynastic and Archaic Periods. In: A. Leonard & B. B. Williams (eds.), Essays in Ancient Civilization Presented to Helene J. Kantor. Studies in Ancient Oriental Civilization 47, Chicago, 339-368.

Frühe Städte in Iran

Barbara Helwing

Iran ist ein Land mit außergewöhnlich reichen Rohstoffvorkommen an Kupfer, Blei und Silber, metamorphen Gesteinen und Halbedelsteinen. So ist es nicht erstaunlich, dass sich die Menschen in dieser Region schon frühzeitig für diese Rohstoffe interessierten und neue Technologien entwickelten, um sie, insbesondere Kupfer und Silber, zu nutzen. Diese neuen Materialien entwickelten sich alsbald zu einem beliebten Handelsgut, das über ein ebenfalls neu entstehendes Handelsnetz auch in entfernte Gebiete vertrieben wurde. Diese Fernbeziehungen gehören zu den wichtigsten Faktoren in der iranischen Geschichte, da sie Kontakte mit den Völkern der zentralasiatischen Steppe und der afghanischen Gebirge ebenso wie mit den Oasenkulturen an Indus, Euphrat und Tigris und auch mit der erst jüngst bekannt gewordenen Kultur am Halil Rud herstellten. Die Entstehung einer Reihe von Handelszentren markiert den Beginn einer neuen internationalen Ära, eines „Zeitalters des Austausches", wie der französische Archäologe Pierre Amiet es genannt hat (Amiet 1986).

Der Ursprung der berühmten historischen Fernstraßen, der Seidenstraße und der Königsstraße, liegt in diesem Netz von Handelsrouten, welches während dieses „Zeitalters des Austausches", im 4.-3. Jt. v. Chr., entstand (Herrmann 1964; Majidzadeh 1982). Diese Straßen verbanden die aufstrebenden städtischen Zentren in Südwestiran und Mesopotamien mit Rohmateriallagerstätten im Hochland und weiter östlich. Sie folgten den gewundenen Tälern des Zagros bis ins Hochland und zum Rand der großen Wüste Dasht-e Kavir und führten dann am Rand der Wüste entlang oder querten diese. So konnten die Karneolvorkommen in Ostiran und Pakistan, die Lapislazuliminen in Badakhshan/Afghanistan, Tadschikistan und im Chagai-Gebirge in Pakistan, und die reichen Kupfer- und Silberlagerstätten des zentraliranischen Plateaus und insbesondere der Provinz Kerman erreicht werden. Seit dem 4. Jt. v. Chr. wurde auch der Persische Golf durch den Seehandel erschlossen (Potts 1994).

Dieses „Zeitalter des Austausches" hatte nachhaltige Auswirkungen auf die iranischen Kulturen. Die Bearbeitung der neuen Materialien erforderte Spezialisten, und es entstanden gänzlich neue Berufe. Die neuen Technologien wurden sukzessive verbessert, und der Fernhandel bedurfte neuer Methoden der Informationsverwaltung. Aus kleinen Dörfern wurden Städte mit Handwerkervierteln, Marktzentren und Handelsstationen, mit einer Verwaltung und Tempeln. Die Auswirkungen dieser Umwälzungen waren so tiefgreifend, dass der berühmte Prähistoriker Gordon Childe dafür den Begriff der „städtischen Revolution" prägte (Childe 1950). Einen ersten Höhepunkt erreichte diese Entwicklung zu Beginn des 3. Jt. v. Chr. mit der Entstehung der protoelamischen Kultur (3100-2600 v. Chr.). Der Begriff „protoelamisch" geht auf den Epigraphiker A. Scheil zurück (Scheil 1905; 1923; 1932), der damit Zeichen eines archaischen Schriftsystems bezeichnet hat, die man für einen Vorläufer der späteren elamischen Schrift hält. Heute wird, McCown (1949) folgend, ein ganzer archäologischer Kulturkomplex als „protoelamisch" bezeichnet.

Die archäologischen Denkmäler

Dörfer bestanden in Iran seit dem Neolithikum. Sie lagen in der Regel am Rand des nur begrenzt verfügbaren fruchtbaren Bodens, und meistens behielten diese Siedlungen ihren Platz über einen langen Zeitraum bei. Wenn die Lehmziegelhäuser einer Siedlung aufgegeben wurden, baute man auf den Ruinen der alten Häuser eine neue Siedlung. So entstanden – Schicht um Schicht – kleine Ruinenhügel, die man mit dem persischen Wort *tappeh* bezeichnet. An bedeutenden Orten findet sich nicht nur ein einzelner Hügel, sondern eine ganze Hügelgruppe.

Die archäologische Untersuchung der Schichtenabfolge in diesen *tappehs* erlaubt es, lokale und regionale Kulturabfolgen zu definieren, die jeweils mit dem Namen der ausgegrabenen Siedlung und der entsprechenden Bauphase bezeichnet werden (Ghirshman 1978; Vanden Berghe 1966).

Abb. 1 & 2: Zwei Gefäße des sog. Cheshmeh Ali/Sialk III-Stiles vom Iranischen Zentralplateau aus Tappeh Ghabristan (oben) und aus Ismailabad (unten); Fotos: DBM, M. Schicht.

vor allem der Klassifikation von Keramik (Dyson 1992). Im 5. und 4. Jt. v. Chr. war Keramik mit dunkler Bemalung auf beigem oder rotem Grund weit verbreitet. Die Malmuster zeigen geometrische und naturalistische Motive, die sicher nicht nur dekorativ waren, sondern zugleich Symbole in einem uns nicht überlieferten Bedeutungssystem darstellen. Gleichartige Motive finden sich deshalb über weite Distanzen, und sie werden erst gegen Ende des 4. Jt. aufgegeben, als mit der Einführung der Schrift in der protoelamischen Zeit neue Werkzeuge der Informationsspeicherung zur Verfügung standen.

Die Entwicklung der bemalten Keramik des 5. und frühen 4. Jt. v. Chr. sieht man am besten auf dem iranischen Plateau. Dort findet sich am Südstrand der großen Wüste die braun auf beige bemalte Keramik des Sialk III-Stiles mit geometrischen und zoomorphen Mustern, die in Bändern und Metopen angeordnet sind (Ghirshman 1938). Nördlich der Wüste bemalten die Bewohner von Tappeh Hesār eine rötliche Keramik mit ähnlichen Mustern (Schmidt 1937), und wiederum vergleichbare Muster, die allerdings anders ausgeführt sind, zieren die Keramik von Tureng Tappeh (Deshayes 1967) und Shah Tappeh (Arne & Burton 1945) in der Ebene von Gurgan, nahe der Küste des Kaspischen Meeres. Im äußersten Westen des Hochlands ist die bemalte Keramik von Pisdeli wesentlich einfacher strukturiert (Dyson & Young Jr. 1960). In Südwestiran ist in der Susa I-Keramik ein Einfluss der mesopotamischen Obedkultur zu erkennen (Le Breton 1957) (Abb. 3), aber im Gegensatz zu Mesopotamien bleibt bemalte Keramik hier bis weit in das 4. Jt. v. Chr. hinein üblich.

Geographie, Keramik und Chronologie

Die natürliche Gliederung der iranischen Landschaft – die steilen Bergketten von Zagros und Alborz, die Küste des Kaspischen Meeres, das Hochplateau mit der großen Wüste, das Tiefland im Westen und die Hochebenen im Osten jenseits der Wüste Lut – haben die Entwicklung unterschiedlicher Kulturen begünstigt, von denen jede in ihrem spezifischen Umfeld verankert ist. Man kann zur Zeit sechs große geographische Einheiten unterscheiden. Die Wüstenrandgebiete auf dem zentralen Plateau bilden einen Ring rund um die Wüste. Iranisch-Azarbaidjan schließt sich eng an die Entwicklung in Ostanatolien und im Transkaukasus an. Das Tiefland von Khuzestan in Südwestiran, die alte Susiana und angrenzende Ebenen waren eng mit Mesopotamien verbunden. Die Zagroshochtäler der Fars bilden eine eigenständige Einheit, und Südostiran – Sistan-Baluchistan – stand in Beziehung zu Afghanistan und Pakistan. Die neu entdeckte Oasenkultur am Halil Rud schließlich (Pittman 2003) pflegte weitreichende Beziehungen über den Persischen Golf hinweg zu Arabien und Mesopotamien (Abb. 1 & 2).

Die Definition von Kulturtraditionen und ihrer regionalen und chronologischen Variationen bedient sich in der iranischen Vorgeschichte

FRÜHE STÄDTE IN IRAN

Erst im späten 4. Jt. v. Chr. beginnt, vermutlich unter dem Einfluss neuer Technologien, vor allem der Einführung der schnellen Töpferscheibe, ein neuer Trend zur Herstellung von monochromer Massenware. Diese ist gelegentlich mit horizontal umlaufenden Bändern verziert und findet sich im ganzen Westiran und auf dem Plateau. Diese neue Mode ist im späten Susa II belegt, ebenso wie im frühen Sialk IV (Ghirshman 1938) und in der Banesh-Periode in Fars (Nicholas 1990). Im Norden des Landes werden nun graue polierte Waren, wie sie seit dem 5. Jt. v. Chr. immer in geringer Menge in den Keramikassemblagen vorhanden waren, immer häufiger. Nur im südöstlichen Teil des Landes, jenseits der Wüste Lut und am Halil Rud, und damit jenseits des protoelamischen Einflussbereiches, hält sich ein charakteristischer Stil bemalter Keramik bis in die Mitte des 3. Jt. v. Chr.

Abb. 3: Becher der Stufe Susa I/II aus Susa; Foto: DBM, M. Schicht.

Siedlungen

Im südlichen Zagroshochland lässt sich während des späten 4. Jt. v. Chr. eine tiefgreifende Neuorganisation des Siedlungswesens beobachten. Nachdem die Anzahl und Größe der Siedlungen seit dem Ende des 5. Jt. v. Chr. kontinuierlich abgenommen hatten, möglicherweise in Zusammenhang mit dem Aufkommen anderer Lebensformen, wie zum Beispiel dem Nomadentum (Sumner 1988; Alizadeh 1988 und Beitrag in diesem Katalog; Zagarell 1982), begannen nun einige Siedlungen in bevorzugter Lage zu einer bisher ungekannten Größe anzuwachsen. Verteidigungsanlagen, Verwaltungsgebäude und Handwerkerviertel belegen einen echten urbanen Charakter. Diese großen Siedlungen sind in der Regel von einem Kranz kleinerer Orte umgeben, bei denen es sich um Bauerndörfer, Nomadencamps oder auch um spezialisierte Industriebereiche handelt. Ein gutes Beispiel für eine derartige frühe Stadt ist Tal-i Malyan in der Fars, später die Hauptstadt von Anshan (Sumner 1975; 1985; 1986): Im späten 4. Jt. v. Chr., während der Banesh-Periode, wuchs das Stadtgebiet, das sich über mehrere kleinere Hügel erstreckt, deutlich an. Einige Hügel waren von einer Stadtmauer umgeben. Im Zentrum des Ortes befand sich ein Verwaltungszentrum, während Werkstätten zur Herstellung von Steingeräten und Muschelperlen, sowie zur Verarbeitung von Arsenkupfer und Blei auf den außen gelegenen kleineren Hügeln liegen. Ähnliche Entwicklungen lassen sich auch in anderen Siedlungskammern des südlichen Zagros, so in Tal-i Ghazir in Behbahan (Caldwell 1968), annehmen.

Die beiden bestbekannten Siedlungen auf dem Plateau, Tappeh Sialk (Ghirshman 1938) (Abb. 4) und Tappeh Hesār (Schmidt 1937; Dyson & Howard 1989) (Abb. 5), sind zwar bisher in weit geringerem Maße erforscht, bilden aber sicher ebenfalls bereits während des frühen 4. Jt. v. Chr. in der Sialk III bzw. der Hesār IC-II Zeit regionale Zentren mit spezialisierten Wirtschaftsbereichen, die man als proto-urban bezeichnen kann. In einem weiteren geographischen Rahmen kann man nun aus den Ergebnissen der Ausgrabungen und Begehungen in Arisman schließen (Chegini *et al.* 2000), dass zeitgleich auch spezialisierte Industriesiedlungen bestanden, die den Markt in Sialk belieferten. Andere spezialisierte Siedlungen finden sich auf dem Plateau in Tappeh Ghabristan (Majidzadeh 1979; 1989) und in der erst kürzlich ausgegrabenen Siedlung von Tappeh Ozbaki (Majidzadeh 2001).

Hingegen erreichten die Siedlungen in Iranisch-Azarbaidjan im Spätchalkolithikum und der frühen Bronzezeit sicher kein städtisches Format. Der große Siedlungshügel Geoy Tappeh (Burton Brown 1951) stammt überwiegend aus späterer Zeit, und die spärlichen Siedlungsreste des Spätchalkolithikums sind in keiner Weise repräsentativ. In Yanik Tappeh erfolgt die Errichtung einer steiner-

Abb. 4: Der Südhügel des Tappeh Sialk vom Nordhügel gesehen; im Hintergrund liegen die Karkas-Berge.

nen Umfassungsmauer zu Beginn der frühen Bronzezeit gleichzeitig mit der Einführung einer vollkommen andersartigen Bauweise mit Rundhäusern (Burney 1961; Burney & Lang 1971). Dieses Phänomen der Befestigungsmauern lässt sich über einen weiteren geographischen Raum verfolgen, der sich von Sos Höyük in Anatolien (Sagona 2000) bis nach Yanik Tappeh in Azarbaidjan erstreckt. Hinweise dazu gibt es auch aus zahlreichen Siedlungen, die nur aus Oberflächenbegehungen bekannt sind. Befestigungsmauern gelten häufig als charakteristisch für städtische Siedlungen, aber in diesem speziellen Fall scheint es eher ein konstant vorhandenes Schutzbedürfnis der Bevölkerung zu illustrieren. Möglicherweise zeigt dies eine Bedrohung durch diejenigen Gruppen an, die schließlich für den kulturellen Bruch zwischen dem Spätchalkolithikum und der frühen Bronzezeit verantwortlich sind.

Ganz im Osten fehlen uns derzeit noch die archäologischen Belege für die Siedlungen des Chalkolithikums. Mit Ende des 4. Jt. v. Chr. jedoch entstehen auch dort in den Oasen am Wüstenrand große Städte mit ausgedehnten Handwerkervierteln. Die bekanntesten sind Shahr-i Sokhta in Sistan (Tosi 1973; 1983) und Shahdad in Kerman (Hakemi 1997). Auch hier lässt sich, ähnlich wie weiter westlich auf dem iranischen Plateau, die Existenz von spezialisierten Industriesiedlungen nachweisen. So befand sich z.B. in Tappeh Yahya eine Werkstatt zur Herstellung von Chloritgefäßen (Lamberg-Karlovsky & Beale 1986; Lamberg-Karlovsky & Potts 2001; Kohl 2001). Ein neuer Punkt auf der archäologischen Landkarte dieser Zeit ist Jiroft am Halil Rud (Pittman 2003; Majidzadeh 2003a; 2003b), wo sich ebenfalls eine große Siedlung und ausgedehnte Friedhöfe befanden. Die Erforschung dieser erst kürzlich bekannt gewordenen Kulturregion steht noch ganz am Anfang, es ist aber bereits jetzt deutlich, dass wir es auch hier mit einer hochdifferenzierten städtischen Gesellschaft zu tun haben.

Am besten erforscht ist das Tiefland von Khuzestan, wo im 5. Jt., ähnlich wie in der Fars, ein Siedlungsrückgang zu verzeichnen war (Johnson 1973). Seit dem späten 5. Jt. v. Chr. wuchsen dann Susa

Abb. 5: Der Hügel von Tappeh Hesār. Foto G. Weisgerber, 1976.

und Abu Fanduweh zu regionalen Zentren an, und seit Mitte des 4. Jt. v. Chr. entstand ein drittes und größtes Zentrum in Chogha Mish (Alizadeh in Druck; siehe Katalogbeitrag). Der Ort besteht aus einer geplant angelegten Ober- und einer Unterstadt, und umfasst monumentale Gebäude und Handwerkerbezirke. Zugleich ist aufgrund von Siedlungskonzentrationen am Westrand der Ebene anzunehmen, dass die östliche Hälfte der Susiana weitgehend in der Hand von Nomadengruppen war. Ob die drei städtischen Zentren miteinander in wirtschaftlichem oder politischem Wettbewerb standen, lässt sich zum derzeitigen Zeitpunkt nicht sagen.

Wirtschaft

Die Entwicklung einer arbeitsteiligen Gesellschaft mit handwerklichen Spezialisten ist ein wesentliches Charakteristikum des Spätchalkolithikums und der „urbanen Revolution" (Childe 1950). Die dabei notwendige Umverteilung von Arbeit brachte eine vollständige Neuorganisation aller Bereiche der Arbeit einschließlich des landwirtschaftlichen Bereichs: selbst die Produktion von Grundnahrungsmitteln wurde ein spezialisierter Wirtschaftszweig, ebenso wie die professionelle Töpferei, das Schmiedehandwerk und der Handel.

Subsistenz

Die Ernährung einer ganzen Stadtbevölkerung ist eine enorme logistische Herausforderung (Zeder 1991; Miller 1982). Die Städte im Süden und im Südosten von Iran hatten genügend kultivierbares Land für eine autarke Versorgung zur Verfügung. Seit dem 6. Jt. v. Chr. waren unterschiedliche Bewässerungsmethoden entwickelt worden. Überflutungsperioden wurden ausgenutzt, und die Anlage von Kanälen und Terrassen erlaubte es, das Wasser über einen längeren Zeitraum zurückzuhalten, so dass Wasser und Sediment genutzt werden konnten. Derartige Terrassierungen kennt man aus Dowlatabad in der Nachbarschaft von Tappeh Yahya (Lamberg-Karlovsky & Tosi 1989). Durch diese Bewässerungsmaßnahmen erhöhte sich der Ertrag der Felder im direkten Hinterland der Städte, wo Weizen und Gerste als Hauptfrucht neben Hirse, Weintrauben und Datteln angebaut wurden. Diese Früchte wurden in unterschiedlicher Weise verwendet; aus dem 4. Jt. v. Chr. gibt es Belege für fermentierte Getränke aus Godin Tappeh, Bier wie auch Wein (Badler, McGovern & Michel 1990).

Tierknochenanalysen zeigen die kontrollierte Aufzucht und Schlachtung von Schaf- und Ziegenherden außerhalb der Städte. Es ist gut möglich, dass dieser Wirtschaftszweig, zumindest teilweise, in den Händen von Nomaden lag, die dann die Einwohner der Stadt mit tierischen Nahrungsmitteln versorgt hätten. Hingegen hielt man Rinder nur in direkter Nachbarschaft der Städte, und Rindfleisch ebenso wie zugehörige Milchprodukte wurden wahrscheinlich nur von einem kleinen Teil der städtischen Bevölkerung verzehrt. Ein weiterer Zweig der Tierzucht spezialisierte sich auf die Aufzucht von Tieren als Lasten- und Transporttiere. Es gibt jedoch aus Iran nur wenige und dazu noch kontrovers diskutierte Belege für den Einsatz von Pferden, Eseln und Kamelen im Rahmen des Fernhandels in dieser Zeit. Esel sind in anderen Bereichen des Nahen Ostens seit dem 4. Jt. v. Chr. bekannt, doch die archäologischen Belege für diese in Iran – neben den Wildeseln, die gejagt wurden – fehlen. Domestizierte Pferde tauchen erst im späteren 3. Jt. v. Chr. auf – sie stammen möglicherweise ursprünglich aus Ostanatolien oder Transkaukasien. Kamele sind erst ab dem 2. Jt. v. Chr. sicher belegt, und die Dromedarfigurinen aus Shahr-i Sokhta (Bökönyi & Bartosiewiecz 2000, 132) bieten bisher den einzigen möglichen Hinweis auf eine frühere Verwendung von Kamelen im Transportwesen.

Metallhandwerk

Die außergewöhnlich reichen Metalllagerstätten in Iran haben frühzeitig die Entwicklung spezialisierten Handwerks, vor allem des Metallhandwerks, seit dem Chalkolithikum begünstigt (Pigott 1999; Pernicka 1990). Polymetallische Erzlagerstätten finden sich an vielen Stellen auf dem Plateau. Zu den bekanntesten gehören die Kupfer- und Silberlagerstätten von Anarak-Talmessi in der Dasht-e Kavir, die seit der sassanidischen Zeit, vermutlich aber schon wesentlich früher, systematisch ausgebeutet werden. Seit dem 5. Jt. v. Chr. kennt man die Pyrotechnologie – die Verwendung von Feuer zur Veränderung der physikalischen Eigenschaften eines Materials –, um oxidische Kupfererze, z. B. Malachit, in ein formbares metallisches Material zu verwandeln. Sulphidische Erze – etwas schwieriger zu bearbeiten, da sie einen zusätzlichen Arbeitsschritt für die Reduzierung des Erzes erfordern – begann man bereits wenig später zu verwenden. Arsenkupfer ist das am weitesten verbreitete Material in dieser Zeit, es wurde vermutlich aus arsenhaltigen Kupfererzen hergestellt. Weniger gut bekannt ist die systematische Extraktion von Silber aus Silber-Blei-Erzen durch einen Raffinierungsprozess, den man als Kupellation bezeichnet, und der zuerst im 4. Jt. v. Chr. auf dem iranischen Plateau nachgewiesen ist (Pernicka, Rehren & Schmitt-Strecker 1998).

Abb. 7: Tappeh Ghabristan, Offene Herdgussform einer kreuzständigen Schaftlochaxt mit Kernhalter aus Ton; Foto: DBM, M. Schicht.

Abb. 6: Schmelztiegel mit Fuß vom Typ Ghabristan mit geschmolzenen Kupferrückständen auf der Reaktionsoberfläche; Foto: DBM, M. Schicht.

Zu den bekanntesten archäologischen Belegen für die Verarbeitung von Kupfer gehört ein kleiner Werkstattbereich, der in der Schicht 9 von Tappeh Ghabristan in der Ebene von Qazvin ausgegraben wurde (Majidzadeh 1979): dies ist ein zweiräumiges Haus in der Mitte der Siedlung, mit zwei Herdstellen in dem größeren der beiden Räume. Ein Schmelztiegel mit durchbohrtem Fuß – ein Tiegeltyp, der heute Typ Ghabristan genannt wird – stand neben dem größeren Herd (Abb. 6 & 7). Gegenüber war eine Werkbank oder Plattform aus Lehmziegeln errichtet worden. Bruchstücke von Kupfererz fanden sich in einer großen Schüssel im selben Gebäude, und verschiedene Gussformen für Werkzeuge lagen auf dem Fußboden. Die Kupferwerkstatt von Ghabristan ist ein Schulbuchbeispiel für eine so genannte „cottage industry", in der alle Arbeitsschritte, vom Ausschmelzen des Erzes bis zur abschließenden Überarbeitung des fertigen Artefakts, in einem Bereich ausgeführt worden. Zu einem späteren Zeitpunkt bietet die Industriesiedlung von Arisman (Chegini et al. 2000) ein gutes Beispiel für die systematische und arbeitsteilige Verarbeitung von Kupfer am Ende des 4. Jt. v. Chr. Dort hatte man nun das Verhütten des Erzes in einen Bereich außerhalb der eigentlichen Siedlung verlegt, und man verwendete Öfen, in denen unter Ausnutzung der örtlich vorherrschenden Winde enorme Mengen von Erz verarbeitet werden konnten, so dass sich große Schlackehaufen in der Nachbarschaft der Öfen ansam-

wendet. Karneol und Achat wurden zusätzlich starker Hitze ausgesetzt, um die Farbwirkung zu verstärken. Perlenmacher waren professionelle Handwerker, und einige von ihnen trugen ihr Arbeitsgerät immer bei sich, sogar noch im Grab, wie es aus einigen Gräbern in Shahdad belegt ist (Hakemi 1997).

Steatitschnitzerei

Der weiche Steatit oder Chlorit, der in der Region von Kerman gefunden wird, kann durch einfaches Schmirgeln, Schneiden, Bohren und Polieren bearbeitet werden. Seit dem 3. Jt. v. Chr. wurde das Material zu reich dekorierten Gefäßen verarbeitet. Ein Zentrum der Steatitgefäßherstellung lag in Tappeh Yahya (Kohl 2001), und die dortigen Erzeugnisse wurden bis nach Mesopotamien, auf die arabische Halbinsel, und in das Industal verhandelt. Die Befunde von Yahya bilden bis heute den besten Beleg für die weiten Distanzen, auf denen Prestigeobjekte regelmäßig verhandelt wurden. Ab dem 3. Jt. v. Chr. finden sich Steatitwerkstätten auch in den Städten am Wüstenrand, z. B. in Shahdad.

Abb. 9: Steatitgefäß aus dem Gräberfeld von Shahdad; Foto: DBM, M. Schicht.

Abb. 8: Kette aus Lapislazuli-, Karneol-, Chalzedon- und Goldperlen von Tappeh Hesār; Foto: DBM, M. Schicht.

melten. In dieser Zeit wurde lediglich die Weiterverarbeitung – das Gießen und das Überarbeiten – innerhalb der Wohngebäude ausgeführt.

Perlenindustrie

Werkstätten zur Bearbeitung von Lapislazuli hat man in mehreren Fundorten des frühen 3. Jt. v. Chr., in Tappeh Hesār, Susa, Shahdad, Tal-i Malyan und Shahr-i Sokhta, entdeckt (Abb. 8). In Shahr-i Sokhta wurden neben Lapislazuli auch Karneol und Türkis verarbeitet (Foglini & Vidale 2000; Casanova 1995). Obwohl keine zugehörigen Bauschichten erhalten waren, ist eine annähernde Rekonstruktion der unterschiedlichen Arbeitsschritte, der Zurichtung von Lapislazuli und der Herstellung von Blöcken und Perlen, möglich. Das Rohmaterial wurde mit Hilfe einer charakteristischen Ritz- und Drucktechnik mithilfe von Flintgeräten in Blöcke zur Weiterverarbeitung zerlegt. Diese Blöcke wurden dann in weitere kleinere Abschnitte, je nach der angestrebten Größe der Endprodukte, unterteilt, und dann durch Schmirgeln und Polieren in eine endgültige Form gebracht. Durchlochungen brachte man mit Hilfe von Feuersteinbohrern an. Dieselben Techniken wurden auch für andere Schmucksteine, zum Beispiel Chalzedon und Türkis, ver-

Frühe Städte in Iran

Werkzeuge zur Dokumentation, Verwaltung und Kontrolle von Güterfluss und Arbeitskraft. Stempelsiegel waren bereits seit dem Neolithikum bekannt, aber erst das 4. Jt. v. Chr. brachte die Einführung von *token*, Bullen und Rollsiegeln zur Kennzeichnung und Authentifizierung von Dokumenten. In Mesopotamien waren seit der späten Urukzeit mit der Einführung von standardisierten Zählsystemen und wenig später mit der Erfindung der Schrift wirksame Dokumentationswerkzeuge verfügbar. In dieser Zeit, in der auch in Iran ein starker Einfluss der Uruk-Kultur spürbar ist, finden sich auch dort die ersten numerischen Tafeln in Susa, in der Schicht 17B auf der Akropolis. Die Siegelabrollungen auf den Bullen und Tafeln sind stilistisch nicht von den Siegelbildern aus Uruk zu unterscheiden und belegen, wie eng Susa mit der Uruk-Kultur verbunden war.

Eine echte Schrift erschien allerdings erst mit dem Beginn der protoelamischen Zeit, d.h. in der Susa III-Zeit, um 3100 v. Chr. Die ersten protoelamischen Tafeln finden sich in Schicht 16C in Susa, während eine Gruppe numerischer Tafeln mit vereinzelten, möglicherweise protoelamischen Zeichen sich zwischen den Schichten 17B und 16C fand (Vallat 1971; 1978). Das besondere und eigenständige protoelamische Schriftsystem wurde zur Niederlegung einer nicht-sumerischen Sprache – der protoelamischen – verwendet. Diese Benennung reflektiert die Vermutung, es könne sich hierbei um einen Vorläufer des späteren Elamischen handeln, das im 2. Jt. v. Chr. in Elam gesprochen wurde. Sowohl die protoelamische Schrift als auch die Glyptik belegen eine neue Entwicklung, die völlig unabhängig von Mesopotamien ist (Pittman 1997). Es lassen sich zwei Siegelgruppen unterscheiden, die jeweils zu bestimmten Benutzergruppen gehören. Die eine nennt sich „common style" und beschreibt Rollsiegel aus gebranntem Steatit, die mit schematischen, überwiegend geometrisch-floralen Mustern versehen sind. Die zweite Gruppe benutzt einen verfeinerten Stil und ist sicherlich mit den älteren Uruksiegeln zu verbinden, aber stilistisch ausdrücklich protoelamisch. Hier finden sich heraldische Szenen und Tiergruppen, und zum ersten Mal wird Bewegung dargestellt. Nur selten finden sich Darstellungen von Menschen, statt dessen stehen Helden mit Tierattributen und Mischwesen, wie Greifen, im Mittelpunkt. Spezifisch protoelamisch sind auch die Darstellungen von wilden Tieren, wie Löwen und Stieren, in menschlicher Pose, zum Beispiel beim Füttern von Tieren.

Abb. 10: Steatitgefäße aus dem Gräberfeld von Jiroft; Foto: DBM, M. Schicht.

Erst kürzlich ist ein weiteres Zentrum der Steatitgefäßherstellung in Jiroft bekannt geworden (Majidzadeh 2003a). Diese Gefäße zeichnen sich insbesondere durch eine komplexe und originelle Ikonographie aus (Abb. 9 & 10).

Verwaltung

Die zunehmende Aufteilung einzelner Wirtschaftszweige und handwerkliche Spezialisierung, die wesentliche Charakteristika des „Zeitalters des Austausches" sind, bedurften neuer Methoden und

Soziale und politische Organisation

Die tiefgreifenden Veränderungen der Gesellschaft im späten Chalkolithikum und in der frühen Bronzezeit in Iran müssen überwiegend aus indirekten Informationen erschlossen werden. Hinweise ergeben sich aus der räumlichen Organisation der Siedlungen und der Entwicklung des Siedlungsbildes im Ganzen ebenso wie, für das 3. Jt. v. Chr., aus den Friedhöfen. Es liegt auf der Hand, dass die Urbanisierung eine zunehmende Spezialisierung des Handwerks mit sich bringt. Der Umbau von selbst versorgenden landwirtschaftlichen Dorfgemeinschaften, wie man sie seit dem Neolithikum und im frühen Chalkolithikum kennt, in eine städtische Gesellschaft

161

mit Arbeitsteilung und Handwerk erforderte eine komplette Neuorganisation, um Arbeitskraft für solche spezialisierten Bereiche wie beispielsweise die Metallurgie freizusetzen. Und nicht zuletzt benötigte man auch Mittelsmänner, die den Austausch von Gütern und Rohstoffen sicherstellen konnten – so entstand ein weiterer neuer Beschäftigungssektor, derjenige der Händler. Aus der Aufdeckung ganzer Töpferviertel und Werkstattbereiche in den Siedlungsgrabungen in Chogha Mish und Tappeh Ghabristan, in Tappeh Sialk und Arisman, ebenso wie aus der Bestattung von Handwerkern mitsamt ihrem Werkzeug in den Friedhöfen von Shahdad und Shahr-i Sokhta, wird diese zunehmende Differenzierung der Gesellschaft ersichtlich. Privatinitiative war sicherlich eine treibende Kraft in der Entwicklung dieser neuen Wirtschaftsweise, und aus den unterschiedlichen Verwendungen der Siegel seit dem 4. Jt. v. Chr. lassen sich unterschiedliche Benutzergruppen in einem allgemein akzeptierten System erschließen (Pittman 1997). Im Rahmen dieser wirtschaftlichen Neuordnung konnten bald einzelne Persönlichkeiten Reichtum und Prestige erlangen, wie es aus den reichen Bestattungen des 3. Jt. v. Chr., beispielsweise aus Shahdad, ersichtlich ist.

Außerhalb der Städte führten Nomaden ein völlig andersartiges Leben und bildeten mit großer Wahrscheinlichkeit auch politisch unabhängige Einheiten. Man muss sich wohl ein miteinander verwobenes System von mobilen Stämmen und einer sesshaften Stadtbevölkerung vorstellen, die in vielerlei Bereichen aufeinander angewiesen waren und miteinander Handel trieben.

Die Analyse von Siedlungsmustern in einigen begünstigten Siedlungskammern, z.B. der Susiana und der Fars, zeigt eine wenigstens dreistufige Siedlungshierarchie seit dem 4. Jt. v. Chr. Zentrale Orte verfügen über administrative Zentren und Monumentalarchitektur und sind eingebettet in ein Netz von kleineren, z.T. wirtschaftlich spezialisierten Satellitensiedlungen. Die damit sichtbare Institutionalisierung von wirtschaftlicher und politischer Macht trägt alle Züge eines frühen Staatswesens (Johnson 1973; Wright 1998). Ob dieses Modell auch für andere Regionen Irans, für das Hochplateau und die Oasenkulturen im Osten, Gültigkeit haben kann, wird sich erst im Laufe zukünftiger Forschungen herausstellen.

Schlussbetrachtung

Die Kulturgeschichte des Iran vom späten Chalkolithikum bis in die frühe Bronzezeit (5. bis 3. Jt. v. Chr.) war sicher durch seine geographische Lage zwischen Zentralasien und Mesopotamien, zwischen dem Kaukasus und dem persischen Golf, und die damit einher gehenden Kontakte bestimmt. Die in reichem Maße vorhandenen natürlichen Rohstoffe, die dank einer frühzeitigen Entwicklung adäquater Technologien zu ihrer Ausbeutung zur Verfügung standen, machten Iran bald zu einem Hauptlieferanten von unterschiedlichen Arten von Rohmaterialien und Prestigegütern, darunter Kupfer und Silber, für die Nachbarregionen. Die so entstandene neue Wirtschaftsweise führte schließlich zu der Entstehung erster Städte in ökologischen Gunstgebieten. Diese Städte wirkten als Marktplatz und Handelszentren und wurden bald auch zu religiösen und politischen Zentren. Die Städte wurden durch spezialisierte Industrieansiedlungen sowie durch bäuerliche und nomadische Bevölkerungsgruppen im Hinterland versorgt. Schließlich bildete sich gegen Ende des 4. Jt. v. Chr. eine ganz eigenständige iranische kulturelle Identität heraus, die Archäologen als die protoelamische Zivilisation bezeichnen.

Bibliographie

ALIZADEH, A.:
1988   Socio-economic complexity in Southwestern Iran during the Fifth and Fourth Millennia B.C.: The Evidence from Tell-i Bakun. Iran 26, 17-33.
in Druck   Choga Mish II. A prehistoric regional center in lowland Susiana, southwestern Iran. Final report on the last six seasons, 1972-1978. Oriental Institute Publications.

AMIET, P.:
1986   L'âge des échanges inter-iraniens. 3500-1700 avant J.C. Notes et Documents des Musées de la France, Paris.

ARNE, T. A. J. & BURTON, D.:
1945   Excavations at Shah Tepé, Iran. Reports from the scientific expedition to the north-western provinces of China under the leadership of Dr. Sven Hedin. The Sino-Swedish expedition. Publication 27. VII. Archaeology. 5, Stockholm [Göteborg].

BADLER, V. R., MCGOVERN, P. E. & MICHEL, R. H.:
1990   Drink and be merry! Infrared spectroscopy and ancient Near Eastern wine. In: W. R. Biers & P. E. McGovern (eds.), Organic contents of ancient vessels: Material analysis and archaeological investigation, Philadelphia, 26-36.

BÖKÖNYI, S. & BARTOSIEWIECZ, L.:
2000   Review of animal remains from Shahr-i Sokhta (Eastern Iran). In: M. Mashkour, A. M. Choyke, H. Buitenhuis & F. Poplin (eds.), Archaeozoology of the Near East. Proceedings of the fourth international symposium on the archaeozoology of southwestern Asia and adjacent areas, vol. IVB, Groningen, 116-152.

BURNEY, C.:
1961   Circular buildings found at Yanik Tepe, in North-West Iran. Antiquity 35 (139), 237-240.

BURNEY, C. & LANG, D. M.:
1971   The peoples of the hills. Ancient Ararat and Caucasus. London.

BURTON BROWN, T.:
1951   Excavations in Azarbaijan, 1948. London.

CALDWELL, J.:
1968   Ghazir, Tell-i. In: E. Weidner & W. von Soden (eds.), Reallexikon der Assyriologie, Berlin - New York, 348-355.

CASANOVA, M.:
1995   La fabrication des perles de lapis-lazuli. In: F. Tallon (ed.), Les pierres précieuses de l'Orient ancien, Paris, 45-46.

CHEGINI, N. N., MOMENZADEH, M., PARZINGER, H., PERNICKA, E., STÖLLNER, T., VATANDOUST, R. & WEISGERBER, G.:
2000   Preliminary Report on archaeometallurgical investigations

around the prehistoric site of Arisman near Kashan, western Central Iran. Archäologische Mitteilungen aus Iran und Turan 32, 281-318.

CHILDE, V. G.:
1950 The urban revolution. In: Town Planning Review 21, 3-17.

DESHAYES, J.:
1967 Céramiques peintes de Tureng Tépé. Iranica Antiqua 5, 123-131.

DYSON, R. H.:
1992 Ceramics. In: E. Yarshater (ed.), Encyclopedia Iranica, Costa Mesa, CA, 265-275.

DYSON, R. H. & YOUNG JR., T. C.:
1960 The Solduz Valley, Iran: Pisdeli Tepe. Antiquity 34, 19-28, pl. 3.

DYSON, R. H., JR. & HOWARD, S. M.:
1989 Tappeh Hesar: Reports of the Restudy Project, 1976. Monografie di Mesopotamia II, Florence.

FOGLINI, L. & VIDALE, M.:
2000 Reconsidering the lapis lazuli working areas of Shar-i Sokhta. In: P. Matthiae, A. Enea, L. Peyronel & F. Pinnock (eds.), Proceedings of the First International Congress on the Archaeology of the Ancient Near East, Roma, 471-482.

GHIRSHMAN, R.:
1938 Fouilles de Sialk, près de Kashan 1933, 1934, 1937 (I), Paris.
1978 Iran from the earliest times to the Islamic conquest. Harmondsworth, Middlesex.

HAKEMI, A.:
1997 Shahdad: archaeological excavations of a bronze age center in Iran. Roma, Istituto Italiano per il Medio ed Estremo Oriente Roma IsMEO.

HERRMANN, G.:
1964 Lapis Lazuli: the early phases of its trade. Iraq 30, 21-57.

JOHNSON, G. A.:
1973 Local exchange and Early state development in Southwestern Iran. University of Michigan Museum of Anthropology Anthropological Papers, Ann Arbor.

KOHL, P. L.:
2001 Reflections on the production of chlorite at Tepe Yahya: 35 years later. In: C. C. Lamberg-Karlovsky & D. T. Potts (eds.), Excavations at Tepe Yahya, 1967-1975: The Third Millennium, Cambridge, MS, 209-230.

LAMBERG-KARLOVSKY, C. C. & BEALE, T. W.:
1986 Excavations at Tepe Yahya, Iran, 1967-1975: the early periods. Bulletin of the American School of Prehistoric Research, 38, Cambridge, Mass. Peabody Museum of Archaeology and Ethnology Harvard University.

LAMBERG-KARLOVSKY, C. C. & POTTS, T. (eds.):
2001 Excavations at Tepe Yahya, 1967-1975: The Third Millennium, Cambridge, MS.

LAMBERG-KARLOVSKY, C. C. & TOSI, M.:
1989 The Proto-Elamite community at Tepe Yahya: Tools of administration and social order in: K. Frifelt & P. Sorenson (eds.), South Asian Archaeology 1985, London, 104-113.

LE BRETON, L.:
1957 The Early Periods at Susa. Mesopotamian Relations. Iraq 19, 79-124.

MAJIDZADEH, Y.:
1979 An Early Prehistoric Coppersmith Workshop at Tepe Ghabristan. In: Akten des VII. Internationalen Kongresses für Iranische Kunst und Archäologie, Munich, 1976, Berlin, 82-92.
1982 Lapis lazuli and the Great Khorasan Road. Paléorient 8 (1), 59-69.
1989 An early industrial proto-urban center on the Central Plateau of Iran: Tepe Ghabristan. In: A. Leonard & B. B. Williams (eds.), Essays in Ancient Civilization presented to Helene J. Kantor, Studies in Ancient Oriental Civilization 47, Chicago, 157-173.
2001 Les fouilles d'Ozbaki (Iran). Campagnes 1998-2000. Paléorient 27 (1), 141-145.
2003a La découverte de Jiroft. In: Dossiers d'Archéologie 287 (october), 18-63.
2003b La première campagne de fouilles à Jiroft dans le bassin du Halil Roud (janvier et février 2003), in: Dossiers d'Archéologie 287 (october), 64-75.

MCCOWN, D. E.:
1949 The Iranian Project. American Journal of Archaeology 53, 54-59.

MILLER, N. F.:
1982 Economy and environment at Malyan, a Third Millennium B.C. urban center in South Iran. Ph.D. thesis, University of Michigan (Ann Arbor).

NICHOLAS, I. M.:
1990 The proto-Elamite settlement at TUV. University Museum Monograph, 69. Philadelphia University Museum of Archaeology and Anthropology University of Pennsylvania.

PERNICKA, E.:
1990 Gewinnung und Verbreitung der Metalle in prähistorischer Zeit. Jahrbuch des Römisch-Germanischen Zentralmuseums Mainz 37, 21-129.

PERNICKA, E., REHREN, Th. & SCHMITT-STRECKER, S.:
1998 Late Uruk silver production by cupellation at Habuba Kabira, Syria. In: Th. Rehren, A. Hauptmann & J. D. Muhly (eds.), Metallurgica Antiqua - In Honour of Hans-Gert Bachmann and Robert Maddin. Der Anschnitt, Beiheft 8, Bochum, 119-130.

PIGOTT, V. C.:
1999 A heartland of metallurgy. Neolithic/Chalcolithic metallurgical origins on the Iranian Plateau. In: A. Hauptmann, E. Pernicka, Th. Rehren & Ü. Yalçın, The Beginnings of Metallurgy. Proceedings of the International Conference „The Beginnings of Metallurgy", Bochum 1995. Der Anschnitt, Beiheft 9. Bochum, 107-120.

PITTMAN, H.:
1997 The administrative function of glyptic art in proto-elamite Iran: A survey of the evidence. In: R. Gyselen (ed.), Sceaux d'Orient et leur emploi, Res orientales 10, 133-153.
2003 La culture du Halil Roud. In: Dossiers d'Archéologie 287 (october), 78-87.

POTTS, T.:
1994 Mesopotamia and the East. An Archaeological and Historical Study of Foreign Relations ca. 3400/2000 BC. Oxford University Committee for Archaeology Monograph, Oxford.

SAGONA, A.:

2000   Sos Höyük and the Erzurum Region in Late Prehistory: A Provisional Chronology for Northeast Anatolia. In: C. Marro & H. Hauptmann (eds.), Chronologies des Pays du Caucase et de L'Euphrate aux IVe-IIIe Millénaires. Varia Anatolica 11, Paris, 329-373.

SCHEIL, V.:
1932   Textes de comptabilité proto-élamite (nouvelle série). Mémoires de la Mission archéologique de Perse 6, Paris.
1905   Documents en écriture proto-élamite. Mémoires de la Mission archéologique en Perse 17, Paris.
1923   Textes de comptabilité proto-élamite (nouvelle série). Mémoires de la Mission archéologique de Perse 26, Paris.

SCHMIDT, E. F.:
1937   Excavations at Tepe Hissar, Damghan 1931-1933. Publications of the Iranian Section of the University Museum, Philadelphia University of Pennsylvania.

SUMNER, W. M.:
1975   Excavations at Tal-e Malyan: A summary of three seasons' results, in: F. Bagherzadeh (ed.), Proceedings of the IIIrd Annual Symposium on Archaeological Research in Iran, 1974, Tehran, 157-162.
1985   The proto-elamite city wall at Tal-i Malyan. Iran 23, 153-161.
1986   Proto-Elamite Civilization in Fars. In: U. Finkbeiner & W. Röllig (eds.), Gamdat Nasr. Period or Regional Style?, 199-211.
1988   Prelude to Proto-Elamite Anshan: The Lapui phase. Iranica Antiqua 23. Mélanges P. Amiet I, 23-43.

TOSI, M.:
1973   The cultural sequence of Shahr-i Sokhta. Bulletin of the Asia Institute 3, 64-80.
1983   (ed.) Prehistoric Seistan. Istituto Italiano per il Medio ed Estreme Oriente, Reports and Memoirs 19,1, (Roma).

VALLAT, F.:
1971   Les documents épigraphiques de l'acropole (1969-1971). Cahiers de la délégation archéologique française in Iran 1, 235-245.
1978   Le Matériel épigraphique des couches 18 à 14 de l'acropole. Paléorient 4, 193-196.

VANDEN BERGHE, L.:
1966   Archéologie de l'Iran ancien, Leiden, Brill.

WRIGHT, H. T.:
1998   Uruk states in Southwestern Iran. In: G. M. Feinman & J. Marcus (eds.), Archaic States, Santa Fee, 173-197.

ZAGARELL, A.:
1982   The Prehistory of the Northeast Bahtiyari Mountains, Iran. The rise of a highland way of life. In H. Gaube & W. Röllig (eds.), Beihefte zum Tübinger Atlas des Vorderen Orients, Reihe B, Nr. 42, Wiesbaden.

ZEDER, M. A.:
1991   Feeding cities: specialized animal economy in the ancient Near East. In: R. M. Adams & B. D. Smith (eds.), Smithsonian series in archaeological inquiry, Washington and London.

Prähistorischer Siedlungshügel (Tappeh) in der Gorgan-Ebene. Der unterschiedliche Bewuchs ist auf die Bewirtschaftung der Flächen zurückzuführen. Foto: G. Gerster

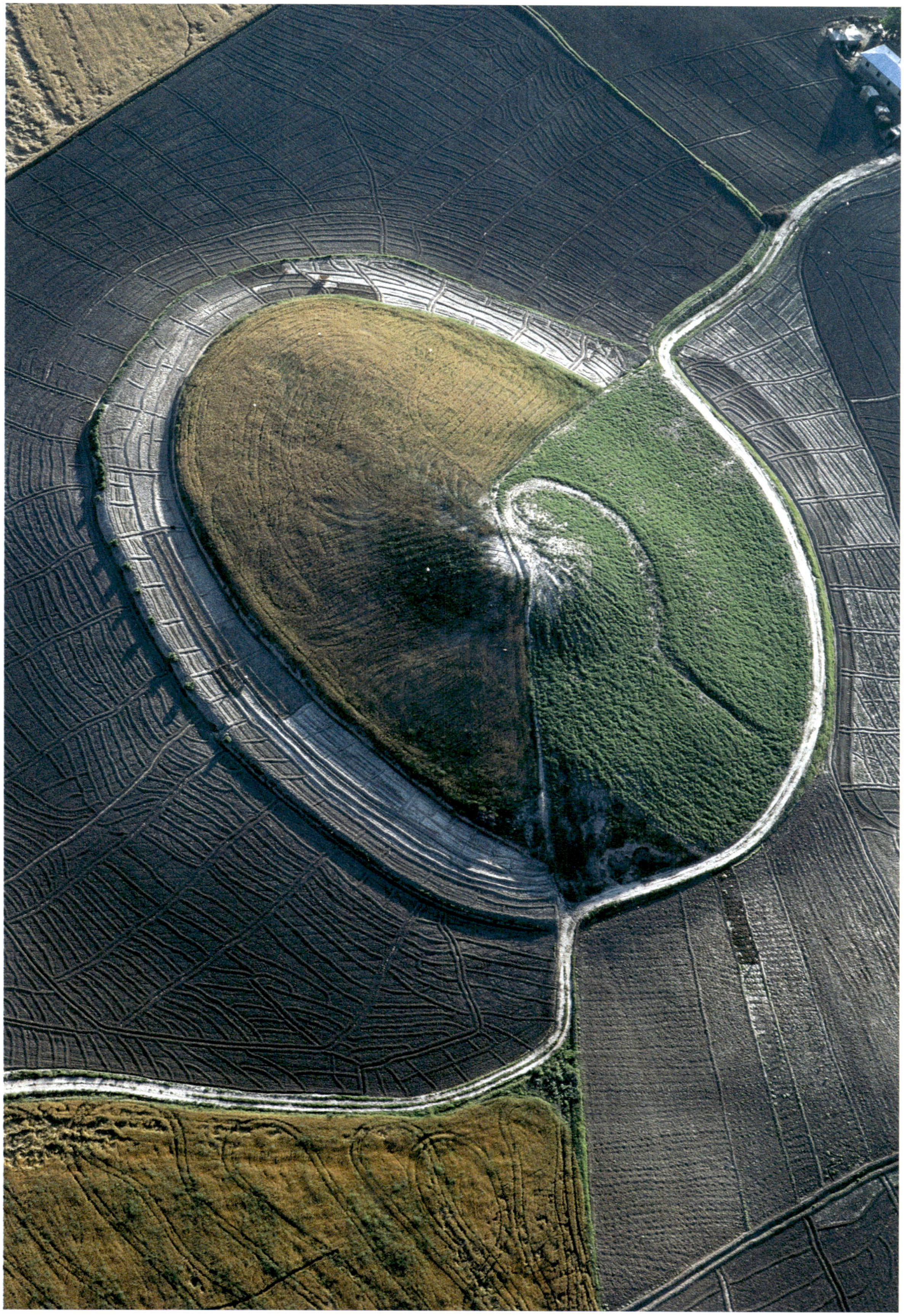

Chogha Mish

Abbas Alizadeh

Abb. 1: Karte von Chogha Mish und anderen herausragenden Plätzen in Südwestiran und Mesopotamien.

Einleitung

Chogha Mish (KS-01), 32° 13' nördlich, 48° 33' östlich gelegen, im Flachland der Susania (heute Provinz Khuzestan) ist die größte präsassanidische Siedlung in der nordöstlichen Susiana und liegt strategisch zwischen den Bereichen, an denen die großen Flüsse Dez und Karun die Ebene erreichen. Näher gelegen sind zwei wichtige Nebenflüsse des Dez, der Siah Mansur, gut 10 km westlich bzw. direkt westlich von Jundi Shapur, und der Shur, etwas weniger als 1 km östlich von Mish (Abb. 1 & 2).

Der Hügel von Chogha Mish ist ein abgeplatteter konischer hoher Hügel im Norden, der auf eine große Terrasse im Süden blickt (Abb. 3). Der Gipfel des großen Hügels liegt 100,54 m über dem Meeresspiegel. Er liegt etwa 27 m oberhalb der ihn umgebenden Ebene und mehr als 30 m oberhalb des Bettes des Shur im Osten (70,30 m). Der große Hügel, der etwa 200 x 150 m misst, ist im Norden und Nordwesten am steilsten, wo er auf einer Strecke von 23 m um 60 m abfällt. Das bedeutet ein Gefälle von beinahe 1 m pro 3 m. Seine westliche Kante ist einigermaßen regelmäßig, doch im Nordosten, Osten und Südosten zeigt er vier unregelmäßig geformte Erhöhungen, die von tief erodierten Wasserläufen zerschnitten werden. Die Terrasse, etwa 400 x 300 m, zeigt vier weniger aufragende Gipfel (Abb. 4).

Elf Grabungskampagnen an dieser Stätte zeigten eine lange, ununterbrochene prähistorische Abfolge kultureller Entwicklung in Südwestasien. Chogha Mish ist daher in einzigartiger Weise geeignet, an einem einzigen Ort eine Serie wichtiger Entwicklungen aufzuzeigen, die während des gesamten Neolithikums in Südwestasien stattfanden. Diese Entwicklungen beinhalten das allmähliche Auftauchen zentraler Orte, die zunehmende Spezialisierung und Weiterentwicklung bei der Produktion materieller Kulturgüter, Wechsel in der Subsistenzwirtschaft und die Entwicklung von Stammes- und frühstaatlichen Gesellschaften.

Archaische Susiana 1. Phase

Die früheste Kulturphase, die in Chogha Mish entdeckt wurde – die Phase Susiana 1 – datiert von etwa 6800 v. Chr. (Delougaz & Kantor 1996). Kultur-Perioden, die wesentlich älter sind als die ältesten Schichten in Chogha Mish, wurden zufällig in dem nahe gelegenen Hügel von Chogha Bonut entdeckt (Alizadeh 2003). Die Fortsetzung der archaischen Phase wird man also in Chogha Mish suchen müssen. Die ursprüngliche Besiedlung von Chogha Mish wird durch die frühe bemalte und polierte Keramikvariante und deren weiter entwickelte Version, der bemalten und polierten Standard-Keramik, markiert. Irgendwann während der Phase Archaische Susiana 1 verschwand die bemalte und polierte Keramikvariante vollständig. Die bemalte und polierte Standard-Keramik wurde mit anderen Funden, zum Beispiel den winzigen T-förmigen Figurinen, die sowohl in der Susiana als auch in Deh Luran im Norden auftauchen, in Verbindung gebracht. Wie oben festgestellt, lassen sich bemerkenswerte Parallelen zur Keramik und zu den Figurinen von den entfernten Grabungsstätten im iranischen Zentralplateau ziehen. Die T-förmigen Figurinen werden allgemein als zu einem Zagros-Komplex gehörig interpretiert, doch fanden sie eine größere Verbreitung, da wir sehr ähnliches Material aus dem Nordosten Irans besitzen.

Die architektonischen Überbleibsel dieser Periode in Chogha Mish waren nicht eindeutig. Sie bestehen aus schlecht erhaltenen Resten von Pisé- und Lehmziegelmauern, Flächen aus gestampfter Erde und diversen Kochstellen. Die Benutzung von Langziegeln wurde in dieser Phase fortgesetzt. Wie in den frühen und späteren Phasen waren die Böden der Kochstellen mit im Feuer gesprungenen Steinen bedeckt. Im Vergleich zur vorhergehenden Phase wurde kein Wechsel der Subsistenzwirtschaft festgestellt.

Subsistenzwirtschaft

Die frühesten Bewohner von Chogha Mish lebten von domestizierten Ziegen und Schafen und jagten Gazellen, Wildesel und Auerochsen. Während der Phase Archaisch 3 und der der frühen Susiana-Periode wurden Rinder und Schweine wichtig, welche fast die Hälfte des Fundbestandes in den Schichten 6-4 von Chogha Mish und Jafarabad ausmachen, Schafe und Ziegen erreichen einen Anteil von 40%. Später, während der mittleren Susiana-Periode, begannen Schafe und Ziegen zu dominieren, die in Jafarabad etwa 65% ausmachen, wobei Schafe in der späteren Phase noch dominierender wurden. Diese letzte Entwicklung kann als Hinweis auf die zunehmende Bedeutung der Wolle in der Susiana gesehen werden.

Getreidereste aus Chogha Mish umfassen Gerste, Weizen und Hafer. Zusätzlich wurden Wildgräser wie „goat face gras", wilder Roggen, „canary gras" und „fescue" festgestellt. Wilde und domestizierte Sorten von Hülsenfrüchten machten die Mehrzahl der Samen aus, die an der Grabungsstätte gefunden wurden. Das weist darauf hin, dass mehrheitlich derartige Pflanzen von den Bauern in Chogha Mish kultiviert wurden. Zu den gefundenen Samen zählen Wicke und Klee, sowie „screw beans", Erbsen und Linsen. Letztere weisen morphologische Anzeichen einer Domestizierung auf. Neben Hülsenfrüchten, Gräsern und Flachs wurden andere verkohlte Samen ebenfalls in den archaischen Schichten gefunden. Die häufigsten waren Lolium, Aegilops und Plantago (Wegerich). Zu den weniger häufigen Samen zählen Binsen, Labkraut und Sode, verschiedene Minzen, Hirtentäschel und Samen aus den Familien der Borretschgewächse, Gänsefußgewächse, Liliengewächse, Malvengewächse, Mohnpflanzen und Nesselgewächse.

Die vorhandenen Nachweise durch verkohlte Samen aus den archaischen Schichten in Chogha Mish sprechen nicht unbedingt für die Wichtigkeit von Getreide (in erster Linie Emmer und Einkorn) in den frühen Phasen der Domestizierung. Eher scheint während der gesamten archaischen Periode die Ernte von Hülsenfrüchten die größte Bedeutung für die dortige Subsistenzwirtschaft gehabt zu haben. Tatsächlich stellen Hülsenfrüchte den größten Anteil an Samen, der von der archaischen Phase bis zum Ende der

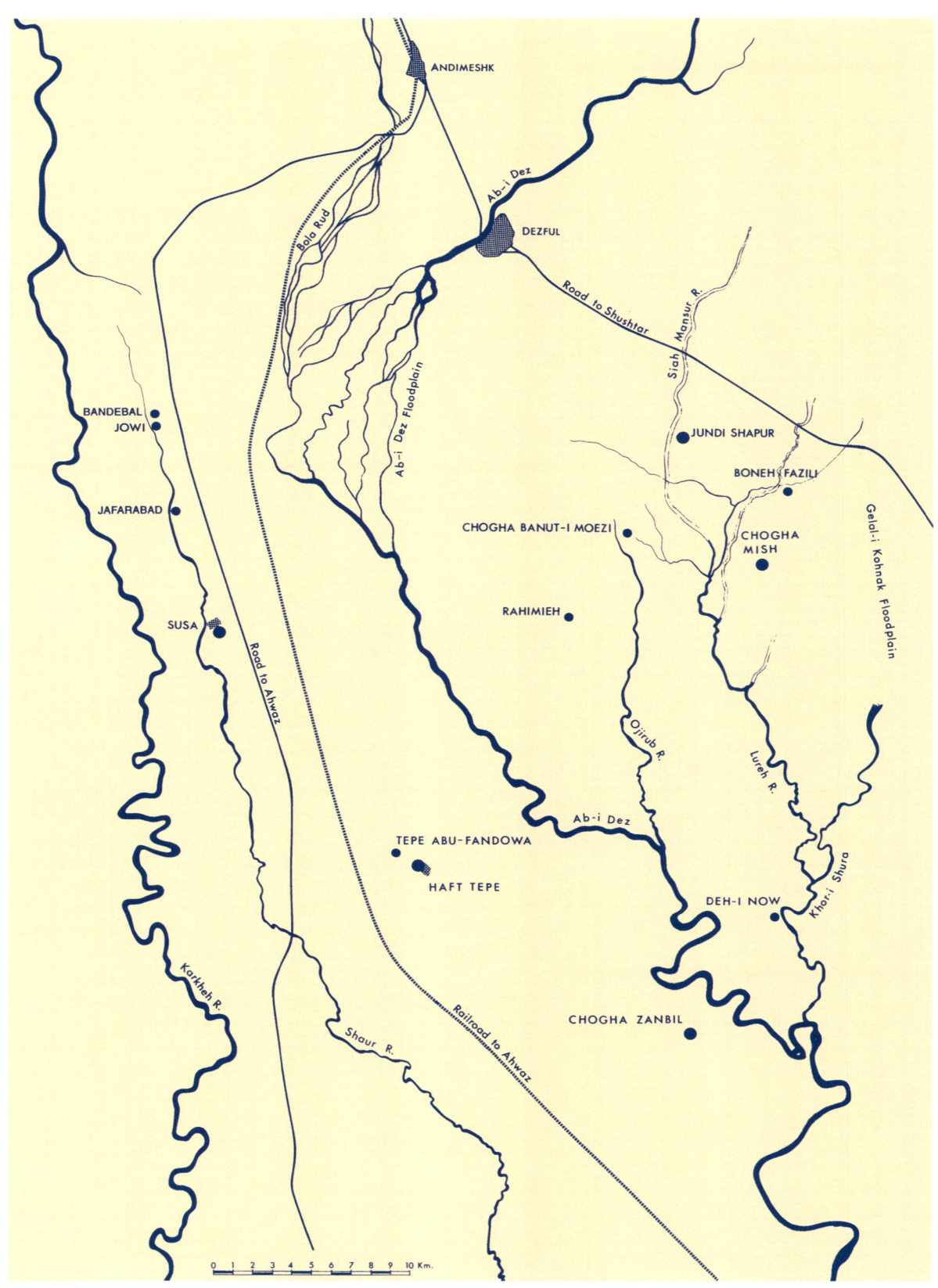

Abb. 2: Karte des oberen Khuzestans mit der Lage der wichtigsten Plätze.

Abb. 3: Hügel von Chogha Mish, fotographiert von Süden.

Susiana-Besiedlung festgestellt werden konnte. Dieses Bild ändert sich in der frühschriftlichen Periode, in der mehr und mehr Getreide dominiert.

Archaische Susiana 2. Phase

Die Größe der ursprünglich kleinen Siedlung der Frühphase von Chogha Mish wuchs an. Eine Siedlung von ungefähr 90 x 100 m kann für das Archaic Susiana 2 Dorf angenommen werden, es könnte aber auch größer gewesen sein. Nimmt man das Archaic Susiana Dorf in Chogha Mish dazu, könnte es gut 2 ha und etwa 200 Einwohner gehabt haben.

Die Phase Archaic Susiana 2 ist in Chogha Mish nur unzureichend bekannt. Den bruchstückhaften architektonischen Nachweisen zufolge wurden die Verwendung des Baumaterials und die grundsätzliche Anlage aus der Phase 1 fortgeführt. Die Verwendung langer Lehmziegel, verbunden durch mit Asche vermischtem Mörtel, wurde fortgesetzt. Von einem einzelnen nicht vollendeten Gebäude blieb genug erhalten, um Hinweise auf die grundsätzliche Anlage zu gewinnen. Das Gebäude bestand aus drei rechteckigen Räumen mit einer Vorratskammer. Eine Feuerstelle oder ein Brennofen wurden in dem ausgegrabenen Bereich nicht gefunden, doch die Existenz aschehaltiger Stellen, die aus dem noch nicht untersuchten Teil emporragten, weist auf Kochtätigkeiten hin. An dieser Stelle finden wir eindeutige Beweise für Lehmverputz, mit dem die Langziegel bedeckt waren.

Die Technik der Steinbearbeitung setzt sich seit der vorherigen Phase ohne große Veränderungen fort. Andere Funde, wie T-förmige Figurinen oder Werkzeuge aus Knochen und Stein, sind ebenfalls aus dieser Zeit belegt. Neu ist eine ganze Gattung von hochgradig stilisierten Lehmfigurinen, die in dieser Phase auftauchen. Sie haben im Allgemeinen eine zylindrische Form und waren mit Punkt- und Ritzverzierungen versehen. Die bemalte und polierte Keramik wurde durch die „Red-line Ware" ersetzt, doch andere Keramikformen aus der vorhergehenden Phase wurden weiter verwendet.

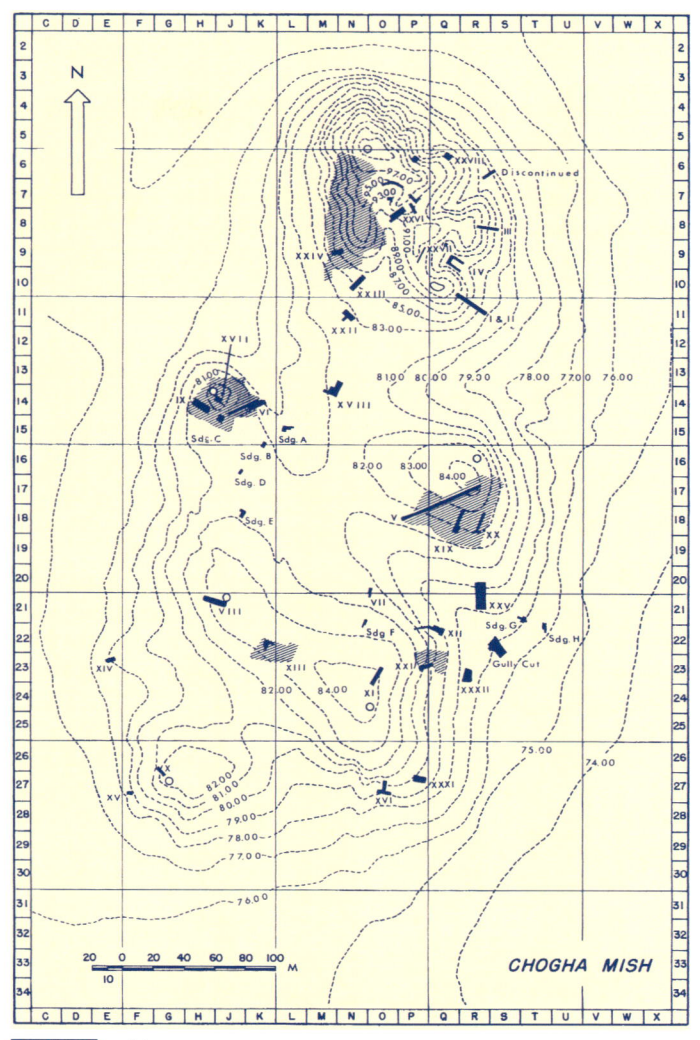

Abb. 4: Topographische Karte von Chogha Mish.

Die domestizierten bzw. kultivierten Arten, nämlich Schafe, Ziegen, Weizen und Gerste, waren mittlerweile morphologisch voll entwickelt und die Bedeutung der Jagd ging zunehmend zurück. Steinfundamente für Lehmziegelmauern wurden in dieser Phase gefunden. Der Kontakt zur Samarra/Hassuna-Kultur im Nordirak wurde vielleicht in dieser Phase hergestellt.

Archaische Susiana 3. Phase

In dieser Phase fanden gewichtige Veränderungen statt: Eine neue Art von Töpferware, die „Close-line Ware" tauchte auf; zum ersten Mal wurde Steinpflaster vor den Räumen und Eingängen benutzt; Rinderhaltung wurde eingeführt; Architektur, die nicht ausschließlich Wohnzwecken diente, erschien; und die Siedlung dehnte sich auf mindestens 2,5 ha aus. Zusätzlich schließen die überregionalen Ähnlichkeiten der materiellen Kultur nun auch Mesopotamien mit ein.

Falls die neue Keramik eine Neuerung darstellte, die als Ergebnis eines äußeren kulturellen oder technischen Einflusses oder durch Einwanderung in den Nordwestiran eingeführt wurde, so wurde die einheimische Bevölkerung nicht durch eine neue ersetzt. Der Übergang zwischen den Schichten archaische Susiana 2 und 3 bietet keinen Hinweis auf Gewalttätigkeiten, und abgesehen von der Einführung der neuen Keramik, setzten sich die Materialien der Phase archaische Susiana in der neuen Phase fort und wurden weiter entwickelt. Die „Close-line Ware" tauchte auch in Deh Luran und der Gegend von Mandali in Zentral-Mesopotamien auf, wo sie als Chogha Mami Transitional (CMT), benannt nach dem Fundort, bekannt ist. Obwohl die „Close-line Ware", CMT und Obed 0 große Ähnlichkeiten mit derjenigen von Samarra haben, zeigen sie doch auch gewichtige Unterschiede im Stil und in der Struktur der Gestaltung.

In Chogha Mish wurde kein vollständiges architektonisches Muster der Wohnhäuser der Phase Archaische Susiana 3 entdeckt. Allerdings zeigt die Anlage der Gebäude, die in die Phase 3 datiert werden, keine grundlegenden Unterschiede zu den vorhergehenden Wohnhäusern. Die Menschen lebten in mehrräumigen Häusern und teilten sich offene, dazwischen liegende Höfe. Einige Mauern – wahrscheinlich diejenigen, die der Witterung am meisten ausgesetzt waren – hatten steinerne Fundamente. Lange, zigarrenförmige Lehmziegel wurden nach wie vor benutzt, allerdings waren die Mauern von mindestens einem Gebäude dick genug, um ein zweites Stockwerk annehmen zu dürfen. Doch ist dies keineswegs sicher.

Ein großes Gebäude dieser frühen Phase zeigt Hinweise auf eine mögliche Architektur, die nicht Wohnzwecken diente. Die erhaltenen und ausgegrabenen Teile bestehen aus mindestens zwei langen Hallen ohne irgendwelche Spuren häuslicher Einrichtungen wie Herdstelle, Feuerstelle und Gefäße auf dem gestampften Lehmboden. Entsprechend wurde auch kein Begräbnisplatz gefunden, der mit diesem Gebäude in Verbindung zu bringen wäre, anders als bei anderen Wohngebäuden dieser Phase. Die südliche Mauer dieses Gebäudes weist vier Strebpfeiler mit Kopfstücken auf, und die Mauer selbst ist in einer Rahmenbauweise errichtet, für die Langziegel verwendet wurden; eine Bauweise, die bemerkenswert eng verwandt ist mit derjenigen, die im gleichzeitigen Tell el-Oueili in Süd-Mesopotamien verwendet wurde. Der ungewöhnlich dicke Westflügel des Gebäudes verweist auf ein oberes Stockwerk oder vielleicht auf einen Treppenabsatz bzw. das Fundament einer Treppe. Die grundsätzliche Anlage dieser Struktur war bereits in der Architektur der Phase Archaische Susiana 0 in Chogha Bonut vorweggenommen worden.

Die Toten wurden unter den Böden der Häuser begraben und auch möglicherweise außerhalb, an die Häuser angrenzend. Die meisten Gräber waren ohne Grabbeigaben, obwohl sie ungestört aufgefunden wurden. Allerdings sollte die Möglichkeit, dass sie vergängliche Beigaben enthielten, nicht ausgeschlossen werden. Die Gräber, so wie sie hier erhalten waren, stellten einfache Gruben dar ohne besondere Charakteristika. Üblich waren sowohl ausgestreckte als auch Hockerlage der Toten. Ähnliche Gräber wurden auch in Chogha Sefid nahe Ali Kosh gefunden. Die Skelette an beiden Grabungsstätten waren mit rotem Ocker bedeckt. Einige der Skelette zeigten künstlich verlängerte Schädel, eine Tradition, die sich bis zur mittleren Susiana-Periode fortsetzte. Doch war diese Praxis keineswegs allgemein üblich, was darauf hinweist, dass sie auf bestimmte Mitglieder der Gesellschaft (Elite?) beschränkt war.

Die frühe Susiana-Periode

Der kulturelle Kontakt zwischen verschiedenen Regionen in Südwestasien, von dem oben bereits die Rede war, nahm im Verlauf der dann folgenden frühen Susiana-Periode im Südwestiran und der Obed 1/Eridu-Phase in Süd-Mesopotamien zu. Obwohl die Keramik jeder Region lokale Charakteristika aufweist, zeigen doch der Bestand an Töpferware und anderen Gebrauchsgegenständen in beiden Regionen viele ähnliche Merkmale. Ein bedeutsamer Unterschied besteht allerdings in Iran im vollständigen Fehlen irgendeines Gebäudes, das als Tempel angesehen werden könnte, während solche Gebäude in Mesopotamien zum zentralen Bezugspunkt einer Anzahl von Plätzen werden.

Eine Reihe kleinerer Sondageflächen zwischen der Westseite und dem südlichen Teil der Terrasse in Chogha Mish zeigte, dass sich die Größe der Siedlung während der frühen Susiana-Periode auf mindestens 3,6 ha verdoppelte. Weizen, Emmer und sechsreihiger Roggen wurden zur hauptsächlichen Nahrungsgrundlage, ebenso Rinder, Schafe und Ziegen. Zur Ergänzung ihrer Ernährung setzten die Bewohner der Susiana in dieser Periode die Praxis des Jagens, Sammelns und Fischens fort.

Die frühe Susiana Keramiktradition war eine direkte Fortsetzung der vorhergegangenen Phase; sowohl bezüglich der Technologie als auch des Dekorationsstils zeigte die Susiana eine parallele Entwicklung mit Süd-Mesopotamien. Tatsächlich nehmen die großen Ähnlichkeiten der materiellen Kultur beider Regionen die gemeinsame interregionale Entwicklung in der zweiten Hälfte des 4. Jt. v. Chr. vorweg. Während in der vorhergehenden Phase Susiana 3 die Keramik aus Süd-Mesopotamien und der Susiana generelle Übereinstimmungen aufweist, zeigen beide Traditionen während der frühen Susiana-Periode engere und typischere Parallelen. Ob die regional und interregional homogenen Charakteristika der Keramik dieser Periode ein Hinweis auf sozio-ökonomische Veränderungen bei der Produktion von Töpferware in Bezug auf Spezialisierung und engen Kontakt zwischen den prähistorischen Töpfern der Region sind, ist schwer zu sagen. Es sollte allerdings festgehalten werden, dass in dieser Periode keine Brennöfen gefunden wurden.

Ein Wechsel sowohl bei der Qualität als auch der Technik von Feuersteinwerkzeugen und der Steinindustrie ist für die frühe Susiana-Periode festzustellen. Feuersteinklingen wurden weniger sorgfältig hergestellt und die hochwertigen kleinen Klingen der archaischen Periode gab es nicht mehr. Ein neuer Typ von Steinwerkzeugen, die als Hacken angesehen werden, erschien in dieser Periode sowohl in der Susiana als auch in Deh Luran und setzte sich durch die gesam-

Abb. 5: Grundrissplan von Schnitt XXI mit architektonischen Überresten der Periode Archaisch 3 durch die Phasen der Mittleren Susiana-Periode hindurch.

te prähistorische Entwicklung hindurch fort. Diese Hacken zeigen eine sichelförmige scharfe Spitze mit einem verlängerten schmalen Griff, der üblicherweise mit Bitumen verschmiert war; bei wenigen Exemplaren war noch das Band erhalten, welches um den Griff gewickelt war, um einen besseren Halt zu ermöglichen. Ob nun solche Werkzeuge zum Auflockern des Bodens oder zum Holzfällen benutzt wurden, die Arbeit mit ihnen muss eine wahre Knochenarbeit gewesen sein. Sattelförmige Steinmühlen wurden wie in der vorangegangenen Phase weiterhin benutzt.

Bezüglich der Frage, ob die frühe Susiana-Periode eine Zeit der Herausbildung lokaler Stammesstrukturen mit Oberhäuptern war, liefert die Architektur die besten Nachweise. Die kohärenteste architektonische Anlage der frühen Susiana-Periode wurde in Schnitt

XXI (Abb. 5) gefunden. Hier wurde eine Reihe von vergleichsweise großen mehrräumigen Strukturen ausgegraben. Die allgegenwärtigen langen Lehmziegel wurden weiterhin benutzt, zusammen mit kleineren rechteckigen Ziegeln. Die Technik, die offenen Flächen vor Räumen und Eingängen mit Kopfstein zu pflastern, wurde ebenfalls aus der Phase Archaische Susiana 3 fortgesetzt.

Zumindest zwei Gebäude scheinen Wohnsitz von großen oder führenden Familien gewesen zu sein, während ein drittes, mit einer Reihe langer, paralleler Kammern mit einer offenen Fläche davor, möglicherweise sowohl als Wohnsitz als auch als Lagerhaus benutzt wurde. Die große Lehmziegel-Plattform im südwestlichen Teil eines offenen Hofes ist schwierig zu interpretieren, insbesondere solange detaillierte Informationen bezüglich der dort verwendeten Materialien fehlen. Die Plattform misst etwa 7 x 5 m und zeigt nur eine Schicht. Sie ist im Süden und Osten von Mauern umgeben. Es könnte sich also um ein weiteres Bauwerk mit gepflastertem Boden handeln; solche Böden finden sich auch in zwei weiteren Räumen. Die Tatsache, dass keine Spuren von Mauern an der West- und Nordseite der Plattform gefunden wurden, spricht dagegen, sie als eine umschlossene Einheit zu rekonstruieren. Sieht man sie zusammen mit den anderen architektonischen Merkmalen, könnte diese Plattform als Aufbereitungs- oder Ladefläche gedient haben. Die architektonische Struktur der frühen Susiana-Periode mit einer offenen zentralen Fläche und vielleicht einem Lagerhaus, umgeben von Wohneinheiten, erweist sich als Vorläufer für die viel späteren Verwaltungsquartiere in Iran, besonders in Fars (Tall-e Bakūn A) und Sistan (Shahr-i Sokhta).

Karawanserei

Die mittlere Susiana-Periode

Der Übergang von der frühen zur mittleren Susiana-Periode geschah sanft und allmählich. Die Gebiete der Dörfer, die während der vorangegangenen Phase besiedelt waren, waren auch in dieser Phase bewohnt. Falls die Keramik hierfür einen Hinweis darstellt, erreichte der Kontakt (Nachahmung, Kopie oder Übernahme von Mustern) zwischen dem mesopotamischen Flachland und der Susiana seinen absoluten Höhepunkt in der frühen Phase der mittleren Susiana-Periode. Die Häuser wurden immer noch aus Lehmziegeln, gelegentlich mit Steinfundamenten, gebaut. Die Langziegel der archaischen Periode wurden in dieser Zeit nicht mehr benutzt. Die Böden der Häuser bestanden entweder aus Stampflehm oder waren mit einer Schicht aus geköperten Matten bedeckt; durchbohrte Steine wurden als Türsockel verwendet. Die architektonische Anlage der vorhergegangenen frühen Susiana-Periode scheint weiter bestanden zu haben. Das einzige Gebäude aus der mittleren Susiana-Periode, welches an dieser Stelle ausgegraben wurde, ähnelt bezüglich des Bauplans der frühen Susiana-Architektur, mit rechteckigen Mehrzweckräumen, langen Speichermagazinen und dem Nachweis sowohl von Wohn- als auch handwerklichen Aktivitäten.

Wie vorher auch wurden die Toten immer noch unter den Fußböden der Gebäude begraben und auch im Freien (Abb. 5). Ganz ähnlich scheint auch die Ausrichtung des Körpers eher vom vorhandenen Platz abhängig gewesen zu sein als von irgendeiner festgelegten kulturellen Praxis. Wie auch in den vorangegangenen Perioden waren die meisten Gräber der mittleren Susiana-Periode ohne jegliche Grabbeigaben. Es scheint, als ob die Praxis, die Toten innerhalb der Wohngebiete zu bestatten, gegen Ende der frühen Phase der mittleren Susiana-Periode aufgegeben wurde. Dass dieses möglicherweise nur zufällig entdeckt wurde, darauf weisen die Grabstätten innerhalb der Mauern hin, die an anderen Grabungsstätten der Region aus der mittleren Susiana-Periode gefunden wurden.

Die Ernährung änderte sich nicht gegenüber der vorangegangenen Phase. Weizen, sechsreihige Gerste, Linsen, Wicken und Flachs waren die hauptsächlichen Getreidearten. Schafe und Ziegen waren üblich, Rinder ebenfalls. Die Nahrung wurde ergänzt durch Fischfang und die Jagd auf Wildesel und Gazellen, obwohl ihr wohl keine so große Bedeutung zukam wie in der vorangegangenen Phase. Das Muster der räumlichen Verteilung der Knochen gejagter Tiere wäre sehr hilfreich bei Vermutungen bezüglich der Wohnweise und entsprechender Objekte, doch verfügen wir über keine diesbezüglichen Informationen.

Mikrolithische und Obsidianklingen gab es nicht in dieser Phase, und die Zahl der Typen von Steinwerkzeugen zur Bodenbearbeitung war begrenzt, vermutlich wegen der Vielfalt von Nacktgetreide, die entwickelt worden war. Die üblichen sternförmigen Spinnwirtel der frühen Susiana-Periode setzten sich in der mittleren Susiana-Periode fort, zusammen mit einer Vielzahl von neuen bemalten Formen.

Die folgende späte Phase der mittlere Susiana-Periode ist die Schlüsselphase für das sozio-ökonomische Leben des Susiana-Flachlandes. Diese Phase entspricht derjenigen von Obed 3 und möglicherweise auch derjenigen von Obed 4. Während sie in der frühen Phase der mittleren Susiana-Periode sehr stark derjenigen von Haji Mohammad/Obed 2 entspricht, entwickelt die Keramik der späten mittleren Susiana-Periode ihre eigenen Charakteristika und teilt eine Anzahl von Merkmalen mit den gleichzeitigen Kulturen von Bakūn B2 und Gap 1 im zentralen Zagros-Gebirge, eine dramatische Verschiebung der Kontakte vom mesopotamischen Flachland hin zum iranischen Hochland, eine Entwicklung, die sich bis zum Beginn der frühschriftlichen Periode fortsetzt.

Die späte Phase der mittleren Susiana-Periode in Chogha Mish ist diejenige der ausgedehntesten Besiedlung der prähistorischen Periode. Beinahe die gesamten 15 ha Fläche des Hügels zeigen Anzeichen einer Besiedlung, obwohl noch nicht absolut sicher ist, ob der gesamte Hügel zur selben Zeit besiedelt war. Die archäologischen Materialien und architektonischen Überreste von Chogha Mish, die in diese Zeit datiert werden, können als Reflektion der sich verändernden Organisation der Gesellschaft in dieser Phase gesehen werden. Ein hauptsächlicher Unterschied der Architektur gegenüber den früheren Phasen wird durch das Erscheinen großer Monumentalgebäude markiert (Abb. 6). Fast in der Mitte der Siedlung, in Richtung des Ostrandes des Hügels, wurde ein bedeutendes Gebäude gefunden. Der ausgegrabene Teil besteht aus vier parallelen großen Hallen. Die äußeren Wände sind mit Stützpfeilern versehen. Die mächtigen Mauern dieses Gebäudes, manche 1,50 m stark, seine Anlage aus regelmäßig angeordneten Räumen, und die Fassade mit symmetrischen Stützpfeilern machen seinen monumentalen und formalen Charakter deutlich. Ein rückseitig gelegener Raum an der Nordseite des Gebäudes enthielt noch zahlreiche Vorratskrüge; ein weiterer Raum enthielt 18 vollständige dünnwandige Schalen, die für die späte Phase der mittleren Susiana-Periode typisch sind. Auf den Fußböden dieses Gebäudes wurden zahlreiche Feuersteinknollen zur Herstellung von Feuersteinklingen gefunden, von denen manche auch in den Räumen gefunden wurden. Die Existenz dieses Gebäudes weist darauf hin, dass bis zur späten Phase der mittleren Susiana-Periode ein gewisses Ausmaß an sozialer Differenzierung in der Siedlung erreicht war. An der nahe gelegenen Stätte von Chogha Bonut dominierte zur selben Zeit ein vergleichsweise großes Gebäude in der Mitte des Platzes die Siedlung.

Die Phase Susiana 1 Spät

Es scheint eine chronologische Lücke zu geben zwischen der Zeit, in der Chogha Mish und seine umliegenden Dörfer verlassen wurden, und der Zeit, in der Susa gegründet wurde, obwohl die vorhandenen Daten es schwierig machen, den Zwischenraum abzuschätzen. Es wurde vorgeschlagen, die späte Susiana 1 Phase als eine Ankündigung dieser Phase im Susiana-Flachland anzusehen (Alizadeh 1992). Das ist die Zeit, in der Chogha Mish verlassen lag. Während der folgenden Phase, Susiana 2 Spät/Susa 1, wurde Chogha Mish wieder besiedelt.

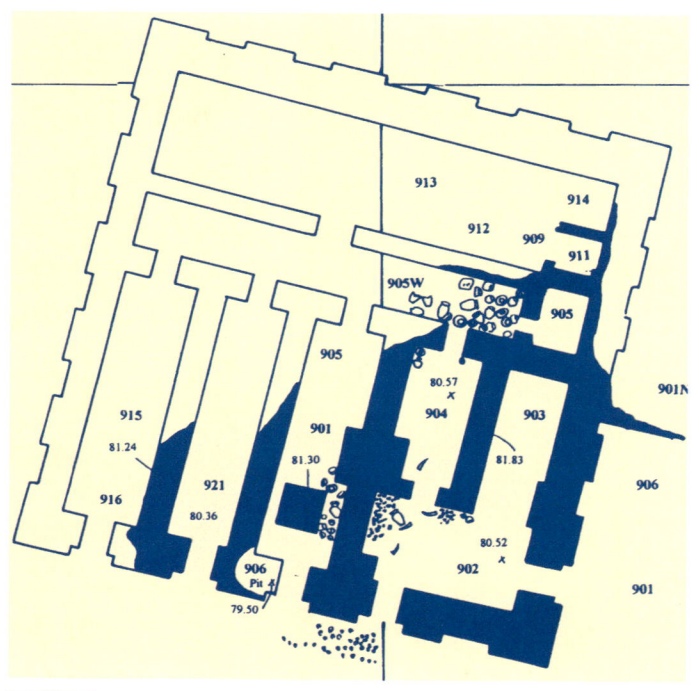

Abb. 6: Grundrissplan eines abgebrannten Gebäudes der späten Phase der mittleren Susiana Periode.

Die Phase Susiana 2 Spät

Diese Phase ist bezüglich Chogha Mish nur wenig bekannt. Entsprechend der MASCA- gewichteten Kalibrierung (Weiss 1977, 357) erstreckte sich diese Phase von 4350-4190 v. Chr. Die folgende Phase – „Terminal Susa" – die für Chogha Mish nicht belegt ist, dauerte 100 bis 150 Jahre. Wenn wir die Schätzung einer 150jährigen Dauer für diese Phase akzeptieren, die aufgrund der spärlichen archäologischen Funde vorgeschlagen wird (Wright 2001, Taf. 4.1), dann erstreckte sich die prähistorische Zeitspanne in Susa von 4350 bis ca. 4000 v. Chr.

Die vorhandenen Daten von Chogha Mish reichen nicht aus, um ein absolutes Datum für die Wiederbesiedlung von Chogha Mish in dieser Phase vorschlagen zu können. Aber das völlige Fehlen jeglicher Keramikreste aus der vorangegangenen Phase verweist darauf, dass die Stätte irgendwann während der Phase Susiana 2 Spät wieder besiedelt wurde. Die architektonischen Reste der Phase Susiana 2 Spät in Chogha Mish sind fragmentarisch und beschränken sich auf den oberen Teil des Hügels. Nichtsdestoweniger verweist die Existenz von Scherben auf Teilen der Terrasse, die in diese Phase datieren, darauf, dass auch dieses Gebiet entweder Gebäude der Phase Susiana 2 Spät enthielt oder zur Keramikherstellung genutzt wurde. Allerdings gibt es keinen direkten Beweis zur Stützung dieser Schlussfolgerung.

Im Vorfeld der 6. Grabungskampagne wurde eine Menge von Brennöfen und aschehaltigen Böden, vermischt mit Steinklingen, Tonscherben und Abfall auf dem oberen Teil des Hügels gefunden. Als die Ausgrabungen in ihre 10. Saison gingen, wurden zwei übereinander liegende Architekturschichten gefunden. Die Architektur der Phase Susiana 2 Spät auf dem oberen Teil des Hügels umfasst nur einen Teil der Anlage des Gebäudes. Die erhaltenen und ausgegrabenen Teile enthüllen vielräumige Strukturen mit rechteckigen und quadratischen Räumen. Die offenen Flächen, welche die Räume umgaben, waren mit aschehaltigen und lehmigen Schichten bedeckt. Die Jahrtausende alte Praxis, offene Flächen mit Kopfsteinen zu pflastern, setzte sich bis in diese Phase fort.

Das begrenzte Gebiet der Besiedlung aus der Zeit der Phase Susiana 2 Spät in Chogha Mish und das Fehlen ihr zuzuordnender Brennöfen und Aschereste weist darauf hin, dass – wie in Jafarabad – Chogha Mish in dieser Phase eher als kleines Handwerkszentrum neu besiedelt wurde als als reines Wohngebiet. Nichtsdestoweniger muss man das Ausmaß der Zerstörung bedenken, das die Bauaktivitäten der frühschriftlichen Zeit an den Überresten der Phase Susiana 2 Spät anrichteten.

Die frühschriftliche (Späte Uruk) Periode

Vor den Ausgrabungen in Chogha Mish im Jahre 1961 war die Keramik der frühschriftlichen Periode (Späte Uruk/frühschriftlich a-b) hauptsächlich aus Uruk-Washa bekannt. Der spätere Abschnitt

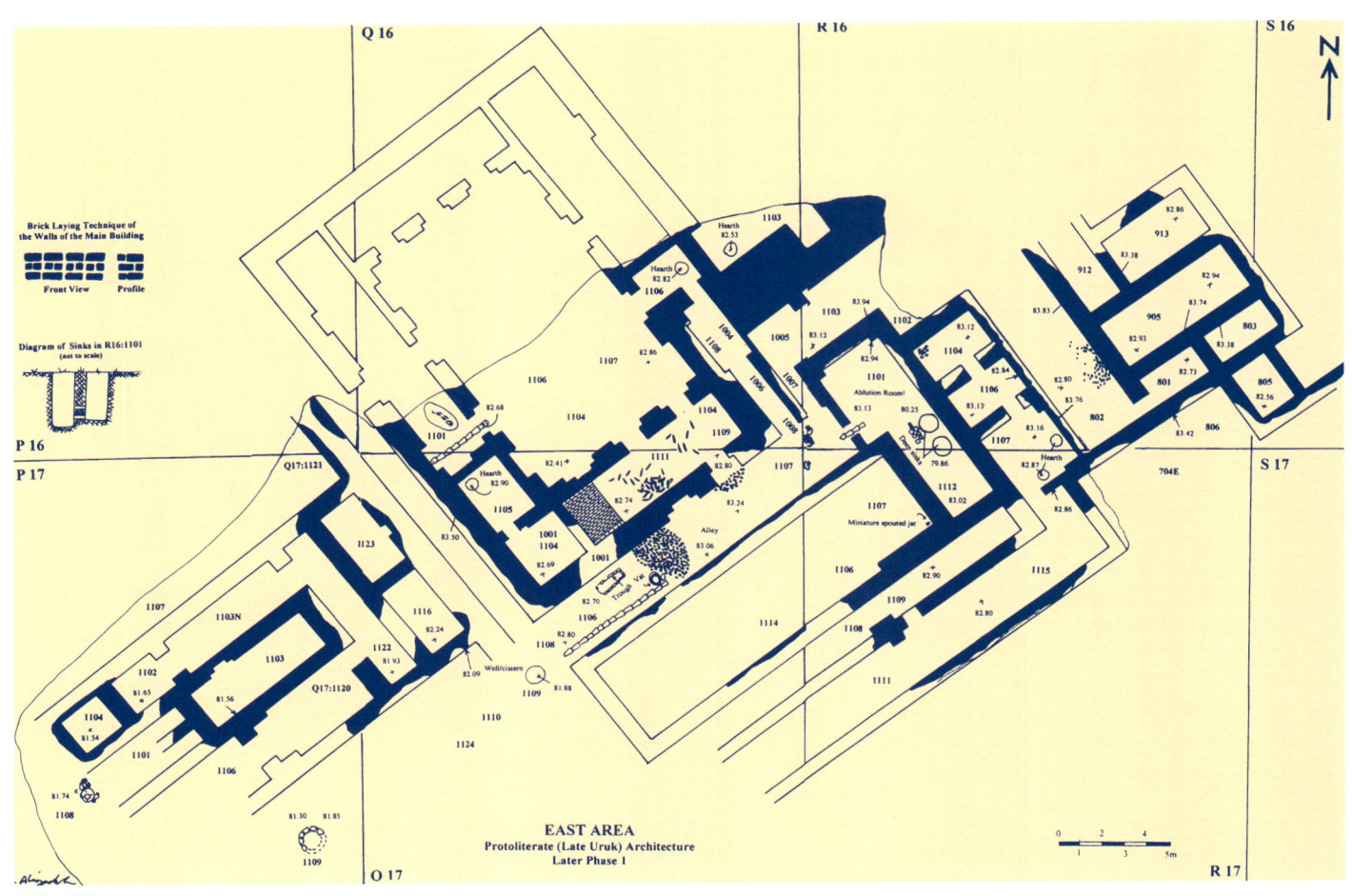

Abb. 7: Grundrissplan eines Monumentalbaus aus der frühschriftlichen (Spät-Uruk) Periode in Chogha Mish.

der frühschriftlichen Periode (c-d/Jemdet Nasr) war am besten von den Grabungsstätten bei Diyala bekannt, sowie von Jemdet Nasr, Kish, Tell Uqair, und in geringerem Ausmaß aufgrund von Material von anderen Plätzen sowohl in Süd- als auch in Nord-Mesopotamien. Susa hatte ebenfalls eine beachtliche Anzahl an Keramiktypen aus der frühschriftlichen Periode erbracht, die – auf der Basis mesopotamischer Vergleichsstücke – von Le Breton den Susa B bzw. C genannten Phasen zugeschrieben wurden. Letztere Phase ist auch als proto-elamitische Phase bekannt.

Die Keramiktypen der Jemdet Nasr-Phase der frühschriftlichen Periode (c-d) sind aus der Diyala-Region und von anderen mesopotamischen Stätten gut bekannt. Trotz ausgedehnter Grabungen in Chogha Mish ist bisher keine Keramik gefunden worden, welche dieser Phase definitiv zuzuschreiben wäre. Zu den bemerkenswertesten Erkenntnissen gehört das völlige Fehlen der typischen polychromen Töpferware, der monochromen vierhenkeligen Töpfe, der schlanken rot-engobierten Ausgussgefäße sowie der soliden Standfüße. Dementsprechend scheint Chogha Mish während des späten Abschnitts der frühschriftlichen Periode nicht besiedelt gewesen zu sein und lag offensichtlich wieder verlassen, bis zur alt-elamitischen (Sukkalmah) Periode.

Die städtische Entwicklung in Chogha Mish

Elf Grabungskampagnen in Chogha Mish förderten eine geplante Stadt der frühschriftlichen Periode zu Tage, mit Straßen, Nebenstraßen, Be- und Entwässerungen, Brunnen und Latrinen, Werkstätten und privaten wie öffentlichen Gebäuden. Von Beginn an war die Stadt in Ober- und Unterstadt aufgeteilt. Die Oberstadt lag auf dem oberen Teil des Hügels und die Unterstadt auf der Terrasse.

Die Besiedlung nach der frühschriftlichen Periode (insbesondere die alt-elamitische) richtete beachtliche Schäden an den Resten der Oberstadt an, allerdings überlebte genug, um Zeugnis für die ehemals ruhmreichen Tage abzulegen. Die meisten architektonischen Reste der Periode sind entweder zerstört oder von den massiven alt-elamitischen Befestigungsanlagen und anderen Gebäuden überbaut. Was übrig blieb, zeigt eine ausgedehnte fragmentarisch erhaltene Anlage aus rechteckigen Räumen, Zisternen und einem beachtlichen Entwässerungssystem. Die Existenz mehrerer Keramikbrennöfen, große Mengen an zerbrochenen Gefäßen und anderem Abfall, Schichten von Asche sowie konischer Mosaiksteinchen, Abzeichen und Siegel aus Ton weisen darauf hin, dass dieser Bereich der Sitz der Verwaltung und der industriellen Aktivitäten war. Eine Befestigungsmauer, die mit der Stadt in Verbindung zu bringen wäre, wurde nicht gefunden, was für die gesamte Susiana in dieser Periode gilt. Allerdings kann die Existenz einer beachtlich großen rechteckigen Struktur vor diesem Stadtteil als ein Wachturm auf dem höchsten Punkt der Siedlung interpretiert werden.

Die Unterstadt auf der Terrasse war wesentlich besser erhalten (Abb. 7). Gebrannte Ziegel wurden fast ausschließlich für Straßenpflaster, Abflüsse, Brunnen und Latrinen benutzt. Für die privaten und öffentlichen Gebäude wurden Lehmziegel verwendet. Die Wohneinheiten wiesen üblicherweise Lehmziegelwände von 30-50 cm Stärke auf. Die Lehmziegel enthalten Asche und Scherben aus früheren Perioden und stammten daher möglicherweise von den zahlreichen Gruben (manche schon in archaischer Zeit ausgehoben), von denen die Siedlung übersät ist. Durchgehend wurden die Reste früherer Mauern (vorwiegend aus der mittleren Susiana-Periode) als Fundamente für die Mauern der frühschriftlichen Phase benutzt. Die Räume variieren beträchtlich in Größe und Form, von quadratisch bis zu eher länglich-rechteckig. Die Ursache für die Anlage einiger trapezförmiger Räume und Vorratskammern mag stellenweise im vorhandenen Platz und der Lage bzw. Ausrichtung bereits vorhandener Mauern zu sehen sein. Alles in allem zeigt die gesamte Stadt allerdings eine generelle Nordost-Südwest-Ausrichtung, die sie während der zwei Phasen der Besiedlung beibehielt.

Einige Wohngebäude weisen relativ weiträumige rechteckige Flächen auf, die aufgrund der in ihnen gefundenen fragmentarischen Kopfsteinpflaster als Höfe interpretiert werden können. Es ist allerdings schwierig, mit Sicherheit zu sagen, ob alle Wohngebäude ihre eigenen offenen Höfe hatten. Die vorhandenen Nachweise deuten darauf hin, dass die offenen Flächen von mehreren Gebäuden geteilt wurden. Einige Räume waren mit Feuerstellen und Bänken ausgestattet. Auf Letzteren fanden sich (einige noch *in situ*) eine Anzahl von schrägrandigen Schalen und kleinen Krügen mit schnabelförmigem Ausguss. Im Unterschied zur Diyala-Region wurden keine Gräber unter den Fußböden der Häuser gefunden, mit der einzigen Ausnahme einer einfachen Grabstätte im Ostteil. Überall in der Siedlung wurden zahlreiche Feuerstellen und Brennöfen gefunden. Während der frühschriftlichen Periode – wie auch in den früheren Phasen – war Chogha Mish ein Produktionszentrum von Keramik, wie die zahlreichen einfachen und komplexen Keramikbrennöfen, die auf der Terrasse gefunden wurden, bezeugen. Große Mengen von Tonsiegeln, Tafeln mit eingepressten Verzierungen, Tonziegeln und bullae sowie Abzeichen verweisen auf den administrativen Charakter von Chogha Mish auch während der frühschriftlichen Periode.

Die gesamte frühschriftliche Stadt von Chogha Mish war kreuz und quer von offenen und bedeckten Be- und Entwässerungskanälen durchzogen. Diese Zu- und Abflüsse waren aus gebrannten Ziegeln und gebrannten Keramikröhren gebaut, wobei die letzteren sehr gut ineinander passten. Die Rechtwinkligkeit mit der Gebäude und Kanäle aufeinander trafen, ist ein weiterer Hinweis auf die geplante Architektur der frühschriftlichen Periode. Weitere Zuflüsse aus schmalen Nebenstraßen und sogar einigen einzelnen Häusern waren rechtwinklig angeschlossen.

Die vorhandenen Nachweise gestatten uns nicht, zwischen den Kanälen zu unterscheiden, die benutzt wurden, um die Stadt mit Frischwasser zu versorgen und denen, die verwendet wurden, um Abwasser zu den Latrinen oder aus der Siedlung heraus zu leiten. Die für Chogha Mish nächstgelegene Frischwasserquelle ist der Fluss Shur, ca. 1 km im Osten. Dennoch stellt die Existenz einer Anzahl tiefer, mit Ziegeln eingefasster Brunnen, die häufig mit dem Drainagesystem verbunden waren, einen wahrscheinlicheren Kandidaten für die Frischwasserquelle von Chogha Mish dar. Allerdings muss festgehalten werden, dass keine dieser Anlagen vollständig ausgegraben wurde.

Die frühschriftliche Siedlung in Chogha Mish wurde als Verwaltungs- und Produktions-Zentrum eingerichtet, mit einer Anzahl säkularer und wahrscheinlich auch religiöser Monumentalbauten bzw. einer Kombination aus beidem. Ein großer Gebäudekomplex wurde teilweise im Ostteil ausgegraben. Westlich dieses herausragenden Komplexes hatte man eine große polygonale Plattform aus Lehmziegeln errichtet, deren Zweck uns nicht bekannt ist. Diese Plattform bedeckte eine Fläche von 350 qm und war von den Mauern einiger angrenzender Nebengebäude umgeben. Falls diese Plattform das Fundament eines Gebäudes darstellte, sind allerdings keine Spuren davon erhalten geblieben. Die Oberfläche der Plattform war übersät von Keramikscherben der Partherzeit.

Der im Ostteil gefundene Monumentalbau dominierte die Siedlung. Er besteht aus einem zentralen Hof mit ausgesparten Nischen sowie quadratischen und rechteckigen Kammern, die ihn an zwei Seiten umgeben. Der Haupteingang des Gebäudes führt zu einer langen, mit Ziegeln gepflasterten Vorkammer, an deren einem Ende ein Haufen Gazellenknochen gefunden wurde.

Bibliographie

ALIZADEH, A.:
1992   Prehistoric Settlement Patterns and Cultures in Susiana, Southwestern Iran. University of Michigan Museum of Anthropology Technical Report 24. Ann Arbor, University of Michigan.
2003   Chogha Bonut: Excavations at the Prehistoric Mound of Chogha Bonut, Khuzestan, Iran. Oriental Institute Publications 120, Chicago, Oriental Institute.

DELOUGAZ, P. & KANTOR, H. J.:
1996   Chogha Mish: The First Five Seasons of Excavations, 1961-1971. In: A. Alizadeh (ed.), Oriental Institute Publications 101, Chicago, Oriental Institute.

DYSON, R. H., JR.:
1966   Excavations on the Acropolis at Susa and Problems of Susa A, B, and C. Doctoral thesis, Harvard University.

LE BRUN, A.:
1971   „Recherches stratigraphiques: L'Acropole de Suse 1969–1971." Cahiers de la délégation archéologique française en Iran 1, 163–216.

WEISS, H.:
1977   „Periodization, Population and Early State Formation in Khuzistan." In: L. Levine & C. Young, Jr. (eds.), Mountains and Lowlands: Essays in the Archaeology of Greater Mesopotamia. Biliotheca Mesopotamica 7, 247-269.

WRIGHT, H. T.:
2001   „Cultural Action in the Uruk World." In: M. S. Rothman (ed.), Uruk Mesopotamia and Its Neighbors. Santa Fe, School of American Research, 123-148.

Am Persischen Golf bei Bandar-i Deylam. Ein Fluss, von Winterregen geschwollen, bahnt sich einen Weg durch die Küstensedimente; Foto: G. Gerster.

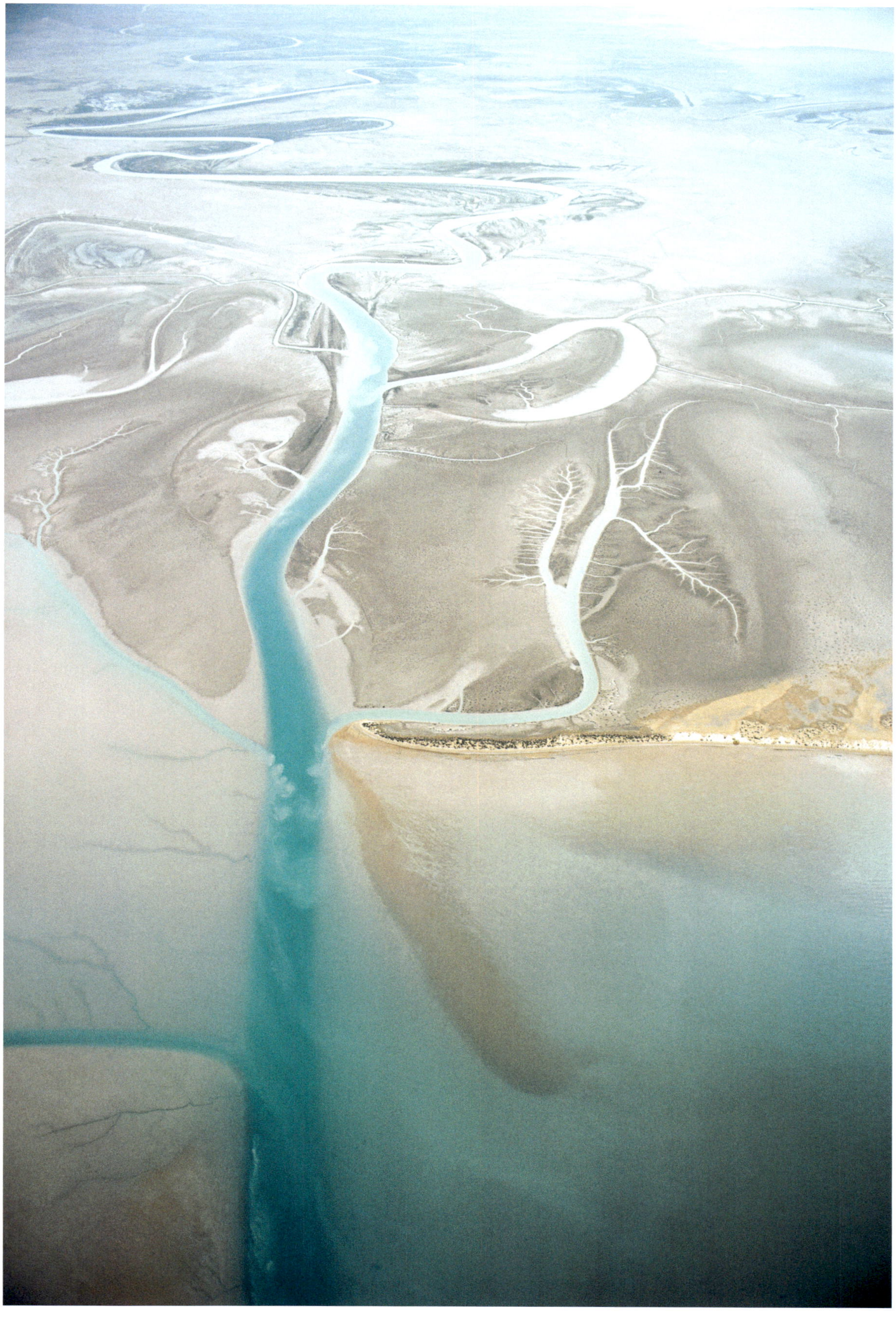

Susa

Agnès Benoit

Die Ergebnisse der Ausgrabungen der Stadt Susa machen diese Grabungsstätte zur wichtigsten Referenzstätte des alten Irans (Abb. 1). Allein mit der Besiedlungsdauer von 6.000 Jahren seit ihrer Gründung ca. 4200 v. Chr. bis ins 13. Jh. unserer Zeitrechnung, ist sie der aufschlussreichste Ort der elamischen Zivilisation, die in Iran blühte, bevor die Perser ihr Weltreich aufbauten. Ihre Geschichte begann am Ende des 4. Jt. mit einer eigenständigen Schrift, der sog. protoelamischen Schrift, die aber sehr schnell durch die sumerische Keilschrift ersetzt wurde. Die kleine Ebene, in der die Stadt gegründet wurde, bewässert von den Flüssen Karun und Kerkha, verlängert die Mesopotamische Ebene Richtung Osten und erhielt daher den Namen Susiana[1]. Diese geographische Lage spielt eine entscheidende Rolle in der Identität dieses Platzes: Im Laufe seiner Geschichte zeigte Susa eine gewisse Affinität für mesopotamische Einflüsse, besaß aber eine Eigenständigkeit, die in der bergigen Landschaft wurzelte. In der Tat ist Susa die Hauptstadt des Tieflandes der politischen Einheit Elam, zweier Landschaften, die sich von der Susiana bis Fars erstrecken, während Tal-i Malyan/Anshan die Hauptstadt der höher liegenden Gebiete ist, gegründet um 3000 v. Chr. Die saisonalen Wanderungen der Bevölkerung, die an die Transhumanz (Wanderschäferei) gebunden war, ermöglichten einen ständigen Kontakt zwischen diesen beiden Welten.

Die Metallurgie ist das wichtigste Handwerk in Susa, besonders im 3. Jt., als sich außerhalb Elams auch die Bearbeitung von Alabaster, Chlorit, Halbedelsteinen und Muscheln ausbreitete.

Die Ausgrabungen in Susa wurden hauptsächlich von Franzosen durchgeführt und bezogen sich auf die drei Tells der Ansiedlung: den Apadana-Tell im Norden, der den durch Darius den Großen 521 v. Chr. erbauten persischen Palast barg, den Tell der Akropolis im Westen, der die Ebene mit seinen 38 m mächtigen archäologischen Ablagerungen dominierte und schließlich im Osten den großen Tell der Königlichen Stadt, an den sich nach Süden der Donjon genannte Vorsprung anschließt[2].

Archäologie von Susa

Die Entdeckung der Apadana (1851-1852)

Einer der ersten berühmten Besucher Susas war Austen-Henry Layard, der sich bald danach einen Namen durch die englischen assyrischen Ausgrabungen von Nimrud und Ninive machte. Während eines Aufenthaltes 1841-1842 bei den Stämmen Baktriens begab er sich nach Susa, hielt sich dort jedoch kaum auf. Die Archäologie begann in Susa erst mit dem englischen Geo-Archäologen W. K. Loftus (1820-1858), ursprünglich beauftragt, den Verlauf der türkisch-persischen Grenze abzustecken, und später mit H. C. Rawlinson, dem berühmten Entzifferer des Altpersischen und Direktor aller englischen archäologischen Grabungen in Mesopotamien. Er wurde gewonnen, die wenig realistische Aufgabe anzugehen, den gesamten Platz auszugraben. Loftus, begleitet von dem Künstler Henry A. Churchill, der alles, was gefunden wurde, zeichnen sollte, kniete sich während zweier Kampagnen zwischen 1851 und 1852 tapfer in die Aufgabe[3]. Von größter historischer Bedeutung ist seine Entdeckung von vier Säulenbasen auf dem Apadana-Tell, die eine dreisprachige Inschrift tragen, die den Namen der Erbauer des Palastes[4] und den Ausdruck „Apadana" beinhalten, um die Säulenhalle zu benennen. Eine Karte mit genauen Höhenlinien des Platzes wurde auch angefügt. Aber die Gegend war gefährlich, und die Ergebnisse nicht spektakulär genug im Vergleich zu den zeitgenössischen Ausgrabungen in Assyrien, Loftus musste seine Arbeiten einstellen. 30 Jahre später konnten die Franzosen Marcel Dieulafoy und seine Frau Jane schließlich die Ausgrabungen fortsetzen.

Siehe auch Seite 296

Abb. 1: Luftaufnahme von Susa aus dem Jahr 1977. Im Vordergrund der moderne Ort Shush mit dem Davidsgrab und dem Fort der französischen archäologischen Mission. Im Hintergrund die Ausgrabungsstätte des Dariuspalastes; Foto: Dr. Georg Gerster.

SUSA

Die Ausgrabungen von Marcel und Jane Dieulafoy (1884-1886)

Marcel Dieulafoy (1844-1920) war Brücken- und Straßenbauingenieur (ingénieur des Ponts-et-chaussées). Er begab sich 1881 für eine Rundreise von 16 Monaten nach Mesopotamien und Persien, seine Frau machte während dieser Zeit die Fotos und führte das Reisetagebuch (Dieulafoy 1887). Zurück in Frankreich träumte er nur noch von persischen Hauptstädten. Er kehrte 1884 nach Susa zurück, nachdem er das notwendige Geld vom Direktor der Nationalmuseen und die notwendige Erlaubnis zur Eröffnung einer Grabung erhalten hatte. Er interessierte sich für den gleichen Tell wie Loftus, wo er im Laufe von zwei Kampagnen 1885 und 1886 den Löwenfries entdeckte[5], die Reste einer Treppe, ein doppelköpfiges Kapitell mit Voluten, augenscheinlich zur „inneren Ordnung" gehörig[6], sowie farbig glasierte reliefierte Tonziegel, die Bogenschützen darstellen.[7] Aber der Ausgräber, versehen mit seinen Kenntnissen der Palastarchitektur in Pasargadae und Persepolis[8], erkannte den Residenzteil des Palastes aus unbearbeiteten Ziegeln und den großen Zentralhöfen nicht und ersetzte sie in seinen Plänen durch ein „Paradies" oder einen Garten und eine große Terrasse[9].

Im März 1886 verfügte Shah Naser-ed Din den endgültigen Stopp der Grabungen, da er lokale Aufstände befürchtete. Kaum zurück in Frankreich rekonstruiert Dieulafoy aus den Bruchstücken der Tonziegel mit viel Intelligenz zwei große Tafeln des berühmten Bogenschützenfrieses, der Löwen des Löwenfrieses sowie das große Kapitell mit Stierprotomen. Seine Werke sind im Louvre in der 1. Etage der Kollonaden ausgestellt[10]. Die Mission Dieulafoy bildet die Basis der Iran-Sammlung des Museums, die eine der prächtigsten der Welt darstellt.

Die Delegation nach Persien unter der Direktion von Jacques de Morgan (1897-1912)

Vorsichtig geworden durch seine schlechten Erfahrungen auf den Grabungen in Assyrien versuchte Frankreich eine Art archäologisches Vorrecht für Susa und sogar für ganz Persien zu erlangen, zumal sich dort starke ausländische Konkurrenz zu etablieren begann[11]. Das Unternehmen kostete Frankreich zehn Jahre Verhandlungen, an deren Schluss 1895 eine Vereinbarung mit Naser-ed Din Shâh unterzeichnet wurde, die unserem Land die vollständige archäologische Recherche in Persien sicherte und vertraglich festlegte, dass die Funde hälftig geteilt wurden mit einer besonderen Regelung für Gold- und Silberfunde, die von Frankreich zu „einem angemessenen Preis" erworben werden konnten (Chevalier 2002, 131-136). Dieser ersten Vereinbarung folgte eine zweite Übereinkunft, unterzeichnet 1900 von Mozzafer-ed Din Shah, dem nachfolgenden Sohn, die Frankreich erlaubte, von allen ausgegrabenen Objekten in der Susiana zu profitieren (Chevalier 2002, 141-152); letztere fanden ihren Weg in das Grabungsdepot des Louvre. Die Vereinbarung von 1900 wurde erst 1927 durch den ersten Herrscher der Pahlavi-Dynastie, Reza Shah (Chevalier 1997b, 76f.), zurückgenommen.

Solche Privilegien mussten durch erhöhtes finanzielles und humanitäres Engagement ausgeglichen werden. Die Delegation von 1897

Abb. 2: Jacques de Morgan und Pater Vincent Scheil öffnen im Jahr 1902 die Kisten der französischen Delegation; Chevalier 1997a, Abb. 113.

in Persien hatte als Hauptinteresse Susa und überschritt im Übrigen kaum die Grenzen dieses Gebietes[12]; sie profitierte von einem für die damalige Zeit beachtlichen Budget und leistete sich einen Generaldeligierten für archäologische Ausgrabungen in Persien, Jacques de Morgan (1857-1924) (Chevalier 1997b, 78-82), der die Delegation während ihres 15jährigen Bestehens leitete. Dieser Bergbauingenieur, passionierter Geologe, Prähistoriker, Ethnologe und Naturwissenschaftler war bei seiner Nominierung 40 Jahre alt. Er zog ab 1898 Pater Vincent Scheil hinzu, einen großen Inschriftenkenner (Abb. 2).

Wenig begierig den Spuren seines Vorgängers zu folgen, denn, so sagte er, „es ist die Geschichte Elams, welche ich suche"[13], bevorzugte Morgan zunächst den Akropolis-Tell, den er für den wichtigsten und ältesten hielt, und grub, seit den ersten Kampagnen, die großen Monumente aus dem geplünderten Babylonien aus. Damals, im 12. Jh. v. Chr., hatte der mittelelamische König Schutruk-Nahhunte u.a. aus dem Zweistromland nach Susa verschleppt: die Stele des Naram-Sin, den Kodex des Hammurabi, den Obelisken von Manischtusu und die kassitischen Kudurru-Urkundenstelen. Zu dieser ersten Ausbeute gesellten sich rein elamische Entdeckungen: zahlreiche beschriftete Ziegel aus dem 3. Jt., die

„Vase à cachette" (Gefäß mit Depotfund, gefunden 1907) (vgl. Kat.-Nr. 43-47, 476 & 492), die Gründungsopfer von Shulgi, die Monumente des Königs Puzur-Inshushinak; für die mittelelamische Epoche metallurgische Meisterwerke wie die Statue der Königin Napir-Asu, den Schlangentisch und das Modell von Sit-Shamshi sowie der „Fund der Goldstatuette" und das Depot des Tempels von Inshushinak (gefunden 1904), teilweise dargestellt; für die achämenidische Epoche das Fürstengrab mit Sarkophag und Goldschmiedearbeiten in Zellenschmelzarbeit darin.

Kaum waren die Objekte entdeckt, wurden sie auch schon publiziert und übersetzt, falls sie Inschriften trugen[14], und wurden auch schon im Louvre ausgestellt[15]. Eine neue Reihe mit dem Titel Les Mémoires de la Délégation en Perse wurde zu diesem Zweck herausgegeben, deren 1. Ausgabe 1900 erschien. Alle diese Punkte tragen zur Würdigung J. de Morgans bei, einem unermüdlichen Arbeiter. Jedoch muss man seine Auffassung einer archäologischen Grabung als öffentliches Arbeitsunternehmen[16] nuanciert betrachten. Er benutzte ein theoretisches Gitternetz um Erkundungsstollen[17] zu graben, dann Schnitte von 5 m Breite und Tiefe ohne präzise Vermessung und mit dem Risiko, angetroffene Strukturen nicht richtig zu erkennen.[18] Um schnellstmöglich die tiefsten Niveaus zu erreichen, öffnete Morgan „den Großen Schnitt" oder den „Morgan-Schnitt", in den man durch Treppen hinabstieg: gegraben am Südwestende der Akropolis maß er 80 m in der Länge bei variabler Breite (35 auf 11,8 m), je nach Anzahl der parallelen offenen Schnitte. An seinem äußersten Ende befand sich „Morgan's Zeuge" (le témoin de Morgan) an dem Alain le Brun während der letzten französischen Mission in Iran arbeitete.

Von 1906 bis 1908 erreichte J. de Morgan den anstehenden Boden und legte die Nekropole frei und das, was er für einen Schutzwall hielt[19]. Keramische Gefäße sowie die ersten Anzeichen für Metallurgie sind in Susa I ausgegraben worden.

Trotz der zuvor geäußerten Bedenken erweiterte die französische archäologische Delegation in Persien die Kenntnisse über den alten Orient in Riesenschritten (vgl. Amiet 1997). Die bemalte Keramik von Susa I z.B. repräsentierte zu Beginn des 20. Jh. eine absolute Neuheit, denn es gab nichts vergleichbar Altes, das jemals zuvor

Abb. 3: Massive Doppelaxt aus Arsenkupfer, Susa I/II, um die Mitte des 4. Jt. v. Chr., Louvre; Foto: DBM, M. Schicht.

Abb. 4: Goldener Anhänger in Form eines schakalähnlichen Hundes, Susa II, etwa 3300-3100 v. Chr.; Der aufgelötete Anhängerring stellt einen der ältesten Nachweise für diese Technik dar, Louvre; Foto: DBM, M. Schicht.

in Mesopotamien gefunden worden wäre. So wurde Elam in die Öffentlichkeit gebracht. Aber wegen Spannungen mit seinen Mitarbeitern interessierte sich Morgan immer weniger für Susa, setzte ab 1908 keinen Fuß mehr dorthin und übergab es in die Hände seines Vertrauten R. de Mecquenem. Für die Jahre 1908 bis 1909 verzeichnete er gerade einmal en passant so wichtige Entdeckungen wie die beiden „archaischen Depots" (Susa II und Susa III) und den Königskopf, der oft Hammurabi zugeschrieben und erst 30 Jahre später publiziert wurde. Trotzdem protegierte er die Wiederaufnahme der Studien am Palast des Darius und vertraute sie Mecquenem an, der zwischen 1909 und 1911 die großen zentralen und westlichen Höfe des Residenzteils ausgrub. Um eine generelle Aufnahme des Gebäudes zu erlangen, beauftragte Mecquenem 1912 den jungen Architekten Maurice Pillet.

Die archäologische Mission in Susa (1918-1946) unter der gemeinsamen Leitung von Roland de Mecquenem und Pater Scheil

1903 stellte J. de Morgan den jungen Roland de Mecquenem auf der Grabung an, Bergbauingenieur (ingénieur des Mines) wie er selbst, und betrachtete ihn sehr schnell als seinen „würdigen Nachfolger". Was er unglücklicherweise in Bezug auf die Grabungsmethode auch war.

SUSA

Abb. 5: Susa/Shush: Zweischalige Gussformen für Pfeilspitzen, Chlorit und Sandstein, aus dem 3. Jt. v. Chr., Louvre; Foto: DBM, M. Schicht.

Abb. 6: Zwei Radfelgenbeschläge aus Grab A des Apadanahügels in Susa/Shush, 20. Jh. v. Chr., Louvre; Foto: DBM, M. Schicht.

Auf dem Akropolis-Tell erlaubten zwei Sondagen, die Chronologie der antiken Epochen zu verfeinern. In der 1. Sondage, begonnen 1920, im Norden des Tells in der Nähe des Kastells[20], fand er Keramik aus Susa I und 1927 die zweischneidige Kupferaxt (Abb. 3, Kat.-Nr. 30) und in der 2. Sondage, im Süden der Akropolis senkrecht zu Morgan's Schnitt, viele Zeugnisse aus der Uruk-Epoche, wie Haarnadeln, verziert mit Tierdarstellungen, Perlen aus einem Kindergrab und einen kleinen goldenen Hund (Abb. 4, Kat.- Nr. 31). In der gleichen Grabung wurden auch die Simaschki-Gräber gefunden. Auf dem weiten Tell der königlichen Stadt wurden gewölbte Grüfte aus Ziegeln entdeckt, in denen Skulpturen aus Lehm ruhten. Die drei Grabungsstellen am Südwestrand der königlichen Stadt wurden Nr. 1, Nr. 2 und Donjon genannt. Donjon beherbergte Gräber des 3. Jt. und Gräber mit Sarkophagen, von denen 1934 einige Gussformen lieferten (Abb. 5, Kat.-Nr. 41 & 42) (de Mecquenem 1943, 135-136). In Donjon wurden Radbeschläge (Abb. 6, Kat.-Nr. 48) gefunden.

Zusammenfassend kann man sagen, dass sich Donjon und die königliche Stadt durch eine reiche Ausbeute an Kleinfunden des 3. und 2. Jt. auszeichneten: Bitumenvasen und Metallobjekte als Brustschmuck aus Silber (Abb. 7, Kat.-Nr. 508).

Auf beiden Tells, Apadana und königliche Stadt, wurden gleichfalls plastische Ziegeltrümmer ohne Glasur ausgegraben, die die Fassade des Tempels von Inschuschinak in der Zeit der Schutrukiden im 12. Jh. v. Chr. schmückten: ihre Wiederherstellung auf Tafeln ließ die Göttinnen Lama mit Mensch-Stier-Mischwesen und Palmen erscheinen.

1936-1937 nahm Mecquenem die Ausgrabung an der Nekropole, die 1907-1909 durch die Mannschaft von Morgan begonnen worden war, wieder auf und identifizierte den „Schutzwall" angrenzend an die Nekropole als ein „massives Grab".

Am Ende des Ersten Weltkrieges wurde die Arbeit in Susa unter der Leitung von Pater Scheil (1868-1940), der die Texte publizierte und Roland de Mecquenem (1877-1957), der „Arbeitsdirektor" war, wieder aufgenommen. Diese gemeinsame Leitung der „Mission archéologique de Suse" bestand bis zum Zweiten Weltkrieg. Wenn auch die Finanzen weniger üppig waren als früher, konnten dennoch Hunderte von Arbeitern angestellt werden. Die Funde waren größtenteils Grabfunde, die Grabstätten befanden sich im Inneren der Gebäude. R. de Mecquenem arbeitete an den beiden bekannten Tells, Apadana und Akropolis, und 1924 erweiterte er seinen Aktionsradius auf den Tell der königlichen Stadt, dann 1929 auf den Donjon. Im Übrigen wandte sich R. de Mecquenem ab 1926 den kleinen prähistorischen Stätten in der Ebene von Susa zu, die älter waren als die Gründung Susas: Tappeh Jaffarabad, Tappeh Jowi und Tappeh Bendebal.

Auf dem Apadana-Tell lieferte der Untergrund des Darius-Palastes Sarkophage in Form von umgedrehten Badewannen aus der Zeit der Simashki-Dynastie, datiert um 2000 v. Chr., reich an Goldschmuck und Bitumengefäßen.

Abb. 7: Zwei schälchenförmige Objekte in Form weiblicher Brüste, mit Silber beschlagen, aus dem "tombe à sarcophage", einem Kindergrab des späten 3. Jt. v. Chr., Louvre; Foto: DBM; M. Schicht.

Wenn die von der archäologischen Mission in Susa gemachten Entdeckungen aus heutiger Sicht kaum noch zufrieden stellend sind, wurden die gemachten Ausgrabungen und Entdeckungen doch in detaillierterer Form, in den beiden Bänden der „Mémoires", publiziert.[21]

Eine neue Regelung zur Aufteilung der Objekte wurde angewandt: bis 1928 wurden sie in den Louvre verbracht. Nun wurden die Objekte, die in Susa verblieben waren und die Objekte, die neu ausgegraben wurden, aufgeteilt. Die Vereinbarung bestand bis 1969, als J. Perrot dem ein Ende machte.

Die Periode Roman Ghirshman (1946-1967)

Nach dem 2. Weltkrieg sicherte sich R. de Mecquenem die Mitarbeit eines Weißrussen namens Roman Ghirshman (1895-1979), der in den 1930er Jahren bereits in Iran bei den Grabungen von Giyan, Sialk und Bishapur tätig war. 1946 zum neuen Direktor der Mission in Susa ernannt, interessierte er sich für die weniger erforschten Perioden und versuchte eine neue Methode zur Erforschung der Stratigraphie, in dem er pro Jahr nur ein neues Niveau freilegte. Seit dem Beginn seiner Tätigkeit begann er die Grabung in der Königlichen Stadt A auf einem halben Hektar im Norden des Tells der königlichen Stadt, und er beendete sie 20 Jahre später, als er den anstehenden Boden erreichte, nachdem er 15 aufeinander folgende Städte entdeckt hatte. Er ergrub einen sehr viel kleineren Schnitt am Südwestrand: die Königliche Stadt B. Die Material- und Inschriftendokumentationen erlauben es, einen Zeitraum von der Mitte des 3. Jt. bis zum 13. Jh. unserer Zeitrechnung abzudecken. Ghirshman nahm auch die Erforschung des Darius-Palastes an der Apadana wieder auf. Von 1951 bis 1962 gab er vorübergehend Susa zugunsten von Chogha Zanbil, einer anderen Stadt in der Ebene von Susa auf[22], erbaut durch den mittelelamischen Herrscher Untash-Napirisha im 14. Jh. v. Chr. Einer der Mitarbeiter von Mecquenem, Louis Le Breton, entschied seinerseits alles ausgegrabene Material chronologisch nach den vorausgehenden Grabungen zu klassifizieren und schlug eine Abfolge von vier durch Buchstaben unterschiedene Perioden vor: A für die Gründung der Stadt bis D für die Epoche von Akkad (Le Breton 1957, 79-124).

Zwischen 1965 und 1968 schließlich erforschten Pater Steve und der Architekt und Archäologe Hermann Gasche die ältesten Niveaus der Akropolis und entdeckten im Zentrum des Tells eine große künstliche Terrasse aus gebrannten Ziegeln aus der Gründungszeit der Stadt. Sie bestimmten die Höhe dieser Plattform mit 10 m und ihren Umfang mit 70 x 65 m, denn sie rechneten das massive Grab mit ein. Die Entdeckung dieser Terrasse bedeutete eine sehr wichtige Etappe in der orientalischen Archäologie: sie verbindet in der Tat Susa mit dem Süden Mesopotamiens mit Eridu, dem Tell Uqair und besonders mit Uruk.

Die Periode Jean Perrot (1968-1979)

1968 löste der Prähistoriker Jean Perrot (geb. 1920), bekannt durch seine Grabungen der chalkolithischen Dörfer der Beersheba Kultur in der Wüste Negev und der Natufien-zeitlichen Siedlung Aïn Mal-

Abb. 8: Die französische Mission in Susa 1974; Chevalier 1997a, Abb. 148.

laha, R. Ghirshman ab und sicherte die Mission in Susa bis zur islamischen Revolution 1979 (Abb. 8). Entschlossen, die Unsicherheiten der Chronologie zu klären, die seit Anbeginn der Grabung das Verständnis der Stätte behindert hatten und die schon die Periodisierung von L. Le Breton beseitigen sollte, versammelte er eine internationale und interdisziplinäre Mannschaft, die er damit beauftragte, eine stratigraphische Folge zu erarbeiten, welche für die gesamte Siedlungsdauer Gültigkeit haben sollte. Jeder Verantwortliche hatte eine Abfolge der Schichten zu definieren, welche die weitgehend typologische Gliederung von Le Breton ersetzen sollte[23]. Alain Le Brun und Denis Canal arbeiteten an den alten Perioden der Akropolis: ersterer im Südosten des Tells auf der Grabung Akropolis I (Nordwand der Sondage Nr. 2 von Mecquenem und Westfassade des „témoin de Morgan") erforschte die Schichten 27 bis 14B für den gesamten Zeitraum zwischen 4200 und 2800 v. Chr., also Susa I bis Susa III (von der Gründung der Stadt bis zur protoelamischen Zeit); Denis Canal sollte auf der Grabung Akropolis II die Geschichte der Hohen Terrasse (von Susa I bis Susa II) erstellen: Dies umfasste die Orientierung, die geschätzte Länge, er entdeckte den Verlauf der Südfassade mit einem Absatz auf einer Seite und einem entsprechenden Einzug. Die Terrasse erschien so deutlich getrennt vom Begräbnismassiv, im Gegensatz zur vorherigen Meinung von Steve.

Auf dem Tell der königlichen Stadt, auf der Grabungsstelle der königlichen Stadt I, interessierte sich Elizabeth Carter für die Stratigraphie des 3. Jt. von Susa III bis Susa V (das mit dem Beginn der Sukkalmah Dynastie endet) in einer Schichtenabfolge von 18 bis 3; auf der Grabungsstelle der königlichen Stadt II war Pierre de Miroschedji damit beschäftigt, die Perioden deutlich zu machen, die sich von den späten mittelelamischen der letzten Jahrhunderte des 2. Jt. bis zum Ende der neuelamischen Zeit in der Mitte des 6. Jh. erstreckten.

Geneviève Dollfus untersuchte die Stätten in der Susiana vor der Gründung Susas[24]. Bei der Konferenz in Susa 1977 wurde ein Synchronismus der verschiedenen Grabungen vorgeschlagen. Im Übrigen wurde die Ausgrabung des Darius-Palastes auf dem Apadana-Tell im Jahre 1969 wieder aufgenommen: dabei wurde die Stelle des Portals des Palastes entdeckt, 1972 fand man gar die Statue des Darius, die eine der Seiten des Portals schmückte. Rémy Boucharlat legte auf dem rechten Ufer des Chaour einen weiteren persischen Palast frei, der Artaxerxes II. zugeschrieben wurde.

Alle Grabungsberichte sind in einer neuen Serie unter dem Titel Cahiers de la Délégation archéologique française en Iran seit 1971 veröffentlicht worden, einer Serie, die allen französischen archäologischen Missionen in Iran offen steht.
Schließlich entschloss sich J. Perrot die Regelung der Fundteilung von 1929 zu beenden. Der Louvre besitzt daher kein Objekt, das aus späteren Missionen stammt.

Die Entwicklung der Metallurgie in Susa

Die Geschichte der Metallurgie begann mit Kupfer[25]. Sie ist in großen Teilen ein Produkt des Zufalls, obwohl die Nähe bergbaulich nutzbarer Lagerstätten ein ausschlaggebendes Element war. Dies wird besonders aus den drei Pionierregionen auf diesem Gebiet deutlich, nämlich Anatolien, Iran und Palästina. Aber vom Abbau eines Rohstoffes bis zum Verständnis seiner Eigenschaften kann der Weg manchmal lang sein. Seit dem 8. Jt. wurde gediegen Kupfer in Çayönü in Anatolien genutzt, um etwa 40 diverse kleinere Objekte, im 7. Jt. um eine gerollte Perle in Ali Kosh in Iran oder in Mehrgarh (Pakistan) ein Armband mit acht Perlen herzustellen (Moulherat *et al.* 2002, 1393-1401). Metall wurde ohne Zweifel wie Stein behandelt[26]. Ab dem 5. Jt. vermehrt sich der Gebrauch von Kupfer deutlich und die Objekte werden abwechslungsreicher gestaltet. In Sialk haben die zwei Schichten, die vor der Gründung von Susa liegen[27], Nadeln, Ahlen und Spiralen geliefert, aber es scheint so, als wären sie kalt bearbeitet worden[28]. Die „richtige" Metallurgie, diejenige, welche sowohl das Schmelzen als auch das Hämmern als Formtechnik einführte, und diejenige, die das Kupfermineral durch Reduktion zu Metall verwandelte, begann erst in der 2. Hälfte des 5. Jt. wohl auf dem iranischen Plateau. Bezüglich der Behandlung des Erzes sind es Fundplätze auf diesem Plateau, z.B. Tal-i Iblis und besonders Tappeh Ghabristan, welche die wichtigsten Informationen liefern. Für die typologischen Unterschiede und für die verschiedenen Techniken, Objekte in eine neue Form zu bringen, ist Susa im Tiefland die Referenzstätte.

Um das Verständnis für das Folgende zu erleichtern, muss man sich vor Augen halten, dass einige Metalle in mehreren Formen existieren: in gediegener Form, wenn sie schon metallisch im natürlichen Zustand vorkommen[29] und in z. B. oxydierter Form, wenn sie sich noch in mineralischem Zustand befinden. Dann muss man daraus das Metall durch Reduktion gewinnen, also durch Verhüttung.

Die Anfänge der Metallurgie in Susa in der Epoche Susa I (4200-3800 v. Chr.)

Typologie der Produktion
Bereits seit Gründung von Susa zeigten die Susianer großes Talent für die Metallurgie, weil sie im Vergleich zu anderen zeitgenössischen Produktionsstätten diese sowohl an Quantität als auch an Qualität der produzierten Objekte übertrafen. Die reichste Zone ist die Nekropole von Susa I, zeitgleich zu den Niveaus 27-25 der Grabung Akropolis 1 von Alain le Brun: Flachbeile, Ahlen, Nadeln, Spiegel, alle aus Kupfer, waren in einigen Gräbern deponiert[30]. Die natürliche Formbarkeit des Kupfers war klug ausgenutzt worden, um Nadeln zu erzeugen, seine reflektierenden Eigenschaften werden bei den Spiegeln deutlich, sein Schmelzpunkt von etwa 1100° C erlaubte es, massive Objekte zu gießen, seine Schmiedbarkeit erlaubte es, diese nach der Entnahme aus der Gussform noch zu bearbeiten.

Ein Teil der Formen ist wenig einfallsreich und ziemlich konservativ, denn die Metallarbeiter setzten zunächst die Steinartefakte bloß in Metall um. Obwohl nicht eine Gussform gefunden wurde, handelt es sich deutlich erkennbar um Einschalenguss (Herdguss), denn die Objekte haben immer eine flache Seite[31].

In den Niveaus 24-23 werden die Formen komplexer: die Doppelaxt (Abb. 3, Kat.-Nr. 30) und die Hacke sind noch in einseitigen Herdgussformen gegossen worden, haben jedoch bereits ein Loch für den Stiel und waren von der Art, wie man sie in Tappeh Ghabristan gefunden hat. Bleibt zu bemerken, dass die beiden kleinen vertikalen Vorsprünge an den Enden der Doppelaxt durch Ausschmieden erzeugt worden waren (Tallon 1987, Bd. 1, 97). Diese Objekte sind massiver und funktioneller mit ihren Schäftungstüllen als es die schweren rechteckigen Flachbeile der Nekropole waren. Wichtige Fortschritte sind auch in Sialk zu verzeichnen (Nadeln mit konischem oder pyramidenförmigem, massivem Kopf), ebenfalls in Tappeh Hesār und in Tappeh Yahya.

Noch sehr selten aber doch zu verzeichnen sind einige Zinnbronzen – eine Nadel in Tappeh Sialk III, ein flaches Beil in Susa I[32], ein kleines Beil in Mundigak (Casal 1961, annexe IX, 244, 249). Deren Existenz erklärt V. Pigott mit den geschäftlichen Verbindungen nach Osten, denn Afghanistan besaß offensichtlich ergiebige Lagerstätten an Kupfer und Zinn.[33]

Die Aufbereitung der Rohstoffe
Susas Metallurgie ist nur durch die Produkte bekannt, es wurden bei den Ausgrabungen weder eine Werkstatt noch ein einschlägiger Befund angetroffen, sei es ein Ofen, Schmelztiegel oder eine Gussform.

Die durch das Laboratoire de Recherche des Musées de France durchgeführten Analysen zeigen, dass zwei Drittel der Objekte der Nekropole aus einem sehr reinen Kupfer mit nur einigen nennenswerten Verunreinigungen von Arsen und auch von Nickel hergestellt worden sind.[34] Es ist für die Analysen unerheblich, ob in der Epoche Susa I diese Legierung gewollt war oder nicht, denn analytisch kann der Unterschied zwischen einem Guss von gediegen Kupfer oder von reduziertem Kupfer nicht leicht nachgewiesen werden.

Abb. 9: Kreuzförmiger Anhänger aus Silber mit Gold- und Hämatiteinlagen, aus dem späten 4. Jt. v. Chr., Kindergrab in Sondage 2 der Akropolis, Louvre; Foto: DBM, M. Schicht.

Eine bessere Kenntnis der Zusammensetzung der Mineralien aus den zur Verfügung stehenden Lagerstätten und der zeitgenössischen metallurgischen Praktiken in den Fundplätzen auf dem iranischen Plateau könnte aber Einiges zur Klärung der Art und Weise beitragen, wie die Metallurgen des 5. und 4. Jt. v. Chr. die Rohstoffe behandelten.

Die Lagerstätten

Zwei Kupferlagerstätten, Talmessi und Meskani, wurden augenscheinlich in Iran vom Neolithikum bis zur Bronzezeit abgebaut. Sie befinden sich im Westen der Wüste Kavir, im Gebiet von Anarak, 200 km östlich von Tappeh Sialk. Sie führen gediegen Kupfer mit Verunreinigungen von Arsen, mineralogisch assoziiert mit den zwei Kupferarseniden Algodonit und Domeykit, die die Eigenschaft haben, sich aufzulösen, wobei ihr Arsen dort, wo sie integriert sind, wie in einem Schmelztiegel in das gediegen Kupfer übergeht (Pigott 1999b, 78-79). Im Übrigen enthält das Kupfer von Anarak Kobalt und Nickel als Verunreinigungen. Zurzeit wird Talmessi als Lieferant für Sialk, Susa und Mesopotamien in den Blütezeiten favorisiert.

Tiegelmetallurgie

Tiegel sind in gewisser Anzahl auf den Stätten des Plateaus, Tal-i Iblis, Shahr-i Sokhta (Hauptmann et al. 2003, 206, 211) und Tappeh Ghabristan gefunden worden, jedoch ist im Kontext des 3. Jt. nur ein Reduktionsofen in Shahdad, im Süden der Wüste Lut, bekannt (Hakemi 1972; 1997, Abb. 50-51, 87-88). Tiegel sind charakteristisch für die iranische Metallurgie vom Chalkolithikum bis zur Bronzezeit. Ihre Besonderheit ist es, nicht nur zum Schmelzen des gediegen Kupfers für den Guss gedient zu haben, sondern auch zum Schmelzen des gediegen Kupfers mit Kupferarseniden, um eine leistungsfähige Legierung zu bekommen, so wie bei der Reduktion von Oxyden und bei der Koreduktion von Oxyden und Sulfiden.

In Tal-i Iblis, in der Nähe von Kerman, hat die Analyse von 300 Tiegelfragmenten gezeigt, dass sie zur Reduktion gedient hatten, denn sie zeigten noch Spuren von Schlacke und waren keinen Temperaturen über 1000° C ausgesetzt.[35] Die Charge war sofort in Tiegel gefüllt worden, wie man es bei einem Experiment bewiesen hat, das Gefäß war bedeckt und die Feuerstellen waren sehr einfach, es waren Gruben im Boden.

Aber Tappeh Ghabristan in der Nähe von Qazvin hat für das Ende des 5. Jt. die ersten unwiderlegbaren Zeugnisse von Verhüttungs- und Schmelzvorgängen geliefert: 20 kg zerstoßener Malachit[36] in kleinen Stücken, nicht größer als eine Nuss, ideal für eine Reduktion, zwei Öfen, ein Tiegel mit Schlackenablagerungen, vier Herdgussformen für Werkzeuge mit einem Stielloch und eine rechteckige Gussform für fünf Barren (Majidzadeh 1979, Abb. 1 & 2, 83). Hinzu kommt eine zylindrische Form aus Ton, die als Gussform oder als Düse interpretiert werden kann (falls es sich um eine Düse handeln sollte, wäre sie der einzige prähistorische Beleg auf dem Plateau und eines der ganz seltenen Exemplare im westlichen Asien).

Die Werkstätten in Tappeh Ghabristan und die großen Mengen an Metall in Tappeh Hesār, Sialk und Shahdad lassen auf Vollzeit-Metallurgen schließen, deren Bemühungen eher Fortschritte hervorbrachten, was die Herstellung von Objekten durch Schmelzen und Hämmern betraf als eine Verbesserung der Techniken zur Weiterverarbeitung der Rohstoffe, die ohne Innovationen während der nächsten zwei Jahrtausende fortbestanden. V. Pigott sieht als Erklärung für diesen Konservatismus den Reichtum der Lagerstätten von Anarak und die Möglichkeiten ihrer Nutzung zu einer Legierung, die schon gute mechanische Eigenschaften hatte, indem man gediegen Kupfer mit Kupferarseniden mischte, die ihr Arsen im Schmelztiegel freisetzten.

Spektakuläre Entwicklungen in den Epochen Susa II und Susa III (3500-2850 v. Chr.)

Die Metallurgie im Susa der proto-urbanen Periode folgt nicht der von den Ausgräbern vorgeschlagenen Periodisierung, denn die festgestellte politische Unterbrechung am Ende von Susa II ist ohne Auswirkung auf dieses Handwerk. Eine Fortführung der bisherigen Produktionsweisen ist an der Akropolis festzustellen, in der Grabung Nr. 2 von Mecquenem und der von Alain le Brun an der Akropolis 1, wo man zwischen den Schichten 17 bis 14B einen Fortbestand von Nadeln beobachten konnte. Aber die Entwicklung der Metallurgie in Mesopotamien ist das eigentlich Neue. In Iran dagegen scheint der Anstoß immer vom iranischen Plateau zu kommen. Markante Züge dieser Periode sind die Entwicklung polymetallischer Produkte, das Auftreten neuer Techniken wie der Guss in verlorener Form, das Löten, das Treiben, das Hämmern von Kupfer, Blei und Silber zu Blech, das Auftauchen von Gussformen mit zwei Schalen und schließlich vielfältige gewollte Legierungen.[37]

Susa

Abb. 10: Kette aus silbernen Anhängern mit Einlagen aus Gold und Hämatit, spätes 4. Jt. v. Chr., Kindergrab, Teheran, National Museum; Foto: DBM, M. Schicht.

Abb. 11: Perlenkette mit polychrom eingelegtem Silberanhänger, Tappeh Sialk, spätes 4. Jt. v. Chr., Louvre; Foto: DBM, M. Schicht.

Die Entwicklung des Polymetallismus

Im Laufe des 4. Jt. zogen neue Metalle das Interesse auf sich: Gold, Silber und Blei. Dieses Phänomen ist in Susa and Tappeh Hesār sichtbar. Das Gold kam wahrscheinlich aus Muteh, in der Nähe von Kāshān, aus einer der reichsten Minen der Welt (Tallon 1987, Bd. 1, 263); die Arbeit mit Gold wird veranschaulicht durch den kleinen Hund mit Ring (Abb. 4, Kat.-Nr. 31), die mit Silber durch den Anhänger in Form eines Kreuzes[38] (Abb. 9, Kat.-Nr. 246) und durch die dreieckigen Anhänger in getriebenem Silber mit Zelleinlegearbeiten aus Hämatit (Abb. 10, Kat.-Nr. 245) gefunden in zwei Kindergräbern. Man suchte wohl ein Farbspiel zwischen Silber und neuen Materialien. Dieses Phänomen ist nicht nur in Susa zu beobachten, wie es Françoise Tallon unterstreicht: „Diese extrem feinen Schmuckstücke, aus bis dahin in Susa unbekannten wertvollen Materialien gefertigt, bringen uns den in Sialk in einer zeitgenössischen Grabstätte gefundenen Schmuck näher, der aus zwei kreisförmigen Medaillons aus getriebenem Silber mit Einlagen von Lapislazuli und Gold besteht" (Tallon 1987, Bd. 1, 320) (Abb. 11, Kat.-Nr. 134). Gerade in dem Grab, das die dreieckigen Anhänger geliefert hat, befand sich auch komplizierter Schmuck aus Lapislazuliperlen, Quarz, Muscheln, Karneol und Bergkristall.

Blei erscheint in Susa und Sialk in der letzten Uruk-Zeit, andernorts ist es sehr selten. Es wird benutzt, um Gefäße mit einem Schnabelausguss zu formen (Abb. 12, Kat.-Nr. 507), z.B. Schalen und Pokale. Es wurde am Ende des 4. Jt. in Anarak abgebaut, dem gleichen Gebiet, das auch Kupfer lieferte. Das gleichzeitige Auftauchen von Blei und Silber in Susa ist sicherlich kein Zufall. In der Tat scheint es im Nahen Osten keine Silberlagerstätte gegeben zu haben; das Silber taucht dort als „Nebenprodukt" der Verhüttung von Bleierzen durch die anschließende Kupellation auf[39].

Das Auftauchen neuer Techniken

Das Wachsausschmelzverfahren oder der Guss in verlorener Form[40] erlauben es, plastische Metallprodukte herzustellen, zeitgleich mit Steinskulpturen, die damals ihren Aufschwung nahmen. Die Objekte sind rundplastisch, wie der schon erwähnte kleine goldene Hund (Kat.-Nr. 31) oder sein kleines Gegenstück in Silber (Tallon 1987, Bd. 2, Nr. 1162) oder Bekrönungen von Nadeln (Abb. 13, Kat.-Nr.

34 & 35). Der auf einer geschlossenen Faust sitzende Vogel zeigt gut die originelle und auch humorvolle Auffassung der Kunst von Susa.

Löten wird zum ersten Mal bei dem goldenen Hund angewandt, der in seiner kleinen Gestalt die wichtigen Innovationen der Epoche vereint (Duval *et al.* 1987, 176-179; Eluère 1998, 18-20). Lötungen finden sich in den protoelamischen Epochen auf einem Stier aus Silber des Metropolitan Museums an einigen Verbindungsstellen von Teilen des Körpers (Leffers 1970, 15-24). In beiden Fällen ist das Lötmetall eine Legierung – Gold und Kupfer oder Silber und Kupfer – um das Risiko zu vermeiden, als Folge des Lötens das Objekt zu stark erhitzen zu müssen und dadurch evtl. zu deformieren.

Das Treiben der Silberanhänger erlaubt Inkrustationen mit den seltenen genannten Materialien und erleichtert die Fixierung dieser Elemente.

Die Verarbeitung des Metalls zu dünnen Blättern oder Blechen dient der Herstellung von Statuetten wie dem schon erwähnten Stier des Metropolitan Museums (Herkunft unbekannt) oder von Gefäßen wie Sb 10213 (Susa II) (Abb. 12, Kat.-Nr. 507) und Sb 6821 (Susa IIIB). Ausgestattet mit einem Schnabelausguss ahmen sie Modelle aus gebranntem Ton nach und bezeugen die wirkliche Virtuosität der Metallurgen, denn alles ist aus einem einzigen Blatt durch Hämmern und Tempern gemacht worden. Radiographie und die Untersuchung unter dem Mikroskop ergaben, dass Ausguss und

Abb. 12: Susa/Shush Schnabelkanne aus Bleiblech getrieben, spätes 4. Jt. v. Chr., Louvre; Foto: DBM, M. Schicht.

Abb. 13: Zwei plastisch gegossene, figürliche Kupfernadeln aus Susa/Shush, Uruk-Periode, Susa II, spätes 4. Jt. v. Chr., Louvre; Foto: DBM, M. Schicht.

Abb. 14: Susa/Shush, Depotfund „Vase à la cachette", Schaftlochaxt, Mitte 3. Jt. v. Chr., Louvre; Foto: DBM, M. Schicht.

Susa

Abb. 15: Susa/Shush, Depotfund "Vase à la cachette", Toilettbesteck mit Kupferfutteral, Mitte 3. Jt. v. Chr., Louvre; Foto: DBM, M. Schicht.

Der allgemeine Gebrauch von Kupfer in der Epoche Susa IV (2600-2200 v. Chr.)

Die großen Entwicklungen in der Metallurgie Susas datieren vor allem aus DA III, etwa aus Susa IV A (2600-2340 v. Chr.) und aus der Akkad-Zeit, etwa aus Susa IV B: der Gebrauch von Kupfer wird Allgemeingut und die erzeugten Gerätetypen werden immer abwechslungsreicher: Waffen, Werkzeuge, Gefäße, Schmuck- und Toilettenartikel aus Kupfer (Abb. 15, Kat.-Nr. 43), werden üblich. Und trotzdem verlor die Stadt an Dynamik und war nicht mehr Zentrum der großen technologischen Erfindungen in der Metallurgie, wie sie es noch am Ende des 4. Jt. war. Sie wurde, wie es P.

Abb. 17: Susa/Shush, Depotfund "Vase à la cachette", einer von fünf plankonvexen Kupferbarren, Mitte 3. Jt. v. Chr., Louvre; Foto: DBM, M. Schicht.

Körper des Objektes aus einem Stück waren und, dass es keine Lötstelle gab (Tallon 1987, Bd. 1, 216).

Die Zunahme der gewollten Legierungen

Analysen der Kupferobjekte zeigen einen sehr heterogenen Rohstoff mit Arsen, Silber, Antimon und Wismut, eine Verbindung, die den Abbau von Kupfersulfiden vermuten lässt (Pigott 1999b, 80).
Die beiden Hauptlegierungen dieser Periode sind eine Kupfer-Arsen-Legierung und eine Kupfer-Blei-Legierung, wobei die letztere in dieser Zeit neu auftaucht.

Gussformen mit zwei Schalen

Sie erscheinen am Anfang des 3. Jt. und erlaubten den Guss von echten Schäftungslöchern, die das Einstielen hölzerner Handhaben in Äxte sehr erleichterten. Ein etwas späteres Beispiel, der sumerische Typ (Abb. 14, Kat.-Nr. 47), verdeutlicht diese Tatsache.

Abb. 16: Susa/Shush, Depotfund "Vase à la cachette", Zylindrisches Doppelgefäß aus Chlorit, Mitte 3. Jt. v. Chr., Louvre; Foto: DBM, M. Schicht.

Amiet ausdrückte „eine bescheidene Stadt sumerischen Typs", die dem Vergleich mit den zeitgenössischen Stadtstaaten in Mesopotamien nicht standhalten konnte. Gold, Lapislazuli, Karneol passierten diese Stadt nicht mehr. Der Persische Golf wurde der bevorzugte Tauschweg, um das Land Sumer mit edlen oder halbedlen Rohstoffen zu versorgen: etwa Gold und Lapislazuli aus Baktrien und die Luxusobjekte aus den Handwerksbetrieben jenseits der elamischen Welt: Gefäße aus Chlorit (Abb. 16, Kat.-Nr. 492), Perlen aus Türkis, Karneol oder Lapislazuli, Vasen aus gebändertem Alabaster, Muschelarmbänder usw. Zinnbronze (mit mehr als 5% Sn) trat in Susa in der Mitte des 3. Jt. auf, aber nur bei einigen Objekten wie dem Beil mit der sich verjüngenden Tülle und dem rückwärtigen Ziergrat (Abb. 14, Kat.-Nr. 47)[41] oder dem „Gefäß mit dem Depotfund/Vase à la cachette". Diese Legierung bewirkte eine Senkung der Schmelztemperatur, ein Minimum an freiwerdenden Gasen während des Gusses und eine größere Härte des Metalls, was die Wirksamkeit von Waffen und Werkzeugen erheblich verbesserte. Es bleibt trotzdem ein Luxusprodukt und der Gebrauch von reinem Kupfer oder Arsenkupfer wird weithin in Susa und in der gesamten transelamischen Welt beibehalten. Das Depot, das dies alles am besten illustriert, ist das „Gefäß mit dem Depotfund, der Vase à cachette".

188

Das Netz der Verbindungen Susas verändert sich: man orientiert sich nach Luristan und Mesopotamien, Gebieten, die der Metallurgie in Susa Modelle liefern, die sie kopieren und dabei vereinfachen wird; man wandte sich auch zum Golf und man änderte vielleicht die Bezugsquellen.

Das Gefäß mit dem Depotfund/Vase à la cachette

Das Depot „Vase à la cachette" wurde 1907 auf der Akropolis von Susa gefunden. Es belegt durch seine Mannigfaltigkeit die verschiedenen Handwerkstätigkeiten in Iran gegen Mitte des 3. Jt.[42] Das Depot umfasst in zwei Keramikgefäßen 48 Objekte aus Kupfer oder Bronze, fünf große plankonvexe Kupferbarren mit schwachen Prozentanteilen an Arsen und Nickel (Abb. 17, Kat.-Nr. 44), drei Goldringe, ein Ring bestehend aus drei gedrehten Gold-, Silber- und Kupferringen, sieben Perlen und zwei Goldzwingen, einen winzigen Frosch aus Lapislazuli, elf Gefäße aus gebändertem Alabaster, eine glasierte Scherbe, 13 kleine Steine oder calculi (Zahlsymbole) und sechs Zylinder, die eine Datierung um 2450 v. Chr. erlauben. Eine homogene Kupferzusammensetzung zwischen allen Objekten des Gefäßes, die Barren eingeschlossen, zeigt, dass es sich um ein zusammenhängendes Ensemble der gleichen Epoche handelt (Tallon 1987, Bd. 1, 330).

Die Typologie der Metallobjekte des „Schatzes" ist sehr verschieden, auch wenn sie in Teilen durch Formen aus Mesopotamien und Luristan inspiriert sind, die Produktion ist jedoch ohne jeden Vergleich: sie ist weniger reich als die der Gräber von Ur[43] und weniger üppig als in Luristan. Ähnlichkeiten mit den Gefäßen aus Shahdad sind festzustellen. Werkzeuge[44], Gefäße[45], Schmuck[46] und Waffen[47] sind von jetzt an häufig aus reinem Kupfer und belegen das Ende der Praxis der Kupfer-Arsen-Legierung, charakteristisch für die vorhergegangenen Perioden (Menu & Tallon 1998, 17-18). Der Gebrauch von Zinnbronze, illustriert durch das Sieb (Abb. 18, Kat.-Nr. 46) und drei weitere Objekte[48], repräsentiert diese wichtige technologische Innovation.

Die wertvollen Materialien sind auf ein Minimum reduziert und die kleinen Goldschmiedeobjekte sind in einem stark mit Silber legierten Gold ausgeführt. Eine kleine, dank des Schutzes durch die Vase fast vollständig erhaltene Fayence-Scherbe ist von höchstem Interesse wegen der bei ihr erstmalig nachgewiesenen Glasur in intensivem Blaugrün.

Die Versorgungsquellen: Iran oder Oman?

Die von T. Berthoud durchgeführten Analysen an den Metallobjekten der „Vase à la cachette" und ihre Spurenelemente lassen den Autor auf eine Kupferversorgung von der arabischen Halbinsel und präziser aus Oman in Verbindung mit dem Land Magan schließen (Berthoud 1979, 111). Aber eine Anzahl von Experten bestreitet diesen Ursprung, und führt an, dass die Spurenelemente es nicht erlauben, einen wirklichen Unterschied zwischen den Lagerstätten auf dem iranischen Plateau und denen in Oman festzustellen.[49]

Die Lagerhaltung von Metall

Was soll man von den barrenähnlichen Stangen von Tappeh Ghabristan halten? Handelt es sich dabei schon um Barren für den Handel? Die Barren des 3. Jt. sind sehr viel einfacher zu identifizieren. Sie sind plankonvex und hatten, so dachte man, die Form des Ofenbodens angenommen. Heute weiß man, dass sie außerhalb der Öfen in einfache flache Gruben im Boden gegossen wurden, wo man sie abkühlen ließ. Die fünf Barren, die in der „Vase à la cachette" (Abb. 17, Kat.-Nr. 44), gefunden wurden, variieren im Gewicht von ungefähr 1,5 bis fast 3 kg. Die plankonvexe Form wird lange die einzig bekannte bleiben. Sie ist an mehreren Stätten in Oman nachgewiesen.

Die Periode Susa V (2100-18. Jh. v. Chr.)

Diese Periode umfasst die sumerische Renaissance, herbeigeführt durch die Eroberung der Region durch Shulgi, die Dynastie der

Abb. 18: Susa/Shush, Depotfund "Vase à la cachette", Sieb (Seiher) aus Zinnbronze, Mitte 3. Jt. v. Chr., Louvre; Foto: DBM, M. Schicht.

Simashki und den Beginn der Dynastie der Sukkalmah. Man bemerkt eine Wiederkehr des Wohlstandes in der Stadt, besonders an der Wende vom 3. zum 2. Jt. (Tallon 1987, Bd. 1, 354). Die Metallurgie in Susa erfährt einen bemerkenswerten Aufschwung. Neue Typen von Objekten tauchen auf und bezeugen den Kontakt mit Luristan (Hammer von Shulgi mit Vogelfedern), mit Mesopotamien (Fundamentnägel von Shulgi), mit Baktrien (Hammer mit schräger Öse). Susa ist erneut Austauschzentrum zwischen Osten und Westen. Der Gebrauch von Zinn wird systematischer und häufiger und erlaubt technischen Fortschritt. Die Waffen, die Querbeile und die Wagenelemente sind aus echter Bronze mit 5% Zinn (Tallon 1987, Bd. 1, 351). Die beiden nicht analysierten Felgenbeschläge (Abb. 6, Kat.-Nr. 48) hatten die Vollholzräder in der Tradition des 3. Jt. verziert. Eisen und Nickel blieben die Hauptverunreinigungen des Kupfers.

Gold ist jetzt üppig vorhanden: Es dient dazu Statuen zu überziehen, wie die des „Gottes mit der goldenen Hand" (Tallon 1987, Bd. 2, Nr. 1337), oder Schmuck herzustellen, aber Schlichtheit ist angesagt: man verwendet wenig Filigrantechnik, wenig Granulation und wenig Zelleneinlegearbeit, wie sie dagegen in der sumerischen Welt gut bekannt sind. Das Silber für den Schmuck in Form zweier weiblicher Brüste war getrieben worden, er war ohne Zweifel auf der Kleidung mit je zwei gegenüberliegenden Nählöchern befestigt gewesen. Dieser Brustschmuck (Abb. 7, Kat.-Nr. 508) ist sehr stark mit Kupfer legiert, was seine Form stabilisierte. Sie sind übrigens vielleicht älter als Susa V.[50] Schmuck aus wertvollem Material stammt zu großen Teilen aus den Sarkophaggräbern von Simashki. Schließlich tauchen die ersten Gussformen in Susa auf: Sie sind aus Stein, zweischalig, vielgestaltig für Speer- oder Pfeilspitzen, mit vielen Gusskanälen und Luftaustrittsöffnungen (Abb. 5, Kat.-Nr. 41 & 42). Letztere ist die einzige, die einen Verschluss aus Dübeln und Löchern aufwies, die anderen wurden umwickelt.

So sind die großen metallurgischen Innovationen damals alle bekannt, und vor dem Auftauchen des Eisens kann man kaum von neuen Erfindungen sprechen. Aber die Beherrschung des Metalls wuchs weiter und die mittelelamische Epoche (14.-12. Jh. v. Chr.) wird in Susa eine der blühendsten gewesen sein. Vergessen wir nicht, dass die außerordentlichsten Gusswerke des Orients in der Ebene von Susa hergestellt worden waren: die Statue der Königin Napir Asu im 14. Jh. v. Chr. hat noch immer nicht alle Geheimnisse ihrer Herstellung offenbart, aber sie stellt unbestreitbar eine Meisterleistung dar (Meyers 2000, 11-18).

Anmerkungen

1. Sie entspricht dem heutigen Khuzestan.
2. Die Referenzliteratur zu diesem Thema ist der Katalog Une mission en Perse 1997. Von großer Aussagekraft ist auch der Artikel von de Mecquenem 1980, 1-48.
3. Über die Mission von Loftus in Susa: Curtis 1993, 1-55; 1997, 36-45.
4. Das Gebäude wurde unter Darius (522-486 v. Chr.) errichtet, unter Artaxerxes I. (465-425 v. Chr.) verbrannt und unter Artaxerxes II. wieder aufgebaut.
5. Einziger großer Fries, der an Ort und Stelle gefunden wurde, im Norden des ersten Hofs des Residenzpalastes von Darius.
6. D.h. zu Säulen im Inneren des Saals der Apadana.
7. Über die Ausgrabungen von Dieulafoy in Susa siehe Tallon 1997, 46-64.
8. In diesen beiden Palästen bilden die Säulen das Hauptelement der Architektur.
9. Oder genauer die von Charles Babin gezeichneten Pläne nach den Angaben von Dieulafoy 1893, Pl. II.
10. Die Einweihung dieser Säle fand durch den Präsidenten der Republik Sadi Carnot am 6. Juni 1888 statt.
11. Zu diesem Themenkomplex empfiehlt sich das ausgezeichnet dokumentierte Buch von Chevalier 2002. Über die Konkurrenz id. 127.
12. Außerhalb die Ausgrabungen von Ray, Talish und einige Prospektionen.
13. N. Chevalier 1997a, 81.
14. Das gilt besonders für den wesentlichen Teil des Kodexes des Hammurabi: die Stele wurde 1900 entdeckt, 1902 publizierte Pater Scheil sie: Scheil 1902, 11-162. Eine Ausstellung, deren Mittelpunkt sie sein sollte, war im Grand Palais des Champs-Elysées für Mai 2002 geplant. Ein wichtiges Fragment des Kodexes, der gerade erst in Susa gefunden wurde, ist ebenfalls zu dieser Ausstellung eingetroffen.
15. Vgl. für diese Themen N. Chevalier 1997a.
16. Zwischen 800 und 1200 Arbeiter waren permanent in Susa beschäftigt.
17. Die Höhe des Tells wird mit 35 m angenommen. J. de Morgan unterteilt diese 35 m in sieben künstliche Niveaus von 5 m Höhe und ließ an diesen unterschiedlichen Niveaus eine Reihe von Stollen in die Steilwand in der Südostecke des Tells graben, um eine relative Chronologie des Ortes zu erhalten.
18. Morgan hatte den Ehrgeiz, den Tell systematisch zu erforschen und teilte ihn daher mit einer Nordwest/Südost Achse in zwei gleiche Teile. Ausgehend von dieser Achse sind in rechtem Winkel senkrechte Schnitte von 5 m Breite über die Länge des Tells gezogen worden.
19. Die aufgehäufte Erdmasse entspricht in der Tat den Grabhügeln.
20. Das „Château de Suse" ist ein kleines Fort, gebaut zu Beginn des Jahres 1898 durch J. de Morgan, um die Delegation zu schützen. Es ist hoch auf der Akropolis angelegt, auf der nördlichen Spitze und leicht zu verteidigen.
21. MMAI XXV, 1934, für die Grabungen von 1929 bis 1933 und MMAI XXIX, 1943 für die Grabungen von 1933 bis 1939.
22. Sie liegt ungefähr 40 km südöstlich von Susa. Ihre Bestimmung war es, aus der Gesamtheit der Götter im Königreich Anshan und Susa, alle Kulte zu versammeln.
23. Für einen generellen Überblick über die einzelnen Grabungsstätten vgl. Dossiers histoire et archéologie, 138, Suse, dernières découvertes, Mai 1989.
24. Die Stratigraphie von Susa ist beschrieben von Alain Le Brun in Cahiers de la DAFI, I, 1971, 163-216 und in „La séquence archéologique de Suse et du Sud-Ouest de l'Iran antérieurement à la période achéménide", Paléorient, 4, 1978, 133-228.
25. Ich danke Benoît Mille, der mit den Forschungen zur Metallurgie im Centre de recherche et de restauration des musées de France, UMR 171 du CNRS, beschäftigt ist, dafür, dass er meinen Text gelesen und mir Anregungen und Kritik hat zukommen lassen und ich danke Elisabeth-Foucart Walter, Chefkonservatorin der Abteilung Gemälde des Louvre, für die Überprüfung der deutschen Übersetzung meines Textes.
26. In Çayönü zeigten von 18 analysierten Objekten fünf eine Mikrostruktur, die ein Tempern bezeugt: Maddin et al. 1991.
27. Die Stratigraphie von Tappeh Sialk wurde für die ältesten Epochen in vier Perioden unterteilt: Tappeh Sialk I und II entsprechen dem 5. Jt., vor der

28 Eine Untersuchung wurde an der Perle von Ali Kosh und an der Nadel von Sialk durchgeführt: Smith 1965, 28-30.
29 Das gilt für Gold, Elektrum, Kupfer, Platin und Silber, terrestrisches und meteoritisches gediegenes Eisen.
30 Immerhin in 70 der durch J. de Morgan ausgegrabenen 2000 Gräber.
31 Wahrscheinlich mit einem Deckel, denn sie haben eine sehr ebene Oberfläche.
32 So hat Sb 11278 einen Zinngehalt von 2,3%.
33 Pigott 1999b, 79. Für das Zinn müssen aber auch die durch das DBM neu erforschten bronzezeitlichen Bergwerke in Mittelasien in Betracht gezogen werden.
34 Die Verhältnisse sind noch sehr bescheiden: nur die Hälfte der 68 untersuchten Objekte zeigt Spuren von Arsen, mit einem mittleren Prozentsatz von 0,48%. Das Vorhandensein von Arsen verbessert langfristig die mechanischen Eigenschaften des Metalls, indem es sowohl die Härte erhöht, gleichwertig wie Zinn, und das Fließen in die Gussform verbessert: Man benötigt jedoch fast 4% um einen deutlichen Fortschritt zu beobachten.
35 1000° C reichen für eine Reduktion aus, nicht aber für einen Schmelzvorgang: Dougherty & Caldwell 1966, 17-18.
36 Der Malachit ist ein reiches Kupferoxyd, das sich in einem Schmelztiegel leicht reduzieren lässt und wenig Schlacke hinterlässt.
37 Die Metallurgie in Tappeh Hesär geht in die gleiche Richtung, denn man praktizierte die Arsen-Kupfer-Metallurgie durch die nächsten zweieinhalb Jahrtausende. Siehe dazu mit allen Verweisen Pigott 1999c, 113.
38 Die Scheibe hat die Form eines griechischen Kreuzes, die Ränder sind aufgebogen, um die Inkrustationen aufzunehmen. Das zentrale Viereck wird von einer getriebenen Rosette beherrscht und die vier Arme haben Hämatit-Einlagen. Das Blech ist aus unlegiertem Silber, aber die Verunreinigungen scheinen auf Mineralien aus mindestens zwei unterschiedlichen Herkunftsorten hinzuweisen. Der kleine Ring ist ohne Lötung an einer Kerbe des Randes fixiert: Tallon 1987, Bd. 1, 263.
39 Das Silber wird vom Blei durch Oxydationsschmelze in einem porösen Schmelztiegel geschieden, an dessen Boden sich das Silber absetzt, während das Bleioxyd (Bleiglätte) abgeschöpft wird und sukzessive die Kupelle imprägniert.
40 Das Wachsausschmelzverfahren ist damals bereits seit einigen Jahrhunderten in Palästina bekannt und wird exzellent illustriert durch den Schatz von Nahal Mishmar.
41 Tallon 1987, Bd. 2, Nr. 41: nach LRMF, Pb 3,7% und Sn 7,6%. Nach Labor Dr. Junghans Sn 8,2%.
42 de Morgan 1912, Abb. 117; de Mecquenem 1912, 144, Nr. 287; 1934, 189-190, Abb. 21; Le Breton 1957, 117-120; Amiet 1986, 125-127; Tallon 1987, Bd. 1, 328.333, Bd. 2, Nr. 1075,1086,1107-1110,1165-1169, 103, 781, 794.
43 Die Goldschmiedekunst in den Gräbern von Ur belegt neue Erfindungen, wie im Treiben, in der Filigrantechnik, der frühen Granulation und der Zellenschmelztechnik.
44 Querbeile, Kreuzmeißel, Meißel, eine einzigartige Schaufel, Säge, Rebmesser, Sieb, Waagschale, Bolzen.
45 Schüsseln, Schalen, Schalen mit abgesetztem Hals.
46 Spiegel mit Griff, Armbänder, Ringe, Perlen.
47 Flachbeile oder Lappenbeile und Dolche.
48 Allein vier Objekte weisen mehr als 7% Zinn auf: das Sieb, zwei Gefäße und ein flaches Querbeil (Dechsel).
49 Zu dieser Debatte s. Pigott 1999b, 80f.; die omanische Herkunft unterstützend, vgl. neuerdings Prange 2001.
50 In der Tat datiert R. de Mecquenem sie ins „XXV." Jahrhundert.

Bibliographie

AMIET, P.:
1986 L'Âge des échanges inter-iraniens, Paris.
1997 Bilan archéologique de la Délégation en Perse. In: N. Chevalier 1997a, 94-109.

BERTHOUD, TH.:
1979 Etude par l'analyse de traces et la modélisation de la filiation entre minerai de cuivre et objets archéologique du Moyen-Orient (IVème et IIIème millénaires avant notre ère), Diss., 2 Bände, Paris.

LE BRUN, A.:
1971 « Recherches stratigraphiques à l'Acropole de Suse. 1969-1971 », Cahiers de la DAFI, I, 163-216.

CASAL, J-M.:
1961 Mémoires de la DAFA, XXVII, Fouilles de Mundigak, Paris.

CHEVALIER, N.:
1997a (ed.) Katalog zur Ausstellung Une mission en Perse 1897-1912. Dossiers du Musée du Louvre, RMN, Paris.
1997b A Suse. In: N. Chevalier 1997a, 76-82.
2002 La recherche archéologique française au Moyen-Orient, ERC, Paris.

CURTIS, J. E.:
1993 William Kenneth Loftus and his excavations at Susa. Iranica Antiqua XXVIII, 1-55.
1997 Les fouilles de W.K. Loftus à Suse. In: N. Chevalier 1997a, 36-45.

DIEULAFOY, J.:
1887 La Perse, la Chaldée, la Susiane, Paris, nochmals publiziert: Une Amazone en Orient: de Caucase à Persépolis, Phébus 1989 und L'Orient sous le voile. De Chiraz à Bagdad, Phébus 1990.

DIEULAFOY, M.:
1893 L'Acropole de Suse, Paris, Hachette.

DOSSIERS HISTOIRE ET ARCHÉOLOGIE, 138, Suse, dernières découvertes, Mai 1989.

DOUGHERTY, R. C. & CALDWELL, J. R.:
1966 Evidence of Early Pyrometallurgy in the Kerman Range in Iran, Investigations at Tal-i Iblis. In: J. R. Caldwell (Hrsg.), Investigations at Tal-i-Iblis. Illinois State Museum Preliminary Reports No. 9, Springfield, 17-20.

DUVAL, A.-R., ELUÈRE, C., HURTEL, L. & TALLON, F.:
1987 La pendeloque au chien de Suse. Etude en Laboratoire d'une brasure antique. Revue du Louvre, Nr. 3.

ELUÈRE, C.:
1998 Orfèvres du IVème millénaire à suse. La pendeloque au petit chien. Techné Nr. 7, 18-20.

HAKEMI, A.:
1972 Catalogue de l'exposition: Lut, Chabis (Shahdad), Teheran.
1997 Shahdad. Archaeological Excavations of a Bronze Age Center in Iran. ISMEO, Centro Scavi e recherche archeologiche. Reports and Memoirs 27, Rom.

HAUPTMANN, A., REHREN, Th. & SCHMITT-STRECKER, S.:
2003 Early Bronze Age Copper metallurgy at Shahr-i Sokhta (Iran), reconsidered. In: Th. Stöllner, G. Körlin, G. Steffens & J. Cierny (Hrsg.), Man and Mining – Mensch und Bergbau. Studies in Honour of Gerd Weisgerber. Der Anschnitt, Beiheft 16, Bochum, 197-213.

LE BRETON, L.:
1957 The early periods at Susa. Iraq 19, 79-124.

LEFFERS, K. C.:
1970 A Proto-Elamite Silver Figurine in the Metropolitan Museum of Art. Technical Examination, The Metropolitan Museum Journal 3.

MADDIN, R., STECH, T. & MUHLY, J. D.:
1991 „Çayönü Tepesi- The Earliest Metal Artefacts", In: C. Eluère & J.-P. Mohen (Hrsg.), La découverte du métal. Actes du colloque de Saint Germain-en-Laye, Millénaires 2, Picard, Paris, pp. 375-386.

MAJIDZADEH, Y.:
1979 An Early Prehistoric Coppersmith Workshop at Tepe Ghabristan. Akten des VII Internationalen Kongresses für iranische Kunst und Archäologie, Berlin, Archäologische Mitteilungen aus Iran Ergänzungsband 6, 82-92.

MECQUENEM, R. DE:
1912 „Catalogue de la céramique peinte susienne conservée au Musée du Louvre", MDP XIII, 105-158 und Tafeln I-XXXI.
1934 Fouilles de Suse 1929-1933, MDP XXV, 177-237.
1943 Fouilles de Suse, 1933-1939, MMAI, XXIX, 135-136.
1980 Les fouilleurs de Suse. Iranica Antiqua, 1-48.

MENU, M. & TALLON, F.:
1998 Métallurgie du bronze au Proche-Orient au IVème millénaire. Le vase à la cachette. Techné Nr. 7, 17-19.

MEYERS, P.:
2000 The casting process of the statue of Queen Napir-Asu in the Louvre. Journal of Roman Archaeology, supplementary Series, Nr. 39.

MORGAN, J. DE:
1912 Observations sur les couches profondes de l'Acropole de Suse, MDP XIII.

MOULHERAT, C., MILLE, B., TENGBERG, M. & HAQUET, J.-F.:
2002 First Evidence of Cotton at Neolithic Mehrgarh, Pakistan: analysis of Mineralized Fibres from a Copper Bead. Journal of Archaeological Sciences, Bd. 29, Nr. 12.

PERROT, J., DOLLFUS, G., CANAL, D., LE BRUN, A., VALLAT, F., CARTER, E. & MIROSCHEDJI, P. DE:
1978 La séquence archéologique de Suse et du Sud-Ouest de l'Iran antérieurement à la période achéménide. Paléorient, 4, 133-228.

PIGOTT, V. C.:
1999a (ed.), The Archaeometallurgy of the Asian Old World. MASCA Research papers in Science and Archaeology 16. University Museum Symposium Series 7, Philadelphia: The University Museum, University of Pennsylvania.
1999b The Development of Metal Production on the Iranian Plateau: an Archaeometallurgical Perspective. In: Pigott 1999a, 73-106.
1999c A Heartland of Metallurgy. Neolithic/Chalcolithic Metallurgical Origins on the Iranian Plateau. In: A. Hauptmann, E. Pernicka, Th. Rehren & Ü. Yalçın (Hrsg.), The Beginnings of Metallurgy. Der Anschnitt, Beiheft 9, Bochum, 109-122.

PRANGE, M.:
2001 5000 Jahre Kupfer in Oman, Bd. II, Vergleichende Untersuchungen zur Charakterisierung des omanischen Kupfers mittels chemischer und isotopischer Analysenmethoden. Metalla 8, Heft 1/2, Bochum.

SCHEIL, V.:
1902 Code des lois de Hammurabi, roi de Babylone, vers l'an 2000 avant J.-C. MDP IV Textes élamites-sémitiques, Deuxième série, Paris, 11-162.

SMITH, C. S.:
1965 The Interpretation of Microstructures of Metallic Artefacts. Applications of Science in the Examination of Works of Art. In: W. J. Young (Hrsg.), Museum of Fine Arts, Boston, 20-52.

TALLON, F.:
1987 Métallurgie susienne I, Bd. 1, Paris.
1987 Métallurgie susienne I, Bd. 2, Paris.
1997 Les fouilles de Marcel Dieulafoy à Suse. La résurrection du palais de Darius. In: N. Chevalier 1997a, 46-64.

Susa, Aquarell von Maurice Pillet aus den 1920er Jahren, achämenidischer Palast von Darius im Vorder- und das französische Fort im Hintergrund; aus: Chevalier 1997, 62.

Chalkolithische Archäologie der Qazvin-Ebene

Hassan N. Fazeli

Kultureller Überblick

Ausgehend vom 6. Jt. v. Chr. wird die Qazvin-Ebene über einen langen Zeitraum hinweg als Region durch die Interaktion der Bewohner verschiedener Sub-Regionen definiert (Abb. 1). Bezüglich der Entwicklung kultureller Komplexität, dem Aufkommen handwerklicher Spezialisierung und des Fernhandels bieten archäologische Funde aus der Qazvin-Ebene wichtige Informationen über das 5. und 4. Jt. v. Chr.

Geographie und Siedlungen

Die Ebene von Qazvin ist eine geographisch gut angebundene Region, 150 km westlich von Teheran im Nordwesten Irans gelegen, mit einem durchschnittlichen jährlichen Niederschlag von über 300 mm. Nach Norden hin wird sie begrenzt durch das Alborz-Gebirge und das Kaspische Meer. Durch die Region führt eine wichtige Straße, die den westlichen und den östlichen Teil Nordirans miteinander verbindet. Die Qazvin-Ebene ist ein wichtiger Abschnitt dieser Straße, die die Hochebenen Irans und Afghanistans mit dem Flachland Mesopotamiens über die Pässe des Zagros-Gebirges verbindet.

Seit den 1970ern Jahren beruhen die archäologischen Studien der Qazvin-Ebene auf der Untersuchung der Grabungsstätten von Zagheh, Ghabristan und Sagzabad. Diese liegen schätzungsweise 60 km südlich der heutigen Stadt Qazvin in der Provinz Zanjan und 140 km westlich von Teheran. Die drei Grabungsstätten liegen nahe bei Zagheh, 2 km östlich von Sagzabad, während Ghabristan etwa 300 m westlich zu finden ist. Neue Ausgrabungen bei Zagheh im Jahre 2001 und in Ghabristan im Jahre 2002 sowie systematische Siedlungs-Begehungen im Jahre 2003 haben frühere Funde

Abb. 1: Die relative Chronologie der Qazvin-Ebene.

Period	Surveyed sites data	Excavated sites data
Late Chalcolithic 3700-3000 BC	Ismailabad (Qazvin), Zagheh 2, Mian Palan, Mansorabad1, Ebrahim Abad,	Qabristan III & IV
Middle Chalcolithic 4000-3700 BC		Qabristan II & III
Early Chalcolithic 4300-4000 BC	A68, Mahmodian	Qabristan I
Transitional Chalcolithic 5300-4300 BC	Cheshm-Bolbol, Kamal-Abad, Chehar Boneh, Ebrahim Abad, Bahrami, Zafaran Tape, Qara Qobad, Zahir Tape, Mahmoodian, Zagheh 2	Zagheh
Late Neolithic 6000-5300 BC	Chehar Boneh, Zagheh 2*, A68, Ebrahim Abad	

* During survey of 2003 some sites within the plain have already the names such as Zagheh. So, we add some numbers for such sites.

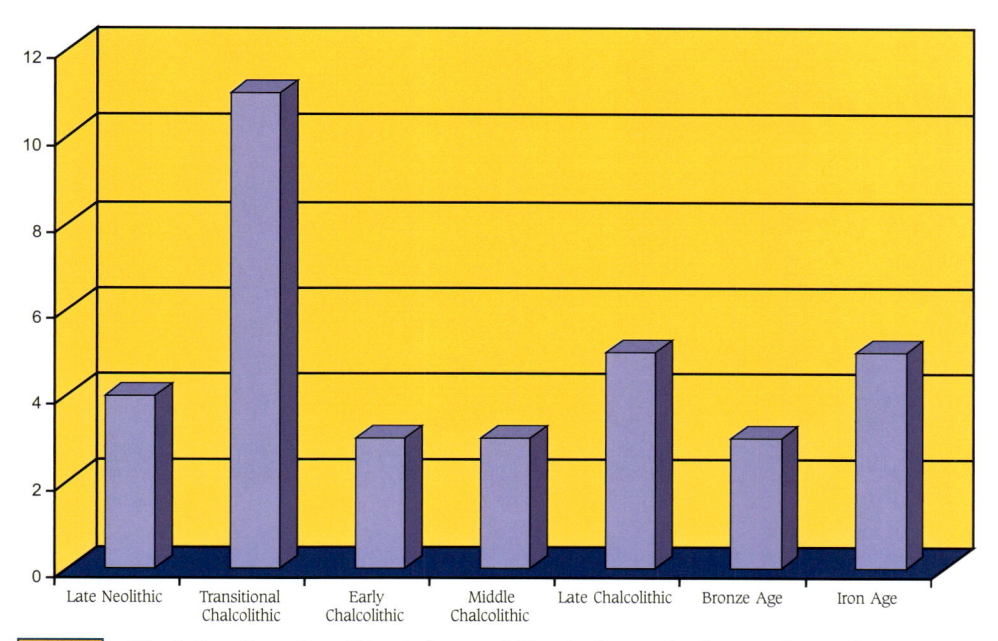

Abb. 2: Verteilung der prähistorischen Fundplätze in der Qazvin-Ebene (auf Basis des Surveys von 2003).

ergänzt und zu neuen Interpretationen der kulturellen Abfolge in diesem Teil Irans geführt. Abb. 1 zeigt das Siedlungsmuster und die Verteilung der Fundplätze vom 6. bis zum 1. Jt. v. Chr. Das Siedlungssystem der Qazvin-Ebene zeigt zwei wichtige Charakteristika. Erstens, es gibt eine hochgradige Verschiebung der Besiedlung, die Stätten waren unregelmäßig bewohnt; die Bevölkerung der Siedlungen wuchs erst an und nahm dann plötzlich wieder ab. Zweitens, die größten Siedlungen umfassen weniger als 10 ha, und es gibt nicht viele archäologische Zeugnisse für eine Hierarchie in den Siedlungen.

Ökonomie und soziale Organisation während des 5. Jt. v. Chr.

Entsprechend den Grabungsergebnissen von Zagheh wurde das Wirtschaftsleben in dieser Zeit von Ackerbau und der Tierhaltung (z.B. Schafe, Ziege, Schweine und Rinder) bestimmt (Mashkour *et al.* 1999). Die Ergebnisse der Radiokarbon-Datierungen, die im Zuge der Ausgrabungen von Zagheh im Jahre 2001 vorgenommen wurden, weisen darauf hin, dass Zagheh etwa von 5370-5070 v. Chr. besiedelt war und ungefähr zwischen 4460-4240 verlassen wurde. Die Siedlung von Zagheh wird von einem großen und gut bekannten „bemalten Gebäude" [oder Schrein] beherrscht (Abb. 3). Dieses besitzt im Inneren eine große kreisförmige Herdstelle, bemalten Wandverputz sowie angegliederte Grabstellen (Abb. 4) mit rotem Ocker. Darin fanden sich Grabbeigaben in Form von Keramik, Perlen und Schmuckgegenständen aus Türkis, Achat und

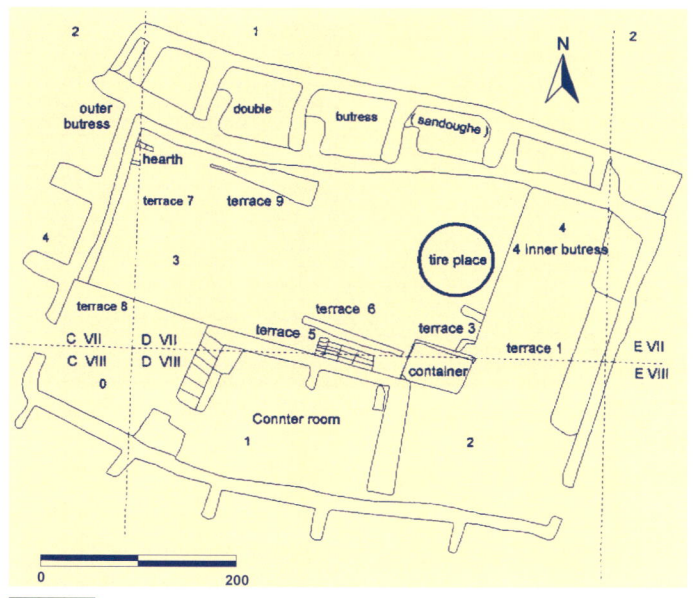

Abb. 3: Plan des Schreins von Zagheh.

Lapislazuli, außerdem Werkzeuge aus Kupfer. All das stützt die Vermutung, dass dieser Bau nicht als Wohngebäude diente (Fazeli 2001). Andere Siedlungsreste und Grabstellen in Zagheh sind weniger pompös, was für ein gewisses Maß an sozialer Hierarchie in diesem frühen Stadium der Besiedlung des iranischen Hochlandes spricht. Außerdem sind in den letzten Jahren Nachweise für die Herstellung von Keramik in großem Maßstab in Grabungsschnitt K

Abb. 4: Ein Einzelgrab aus Zagheh mit Grabbeigaben, nahe am Schrein gelegen.

Cheshmeh Ali Keramik (fine red ceramics), „Zagheh Crusted ceramic type", „Zagheh Simple ceramic type" and „Zagheh Painted ceramic type".

Arbeitsaufwand, Qualität, Struktur, Härtegrad und die Methoden der Oberflächenbehandlung sind bei jeder der vier erwähnten Typen unterschiedlich. Rote polierte Keramik (Cheshmeh-Ali Keramik) ist die vorherrschende Keramik dieser Periode und kommt auf den meisten Fundstätten auf dem iranischen Zentralplateau vor. Die Cheshmeh-Ali Keramik ist mit zahlreichen Tiermotiven bemalt, naturalistische und stilisierte Darstellungen von fliegenden Vögeln, Ziegen, Gazellen, Hunden, Fischen, Steinböcken, geometrische Muster, parallele Bänder, vertikale Streifen, Winkel, Punkte und kurze Striche, Pflanzen- oder Baummuster. Die Wände der Gefäße sind an der Außenfläche häufig poliert, innen sind sie mit Hilfe eines Knochens oder eines Stockes nachbearbeitet.

Ökonomie und soziale Organisation während des 4. Jt. v. Chr.

Ab 4200 v. Chr. gibt es ein zunehmendes Maß an politischer und ökonomischer Organisation von größerer kultureller Komplexität, mit einer Spezialisierung auf Keramik und metallene Gegenstände. Die Handwerksprodukte zeigen ein höheres Maß an Differenzierung zwischen den Siedlungen, worin sich intensiverer örtlicher Austausch und eine bessere ökonomische Integration widerspiegeln. Im Zuge der Ausgrabungen in Ghabristan während der 1970er Jahre und im Jahre 2002 wurden diverse Grabungsschnitte untersucht, die drei Kulturperioden zeigten: frühes, mittleres und spätes Chalkolithikum. Die Besiedlung von Ghabristan erstreckte sich von 4200 bis 3000 v. Chr. (Abb. 5). Wie in Zagheh ist auch hier vieles von der Siedlung unter mehreren Metern neuerer Ablagerungen begraben, die Anlage von Sondageschnitten hat eine Ausdehnung von etwa 2 ha ergeben. In Schicht II in Ghabristan wurden überzeugende Nachweise für eine frühe Kupferschmiede gefunden, die sich aufgrund von Ähnlichkeiten bei der Keramik chronologisch mit Sialk III 4-5 und mit Hesār IB verbinden lässt. Die Kupferschmiede besteht aus einer Folge von zwei Räumen, deren Durchgang später blockiert wurde. Sie liegt mitten in einem Komplex von Töpferwerkstätten und anderen Gebäuden (Majidzadeh 1979). Der größere der beiden Räume zeigt eine Reihe von Merkmalen, die auf die Verhüttung von Kupfererz hinweisen. Man fand zwei kleinere Herdstellen sowie vollständige Schmelztiegel und Fragmente, gebrannte Ziegel, um die Schmelztiegel über den Herdstellen zu halten, Gussformen zur Herstellung von kupfernen Gegenständen einschließlich Barren, eine Keramikröhre, die für das Schmelzen benutzt wurde, eine Schale, die 20 kg Kupfererz in kleinen Stücken enthielt, und Einrichtungen zur Aufbewahrung von Wasser. Im Zuge der im Jahre 2002 erfolgten Ausgrabungen in Ghabristan wurden im südlichen Teil der Grabungsstätte Kupfererzstücke (Rohmaterial) gefunden, die nahelegen, dass die Metallarbeiten nicht auf den mittleren Teil der Stätte beschränkt waren. Zusätzlich zu den Nachweisen für Metallwerkstätten wurde in den 1970er Jahren in

in Zagheh freigelegt worden. Hier fanden sich tief geschichtete Ablagerungen von Asche, Überreste von Keramikbrennöfen, Haufen von vorbereitetem Ton und zermahlene Steine (zum Härten), rote Ockerbrocken und Werkzeuge. Hunderte von Spinnwirteln verweisen auf eine hoch entwickelte Textilindustrie und die Existenz von Siegeln könnte für eine gewisse Form von Verwaltung sprechen (Fazeli & Djamali 2003).

Die vorhandenen Erkenntnisse deuten auf die Benutzung von Keramikgefäßen während der Übergangsperiode des Chalkolithikums hin. Sie wurden zu Alltagszwecken wie Aufbewahrung, Vorbereitung von Nahrung und Kochen, sowie zu sozio-politischen und ideologischen oder rituellen Zwecken genutzt. Die Grabungsstätten auf der Qazvin-Ebene zeigen vier unterschiedliche Keramiktypen:

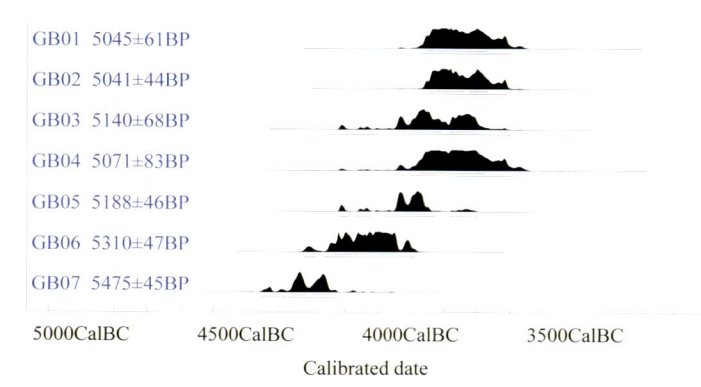

GB01	5045±61BP
GB02	5041±44BP
GB03	5140±68BP
GB04	5071±83BP
GB05	5188±46BP
GB06	5310±47BP
GB07	5475±45BP

Abb. 5: Radiokarbon-Datierungen von den Ausgrabungen in Schnitt L34 in Ghabristan, 2002 (nach Fazeli et al. im Druck).

Schicht II eine Reihe von Kupferobjekten gefunden, darunter Dolche, Äxte, Meißel, Ahlen, Nadeln, Stifte und Spangen. Ihre Ähnlichkeit mit Funden aus zeitgleichen Schichten in Sialk und Hesār ist auffallend (Majidzadeh 1979, 86; Moorey 1982, 85). Es wurde vorgeschlagen, die Funde von Ghabristan eher als die Überbleibsel des Schmelzens und Gießens von Rohkupfer anzusehen als als solche der Verhüttung von Kupfererz (Muhly 1980-83, 352; 1988, 7), doch diese Neu-Interpretation lässt die großen Mengen an Kupfererz außer Betracht, die am Ort gefunden wurden, und zwar sowohl in den 1970er Jahren als auch bei jüngeren Ausgrabungen.

Zusätzlich zu diesen eindeutigen Nachweisen für eine handwerkliche Spezialisierung auf Kupferschmelze und -guss im Ghabristan des frühen 4. Jt. ist es eindeutig, dass die Keramikproduktion von der dort lebenden Gemeinschaft in ebenso intensiver und hochgradig organisierter Weise durchgeführt wurde (Majidzadeh 1976; Fazeli 2001). Wenn man die relativ geringe Ausdehnung des Fundplatzes und die Vielzahl der Nachweise für Keramik und Kupferproduktion berücksichtigt, könnte man annehmen, dass der Ort eine Handwerkersiedlung war, mit vorwiegend spezialisierten Tätigkeiten. Allerdings wären weitere Ausgrabungen notwendig, um diesen Punkt zu klären. Ein so genanntes „Hauptgebäude" in Schicht II wird als Wohnsitz des Oberhauptes der Siedlung oder als kommunales Gebäude für öffentliche Versammlungen angesehen (Majidzadeh 1976, 128).

Aus der späteren Besiedlungszeit von Ghabristan – in Schicht IV, die auf das späte 4. Jt. v. Chr. datiert wird – wurden Scherben von etwa 50 Schrägrandschalen gefunden (Majidzadeh 1977, 61). Die Möglichkeiten, unter denen diese Gefäße Ghabristan erreichten oder dort hergestellt wurden, sind zahlreich, doch zweifellos verbinden sie – wenn auch noch so lose – den Ort mit dem Mesopotamien der späten Uruk-Periode. Möglicherweise zeigt sich anhand dieser Schrägrandschalen das Interesse der Flachlandbewohner an den nahe gelegenen Kupfervorkommen bzw. an Tauschhandel mit Bevölkerungsgruppen, die Kupfergewinnung, -verhüttung und -guss beherrschten (Fazeli 2001). Die Besiedlung von Ghabristan endet in dramatischer Weise gegen 3000 v. Chr. Nachweise für ausgedehnte Brände, einschließlich eines verbrannten menschlichen Skeletts auf einem Fußboden, Schleudergeschosse aus Ton und komplette Gefäße in situ, allerdings zerschert, legen den Eindruck eines gewaltsamen und plötzlichen Endes der Siedlung nahe (Negahban 1977, 37).

Schlussbemerkungen

Die Qazvin-Ebene bietet also beachtliche Nachweise für die soziale Komplexität des Chalkolithikums, und zwar in Form von Architektur, Gräbern, Fundgegenständen und der Art und Weise der Herstellung von Keramik und Kupfergegenständen. Diese Komplexität ist an der Lage der Toten in Zagheh sowie der Menge und Qualität der Beigaben zu erkennen. Grabbeigaben verstärken die Funktion der Ideologie und der Art, in der die Menschen ihre Macht legitimierten. Die Funde aus der Leichenhalle des „Bemalten Gebäudes" in Zagheh weisen darauf hin, dass Eliten eine herausragende Rolle im Muster der materiellen Kultur spielten (Fazeli 2001). Versuche, die Spezialisierung des Handwerks zu fördern, und differenzierter Wohlstand beruhten auf Fernhandel, der den grundlegenden Zusammenhalt dieser politischen Struktur stimulierte. Diese Attribute – und andere – dienten als Argumente für die Annahme, dass bis zum Ende des Chalkolithikums die bedeutenderen Siedlungen des iranischen Zentralhochlandes bereits an der Schwelle städtischer Zivilisation standen, in einem Ausmaß, dass „man sie eher als kleine Großstädte oder Städte ansehen könnte als einfache Dorfbezirke in ihnen zu sehen" (Majidzadeh 1976, 159).

Bibliographie

FAZELI, H. N.:
2001   Social Complexity and Craft Specialisation in the Late Neolithic and Early Chalcolithic Period in the Central Plateau of Iran. University of Bradford: unpublished PhD dissertation.

FAZELI, H. N. & DJAMALI, M.:
2003   Specialized ceramic production at Zagheh based upon the archaeological evidences and petrography studies. In: M. Azarnoush (ed.), The Role of Sciences in Archaeology, 203-224.

FAZELI, H. N., WONG, E. & POTTS, D.:
In Vorbereitung The Qazvin Plain revisited: a reappraisal of the chronology of northwestern Central Plateau, Iran in the 6th to the 4th millennium BC.

MAJIDZADEH, Y.:
1976   The Early Prehistoric Cultures of the Central Plateau of Iran: an Archaeological History of its Development during the Fifth and Fourth Millennia B.C. Unpublished PhD thesis, University of Chicago, Department of Near Eastern Languages and Civilizations.

1977   Excavation in Tepe Qabrestan. The first two seasons, 1970

	and 1971. Marlik. Journal of the Institute and Department of Archaeology, Tehran University 2, 45-61.
1979	An early prehistoric coppersmith workshop at Tepe Ghabristan. In: Akten des VII. Internationalen Kongresses für Iranische Kunst und Archäologie München 7.-10. September 1976, Berlin, 82-92.

MASHKOUR, M., FONTUGNE, M. & HATTE, C.:

1999	Investigations on the Evolution of Subsistence Economy in the Qazvin Plain (Iran) from the Neolithic to the Bronze Age. Antiquity 73, 65-76.

MOOREY, P. R. S.:

1982	Archaeology and pre-Achaemenid metalworking in Iran: a fifteen year retrospective. Iran 20, 81-101.

MUHLY, J. D.:

1980-83	Kupfer. Archäologisch. In :D. O. Edzard (ed.), Reallexikon der Assyriologie und Vorderasiatischen Archäologie, Berlin, 348-364.
1988	The beginnings of metallurgy in the Old World. In: R. Maddin (ed.), The Beginning of the Use of Metals and Alloys, Cambridge, 2-20.

NEGAHBAN, E. O.:

1977	Preliminary report of Qazvin expedition: excavations at Zaghe, Qabrestan and Sogzabad. Marlik. Journal of the Institute and Department of Archaeology, Tehran University 2, 26-44.
1979	A Brief Report on the Painted Building of Zagheh. Late 7th-Early 6th Millennium B.C. Paléorient 5.

Innenhof eines Hauses in einem Dorf im Osten Sistans (1976); Foto: G. Weisgerber.

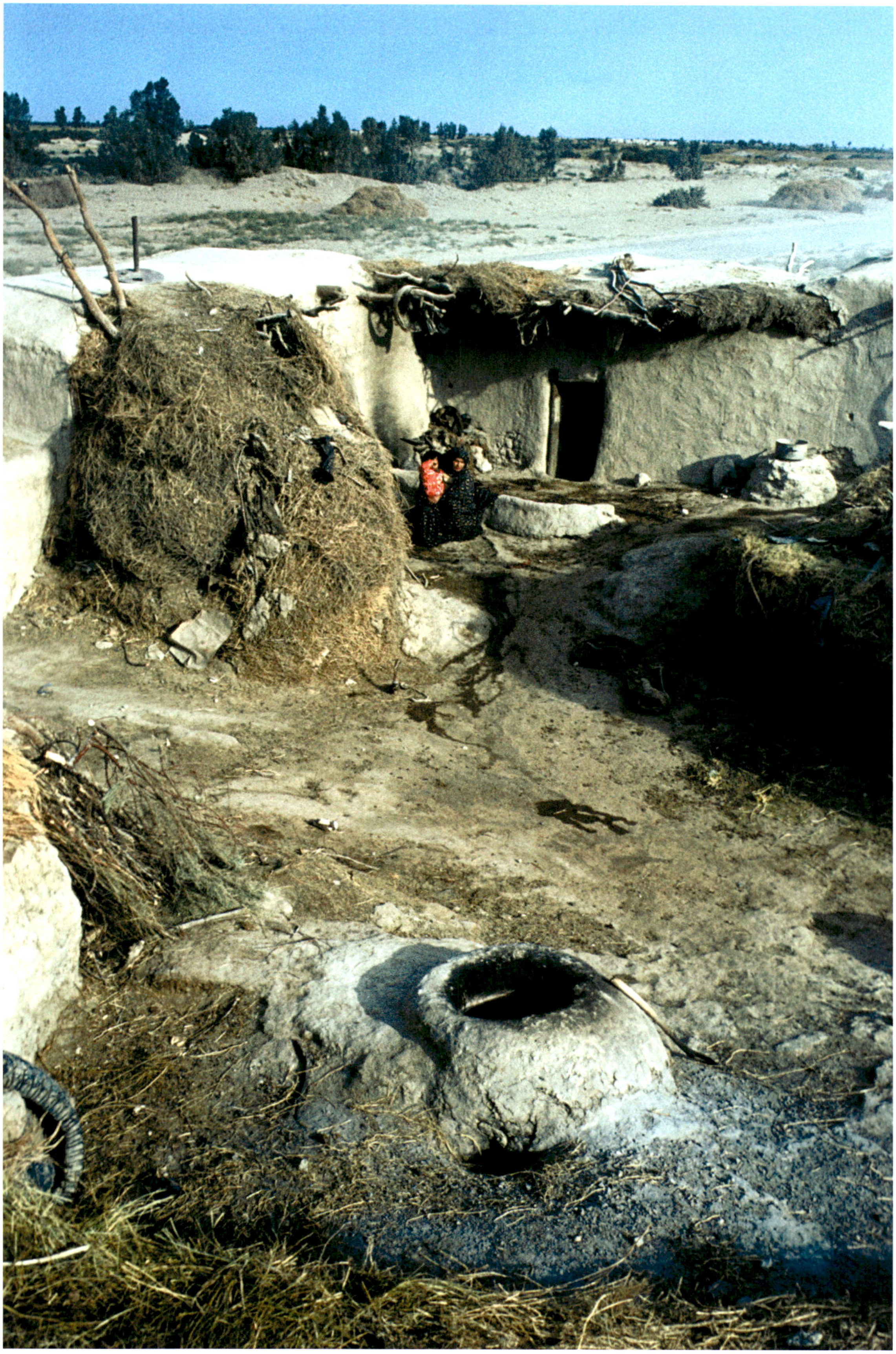

Sialk und seine Kultur – ein Überblick

Von Sadegh Malek Shahmirzadi

Die prähistorische Stätte von Sialk umfasst zwei Hügel, Nordhügel und Südhügel, und zwei Gräberfelder, A und B (Abb. 1). Zumindest galt dies noch in der Zeit, als die Fundstelle als historisches und kulturelles Monument Irans, und zwar als die Nummer 38, registriert wurde (15.09.1931). Der Ort lag bis vor kurzem in einer einsamen, landwirtschaftlich geprägten Gegend, 4 km südwestlich der Stadt Kāshān, an der Straße von Kāshān nach Fin. Aufgrund der Ausdehnung der Stadt im Verlaufe der letzten zwei Jahrzehnte liegt Sialk heutzutage innerhalb des Stadtgebietes von Kāshān. Das ehemals kleine Dorf Dizjeh lag ursprünglich einige hundert Meter von der Stätte entfernt, ist allerdings mittlerweile zu einer Stadt herangewachsen, die sich ebenfalls bis auf die prähistorische Fundstelle ausgedehnt hat – und zwar auf die südlichen und östlichen Bereiche des Südhügels. Nur etwa 50 m trennen die Überreste der ältesten Ziggurat der antiken Welt, die auf dem Gipfel des Südhügels liegen, von den Granatapfel-Gärten an der Südseite des Hügels. 200 m südlich des Südhügels liegen die Überreste des 3500 Jahre alten Gräberfeldes A (Sialk V, Eisenzeit I), die heutzutage von einem 24 m breiten Boulevard bedeckt werden, der für den Autoverkehr der Stadt Amir-Almoemenin gebaut wurde. Den Resten des 3000 Jahre alten Gräberfeldes B erging es nicht besser: Der einzige Unterschied liegt darin, dass der Granatapfel-Garten im Jahre 2002 in einen Rosengarten umgewandelt wurde.

Roman Ghirshman[1], der berühmte, in der Ukraine geborene französische Archäologe und Iran-Kenner, begann im Jahre 1933 mit der Ausgrabung des Südhügels von Sialk und setzte seine Arbeit bis in das Jahr 1934 fort. Nach einer dreijährigen Unterbrechung kehrte er nach Kāshān zurück und dehnte die Ausgrabungen auf den Nordhügel und die Gräberfelder A und B aus. Die Veröffentlichung seiner Grabungsberichte der Jahre 1938 und 1939 war vielleicht einer der wichtigsten Beiträge zur frühen Archäologie (Ghirshman 1938/39); diese Berichte stellen verlässliche Belege zur Aufstellung einer Chronologie des iranischen Zentral-Plateaus in vorgeschichtlicher Zeit dar. Von 2001 an begann das neue Sialk-Projekt („Sialk Reconsideration Project") mit seinen eigenen Forschungen und einer Neubewertung der vorangegangenen archäologischen Studien. Mit Feldforschungen wurde im Januar 2002 begonnen, es folgte eine zweite Kampagne im Jahr 2003 und setzte sich mit einer dritten Untersuchungskampagne 2004 fort[2]. Ein erster Vorbericht der ersten Kampagne des neuen Projektes wurde unter dem Titel „Die Ziggurat von Sialk" im Jahr 2002, der Bericht über die zweite Kampagne unter dem Titel „Die Silberschmiede von Sialk" im Jahr 2003 vorgelegt (Shahmirzadi 2002; 2003). Der folgende Text stellt eine Zusammenfassung der Archäologie von Sialk dar, welche auf Ghirshmans Studien und denjenigen des Sialk Neubewertungs-Projektes beruht.

Vor der Entdeckung der neuen Fundstelle am Tappeh Shourabeh am Fuß der Karkas-Berge glaubte man, die ersten Bewohner von Sialk hätten vor etwa 7500 Jahren auf dem Nordhügel gesiedelt, während die letzte Gruppe Einwanderer Sialk vor 3000 Jahren betrat und ihre Toten auf dem Gräberfeld B begrub. Ghirshman kam zu dem Ergebnis, dass zwischen diesen beiden Ereignissen in Sialk sechs unterschiedliche Kultur-Perioden zu erkennen seien (Abb. 2): 1) eine erste und eine zweite Periode mit Hinterlassenschaften auf dem Nordhügel, 2) eine dritte und eine vierte Periode mit einigen Hinterlassenschaften auf dem Südhügel, 3) eine fünfte Periode mit Hinterlassenschaften in Gräberfeld A, und 4) eine sechste Periode mit Hinterlassenschaften in Gräberfeld B. Jede dieser sechs Kultur-Perioden hat ihre eigenen Charakter-Merkmale, durch die sich die eine Periode von der nächsten unterscheidet. In den folgenden Abschnitten werden die kulturellen Charakteristika jeder Periode dargestellt.

Erste Kultur-Periode (Sialk I 1)

Entsprechend den Angaben zu Ghirshmans Ausgrabungen wurden die Hinterlassenschaften der ersten Periode auf dem Nordhügel in den Schichten 1-5 gefunden (Abb. 3). In dieser Periode stellten die Bewohner Sialks handgeformte Keramik her, die in einfachen Töpferöfen mit nur geringer Möglichkeit zur Kontrolle der Temperatur gebrannt wurde; die typische Keramik wurde mit geometrischen Mustern in schwarz auf beigem oder schwach rötlichem Grund verziert. Die Menschen lebten in Häusern, deren Wände aus Strohlehm bestanden und deren Dächer mit einer Mischung aus Zweigen, Blättern und Lehm gedeckt waren. Die Ernährung beruhte auf

SIALK UND SEINE KULTUR – EIN ÜBERBLICK

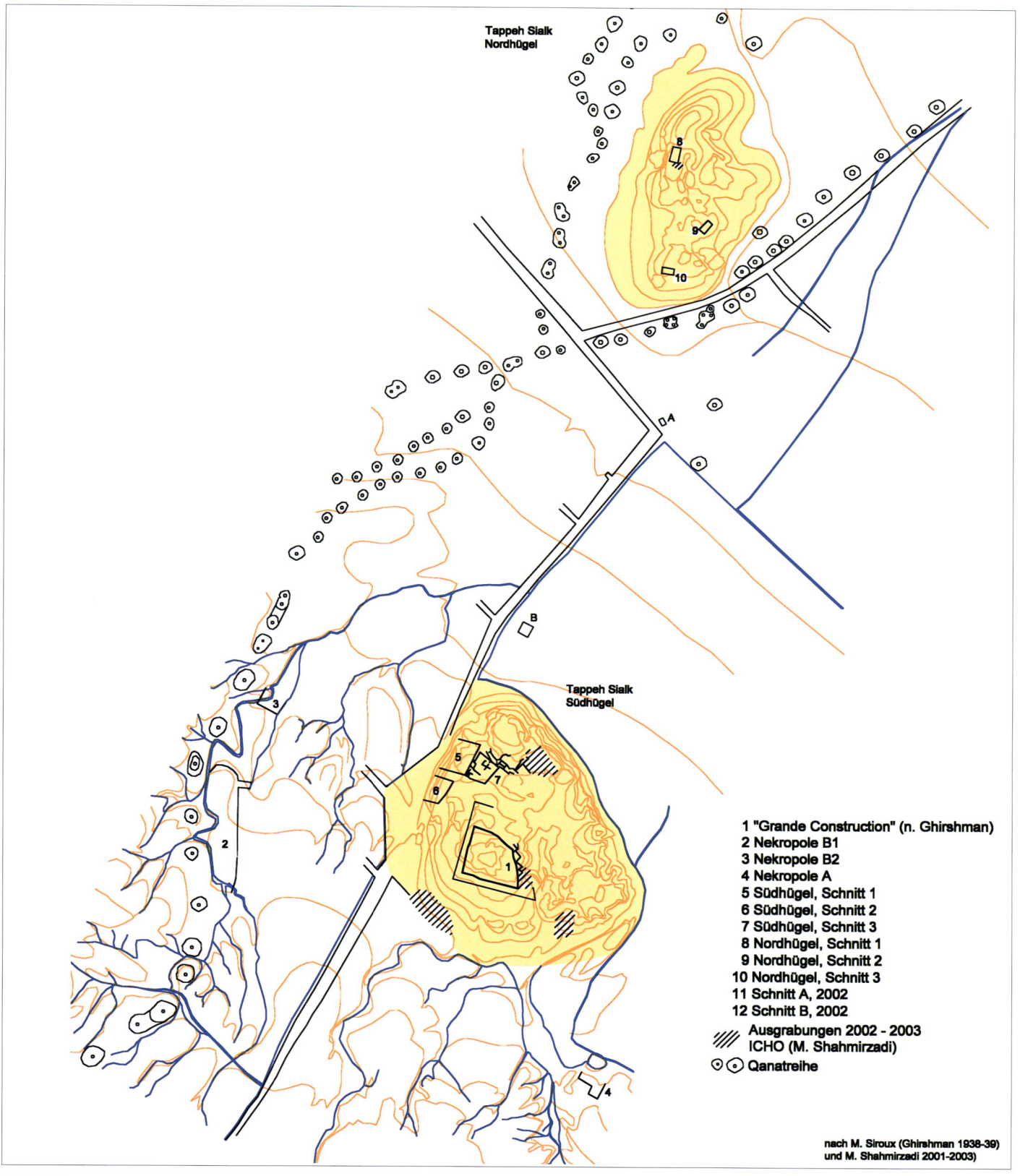

1 "Grande Construction" (n. Ghirshman)
2 Nekropole B1
3 Nekropole B2
4 Nekropole A
5 Südhügel, Schnitt 1
6 Südhügel, Schnitt 2
7 Südhügel, Schnitt 3
8 Nordhügel, Schnitt 1
9 Nordhügel, Schnitt 2
10 Nordhügel, Schnitt 3
11 Schnitt A, 2002
12 Schnitt B, 2002
/// Ausgrabungen 2002 - 2003 ICHO (M. Shahmirzadi)
⊙⊙ Qanatreihe

nach M. Siroux (Ghirshman 1938-39)
und M. Shahmirzadi 2001-2003)

Abb. 1: Vereinfachter Plan der Untersuchungen Ghirshmans und des „Sialk Reconsideration Projects" zwischen 2001 und 2003 auf dem Nord- und dem Südhügel von Sialk bei Kāshān.

Years B.P.	Period		Cultur	Kind of Pottery	Name of Pottery	Sites on the Central Iranian Plateau	Sialk
ca. 2600	Iron Age	III	Mede & Achaemenid	wheel made	grey, red and orange burnished	Sagzabad level XV Ozbaki Sagzabad level XIII-XIV Ozbaki Sagzabad level XVI-XII Ozbaki	Achaemenid gap
ca. 3000	Iron Age	II	post late plateau	wheel made	zoomorphic vessels	Sagzabad level XVI-XII Ozbaki	Sialk VI (cemetery B) gap
ca. 3500	Iron Age	I	post late plateau	wheel made	gray and gray-black	Kahrizak Mamorin Sagzabad level V-VI Ghaytarich Khorvin Ozbaki Hesār Ic Agh Tappeh	Sialk V (cemetery A)
	proto-elamite		late plateau	wheel made	proto-elamite (late Uruk & Jamdat Nasr)	Sialk IV (Ziggurat) Ghabrestan Mamorin Veshnaveh ? Arisman	gap Sialk IV (Ziggurat)
ca. 4900			transitional			Veshnaveh? Sialk III 6-7&7a Arisman	Sialk III 6-7 &7a
	proto urbanism		middle plateau		Sialk ware	Cheshmeh Ali B western Mahmoudieh Ghabrestan 1 (levels 19-11) Hesār 1 Ghareh Tappeh Qom Ghomrud Ghareh Tappeh Shahryar Ghabrestan II-IV Morteza Gerd Ozbaki (Matal Tepe)	late Sialk III 4-5 early Sialk III 4-5
ca. 6100							
ca. 7000	neolithic	pottery neolithic	old plateau	hand made	Cheshmeh Ali ware	Agh Tepe 11&1 Golestan Palace? Qumes Barlekin Belt Cave Hotu Cave Ismaeil Abad Cheshmeh Ali A Shah Tappeh Sheikh Tappeh Yarim Tappeh Cheshmeh Bolbol Shir Ashian Sohanak? eastern Mahmoudieh Ozbaki Puinak Ganj Tappeh Qaleh Dokhtar Tepe Shoghali Ghareh Tepe Shahryar Khurian Merseh Ghomrud Tureng Tappeh Mohammad Abad Zagheh (levels VIII-I)	Sialk I 2-5 & II 1-3
ca. 8000	neolithic	pottery neolithic	archaic plateau	hand made	Zagheh ware	Agh Tepe III Sang-e Chakhmagh Cheshmeh Ali? Sialk I 1 Cheshmeh Bolbol Deh Kheir Mehran Abad? Yarim Tappeh Ozbaki Zagheh (levels XII-IX) Pokerdwaul	Sialk I 1
ca. 9000	neolithic	pottery neolithic	formative	hand made	Soft ware	Belt cave (from level 6 up) Tappeh Shurabeh Hoto cave (from 4.6 m up) Mehran Abad	Tappeh Shurabeh
ca. 10500	neolithic	aceramic				Hotu cave (from 4.6 m to 7.15 m) Belt cave (levels 11-7)	?
ca. 12000	Epi-palaeolithic				Ali Tepe cave Belt cave (levels 27-11)		?
ca. 45000 ca. 60000	upper late palaeolithic		upper middle lower			Masileh Basin (with mousterian tools) Tehran?	Sefid Ab

Abb. 2: Tabelle der chronologischen und kulturellen Verhältnisse am Zentralplateau während der prähistorischen Perioden.

Abb. 3: Panaroma-Ansicht des Nordhügels im Jahr 2003; Foto: Sialk Reconsideration Project.

einer Kombination von Jagd, Sammeln und wahrscheinlich begrenztem Ackerbau (ohne Bewässerung) sowie der Haltung kleiner Herden von Ziegen und Schafen. Die Menschen waren offensichtlich mit den örtlichen Ressourcen an Mineralien vertraut; im mittleren Teil dieser Periode beuteten sie örtliche Kupferlagerstätten aus, um kleine gehämmerte Schmuckstücke herzustellen. Marmor wurde ebenfalls verwendet, um kleinere Gebrauchsgegenstände wie Schalen herzustellen, und auch für Verzierungen wie Armreifen, Armbänder und Schmuckperlen. Die Toten wurden im Dorf unter den Fußböden der Häuser begraben, zusammen mit einigen Beigaben und in Hocker-Position, bedeckt mit einer dünnen Schicht Ocker.

Zweite Kultur-Periode (Sialk I 2-5 bis II 1-3)

Während die grundsätzliche Lebensweise, wie sie oben beschrieben wurde, im Verlauf der zweiten Kultur-Periode fortgesetzt wurde, zeigt die Keramik, die in dieser Zeit hergestellt wurde, einen deutlichen Unterschied zur vorangehenden Periode. Die Keramik der zweiten Periode war nicht nur mit geometrischen Mustern (Abb. 4), sondern auch mit symbolischen und stilisierten Tieren und Pflanzen verziert; ein verbesserter Töpferofen zum Brennen der Keramik wurde ebenfalls verwendet. Die Menschen errichteten weiterhin die Wände ihrer Häuser aus Strohlehm und die Dächer aus Zweigen, Blättern und Lehm, doch in dieser Zeit wurden auch handgeformte Lehmziegel verwendet. Die Begräbnis-Praxis wurde wie in der vorangegangenen Periode fortgeführt. Diese zweite Periode erscheint als eine kulturelle Fortsetzung der ersten Periode. Der Wandel der keramischen Traditionen begann in Sialk I 2-5 und dauerte bis zum Ende dieser Periode. Diese Keramik wurde auch „Cheshmeh Ali"-Ware genannt. Der Autor wertet sie als Zeugnisse einer am Zentralplateau verbreiteten Kulturerscheinung, der „Cheshmeh Ali Kultur-Periode" wegen ihrer großen Ähnlichkeit zu der Cheshmeh Ali-Kultur in Ray (Shahmirzadi 1999).

Abb. 4: Rotbemalte Fußschale aus der Periode II des Nordhügels, Grabungen R. Ghirshman, DBM, Foto: M. Schicht.

Dritte Kultur-Periode (Sialk III 1-6)

Die dritte Periode von Sialk begann vor etwa 6100 Jahren, als die Bewohner des Nordhügels ihre Siedlung aufgaben. Einige Auswanderer zogen auf die südliche Seite des „Sialk Rud" (Sialk-Fluss), um auf einem natürlichen Hügel einen neue Siedlung zu errichten (Abb.

Abb. 5: Panaroma-Ansicht des Südhügels im Jahr 2003; Foto: Sialk Reconsideration Project.

5). Dieser wird heute Südhügel genannt. Untersuchungen durch das Sialk Neubewertungsprojekt von 2001-2002 zeigten, dass der Südhügel an einem Fluss lag, der vor etwa 6500 Jahren floss. Das alte Flussbett konnte während der ersten Kampagne des neuen Sialk-Projektes in einer Tiefe von 6 m im Vergleich zu den umgebenden Arealen unterschieden werden. Archäobotanische Studien aus dem Jahre 2002 ergaben, dass er durch einen waldigen Korridor aus Fichten, Pinien, Weiden und anderen Bäumen von Nordwesten nach Südosten floss. Diese Tatsachen zeigen, dass die Bewohner von Sialk in einer Gegend lebten, die ein angenehmes Klima bot, nicht zu vergessen ein bereit liegendes Angebot an Brennmaterial und Rohstoffen. Die Vielfalt der Tiere und Pflanzen, die auf den von den Töpfern des Südhügels hergestellten Gefäßen dargestellt ist, zeigt nicht nur ihre Inspiration durch die natürliche Umwelt, sondern auch, dass das Kāshān-Gebiet in dieser Periode ein mildes Klima aufwies, in dem diverse Flora und Fauna gedieh – Fichten, Weiden, Tamarisken, Mandelbäume, Feigen; Ziegen, Schafe, Rotwild, Gazellen, Rinder, Geparden, Fische, Frösche, Schildkröten, Enten, Reiher, Störche und Geier.

Die ersten Bewohner des Südhügels lebten in Häusern, die aus rechteckigen Lehmziegeln erbaut waren. Die Räume waren rechtwinklig. Flechtwerk wurde zum Bau der Wände verwandt, um das Gebäude zu verstärken. Zum Ende der Periode hin wurden der Verputz und einige Innenwände mit einer Ockerlösung gefärbt. Die Ökonomie der Periode beruhte immer noch auf Ackerbau und Tierhaltung, wenn auch in größerem Maßstab – Ackerbau wurde mit und ohne Bewässerung betrieben, und Ziegen, Schafe und Rinder wurden gehalten. Bezüglich der Technologie wurde in dieser Periode ein bedeutsamer Fortschritt erzielt: Seit der Mitte dieser Periode wurde Keramik unter Verwendung der Töpferscheibe hergestellt und in wesentlich ausgefeilterten Töpferöfen gebrannt, deren Temperatur kontrolliert werden konnte. Die meist gefragte Keramik war einfach gehalten, während dekorative Keramik zusammengesetzte geometrische Muster und stilisierte Abbildungen von Flora, Fauna und menschlichen Gestalten zeigte; Ziegen, Rinder, Rotwild, Gazellen, und Geparden waren die beliebtesten Motive (Abb. 6). Es gibt auch Belege für Darstellungen von tanzenden Männern mit erhobenen Händen. Die große Fertigkeit und Akkuratesse der Sialk-Künstler beim Zeichnen von Natur-Details ist an der Tatsache zu erkennen, dass Ziegen und Rinder in verschiedener Weise ausgeformt und nicht standardisiert dargestellt sind. Organische Farben, Ruß, Mineralien und Tierfett wurden zum Färben verwendet; in einigen Fällen könnte es auch sein, dass die Töpfer mehr als eine Farbe für ein Gefäß verwendeten, wie Belege vom Ende dieser Periode andeuten. Die Bewohner von Sialk waren ebenfalls fähige Metallurgen; sie wussten, wie man aus dem örtlichen Erz Silber

Abb. 6: Pokalförmiger Becher mit Capridenzug, Sialk Periode III,5-6; Foto: DBM, M. Schicht.

gewann und benutzten es zur Herstellung von Ornamenten und Schmuck und stellten ansonsten ihre Alltags-Werkzeuge aus Kupfer her. Im Verlauf der zweiten Grabungskampagne des Sialk Neubewertungsprojektes wurde unter den Hinterlassenschaften der letzten Besiedlungsschicht dieser Periode ein metallenes Messer entdeckt, das aus Kupfer mit 95% Reinheit bestand und in offener Gusstechnik hergestellt war.

Einige Informationen bezüglich der sozialen Situation in der dritten Periode wurden während der zweiten Grabungskampagne des Sialk Neubewertungsprojektes gewonnen. Zusätzlich zu den Kunsthandwerkern, Bauern und Tierzüchtern wurde die Existenz einer wohlhabenden Bevölkerungsschicht festgestellt, hauptsächlich aufgrund von Unterschieden in Typ und Größe der Wohnhäuser. Bei der Ausgrabung eines Wohngebietes vom Ende dieser Periode wurden Teile von drei Räumen eines großen Hauses entdeckt. Die Wand des nördlichen Raums war mit einer Ocker-Lösung gefärbt gewesen. Im mittleren Raum waren Skelettreste eines zehn Jahre alten Mädchens und eines Mannes im mittleren Alter unter Schutt begraben. Im südlichen Raum fanden sich die Reste von schätzungsweise zehn mittleren und großen Flüssigkeitsbehältern, die beim Zusammenbruch der Decke zerbrochen waren. Einige dieser Behälter waren mit stilisierten Tieren und Pflanzen zweifarbig verziert.

Vierte Kultur-Periode (Sialk IV 7-7a)

Ghirshman glaubte, dass es eine Lücke zwischen der dritten und der vierten Kultur-Periode gegeben habe, die das Resultat eines Brandes gewesen sei. Allerdings zeigten die Ausgrabungen der zweiten Grabungskampagne des Sialk Neubewertungsprojektes, dass dieser Brand nicht allgemein war und nur einen Teil des Indus-

Abb. 7: Blick nach Norden zu der 2002 gereinigten Lehmziegel-Konstruktion („Ziggurat") des Südhügels; Foto: M. Schicht.

Abb. 8: Fragmente eines vollplastisch modellierten Capridenkopfes aus Terrakotta aus den neuen Grabungen Sialk Reconsideration Project.

triebezirks der Stadt beschädigt hatte. Es scheint, dass am Ende der dritten Periode nur eine kleinere Gruppe älterer Personen vor Ort verblieb. Eine Fortsetzung der Kultur von der dritten in die vierte Periode war nicht nur in den bewohnten Abschnitten zu erkennen, sondern ebenfalls im Rahmen einer Sondage, die südlich des Südhügels vorgenommen wurde, um gewachsenen Boden zu erreichen. Die vierte Kultur-Periode von Sialk begann vor 5000 Jahren und dauerte gut 500 Jahre. In dieser Periode war die Schrift in Form von Symbolen und Buchstaben (protoelamisch) zu einer allgemeinen Praxis in Sialk geworden. Außerdem wurden in der nun großen Stadt Sialk gigantische Gebäude errichtet (Abb. 7). Im Jahre 2001 identifizierte das Sialk Neubewertungsprojekt Teile der ältesten bekannten Ziggurat der Antike, die vor etwa 4500 Jahren neben dem Haupt-Tempel erbaut wurde. Nach ungefähren Berechnungen wurden mehr als 1.250.000 Lehmziegel mit den Maßen 35x35x15 cm verwendet, um diese Ziggurat zu bauen, die mindestens drei Ebenen hatte. Die Maße betragen von Ost nach West 56 m, von Nord nach Süd 45 m. Die zweite Plattform hatte eine Ausdehnung von 35 x 35 m, beurteilt vor allem nach dem Tunnel, den Ghirshman durch den Kern der Anlage treiben ließ. Schließlich gab es eine kleinere dritte Plattform auf der zweiten, doch sind nur die Überbleibsel der ersten beiden Ziegelreihen noch zu erkennen. Die Höhe der ersten Plattform ist vier Meter, und es scheint, dass die Höhe der beiden anderen Plattformen etwa dieselbe war. Auf der Südseite der ersten Plattform befindet sich eine Lehmziegelplattform von 4 m Breite und 1,5 m Höhe. Zwei halbe, kegelstumpfförmige Türme wurden an der südlichen und nördlichen Ecke der östlichen Fassade hinzugefügt. Zusätzlich wurde ein schmaler Alkoven mit einem vorstehenden Bogen vor die Fassade nahe des südlichen Turmes vorgeblendet. Eine Lehmziegelbank von 1,5 m Breite und ca. 1 m Höhe wurde vor den Alkoven erbaut, die sich vom südlichen bis zum nördlichen Turm erstreckt. Die innere Oberfläche des Alkoven sowie die Oberseite der Bank wurden mit einem feinen, weißen Überzug, wahrscheinlich eine Mischung von Kalk und Gips, überzogen. Der Raum zwischen der östlichen Fassade der zweiten Plattform zu der oberen östlichen Ecke der ersten Plattform beträgt 11 m, während der Raum nach Westen nur 5 m umfasst. Im Augenblick scheint die einzige rationale und logische Begründung dieser Erweiterung in einer Art von morgendlichem Kultritual zu liegen, vor allem weil am Morgen die ersten Strahlen der Sonne Licht auf die Fassade werfen.

Begründet in einigen verlässlichen archäologischen Daten scheint die Ziggurat irgendwann während der protoelamischen Periode, d.h. zwischen 2900 und 2500 vor Chr. errichtet worden zu sein[3].

Fünfte Kultur-Periode (Sialk V)

Vor etwa 3500 Jahren begannen Stämme aus Zentralasien nach Westen zu wandern; sie betraten die Stätte von Sialk, welche seit Ewigkeiten verlassen und unbewohnt war, und siedelten dort zeitweise vor etwa 3250 Jahren. Es gibt nicht viele Informationen über diese neuen Einwanderer, abgesehen davon, dass sie ihren Begräbnisplatz – Gräberfeld A – hinterließen, der 200 m südlich vom Südhügel liegt. Ghirshman grub zwölf der Gräber aus; die Keramik, die in den Gräbern gefunden wurde, war auf der Töpferscheibe hergestellt und dunkelgrau bis schwarz, was auf eine Beziehung zur Eisenzeit I hindeutet.

Sechste Kultur-Periode (Sialk VI)

Nach einer kurzen Lücke, d.h. vor etwa 2900 bis 2800 Jahren, in der Eisenzeit II, besiedelte eine Gruppe nördlicher Stämme die Gegend und begrub ihre Toten in einem Gräberfeld 150 m westlich

Abb. 9: Die Fundstelle Tappeh Shourabeh am Fuß der Karkas-Berge; östlich ist das Wäldchen des Bagh-e Fin zu sehen, Foto: S. Malek Shahmirzadi.

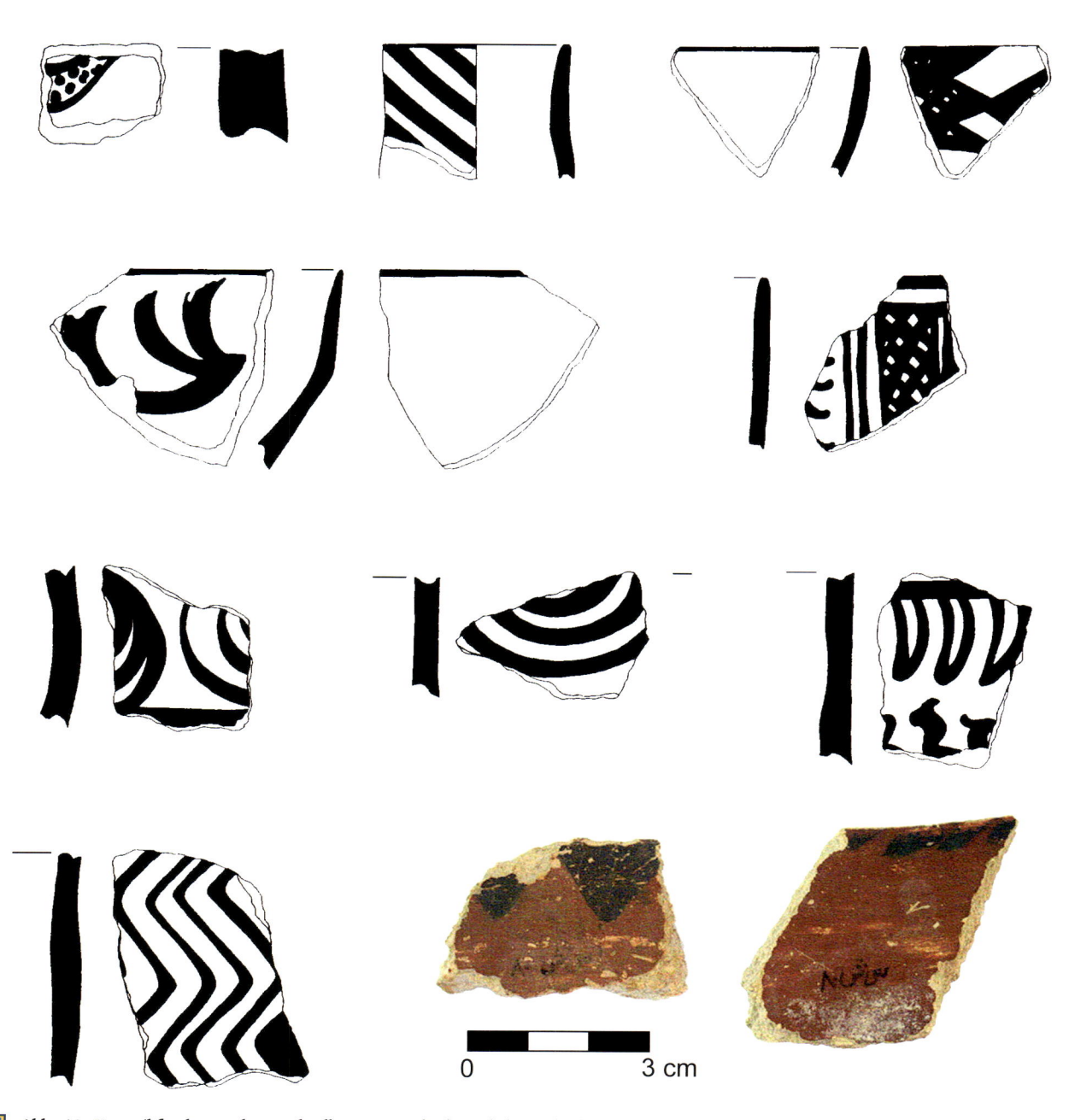

Abb. 10: Keramikfunde von der Fundstelle am Tappeh Shourabeh, nach Shahmirzadi 2003.

des Südhügels, Gräberfeld B. Die Gräber dieser Gruppe waren in Dachfirst-Form gehalten, wobei schöne Keramikgefäße in verschiedenen Formen (manche in der Form von Tieren und Vögeln) und persönliche Schmuck-Gegenstände den Toten beigegeben waren. Ghirshman untersuchte während seiner 1937er Ausgrabung mehr als 200 dieser Gräber. Viele der Grabgefäße – sorgfältig mit Abbildungen aus rotem Ocker dekoriert, die von der Natur inspiriert waren – finden sich heute in Museen und privaten Sammlungen, besonders im Louvre, bekannt als „Sialk-Gefäße". Im Verlauf der zweiten Grabungskampagne des Sialk Neubewertungsprojektes wurde festgestellt, dass die Menschen, welche die Gräberfelder A und B anlegten, auch zeitweilig auf dem Südhügel siedelten.

Siebte Kultur-Periode (Sialk VII)

Während der 220 Jahre dieser Periode war das Gebiet von Kāshān ein Teil des ausgedehnten achämenidischen Imperiums, doch aus

207

unbekannten Gründen war die Gegend nicht besiedelt. Allerdings sind einige typische Keramikscherben aus dieser Periode in der Fundsammlung zu sehen, die aus den beiden Grabungskampagnen des Sialk Neubewertungsprojektes stammt.

Woher kamen die ersten Bewohner von Sialk?

Eine grundlegende Frage für die Archäologie dieser Region ist: Woher kamen die ersten Bewohner von Sialk – diejenigen, welche die Gegend als erste betraten und sich auf dem Nordhügel ansiedelten? Gegen Ende der zweiten Grabungskampagne gelang es dem Sialk Neubewertungsprojekt, diese Frage zu beantworten. In den Ausläufern des Karkas-Gebirges, etwa 5 km südwestlich von Sialk, geben die Hinterlassenschaften einer kleinen Siedlung, die als Tappeh Shourabeh bekannt ist, faszinierende Hinweise (Abb. 9). Die Keramik – einer der wichtigeren Indikatoren zur Datierung von Funden – dieses Hügelchens ist viel älter und primitiver als die älteste Keramik, die in der ersten Kultur-Periode von Sialk gefunden wurde (Abb. 10).

Nun gibt es einige Hinweise, dass die ersten Einwohner des Nordhügels von Sialk am Fuße der Karkasberge siedelten, ehe sie vor 7500 Jahren begannen, die Ebene von Sialk zu besiedeln.

Anmerkungen

1. Roman Ghirshman (1895-1979), berühmter Archäologe, arbeitete an vielen Ausgrabungsstätten in Persien und Afghanistan. 1935-1941 Ausgrabungen in Bishapur; 1936 Entdeckung der Ziggurat bei Chogha Zanbil. Ausgrabung der prähistorischen Stätte von Nad-i Ali in Afghanistan. Direktor der „Délégation Archéologique Française" in Afghanistan seit 1941, seit 1946 Direktor der Französischen Archäologischen Mission in Persien. Untersuchungen prähistorischer Stätten auf dem Iranischen Plateau, z. B. Ausgrabungen bei Tappeh Giyan nahe Nihavand, und Tappeh Sialk bei Kāshān.
2. Das Projekt wurde gegründet durch die Iranian Cultural Heritage Organization (ICHO), die das Projekt finanziert und unterstützt. Projektleiter ist der Autor dieser Zeilen.
3. R. Ghirshman datierte diesen Lehmziegelbau (seine „grande construction") in die Periode VI und damit in die Früheisenzeit: Ghirshman 1939.

Bibliographie

GHIRSHMAN, R.:
1938   Fouilles de Sialk, près de Kashan 1933, 1934, 1937 (I). In: Série Archéologique, tome IV, Paris.
1939   Fouilles de Sialk, près de Kashan 1933, 1934, 1937 (II). In: Série Archéologique, tome V, Paris.

SHAHMIRZADI, MALEK S.:
1999   Prehistoric Iran. From the Earliest Times to the Dawn of Urbanism. Iranian Cultural Heritage Organization, Tehran, (auf Farsi).
2002   The Ziggurat of Sialk. Sialk Reconsideration Project, Report No. 1. Iranian Cultural Heritage Organization, Tehran.
2003   The Silversmiths of Sialk. Reconsideration Project, Report No. 2. Iranian Cultural Heritage Organization, Tehran.

la fouille : die Ausgrabung (Durchsuchung)

Bagh-i Shahzadeh, „Garten des Königs", Mahan bei Kerman. In den ariden Gebieten Irans ist ohne künstliche Wasserversorgung kein Überleben möglich. Gärten und bewässerte Haine werden so zu Oasen der Lebensfreude; Foto: G. Gerster.

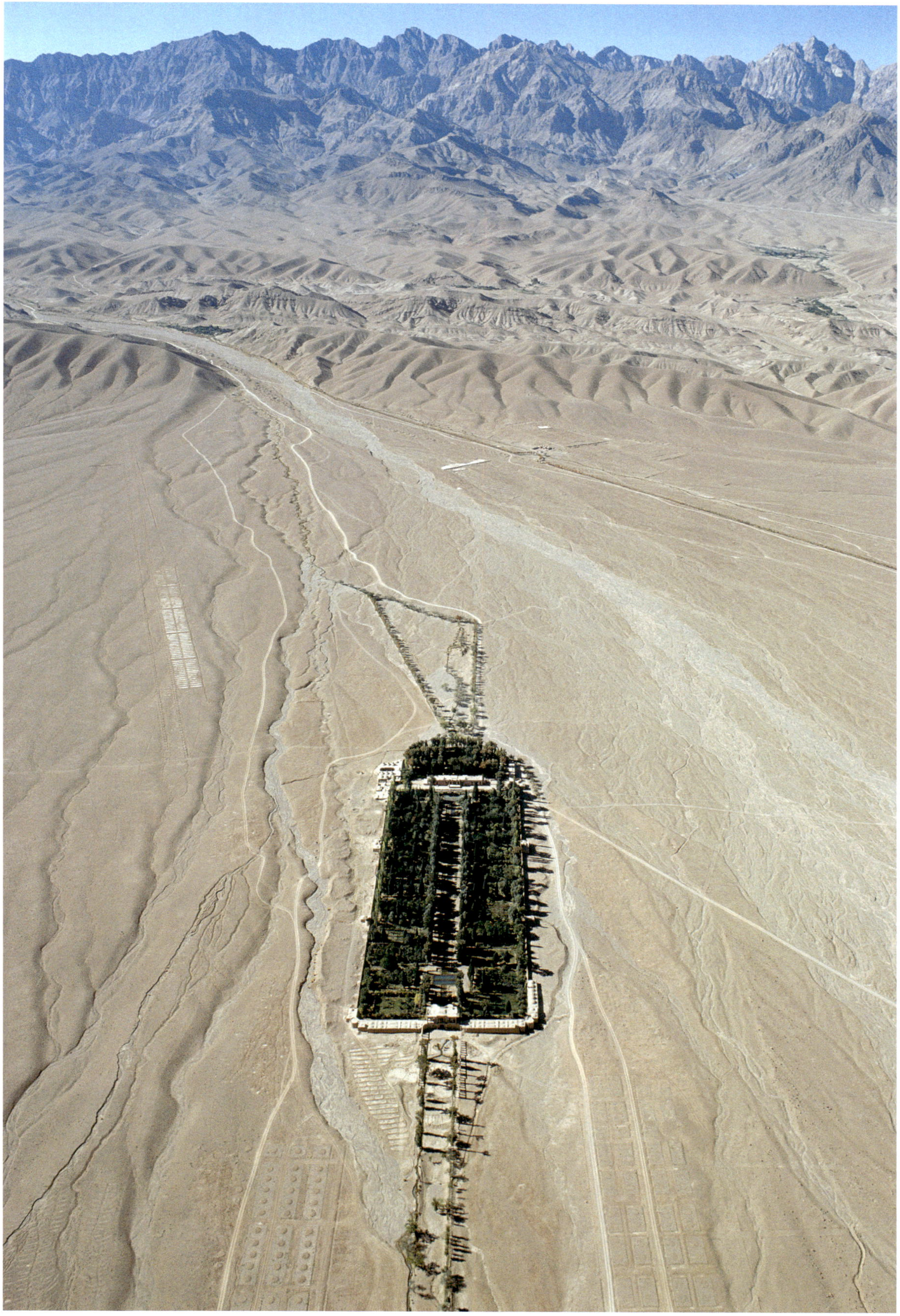

Eine prähistorische Industriesiedlung auf dem iranischen Plateau – Forschungen in Arisman

N. N. Chegini, B. Helwing, H. Parzinger & A. Vatandoust

Das iranische Hochplateau wird durch zwei Gebirge, den Zagros und den Alborz, umschlossen. Diese hochaufragenden Bergketten gehen nach innen in eine weite Hochebene über, und in ihrem Zentrum liegt die große Wüste Dasht-e Kavir.

Am Fuß der Berge, an ihrem Übergang in die Ebene, treten zahlreiche Quellen aus, die einen schmalen Streifen fruchtbaren Landes versorgen. So legt sich heute ein grünes Band bewässerter Gärten und Felder, oft nur wenige Kilometer breit, um die Wüste. Für die Menschen, die seit dem 7. Jt. v. Chr. auf der iranischen Hochebene siedelten, bot sich diese Übergangszone vom Gebirge in die Ebene als bevorzugtes Siedlungsgebiet an. Heute spannt sich ein Kranz von prähistorischen Siedlungen rund um die Wüste.

Einer dieser Orte ist die prähistorische Metallhandwerkersiedlung Arisman. Sie liegt am Südrand der Wüste, am nördlichen Fuß des Karkasgebirges, auf einer Höhe von 960 m über dem Meeresspiegel. Der nächste bekannte prähistorische Fundort ist Tappeh Sialk, 60 km weiter nordwestlich im Stadtgebiet von Kāshān gelegen. Wie wir aus Geländebegehungen im Umland wissen, war Arisman zwar der größte, jedoch keineswegs der einzige metallverarbeitende Ort in dieser Region.

Auf dem Gebiet der prähistorischen Siedlung Arisman finden sich auf einer Fläche von mehr als einem Quadratkilometer Artefakte, Keramikscherben, Steinwerkzeuge und Kupferschlacken aus dem 4.-frühen 3. Jt. v. Chr. an der Oberfläche. Ein eindeutiger Siedlungshügel, wie er an anderen Orten des Vorderen Orients typisch ist, ist jedoch nicht sichtbar. Besonders auffällig ist die dichte Konzentration von Kupferschlacken, die an drei Stellen zu regelrechten Halden von mehr als 25 m Durchmesser aufgetürmt sind. Diese zeigen, dass Arisman im Altertum eine wichtige Rolle als Produzent von Kupfer gespielt haben muss. Wie alt allerdings die Kupferindustrie von Arisman tatsächlich ist, wurde erst 1997 deutlich, als eine Holzkohleprobe aus einer dieser drei Schlackehalden ein Datum im frühen 3. Jt. v. Chr. ergab, und dies gab auch den Anstoß für die seit 2000 begonnenen archäologischen Untersuchungen.

Seither haben drei Grabungskampagnen in Arisman und eine Geländebegehung im Hinterland der prähistorischen Siedlung stattgefunden[1], und es zeichnen sich erste Konturen einer komplexen prähistorischen Industriesiedlung ab, die regen Anteil am Entstehen eines Fernhandelsnetzes im 4. Jt. v. Chr. hatte.

Ausgrabungen in Arisman

Im Gegensatz zu vielen bekannten archäologischen Fundorten in Iran erstreckt sich die prähistorische Siedlung von Arisman in die Fläche, nicht in die Höhe. Offenbar ist die große Ausdehnung das Ergebnis einer kontinuierlichen Siedlungsverlagerung, wobei die Mächtigkeit der Siedlungsschichten maximal 1,60 m erreicht. Die Ausgrabungen konzentrierten sich bisher in vier unterschiedlichen Bereichen: Die ältesten Schichten aus der Mitte des 4. Jt. v. Chr. wurden in der südlichen Grabungsfläche B erfasst, während jüngere Siedlungsschichten vom Ende des 4. Jt. v. Chr. in Fläche C aufgedeckt wurden. Die Grabungsflächen A und D zielten auf die Untersuchung von zwei Schlackehalden, die aus derselben Zeit stammen wie die Siedlungsbefunde in Fläche C.

Sialk III-Periode

Hausbefund und Töpferbezirk in Areal B

In der Mitte des 4. Jt. v. Chr. wurde in Areal B ein freistehendes, einräumiges Wohnhaus mit Mauern aus Stampflehm errichtet (Abb. 1). Dieses Haus ist der älteste bisher erfasste archäologische Befund in Arisman. Im Innern des Gebäudes liegt an einer Schmalseite eine Herdstelle, daneben lagen zwei Kochtöpfe *in situ*. Diese sind handgemacht, und der Boden der Töpfe ist auf der

Abb. 1: Arisman, Areal B, Hausgrundriss der Sialk III-Zeit (Mitte 4. Jt. v. Chr.)

Unterseite durch Fingereindrücke strukturiert, offenbar um die Oberfläche zu vergrößern und so eine bessere Absorption der Hitze zu erreichen.

Nachdem dieses Haus verlassen worden war, etablierte sich in diesem Bereich ein Handwerkerviertel. Man legte große Töpferöfen an, von denen innerhalb des Grabungsareals fünf untersucht werden konnten. Diese Öfen gehören drei unterschiedlichen Bautypen an (siehe Beitrag Boroffka-Becker). In diesen Töpferöfen hat man offensichtlich große Mengen von Keramik hergestellt. Eine Schuttschicht von fast einem Meter Stärke hat sich um die Öfen herum angesammelt. Sie enthielt Tausende von Keramikscherben, Bruchstücke von Ofenwandung und auch, erstaunlicherweise, zahlreiche Abfälle aus der Kupfer- und Silberverarbeitung, vermutlich aus Werkstätten, die ebenfalls in der Nähe gelegen haben müssen. Nach der Auflassung des Töpferviertels wurde dieser Bereich nur noch gelegentlich genutzt, es wurde weiterhin Schutt abgelagert, und es findet sich auch eine Bestattung, die später in die Schuttschicht eingegraben worden ist.

Metallurgische Funde aus Areal B

Die Schuttschicht rund um die Töpferöfen enthielt zahlreiche Abfälle der Metallproduktion: Fragmente von Schmelztiegeln und Gussformen (Kat.-Nr. 206-212, 219/220), Bleiglättefragmente (Kat.-Nr. 227/229), Schlacken (Kat.-Nr. 218) und kleine Stückchen Kupfererz, Hammer- und Ambosssteine und schließlich auch einige Artefakte aus Kupfer (Kat.-Nr. 214-217, 221-225) sowie etwas Goldblech und -draht (vgl. Kat.-Nr. 231).

Die Schmelztiegel sind grobe dickwandige Schalen von etwa 30 cm Durchmesser aus strohgemagertem Ton, die auf einem Standfuß mit Längsdurchlochung stehen. Vermutlich diente diese Lochung dazu, einen Stab hindurchzustecken, um den heißen Tiegel bewegen zu können. In der Regel ist die Innenseite der Tiegel von Kupferschlacke bedeckt. Dieser Schmelztiegeltyp ist charakteristisch für das 4. Jt. v. Chr. und wird – nach dem Fundort, wo er zuerst belegt ist – als Schmelztiegel Typ Ghabristan bezeichnet (Majidzadeh 1989, pl. 27, b in situ, pl. 28, a). Außer in Ghabristan findet er sich auch an anderen Fundplätzen auf dem Plateau, in Tappeh Sialk (Nokandeh 1382 [=2003], pl. 2, 1-4) und in Tappeh Mamourian (pers. Mitteilung J. Mehrkian). Dass dieser Tiegeltyp allerdings nicht der einzige ist, der im 4. Jt. v. Chr. während der späten Sialk III-Zeit Verwendung fand, wissen wir mittlerweile aus den Oberflächenbegehungen im Hinterland von Arisman: Dort konnten einige isolierte Schmelzplätze der späten Sialk III-Zeit am Rand der Wüste dokumentiert werden, in denen eine andere Tiegelform mit einem massiven Griff verwendet wurde.

Auch die Gussformen sind aus Ton geformt, enthalten allerdings wesentlich mehr Sand und weniger Stroh. Es finden sich vor allem Formen für Barren und für Flachbeile, aber auch zwei Formen zum Guss großer Doppeläxte. Außerdem wurden kleine Tonzylinder gefunden, die man vermutlich zum Aussparen des Schaftloches während des Gießens der Doppeläxte benutzte. Schwergerät aus Kupfer ist im 4. Jt. v. Chr. bekannt, und Doppeläxte kommen beispielsweise in Susa vor (Tallon 1987, 96-97, no. 74, mit Hinweis auf eine weitere Doppelaxt aus den alten Grabungen). Weitere Doppelaxtformen stammen aus dem zeitgleichen Ghabristan (Majidzadeh 1989, pl. 28, c). Modelle von Doppeläxten aus Ton kennt man aus Telloh (Genouillac 1934, 6, pl. 44, c; Sarzec & Heuzey 1884-1912, pl. 42, 2, 45,5) und wiederum aus Susa (Tallon 1987, 97 Fußnote 84 mit Verweis auf Sb 11205, unpubliziert).

Unter den Kupferartefakten aus Arisman sind bisher keine derartigen Schwergeräte, und es steht zu vermuten, dass diese für den Handel bestimmt waren und nicht in Arisman verblieben. An Metallgeräten finden sich lediglich kleinformatige Werkzeuge, Meißel und Ahlen, wie man sie auch aus Sialk (Ghirshman 1938, pl. 84, S.1698) und Hesār (Schmidt 1937, pl. 16, H.3743) kennt.

Bei der Verarbeitung des Kupfers – des Erzes, der Schlacke und des Metalls – spielen Geräte zum Schlagen eine wichtige Rolle. Erz wurde zu kleinen handlichen Stücken zerschlagen, bevor man es in den Schmelzofen gab. Die anschließend übrig gebliebene Schlacke enthielt wiederum einen hohen Restbestand an Kupfer, und so wurde auch die Schlacke wieder zerklopft und die eingeschlossenen Kupfertröpfchen wurden ausgelesen. Schließlich benutzte man Hämmer zum Ausschmieden und Formen des Kupfers. Als Schlagwerkzeuge benutzte man Steine, einige in ihrer natürlichen Form, andere teilweise in Form gebracht. Granit, Basalt, Granodiorit, aber auch Sandstein wurde häufig verwendet, ebenso wie Feuerstein. Zum Schlagen verwendete man längliche Stößel oder runde Schlag- oder Hammersteine, häufig auch natürlich vorkommende, annähernd runde Feuersteinknollen. Als Unterlage dienten flache Platten oder ausgehöhlte Mörser.

Keramik aus Areal B

Die Keramik aus der Schuttschicht ist in der typischen Machart der späten Sialk III-Periode teils handgemacht, teils auf der Töpferscheibe gefertigt. Der Ton ist in der Regel hell, und viele Gefäße sind dunkel bemalt. Beim Brand färbte sich der Scherben gelblich, beige oder rötlich, und die Bemalung wurde dunkelbraun. Becher mit einer sanft S-förmig geschwungenen Wandung (Kat.-Nr. 235) gehören zu den häufigsten Formen, gefolgt von Schalen auf hohem Fuß und großen Kesseln sowie kleinen bauchigen Bechern mit umgeschlagenem Rand. Die Malmuster sind überwiegend geometrisch und finden sich im oberen Bereich der Gefäße. Besonders typisch sind eng angelegte Schraffuren, die ein flammenartiges Muster ergeben, das den Rand von Bechern umläuft. Ebenfalls typisch sind umlaufende Tannenzweig- und Gittermuster. Andere Muster sind in Metopen geordnet, und in diesen Metopen finden sich auch Einzelmotive, darunter Sonnen- und Pflanzendarstellungen, und gelegentlich zoomorphe oder anthropomorphe Motive. Unter diesen nehmen Reihen von gehörnten Tieren (Kat.-Nr. 235) – Stiere, Ziegen und Steinböcke, Hirsche – den größten Raum ein, gefolgt von der Darstellung von Wasservögeln oder Leoparden. Menschen sind besonders selten. Die Keramik aus Arisman findet ihre besten Parallelen in den Schichten III, 6-7 im nahegelegenen Tappeh Sialk (Ghirshman 1938), wo praktisch alle Motive ebenso belegt sind. Zoomorphe und anthropomorphe Darstellungen finden sich in Sialk in noch größerer Vielfalt als in Arisman, und erlauben so Rückschlüsse auf die reiche Tierwelt der damaligen Zeit.

Y. Majidzadeh hatte Sialk III, 6-7 seinem Horizont „Spät Plateau A" zugewiesen, den er in das 2. und 3. Viertel des 4. Jt. v. Chr. datiert (Majidzadeh 1976, 204 tabl. 5). Malek Shamirzadi folgt ihm darin und platziert Sialk III, 6-7 ebenfalls um die Mitte des 4. Jt. v. Chr. (Malek Shahmirzadi 1382 [=2003], Abb. S. 208). Dieser Ansatz kann nun durch die Radiocarbondatierungen aus Arisman bestätigt werden (Görsdorf 2003, 361).

Neben den charakteristischen Sialk III-Formen gibt es im keramischen Inventar von Arisman auch einen kleinen Anteil an handgemachter Grobkeramik, der einem gänzlich anderen kulturellen Hintergrund entstammt. Dabei handelt es sich um modelgeformte konische Schalen, sogenannte Glockentöpfe, und um flache Plat-

Abb. 2: Arisman, Areal C, Wohn- und Werkstattviertel der Sialk IV-Zeit; ca. 3000 v. Chr.

tenmit einem dicken Rand. Derartige Formen sind typisch für die Urukkultur, die sich im 4. Jt. v. Chr. in der mesopotamischen Alluvialebene entwickelt. Dort entstehen die ersten Städte, mit Stadtmauern und Tempeln, mit Handwerkervierteln und einer arbeitsteiligen Gesellschaft, und am Ende dieser Entwicklung steht die Einführung eines komplexen Verwaltungssystems und der Schrift (Nissen 1988). Der somit stark gestiegene Rohstoffbedarf der Urukkultur führt seit etwa 3800 v. Chr. zu einem verstärkten Kontakt mit den rohstoffreichen Bergregionen Irans und Syrien – Anatoliens. Bereits um die Mitte des 4. Jt. v. Chr. lässt sich so – anhand der keramischen Formen – ein Kontakt zwischen der Urukkultur und Arisman nachweisen, der wohl ein Resultat des intensivierten Handels zwischen dem Hochland und der Ebene ist.

Areal B – Zusammenfassung

Wie das Töpferviertel von Arisman in eindrucksvoller Weise zeigt, entstanden im iranischen Hochland bereits um die Mitte des 4. Jt. v. Chr. spezialisierte Handwerksbetriebe, in denen Gegenstände des täglichen Bedarfs – in diesem Fall Geschirr, aber auch Metall – in großem Stil und mit standardisierten Verfahren hergestellt wurden. Diese Produkte waren für einen Abnehmerkreis außerhalb der Siedlung bestimmt und wurden über ein Fernhandelsnetz vertrieben. So etablierte sich bereits frühzeitig ein Kontakt zwischen den Siedlungen im Hochland und den frühen Städten in der mesopotamischen Tiefebene.

Sialk IV-Periode

Ein halbes Jahrtausend später, etwa um 3000 v. Chr., haben sich die Arbeitsabläufe im Metallhandwerk viel weiter aufgegliedert. Der eigentliche Verhüttungsprozess ist aus dem Wohnbereich ausgegliedert worden und findet auf Freiflächen am Rand der Siedlung statt. Dort stehen die Verhüttungsöfen, und es wird in großem Maßstab Kupfer gewonnen, wie die Schlackehalden A und D belegen. Auch die innere Struktur der Siedlung hat sich stark verändert, wie man aus dem Arrangement der Häuser in Areal C sehen kann.

Wohn- und Werkstattviertel in Areal C

Im Gegensatz zu der älteren Siedlung in Bereich B, die durch ein freistehendes Gebäude belegt ist, gruppieren sich in Areal C nun Hofhäuser mit jeweils mehreren Räumen und Innenhöfen zu beiden Seiten einer Straße (Abb. 2). Diese Häuser stehen Wand an Wand und sind nur gelegentlich durch einen schmalen Zwischenraum – möglicherweise eine Abwasserrinne – getrennt. Von der Straße aus waren die einzelnen Häuser durch schmale Türen zugänglich, die dann in einen Korridor führten. Die eigentlichen größeren Räume liegen weiter innen. Die Innenräume haben mit Lehm verputzte Fußböden und Wände. In den offenen Bereichen finden sich einige Installationen, vor allem Öfen. Diese Öfen haben einen Boden aus mit Schotter vermischtem Lehm und waren in ihrem oberen Teil von einer Kuppel aus Lehm überdeckt.

Abb. 3: Arisman, Areal A, Verhüttungsofen der Sialk IV-Zeit; ca. 3000 v. Chr.

In einigen Räumen lag ein reiches Fundinventar. Daher wissen wir, dass es in diesen Häusern sowohl Platz für das Alltagsleben gab, als auch Bereiche, in denen das Metall, welches in den Schmelzöfen in den Bereichen D und A gewonnen worden war, weiter verarbeitet wurde. So lagen in einem kleinen Raum mehrere Klopf- und Ambosssteine, und es fanden sich Konzentrationen von Kupferschlacke, die in kleine Stückchen zerstoßen worden war, um das verbliebene Kupfer zu gewinnen. Vermutlich war sie ursprünglich in einem Behälter aus organischem Material, einem Ledersäckchen oder einem Korb, aufbewahrt gewesen. Vermutlich hat man auch das weitere Schmieden des Kupfers in der Siedlung betrieben und dazu die zahlreichen kleinen Feuerstellen und Öfen eingerichtet, die in den Höfen stehen. Auch Artefakte aus Kupfer, darunter Ahlen und ein kleiner Meißel, finden sich in der Siedlung. Und schließlich war man offensichtlich dazu übergegangen, auch den Handel mit Kupfer und Silber selbst in die Hand zu nehmen. So fanden sich in einem kleinen Raum zwei Rollsiegel zusammen mit einem Anhänger aus Silber mit mehrfarbigen Einlegearbeiten.

Abb. 4: Arisman, Areal D, offene Gruben, vermutlich Grubenmeiler, Sialk IV-Zeit (ca. 3000 v. Chr.).

Zu einem späteren Zeitpunkt, noch während der ersten Hälfte des 3. Jt. v. Chr., hat man die Siedlung dann aufgegeben und das brachliegende Ruinengelände anschließend als Begräbnisplatz benutzt, wo mehrere Kinder in großen Vorratsgefäßen bestattet wurden. Einige tragen Schmuck aus Kupfer, z.B. Kupferspiralen am Arm.

Schlackenhalden und ein Verhüttungsofen in den Arealen A und D

Von den drei Schlackenhalden in Arisman konnten bisher die beiden größeren, A und D, archäologisch untersucht werden. Beide haben einen Durchmesser von ca. 25 m und sind über 1 m hoch. Bei jedem Schmelzvorgang in einem Verhüttungsofen entstehen unzählige Abfallprodukte – Schlacken, Fragmente der zerschlagenen Ofenwand, Asche und Holzkohle, zerbrochene Schmelztiegel und Gussformen. Die Halden sind so durch das sukzessive Aufhäufen dieser Abfälle der Kupferverhüttung entstanden.

In Areal A konnte tatsächlich der Verhüttungsofen freigelegt werden, der an zentraler Stelle in der Halde stand (Abb. 3). In Areal D hingegen liegt der Ofen wohl außerhalb des bisher gegrabenen Bereichs. Stattdessen wurden hier – 40 m von der Halde entfernt – an einer Stelle, die während der geomagnetischen Untersuchung starke Anomalien im Untergrund aufzeigte, insgesamt sieben Gruben mit verputzter Wandung und Brandspuren untersucht, deren Füllung Asche, Holzkohle, Schlacken und anderen Verhüttungsabfall enthielt (Abb. 4).

Reines Kupfer hat einen Schmelzpunkt von 1083° C. Zum Verhütten von Kupfererz muss man deshalb Temperaturen erzeugen, die noch etwas höher liegen – etwa 1200° C müssen erreicht werden. Dazu bedarf es eines hochwertigen Brennstoffes, vermutlich zuvor hergestellter Holzkohle. Es ist möglich, dass die verputzten und verbrannten Gruben in Areal D zur Herstellung von Holzkohle dienten.

Informationen über die Verhüttungsöfen in Arisman besitzen wir bisher nur durch die Freilegung eines solchen Ofens in Areal A. Der Ofen bestand aus einem kleinen Lehmziegelpodest, das direkt auf der alten Oberfläche stand. In diese Plattform war ein runder Ofen von ca. 70 cm Durchmesser mit verputzten und durch die Hitzeeinwirkung stark verschlackten Wänden eingelassen. Im unteren Bereich dieses Ofens befand sich eine U-förmige Rinne und eine Vertiefung, in der vermutlich die Schmelztiegel standen. Der obere Abschluss kann wohl als eine lehmverputzte Kuppel rekonstruiert werden. Diese Kuppel wurde für jeden Schmelzvorgang von neuem errichtet und anschließend zerschlagen, um das Kupfer entnehmen zu können. Deshalb erforderte jeder einzelne Schmelzvorgang eine Erneuerung des Ofens. Dies geschah immer wieder an der gleichen Stelle, wobei der jeweils neue Ofen in die Reste des älteren Ofens gesetzt wurde. So verlagerte sich der Ofen langsam in nordöstliche Richtung. Aus der Anzahl von 33 Erneuerungen der Ofenkuppel lässt sich ablesen, dass in diesem Ofen insgesamt mindestens 33 Verhüttungsvorgänge stattgefunden haben müssen.

In den Schlackehalden fanden sich viele zerbrochene Schmelztiegel sowie Fragmente von Ofenwandung. Aufschlussreich waren vor allem Ränder von Schmelztiegeln, an die Fragmente von Ofenwandung mit einem negativen Tiegelrandabdruck angepasst werden konnten. Sie zeigen, dass direkt oben auf die Tiegel eine Lehmhaube aufgesetzt worden ist, so dass der Tiegel luftdicht verschlossen war.

Die Siegel

Die Verwendung von Rollsiegeln ist ein Novum des 4. Jt. v. Chr. Zwar waren Stempelabdrücke schon länger bekannt, aber erst das Rollsiegel erlaubte die kontinuierliche Abrollung von Bildzylindern über größere Flächen. Ursprünglich waren Rollsiegel wohl erstmals im Großraum der Urukkultur im südlichen Zagros- und Taurusvorland, in Khuzestan, Nordsyrien und in Mesopotamien benutzt worden, um geschäftliche Transaktionen zu dokumentieren (Boehmer 1999). Die beiden Rollsiegel aus Arisman zeigen so, dass auch die Menschen in Arisman Teil eines weitgespannten Netzes von Handelsbeziehungen waren und dass sie die Vermarktung ihrer Produkte – Kupfer und Silber – selbst kontrollierten.

Die beiden Rollsiegel aus Arisman gehören zwei völlig unterschiedlichen Typen an. Eines ist aus einem halbtransparenten grünlichen Stein, der offensichtlich von Hand in eine nur annähernd zylindrische Form geschliffen worden war. Die Abrollung zeigt die Darstellung eines gehörnten Vierbeiners vor einem kleinen Dreieck. In der Ausführung zeigt sich die etwas ungelenke Hand des Siegelschneiders, der die Darstellung aus geraden Ritzlinien zusammensetzen musste. Aus diesem Grund hat das Tier ein Auge, das die gesamte Innenfläche des Kopfes ausfüllt. In ähnlicher Weise sind auch bei Rollsiegeln aus Tappeh Sialk die Tiere dargestellt, mit dem Unterschied, dass hier zur Markierung von Eckpunkten auch kleine Bohrlöcher angebracht wurden (Ghirshman 1938, 48, pl. 94). Das Siegel aus Arisman kann deshalb mit großer Wahrscheinlichkeit als Produkt eines lokalen Siegelschneiders betrachtet werden. Die Darstellung hingegen zeigt Anleihen an den Bilderschatz der Rollsiegel der Späturukzeit, in der ein beliebtes Motiv die Darstellung der „heiligen Herde" vor einer Hürde war (Boehmer 1999).

Im Gegensatz zu diesem originellen lokalen Siegel gehört das zweite Stück zu einer weit verbreiteten Standardgruppe. Diese Siegel des „Piedmont Jemdet Nasr Stils" zirkulierten im gesamten Zagros und auch im iranischen Hochland (Pittman 1994). Sie sind aus gebranntem Steatit hergestellt und tragen kanonisierte geometrische Muster. Wir finden demnach in Arisman sowohl am Ort geschnittene Siegel als auch standardisierte Siegel, wie sie im gesamten Zagros belegt sind.

Die Keramik

Nicht nur in der Metallurgie, auch in der Technologie der Keramikherstellung gibt es tiefgreifende Veränderungen. Die Gefäße werden nun vollständig auf der schnelldrehenden Töpferscheibe angefertigt. Dies ist nur durch eine andersartige Vorbereitung des Tones möglich: Um beim schnellen Drehen ein Reißen des Tones zu verhindern, werden nun größere Mengen an Sand zugesetzt. Der Ton selbst ist wiederum lokal, und auch das Magerungsmaterial stammt vermutlich aus einem nahe gelegenen Flussbett. Beim Brand färbt sich die Keramik rot. Sie wird nur noch selten bemalt, zumeist mit einfachen umlaufenden Streifen und gelegentlich mit etwas komplexeren geometrischen Mustern. Zu den Standardformen gehören nun große Schalen mit Perlrand, Vorratsgefäße mit ovoidem Körper und unterschiedliche Varianten von Töpfen und Krügen. Besonders typisch sind doppelkonische Gefäße mit langen offenen Ausgüssen (Kat.-Nr. 240).

Wie auch schon im Inventar der Sialk III-Zeit, so ist auch jetzt in der Sialk IV-Zeit eine geringe Anzahl von Formen vertreten, die zwar lokal in der Fertigung ist, deren Prototypen jedoch in der mesopotamischen Urukkultur zu suchen sind. Dazu gehören Glockentöpfe, die nun wesentlich steilwandiger sind als die älteren Exemplare, und auch die handgemachten groben Platten kommen weiterhin vor. Außerdem finden sich nun Gefäße mit vier Ösen auf der Schulter, ein Typ, der im gesamten Verbreitungsgebiet der späten Uruk- und der Jemdet Nasr-Kultur belegt ist.

Dieses Urukelement ist jedoch nur ein kleiner Anteil. Viel wichtiger sind die starken Bezüge, der Standardkeramik aus Arisman und vor allem der streifenbemalten Keramik, zu Material der frühen protoelamischen Kultur, wie man sie am besten aus Tal-i Malyan kennt (ausführliche Diskussion der Kulturbeziehungen in: Helwing in press). Dort kommen sowohl die Schalen mit Perlrand, als auch Vierösengefäße mit geometrischer Bemalung und auch die urukentliehenen Formen vor. Die gleichen Formen finden sich auch in anderen zeitgleichen Fundorten des Hochlandes, z.B. in Tappeh Yahya in Kerman. Hier deutet sich – wiederum aufgrund des Keramikinventars – die Existenz einer kulturellen Koiné zu Beginn der proto-elamischen Zeit an, die ihren Schwerpunkt im Hochland von Iran hat und die als eigenständige Einheit den Kontakt mit der mesopotamischen Urukkultur pflegt.

Schlussbemerkungen

Die Forschungen in und um Arisman haben inzwischen unsere Kenntnis der frühen Kupfer- und Silberproduktion auf dem iranischen Plateau wesentlich bereichert. So sind wir jetzt in der Lage, die technologische Entwicklung im 4. Jt. v. Chr. detailliert nachzuzeichnen, und die Dokumentation eines Tiegelschmelzofens in Areal A bietet eine gute Grundlage für zukünftige Rekonstruktionsversuche. Zugleich konnten aber während der Geländebegehungen rund um Arisman noch weitere Fundorte mit metallurgischen Resten ausgemacht werden, die zeigen, dass Arisman zwar der derzeit größte, aber keineswegs der einzige kupferproduzierende Fundort dieser Region war. Vor allem ist aber auch die Bedeutung des iranischen Plateaus als eigene kulturelle *koiné*, eingebunden in ein weit verzweigtes Netz von Fernkontakten, aber zugleich mit starken individuellen Zügen, sichtbar geworden. Es steht zu hoffen, dass zukünftige Forschungen ein helleres Licht auf diesen eben erst sichtbar werdenden Aspekt der eigenständigen Kulturentwicklung auf dem iranischen Plateau werfen werden.

Anmerkung

1 Die Arbeiten erfolgen im Rahmen des interdisziplinären Forschungsprojektes „Früher Bergbau und Metallurgie auf dem westlichen iranischen Plateau", das seit 2000 in Zusammenarbeit zwischen der iranischen Kulturerbebehörde und dem Geologischen Dienst des Iran einerseits, und der Eurasien-Abteilung des Deutschen Archäologischen Instituts, dem Deutschen Bergbau-Museum Bochum und der TU Bergakademie Freiberg andererseits, durchgeführt wird.

Bibliographie

BOEHMER, R. M.:
1999   Uruk. Früheste Siegelabrollungen. Ausgrabungen in Uruk-Warka. Endberichte, 24. Mainz am Rhein.

GENOUILLAC, H. D.:
1934   Fouilles de Telloh, Epoques Présargoniques, Paris.

GHIRSHMAN, R.:
1938   Fouilles de Sialk, près de Kashan 1933, 1934, 1937 (I). In: Série Archéologique, tome IV, Paris.

GÖRSDORF, J.:
2003   Datierungsergebnisse des Berliner 14C-Labors 2002. Eurasia Antiqua 9, 359-366.

HELWING, B.:
in press   New evidence on long distance relations of the Iranian highland sites during the late Chalcolithic period from the Iranian-German excavations at Arisman. In: B. Vogt, U. Franke-Vogt & H.-J. Weisshaar (eds.), South Asian Archaeology, Conference, Bonn 2003, Kolloquien zur Allgemeinen und Vergleichenden Archäologie.

MAJIDZADEH, Y.:
1989   An early industrial proto-urban center on the Central Plateau of Iran: Tepe Ghabristan. In: A. Leonard & B. B. Williams (eds.), Essays in Ancient Civilization presented to Helene J. Kantor, Studies in Ancient Oriental Civilization 47. Chicago, 157-173.

MALEK SHAHMIRZADI, S.:
1382[=2003]   Gahnegari pish az tariqh falat-e markarzi-e Iran bar asas-e ettela'at-e bad sat-e amadeh az netajegh-e pazhuhesh „Tarq Baznegari-e Sialk" (Persisch). In: S. Malek Shahmirzadi (ed.), The silversmiths of Sialk, Sialk Reconsideration Project, Report, Tehran, 197-208.

NISSEN, H. J.:
1988   The Early History of the Ancient Near East 9000-2000 b. c. (eds.), Chicago and London.

NOKANDEH, J.:
1382[=2003]   Gozaresh-e kawesh dar bakhsh-e meskouni-e tappeh-e jenoubi-e Sialk (in persian). In: S. Malek Shahmirzadi (ed.), The silversmiths of Sialk, Sialk Reconsideration Project, Report, Tehran, 49-65.

PITTMAN, H.:
1994   The Glazed Steatite Glyptic Style: The Structure and Function of an Image System in the Administration of Protoliterate Mesopotamia. Berliner Beiträge zum Vorderen Orient 16, Berlin.

SARZEC, E. D. & HEUZEY, L.:
1884-1912   Découvertes en Chaldée, Paris.

SCHMIDT, E. F.:
1937   Excavations at Tepe Hissar, Damghan 1931-1933. Publications of the Iranian Section of the University Museum, Philadelphia.

TALLON, F.:
1987   Métallurgie Susienne I. De la fondation de Suse au XVIIIe avant J.-C. M. d. l. C. e. d. l. Communication, Notes et Documents des Musées de France, Paris, Editions de la Réunion des musées nationaux.

Traditionell arbeitender Dorfschmied bei Astarre im Nordwesten Irans (1978); Foto: G. Weisgerber.

Töpferöfen in Arisman

Nikolaus Boroffka & Jörg Becker

Die Entwicklung früher vorderasiatischer Brenntechniken für Keramik ist verschiedentlich skizziert worden (z.B. Ghirshman 1938, 38ff.; Delcroix & Huot 1972; Majidzadeh 1975-1977; Alizadeh 1985; Hansen Streily 2000). Die einfachste Art, Keramik im offenen Feuer zu brennen (Ghirshman 1938, Abb. 6,1; Majidzadeh 1975-1977, 218), ist dabei weitgehend unberücksichtigt geblieben. Diskutiert wurden vor allem Öfen mit einer oder mit zwei Kammern. Bei letzteren handelt es sich um Konstruktionen mit einer Feuerungskammer und einer zweiten, daneben oder darüber liegenden Kammer, in der die Keramik aufgestellt wurde. Dies bedeutet, dass die vorbereiteten Gefäße nicht direkt mit dem Feuer in Kontakt waren und daher der Brennvorgang besser kontrolliert werden konnte. Delcroix und Huot (1972) schlugen eine Gliederung in sechs Typen (mit Varianten) vor, die vor allem die Feuerungsart berücksichtigte, während Alizadeh (1985) vier hauptsächliche Entwicklungslinien auf Grund der Form des Grundrisses nachzeichnete. Letztere ist auf archäologische Befunde besser anzuwenden (vgl. Hansen Streily 2000, 70). Sie muss aber, im Lichte heutigen Wissens, vervollständigt werden. Der direkte Brand in offenem Feuer, der wohl den Öfen in der Entwicklung vorangeht, ist im archäologischen Befund nur schwer nachweisbar (siehe z.B. Audouze & Jarrige 1977) und wird hier nicht weiter besprochen. Alizadehs vier Hauptevolutionen (1985, Abb. 8) wären vor allem Zweikammeröfen mit freistehender Mittelsäule hinzuzufügen (zum Beispiel als Linie V) (Abb. 1), die sich von seinem Typ IV (die Mittelsäule ist mit der Wand verbunden) ableiten lassen. Sie gehören zu den technisch am weitesten entwickelten, da diese Konstruktion am effektivsten die Zirkulation der heissen Luft erlaubt.

In dem Sialk III zeitlichen (4. Jt. v. Chr.) Areal B der Siedlung von Arisman wurden bisher insgesamt fünf Töpferöfen identifiziert, die zu den Entwicklungslinien II und V gehören.

Drei dicht beieinander liegende Anlagen gehören in die Entwicklungslinie II nach Alizadeh (Abb. 1-4). Mit einem Innendurchmesser von ca. 80 cm sind sie im Vergleich zu den anderen beiden klein. Sie bestanden aus einer runden Feuerungskammer, die durch eine Lochplatte von der darüber liegenden Brennkammer getrennt war (Abb. 4). Dabei war offenbar keine stützende Mittelsäule in der Feuerungskammer notwendig. Das Oberteil der Brennkammer war kuppelförmig und ist später eingestürzt; seine Reste fanden sich auf der Lochplatte (Abb. 2) oder, wo diese ebenfalls eingebrochen war, in der Feuerungskammer. Der Ansatz einer oberen Abzugsöffnung fand sich im Versturz. Einer dieser Öfen war mitsamt seiner Bestückung zusammengebrochen, so dass die Gefäße mit den Überresten der Tenne in der Feuerungskammer freigelegt werden konnten (Abb. 3). Diese Öfen wurden durch eine Öffnung an der Südostseite beschickt. Ähnliche Öfen sind z.B. vereinzelt aus Schicht III/1 von Tappeh Sialk (Ghirshman 1938, 36f., Abb. 5) oder, wie in Arisman, in Gruppen von drei bis fünf aus Schicht I von Tell Abada (Hansen Streily 2000, 77, Abb. 14-15) bekannt.

Die beiden Öfen der Entwicklungslinie V sind deutlich größer. Außerdem kann noch zwischen einer Variante mit einem Feuerungsloch und einer anderen mit Feuerungs- und Abzugsloch unterschieden werden. Bei dem einen Ofen, von ca. 150 cm Innendurchmesser (Abb. 5), war die Feuerungskammer, die durch die Trennplatte überspannt werden musste, so groß, dass ein Mittelpfosten aus senkrecht stehenden, brotlaibförmigen (plan-konvexen) Lehmziegeln angelegt wurde. Durch seine Höhe von ca. 80 cm kann die Größe der Feuerungskammer vollständig rekonstruiert werden. Das Oberteil war, den Bruchstücken nach zu urteilen, ebenfalls kuppelförmig. Der Ofen besaß an seiner Südostseite eine Öffnung zur Beschickung mit Brennmaterial. Vergleichbare Anlagen sind sonst erst aus späterer Zeit bekannt, etwa aus Periode IV/1 (3. Jt. v. Chr.) von Mundigak (Delcroix & Huot 1972, 40f., Abb. 1, A.3), der Frühbronzezeit (2850-2600 v. Chr.) in Tell el Far´ah (Delcroix & Huot 1972, 71ff., Abb. 7, E.2) oder der spätbronzezeitlichen Periode V (Ende 3./erste Hälfte 2. Jt. v. Chr.) der Siedlung von Namazga-Tappeh (Delcroix & Huot 1972, 43, Abb. 2, B.1).

Der größte Ofen der Reihe V, mit ca. 200 cm Innendurchmesser, hatte in der Mitte der Feuerungskammer eine Stützsäule aus senkrecht und waagerecht vermauerten Lehmziegeln (Abb. 6-7). Ihre Höhe betrug ca. 80 cm. Trotz des stützenden Mittelpfostens wurde die Tenne noch mit einem verstärkenden Skelett versehen. Lang-

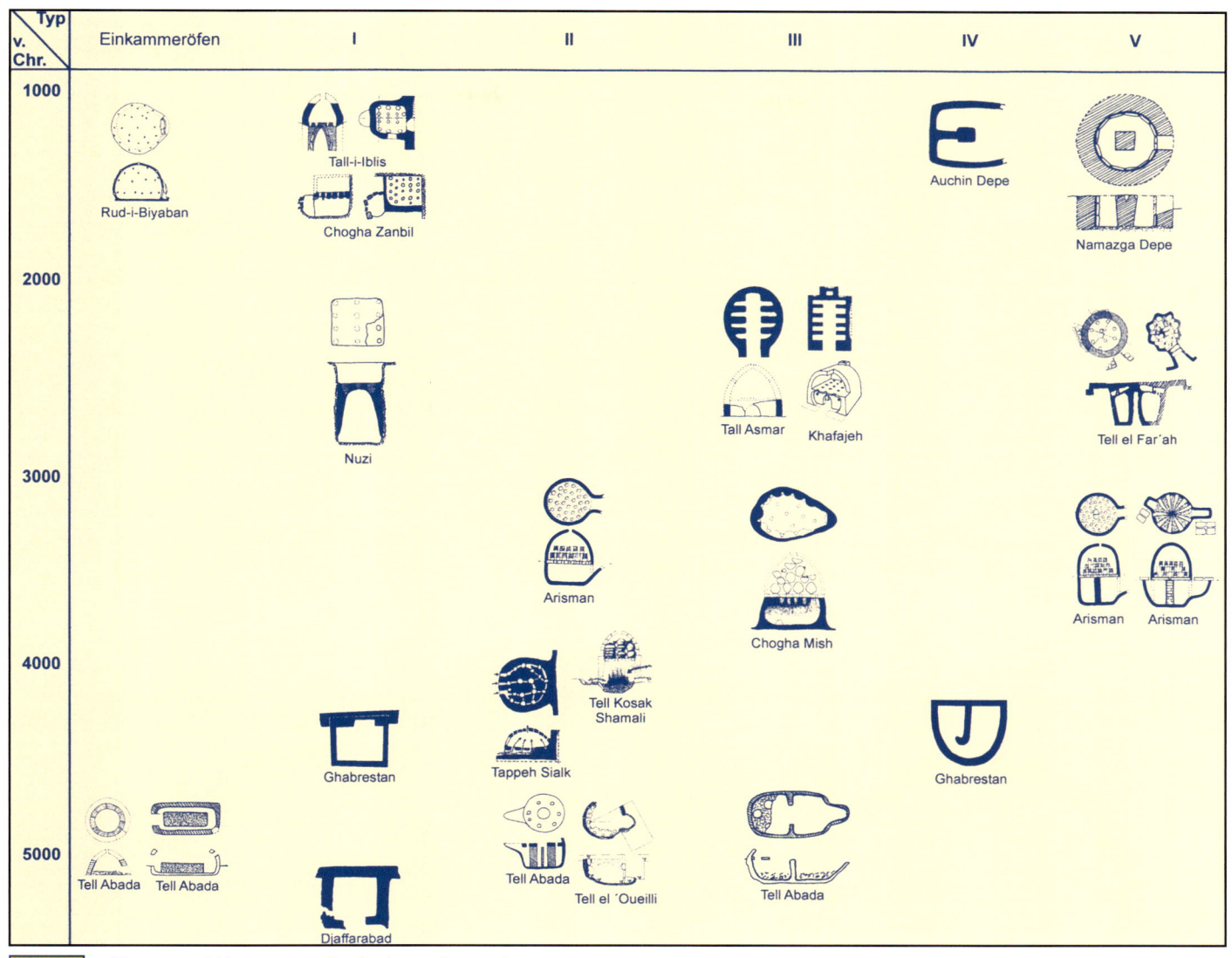

Abb. 1: Entwicklung von Töpferöfen im Vorderen Orient

Abb. 2: Arisman, Iran. Grabungsbefund eines Ofens der Entwicklungslinie II. Die Lochtenne ist gut zu erkennen.

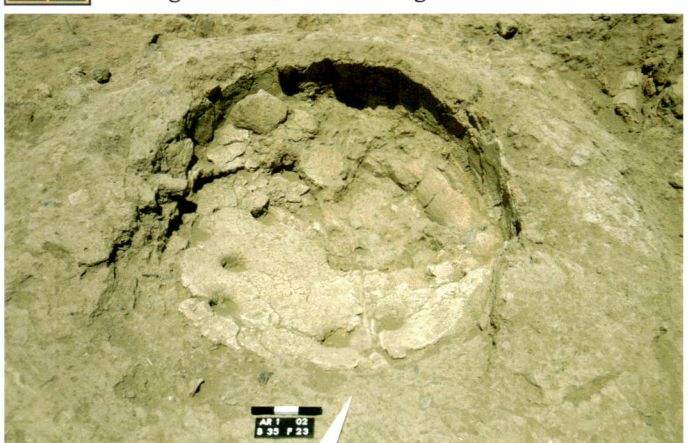

Abb. 3: Arisman, Iran. Grabungsbefund eines Ofens der Entwicklungslinie II. Die Lochtenne ist zusammen mit den Gefäßen in die Feuerungskammer eingebrochen.

schmale Lehmziegel wurden von den Seiten bis zum Mittelpfosten gelegt und dann zu einer Lochplatte verputzt. Bei diesem Ofen konnte auch festgestellt werden, dass im Südosten eine Öffnung zur Beschickung der Feuerungskammer mit Brennstoff bestand. Dieses längliche Praefurnium wurde vermutlich zur Kontrolle der Luftzufuhr mit rechteckigen Lehmziegeln abgedeckt, die während der Ausgrabungen in Versturzlage gefunden wurden. Auf der Seite schräg gegenüber des Feuerungskanals, im Nordwesten, war eine Abzugsöffnung angelegt worden (Abb. 6). Konstruktionen mit Zu- und Ableitungsvorrichtungen der Luft fanden sich auch in Schicht II (5. Jt. v. Chr.) von Tell Abada (Hansen Streily 2000, 74 Abb. 7), wo es sich jedoch um einen Ofen mit nur einer Kammer handelt, und bei einem Zweikammerofen in Schicht 6 von Sektor B (5./4. Jt. v. Chr.) von Tell Kosak Shamali (Koizumi & Sudo 2001). In beiden Fällen lag der Abzug, wie in Arisman, nicht in der gleichen Achse wie der Feuerungskanal. Die Konstruktion der Tenne mit einem Skelett aus länglichen Lehmziegeln findet in dem jüngeren Ofen von Tell el Far´ah (Delcroix & Huot 1972, 71 ff., Abb. 7, E.2) einen Vergleich.

Die Feuerungskammern der Öfen von Arisman sind alle eingetieft. Auffallend ist auch die südöstliche Lage der Feuerungszugänge bei allen bisher entdeckten Öfen. Das Eingraben der Feuerkammer führt zu einem Isolierungseffekt und reduziert den Energieverlust. Die Ausrichtung könnte damit erklärt werden, dass (heute) der Wind vorherrschend aus Nordwesten kommt. Um die Luftzufuhr besser kontrollieren zu können, war es günstiger, das Feuerloch nicht dem direkten Wind auszusetzen, so dass es im Windschatten und eingetieft angelegt wurde.

Die relativ enge Gruppierung der Öfen in Areal B von Arisman weist wahrscheinlich auf eine handwerkliche Spezialisierung mit einer beginnenden Entstehung von Töpfervierteln hin. Obwohl durch die fünf Öfen auf verhältnismäßig engem Raum innerhalb der Siedlung das Töpferhandwerk in recht umfangreichem Maßstab belegt ist, sind Fehlbrände im Fundgut recht selten. Möglicherweise wurde solcher Abfall weit ausserhalb der Siedlung entsorgt. Dagegen spricht jedoch, dass sich um die Öfen herum mächtige Aschenablagerungen fanden, diese also offenbar nicht weiter entfernt beseitigt wurden. Wahrscheinlich waren die Handwerker demnach so gut in der Lage die Brenntemperaturen zu kontrollieren, dass nur wenige Fehlbrände entstanden. Für das fortgeschrittene technische Können spricht auch die komplexe Konstruktion der Öfen selbst.

Abb. 4: Arisman, Iran. Rekonstruktionszeichnung der Öfen der Entwicklungslinie II; R. Boroffka.

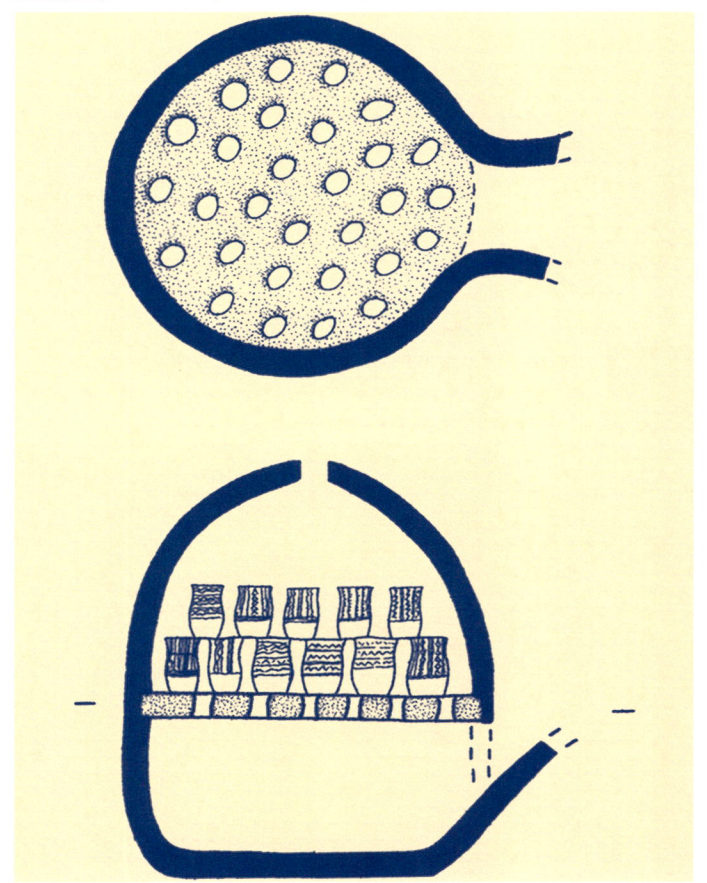

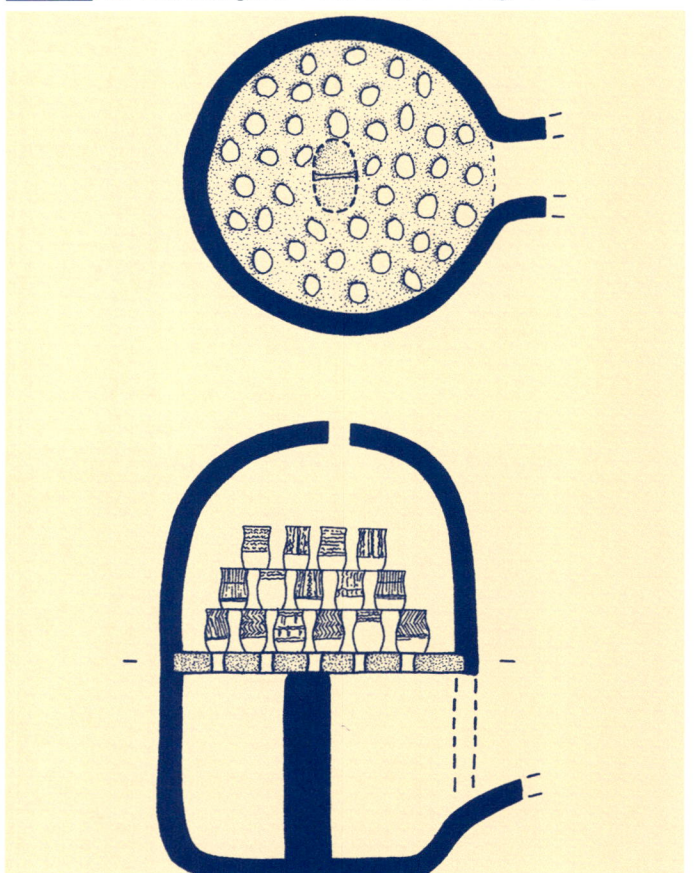

Abb. 5: Arisman, Iran. Rekonstruktionszeichnung eines Ofens der Entwicklungslinie V ohne seitlichen Abzug; R. Boroffka.

Abb. 6: Arisman, Iran. Grabungsbefund eines Ofens der Entwicklungslinie V mit Feuerungskanal und Abzug.

Abb. 7: Arisman, Iran. Rekonstruktionszeichnung eines Ofens der Entwicklungslinie V mit seitlichem Abzug; R. Boroffka.

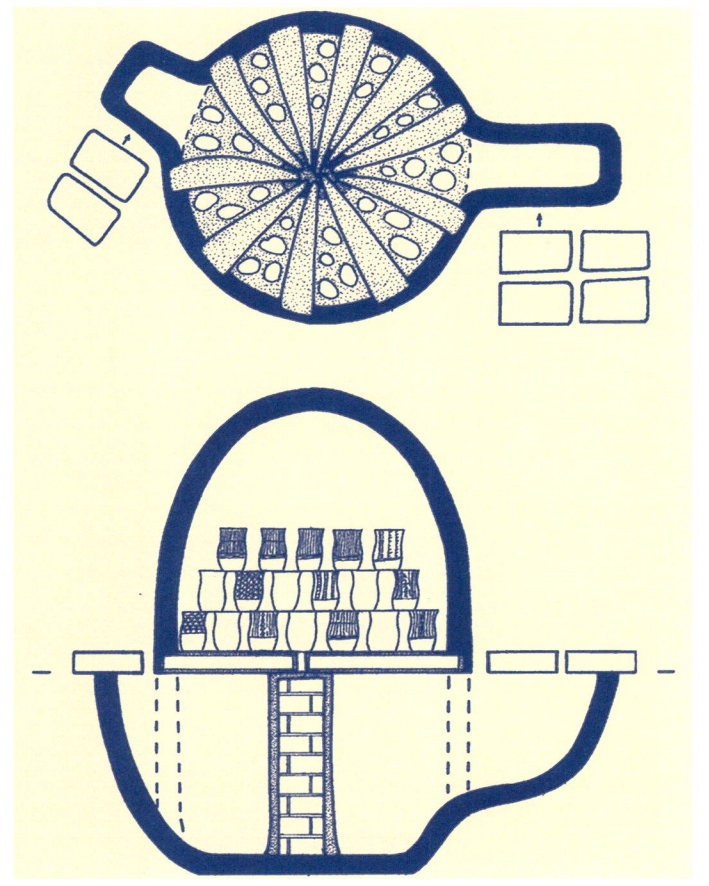

Bibliographie

ALIZADEH, A.:
1985   A protoliterate pottery kiln from Chogha Mish. Iran 23, 39-50.

AUDOUZE, F. & JARRIGE, C.:
1977   A Third Millennium pottery-firing structure at Mehrgarh and its economic implications. In: M Taddei (ed.), South Asian Archaeology 1977. Papers from the Fourth International Conference of the Association of South Asian Archaeologists in Western Europe, held in the Istituto Universitario Orientale, Naples, Vol. I. Istituto Universitario Orientale, Seminario di Studi Asiatici, Series minor 6, Naples 1979, 213-221.

DELCROIX, G. & HUOT, J.-L.:
1972   Les fours dits «de potier» dans l´Orient ancien. Syria 49, 35-95.

GHIRSHMAN, R.:
1938   Fouilles de Sialk près de Kashan. 1933, 1934, 1937. Vol. I. Musée du Louvre, Département des Antiquités Orientales, Série Archéologique 4, Paris.

HANSEN STREILY, A.:
2000   Early pottery kilns in the Middle East. Paléorient 26.2 (2001), 69-81.

KOIZUMI, T. & SUDO, H.:
2001   The stratigraphy and architectures of Sector B of Tell Kosak Shamali. In: Y. Nishiaki & T. Matsutani (eds.), Tell Kosak Shamali. The archaeological investigations on the Upper Euphrates, Syria, Vol. I. Chalcolithic architecture and the Earlier Prehistoric remains. University Museum of the University of Tokyo (UMUT) Monograph 1, Tokyo, 115-152.

MAJIDZADEH, Y.:
1975-1977   The development of the pottery kiln in Iran from prehistoric to historic periods. Paléorient 3, 207-221.

Tappeh Hesār: Ein wichtiges Produktionszentrum auf dem Zentralplateau

Kourosh Roustaei

Einleitung

Während des 4. und 3. Jt. begannen sich viele Siedlungen zu regionalen Zentren und kleinen Städten zu entwickeln (Abb. 1). Diese Entwicklung beinhaltete Konsequenzen, die diese Periode als den effektivsten Zeitabschnitt der Kulturgeschichte menschlicher Gesellschaften kennzeichnen. Die Herausbildung staatlicher Einrichtungen, die Einteilung in Wohngebiete und ihre funktionale Differenzierung, gut funktionierender Fernhandel und hoch entwickelte Metallverarbeitung sind einige der Merkmale dieser neuen Ära, die wir als „Bronzezeit" bezeichnen.

Wie der Name impliziert, war die Einführung spezialisierter Metallbearbeitung einer der zentralen Aspekte der Bronzezeit, der vermutlich großen Einfluss auf die Interaktion verschiedener Kulturbereiche hatte. Diesbezüglich sollte man die technologische und ökonomische Bedeutung eines entwickelten Metallhandwerks berücksichtigen, da dieses die Rolle solcher Regionen in ihrer kulturellen Interaktion prägen kann. Einige der wichtigsten Zentren der Bronzezeit im Ostiran und in Zentralasien sind Shahr-i Sokhta, Tappeh Yahya, Shahdad, Namazga Tappeh, Altyn Tappeh, Harappa und Tappeh Hesār. Tappeh Hesār – an einer wichtigen Straße zwischen Ost und West gelegen – spielt aufgrund seiner vermutlich zentralen Position unter den bronzezeitlichen Siedlungen der Region eine wichtige Rolle für das bessere Verständnis der Interaktionen zwischen Kulturen und Zivilisationen des iranischen Zentralplateaus, Zentralasiens, Südwestirans und Mesopotamiens.

Geographische Bedingungen

Das Iranische Zentralplateau liegt im zentralen nördlichen Teil des Landes. Seine genauen Grenzen sind keineswegs eindeutig definiert, doch aus archäologischer Sicht lässt es sich als die Region beschreiben, die zwischen den Südhängen des Alborz-Gebirges im Norden, dem Rand der Wüste Dasht-e Kavir im Osten, den alluvialen Hochebenen von Isfahān im Süden und den östlichen, hügeligen Flanken des Zagros-Gebirges im Westen liegt. Das Zentralplateau als solches gehört zu den großen Inlandsbecken Irans und ist an drei Seiten von Gebirgsketten umgeben.

Das Zentralplateau – Teil des iranischen Vulkangürtels – ist reich an Metallvorkommen. Trotz des Fehlens systematischer archäologischer Untersuchungen zur Lokalisierung des antiken Bergbaus auf dem Zentralplateau besitzen wir doch gewisse Informationen über einige der antiken Bergbaugebiete, wie z. B. Veshnāveh (Holzer & Momenzadeh 1971) und Anarak, und auch über diverse „old workings" (Bazin & Hübner 1969) (siehe Beitrag Stöllner *et al.*). Die wichtigsten archäometallurgischen Fundplätze, die aus dem Iran bekannt sind, liegen auf dem Zentralplateau, z. B. Arisman (Chegini *et al.* 2000) und Tappeh Hesār (Dyson & Howard 1989) bzw. im südlichen Teil des Vulkangürtels, z. B. Shahdad (Hakemi 1992) und Tal-i Iblis (Caldwell 1967; 1968).

Als definitiv nördliche Grenze des Iranischen Zentralplateaus ist das Alborz-Gebirge das eindeutigste geomorphologische Kennzeichen dieser ausgedehnten Region, das sich unmittelbar südlich des Kaspischen Meeres kurvenreich in ostwestlicher Richtung erstreckt. Dieser Gebirgszug wird im Osten von der Koppeh Dagh-Kette und im Westen von der Talesh-Kette flankiert. Dadurch stellen diese Gebirgszüge eine natürliche Barriere dar, die das iranische Plateau von den nördlichen Gebieten trennt. Neben zahlreichen Gipfeln von mehr als 4.000 m ist derjenige des Damavand mit seinen 5.670 m der höchste Punkt des Alborz-Gebirges. Aufgrund der hohen Erhebungen gibt es dort beachtliche Niederschläge, die mehrere Ströme und Flüsse speisen, die sowohl nördlich zum Kaspischen Meer als auch südlich in den nördlichen Teil des Zentralplateaus fließen.

Das heutige Klima des Zentralplateaus ist im Allgemeinen arid bis semiarid, allerdings gibt es auch einige klimatische Nischen. Die Existenz mehrerer Gebirge und Hochebenen im Norden, Westen und Süden führt dazu, dass in einigen Gebieten moderatere Klimabedingungen herrschen. Diese Gebiete liegen größtenteils in Strei-

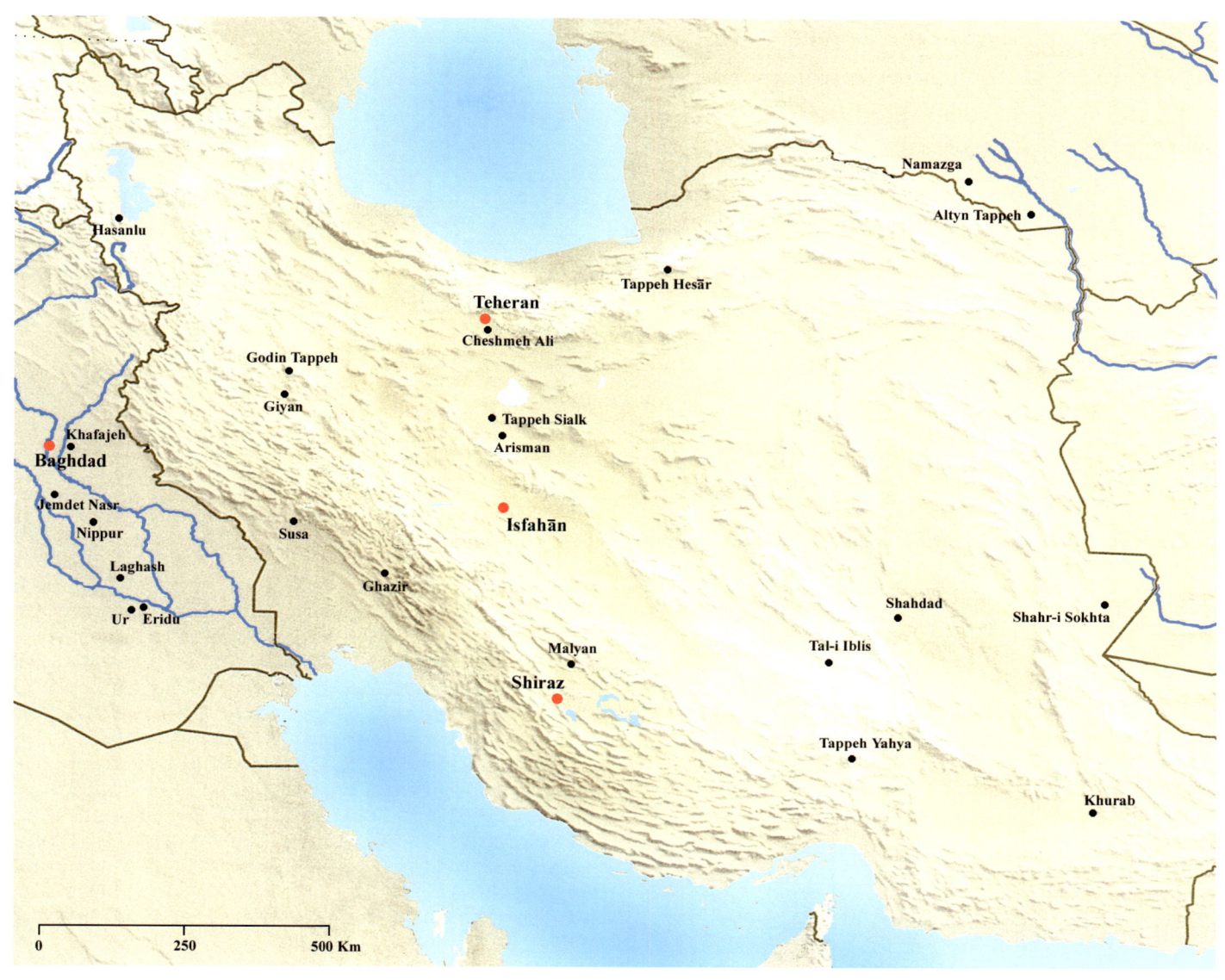

Abb.1: Die wichtigsten bronzezeitlichen Fundplätze auf dem Iranischen Zentralplateau und den angrenzenden Regionen.

fen entlang der Berge. Zu dem milden Klima kommen günstige Bedingungen aufgrund der nahe gelegenen Berge. Sie profitieren auch von diversen Strömen und kleinen Flüssen, die von den Bergen herab fließen, bevor sie sich in entfernteren und trockeneren Gebieten verlieren. Den vorhandenen archäologischen Befunden nach liegt die Mehrheit der Fundstätten in oder nahe bei diesen bevorzugten Zonen. Die am besten bekannten Teile des Zentralplateaus sind die unmittelbaren südlichen Flanken und Ebenen des Alborz-Gebirges, die einen der begünstigsten und fruchtbarsten Landstriche des Zentralplateaus darstellen. Einige der besser bekannten und erforschten Fundplätze liegen hier. Von West nach Ost: Tappeh Zagheh, Tappeh Ghabristan, Khurvin, Tappeh Ozbaki, Qare Tappeh, Cheshmeh Ali und Tappeh Hesār.

Der Fundplatz und seine Umgebung

Tappeh Hesār, etwa 2 km südlich von der Stadt Damghan, liegt im semiariden, nordnordöstlichen Teil des Iranischen Zentralplateaus. Er liegt am Fuß eines alluvialen Fächers, der vom Alborz-Gebirge ausgeht. Der größte Wasserlieferant der Damghan-Ebene ist der Fluss Damghan, der seine Quelle bei Cheshmeh Ali hat, etwa 35 km nordwestlich von Tappeh Hesār. Nachdem er in die Damghan-Ebene eintritt, teilt sich dieser Fluss in mehrere Arme, von denen einer an Tappeh Hesār entlang fließt.

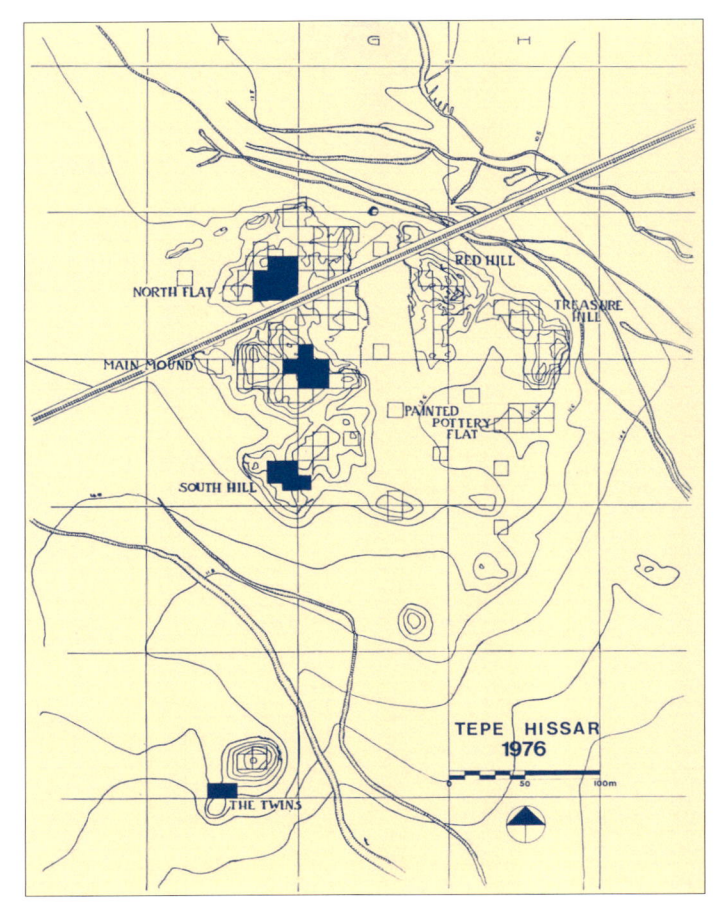

Abb. 2: Topograhische Karte von Tappeh Hesār; Dyson & Howard 1989.

Abb. 3: Arbeit in der Hesār I-Besiedlung; Schmidt 1937, 21, Abb. 20.

er von elf Monaten (Abb. 3). Bis jetzt ist Schmidts Ausgrabung in Hesār die gründlichste, die an den Stätten des Iranischen Zentralplateaus durchgeführt wurde. Im Zuge seiner Ausgrabungen untersuchte Schmidt mehr als 11.000 m² in allen Bereichen des Fundplatzes. Im Jahre 1956 wurde im Zusammenhang mit der Suche nach einfacher Keramik, die zusammen mit der bemalten Keramik hätte auftreten sollen, von Robert H. Dyson Jr. eine kurze Untersuchung durchgeführt. Die Ergebnisse wurden in der entsprechenden Veröffentlichung nicht genannt (Dyson & Howard 1989). Im Jahre 1972 unternahm Grazia M. Bulgarelli einen begrenzten Survey auf Oberflächenfunde (1974). Dann, im Jahre 1976, unternahm ein gemeinsames Team der Universität von Pennsylvania, der Universität Turin und des Iranischen Zentrums für Archäologische Forschung eine umfangreiche Feldforschung, bestehend aus

Abb. 4: Nordebene von Tappeh Hesār und die kürzlich erbaute Bahnlinie.

Der Fundplatz von Tappeh Hesār besteht aus einigen unzusammenhängenden Hügelchen mit flachen Bereichen dazwischen und umfasst ungefähr 12 ha. Die ersten Ausgräber gaben verschiedenen Stellen der Stätte verschiedene Namen, entsprechend ihrer jeweiligen Topographie: Nord-Fläche, Haupthügel, Ebene der Bemalten Keramik, Roter Hügel, Schatzhügel, Südhügel, die Zwillinge und Sassaniden-Hügel (Abb. 2). Obwohl das heutige Gebiet etwa 12 ha umfasst, geben einige geomorphologische Beobachtungen Hinweise darauf, dass einige Teile des Fundplatzes durch menschliche und umweltbedingte Faktoren abgetragen wurden (Dyson & Tosi 1989, 5-6).

Forschungsgeschichte

Tappeh Hesār wurde zum ersten Mal in den Jahren 1931 und 1932 von einem Team des University Museums der Universität Pennsylvania unter Leitung von Erich F. Schmidt (1933; 1937) ausgegraben, und zwar während zweier Kampagnen mit einer Gesamtdau-

Neuuntersuchungen von Schnitten Schmidts, begrenzten eigenen Ausgrabungen, Oberflächensurvey des Fundplatzes und großräumigen Surveys der Damghan-Ebene (Dyson & Howard 1989). Im Zuge dieses Projektes wurden mehr als 2.000 m² auf der Nordfläche, dem Haupthügel, dem Südhügel und den Zwillingen geöffnet. Jedenfalls gelang es nicht, die frühesten Schichten zu erreichen. Schließlich wurde im Jahre 1998 noch eine Rettungsgrabung (notwendig wegen des Baus der Bahnlinie Teheran-Mashhad), unter Leitung von Esmaiil Yaghmaii vom Iranian Centre for Archaeological Research durchgeführt (Abb. 4).

Kulturelle Abfolge

Mehrere Jahrzehnte lang beruhte (und beruht tatsächlich noch immer) die Kenntnis der kulturellen Abfolge von Tappeh Hesār auf Schmidts Arbeiten (1937). Seine umfangreichen Ausgrabungen dort enthüllten drei Hauptschichten oder Perioden – I, II und III – welche sich in acht Phasen von unten nach oben unterteilen: IA, IB, IC, IIA, IIB, IIIA, IIIB und IIIC. Schmidt identifizierte zwei davon als Übergangsphasen: IIA, Übergang von Periode I zu II, und IIIA, Übergang von Periode II zu III. Das hauptsächliche Kriterium für diese Unterteilung war eher die stilistische Analyse von Grabbeigaben, insbesondere Keramik, als die Stratigraphie, deren Regeln noch nicht in vollem Umfang verstanden wurden. Es ist noch interessant festzustellen, dass Schmidts Bemühungen bei den Ausgrabungen von Tappeh Hesār dazu führten, dass mehr als 780 Gräber aus sämtlichen Perioden geöffnet wurden.

Im Verlauf des neuen Projektes von Dyson und Tosi wurden im Jahre 1976 Flächen auf dem Haupthügel, der Nord-Fläche, dem Südhügel und den Zwillingen untersucht; ein bedeutendes Gebäude mit sechs Ebenen, A bis F von oben nach unten, erlaubte die Klärung der Abfolge von Hesār. Entsprechend der neueren Phaseneinteilung gehören die zwei untersten Ebenen (F und E) zu Terminal I, den Phasen IC/IIA von Schmidt entsprechend. Die Periode Hesār II wird durch die Phasen C-D in der Abfolge von 1976 definiert, welche die Gebäude 1-3 auf dem Haupthügel beinhaltet, die von Schmidt der Periode III zugeschrieben wurden (1937, Abb. 86), und durch Gräber, die von Schmidt zu Hesār IIB gerechnet wurden (Dyson & Howard 1989). Die Periode Hesār III (mittlere Bronzezeit) wird durch die Phasen B-A von 1976 definiert. Beruhend auf der Stratigraphie, lässt sich die Ebene Hesār III in zwei Phasen einteilen. Frühes Hesār III besteht aus dem „Burned Building", das zeitlich in etwa zu Schmidts IIIB-Gräbern gehört. Spätes Hesār III ist durch Schichten dokumentiert, die das „Burned Building" überlagern und Ansammlungen von Fundstücken enthalten, einschließlich einer großen Anzahl aus Alabaster. Dieses Material wird noch erweitert durch Gräber und Hortfunde an anderen Stellen in den oberen Schichten des Fundplatzes, die von Schmidt zu IIIC gezählt werden (Voigt & Dyson 1992, 170-171). Da man Schmidts IA/B-Phasen nicht erreichen konnte (die tiefsten Schichten von Hesār), übernahm man von Schmidts Hesār IA/B die Bezeichnung Hesār I. Folgende Ergebnisse der Radiokarbondatierungen bezüglich der Abfolgen von Hesār, entsprechend den Proben, die während des neuen Projektes genommen wurden, konnten ermittelt werden (Voigt & Dyson 1992, Tafel 1):

Hesār III   2400-2170 v. Chr. (5 Proben)
Hesār II   3365-3030 v. Chr. (20 Proben)
Hesār IC/IIA   3980-3865 v. Chr. (6 Proben)

Da der größte Teil an Informationen über Hesār von Schmidts intensiven Ausgrabungen dort stammt, folgen wir bei der Beschreibung des Materials von Hesār der Terminologie, die Schmidt für die kulturelle Abfolge des Fundplatzes einführte. Im Folgenden werden die wichtigsten Aspekte dreier Schichten oder Phasen von Hesār dargestellt.

Periode Hesār I

Die ältesten Schichten (Periode I) wurden auf einer Fläche von 1.800 m² hauptsächlich am Haupthügel und auf der Nordfläche erreicht (Schmidt 1937, 22, Abb. 21). Entsprechend den unterschiedlichen Keramikformen wird diese Periode in drei Phasen eingeteilt, von unten nach oben A, B und C. Die Architektur der Periode I besteht aus ungeordneten Ansammlungen von Häusern, erbaut aus *chineh* oder Lehmziegeln.

Periode I ist die Zeit der bemalten Keramik. Die Keramik der Phase IA ist handgefertigt. Die Farbe des Untergrundes ist rötlich-braun mit einfachen dunkelgrauen, geometrischen Mustern. Die übliche Form dieser Töpferware ist kelchartig, als Krüge, Schalen und Kelche. Obwohl Technik, Verzierung und Farbe des Untergrundes dieser Ware sich im Laufe der Zeit verändern, lässt sich die Abfolge von Periode I über die keramischen Phasen definieren, da sich die Form der Gefäße mit geringen Abweichungen bis in die Phase IIIA fortsetzt.

Während der Phase IB erscheint zum ersten Mal in Hesār auf der Töpferscheibe gefertigte Keramik. Die Farbe des Untergrundes ist braungelb oder hellbraun. Außer der zunehmenden Variationsbreite der geometrischen Muster erscheinen in dieser Phase auch vereinfachte Motive von Vögeln, Menschen und Steinböcken. Das häufigste Motiv auf dieser Keramik sind Pflanzen. Die Gefäßformen von Hesār IB sind beinahe identisch mit denen von IA, was auf die kulturelle Kontinuität des Fundplatzes hinweist.

Die differenzierteste bemalte Keramik von Hesār I erscheint in der Phase IC. Die Keramik aus dieser Phase zeigt ein helles graues Braun, oft fast grauweiß, als Untergrund mit dunkler Bemalung. Es ist interessant, festzustellen, dass die Farbe des Untergrundes der bemalten Keramik von Hesār zwischen Phase IA und Phase IC immer heller wird. Das charakteristische Dekor dieser Keramik sind Steinböcke und Raubkatzen, während florale Motive, menschliche „Tänzer" und „Vogelreihen" verschwunden sind. Die Form dieser Gefäße, wenn auch grundsätzlich noch im Stil von Hesār I, ist variabler und eleganter geworden, und geometrische Muster eines Typs, dem bis dahin nicht begegnet wurde, erweitern den Bestand an Verzierungen.

Viele Steinobjekte und Werkzeuge wurden in den Schichten von Hesār IC gefunden: Abschläge und Kernsteine, Pfeilspitzen aus Feuerstein, Äxte, Wetzsteine, Stößel, Poliersteine, Gewichte und verschiedenste Objekte. In den Schichten Hesār I und II wurden nur Figurinen aus Ton gefunden, während in der Periode Hesār III auch Figurinen aus Metall, Knochen und Stein erschienen. Bemalte Tonfigurinen beschränken sich auf die Phasen IC und IIA. Einfache Siegel fanden sich hauptsächlich in Hesār IA, während eine große Zahl an Stempelsiegeln in den Gräbern von Hesār IB und besonders IC gefunden wurden. Diese Siegel waren lediglich mit einfachen geometrischen Mustern versehen. Zylindrische Siegel erscheinen in Tappeh Hesār nicht vor Hesār IIIB. Eine große Zahl von Objekten in der Form von Stempelsiegeln wurde in Hesār I-Gräbern gefunden, aber aufgrund des häufigen Vorkommens in den selben Gräbern und unter Berücksichtigung der Tatsache, dass in verschiedenen Gräbern Siegel, besonders spulenförmige Siegel, in verschiedenen Größen gefunden wurden, scheint es, dass sie eher als Ornamente denn als wirkliche Siegel benutzt wurden (Schmidt 1937).

In den ältesten Fundschichten von Hesār IA wurden nur einfache Kupferspitzen und korrodierte Kupferklumpen gefunden. Doch in späteren Phasen von Periode I erscheinen differenziertere Gegenstände, wie z. B. Nadeln (IB), Dolche, Messer und Äxte (IC). Eine der besten Proben der Handwerkskunst von Hesār I ist eine Kupferaxt (H 4176), die auf dem Boden eines Raumes der Phase Hesār IC gefunden wurde.

Insgesamt wurden in den Fundschichten von Hesār I 209 Grabstätten freigelegt. 41 davon gehören zu IA, 12 zu IB und 91 zu IC. Die Toten sämtlicher Hesār-Perioden wurden in der Gegend des Hügels begraben. Mit wenigen Ausnahmen lagen die Toten von Hesār I auf der rechten Seite.

Periode Hesār II

Schmidt fand diese Periode in 34 Grabungsflächen, d.h. auf einer Fläche von 3.400 m². Die Ausgrabungen konzentrierten sich hauptsächlich auf das Gelände der Ebene der bemalten Keramik, den Südhügel und den Roten Hügel (Schmidt 1937, 103, Abb. 61). Das Erscheinen von Grauer Ware war das wichtigste Kriterium zur Definition dieser Periode. Die Periode II von Tappeh Hesār wird in zwei Phasen eingeteilt von unten nach oben, A und B, wiederum auf der Basis stilistischer Unterschiede der Keramik. Die Fundschichten der Periode II sind nicht so mächtig wie die der vorangegangenen und der nachfolgenden Perioden, was auf eine kürzere Zeit der Besiedlung hinweist. Bezüglich der Architektur gibt es keine wesentlichen Unterschiede zwischen den Perioden I und II: Reihen von unorganisiert angelegten, rechteckigen Räumen aus Lehmziegeln oder *chineh*, obwohl die *chineh* seltener verwendet werden als in Periode I.

Die vorherrschende Keramik der Periode II ist Grauware. Obwohl Ton und Farbe des Untergrundes dieser Töpferware sich von der bemalten Keramik der Periode I unterscheiden, sind doch einige Formen, wie z. B. Schalen, Krüge und Kelche, gleich geblieben. Formen wie halslose Krüge, Schalen oder Kelche mit bzw. Schalen und Krüge ohne Standfuß werden neu eingeführt. Bemalte Keramik existiert in der Phase IIA weiterhin zusammen mit der grauen Ware. Während einige Motive dieser Keramik mit denen verschiedener Phasen der Periode I identisch sind, scheinen doch andere charakteristisch für die Periode II zu sein, wie z. B. langhalsige Gazellen. Schmidt klassifiziert alle Gräber mit sowohl bemalter Keramik als auch grauer Ware als Hesār IIA, und die Existenz bzw. das Fehlen bemalter Keramik war das einzige Kriterium zur jeweiligen Identifikation der Phasen IIA und IIB.

In der Phase IIA erscheinen zum ersten Mal menschliche Figurinen und bemalte Tierfigurinen aus Lehm. Siegel oder Fundsammlungen von siegelförmigen Objekten zeigen keinen wesentlichen Unterschied zu Periode I, obwohl die Siegel dieser Periode in der Regel aus Kupfer bestehen. In Hesār IIB erscheinen außerordentlich große Kupfersiegel.

Die Periode II zeigt große Fortschritte sowohl in der Menge als auch der Qualität der Kupferobjekte. Die kupfernen Keulenköpfe und ringförmigen Objekte wie z. B. Spangen, Fingerringe und Ohrringe erscheinen in dieser Zeit zum ersten Mal, Nadeln mit kunstvoll geformten Köpfen sind häufig. In dieser Fundsammlung gibt es nur wenige Klingen aus Hesār II. Sie entsprechen weitgehend den Klingen von Hesār I. Die Keulenköpfe von Hesār IIB sind für ihre Zeit die attraktivsten Metallobjekte. In einigen Fällen wurden in ihnen noch die Überreste hölzerner Griffe gefunden. Während in der Periode I keine Objekte aus Silber gefunden wurden, wurden in Hesār II mehrere Stücke hergestellt, sämtlich Schmuckstücke. Zu den Objekten aus Silber zählen „Doppelrollen"-Anhänger, Ohrringe, ein Fingerring, eine längliche Perle und ein merkwürdiger, kellenförmiger Anhänger. Zu den meisten dieser Fundstücke gibt es auch kupferne Parallelen. Die Silberobjekte aus Hesār gehören zu den frühesten Silberfunden auf dem iranischen Zentralplateau.

Periode Hesār III

Die Fundschichten der Periode Hesār III wurden auf einer Fläche von 8500 m² ausgegraben. Es ist überraschend, dass die eher simple Architektur dieser Periode in eindeutigem Kontrast zu den reichen Grabbeigaben steht. Die Mächtigkeit der Fundschicht dieser Periode ist wesentlich größer als in den vorhergehenden Perioden und lässt sich nach Schmidt in drei Phasen einteilen, von unten nach oben A, B, C. Das kunstvollste und am besten erhaltene Gebäude der Periode III ist das „Burned Building", das Schmidt der Phase B zuschrieb (1937) (Abb. 5). Es handelt sich um einen Komplex mit den Maßen 23x10 m, mit einem Haupt- und Wohnraum, mehreren Vorratsräumen, einer Küche und diversen anderen Einrichtungen wie z. B. Treppenhäusern, Kammern, einer Feuerstelle und einer Latrine. Die Skelettreste mehrerer getöteter Menschen und viele kostbare Fundstücke in situ weisen darauf hin, dass das Gebäude und seine Bewohner von einem Feind angegriffen wurden. Auch die Dimension des Gebäudes, seine verschiedenen Räume mit

Abb. 5: Hypothetische Rekonstruktion des „Burned Building"; Schmidt 1937, 170, Abb. 94.

unterschiedlichen Funktionen, die große Zahl an hochwertigen Objekten, die man in ihm fand und sein einzigartiger Grundriss deuten darauf hin, dass man es als ein ungewöhnliches Bauwerk mit ganz bestimmten Funktionen ansehen sollte. Angesichts des offensichtlichen Fehlens religiöser Aspekte des „Burned Building" entschied sich Schmidt dafür, es der höchstrangigen Person der Gesellschaft von Hesār IIIB zuzuweisen (Schmidt 1937, 164).

Während das Erscheinen der einfachen grauen Ware, gefolgt vom Verschwinden der bemalten Keramik (mit Ausnahme weniger überdauernder Formen), den Beginn von Hesār II markiert, unterscheiden sich Hesār II und III durch eindeutige Veränderungen der Keramik. Das Gefäß mit Standfuß verschwindet, abgesehen von Feuerschalen, und neue Typen definieren die letzte Epoche von Tappeh Hesār. Henkelflaschen (bottle-pitcher), Vasentassen und gegen Ende der Epoche attraktive Flaschen sind die vorherrschenden Formen von Hesār III. Hesār IIIA stellt dabei die Übergangsphase von Hesār II zu III dar. Es handelt sich um eine Schicht, die in dieser Phase entstanden ist und die Material sowohl mit Hesār II als auch III-Charakteristika enthält. Die Gefäße mit Standfuß des Hesār II-Typs finden sich in der Übergangsschicht zu Hesār IIIA.

Das typische Gefäß von Hesār III ist die „Henkelflasche (bottle-pitcher)". Mehrere Beispiele zeigen eingeritzte oder geglättete Muster aus parallelen Linien in Kreuzschraffur oder Fischgrätenmuster als Verzierung. Die Oberfläche ist dunkelgrau oder grau, üblicherweise mit blassen graubraunen Schattierungen. Der Ton ist grau oder graubraun und in der Regel von mittlerer Stärke bis dünnwandig. Die Mehrheit der Schalen ist konisch oder annähernd halbrund, ähnlich den Formen mit Standfuß von Hesār II.

Die letzte Phase von Hesār III bringt einige neue Formen, zusammen mit anderen Merkmalen, wie z. B. Alabastergefäße, kupferne Stifte und dergleichen, allesamt in den vorhergehenden Phasen unbekannt. Von Bedeutung ist, dass in den obersten Grabstätten des Hügels, in der Phase IIIC, einige wenige einfache rote Gefäße gefunden wurden, zusammen mit der vorhergehenden Grauen Ware und den Alabastergefäßen, die so typisch für diese Periode sind. Diese roten Gefäße könnten auf den Beginn einer neuen Periode hinweisen, die durch rote Töpferware gekennzeichnet wäre. Die Leitform von Hesār IIIC ist die Flasche mit ovalem, länglichem oder manchmal beinahe kugelförmigem Corpus und Flaschenhals. Zwei Henkel mit schmalen Durchlochungen sind an den jeweils gegenüber liegenden Seiten der Schulter oder des oberen Corpus angebracht. Die Körper einiger Stücke sind teilweise oder vollständig mit Fischgrätenmustern bedeckt. Die Oberfläche dieser Gefäße ist grau, üblicherweise mit bräunlicher Tönung und leicht poliert. Der Ton ist grau und von mittlerer Stärke bis dünnwandig. Henkelkrüge mit Ausguss sind in Hesār IIIC weit verbreitet. Das kugelförmige Gefäß mit Fischgrätenmuster und langem schnabelförmigem Ausguss ist typisch für diese Phase (H 3511). Bikonische Krüge, hin und wieder mit Randwülsten versehen, erscheinen noch in Hesār IIIC, obwohl sie in den vorangehenden Phasen verbreiteter sind (Schmidt 1937).

Abb. 6: Schmuck aus Hort I vom Schatzhügel; Schmidt 1937, 228.

Während der zweiten Kampagne der Ausgrabungen von Hesār wurden zwei Ansammlungen von Objekten in den Schnitten DH 05, CH 95 und DH 07 gefunden. Diese Ansammlungen, von Schmidt als Hortfunde bezeichnet, beinhalten diverse Gegenstände aus verschiedenen Materialien: Objekte aus Alabaster, Waffen, Werkzeuge und Gefäße aus Kupfer sowie Schmuckgegenstände aus Gold, Silber und anderen Materialien (Schmidt 1937, Abb. 96-99) (Abb. 6). Diese Hortfunde, datiert in die Phase IIIC, liegen in den Schichten spätes Hesār II und frühes Hesār III.

In den Schichten von Hesār III wurden etliche verschiedene Typen von Figurinen aus unterschiedlichem Material gefunden: Menschliche Figürchen aus gebranntem Ton, Alabaster und Knochen, Tierfigürchen aus gebranntem Ton, Stein und Kupfer, Mufflonschädel aus Gold, ein Keramikgefäß in Tierform, ein Kupferdeckel in Tierform, ein anthropogenes Keramikgefäß und kupferne Stifte oder Objekte. Stifte erscheinen während sämtlicher Phasen von Hesār III. Die kunstvoller gearbeiteten Objekte wurden in Phase IIIC gefunden. Die Stifte werden im Allgemeinen in Gräbern gefunden, doch mehrere Stücke erschienen in herumliegendem Abfall.

Das typische Siegel von Hesār III besteht aus Kupfer. Stempelsiegel erscheinen in den Phasen IIIB und IIIC. Medaillonsiegel wurden nur in den reichsten Gräbern der Phase IIIC gefunden. Es gibt allerdings Stempelsiegel aus Blei, Alabaster, Serpentin und gebranntem Lehm sowie Siegelabdrücke in Ton.

Die Metallurgie der Periode III übertrifft bei weitem die vorangegangenen Perioden. Es gibt in den Schichten von Hesār III eine große Zahl unterschiedlicher Objekte aus Kupfer und anderen Metallen, deren hohe Handwerkskunst die Blüte der Metallurgie zu dieser Zeit bezeugt. An kupfernen Objekten wären zu nennen: Dolche (Kat.-Nr. 157), Lanzen, Speerspitzen, Messer, Keulenköpfe, Pfeilspitzen, Äxte, Breithacken, Meißel, Stifte, Nadeln, Spitzen, Spangen, Fingerringe, Ohrringe, spiralförmige Anhänger, Röhren, Diademe, Spiegel und Gefäße. Zusätzlich zu diesen Kupferobjekten wurden in den Hesār III-Schichten etliche Stücke aus Blei, Silber und Gold gefunden (Kat.-Nr. 156). Blei erscheint in Tappeh Hesār nicht vor der Periode III. Sämtliche Bleigefäße werden der letzten Phase von Hesār III zugeschrieben. Während in der Periode II nur wenige Schmuckgegenstände aus Silber gefunden wurden, ist die Liste der Silberobjekte von Hesār III lang: Anhänger, Spangen, Knöpfe, Ohrringe und ein Diadem. Außerdem wurden Silbergefäße wie z. B. Henkelkrüge und Krüge in den Schichten von Hesār III gefunden. Die Gegenstände aus Gold, die in Hesār III gefunden wurden, bestehen aus einem langen, einfachen Diadem, Perlen, Ohrhängern, einem Fingerring und einer Tasse. Doch die schönsten Goldobjekte sind die fünf Mufflonköpfe, die in dem Hortfund I der Schicht Hesār IIIC auf dem Schatzhügel gefunden wurden.

Steingefäße erscheinen in Tappeh Hesār nur in der obersten Phase (IIIC). Sie sind die Leitformen ihrer Zeit, und einige davon zählen zu den attraktivsten Objekten, die an diesem Fundplatz gefunden wurden. Die beeindruckendsten Alabastergefäße sind Platten mit kurzen oder langen Griffen, die häufigsten Gefäße aus Alabaster oder gewöhnlichem Stein sind Tassen unterschiedlicher Form. Die übliche Form sind leicht variierte, konisch ausbiegende glockenförmige Gefäße.

Die Variationsbreite der Form und die Attraktivität der Rohmaterialien, welche sorgfältig anhand ihres ornamentalen Effektes ausgewählt wurden, sind die entscheidenden Merkmale der Perlen von Hesār III. Gebänderter Chalzedon und Bernstein (nur gefunden in Hesār IIIC) sind die wichtigsten neuen Materialien. Elfenbein und Blei wurden in den Schichten, die Hesār III voran gehen, nicht gefunden.

Tappeh Hesār ist nach wie vor die wichtigste erforschte bronzezeitliche Stätte auf dem iranischen Zentralplateau. Die kulturelle Abfolge auf dem Zentralplateau vom 5. bis zum 2. Jt. v. Chr. beruht im Endeffekt auf dem an diesem Fundplatz ausgegrabenen Material. Vergleiche der Keramik von Hesār mit Sialk, Cheshmeh Ali und Ghabristan legen Korrelationen zwischen den Phasen Hesār IA und Sialk III 1-3 nahe, sowie zu Cheshmeh Ali IB und Ghabristan I. Hesār IB ist mit Sialk III 4-5 und Ghabristan II vergleichbar. Die Keramikproduktion von Hesār IC/IIA zeigt große Ähnlichkeit mit Sialk III 6-7b und in geringerem Maße mit Ghabristan III und IV. Die Keramik von Hesār II und III wurde mit der von Sialk IV und Sagzabad verglichen (Dyson 1991, Taf.l34). Dennoch, es gibt auf dem Zentralplateau keinen einzigen untersuchten Fundplatz mit vergleichbaren Phasen wie diejenigen von Hesār II und III, und verte, dass industrielle Aktivitäten wie z. B. Metallbearbeitung, die Herstellung von Gegenständen aus Lapislazuli und anderen Halbedelsteinen, die Perlenherstellung aus Kalkstein und Speckstein sowie die Keramikproduktion an bestimmten Stellen des Fundplatzes in verschiedenen Perioden betrieben wurde (Tosi 1989) (Abb. 7). Obwohl aufgrund der geologischen Situation der Hesār/Damghan-Region die meisten der Rohmaterialien für die oben erwähnten industriellen Aktivitäten vor Ort zugänglich waren, haben wir noch keine gesicherten Erkenntnisse bezüglich der Arten und Mengen der verfügbaren Rohmaterialien in dieser Region. Allerdings kann dieses Defizit die Bedeutung von Tappeh Hesār als wichtigstes Herstellungszentrum für verschiedene Gebrauchsgegenstände auf dem Zentralplateau der Bronzezeit nicht beeinträchtigen. Zusätzlich zu Hesārs strategischer Lage an einer guten Ost-West-Verbindung wirft dieser Aspekt ein bezeichnendes Licht auf die mögliche zusätzliche Rolle von Tappeh Hesār als ein wichtiges Handelszentrum. Ein Teil dieses Aspekts wurde durch Bulgarellis Survey aufgezeigt: Durch diese Arbeit gelang es, die Rolle von Tappeh Hesār im antiken Handel mit Lapislazuli von Ost nach West zu definieren (Bulgarelli 1974).

Abb. 7: Perlenkette aus Lapislazuli, Chalzedon und Karneol aus dem frühen 3. Jt. v. Chr.; Foto: DBM, M. Schicht.

nünftig begründete Parallelen wären in der Zukunft erst noch aufzuzeigen.

Einer der hauptsächlichen Aspekte von Tappeh Hesār konnte aufgrund der Resultate des „Restudy" Projektes zufriedenstellend geklärt werden. Es ist die Rolle, welche die Herstellung diverser Objekte spielte, die hier gefunden wurden, von denen die meisten erst noch an anderen Fundplätzen des Zentralplateaus entdeckt werden müssten. Der Survey von Tappeh Hesār im Jahre 1976 zeig-

Obwohl Schmidt eine große Zahl von Metallobjekten von Tappeh Hesār publizierte (1937), blieb die Bedeutung dieses Platzes für die Erforschung der antiken Metallurgie bis zu den neueren Untersuchungen in gewisser Weise obskur. Die Bedeutung von Hesār für die archäometallurgische Technologie des Zentralplateaus in der Bronzezeit wird in großartiger Weise dadurch unterstrichen, dass die Ausgrabungen von 1931-1932 und ganz besonders die von 1976 eine kleine, aber wichtige Sammlung von Fundgegenständen erbracht haben, die in direkter Verbindung mit Metallschmelze und -guss stehen. Die Metallfunde von Hesār stellen einen der größten durch Ausgrabungen zustande gekommenen Fundkomplex vom iranischen Zentralplateau dar (Pigott 1989; 1999). Die Entdeckung von Teilen von Gussformen (Abb. 8) und Brennöfen und ebenso von großen Mengen von Schlacke auf dem Fundplatz, die mehr als 9% oder 11.000 m² der erhaltenen Fläche ausmachen, verweist auf die Intensität der archäometallurgischen Aktivitäten im antiken Hesār. Die durchgeführten Schlackenanalysen weisen auf die Verhüttung arsenischer Kupfererze und vielleicht auch von Blei-Silbererzen hin (Pigott 1999). Einer der überraschendsten Aspekte der Metallurgie in Hesār ist der bemerkenswerte Konservativismus bei der Nutzung von arsenhaltigen Kupfererzen während der gesamten Existenz des Ortes vom späteren 5. bis zum frühen 2. Jt. v. Chr., was möglicherweise bezeichnend für den Charakter der Kupferherstellung auf dem iranischen Zentralplateau vor der Eisenzeit ist. Die Entdeckung gewisser Mengen von Bleiglätte und anderer Nebenprodukte der Blei-Silberverhüttung auf dem Südhügel und den Zwillingen wirft ein Licht auf die Rolle von Hesār bei der Herstellung entsprechender Produkte. Bisher sind Reste von Bleiglätte in Sialk (Roustaei 2002, 121, Tafel 3:7; Nokandeh & Nezafati 2003, Tafel 1) und in Arisman (Stöllner, pers. Inf.) gefunden worden.

Abb. 8: Fragmente einer Gussform aus Tappeh Hesār, südlicher Hügel, DF 88 (2) 5/1, spätes 4. bis 3. Jt. v. Chr.; Foto: DBM, M. Schicht.

Unser derzeitiges Wissen über die möglichen Erzressourcen, die von den Metallbearbeitern in Hesār genutzt wurden, ist begrenzt. Dies liegt zum großen Teil am Mangel an systematischen Untersuchungen zur Auffindung der antiken Bergbauorte in Nordostiran. Allerdings zeigen entsprechend einer Reihe geologischer Untersuchungen zwei Stätten – bei Taknar, etwa 22 km nordwestlich von

Bardeskan, und bei Gooshe im Torood-Distrikt etwa 100 km südlich von Shahrood – Nachweise für antike Bergbautätigkeit. Beide Orte gehören zu den Tappeh Hesār am nächsten liegenden Kupfervorkommen (Bazin & Hübner 1969). In diesem Zusammenhang sollten noch die zwei weiteren, weit entfernten Bergwerksgebiete von Veshnāveh in den südlich gelegenen Bergen von Qom und von Anarak, etwa 320 km südlich von Hesār am Südrand der Wüste Dasht-e Kavir, Erwähnung finden.

Bibliographie

BAZIN, D. & HÜBNER, H.:
1969 Copper Deposits in Iran. Geological Survey of Iran, Rep. No. 13.

BULGARELLI, G. M.:
1974 Tepe Hisar. Preliminary Report on a Surface Survey, August 1972. East and West, 24, 1-2, 15-27.

CALDWELL, J. R.:
1967 Investigations at Tal-i Iblis, Illinois State Museum Preliminary Report 9, Springfield, Illinois State Museum.
1968 Tal-i Iblis and the Beginning of the Copper Metallurgy in the Fifth Millennium. Archaeologia Viva 1, 145-150.

CHEGINI, N. N., MOMENZADEH, M., PARZINGER, H., PERNICKA, E., STÖLLNER, TH., VATANDOUST, R. & WEISGERBER, G.:
2000 Preliminary report on archaeometallurgical investigations around the prehistoric site of Arisman near Kashan, west Central Iran. Arch. Mitt. Iran u. Turan 32, 281-318.

DYSON, R. H., JR.:
1987 The Relative and Absolute Chronology of Hissar II and the Proto-Elamite Horizon of Northern Iran. In: O. Aurenche, J. Evin & F. Hours (eds.), Chronologies in the Near East/Chronologies du Proche Orient. BAR International Series 379(ii), Oxford, Archaeological Reports, 647-678.
1991 Ceramics in the Neolithic Period through the Bronze Age in Northeastern and North-Central Persia. In: E. Yarshater (ed.), Encyclopedia Iranica 5, 3, Costa Mesa, CA, 266-275.

DYSON, R. H., JR. & HOWARD, S. M. (eds.):
1989 Tappeh Hesār: Reports on the Restudy Project, 1976, Firenze.

DYSON, R. H., JR. & TOSI, M.:
1989 Introduction. In: Dyson & Howard 1989, 1-6.

HAKEMI, A.:
1992 The Copper Smelting Furnaces of the Bronze age at Shahdad. In: C. Jarrige (ed.), South Asian Archaeology 1989. Monographs in World Archaeology 14, Madison, WI, 119-132.

HOLZER, H. F. & MOMENZADEH, M.:
1971 Ancient Copper Mines in Veshnoveh Area, Kuhestan-e Qom, West Central Iran. Archaeologia Austriaca 49, 1-22.

NOKANDEH, J. & NIMA, N.:
2003 Silversmiths of Sialk: Evidence of rare elements metallurgy at South Mound of Sialk. In: S. Malek Shahmirzadi (ed.), Silversmiths of Sialk: Report of Second Season, Tehran, Iranian Center for Archeological Research, 21-30 (in Farsi).

PIGOTT, V. C.:
1989 Archaeo-metallurgical Investigations at Bronze Age Tappeh Hesār, 1976. In: Dyson & Howard 1989, 25-34.
1999 The Development of Metal Production on the Iranian Plateau: An Archaeometallurgical Perspective. In: V. C. Pigott (ed.), The Archaeometallurgy of the Asian Old World, MASCA Research Papers in Science and Archaeology 16, Philadelphia, University of Pennsylvania Museum of Archaeology and Anthropology, 73-106.

ROUSTAEI, K.:
2002 Report on Trench B. In: S. Malek Shahmirzadi (ed.), The Ziggurat of Sialk: Report of First Season, Tehran, Research Deputy of the Iranian Cultural Heritage Organization, 113-134 (auf Farsi).

SCHMIDT, E. F.:
1933 The Hissar Excavations 1931. The Museum Journal 23/4, 324-483.
1937 Excavations at Tepe Hissar, Iran, Philadelphia.

TOSI, M.:
1989 The Distribution of Industrial Debris on the Surface of Tappeh Hesār as an Indication of Activity Areas. In: Dyson & Howard 1989, 13-24.

VOIGT, M. M. & DYSON, R. H., JR.:
1992 The Chronology of Iran, ca. 8000-2000 B.C. In: R. W. Ehrich (ed.), Chronologies in Old World Archaeology, Chicago, 122-178.

Dreschplatz in einem Dorf in Nordwestiran (1978); Foto: G. Weisgerber.

Kupfer und Silber in Arisman und Tappeh Sialk und die frühe Metallurgie in Iran

Ernst Pernicka

Kupfer ist das erste vom Menschen verwendete Metall. Gemäß dem heutigen Forschungsstand stammen die ältesten Kupferfunde in einiger Anzahl aus dem 9. Jt. v. Chr. aus Çayönü und Aşıklı Höyük in Anatolien. Iran war höchstwahrscheinlich Teil dieser frühen Entwicklung, wie die Kupferfunde von Ali Kosh, Tappeh Zaqheh und Chogha Sefid belegen, die von der Mitte des 8. bis zur Mitte des 6. Jt. v. Chr. datieren (für eine vollständigere Aufzählung der frühen Metallfunde siehe Pernicka 1990). Die Analysen einiger dieser Metallobjekte haben gezeigt, dass alle aus gediegen Kupfer hergestellt waren, wenn auch mit der Anwendung von Feuer, um das Metall bei den verschiedenen Formungsschritten zu härten, bzw. um Rissbildung zu verhindern (Yalçın & Pernicka 1999).

Der Grund für den Beginn der Verwendung von Metallen ist unklar, aber die Wurzeln könnten in einem Wechsel der Vorliebe für Farben zu suchen sein. Im Paläolithikum wurden alle Farbschattierungen von gelb bis braun inklusiv weiße und schwarze Pigmente verwendet, wie wir es von vielen Höhlenmalereien kennen. Rot als Farbe des Blutes und des Lebens scheint besonders geschätzt worden zu sein, wie Hämatit-Funde (Schmandt-Besserat 1980) und eine untertägige Hämatit-Mine auf der griechischen Insel Thasos (Koukouli-Chrysanthaki & Weisgerber 1999) belegen. Grüne und blaue Pigmente erscheinen genau so wenig auf Höhlenzeichnungen wie grüne oder blaue Materialien im paläolithischen Kontext auftauchen. Ein früher Vorläufer könnte der Anhänger von Zawi Chemi im Zagros-Gebirge in Nordwestirak sein, der zunächst als korrodiertes Metall interpretiert wurde. Muhly (1989) zeigte aber auf, dass es mit einer Art Bogenbohrer äußerst schwierig gewesen wäre, ein Loch in das Kupfer zu bohren. Weil der Anhänger ursprünglich zwei Löcher hatte, ist inzwischen allgemein anerkannt, dass es sich von Anfang an um ein Mineral gehandelt haben muss. Es ist ein grüner Malachit, der als Schmuck verwendet wurde. Die Verwendung grüner Steine, nicht nur von Malachit, für Schmuckzwecke markiert den Beginn einer bedeutenden Veränderung, die sich im frühen Neolithikum weit verbreitete. Dies wurde sogar als Merkmal des frühen, vorkeramischen Neolithikums im Nahen Osten bezeichnet.

Sobald grüne Materialien gefragt waren, kann man sich gut vorstellen, dass in einer bestimmten Phase auch gediegen Kupfer gefunden und gesammelt wurde, weil es durch Korrosion grün wird. So treten Malachit und gediegen Kupfer gemeinsam auf. Menschen, die Steine für verschiedenste Zwecke suchen, haben diese gewiss regelmäßig auf ihre Brauchbarkeit hin überprüft, und so wurden bald die besonderen Eigenschaften des Metalls, vor allem seine Formbarkeit, entdeckt. Man wird auch herausgefunden haben, dass Metall bricht, wenn es durch Hämmern zu sehr deformiert wird. Ein weiterer Test, den man sich vorstellen kann, ist das Verhalten von Steinen, wenn man sie im Feuer erhitzt. Es überrascht daher nicht, wenn die frühesten Metallfunde oft Risse von exzessiver Kaltbearbeitung zeigen, aber auch Hinweise auf das Weichglühen (Tempern) geben. Die Verwendung von Hitze kann gut von früheren Erfahrungen mit der Hitzebehandlung von Flint und anderen Materialien herstammen, mit denen man das Abschlagverhalten verbesserte.

Eine andere Eigenschaft von Malachit muss beim (partiellen) Erhitzen von korrodiertem gediegen Kupfer beobachtet worden sein: Die Farbe wechselt von grün zu schwarz im Feuer und kann manchmal ein rotes Material ergeben (einwertiges Kupferoxid, Cuprit). Das hat mit Sicherheit die Neugier und das Interesse der frühen Handwerker geweckt und kann schließlich zur absichtlichen Umwandlung von Kupfererz in Kupfer durch den Einsatz von Feuer, d.h. Schmelzen, geführt haben. Aber zurzeit bleiben die Einzelheiten dieses Schrittes im Dunkeln, weil wichtige Funde fehlen. Es ist nicht einmal bekannt, ob das Verhütten oder das Schmelzen von Kupfer die nächste (Entwicklungs-) Stufe war. Doch seit der Entdeckung, dass der Keulenkopf von Can Hasan aus dem frühen 6. Jt. v. Chr., der lange für das früheste gegossene Metall gehalten wurde, in Wahrheit durch Hämmern und Härten aus gediegen Kupfer geschaffen wurde (Yalçın 1998), scheint es wahrscheinlicher, dass das Verhütten dem Schmelzen und Gießen vorausging. Der klarste Hinweis auf das Verhütten, die pyrometallurgische Umwandlung von Erz in Metall, ist das Auftreten von Kupferschlacke. Es kann kein Zufall sein, dass sämtliche der frühesten Schlackenfunde aus dem Iran

Abb. 1: Karte Irans mit den wichtigsten, im Text erwähnten Plätzen.

stammen, namentlich von Tal-i Iblis, Tappeh Sialk, Tappeh Ghabristan und Tappeh Zaqheh, alle datiert in das späte 5. Jt. v. Chr. Diese Fundstätten zeigen, dass die Verhüttung von Kupfererz vermutlich regelmäßig erfolgte, so dass die ersten Stufen noch früher liegen müssen. Die Technik scheint sich rasch verbreitet zu haben, denn im 4. Jt. wurden Kupferschlacken in einem ausgedehnten Gebiet gefunden, das sich von der Ägäis bis in den Mittleren Osten erstreckt. Es wird auch von isolierten Funden aus Spanien und Südosteuropa berichtet, aber ihr Kontext muss noch bestätigt werden.

Es wurde schon erwähnt, dass die ersten Metallgegenstände im Iran im Südwesten in der Deh Luran-Ebene am Fuße des Zagros-Gebirges auftauchen, das an der traditionellen Route zwischen Mesopotamien und der Susiana liegt. Diese Region zeichnet sich durch klimatische Extreme mit sehr heißen und trockenen Sommern und kalten Nordwinden im Winter aus. Regen fällt nur in den Wintermonaten und ist höchst variabel von Jahr zu Jahr. Die Niederschläge genügen aber in einem durchschnittlichen Jahr für Trockenfeldbau, doch ist die Ernte immer in Gefahr, wenn der Zeitpunkt der Regenfälle nicht mit dem landwirtschaftlichen Zyklus übereinstimmt. Die frühesten bekannten Siedlungen aus dem 9. Jt. v. Chr. liegen daher an den wenigen dauernd Wasser führenden Flüssen. Sie scheinen semipermanent gewesen zu sein, da wilde Steppengräser noch immer in den Nahrungsresten vorherrschen, obwohl domestizierter Emmer gefunden wurde. Gerade hier wurde der früheste Metallfund in Iran entdeckt, eine Perle aus gerolltem Kupferblech in Ali Kosh. Sie datiert grob geschätzt in die Mitte des 8. Jt. v. Chr. Einige wenige Funde wurden in der so genannten "Early Village Period" entdeckt, die zeitgleich ist mit dem späten vorkeramischen Neolithikum im Irak von Chogha Sefid und Tappeh Sabz.

Abb. 2a: Ansicht der heute aufgelassenen Meskani-Grube; Foto: E. Pernicka.

Abb. 2b: Meskani-Grube; Überreste einer mit Sprengmitteln geöffneten, alten Grube. Das ist einer der wenigen Hinweise auf vormodernen Bergbau in diesem Gebiet; Foto: E. Pernicka.

Der letztgenannte Fund markiert den Beginn einer Entwicklung, die durch ein signifikantes Anwachsen der Kupferverwendung gekennzeichnet ist. Darauf weist die steigende Zahl der Metallfunde hin. Kupfergegenstände aus dem 6. Jt. v. Chr. wurden sowohl in Tappeh Giyan in Nordost-Luristan, Tappeh Sialk bei Kāshān, Tappeh Yahya im Süden als auch in Tal-i Iblis in der Provinz Kerman und bei Tappeh Zaqheh in der Qazvin-Ebene westlich von Teheran gefunden.

Die meisten dieser frühen Objekte bestehen, soweit sie analysiert wurden, aus gediegen bzw. Naturkupfer. Das Repertoire an Formen ist auf Perlen und Ahlen beschränkt. Die Nutzung von Kupfer dehnte sich während des Chalkolithikums, hauptsächlich im 6. Jt. v. Chr., markant aus. Kupfer enthält häufig Arsen in wechselnder Konzentration; es wurde vorgeschlagen, dass dies auf beabsichtigte Legierung(en) oder mindestens auf die Auswahl gewisser Erze hindeuten könnte, um so ein härteres Metall zu erhalten. Es wurden Nadeln, Gewandnadeln, Dolchklingen, Meißel, Schaftloch- und Flachäxte hergestellt, die – anders als die vorherrschende Verwendung als Schmuck in der vorhergegangenen Periode – eindeutig als Werkzeuge dienten. Gegen Ende des Chalkolithikums vervollständigen Dolche mit Mittelrippe, Keulenköpfe mit Schaftloch, Armreifen, Ohrringe und Fingerringe das Repertoire.

Trotz dieser viel versprechenden Funde ist die Erforschung der frühen Metallurgie in Iran noch längst nicht zufrieden stellend. Anders als in anderen Regionen der Alten Welt, z.B. in Anatolien, wo die meisten Erzfunde im Feld archäometallurgisch und im Labor auf ihre chemische Zusammensetzung und das Blei-Isotopen-Verhältnis untersucht werden, wurden in Iran bis heute nur wenige Lagerstätten umfassend untersucht. Wenig ist bekannt über die Zusammensetzung der chalkolithischen und bronzezeitlichen Metallfunde und fast nichts über den bronzezeitlichen Bergbau. Die einzige Fundstätte in Iran, wo antiker Bergbau belegt und erforscht ist, ist Veshnāveh, 60 km von Qom und 45 km von Tappeh Sialk entfernt (Holzer & Momenzadeh 1971; Chegini *et al.* 2000; siehe auch den Beitrag von Th. Stöllner in diesem Band).

Weil Veshnāveh vergleichsweise nah bei Tappeh Sialk liegt, wurde es für eine mögliche Erzlagerstätte der frühen Kupfermetallurgie gehalten. Aber die Erze von Veshnāveh haben einen niedrigen Arsengehalt, während die meisten analysierten chalkolithischen Kupfergegenstände aus dem Iranischen Plateau inklusive Tappeh Sialk Arsen in wechselnden aber stets höheren Konzentrationen enthalten. Deshalb hielt man ursprünglich eine andere Gegend für den Lieferanten des meisten frühen Kupfers auf dem Iranischen Plateau, namentlich die Erzlager von Anarak, insbesondere die Kupferfunde von Meskani (Abb. 2a & 2b) und Talmessi (Abb. 3). Die Fülle der beiden Fundstätten wurde in einem frühen Bericht (Maczek *et al.* 1952) beschrieben, und es wurde betont, dass sie hauptsächlich gediegen Kupfer mit auffallenden Mengen natürlicher Kupfer-Arsen-Minerale enthielten. Das führte dazu, dass andere Forscher annahmen, dieses Kupfer habe in prähistorischen Zeiten (Smith 1968) auch Tappeh Sialk erreicht, obwohl nie über Spuren antiken Bergbaus oder über die Präsenz antiker Werkzeuge für den Bergbau berichtet worden ist. Berthoud (1979) deutete sogar an, dass diese Region im 4. Jh. v. Chr. der Hauptlieferant von Kupfer für Mesopotamien gewesen sein könnte.

Abb. 3: Heutige Ansicht der Talmessi-Grube; Foto: E. Pernicka.

relativ reich an Uran, was zu stark radiogenen Blei-Isotopen-Verhältnissen führt (siehe unten). Sie unterscheiden diese Erze von denen in den Karkas-Bergen und in Veshnāveh. Bisher wurden solche Blei-Isotopen-Verhältisse in chalkolithischen Metallartefakten aus Zentraliran nicht beobachtet. Es scheint, dass die Bedeutung von Meskani und Talmessi für die frühe Metallurgie von Zentraliran in der Vergangenheit weit überschätzt wurde. Es ist sogar möglich, dass beide Fundorte ursprünglich an der Oberfläche nicht sichtbar und deshalb den prähistorischen Metallurgen nicht einmal bekannt waren.

Es ist noch unklar, ob an diesen beiden Fundstätten schon im Altertum Bergbau betrieben wurde. Tonscherben sind selten und zeigen keine prähistorischen Aktivitäten an, obwohl es einige Stellen mit abgerundeten Ausarbeitungen gibt, die auf frühen Bergbau hindeuten könnten. In den 1960er Jahren wurde der Abbau eingestellt, für eine kurze Periode in den 1970ern wieder aufgenommen; schließlich wurden beide Minen aufgegeben.

Beide Fundorte liegen in geologisch jungen Gesteinen vulkanischen Ursprungs. Die Mineralisation bildet kleine Gänge (bis zu 0,5 m dick in Talmessi), kleine Schnüre, nestartige und unregelmäßig geformte Körper aus massivem Erz und Erzeinsprengsel. Insgesamt wurden über fünfzig Minerale in dieser Lagerstätte entdeckt. Unter den Sekundärmineralen herrschen Kupfersulfide (besonders Chalkosin oder Kupferglanz, Cu_2S, in Meskani) und Cu-, Ni-, Co-Arsenide vor, gediegene Metalle, Pechblende, Galenit usw. werden erwähnt. Typisch ist das Fehlen von Ni- und Co-Sulfiden. Komplexe Sulfarsenide sind selten. Normalerweise enthält das gediegen Kupfer einige Prozent Arsen (bis 20%) und Nickel (bis 10%). Das Erz ist auch

In dieser Hinsicht viel versprechender scheint die Baqoroq-Kupfermine zu sein, die 4 km nordwestlich von Nakhlak liegt und eine Insel aus Hügeln inmitten von Sanddünen der Wüste Dasht-e Kavir bildet. Sie wird heute langsam von ihnen zugedeckt. Die Mineralisierung besteht aus Erzeinsprengseln, Massenerzen und Sintern aus Malachit, Azurit, Chrysokoll sowie Kupferoxid und lokalem Chalkosin, eingebettet in einem Kalkstein der jüngeren Kreidezeit. Die Mine war zwischen 1935 und dem Zweiten Weltkrieg tätig, verschiedene alte Gruben und ein Zugang sind sichtbar. In der größten Grube gibt es einige Abbaustellen mit abgerundeten Spuren, die vermutlich alte Grubenbaue sind. Bei dem Bergbau gibt es Gebäudereste und eine Kupferschmelze sowie Röstöfen und Schlacken-

Abb. 4: Überblick über den chalkolithischen Verhüttungsplatz von Arisman am Fuß der Karkas-Berge; Foto: DBM, Th. Stöllner.

Abb. 5: Kupferverhüttungsofen von Arisman mit der Ofeninnenwand, die aus mehr als 30 Lagen von gebranntem, verschlacktem Lehm aufgebaut ist. Die Ofenbrust wurde wahrscheinlich nach jedem Schmelzvorgang entfernt und später für einen neuen Schmelzvorgang wieder neu errichtet; Foto: DBM, Th. Stöllner.

halden. Es wurden keine Spuren antiker Verhüttungsaktivitäten in diesem Bereich gefunden. Die ältesten Tonscherben sind selten und datieren in die Safawidische Periode (1501-1736).

In diesem Zusammenhang ist die Entdeckung einer chalkolithischen Siedlung mit extensiven metallurgischen Relikten in Arisman, rund 60 km südöstlich von Kāshān, von besonderem Interesse (Chegini et al. 2000) (Abb. 4). Das Gebiet ist ziemlich weitläufig und flach ohne Siedlungshügel. Es erstreckt sich über mehrere Hektar und umfasst verschiedene Schlackenhalden und verstreute Stücke von Kupferschlacke. Nach drei Grabungsphasen in einem Gebiet mit Schlackenkonzentrationen kann dieses Gebiet als ausgedehnte Siedlung und als Werkplatz – Arisman I – verstanden werden. Es ist klar, dass hier während der Perioden Sialk III und IV extensive Kupferverhüttung stattgefunden hat, d. h. vom späten 5. bis zum frühen 3. Jt. v. Chr.

Eine Schlackenhalde wurde ausgegraben und brachte einen Verhüttungsofen mit mehr als 30 Lagen in der Ofenwand zum Vorschein (Abb. 5). Der Verhüttungsprozess muss noch vollständig rekonstruiert werden, aber er scheint demjenigen mit ähnlicher Ofenkonstruktion zu gleichen, wie er aus Fenan im Wadi Arabah, Jordanien (Hauptmann 2000), bekannt ist. Der Ofen war auf und in eine Plattform von Lehmziegeln gebaut. Er ist abgerundet mit einem äußeren Durchmesser von rund 70 cm, die Öffnung nach Nordost gerichtet. Im unteren Teil bildet der Ofen einen halbrunden Boden mit rund 30 cm innerem Durchmesser. Nur der obere Teil der Ofenwände war verschlackt. Nach derzeitigem Stand kann man annehmen, dass der obere Teil eine Art Reaktionsgefäß für die Befüllung und die Holzkohle ist, und dass das Verhüttungsprodukt (vermutlich flüssige, metallreiche Schlacke) in einen Tiegel unterhalb des Reaktionsbereichs geleitet wurde. Fragmente solcher Tiegel wurden gefunden, teilweise mit Schlacke bedeckt, die meist innerhalb des Tiegels, manchmal aber auch an der Außenseite herabgeflossen war. Eine vollständige Lehmform für eine Flachaxt und Teile einiger anderer Formen belegen, dass an diesem Ort nicht nur verhüttet, sondern auch geschmolzen und gegossen wurde. Kleine Tonwaren wurden in der Schlacke gefunden, aber alle Fragmente wurden der Sialk IV-Periode zugeordnet, so dass die Ofeneinrichtung grob auf 3000 v. Chr. datiert werden kann. Sie ist also später als die Sialk III-zeitlichen Teile der Siedlung. Auch in diesen Siedlungsschichten wurde Kupferschlacke gefunden, so dass Kupfer in Arisman über einen Zeitraum von mehreren Jahrhunderten produziert worden sein muss.

Seit 2001 wird auch der Tappeh Sialk vom "Sialk Reconsideration Project" unter der Leitung von Dr. S. Malek Shamirzadeh neu untersucht. Am südlichen Hügel wurde eine Metallwerkstatt entdeckt, die in die Sialk III-Periode datiert wird und in die gleiche Zeit gehört wie die frühen Phasen von Arisman. Dicht beim Werkstattareal wurden zwei kleine linsenförmige Schlackenansammlungen mit viel Holzkohle verprobt und Radiokarbonmessungen unterzogen. Die Ergebnisse lieferten Datierungen auf rund 3700 v. Chr. (kalibriert). Die Schlacke gleicht in ihrer Zusammensetzung derjenigen von Arisman, ist aber weniger homogen und enthält im Durchschnitt mehr Kupfer (Schreiner et al. 2003).

Wenn man bedenkt, dass Arisman heute in einer Gegend liegt, die als Halbwüste charakterisiert werden kann und nur mit künstlicher Bewässerung kultivierbar ist, stellt sich die Frage, warum gerade hier so viel Kupfer produziert worden ist. Zuerst würde man denken, dass in der Umgebung Kupfererze vorkommen. Es wurde eine geologische Felduntersuchung durchgeführt, aber das Ergebnis war eher mager. Man fand einige kleine Kupfermineralisationen in den Karkas-Bergen (insgesamt wurden 46 Stellen besucht und Proben genommen: Nezafati 2000); es gibt aber keine Anzeichen für eine antike Ausbeutung. Zudem stimmt das Blei-Isotopen-Verhältnis dieser Mineralisationen nicht mit demjenigen der Schlacken von Arisman überein (Abb. 6).

Das ist der schlüssige Beweis, dass diese Erze nicht in Arisman verhüttet wurden; denn die Isotopenzusammensetzung von Blei ist innerhalb eines Erzkörpers meist mehr oder weniger konstant und wird durch chemische Reaktionen beim Verhütten oder durch Korrosion überhaupt nicht verändert. Das Prinzip dieser Methode ist ziemlich einfach: Über geologische Zeitspannen hat sich die durchschnittliche Blei-Isotopen-Zusammensetzung der Erdkruste kontinuierlich verändert entsprechend dem radioaktiven Zerfall von Uran und Thorium, der zu verschiedenen Isotopen des Elements Blei führt. Das neu entstandene, so genannte radiogene Blei mischt sich mit dem bereits vorhandenen Blei. Wenn eine Bleierz-Lagerstätte entsteht, verändern sich die U/Pb- und Th/Pb-Verhältnisse drastisch, so dass der Zufluss von radiogenem Blei in der Lagerstätte aufhört. Entsprechend der Erzgenese kann man sich diese Situation als Fixierung einer bestimmten Blei-Isotopen-Zusammensetzung vorstellen. Die Blei-Isotopen-Verhältnisse in einer Erzlagerstätte hängen von ihrem geologischen Alter und den U/Pb- und Th/Pb-

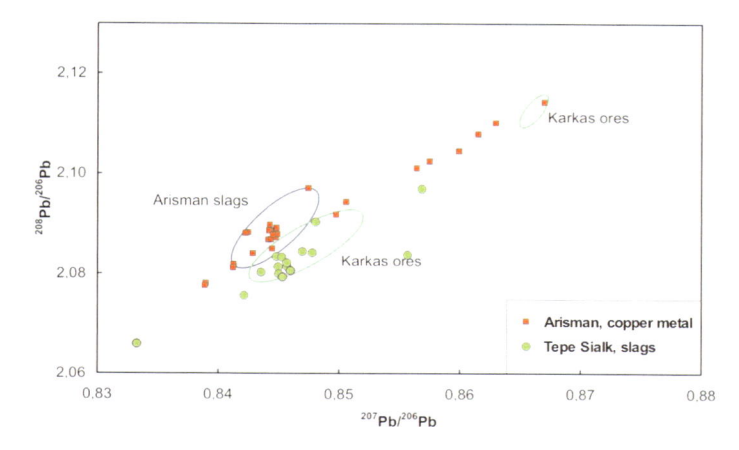

Abb. 6: Die Blei-Isotopen-Verhältnisse in Schlacken und Kupfermetall von Arisman und in Kupferschlacken vom Tappeh Sialk wie auch von Erzproben aus den Karkas-Bergen bei Arisman und der prähistorischen Bergbauregion von Veshnāveh. Die Variation der Blei-Isotopen-Verhältnisse des Kupfermetalls von Arisman ist größer als in den Schlacken, was andeutet, dass nicht jedes Metall von Arisman auch dort produziert wurde. Außerdem ist es unwahrscheinlich, dass die Erze aus den Karkas-Bergen stammen, während die meisten Kupferschlacken vom Tappeh Sialk gut in das regionale Isotopenmuster passen. Die Daten vom Tappeh Sialk stammen von Schreiner et al. (2003).

Verhältnissen der Ursprungsregion ab. Deshalb können Erzlagerstätten oft daran unterschieden werden. Blei-Isotopen-Verhältnisse können deshalb ebenso als geochemischer Fingerabdruck gelten wie die Spurenelementmuster. Im Gegensatz zu den Spurenelementkonzentrationen verändert sich dieser Fingerabdruck aber auf dem Weg von der Erzlagerstätte bis zum fertigen Produkt nicht.

Die Ergebnisse der Isotopenanalyse zeigen, dass es keine Übereinstimmung zwischen den Blei-Isotopen-Verhältnissen der Schlacken von Arisman und vom Tappeh Sialk und den Kupfererzen von Veshnāveh gibt. Obwohl die Gruben von Veshnāveh relativ nahe sind und die einzigen bekannten prähistorischen Kupferbergwerke der Region, war von Anfang an vermutet worden, dass sie nicht das Rohmaterial für die Hüttenleute von Arisman und vom Tappeh Sialk lieferten, weil die Schlacken und auch die Kupferfragmente von beiden archäologischen Fundorten im Gegensatz zu den Erzen von Veshnāveh viel Arsen enthalten. Aber der Unterschied zwischen den Funden von Arisman vom Tappeh Sialk ist überraschend und legt nahe, dass sie nicht die gleichen Erzquellen hatten. Zumindest für Arisman liefert das Kupfervorkommen von Baqoroq arsenreiche Erze, die auch zu ihren Blei-Isotopen-Verhältnissen passen würden. Wie auch immer, nur das Ausschließen einer vermuteten Beziehung zwischen Erzlagerstätte und Schlackenhalde oder Metallartefakt ist schlüssig. Eine Übereinstimmung ist dagegen kein hinreichender Beweis für eine Herkunftsbeziehung, weil prinzipiell nicht ausgeschlossen werden kann, dass auch andere Erzlagerstätten mit ähnlichen Blei-Isotopen-Verhältnissen existieren. Nur wenn eine bestimmte Region mehr oder weniger erschöpfend untersucht wurde, könnte eine derartige Beziehung postuliert werden, allerdings nur für den Fall, dass eine einzige Lagerstätte dieser Region übereinstimmende Blei-Isotopen-Verhältnisse aufweist.

Bisher wurde die weitaus wichtigste Legierung dieser Periode noch nicht erwähnt, nämlich Bronze, eine Mischung aus Kupfer und Zinn. Dieses Material erscheint in größerer Menge in der ersten Hälfte des 3. Jt. v. Chr. in einem weitläufigen Gebiet zwischen der Ägäis und dem Persischen Golf und gab einer ganzen Periode der Kulturgeschichte ihren Namen: der Bronzezeit. Man hielt es lange für ein Rätsel, dass diese Legierung zuerst in einer Region benutzt wurde, die keinerlei geologische Zinn-Lagerstätten aufweist (für Details siehe Muhly 1985; Pernicka 1998). Nach heutigem Wissensstand muss die Herkunft von Zinn für Vorderasien in der frühen Bronzezeit in Zentralasien gesucht werden. Die beiden frühesten bekannten Zinnminen in Uzbekistan und Tadschikistan können nicht mit Bestimmtheit vor 2000 v. Chr. datiert werden (Alimov *et al.* 1998; Parzinger & Boroffka 2003; Weisgerber & Cierny 2002). Auf jeden Fall ist Zinn geologisch gut belegt von Afghanistan bis Kazachstan und in der Mongolei, und es ist durchaus denkbar, dass es von dort kam. Diese Annahme wird untermauert durch das gleichzeitige Auftauchen von Gold und Lapislazuli im Nahen Osten des späten 4. Jt. v. Chr. Es wird allgemein angenommen, dass Lapislazuli, ein blauer Schmuckstein, aus Afghanistan kommt, wo sich eines der wenigen Vorkommen dieses Minerals befindet. Der einzige Ort, dessen Metallinventar vom archäometallurgischen Standpunkt aus gut erschlossen ist (rund 20% des gesamten Metallinventars), ist Tappeh Hesār im Norden von Iran. Während der ganzen Kulturabfolge vom Chalkolithikum bis zur Bronzezeit wurde dort keine Zinnbronze verwendet. Stattdessen herrscht arsenhaltiges Kupfer vor; dies lassen auch andere Untersuchungen, etwa aus Shahdad, erkennen (Vatandoust 1999). Kürzlich wurde jedoch am Tappeh Sialk in einer Sialk III-Schicht, d.h. 4. Jt. v. Chr. – ein Dolch ausgegraben, der dem Aussehen nach aus Bronze bestehen könnte. Es scheint, dass wir viel breiter angelegte analytische Untersuchungen der prähistorischen Metallfunde in Iran brauchen. Zurzeit

Abb. 7: Bleiglättestücke in Form von Kupellen aus Arisman; Foto: DBM, M. Schicht.

sind die Belege zu gering und geographisch wie chronologisch zu weit verteilt, um ein schlüssiges Bild zu vermitteln.

Schließlich soll noch ein besonders interessanter Aspekt der frühen Metallurgie in Iran erwähnt werden. Chronologisch ist Blei das zweite, vom Menschen benutzte und produzierte Metall. Es wurde in einem vorkeramischen neolithischen Kontext in Yarim Tappeh in Nordirak gefunden, aber nicht in Iran. Allerdings ist das nur der gegenwärtige Stand der Forschung und es ist natürlich nicht auszuschließen, dass auch in Iran einmal neolithische Bleiobjekte auftauchen werden. Der Grund für diese Annahme ist, dass in Arisman und auch in Tappeh Sialk große Stücke Bleiglätte gefunden wurden, die in das 4. Jt. v. Chr. datieren (Abb. 7). Bleiglätte (chemisch Bleioxid, PbO) kommt nicht in der Natur vor, sondern entsteht aus silberhaltigem Bleimetall durch Oxidation. Dieser Prozess heißt Kupellation und ist der vorherrschende Prozess für die Silberproduktion in der Alten Welt. Die Größe und die Zahl der Bleiglätte-Funde in Arisman und Tappeh Sialk ist so gewaltig, dass der Bleiabbau für die Silberproduktion auf dem Iranischen Plateau schon im 4. Jt. v. Chr. eine lange Tradition gehabt haben muss.

Es ist sicher kein Zufall, dass das früheste, zurzeit bekannte Silberobjekt am Tappeh Sialk (Ghirshman 1939) in einem Sialk III-Kontext gefunden wurde. Im 4. Jt. taucht Silber innerhalb relativ kurzer Zeit an vielen Stellen auf, was eine schnelle Verbreitung dieser sehr speziellen Technologie nahe legt (Kohlmeyer 1994). Da weder in Arisman noch am Tappeh Sialk Bleischlacken gefunden wurden, muss das silberhaltige Blei irgendwo anderes verhüttet worden sein. Man vermutete immer, dass die wahrscheinlichste Herkunft dafür die große Bleigrube von Nakhlak in der Region von Anarak ist. Das wird jetzt bestätigt durch die Bestimmung der Blei-Isotopen-Verhältnisse (siehe unten). In Nakhlak lässt sich Bleimineralisation über ein Gelände von rund vier Quadratkilometern feststellen. Die Erzkörper kommen als steil geneigte Quarz-Calzit-Baryt-Gänge mit Bleiglanz vor, oder als Cluster solcher Gänge, gelegentlich begleitet von zonal in Schnüren eingeschlossenen Erzen. Die Dicke dieser Erzkörper variiert zwischen 0,25 und 25 m (durchschnittlich 2,8 m), die Ausdehnung erreicht 500 m; die Vererzungen lassen sich bis zu 400 m in die Tiefe verfolgen. Die Erze sind praktisch monomineralisch und bestehen nur aus Bleiglanz. Cerussit (Bleikarbonat), der Schnüre, Nester, Einsprengsel, Sinter und Krusten bildet, ist das vorwiegende oxidische Erz. Der Silbergehalt ist heute mit 35-247 g/t Ag zwar nicht sehr hoch, war aber vermutlich in den oxidierten Bereichen des Erzkörpers viel höher.

Man weiß schon lange, dass die Mine von Nakhlak seit dem Altertum ausgebeutet wird. Archäologische Forschungen belegen, dass die ältesten erkennbaren Bergbauaktivitäten mindestens bis in die Sassanidische Periode (224-642 n. Chr.) zurückreichen. Der antike Abbau dringt bis in eine Tiefe von 80 m vor. Geräte für den Abbau, einschließlich Pickel, Hämmer, Schuhe aus Holz, Lampen usw., wurden in den Grubenbauen gefunden. Anders als beim intensiven modernen Bergbau sind die antiken Galerien an manchen Stellen immer noch sichtbar, vor allem bei Gombadeh und in Schacht Nr. 1. Zusätzlich zu den unmittelbaren Spuren antiken Bergbaus kommen in diesem Bereich noch Überreste von Siedlungen, die einen Bezug zum Bergbau haben, einschließlich der Ruinen von zwei Feuertempeln, einer Festung (Qaleh Bozorg) und einem kleinen Wasserstaudamm (Stöllner et al. 2004).

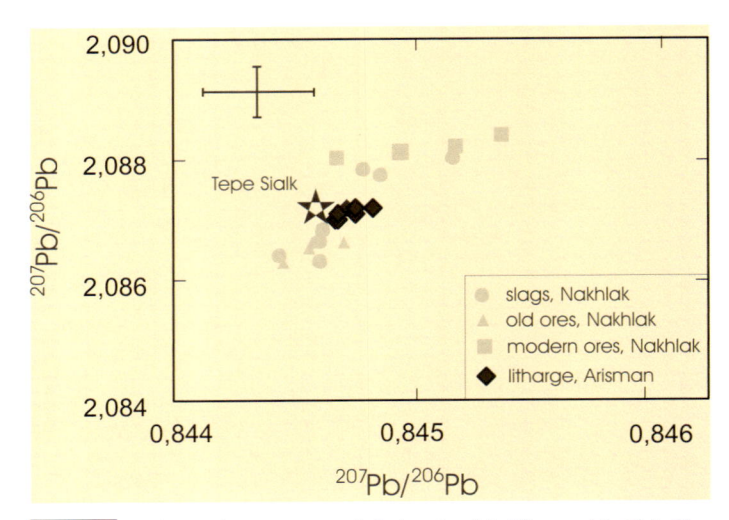

Abb. 8: Blei-Isotopen-Verhältnisse in Blei, Silber und in Bleischlacken und Erzen von Nakhlak und in Bleiglätte-Proben von Arisman. Die Bleiglätte-Probe vom Tappeh Sialk ist durch einen Stern verdeutlicht. Die "modernen Erze" stammen aus einem Tiefbergbau von Nakhlak (Tiefe 50 bis 2000 m), die "alten Erze" sind verstreute Stücke, oberflächlich aufgelesen in der Nachbarschaft der antiken Bebauung bzw. in der Nähe der antiken Bergbaue. Das Kreuz gibt die Standardabweichung der Einzelmessung (zwei Sigma) im Freiberger Labor an. Man beachte die geringe Gesamtvariation der Daten von nur 0,1% in dieser Darstellung.

Ein indirektes, aber starkes Indiz für chalkolithischen Bergbau in Nakhlak liefern die Blei-Isotopen-Verhältnisse. Alle Materialproben der Bleiglätte aus Arisman und einer Bleiglätte vom Tappeh Sialk zeigen eine außerordentlich kleine Variationsbreite der Blei-Isotopen-Verhältnisse, die perfekt mit einer ähnlich kleinen Streubreite der Bleierze von Nakhlak übereinstimmen (Abb. 8). Das ist zwar kein schlüssiger Beweis, aber doch ein deutlicher Hinweis darauf, dass Nakhlak das Rohmaterial für die Silberproduktion in Arisman und am Tappeh Sialk geliefert haben könnte. Es ist denkbar, dass das Bleimetall dorthin gebracht wurde, weil Nakhlak viel dichter zum Innern der Wüste Dasht-e Kavir liegt. Es wäre sicher schwierig gewesen, genügend Brennstoff für die aufwendige Kupellation des Bleis zur Gewinnung von Silber zu beschaffen.

Bibliographie

ALIMOV, K., BOROFFKA, N., BUBNOVA, M., BURJAKOV, JU., CIERNY, J., JAKUBOV, J., LUTZ, J., PARZINGER, H., PERNICKA, E., RADILILOVSKIJ, V., RUZANOV, V., ŠIRINOV, T. & WEISGERBER, G.:

1998   Prähistorischer Zinnbergbau in Mittelasien. Vorbericht der ersten Kampagne 1997. Eurasia Antiqua 4, 137-199.

BERTHOUD, T.:

1979   Étude par l'analyse de traces et la modelisation de la filiation entre minérai de cuivre et objets archéologiques du Moyen-Orient (IVème et IIème millénaires avant notre ère. PhD, Université Piere et Marie Curie, Paris).

CHEGINI, N. N., MOMENZADEH, M., PARZINGER, H., PERNICKA, E., STÖLLNER, TH., VATANDOUST, R. & WEISGERBER, G.:

2000   Preliminary report on archaeometallurgical investigations around the prehistoric site of Arisman near Kashan, western Central Iran. Archäologische Mitteilungen aus Iran und Turan 32, 281-318.

GHIRSHMAN, R.:

1939   Fouilles de Sialk, Vol. II, Paris, 16-17.

HAUPTMANN, A.:

2000   Zur frühen Metallurgie des Kupfers in Fenan/Jordanien. Der Anschnitt, Beiheft 11, Bochum.

HOLZER, H. F. & MOMENZADEH, M.:

1971   Ancient Copper Mines at the Veshnoveh Area, Kuhestan-e-Qom, West Central Iran. Archaeologia Austriaca 49, 1-22.

KOHLMEYER, K.:

1994   Zur frühen Geschichte von Blei und Silber. In: R.-B. Wartke, Handwerk und Technologie im Alten Orient. Ein Beitrag zur Geschichte der Technik im Altertum, Mainz, 41-48.

KOUKOULI-CHRYSANTHAKI, CH. & WEISGERBER, G.:

1999   Prehistoric ochre mines on Thasos. In: Ch. Koukouli-Chrysanthaki, A. Muller & St. Papadopoulos (eds.), Thasos. Matières premières et technologie de la préhistoire à nos jours. Actes du Colloque International 26.-29.09.1995, Thasos, Liménaria, Paris, 129-144.

MACZEK, M., PREUSCHEN, E. VON & PITTIONI, R.:

1952   Beiträge zum Problem des Ursprungs der Kupfererzverwertung in der Alten Welt. Archaeologia Austriaca 10, 61-70.

MUHLY, J. D.:

1985   Sources of tin and the beginning of bronze metallurgy. American Journal Archeology 89, 275-291.

1989   Çayönü Tepesi and the Beginnings of Metallurgy in the Ancient World. In: A. Hauptmann, E. Pernicka & G. A. Wagner (Hrsg.), Archäometallurgie der Alten Welt / Old World Archaeometallurgy. Der Anschnitt, Beiheft 7, Bochum, 1-11.

NEZAFATI, N.:

2000   A study on the metallic minerals of the Natanz area, Iran. MSc thesis (in Farsi), Research Institute for the Earth Sciences, Teheran.

PARZINGER, H. & BOROFFKA, N.:

2003   Das Zinn in der Bronzezeit in Mittelasien I. Die siedlungsarchäologischen Forschungen im Umfeld der Zinnlagerstätten. Archäologie in Iran und Turan 5, Mainz.

PERNICKA, E.:

1990   Gewinnung und Verbreitung der Metalle in prähistorischer Zeit. Jahrbuch des Römisch-Germanischen Zentralmuseums 37, 21-129.

1998   Die Ausbreitung der Zinnbronze im 3. Jahrtausend. In: B. Hänsel (Hrsg.), Mensch und Umwelt in der Bronzezeit Europas, Kiel, 135-147.

SCHMANDT-BESSERAT, D.:

1980   Ochre in Prehistory: 300 000 Years of the Use of Iron Ores as Pigments. In: T. A. Wertime & J. D. Muhly (eds.), The Coming of the Age of Iron, New Haven/London, 127-150.

SCHREINER, M., HEIMANN, R. B. & PERNICKA, E.:

2003   Mineralogical and geochemical investigations into prehistoric smelting slags from Tepe Sialk/Central Iran. In: S. M. Shahmirzadi (ed.), The Silversmiths of Sialk, Teheran, Archaeological Research Center 2003, 13-24 (auf Englisch und Farsi).

SMITH, C. S.:

1968   Metallographic Study of Early Artifacts Made from Native Copper. Actes du XIe Congrés International d'Histoire des Sciences Warsaw 6, 237-243.

STÖLLNER, TH., WEISGERBER, G., MOMENZADEH, M., PERNICKA, E. & SHIRAZI, S.:

2004   Die Blei-/Silbergruben von Nakhlak und ihre Bedeutung im Altertum. Der Anschnitt 56, 76-97.

VATANDOUST, A.:

1999   A view on prehistoric Iranian metalworking: Elemental analyses and metallographic examinations. In: A. Hauptmann, E. Pernicka, Th. Rehren & Ü. Yalçin (Hrsg.), The Beginnings of Metallurgy. Proc. Internat. Conf. Bochum 1995. Der Anschnitt, Beiheft 9, Bochum, 121-140.

WEISGERBER, G. & CIERNY, J.:

2002   Tin for Ancient Anatolia? In: Ü. Yalçin (Hrsg.), Anatolian Metal II. Der Anschnitt, Beiheft 15, Bochum, 179-186.

YALÇIN, Ü.:

1998   Der Keulenkopf von Çan Hasan (TR). Naturwissenschaftliche Untersuchung und neue Interpretation. In: Th. Rehren, A. Hauptmann & J. D. Muhly (Hrsg.), Metallurgica Antiqua. Der Anschnitt, Beiheft 8, Bochum, 279-289.

YALÇIN, Ü. & PERNICKA, E.:

1999   Frühneolithische Metallbearbeitung am Aşıklı Höyük, Türkei. In: A. Hauptmann, E. Pernicka, Th. Rehren & Ü. Yalçin (Hrsg.), The Beginnings of Metallurgy. Der Anschnitt, Beiheft 9, Bochum, 45-54.

Bronzezeitliche Kupfererzgewinnung in Veshnāveh

Thomas Stöllner, Monika Doll, Mahmood Mir Eskanderi, Morteza Momenzadeh, Rainer Pasternak & Gero Steffens[1]

Die von R. Ghirshman in den dreißiger Jahren am Tappeh Sialk durchgeführten Grabungen lenkten erstmals den Blick der Altertumswissenschaft auf jenen Geländestreifen, der sich entlang der Wüste Dasht-e Kavir, von der heiligen Stadt Qom im Nordwesten über Kāshān, Natanz und Naïn bis nach Yazd im Südosten erstreckt. Ghirshmans Grabung ließ überdies die frühe Verwendung von Kupfer erkennen (Ghirshman 1938; 1939): Im Nordhügel wurden Kupferartefakte in Schichten gefunden, die wir heute dem Ende des 6. Jt. und dem 5. Jt. zuweisen können (Sialk, Periode I/II: Ghirshman 1938, 16, 30). Unversehens war damit die Bedeutung des Zentralplateaus als Lieferant für metallene Rohstoffe in den archäologischen Blick geraten, umso mehr als die Funde des Tappeh Sialk seit dem 4. Jt. engste Beziehungen nach Mesopotamien verrieten (Ghirshman 1938/39; Lamberg-Karlovsky 1978). Später billigte man dem Kupfer der Region eine entscheidende Rolle für den wirtschaftlichen Hintergrund dieser frühen Kontakte zu. Der Rohstoffhandel erschien so als treibende Kraft hinter den vielfältigen Kulturbeziehungen, die zur Entstehung komplexer Siedlungs- und Gesellschaftsformen nach Zuschnitt des Tieflands auf dem Plateau geführt haben. Mit dem Schlagwort „Uruk-Expansion" meinte man die auf Rohstoffe fokussierte Expansion von Handelsniederlassungen an die Peripherie Mesopotamiens und sah in diesen Vorgängen eine wesentliche Ursache für diesen gesellschaftlichen und ökonomischen Wandel[2]. Heute haben sich die Perspektiven deutlich verschoben und die Kontakte zwischen dem Plateau und Mesopotamien werden differenzierter beurteilt; dabei spielen nomadische Lebens- und Wirtschaftsformen augenscheinlich eine bedeutende Vermittlerrolle (z.B. Alizadeh 2003; siehe auch Alizadeh und Helwing in diesem Band). Doch noch immer blieb die Frage nach der Herkunft der metallenen Rohstoffe ungelöst.

Schon 1894/95 beschrieb der finnische Forschungsreisende A.F. v. Stahl die Kupferlagerstätte von „Weshnave". Stahl war seinerzeit Generalpostdirektor in Persien gewesen: „Etwa drei Kilometer nördlich von Weshnave, zwischen Kum und Kāshān, streicht in einem dunkelbraunen Eruptivgestein aphanitischer Struktur, ein 1 m mächtiger Kalkspathgang hervor, senkrecht einfallend, von Kupferkies und Kupferfahlerz durchsetzt" (Stahl 1894, 3 f.) (zur Region siehe Abb. 1). Von Stahl beschrieb die Kupferbergwerke jener Tage als sehr bescheiden, und so wird man auch für die Lagerstätten in Veshnāveh bestenfalls lokale Nutzung annehmen dürfen. Eine schon 1978 aufgelesene, eigentlich recht altertümlich wirkende Schlacke bestätigt das Bild eines ungeregelten Schmelzprozesses im Rahmen einer eher sporadische Nutzung: Eine entnommene Holzkohle konnte mithilfe der Radiokarbondatierung auf einen Zeitraum von 1811-1927 datiert werden[3]. Erst einem von den Vereinten Nationen unterstützten lagerstättenkundlichen Survey ist es zu verdanken, dass die Lagerstätte von Veshnāveh erneut in den Blickpunkt rückte. 1969 bereisten die Geologen Herwig Holzer und Morteza Momenzadeh das Gebiet erneut und beschrieben erstmals den alten Bergbau, den sie aufgrund von Keramikfunden und einer größeren Anzahl von Rillenschlägeln in prähistorische Zeit datierten (Holzer & Momenzadeh 1971; Holzer 1974). Dies war gleichsam der Auftakt für eine Reihe weiterer Untersuchungen, die in Folge immer wieder Forscher in dieses Kupferrevier zurückführten, so schon 1975 die französische Gruppe um Thierry Berthoud (Berthoud et al. 1976; 1982), später 1976 und 1978 auch das DBM unter Gerd Weisgerber, der die Gruben erstmals eingehend beschrieb und eine neuerliche Vorlage vorbereitete (Weisgerber, pers. Mitt., unpubliziert). Diese hoffnungsfrohen Anfänge wurden allerdings durch den Ausbruch der Islamischen Revolution und im Anschluss durch den Iran-Irak-Krieg in den Hintergrund gedrängt. Erst in Vorbereitung des seit 2000 gestarteten Projektes „Ancient Mining and Metallurgy in West Central Iran" wurde auch das Revier von Veshnāveh erneut in die Betrachtung einbezogen (Chegini et al. 2000). Dabei stand – nicht unähnlich zu den älteren Vorstellungen – die Frage im Vordergrund, ob und wie Veshnāveh in den regionalen „Kupferverbund" der Stufe Sialk III und IV einbezogen werden müsse. Besonders die in den neunziger Jahren in der Siedlung von Arisman entdeckten Schlackenhalden des frühen 3. Jt. haben die Frage nach der Herkunft der Kupfererze neu belebt, legen doch die Schlackenhalden von Arisman eine beträchtliche Kapazität dieser frühen Schmelztätigkeit nahe. Doch ehe abschließend auf diese Frage eingegangen wird, zurück zu den Untersuchungen in Veshnāveh. Mit dem Jahr 2000 konnten jedenfalls erstmals systematische Arbeiten in diesem Revier begonnen werden, und es

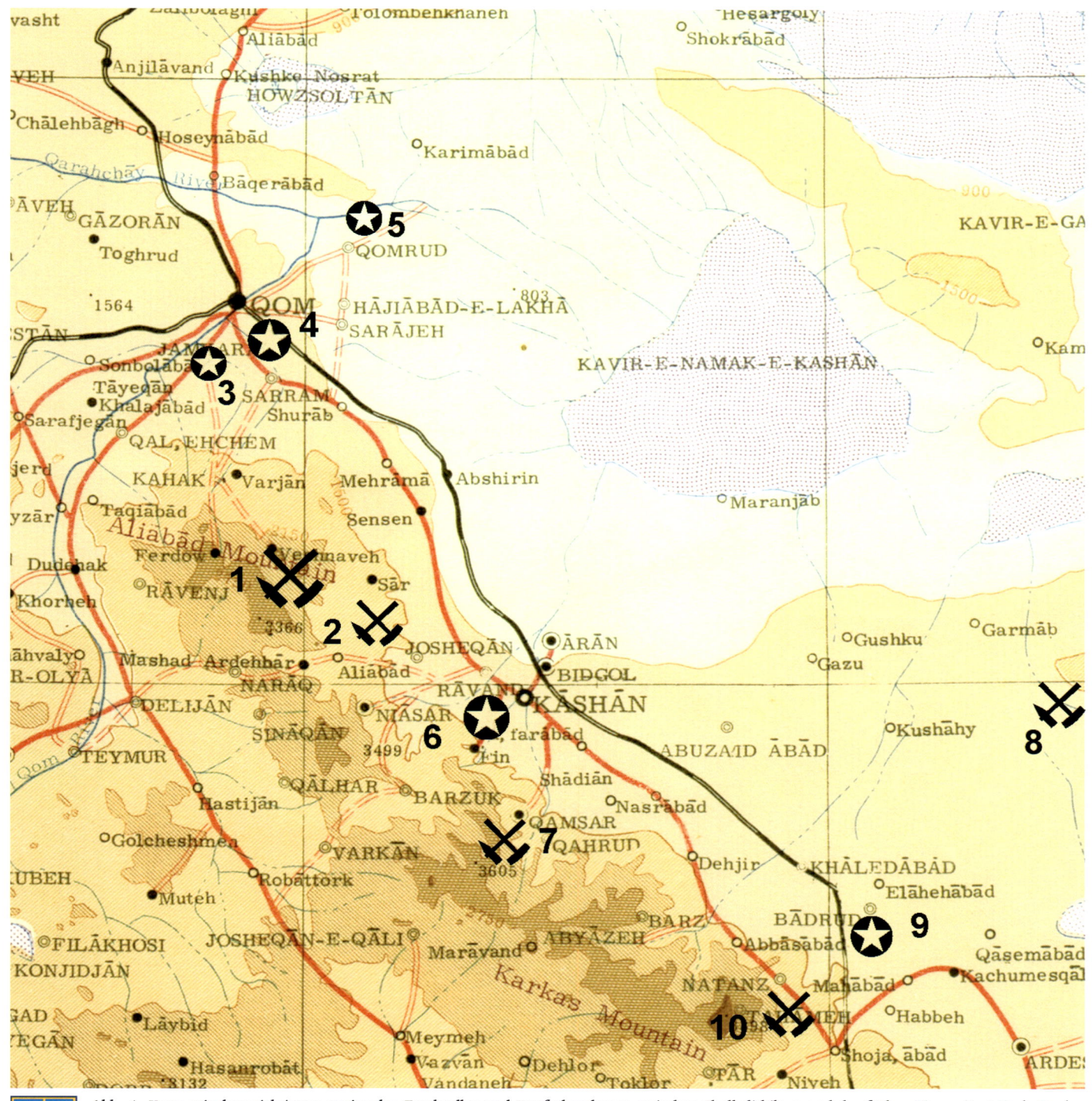

Abb. 1: Karte mit den wichtigsten regionalen Fundstellen und Kupferbergbauen zwischen Chalkolithikum und der frühen Eisenzeit. 1 Veshnāveh (3./2. Jt. v. Chr.), 2 Nigh bei Mashkan (prähist.), 3 Sarm, Gräberfeld (Iron II-III), 4 Jamkaran, Siedlung (Iron II-III); 5 Qomrud, Tell und Siedlungslandschaft (5. bis 3. Jt. v. Chr.), 6 Tappeh Sialk, Siedlung und Gräberfeld (5.-1.Jt. v. Chr.), 7 Kohrud-Qamsar, Kupferbergbau (prähist.); 8 Gorgāb, Metallerzbergbau (prähist.), 9 Arisman (4.-3. Jt. v.Chr.), 10 Milajerd, Abbau, Verhüttung (2./1. Jt. v. Chr.).

gelang, sie bis 2002 kontinuierlich fortzusetzen. Dabei spielte in der Betrachtungsweise dieser montanarchäologischen Unternehmung die Frage nach der Zulieferung von Kupfer in die Siedlungen von Sialk oder Arisman nicht die Hauptrolle. Vielmehr ging es überhaupt darum, erstmals ein in seiner Erhaltung einmaliges Grubenrevier der Bronzezeit vollständig und systematisch zu studieren und daran die Fragen nach den technischen und logistischen Prinzipien der frühen Kupferausbeute zu stellen: Wie waren die einzelnen Arbeitsschritte aufeinander abgestimmt, woher kam das Rohmaterial der verwendeten Steinschlägel, welche Zulieferung musste von außen organisiert werden und vieles mehr. Aber vor allem, wer waren und woher kamen die frühen Bergleute. Die besondere Erhaltung der Gruben ließ darüber hinaus auch detaillierte Betrachtungen zum Gewinnungsfortschritt und der Ausbeute erwarten, Fragen, auf die heute erst teilweise eine Antwort gegeben werden kann. Standen zu Beginn vor allem Fragen nach der Größe und Ausdehnung der Gruben und ihrer Datierung im Vordergrund, so konnten seit 2002 auch komplexere Ziele verfolgt werden, die die Subsistenz und die Vegetation im Umfeld der Bergbaureviere umfasste. Um schließlich zu einer ergebnisrelevanten Untersuchung der Arbeitstechniken vorzustoßen, war eine detaillierte Analyse der Ablagerungsstrukturen (Hauklein, Gerätefragmente usw.) in und außerhalb der Gruben zu beginnen.

Die Arbeiten in Veshnāveh waren vielfach geprägt von den Beschwernissen des einfachen Lebens in der Gemeinschaft eines Bergdorfes und den langen und arbeitsintensiven Tagen im Camp und im Feld[4] – häufig arbeiteten mehrere Grabungs- und Vermessungsteams neben einander her, und oft genug war es schwer, zwischen den mehrere Kilometer auseinander liegenden Grabungsstellen Kontakt zu halten. Die Grabungskampagnen erstreckten sich in der Regel zwischen fünf und acht Wochen[5].

Geologie und Lagerstätte

Das Gebiet der Kuhestan-e Qom ist Bestandteil des mittel- bis obereozänen Uroumieh-Dokhtar Gürtels, der zentraliranischen Vulkanitzone. Die Metallogenesen des Gebietes hängen eng mit den tertiären Gebirgszonen zwischen Alpen und Himalaya zusammen. Das mitteliranische Gebirge birgt daher – wenig überraschend – die ergiebigsten und umfangreichen Erzlagerstätten Irans (Kupfer, Gold, Blei/Zink). Die Gebirgsketten und geologischen Einheiten um Veshnāveh mit dem über 3000 m hohen Alwand und dem östlich gelegenen Kuh-e Qo-Qo im Rücken verlaufen in etwa NNW-SSO und lassen eine intensive Bruchtektonik erkennen. Die Gesteinsformation baut sich überwiegend aus Vulkaniten und Pyroklastiten auf (Holzer 1974; Momenzadeh & Haghnazar 2001). Die Vulkanitdecken bestehen aus andesitischen Brekzien und basaltischen Agglomeraten sowie basaltischen und andesitischen Eruptivgesteinen, die von Spaltenfüllungen, sog. dykes, durchzogen sind. Diese Schichtenabfolge kann als Produkt eines submarinen bzw. oberflächigen Vulkanismus angesehen werden. Die Imprägnationslagerstätte von Veshnāveh selbst ist in eozäne, andesitische, submarine

Abb. 2: Luftbild vom Bergbaurevier in Mazrayeh; Foto: DBM, Th. Stöllner.

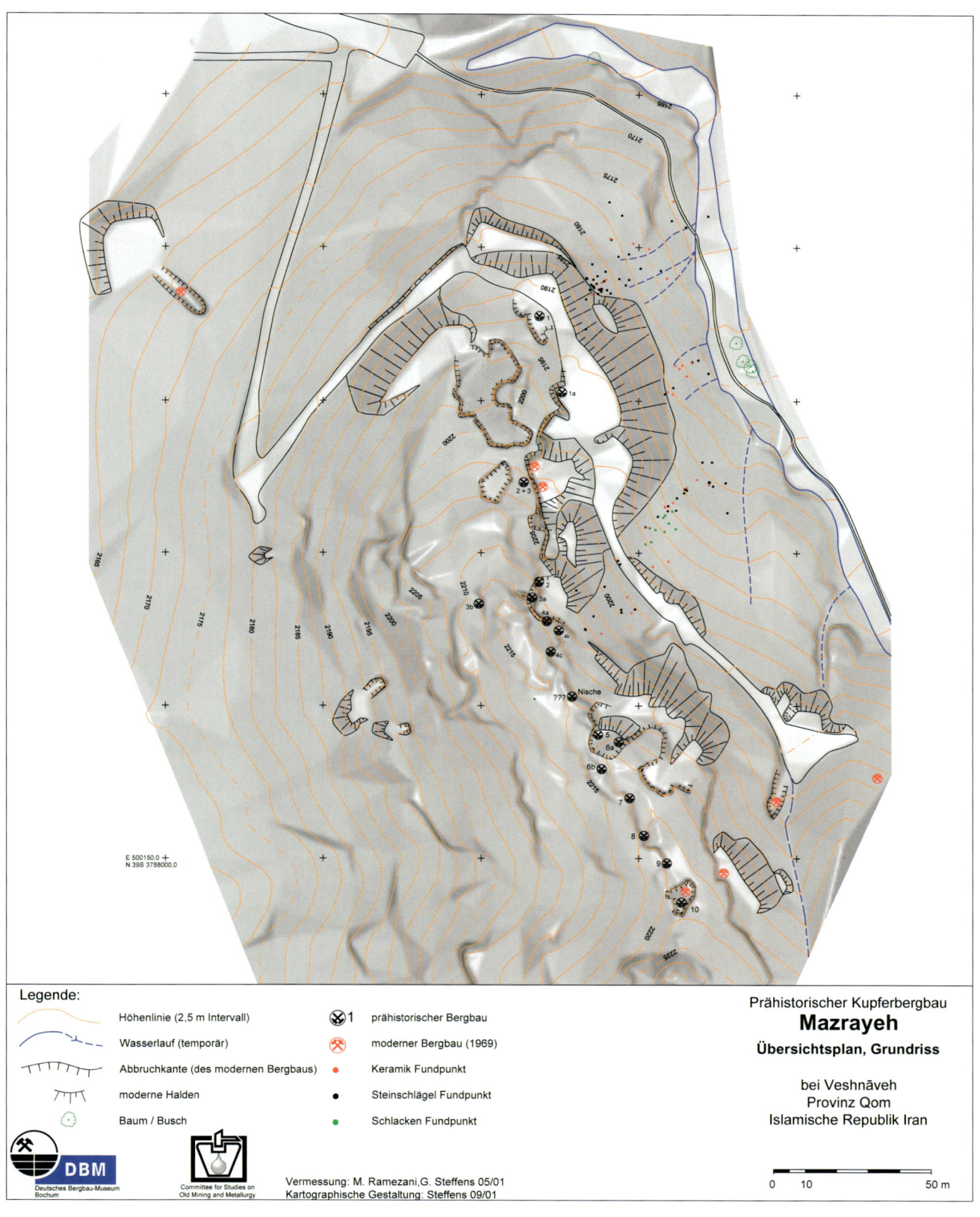

Abb. 3: Plan des Bergbaureviers in Mazrayeh mit eingetragenen prähistorischen und modernen Abbaustellen; nach DBM.

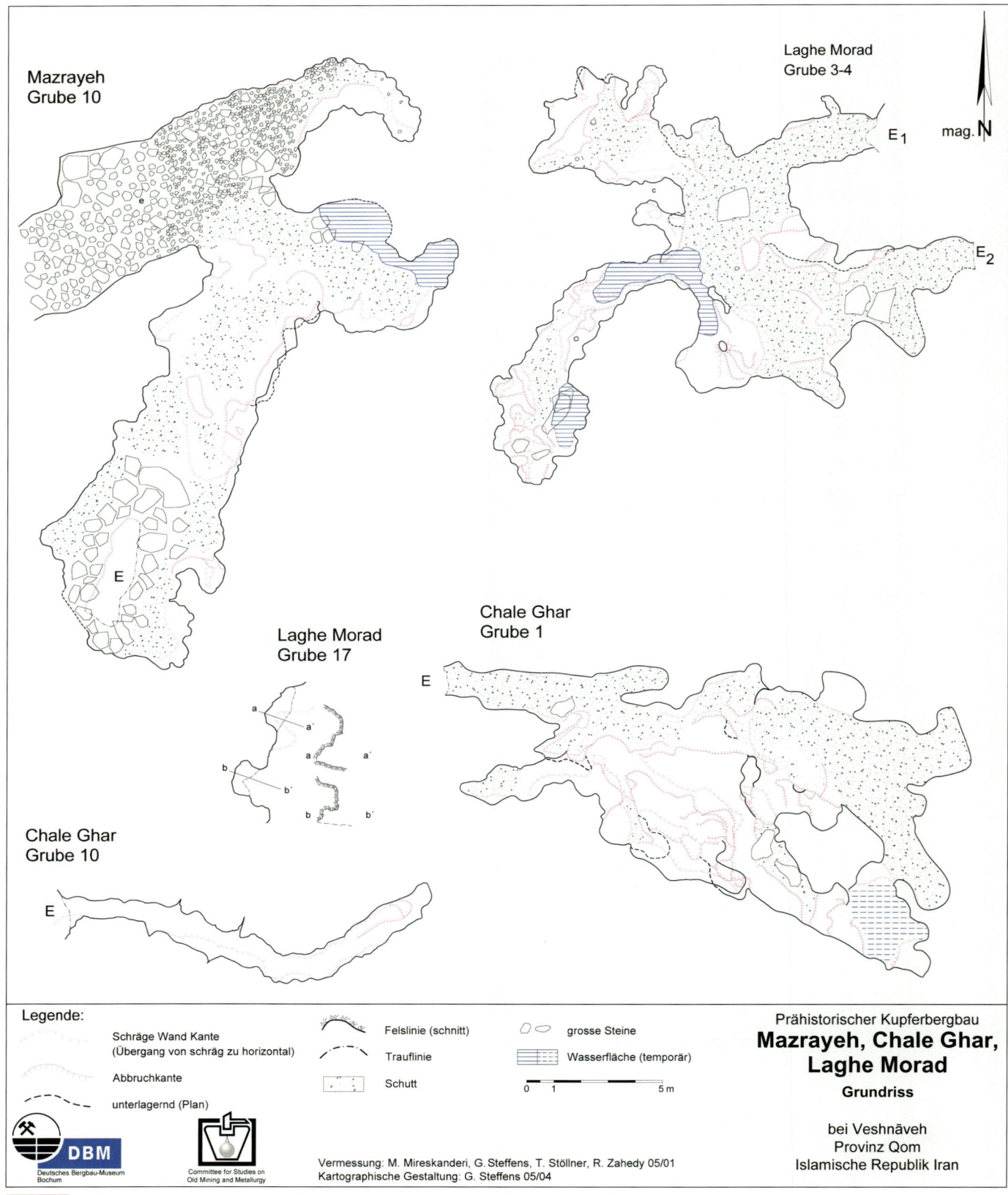

Abb. 4: Grubenpläne, schematisch, Nischen (LM 17), Streckengruben (CG 10) Schlauchgruben (M10), mit zwei Eingängen (LM 3/4), komplexe Hallen (CG 1); nach DBM.

Basaltlaven (Einheit „ab" nach der Gliederung von Momenzadeh & Haghnazar 2001) eingebettet. Sie erscheint in einem einzigen Schichtkomplex im oberen Teil der Basaltlava am Übergang zu den bedeckenden, oligozänen Sedimenten. Bei letzteren handelt es sich zunächst um ein Konglomerat/Sandstein-Sediment, das seinerseits wieder von gut geschichteten, feinkörnigen grün oder rotvioletten Tuffiten überlagert wird. Das Nebengestein der Kupfermineralisation weist eine charakteristische, blasenartige, amygdoloidale Struktur auf. Darin eingelagert finden sich häufig Mineralien wie Epidot, Chlorit, Kalzit oder silikatische Füllungen.

Einige dieser Blasen sind mit Malachit gefüllt, daneben tauchen die Vererzungen in kleinen gangartigen Füllungen sowie in Nestern und Taschen auf. Diese Mineralisierungen können lokal hohe Kupferanreicherungen besitzen. Die Äderchen und Taschen sind allerdings stark absätzig und verarmen rasch gegen das Liegende hin. Typische Kupfermineralien sind der Chalkosin (Kupferglanz), weiter Malachit und Azurit und in kleineren Mengen gediegen Kupfer und etwas Chalkopyrit (Kupferkies). Wirtschaftlich interessant waren vor allem Chalkosin und Malachit.

Interessant ist ein Blick auf die Gewinnung der 1960er Jahre durch die Puyesh Mining Company: Im Jahr 1969 wurden in der besser erreichbaren Lagerstätte von Mazrayeh/Mezrayeh etwa 1000 Tonnen Verkaufserz mit einem Kupfergehalt von 7-8% gewonnen. Das Derberz wurde noch mit Hand geschieden und vor Ort angereichert. Das Ausgangserz hatte damals nicht mehr als ca. 1% Cu-Gehalt (Holzer & Momenzadeh 1971, 4; Holzer 1974, 144), doch wird man davon ausgehen müssen, dass die Erzgehalte für die nur selektiv und kleinräumige Gewinnung der Bronzezeit zeitweise wesentlich höher gewesen waren. Durchschnittlich kann man im Vergleich mit anderen Revieren von ungefähr 4 bis 10% Kupfergehalt ausgehen.

Heutige Forschungsarbeiten – Allgemeiner Überblick zu den Grubenrevieren

Die modernen Untersuchungen in Veshnāveh haben zunächst mit einem montanarchäologischen Survey begonnen: Dabei konnten die drei aus der Literatur bekannten Grubenreviere (Holzer & Momenzadeh 1971; Berthoud *et al.* 1976, 3-8), jene von Laghe Morad (Lagh-e Morad=Tal des Murad), das in Abbau gestandene Revier von Mazrayeh (Getreidefeld) oder auch jenes von Chale Ghar (von Chehel-e Ghar=Vierzig Höhlen) ausführlich studiert und vermessen werden. Die Untersuchungen ließen schnell erkennen, dass wesentlich mehr Gruben und Abbaustellen vorhanden waren, als zunächst bekannt war.

Nach heutigen Kenntnissen verfügt das Revier von **Mazrayeh** über mindestens zwölf vorgeschichtliche Abbaustellen (Abb. 2-3) – von abbautaschengroßen Kleingruben bis hin zu größeren Grubenkomplexen. Durch die moderne Bergbautätigkeit ist das Revier allerdings stark gestört. Da die Kupfermineralisierung nur in einem bestimmten, nur etwa 1 bis 2 m mächtigen Horizont angereichert ist, hat die moderne Gewinnung vor allem das Umfeld der prähistorischen Gruben mit grober Sprengarbeit stark zerstört. Nicht immer ist dadurch deutlich, ob es sich bei diesen Abbaustellen auch um im Kern alte Gruben handelt. Ein in tieferer Lage vorgetriebener Stollen hat dagegen nicht den erhofften Erfolg gebracht, da er keine kupferführenden Schichten erreichte. Durch die modernen Gewinnungsarbeiten ist das heutige Erscheinungsbild stark verändert. Wegezuführung und die zu großen Kavernen aufgeschossenen Grubenkomplexe bestimmen das Bild. Das taube und schwach erzhaltige Material wurde auf großen Halden maschinell vor allem auf der Ostseite des erzführenden Bergrückens abgelagert. Dort überdecken die modernen Halden auch prähistorische Strukturen, etwa Halden, die sich durch die Streuung bestimmter Funde, beispielsweise Schlägel, klein fraktioniertes Hauklein oder auch Keramik zu erkennen geben. Ihre Kartierung lässt im unteren, nördlichen Teil des Reviers im Wesentlichen drei Abbauareale erkennen (Gruben 1, 2-3, 4a-c/12). Auch auf der westlichen Seite des Reviers kennen wir haldenförmige Strukturen, vor allem unterhalb der Gruben 5-6, etwa dort, wo sich im Gelände eine markante flache Stelle ausbildet, die Berthoud *et al.* (1976, 6 ff., Plan 2) als „installation" bezeichnet haben (siehe Abb. 3). Mehrere Eingrabungen mit kleinen, frisch geschütteten Abraumhalden auf dieser Seite können dagegen als moderne geologische Prospektionsstellen interpretiert werden – wir finden sie auch in den anderen Abbaustellen.

Wenn wir die Anlage der Gruben betrachten, so ist vor allem die geringe Tagüberdeckung augenfällig. Häufig ist diese unter 1 bis 2 m – auch zeigen die bisher untersuchten Abbauspuren, dass der Abbau vorwiegend in die Firste und die Stöße geweitet wurde, dort, wo die Vererzung besser und reicher gewesen ist. Interessant ist in dieser Hinsicht auch der Grubenkomplex 9-10 (Abb. 4): Der längliche, im oberen Teil modern aufgeschossene Grubenbau ändert im tieferen Abbaubereich seine Richtung und ist nun von SW nach NO längs erstreckt mit zwei weiteren, kammerartigen Vortrieben im NW. Dies lässt uns erkennen, dass der Abbau hier wohl seine Richtung geändert hat – wohl um eine besonders reiche Erzlage zu verfolgen. Bei dieser Art von Bergbau handelt es sich bei den Veshnāveh-Gruben um einen klassischen, unregelmäßig geführten Örter- oder Tummelbau (eine entsprechende Klassifikation findet sich bei: Weisgerber 1989, bes. 201-203). In dieser Art Bergbau ist man prinzipiell der Erzlage gefolgt und hat in reichen Erzlagen seitlich erweitert. Dies hat zur Folge, dass bergeinwärts liegende Teile jünger als die oberflächennahen Bereiche an den sog. Mundlöchern sind. Zugleich gibt die Form der Grube ungefähr die Lage der abgebauten, reichen Vererzung wieder, lässt also gewisse Anhalte über die Kapazitätsmenge des produzierten Derberzes erwarten. Berechnungen in diese Richtung (siehe unten) lassen erkennen, dass es sich bei Mazrayeh, trotz der modernen Überprägung, vielleicht sogar um das größte der drei großen Abbaureviere in Veshnāveh gehandelt hat (Abb. 16)[6].

Völlig anders präsentiert sich das Abbaufeld von **Chale Ghar**: Man erreicht es über die Lokalität Karnovoon und Yek Gerdouneh, wo ebenfalls kleinere Abbaustellen bekannt sind. Das Grubenfeld erstreckt sich in einer ähnlichen Mineralisierungszone wie in Maz-

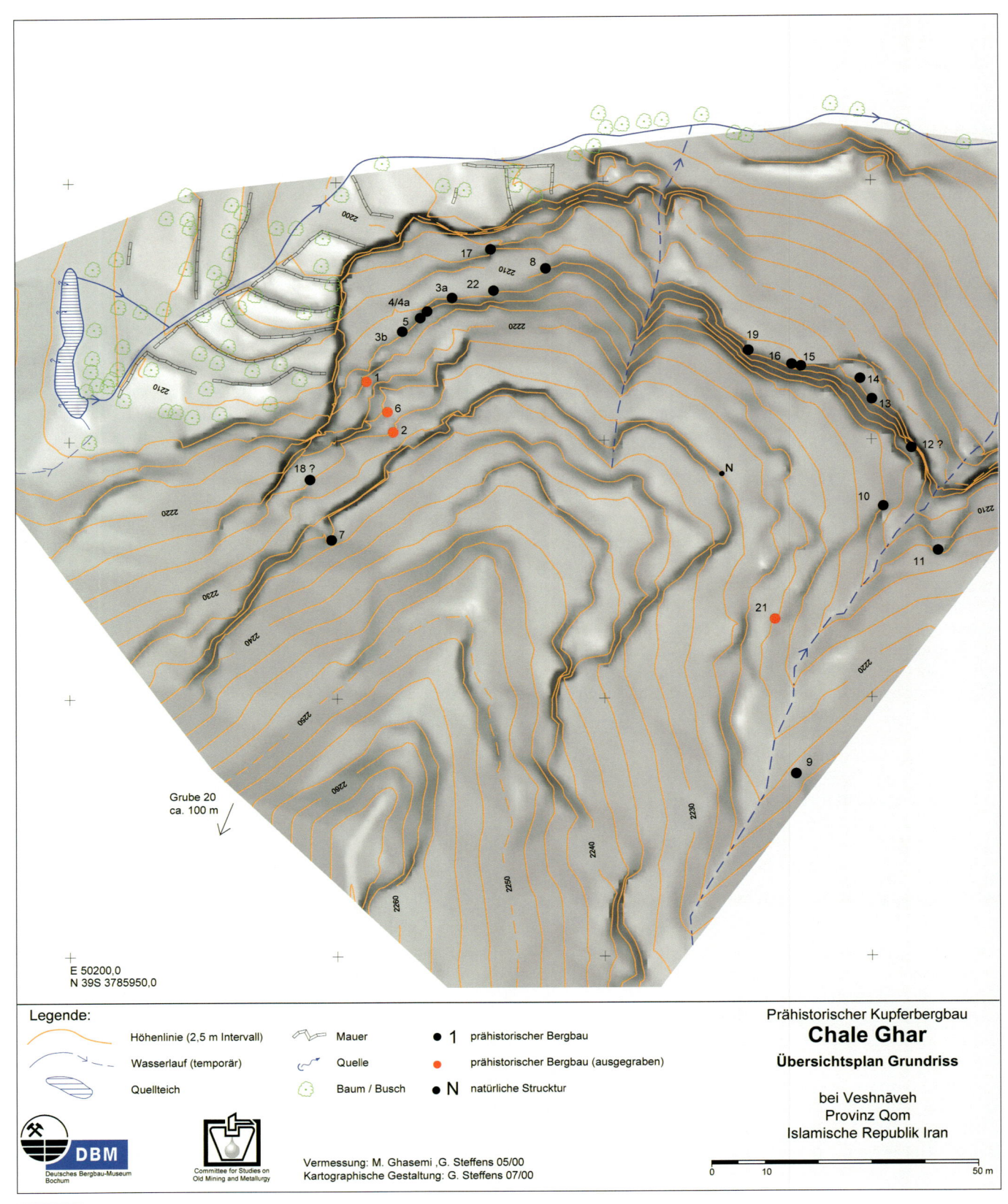

Abb. 5: Plan des Bergbaureviers in Chale Ghar mit eingetragenen prähistorischen Gruben; nach DBM.

Abb. 6: Luftbild des Bergbaureviers in Chale Ghar, 2001; Foto: DBM, G. Steffens.

rayeh nordöstlich und westlich eines Geländerückens, der von SO nach NW abfällt (Abb. 5-6). Es sind zwei Gruppen von Grubenbauen bekannt[7]: Im Nordwesten befinden sich neun Gruben- und Abbautaschen, dagegen im Nordwesten weitere acht bis neun Gruben. Weitere Abbaue sind bekannt und schließen im Südwesten des Geländerückens an. Das Areal ist vor allem durch ein tief eingeschnittenes, canyonartiges Tälchen geprägt, das sich westlich des Geländerückens befindet. Es markiert zugleich eine tektonische Bruchlinie, die zu einem beträchtlichen Versatz der geologischen Schichten östlich und westlich geführt hat. Diese topographische Besonderheit hat vermutlich auch zu verstärkter Erosionstätigkeit im Umfeld des steil abfallenden Bergbaureviers beigetragen. Anders als in Laghe Morad oder Mazrayeh fehlen daher die charakteristischen Bergbauhalden vor den Mundlöchern und damit auch die gut sichtbaren Funde von Rillenschlägeln, wie sie aus den anderen Revieren bekannt sind.

Die besondere tektonische Situation nahe der Bruchline hat auch zu steil gestellten Schichtpartien und zu sekundären Mineralisationen entlang einzelner Scherflächen geführt. Dadurch sind einzelne Bergbaue (vor allem Grube 1, 10, 21) steiler geneigt bzw. streckenartig gebaut (Abb. 4). Hier wie in Mazrayeh wurde aber prinzipiell tummelbauartig vorgetrieben. Zur Vorbereitung des eigentlichen Abbauvorganges wurde großflächig Feuersetzen eingesetzt (zum Feuersetzen vgl. zuletzt Weisgerber & Willies 2000), dann mit schweren Schlägeln in zermalmender Arbeit das kupferführende Gestein von den Bergfesten geschlagen, um es schließlich in den Gruben oder vor den Gruben weiter auszulesen und zu konzentrieren.

Weiteren Aufschluss sollten die Ausgrabungen erbringen: Dabei wurde mit Sondageuntersuchungen begonnen, die zunächst Material für eine Radiokarbondatierung erbringen sollten. Doch schnell erweiterten sich die Arbeiten zu regelrechten Grubengrabungen. So wurde etwa erst im Zuge der Untersuchungen erkannt, dass es sich bei den als Grube 2 und 6 bezeichneten Mundlöchern eigentlich um einen zusammengehörigen, kleinen Grubenkomplex handelte, der durch einen heute offenen Vorplatz verbunden ist. Ob er jemals vollständig überdeckt gewesen ist, ist unklar, doch muss die Überdeckung – wenn überhaupt – sehr gering gewesen sein. Weiterführend sind vor allem die Strukturen der Sohle, die über und über von rundlich bis ovalen Feuersetzspuren der Gewinnungsarbeit übersät sind. In tiefer liegenden Partien der Sohle haben sich noch Teile des bronzezeitlichen Abraums erhalten, besonders interessant deswegen, weil die dort gefundenen Holzkohlen und Werkzeugreste Hinweise auf den Abbaubetrieb zulassen. So wurde für die Feuersetzarbeit auch die an aride Standorte gewöhnte Tamariske eingesetzt; Rillenschlägel und Scheidplattenfragmente belegen die Arbeit am Gestein und die vor Ort stattgefundene Aufbereitung. Grube 2/6 ließ aber durch das reichhaltige Sedimentpaket am Eingang auch jüngere Nutzphasen erkennen (Abb. 7): In den 55 Sedimentschichten konnten auch eingelagerte anthropogene Siedlungsreste nachgewiesen werden. Die Nachnutzung der Grube trat durch Feuerstellen und Aschepakete deutlich vor Augen; sie sind höchstwahrscheinlich in die Eisenzeit oder in noch jüngere Perioden zu datieren – ein Befund wie er uns auch in anderen Gruben immer wieder begegnet ist.

Im Gegensatz zur eher hallenförmigen Grube 2/6 stellte die erst 2001 entdeckte Grube 21 eine Besonderheit dar: Mit ihren 33 m Länge ist sie die längste Grube überhaupt und augenscheinlich einer reicheren, gangförmigen Vererzung nachgebaut worden. Da sie seit der Urzeit weitgehend verschlossen gewesen ist, betraten wir einen weitgehend unberührten Grubenkomplex. Die ungestörten und außergewöhnlich gut erhaltenen Abbauspuren lassen deutlich erkennen, wie in Abschnitten gearbeitet wurde, wahrscheinlich jeweils ein Feuer entzündet wurde, das über mehrere Tage den Fels schwächte, bis nach ausreichender Bewetterung Gestein und Kupfererz zermalmend bearbeitet werden konnte. Im Inneren lagen kurz vor der Ortsbrust noch die schalenartig abgelösten Platten dieser Gewinnungsarbeit (Exfoliationsplatten: zum Begriff siehe Weisger-

Abb. 7: Chale Ghar, Grube 2, Profil mit Verfüllschichten; Foto: DBM, Th. Stöllner.

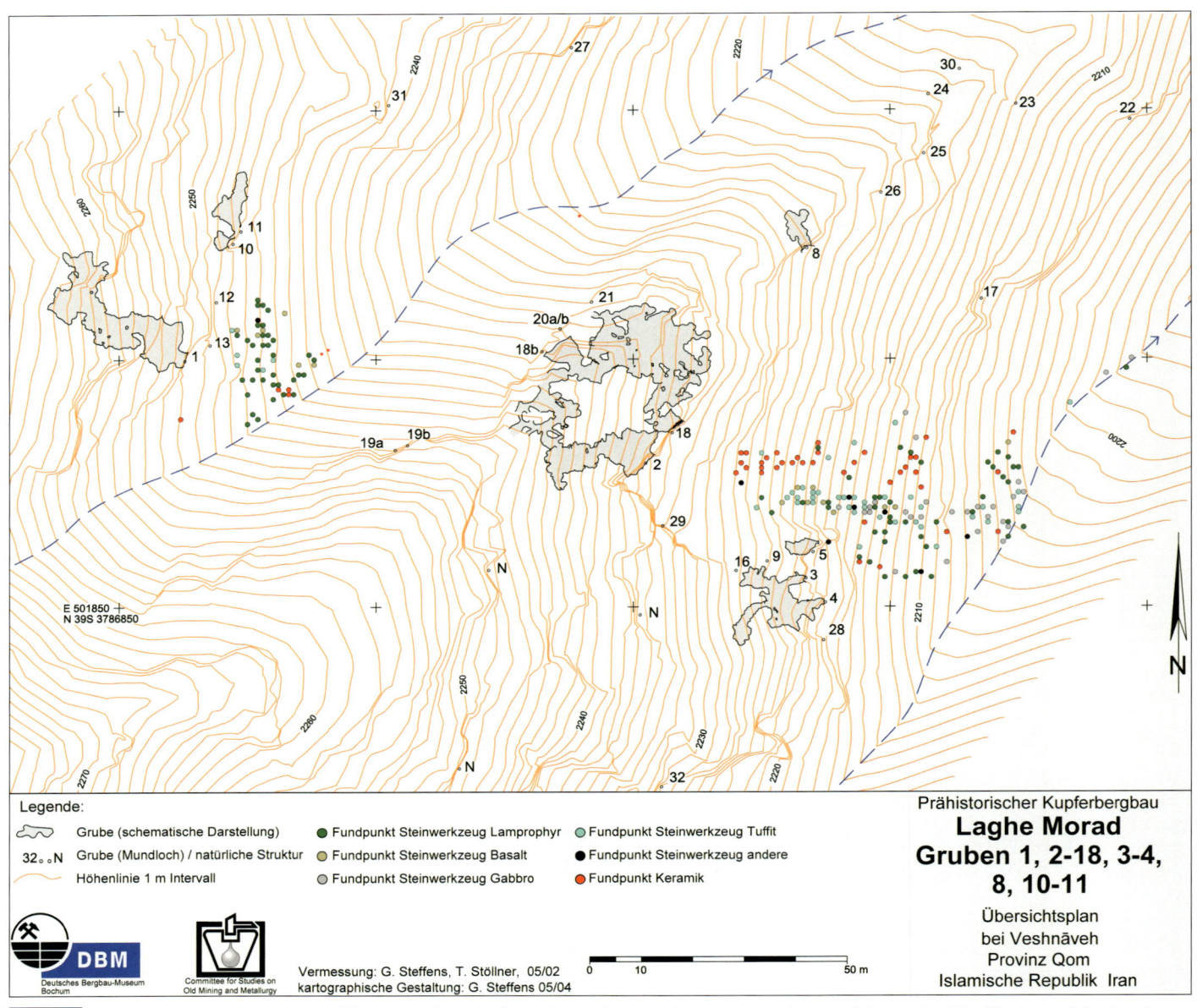

Abb. 8: Ausschnitt des Grubenfeldes von Laghe Morad mit den größeren Gruben, grau unterlegt, und den Steinschlägelfunden auf den Bergbauhalden nach Gesteinstypen differenziert; nach DBM.

ber & Willies 2000, 144 f.; Chegini *et al.* 2000, 314). Die Grube konnte aufgrund ihrer Enge nur von einer kleinen Gruppe von Bergleuten, vielleicht zwei bis drei Personen, abgebaut werden. Der deutlich erkennbare, schrittweise Vortrieb lässt eigentlich erkennen, wie klein dimensioniert der Abbau hier ursprünglich gewesen sein musste.

Wesentlicher größer und differenzierter ist dagegen Grube 1 (Abb. 4): Augenscheinlich ist dieser komplexe Abbauraum in einer Reihe von Jahren intensiv erweitert worden – viele Strecken, kammerförmige Räume und Nischen wie auch Absätze entstanden so im Laufe der Jahre. Weitergehende Aufschlüsse erhofften wir uns daher durch Grabungen in den tiefsten Grubenteilen, die von Wasser überdeckt waren: Doch war die Überraschung groß, als wir zwischen dem vermeintlichen Versatz viele jüngere Opfergaben eines Höhlenheiligtums entdeckten. Neben tierischen und pflanzlichen Opfergaben in keramischen Geschirrsätzen lagen plötzlich Hunderte von Schmuckstücken, Fingerringe, Perlen und Kleiderbesatz, vereinzelt Münzen oder Holzgefäße. Die bisherigen Ausgrabungen ließen dann einen ziemlich einzigartigen Platz vor Augen treten, an

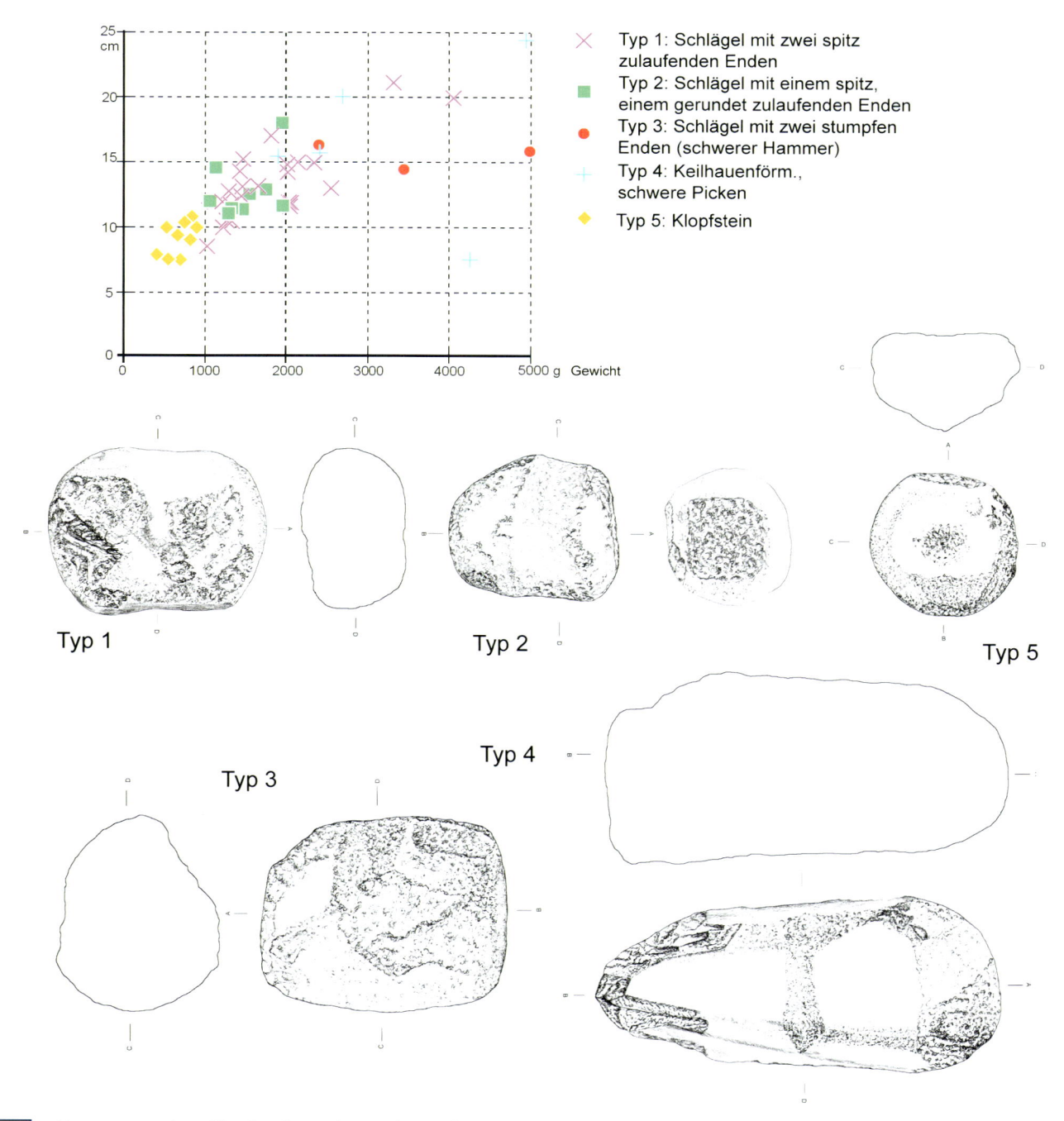

Abb. 9: Formen der Schlägel in den prähistorischen Gruben von Veshnāveh; Schlägel im M.=1:4.

dem spätestens seit parthischer Zeit vermutlich Frauen und Kinder gebetet und geopfert hatten. Diese rituellen Vorgänge dauerten vermutlich bis in das 8. Jh. n. Chr., also in frühislamische Zeit an und gehören in den Umkreis altpersischer, medischer Religionsausübung (Stöllner & Mir Eskanderi 2003)[8]. Die Opfergaben wurden zusammen mit Steinen in einer schon seit dieser Zeit gefüllten Wasserfläche versenkt und auf älteren Schichten des bronzezeitlichen Bergbaues abgelagert. Nicht nur wegen ihrer aufregenden Funde zählt die Grube zu den herausragenden archäologischen Zeugnissen in Veshnāveh – auch der Erhaltungszustand des höchst individuell angelegten Grubenbaues kann als ausgezeichnet angesehen werden.

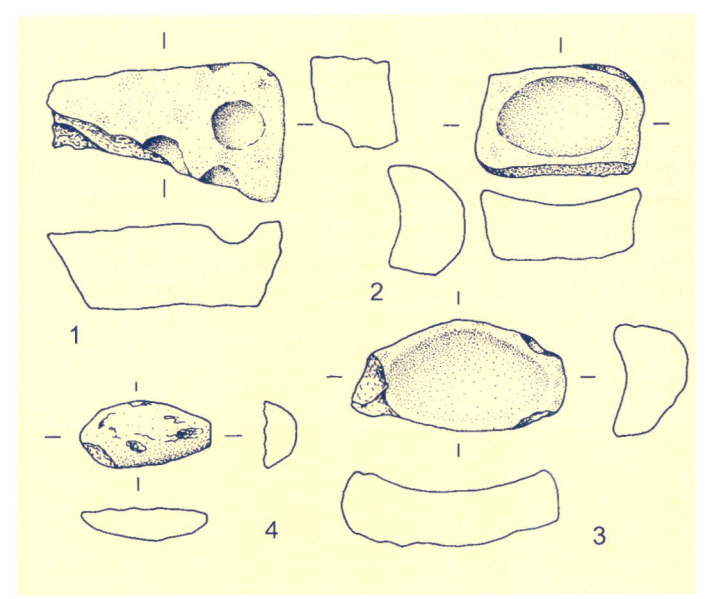

Abb. 12: Scheidplatte, Reibsteine und Läuferstein der Erzaufbereitung vom Vorplatz der Grube 1/13; M.= 1:20.

frühen 3. Jt. v. Chr. und deutet auf eine erste Phase der Kupfererzgewinnung. Dieser Phase dürfen wir die Spuren der Feuersetzarbeit in der erwähnten Rinne und die wahrscheinlich nur als oberflächennahe Abbaunische ausgebildete Grube 13 zuweisen. Die dort aufgefundenen Scheidplatten gehen jedenfalls mit Klopfsteinen und großen Reibplatten zusammen und belegen zerklopfende und zermahlende Erzaufbereitung. Wahrscheinlich wurde es zu einem möglichst reinen Erzkonzentrat verarbeitet, das zu den Verhüttungsstellen gebracht wurde. Ob eine nahe gelegene Feuerstelle tatsächlich etwas mit der Erzaufbereitung zu tun hat, wie kleine Erzbröckchen andeuten, muss offen bleiben[11]. Jedenfalls ließ sich im Vorfeld der Grube ein besonders hergerichteter Platz beobachten, der vielleicht eigens in den älteren Abbaufurchen eingerichtet wurde. Ungeklärt ist bislang, ob die grob in den Fels eingehauenen Treppenstufen sowie der waagrecht hergerichtete Feuerplatz gleichzeitig mit den Bergbauaktivitäten zu betrachten oder erheblich jünger sind.

Die Landschaft und Wirtschaft in der Bronzezeit

Untersuchungen an den Holzkohlefunden

Wenn wir die in einzelnen Gruppen recht dicht zusammen liegenden Gruben betrachten, so fragen wir uns natürlich, wie es in der Zeit des bronzezeitlichen Bergbaues mit der Vegetation im Umfeld der Gruben bestellt war – sind doch ausreichende Brennholzressourcen für einen auf Feuersetzen basierten Abbau unbedingt erforderlich. Ein Vergleich mit den Ergebnissen der bisherigen archäobotanischen Untersuchungen führt uns weiter: Zwar liegt erst ein kleiner Teil der Holzartenbestimmungen vor, doch lässt sich an dem jüngeren parthisch bis sassanidischen Opferplatz in Chale Ghar erkennen, dass es sich um einen im Wesentlichen offenen Laubbaumbestand gehandelt hat, der besonders nahe der Fließgewässer angesiedelt war. Tamarisken deuten an, dass es daneben auch extrem trockene Standorte gegeben hat, wie wir sie heute noch an den Berghängen der Gegend finden. Dies gilt wohl auch für die ältesten Phasen des Bergbaues. Dies belegen Bestimmungen an den vorwiegend bronzezeitlichen Holzkohlen aus Laghe Morad, Grube 1.

Zu den Holzarten

Pistazien- und Tamariskenholz bilden die Hauptfundmenge (siehe Abb. 13). Auf eine Wiegung wurde wegen der geringen Größe aller Stücke (meist etwa 1 cm) verzichtet. Die fast doppelte Fundzahl an Pistazienholz besagt nicht, dass dieses auch in doppelter Menge Verwendung fand, denn die Kriterien der Erhaltungswahrscheinlichkeit sind nicht zu erfassen. Jedoch ist klar, dass diese beiden Hölzer den wesentlichen Anteil für die Feuersetzarbeit geliefert haben.

Über 90% der Funde dieser beiden Arten weisen eine starke Thyllenbildung in den Gefäßen auf. Bei der Thyllenbildung, auch Verkernung genannt, werden die lufterfüllten Gefäße im reifen Holz dadurch verstopft, dass lebende Holzparenchymzellen durch Vergrößerung und blasenartige Ausgestaltung in die angrenzenden Gefäße hineinwachsen und diese ausfüllen. Eine sekundäre Verholzung der Thyllenwände ist anzunehmen, da diese im Fundgut durchweg recht dickwandig ausgeprägt sind.

Abb. 13: Diagramm der Holzartenverteilung in Laghe Morad, Grube 1.

**Holzarten
Laghe Morad Grube 1 (n=116)**

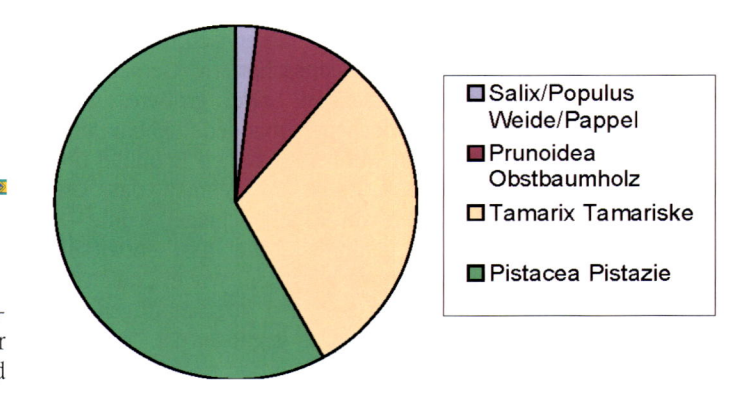

- Salix/Populus Weide/Pappel
- Prunoidea Obstbaumholz
- Tamarix Tamariske
- Pistacea Pistazie

Labornummer	Fundplatz	Grubenbau, Befund	Fundnummer	Absolutes Datum(BP)	Kalibration im Konfidenz-Intervall (2σ, 95,4%)
ETH 25914	Veshnāveh	LM 1	2992	3090±50	BC 1446-1201 (99,4 %)
ETH 26659	Veshnāveh	LM 12	2315	3355±60	BC 1770-1507 (99 %)
ETH 26660	Veshnāveh	LM 12	2315	3475±65	BC 1946-1618 (100 %)
ETH-27234	Veshnāveh	LM 13, 31000	2403	2730±55	BC 946-803 (92,2 %)
ETH-27235	Veshnāveh	CG 1, 10007	1283	2390±60	BC 764-617 (27,6 %), 605-371 (72,4 %)
ETH-27236	Veshnāveh	CG 1, 10009	1284	2845±55	BC 1134-843 (98,7 %)
ETH-27237	Veshnāveh	LM 13, 31001	2419	4240±60	BC 2925-2617 (99,6 %)
ETH-27238	Veshnāveh	CG 21	4092	3255±45	BC 1624-1420 (100 %)
ETH-27239	Veshnāveh	CG 1, 10013	4165c	2655±45	BC 900-781 (100 %)
ETH-27240	Veshnāveh	Mezrayeh, alte Aufsammlung		40±45	AD 1688-1735 (19,6 %), 1811-1927 (78,7 %)

Abb. 14: Tabelle der ^{14}C-Datierungen aus Veshnāveh.

Das zeigt an, dass es sich bei den zum Feuersetzen verwendeten Hölzern um „reifes Holz" gehandelt hat, dessen Heizwert durch die mit sekundär verholzten Thyllenwänden aufgefüllten Gefäße im Vergleich zu jüngerem Holz erheblich gesteigert war.

Weiterhin enthielt das Fundgut sechs Holzkohlestücke von Zweigen zwischen 1 cm und 2,5 cm Durchmesser. Alle sechs Stücke sind von Pappel- oder Weidenholz, die holzanatomisch nicht zu unterscheiden sind. Es liegt nahe, in diesen Stücken die Reste von Holz zu sehen, das zur Entzündung größerer Holzstöße diente.

Das zusätzlich im Fundgut vorhandene Obstbaumholz ist in getrocknetem Zustand als Feuerholz ebenfalls gut geeignet.

Dennoch spricht vieles dafür, dass die Bergbauaktivitäten nicht zu einer Entwaldung des Gebietes geführt haben, sondern die Zustände sich noch in älterer Zeit durch intensive Viehwirtschaft und den klimatischen Wandel im frühen Holozän nachhaltig gewandelt hatten. Denn die Zusammensetzung der Holzarten in den Funden aus bronzezeitlichen und sassanidischen Schichten unterscheidet sich beim gegenwärtigen Stand der Untersuchungen nicht signifikant.

Haustierbestand

Auch die vielfach geborgenen Tierknochen vermitteln einen Eindruck von den wirtschaftlichen Grundlagen der bronzezeitlichen Bergleute.

Aus der bronzezeitlichen Grube Laghe Morad 1 stammen ca. 980 Knochenfragmente. Sie erlauben Rückschlüsse auf die Ernährung und Haustierhaltung der Bergleute. Den größten Teil stellten die Schafe und Ziegen, wobei deutlich mehr Ziegen vorliegen. Ergänzt wurde der Tierbestand durch einen geringen Anteil Rinder. Esel dienten als Reit- und Tragtiere und auch der Hund als nützlicher Gefährte des Menschen konnte nachgewiesen werden.

Anders dagegen die ca. 800 Knochenfragmente aus dem parthisch bis frühislamischen Opferplatz der Chale Ghar 1, obwohl dieselben Tierarten vorkommen: Auch hier stehen Schaf- und Ziegenknochen an erster Stelle des Artenspektrums. Daneben kommen Rinder, Esel und Pferde vor. Außergewöhnlich ist der hohe Anteil von Hühnerknochen, die 40 % des Fundmaterials stellen. Überwiegend handelt es sich dabei um die Knochen junger Tiere, was leider die Geschlechtsbestimmung stark beeinträchtigt. Ebenso wie junge Hühner wurden offenbar bevorzugt junge Ziegen als Opfertiere ausgewählt.

Überlegungen zur Erzausbeute und zur wirtschaftlichen Einbindung des Kupfererzbergbaus in Veshnāveh

Obwohl noch viele Fragen ungelöst sind, zeichnen sich doch schon einige Ergebnisse ab: Die Reviere von Veshnāveh sind den ^{14}C-Untersuchungen zufolge voraussichtlich in der 1. Hälfte bis zur Mitte des 2. Jt. v. Chr., also während der mittleren und späten Bronzezeit, betrieben worden. Eine ältere Betriebsphase deutet sich für die 1. Hälfte des 3. Jt. v. Chr., also des Übergangs von Chalkolithikum zu früher Bronzezeit (Sialk IV), an, während der man vermutlich mit oberflächennahen Gewinnungen begann (Abb. 14). Dies entspricht dem Bild, wie wir es aus Fenan in Jordanien kennen, wo ein früher Abbau in der MBS-(*massive brown sandstone*) Formation mit oberflächennahen Tummelbauen in dieser Zeit einsetzte (Weisgerber 1996; Hauptmann 2000). Doch ist die bisher vorliegende Datendichte noch zu verbessern, wenn die einzelnen Phasen deutlicher abgesichert werden wollen, vor allem aber wenn geklärt werden soll, ob mit einer kontinuierlichen Gewinnung gerechnet werden kann. Ohnehin ist auffällig, dass die Abbauphase des frühen und mittleren zweiten Jahrtausends nicht mit einer entsprechenden Siedlungstätigkeit der Region verknüpft scheint: Einstweilen sind in dem Landstreifen zwischen Qom und Natanz, wie auch am restlichen Zentralplateau Siedlungen vor allem des frühen 2. Jt., relativ selten[12]. Erst in der zweiten Hälfte des Jahrtausends werden Siedlungen wie jene in Jamkaran bei Qom (z. B. Kleiss 1983) oder am Tappeh Sialk (Gräberfeld A) erneut zahlreicher[13]. Direkt im nördlichen Vorfeld liegt das nach Iron II und III zu datierende Gräberfeld von Sarm (Ausgrabungen ICHO Qom). Eine wichtige Rolle für die Chronologie des 2. Jt. spielt am Zentralplateau die zeitliche Ordnung der vielfältig bekannten Grauen Ware (siehe zuletzt Piller im Druck). Ob während dieser Zeit noch in Veshnāveh Kupfererz gewonnen wurde, muss zunächst weiteren geochemischen und chronologischen Untersuchungen vorbehalten bleiben[14].

Bleibt noch zu fragen, wohin das Erz von Veshnāveh transportiert wurde, bzw. wo es weiterverarbeitet wurde. Darüber können vorläufig nur die Ergebnisse der geochemischen Untersuchungen im Rahmen des laufenden Iranisch-Deutschen Projektes Auskunft geben. Frühere Arbeiten haben immer die Bedeutung Veshnāvehs etwa für die Rohstoffversorgung des Tappeh Sialk betont (Holzer & Momenzadeh 1971; Algaze 1993). Doch lassen die neueren Untersuchungen ein wesentlich differenziertes Bild erkennen[15] (siehe auch Beitrag Pernicka et al. in diesem Band). Die Provenienzstudien schließen für die Versorgung der frühen Metallurgiesiedlung von Arisman eine einzige, sehr ergiebige Rohstoffquelle aus: Spurenelementkombinationen wie auch die Pb-Isotopenverhältnisse lassen neben den großen Kupferlagerstätten des Talmessi/Anarak-Gebietes auch Kupfererze aus dem Kāshān/Qom Gebiet vermuten – wahrscheinlich aber nur in kleinerem Ausmaß. Wenn wir die bisherigen zeitlichen Ansätze betrachten, so dürfte Veshnāveh überwiegend später als Arisman und die Metallwerkstätten des Tappeh Sialk produziert haben. Vielleicht überlappen sie sich gerade noch in den jüngsten Phasen der Stufe Sialk IV, als in Arisman die großen Schlackenhalden angehäuft wurden: Die während dieser Phase augenscheinlich intensivierte, „frühindustrielle" Produktion musste vielleicht auch auf Lagerstätten zurückgreifen, die wie Veshnāveh schwerer zu erreichen und deren Erz aufgrund der Sulfidgehalte komplizierter zu verhütten war.

Wie dem auch sei, für ein stimmiges Bild sind auch Überlegungen zur generellen Ausbeute von Kupfer in Veshnāveh nötig. Wie wir gesehen haben, ist das Derberz vor Ort manuell geschieden und konzentriert worden. Mit welchen Mengen müssen wir also rechnen? Eine Berechnung ist nicht einfach, doch können die Mittelwerte der durchschnittlichen Erzgehalte der modernen Gewinnung insofern zugrunde gelegt werden (ca. 1 %), als auch damals noch überwiegend händisch geschieden wurde und taubes Material auf den Halden verblieb. Schwieriger ist dagegen die Berechnung der entnommenen Erzmengen. Eine grobe Berechnung lässt allerdings gewisse Tendenzen erkennen[16] (Abb. 16): So sind in allen drei Grubenrevieren mindestens 1848 m³ Hohlraum (entspricht etwa 4620 t erzführendem Gestein) abgebaut worden; bei einem Kupfergehalt von zumindest 1 % im Derberz kann von mindestens 46 t Fördermenge Rohkupfer ausgegangen werden (was selbstverständlich zu wenig ist). Selbst wenn die Kupfergehalte in der Urzeit im Mittel leicht das zehn- bis zwanzigfache umfassen können, ist dies mit Blick auf andere Reviere nicht sehr viel: So wurden nach Berechnungen C. Eibners am Mitterberger Hauptgang etwa 7000 t Kupfer produziert, also beinahe zwanzigmal mehr als in Veshnāveh für eine durchschnittlich gute, unverritzte Erzlage mit durchschnittlich 10 % Kupfergehalt angenommen werden könnte (Eibner 1989, 32).

Grube	Volumen des Grubenraums (m³)
Mezrayeh, Grube 1	30
Mezrayeh, Grube 2	70
Mezrayeh, Grube 3	68
Mezrayeh, Grube 4	42
Mezrayeh, Grube 5	72
Mezrayeh, Grube 9	10
Mezrayeh, Grube 10	270
Mezrayeh, Kleingruben	40
Summe Mezrayeh	**602**
Chale Ghar, Grube 1	110
Chale Ghar, Grube 2/6	62
Chale Ghar, Grube 3	35
Chale Ghar, Grube 4	2
Chale Ghar, Grube 10	16
Chale Ghar, Grube 19	3
Chale Ghar, Grube 20	5
Chale Ghar, Grube 21	40
Chale Ghar, Kleingruben	20
Summe Chale Ghar	**293**
Laghe Morad, Grube 1	160
Laghe Morad, Grube 2/18	552
Laghe Morad, Grube 3/4	120
Laghe Morad, Grube 5	4
Laghe Morad, Grube 8	20
Laghe Morad, Grube 10-11	55
Laghe Morad, Grube 12	7
Laghe Morad, Kleingruben	25
Summe Laghe Morad	**943**

Abb. 15: Tabelle der Grubengrößen in den drei großen Revieren von Veshnāveh.

Nun war der Mitterberg einer der Großproduzenten in Mitteleuropa, tritt aber im 2. Jt. noch weit hinter den Produktionsmengen des riesigen Reviers von Kargaly zurück, wo mit einer Größenordnung von 55000 bis 120000 t Kupfer gerechnet wird (bei einem durchschnittlichen Kupfergehalt von 4,5 bis 20 %: Černych 2003, 81). Die Beispiele ließen sich fortsetzen und machen zugleich deutlich, dass Veshnāveh im frühen 2. Jt. keinesfalls als Großproduzent, sondern als regionaler Lieferant anzusehen ist. Ob dies für die Frühphase auch gilt, hängt somit ganz entscheidend vom Umfang der frühen Gewinnungsarbeit ab – dazu sind aber weitere Forschungen vonnöten.

Die von Hezarkhani et al. (2003, siehe Anm. 15) skizzierte Kupferversorgung von Arisman dürfte aus verschiedenen Lagerstätten bewerkstelligt worden sein. Dies könnte charakteristisch für die Gesamtregion sein, wie erste neuere Untersuchungen für Schlacken und Fertigprodukte vom Tappeh Sialk andeuten. Die bisherigen

Ergebnisse lassen sich ausgezeichnet mit der Vorstellung einer sporadischen und kleindimensionierten Ausbeutung von Kupferlagern wie Veshnāveh in Einklang bringen – umso mehr als die nächsten großen Lagerstätten, wie jene von Talmessi und Meskani, sich nicht ausreichend deutlich im Analysenbestand abzeichnen. Aufgrund der bislang im Umfeld der Gruben fehlenden prähistorischen Besiedlung dürfen wir umso mehr annehmen, dass Rohstoffexpeditionen – wahrscheinlich in kleineren Gruppen – die verschiedenen regionalen Lagerstätten saisonal ausgebeutet haben. Haben wir mit nomadischen Gruppen zu rechnen, die diese Gewinnungsarbeiten saisonal erledigt haben? Eine wahrscheinliche Lösung, bedenken wir die insgesamt große Bedeutung dieser Wirtschaftsform in Iran und wahrscheinlich besonders in der Zeit eingeschränkter Siedlungstätigkeit etwa zu Beginn des 2. Jt. am Zentralplateau (siehe z. B. A. Alizadeh in diesem Band). Veshnāveh könnte somit ein charakteristisches Beispiel für die in Zentraliran während der Bronzezeit übliche Kupfererzgewinnung sein. Vor allem seine herausragende Erhaltung ist einzigartig und hebt das Revier von vielen zeitgenössischen Bergbauen heraus: Seine montanarchäologischen Zeugnisse erlauben daher auch detaillierte Überlegungen zur Abbautechnik und dem zeitlichen Ablauf der sporadischen bis saisonalen Gewinnung.

Anmerkungen

1. Die Iranisch-Deutsche Projektleitung lag bei M. Mir Eskanderi, Teheran, und Th. Stöllner, Bochum. M. Momenzadeh, Teheran, übernahm mit seinem Mitarbeiter Sh. Haghnazar die geologisch-lagerstättenkundlichen Arbeiten, R. Pasternak, Kiel, zeichnet für die archäobotanischen Untersuchungen, G. Steffens, Bochum, für die Vermessungsarbeiten verantwortlich. Erste Tierknochenuntersuchungen übernahm M. Doll, Tübingen.
2. Allgemein schon früh: Lamberg-Karlovsky 1978; Veshnāveh wurde etwa bei G. Algaze (1993, 69 ff., Fig. 35) explizit als Rohstofflieferant für die nahe gelegene Siedlung von Sialk genannt, die als „Uruk Outpost" oder ähnliches gedient haben sollte; zur Uruk-Expansion und den bisherigen Modellen und Konzepten siehe: Kümmel 2001; Stein 1999; zuletzt hat D.T. Potts den Befund des hauptsächlich auf einen Gebäudekomplex konzentrierten protoelamitischen Fundmaterials mit einer gezielten Neubesiedlung des Tappeh Yahya in Periode IVC2 (um 3000 v. Chr.) mit der Susiana selbst zusammengebracht: Lamberg-Karlovsky & Potts 2001, bes. 198. Für Hinweise danke ich B. Helwing, Berlin/Teheran.
3. Das AMS-^{14}C-Datum wurde durch die Arbeitsgruppe Prof. Dr. G. Bonani an der ETH Zürich ermittelt: ETH 27270: 40±45, kalibriert im 2σ-Intervall: AD 1688-1735 (19,6 %), 1811-1927 (78,7 %).
4. Umsorgt von den Fahrern des Geological Survey of Iran, dem Koch Hassan Moradpour, der Familie Bagheri und der Familie Tabrizi, in deren Haus wir Gäste waren. Zwischen 2000 und 2002 haben folgende Personen an den Grabungen teilgenommen: Neben den Autoren haben K. Mückenberger, A. Müller, T. Riese, K. Roustaei, B. Schroth, A. Weisgerber, G. Weisgerber, R. Zahedi, M. Zeiler sowie ein Anzahl Arbeiter aus dem Dorf mitgewirkt. Die Grabung verdankt vor allem Prof. Dr. G. Weisgerber Inspiration und Unterstützung, vor allem zu Beginn der Arbeiten.
5. Für 2004 ist eine weitere fünfwöchige Kampagne sowie eine abschließende Untersuchung für 2005 geplant.
6. Rein rechnerisch ist das weitgehend ungestörte Revier von Laghe Morad größer, doch sind in Mazrayeh große Teile einfach nicht zu bewerten und reduzieren somit die Berechnung beträchtlich.
7. Im Gegensatz zu Laghe Morad und Mazrayeh ist das Revier von Chale Ghar bis dato nicht näher beschrieben worden.
8. Der Fundplatz wird in einem Ergänzungsprojekt zu dem Bergbau-Projekt ausgegraben: Untersuchungen zu parthisch-frühsassanidischen Deponierungsfunden in Veshnāveh, Iran: DFG STO 458/2. Der Deutschen Forschungsgemeinschaft, besonders dem Fachreferenten Dr. H. D. Bienert ist sehr für die Förderung zu danken. Ebenso ist der Wilhelm-Mommertz-Stiftung, Bochum, zu danken, die das Projekt seit dem Jahr 2000 in seinen bergbauarchäologischen Aspekten fördert.
9. Ältere Aufnahmen von Holzer & Momenzadeh 1971, Beilage 2.
10. Oberflächlich im Inneren aufgesammelte Reibsteine stammen nicht sicher aus dem Befund, ebenso diejenigen, die in den bedeckenden, stark durchmischten Schichten aufgefunden wurden. Dabei ist keineswegs von der Hand zu weisen, dass eine vorsortierende Erzscheidung auch in der Grube stattgefunden hat. Leider sind die meisten der auf der Oberfläche liegenden Funde in und vor der Grube lagemäßig nicht näher zu interpretieren, da sie im Laufe der Zeit durch Besucher verlagert oder zu Haufen zusammen getragen wurden.
11. Immerhin zeigt ein ^{14}C-Datum, dass noch in der frühen Eisenzeit Aktivitäten im Umkreis dieser Gruben stattfanden.
12. Mir Abedin Kabolis Survey im Qomrud-Gebiet (2000) ergab ein Fehlen dieser Zeitphasen in den Schwemmgebieten des Ghomrud; ein in Teilbereichen deutlicher Siedlungsbruch wird durch mächtige sterile Kolluvienpakete verdeutlicht, die zwischen der Stufe Sialk IV und der frühen Eisenzeit des 2. Jt. zu finden sind. Eine entsprechende Beobachtung wurde im Nahbereich der großen Siedlung von Jamkaran gemacht.
13. Zur Chronologie der Gräberfelder von Sialk Ghirshman 1938, 26-65; Tourovetz 1989.
14. Die mittelbronzezeitliche, graue Knöpfchenware (graue Ware des Zentralplateaus) könnte insgesamt dafür sprechen, doch überrascht ihr zahlreiches Auftreten in stets offenen Gruben wie Laghe Morad, Grube 1, so dass man sie eher für spätere Nachweise sporadischer oder saisonaler Siedlungstätigkeit halten möchte.
15. Dies lassen die Ergebnisse der archäometallurgischen Arbeitsgruppe im „Arisman"-Projekt erkennen: Z. Hezarkhani et. al. 2003, bes. 53-58.
16. Die Berechnung wurde von Dipl.-Ing. Gero Steffens (DBM) vorgenommen, wofür ihm herzlich zu danken ist.

Bibliographie

ALGAZE, G.:
1993 The Uruk World System. The Dynamics of Expansion of Early Mesopotamian Civilisation, Chicago/London.

ALIZADEH, A.:
2003 „Some Observations Based on the Nomadic Character of Fars Prehistoric Cultural Development." In: N. Miller & K. Abdi (eds), Yeki Bud, Yeki Nabud: Essays on the Archaeology of Iran in Honor of William M. Sumner. Los Angeles, Cotsen Institute of Archaeology, 83-97.

BERTHOUD, T., BESENVAL, R., CLEUZIOU, S., FRANCAIX, J. & LISZAK-HOURS, J.:
1976 Les anciennes mines de cuivre en Iran. Recherche cooperative sur programme 442, Commissariat a l'energie atomique. Laboratoire de recherché des musées de France. Unite de recherché archeologique 7, Paris.
1982 Cuivre et alliages en Iran, Afganistan, Oman au cours de IVe et IIIe millenaires. Paléorient 8/2, 39-54.

CHEGINI, N. N., MOMENZADEH, M., PARZINGER, H., PERNICKA, E., STÖLLNER, TH., VATANDOUST, R. & WEISGERBER, G.:
2000 Preliminary report on archaeometallurgical investigations around the prehistoric site of Arisman near Kashan, west Central Iran. Arch. Mitt. Iran u. Turan 32, 281-318 bes. 310-315.

ČERNYCH, E. N.:
2003 Die vorgeschichtlichen Montanreviere an der Grenze von Europa und Asien: Das Produktionszentrum Kargaly. In: Th. Stöllner, G. Körlin, G. Steffens & J. Cierny (eds.), Man and Mining – Mensch und Bergbau. Studies in honour of Gerd Weisgerber on occasion of his 65th birthday. Der Anschnitt, Beiheft 16, Bochum, 79-92.

EIBNER, C.:
1989 Die Kupfergewinnung in den Ostalpen während der Urzeit. Vorträge Niederbayerischer Archäologentag Deggendorf 7, Deggendorf, 29-36.

GHIRSHMAN, R.:
1938 Fouilles de Sialk, près de Kashan 1933, 1934, 1937 (I). In: série Archéologique, tome IV, Paris.
1939 Fouilles de Sialk, près de Kashan 1933, 1934, 1937 (II). In: série Archéologique, tome V, Paris.

HAUPTMANN, A.:
2000 Zur frühen Metallurgie des Kupfers in Fenan/Jordanien. Der Anschnitt, Beiheft 11, Bochum.

HEZARKHANI, Z., MOMENZADEH, M., NEZAFATI, N., VATANDOUST, R., HEIMANN, R. B., PERNICKA, E., SCHREINER M. & WINTERHOLLER, B.:
2003 Archaeometallurgical researches in central Iran. Unpubliziertes Manuskript Bergakademie Freiberg.

HOLZER, H.:
1974 Über Kupfererzvorkommen im Bergland von Qom, westlicher Zentral-Iran. Archiv für Lagerstättenforschung der Ostalpen, Sonderband 2, Festschrift O. M. Friedrich, Leoben, 141-146.

HOLZER, H. & MOMENZADEH, M.:
1971 Ancient Copper Mines in the Veshnoveh Area, Kuhestan-e-Qom, West-Central Iran. Arch. Austriaca 49, 1-47.

KABOLI, M.:
2000 Archaeological Survey at Qomrud, Tehran, Cultural Heritage Organization.

KLEISS, W.:
1983 Khowrabad und Djamgaran, zwei vorgeschichtliche Siedlungen am Westrand des zentraliranischen Plateaus. Arch. Mitt. Iran 16, 69-99.
1997 Fundorte des 2. und 1. Jahrtausends v. Chr. mit grauer Ware im Iran. Arch. Mitt. Iran 29, 3-64.

KÜMMEL, C.:
2001 Frühe Weltsysteme. Zentrum und Peripherie-Modelle in der Archäologie. Tübinger Texte 4, Rahden.

LAMBERG-KARLOVSKY, C. C.:
1978 The Proto-Elamites on the Iranian Plateau. Antiquity 52, 114-120.

LAMBERG-KARLOVSKY, C.C. & POTTS, D.T.:
2001 Excavations at Tepe Yahya, Iran 1967-1975. American School of Prehistoric Research, Bulletin 45, Cambridge/Mass.

MADJIZADEH, Y.:
1979 An early prehistoric coppersmith workshop at Tepe Ghabristan. Akten des VII. Internat. Kongress für iranische Kunst und Archäologie. Arch. Mitt. Iran, Ergänzungsbd. 6, 82-92.

MOMENZADEH, M. & HAGHNAZAR, SH.:
2001 Geology and copper mineralization of Veshnāveh ancient mines, Kuhestan-e-Qom, west central Iran, Zaryaban Consultants, Unpublizierter Bericht Tehran.

PIGOTT, V.:
1999 Neolithic/Chalcolithic metallurgical origins on the Iranian Plateau. In: A. Hauptmann, E. Pernicka, T. Rehren, Ü. Yalçin (eds.), The Beginnings of Metallurgy. Proc. Internat. Conference Bochum 1995. Der Anschnitt, Beiheft 9, Bochum, 107-120.

PILLER, CHR.:
2004 Zur Mittelbronzezeit im nördlichen Zentraliran – Die Zentraliranische Graue Ware (Central Grey Ware) als mögliche Verbindung zwischen Eastern und Western Grey Ware. Arch. Mitt. Iran u. Turan (im Druck)

STAHL, A. F.:
1894 Die Kupfererze Persiens. Chemiker-Zeitung 18/1, 3 f.

STEIN, G. J. (coord.):
1999 The Uruk Expansion: Northern Perspectives from Hacınebi Hassek Höyük and Gawra. Paléorient 25/1, 7-171.

STÖLLNER, TH. & MIR ESKANDERI, M.:
2003 Die Höhle der Anāhitā. Ein sassanidischer Opferplatz im bronzezeitlichen Bergbaurevier von Veshnāveh, Iran. Antike Welt 32, 505-516.

TOUROVETZ, A.:
1989 Observations concernant le Matériel Archéologique des Nécropoles A et B de Sialk. Iranica Antiqua 24, 209-244.

VATANDOUST, A.:
1999 A view on prehistoric Iranian metalworking: Elemental analyses and metallographic examinations. In: A. Hauptmann,

E. Pernicka, T. Rehren, Ü. Yalçin (eds.), The Beginnings of Metallurgy. Proc. Internat. Conference Bochum 1995. Der Anschnitt, Beiheft 9, Bochum, 121-140.

WEISGERBER, G.:

1989 Montanarchäologie – Grundzüge einer systematischen Bergbaukunde für Vor- und Frühgeschichte und Antike, Teil 1. Der Anschnitt 41, H. 6, 190-204.

1990 Montanarchäologische Forschungen in Nordwest-Iran 1978. Arch. Mitt. Iran 23, 73-84.

1996 Montanarchäologie – mehr als Technikgeschichte: Das Beispiel Fenan (Jordanien). In: W. Kroker (Hrsg.), Montantechnologie an technischen Schnittstellen. Schriftenreihe Georg-Agricola-Gesellschaft 20, 19-34.

WEISGERBER, G. & WILLIES, L.:

2000 The Use of Fire in Prehistoric and Ancient Mining: Firesetting. Paléorient 26/2, 131-149.

YOUNG, T. C.:

1963 Proto-Historic Western Iran. An Archaeological and Historical Review: Problems and possible Interpretations, Michigan.

1965 A Comparative Ceramic Chronology for Western Iran, 1500-500 B.C. Iran 3, 53-69.

Handwerk im Tal des Flusses Kur in der Banesh-Periode

Kamyar Abdi

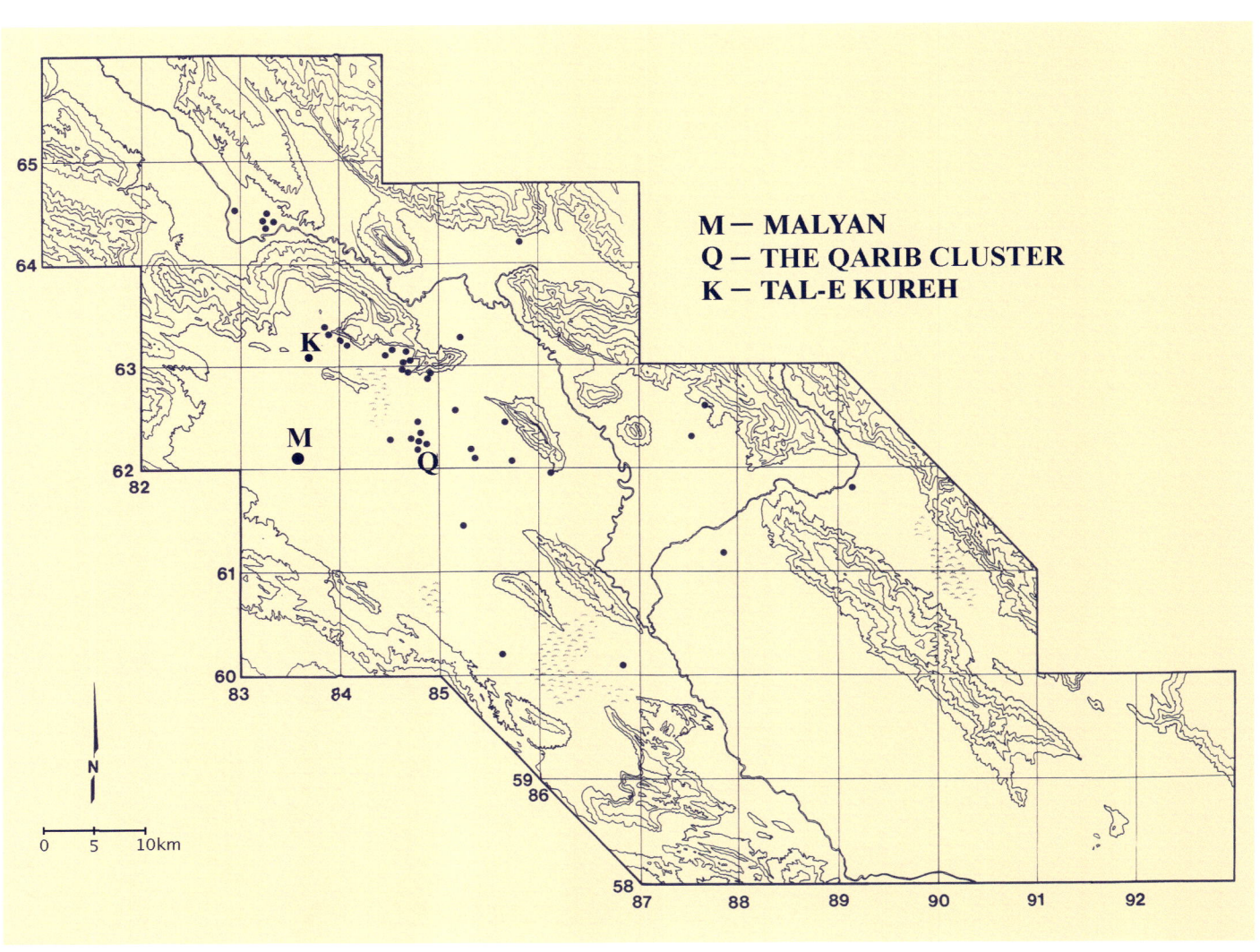

Abb. 1: Verbreitung von Siedlungsstellen im Flusstal der Kur (Fars).

Einleitung

Die Banesh-Kultur entwickelte sich im Flusstal des Kur (im Folgenden: KFT) in Zentral-Fars in Südiran (Abb. 1) seit etwa 3400 v. Chr. Der Banesh-Kultur zuzuordnendes Material erscheint in den späten Schichten von Susa II (Akropole I, 18-17) und setzte sich während Susa III (Akropole I, 16C-14B, Ville Royale I 18-10) fort. Um etwa 3000 v. Chr. erreichte nicht-keramisches Material, welches zur Banesh-Kultur gehört (z.B. Siegel und Schrifttafeln), Sialk (IV), Shahr-i Sokhta (I:10) und Hesār II (Alden 1982a; Dyson 1987).

Das KFT ist eine semi-aride Region an der südöstlichen Grenze der Zone, in der die Zagros-Eiche gedeiht. Archäobotanische Studien (Miller 1982) geben Hinweise darauf, dass die Gegend während der Banesh-Periode bewaldeter war, mit Wacholder, Eichen, Mandelbäumen, Pistazien und Pappeln, die bis in die unmittelbare Nähe von Tal-i Malyan wuchsen. Die zunehmende Nutzung von Waldhölzern als Brennstoff für das Handwerk während der Banesh-Periode löste offensichtlich einen zunehmenden Prozess der Entwaldung aus, der sich bis heute fortgesetzt hat (Miller 1985; 1990).

Im KFT wird die Banesh-Periode in eine frühe, eine mittlere und eine späte Phase eingeteilt (Sumner 1986), die durch zwei hauptsächliche Arten von Keramik gekennzeichnet ist: mit Kiessand gemagerte Keramik, die unter Umständen aus geschlämmtem Ton besteht und mit schwarzer, weißer und/oder roter Farbe verziert ist; und mit Häcksel gemagerte Banesh-Keramik, die während der gesamten Periode vorherrscht. Keramik aus dem Flachland, einschließlich Gefäße mit abgekanteter Lippe, wurde ebenfalls benutzt. Typisch für die mittlere und späte Banesh-Phase sind neben der Keramik kleine kissenförmige Lehm-Schrifttafeln mit proto-elamitischer Schrift. Andere Verwaltungsgerätschaften einschließlich zylindrischer Siegel erscheinen ebenfalls im Zusammenhang mit der Banesh-Kultur.

Siedlungsstrukur

Sechsundzwanzig Fundorte im KFT werden in die frühe Banesh-Phase datiert (Sumner 1986). Charakteristisch für diese Fundorte ist ihre geringe Größe und die ungewöhnliche Lage in der Nähe der hohen Hügel in der Mitte der Ebene oder verstreut an den Rändern der Ebene. Diese Siedlungen hatten leichten Zugang zu Quellen am Fuße einiger Berge. Das Siedlungssystem der mittleren Banesh-Zeit besteht aus Tal-i Malyan – mit einer Fläche von mindestens 40 ha gegen Ende der Phase – als dominierendem Zentrum, der Quarib-Gruppe und weiteren siebzehn Dörfern, die über die Ebene verstreut waren. In der späten Banesh-Phase bedeckte Tal-i Malyan über 40 ha und war umgeben von einer Stadtmauer, die 200 ha umschloss. Die Quarib-Gruppe und 15 kleine Dörfer quer über die Ebene stellen die ländliche Besiedlung der späten Banesh-Phase dar.

Während der Banesh-Periode gibt es zwei wichtige Gruppen von Fundorten im KFT: Kuh-e Kuruni und Toll-e Quarib. Die erste Gruppe besteht aus 16 Fundorten, die allenfalls auf flachen Erhebungen gelegen sind und an den felsigen südlichen Ausläufern von Kuh-e Kuruni liegen. Die zwei größten Fundorte in dieser Gruppe sind zwischen 2,5 und 4,5 ha groß, der Rest jeweils etwa 1 ha oder weniger. Dieser Teil der Ebene wird heutzutage als Rastplatz von Hirtennomaden genutzt. Die Tatsache, dass Gruppierungen von Steinen unbestimmten Alters und Banesh-Tonscherben den Hauptbestandteil der Funde in einigen Fundorten ausmachen, weist darauf hin, dass dieses Gebiet möglicherweise schon in der Banesh-Zeit von Hirtennomaden genutzt wurde (Alden 1979; Sumner 1986).

Nachweis von Handwerkstätigkeiten

Die Quarib-Gruppe, eine Gruppe von acht kleinen Dörfern und einem großen Dorf, die beinahe exakt in der Mitte der Ebene liegt, liefert wichtige Nachweise für handwerkliche Tätigkeiten im KFT während der Banesh-Periode (Abb. 1). Die Fundorte der Quarib-Gruppe sind wenige hundert Meter voneinander entfernt, und eine Untersuchung der nächsten Nachbarschaft der Gruppe zeigt eine Neigung zu gleichförmiger Raumaufteilung (Alden 1979). Die nächste Quelle, die für die Bewässerung der Quarib-Gruppe genutzt werden konnte, liegt etwa 10 km nördlich. Es ist möglich, dass diese Dörfer Landwirtschaft ohne Bewässerung sowie Haustierhaltung betrieben, doch die Untersuchungsergebnisse einschließlich der großen Müllhalden mit häckselgemagerter Keramik an den Fundorten 8G35 und 8G37 legen die Vermutung nahe, dass die Quarib-Gruppe hauptsächlich ein Zentrum für die Produktion von Keramik war (Alden 1979; Sumner 2003, 203). Außerdem unterstützen Untersuchungen steinerner Bruchstücke aus Toll-e Quarib die Annahme, dass die Gruppe eine Produktionsstätte war, da ein charakteristischer Typ von mit Intarsien versehenen Gips-Gefäßen (Alden 1979, Abb. 55) nur hier gefunden wurde.

Die Funde der Quarib-Gruppe legen die Annahme einer zentralisierten Produktion von Keramik in der frühen Banesh-Phase nahe (Alden 1982b). Der zentrale Fundort dieser Gruppe (8G38), der auf einer flachen natürlichen Erhebung etwa einen Meter höher als die Ebene gelegen ist, besteht aus einer Ansammlung von Scherben und bedeckt eine rechteckige Fläche von 180x150 m. Diese Menge von Scherben könnte auf einzelne Haushalte hinweisen, die sich über den Fundort verteilten, doch die Funde sind nicht unterscheidbar genug, um die Anzahl der Wohnstätten am Fundort abschätzen zu können. Eine Ansammlung von Bruchstücken steinerner Gefäße wurde am Ostrand von 8G38 gefunden, was eine Müllkippe für Gefäße vermuten lässt, die bei der Herstellung oder beim Transport zu anderen Teilen der Ebene beschädigt worden waren. Alden (1979, 204) vermutet, dass 8G38 von Menschen besiedelt war, die am nahegelegenen Fundort 8G35 häckselgemagerte Keramik herstellten. Letzterer Fundort ist auf etwa 0,7 ha (140x100 m) sehr dicht mit Scherben bedeckt. Gleich westlich des Fundortes gibt es eine salzverkrustete Vertiefung, die möglicherweise der Versorgung mit Lehm für die Produktion der häckselgemagerten Keramik diente. 8G37, ein kleiner Fundort von 0,7 ha, weist ebenso wie 8G35 Fundlagerstätten an der Oberfläche auf. Ein

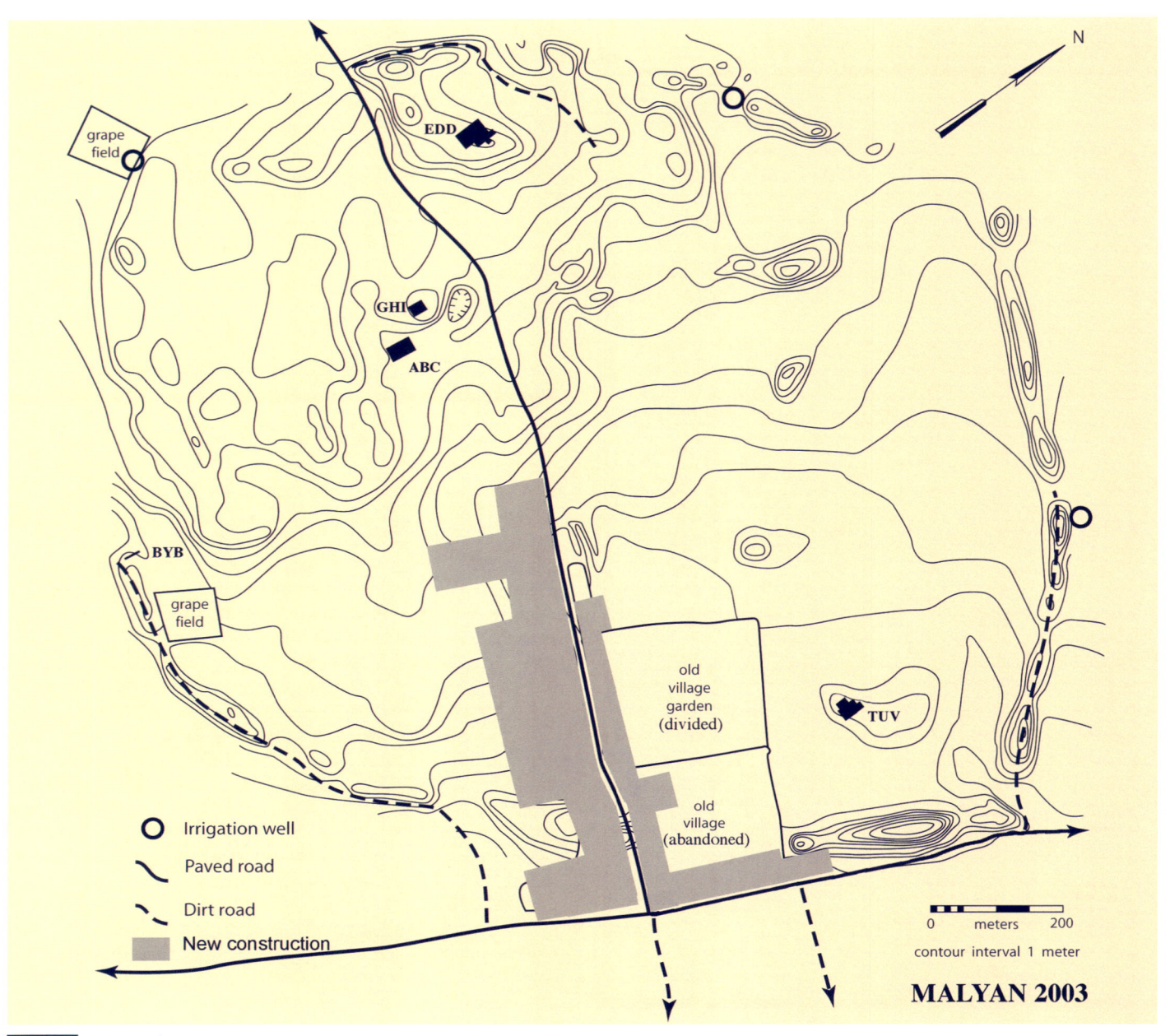

Abb. 2: Übersichtsplan von Tal-i Malyan mit den eingetragenen Grabungsflächen der Untersuchungen W. Sommers.

weiterer Fundort in der Quarib-Gruppe, 8G40, ist durch eine dünne und ungleichmäßige Verteilung von Scherben auf einer flachen natürlichen Erhebung gekennzeichnet. Alden (1979, 205) vermutet, dass dieser Fundort ähnlich wie 8G38 aussah, bevor in jüngerer Zeit durch Pflugarbeiten größere Scherben zerbrochen und über das besiedelte Gebiet verteilt wurden.

Weitere Nachweise für handwerkliche Tätigkeiten im KFT während der Banesh-Periode kommen aus Tal-e Kureh in der nördlichsten Ecke der Baiza-Ebene, etwa 12 km von Malyan und 15 km nordwestlich der Quarib-Gruppe. Während die Quarib-Gruppe als Zentrum für die Herstellung von häckselgemagerter Keramik und steinerner Gefäße gedient zu haben scheint, weisen die Untersuchung der Oberfläche und Testgrabungen in Tal-e Kureh auf die Herstellung des anderen Typs der Banesh Keramik hin, d. h. die mit Kiessand gemagerte Banesh-Keramik (Alden 2003). Die Lage von Tal-e Kureh würde in diesem Zusammenhang einen Sinn ergeben, wenn man seine große Nähe zu bewaldeten Hügeln und an der Erdoberfläche liegenden Lagerstätten von kohlesäurehaltigem Lehm in den Schiefer-Bettungen oberhalb der Hänge (Blackman 1981) bedenkt, die für die Herstellung der mit Kiessand gemagerten Banesh-Töpferware genutzt wurden (Sumner 2003, 111).

Es sollte festgehalten werden, dass die Häufigkeit von Kiessandgemagerten pinched-rim bowls – einer charakteristischen Keramik der Banesh-Periode, die in Tal-e Kureh hergestellt und von der Quarib-Gruppe aus vertrieben wurde – sich entsprechend der Entfernung von der Quarib-Gruppe verändert, wobei nähergelegene Fundorte eine größere, entferntere Fundorte eine geringere Häufigkeit zeigen (Alden 1982b). Dieses Muster deutet darauf hin, dass ein marktartiges Vertriebssystem für die Herstellung und den massenhaften Transport von Keramik von den Produktionsstätten in Toll-e Quarib zu Vertriebszentren auf der Ebene verantwortlich war. Nach Alden (1982b, 98) betrug der Radius, der von Toll-e Quarib aus bedient wurde, zwischen 14 und 18 km. Das ist grob geschätzt die maximale Strecke, die eine Person zu Fuß einschließlich der Rücklegen zurücklegen konnte, wenn sie eine sinnvolle Menge an Last trug. Zur Unterstützung dieser These sollte festgehalten werden, dass kein Fundort in größerer Entfernung als 20 km von Toll-e Quarib pinched-rim bowls aufwies.

Handwerkliche Tätigkeit in Malyan

Die Gebiete ABC und TUV in Malyan (Abb. 2) geben einen gewissen Einblick in die Handwerks-Tätigkeit der mittleren Banesh-Phase. TUV, in einem abgelegenen Gebiet der Banesh-Besiedlung in der südöstlichen Ecke der Grabungsstätte, ist charakterisiert durch Wohngebäude (Nicholas 1990), während ABC, grob gesehen in der Mitte der Grabungsstätte, eine Reihe von vier Gebäuden aufwies, deren Ausmaße zunehmend monumentaler waren (Sumner 2003). ABC 2, das oben liegende Gebäude, wird als ein großes Lagerhaus beschrieben, während ABC 3 ein kunstvoll verziertes Gebäude mit formvollendet angeordneten Räumen und Fluren ist. ABC 4 wies eine großzügige Struktur auf, und es ließen sich hier sowohl häusliche als auch handwerkliche Tätigkeiten nachweisen. Die Wände der Gebäude von ABC und einer Anzahl von Gebäuden in TUV waren mit einem Kalkverputz versehen, was auf Kalkproduktion am Ort schließen lässt (Blackman 1982).

Die Grabungen ABC und TUV förderten eine große Vielfalt an Rohmaterial aus örtlichen und entfernten Quellen zutage, sowie Halbfertig- und Fertigprodukte und Produktionsabfall. Diese Funde verweisen auf verschiedenartigste handwerkliche Aktivitäten wie Feuerstein-Bearbeitung, Perlen-Herstellung, die Produktion von steinernen Gefäßen oder Muschel-Bearbeitung (Nicholas 1990; Vidale 2003). Bisher hat sich in Malyan kein Nachweis für die Herstellung von Keramik während der Banesh-Periode gefunden. Man darf also vermuten, dass die Quarib-Gruppe auch als Keramik-Lieferant für Malyan diente. Während Keramik von der nahegelegenen Quarib-Gruppe kam, bezog man Kupfer über den langen Weg von Anarak, Lapislazuli aus Afghanistan, Türkise aus Khorasan, Muscheln vom Persischen Golf, Obsidian aus der Van See Region und Fayence-Perlen aus Baluchistan.

Nachweise für die Gewinnung von Kupfer ergaben sich hauptsächlich aus den Grabungen TUV, Schicht 2-3, wo Schlacke, Metallreste und Bruchstücke von Öfen in Verbindung mit Haushalts-Aktivitäten entdeckt wurden, während die Gebäude ABC 2-14 ebenfalls einige Nachweise für Kupfergewinnung erbrachten (Pigott, Rogers & Nash 2003).

Es scheint, als ob Malyan während der mittleren Banesh-Phase eine kleine Stadt war, deren Handwerker sich sowohl für den Hausgebrauch als auch auf geschäftlicher Ebene betätigten (Sumner 2003, 116). Das Ausmaß der handwerklichen Betätigung und die Vielfalt der verwendeten Materialien – ob nun importiert oder am Ort hergestellt – scheint den kurzfristigen Bedarf der eigenen Bevölkerung überstiegen zu haben, und die Produkte wurden zum Zweck des Verbrauchs oder des Handels möglicherweise unter der sesshaften wie nicht-sesshaften Bevölkerung des KFT vertrieben. Die noch immer nicht wirklich entzifferten vor-elamitischen Texte (Stolper 1985), wie auch andere der Verwaltung dienende Artefakte aus den ABC- und TUV-Grabungen, bestätigen möglicherweise diese handwerklichen und händlerischen Aktivitäten.

Zusammenfassung

Die archäologischen Nachweise aus der Banesh-Periode im KFT legen ausgedehnte handwerkliche Aktivitäten und ein bezeichnendes Niveau der Spezialisierung nahe. Die Quarib-Gruppe und Tal-e Kureh scheinen von spezialisierten Handwerkern bewohnt gewesen zu sein, verantwortlich für die Herstellung der beiden hauptsächlichen Arten von Banesh-Keramik: Mit Häcksel gemagerten Banesh-Töpferware in der Quarib-Gruppe und mit Kiessand gemagerte Töpferware in Tal-e Kureh. Räumliche Untersuchungen durch Alden (1982b) zeigen, dass die Quarib-Gruppe an einem zentralen Ort im Rahmen des frühen Banesh-Siedlungssystems blühte, an dem alle zur Herstellung von mit Häcksel gemagerter Keramik nötigen Ressourcen leicht zu bekommen waren. Später wurde dieser Platz zum Knotenpunkt des regionalen Vertriebssystems der Banesh-Gesellschaft. Es scheint auch, dass die Quarib-Gruppe ebenfalls als Vertriebszentrum für steinerne Gefäße diente, die von bisher nicht identifizierten Produktionsstätten kamen.

Bisher konnte kein direkter Nachweis dafür erbracht werden, dass Malyan eine direkte Kontrolle über die handwerklichen Aktivitäten in der Quarib-Gruppe oder in Tal-e Kureh ausübte, doch das Muster der spezialisierten Produktion und des regionalen Vertriebs legt die Vermutung nahe, es habe irgendeine Art von zentralem Kontroll-Mechanismus gegeben, der von Malyan (nur 12 km östlich der Quarib-Gruppe und 12 km südlich von Tal-e Kureh) aus operierte. Dieses räumliche Verhältnis eines regionalen Zentrums und eines handwerklich geprägten Umlandes konnte auch in den städtischen Zentren der iranischen Hochebene im späteren 3. Jt. festgestellt werden, wie z.B. Hesār, Shahdad und Shahr-i Sohkta (Tosi 1984; Mariani 1989), wo Beweise für geringfügige handwerkliche Aktivitäten in Wohngebieten entdeckt wurden, während großräumige Aktivitäten in speziellen Industriegebieten – üblicherweise ein Stück abseits der Siedlungen – festgestellt wurden, insbesondere wenn sie mit beachtlichem Abfall und entsprechender Verschmutzung verbunden waren.

Bibliographie

ALDEN, J. R.:
1979   Regional Economic Organization of Banesh Period Iran. Ph. D. Dissertation, Department of Anthropology, The University of Michigan.
1982a   Trade and Politics in Proto-Elamite Iran. Current Anthropology 23, 613-640.
1982b   Marketplace Exchange as Indirect Distribution: An Iranian Example. In: T. Earle & J. Ericson (eds.), Contexts for Prehistoric Exchange. San Diego, 83-101.
2003   Excavations at Tal-e Kureh. In: Sumner 2003, 187-198.

BLACKMAN, J. M.:
1981   The Mineralogical and Chemical Analysis of Banesh Ceramics from Tal-e Malyan, Iran. In: M. J. Huges (ed.), Scientific Studies in Ancient Ceramics. London, British Museum Occasional Publications, 7-20.
1982   The Manufacture and Use of Burned Lime Plaster at Proto-Elamite Anshan (Iran). In: T. A. Wertime & S.T. Wertime (eds.), The Evolution of the First Fire-Using Industries. Washington, D. C., 107-115.

DYSON, R. H.:
1987   The Relative and Absolute Chronology of Hissar II and Proto-Elamite Horizon of Northern Iran. In: O. Aurenche, J. Evin & F. Hours (eds.), Chronologies in the Near East. BAR International Series 379, Oxford, 647-678.

MARIANI, L.:
1989   Craftsmen's Quarters in the Proto-Urban Settlements of the Middle East: The Surface Analysis. In: B. Allchin (ed.), South Asian Archaeology 1981: Proceedings of the Sixth International Conference of the Association of South Asian Archaeologists in Western Europe held in Cambridge University, 5-10 July 1981, Cambridge, 118-123.

MILLER, N.:
1982   Economy and Environment of Malyan: A Third Millennium B.C. Urban Center in Southern Iran. Ph. D. Dissertation, Department of Anthropology, The University of Michigan.
1985   Paleoethnobotanical Evidence for Deforestation in Ancient Iran: A Case Study of Urban Malyan. Journal of Ethnobiology 5, 1-19.
1990   Clearing Land for Farmland and Fuel: Archaeobotanical Studies of the Ancient Near East. In: N. F. Miller (ed.), Economy and Settlement in the Near East: Analysis of Ancient Sites and Materials. Philadelphia: MASCA, The University Museum of the University of Pennsylvania, 70-78.

NICHOLAS, I. M.:
1990   The Proto-Elamite Settlement at TUV. Malyan Excavation Reports I. Philadelphia: The University Museum of the University of Pennsylvania.

PIGOTT, V. C., ROGERS, H. C. & NASH, S. K.:
2003   Archaeometallurgical Investigations at Tal-e Malyan: Banesh Period Finds from ABC and TUV. In: Sumner 2003, 94-102.

STOLPER, M. W.:
1985   Proto-Elamite Texts from Tall-i Malyan. Kadmos 24, 1-12.

SUMNER, W. M.:
1986   Proto-Elamite Civilization in Fars. In: U. Finkbeiner & W. Röllig (eds.), Ǧamdat Naṣr: Period or Regional Style? Wiesbaden, 199-211.
2003   Proto-Elamite Civilization in the Land of Anshan: Excavations at Tal-e Malyan in the Highlands of Iran. Malyan Excavation Reports III. Philadelphia, The University Museum of the University of Pennsylvania.

TOSI, M.:
1984   The Notion of Craft Specialization and Its Representation in the Archaeological Record of Early States in the Turanian Basin. In: M. Spriggs (ed.), Marxist Perspectives in Archaeology, Cambridge, 22-52.

VIDALE, M.:
2003   Archaeological Indicators of Craft Production. In: Sumner 2003, 104-106.

Reisbau zwischen Meymand und Jahrom im Herzen der Persis. Die Bewässerungskanäle, die sich fein verästeln, unterteilen das Reisfeld in unzählige Gartenmodule. Reis ist das wichtigste Grundnahrungsmittel in Iran und wird zu beinahe fast allen Speisen in verschiedensten Zubereitungsformen gereicht; Foto: G. Gerster

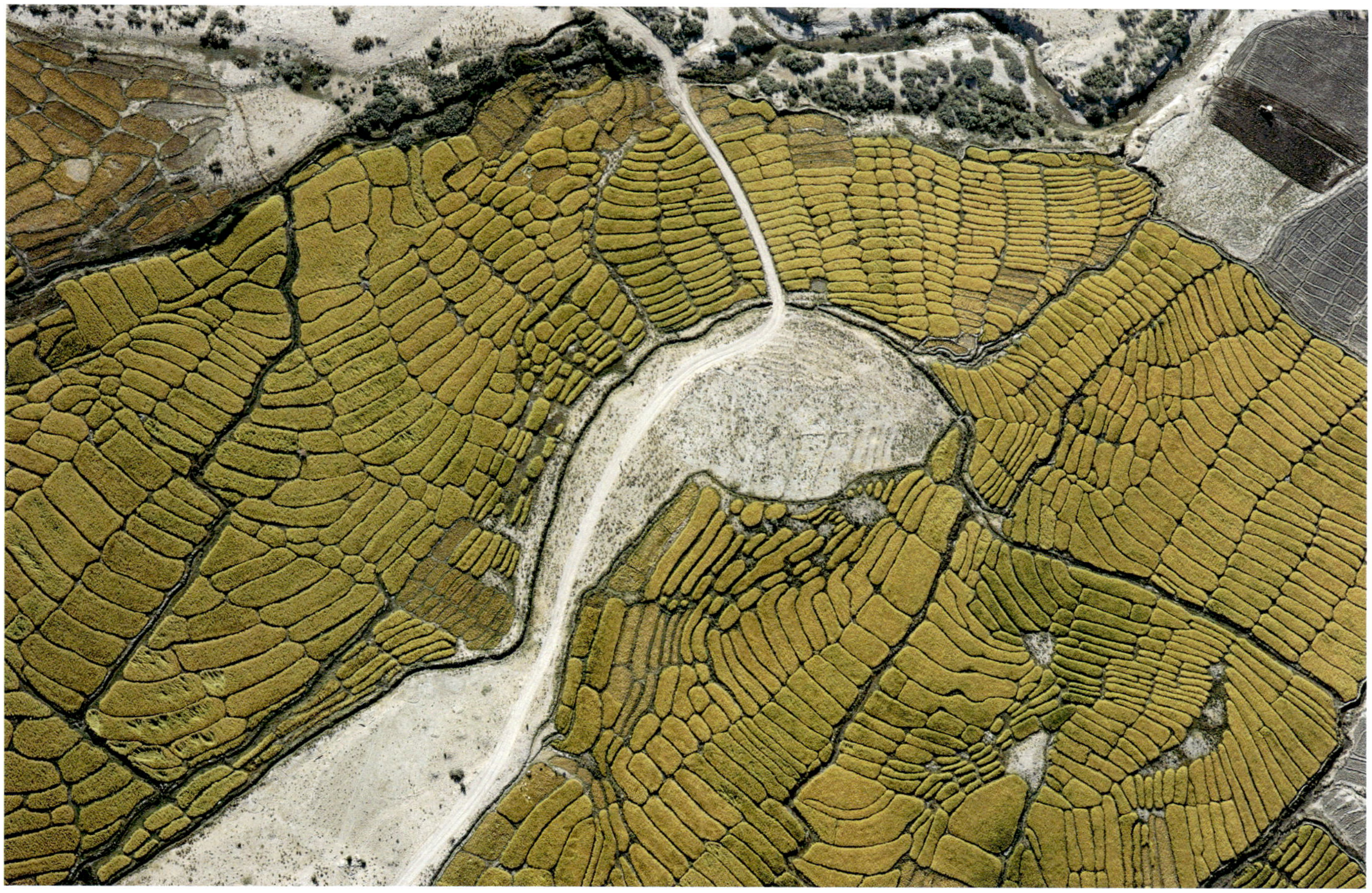

Tappeh Yahya und die prähistorische Metallurgie in Südostiran

C. P. Thornton & C. C. Lamberg-Karlovsky

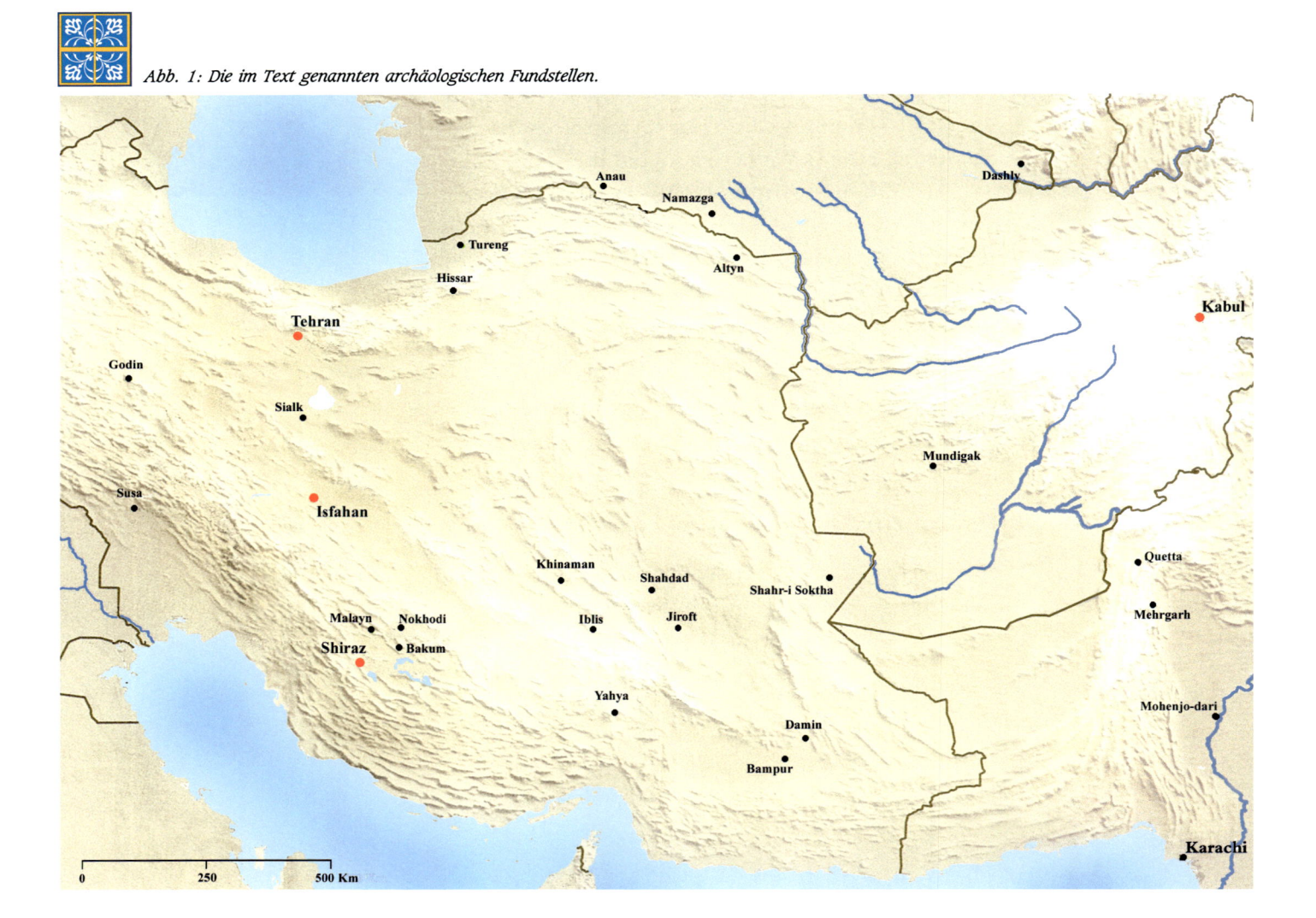

Abb. 1: Die im Text genannten archäologischen Fundstellen.

Einleitung

In seiner wichtigen englischsprachigen Zusammenfassung mehrerer Jahrzehnte sowjetischer Erforschung prähistorischer Metallurgie schlug E. N. Chernykh (1992) ein neues heuristisches Mittel zum Studium der Archäometallurgie vor, das als „metallurgische Provinz" bekannt ist, welche er als ein System miteinander verbundener metallurgischer und metallverarbeitender Zentren definierte. Es gibt eine Anzahl solcher „Provinzen" in Westasien und Europa, die bis in die frühesten Anfänge der Kupfernutzung zu datieren sind und die südliche Levante, das anatolische Hochland, das iranische Plateau und den Balkan umfassen (vgl. Schoop 1995). Von diesen ist der Südostiran diejenige, welcher die geringste wissenschaftliche Aufmerksamkeit zuteil geworden ist (Abb. 1), trotz der Tatsache, dass diese Gegend einige der besten Nachweise für die Entwicklung der Metallurgie in der Vorgeschichte bietet, von den allerersten Schmelztiegeln bei Tal-i Iblis im 5. Jt. v. Chr. bis zu den gut erhaltenen metallurgischen und metallverarbeitenden Einrichtungen von Shahdad im 3. Jt. (Abb. 2). Ungeachtet früherer experimenteller und ethnographischer Arbeiten von Cyril Stanley Smith, Theodore Wertime und Radomir Pleiner (1967) ist bisher das Studium der Metallurgie des Südostiran in den meisten Fällen auf kleinere Analysen von auf Kupfer beruhenden Funden (z. B. Curtis 1988) oder

Abb. 2: Zeittafel der wichtigeren angesprochenen Regionen.

DATE (BCE)	Mesopotamia	Khuzistan	Fars	Soghun	Kerman	Sistan	Central Asia
5500		(Jaffarabad)		*Tepe Yahya* ?			Djeitun
5000	Ubaid			VII	*Tal-i Iblis* ? (0)		Pre-Anau IA
4500		(Chogha Mish)	(Bakun)	VI	I-II		Anau IA
4000	Uruk Early	*Susa* I		VC	III		Namazga I
3500	Middle		(Lapui)	VB-VA	IV	(Mundigak I)	Namazga II
	Late	II	*Tal-e Malyan*		V-VI	(Mundigak II)	
3000	Jemdet Nasr	III	Banesh	IVC		*Shahr-i Sokhta* I	Namazga III
	Early Dynastic I						Namazga IV
2500	II III	IV Old Elamite		? IVB	?	II	
	Akkadian	Akkadian			*Shahdad*	III	Namazga V
2000	Ur III	Ur III Shimashki Sukkalmah	Kaftari			IV ?	
	Isin-Larsa			IVA ?	*Khinaman* ?		Namazga VI ?
1500	Old Babylonian	Mid Elamite					

von metallurgischen Überresten (z. B. Hauptmann & Weisgerber 1980) beschränkt gewesen.

Eine Ausnahme stellte die Arbeit von Dennis L. Heskel (1982) dar, dessen Dissertation die erste zusammenfassende Analyse der Metallurgie *und* der Metallverarbeitungstechniken dieser wichtigen Region bot (vgl. auch Heskel & Lamberg-Karlovsky 1980; 1986). Heskel war aus einer ganzen Reihe von Gründen bedeutungsvoll. Zum einen argumentierte er überzeugend gegen die marxistischen Modelle einer linearen Entwicklung der Metallurgie, in denen immer eine Art von Metall seinen „minderwertigeren" Vorgänger ablöste (nach Childe 1944) und bevorzugte stattdessen ein kumulatives Modell, in dem sich das Repertoire der Metallbe- und -verarbeiter in dem Maße erweiterte, in dem neue Materialien und Techniken entdeckt wurden. Zum anderen machte er die metallographische Analyse zum Zentrum seiner Forschung und erarbeitete dadurch dringend benötigte Informationen zu den Metallverarbeitungstechniken dieser Region vom Chalkolithikum bis zur Bronzezeit. Zum Dritten, und das ist höchst bezeichnend, erarbeitete Heskel eine der ersten anthropologischen Synthesen prähistorischer Metallurgie, d.h. er erforschte die Interaktion zwischen dem Material und den sozio-kulturellen Aspekten der menschlichen Existenz.

Genau auf dieser Analyse-Ebene – von Chernykh (1992, 8) ungerechterweise als „minderwertig" gegenüber den eher typologischen und technologischen Studien bezeichnet – wollen wir versuchen, den Verlauf der metallurgischen Entwicklung in Südostiran zusammen zu fassen. In den letzten Jahren sind von den Grabungsstätten dieser „Provinz" neue metallurgische Funde bekannt geworden, von z.B. Shahr-i Sokhta (Hauptmann *et al.* 2003), Shahdad (Hakemi & Sajjadi 1997; Vatandoust 1999), Tappeh Yahya (Thornton *et al.* 2002), Tal-i Iblis (Pigott & Lechtman 2003) und Tal-i Malyan[1] (Pigott *et al.* 2003a, b). Dass diese neuen Arbeiten die Wichtigkeit dieser Region im Sinne eines besseren Verständnisses prähistorischer Metallurgie *in toto* deutlich gemacht haben, ist tatsächlich ein Zufall, da die Zeit einer neuerlichen Zusammenarbeit zwischen iranischen und ausländischen Wissenschaftlern gerade erst begonnen hat, wie das Beispiel dieser Ausstellung zeigt.

Die Anfänge der Metallurgie

Die frühesten metallenen Objekte aus Südostiran wurden an der kleinen (4 ha) Fundstätte von Tappeh Yahya (Abb. 3) gefunden, die im Soghun-Tal etwa 220 km südlich der heutigen Stadt Kerman liegt. Obwohl diese Stätte während des größten Teils ihrer Existenz nur wenig mehr als ein Dorf war, haben die auf ^{14}C-Messungen beruhenden Schichten einer beinahe ununterbrochenen prähistorischen Besiedlung (ca. 5500-1700 v. Chr.) und Jahrzehnte wissen-

Abb. 3: Der nördliche Stufengraben von Tappeh Yahya im Jahre 1973.

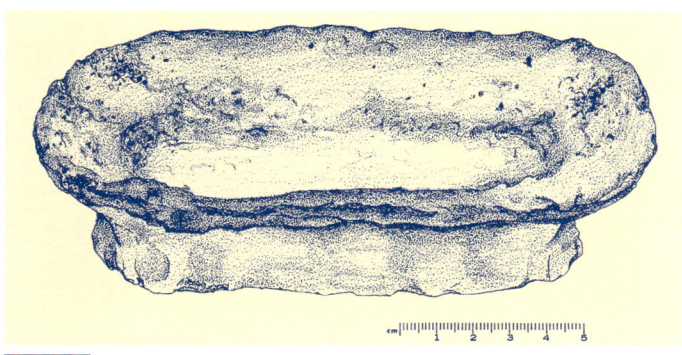

Abb. 4: Früheste Schmelztiegel aus Tal-i Iblis, rekonstruiert aus einem großen Fragment (aus: Caldwell 1967, 185).

schaftlicher Analyse des ausgegrabenen Materials Yahya zu einer der wichtigsten archäologischen Stätten in Iran gemacht (vgl. Lamberg-Karlovsky & Beale 1986; Lamberg-Karlovsky & Potts 2001). Die metallenen Funde aus den neolithischen/chalkolithischen Schichten der Grabungsstätte (ca. 5500-3600 v. Chr.) bestehen fast ausschließlich aus hochgradig reinem gediegenem Kupfer und die drei, die metallographisch analysiert wurden – einschließlich des kompliziert hergestellten Nagels (Thornton *et al.* 2002, 1456) – demonstrieren ein Niveau in der Bearbeitung von gediegenem Kupfer, das zu dieser frühen Zeit keine Parallele hat.

Ein bemerkenswertes Objekt aus dieser Sammlung früher Metallfunde ist eine Nadel/Ahle aus der Periode VIA (ca. 4200 v. Chr.), die sich von ähnlichen Fundstücken dadurch unterscheidet, dass sie einen rechteckigen Querschnitt (andere zeigen einen runden) hat und bedeutsame Verunreinigungen aufweist (1,43 Gew.% As und Spuren von Pb, Sn und Ag; vgl. Thornton *et al.* 2002, Abb. 3b). Noch wichtiger ist, dass eine vorläufige metallographische Analyse darauf hinweist, dass dieses Stück gegossen und wahrscheinlich verhüttet wurde, obwohl noch weitere Untersuchungen an diesem Objekt nötig sind, bevor etwas Abschließendes festgestellt werden kann. Es ist zweifellos kein Zufall, dass dieses Fundstück, das wahrscheinlich nach Yahya importiert wurde, zeitgleich mit den zunehmenden Kontakten zwischen dem Südostiran und den chalkolithischen Zentren im Westen ist, die durch drei späte Obed-Scherben und Lapui-Töpferware aus Fars erwiesen sind (Lamberg-Karlovsky & Beale 1986, 266).

Die Periode VIA in Yahya ist auch durch die zunehmende Verwendung von örtlichem Chlorit zur Perlenproduktion und einer bedeutenden Zunahme der Verwendung von Türkisen gekennzeichnet. Die nächste Quelle für Letztere liegt etwa 170 km nördlich in der Nähe der wichtigen Stätte von Tal-i Iblis (Beale 1973). Diese Verlagerung ist bemerkenswert aufgrund der überwältigenden Nachweise für die früheste Verhüttung (ca. 4500-3500 v. Chr.[2]) von Kupferoxiderzen, die bei Iblis gefunden wurden (vgl. Caldwell 1967; 1968; Pigott 1999b, 74-77). Diese Nachweise früher metallurgischer Pyrotechnologie in Verbindung mit Kupferarsenerzen von dieser Stätte, die von Heskel (1982, 421-422) identifiziert wurden (Abb. 4), machen Iblis zu der wahrscheinlichen Quelle der Nadel aus Arsenkupfer von Yahya VIA. Man sollte erwähnen, dass häufig angenommen wird, die Verwendung von Arsenik durch die südostiranischen Metallbearbeiter stamme aus dem berühmten Minengebiet von Anarak-Talmessi, eine Theorie, die zuerst von Heskel & Lamberg-Karlovsky aufgebracht wurde (1980) und auf der Arbeit von Cyril Stanley Smith (1965) aufbaute. Es sollte allerdings auch festgehalten werden, dass es nicht den geringsten archäologischen Beweis für die Hypothese gibt, die in der Literatur über Arsenkupfer in Iran und jenseits davon häufig wiederholt wird, dass die Vorkommen des Anarak-Talmessi-Erzes in der Vorgeschichte bereits ausgebeutet wurden. Nur zukünftige Untersuchungen in Iran können die unbedingt notwendige wissenschaftliche Beweisführung erbringen.

Die frühe Verhüttungspraxis in Südostiran bei Tal-i Iblis ist höchst überraschend, wenn man den relativen Mangel an metallurgischer Pyrotechnologie und den entsprechenden Produkten an zeitgleichen Stätten wie Tappeh Yahya bedenkt. Weit davon entfernt, die örtliche Tradition der Verwendung gediegenen Kupfers sofort zu ersetzen, ist die Einführung von Arsenkupfer im späten 5. Jt. v. Chr. in Yahya vor dem Wechsel vom Chalkolithikum zur Bronzezeit nicht sehr ausgeprägt (Perioden VB-VA; ca. 3600-3200 v. Chr.). Selbst dann dauert die Nutzung hochgradig reinen Kupfers (entweder aus Oxid-Erz verhüttet oder gegossenes gediegenes Kupfer) für Fertigprodukte noch bis weit in die Bronzezeit an, was eventuell darauf hinweist, dass unlegiertes Kupfer wegen seiner Farbe aus ästhetischen Gründen sehr geschätzt wurde (nach Hosler 1994).

Die Bronzezeit

Obwohl „bronzezeitliche" Techniken der Metallverarbeitung (z. B. Legierungen) von iranischen Stätten schon aus der Zeit vor dem 3. Jt. v. Chr. bekannt sind[3], ist es erst die Ausbreitung der proto-elamitischen Kultur aus Khuzestan im späten 4. Jt. v. Chr., die Anfänge der archäologischen „Bronzezeit" im Südostiran ankündigt. In der Periode Yahya IVC hat diese Ausbreitung die Form einer protoelamischen „Kolonie" aus Verwaltungsgebäuden, welche protoelamische Keilschrifttafeln (wie sie in dieser Ausstellung zu sehen sind) sowie Siegel und Keramiken (vgl. Lamberg-Karlovsky & Potts 2001) enthalten, eine Fundsammlung, die in ähnlichen Kolonien wie Tappeh Sialk und Tal-i Malyan und auch in Einzelfunden von Godin Tappeh, Shahr-i Sokhta und Tappeh Hesār (Lamberg-Karlovsky 1978) ihre Parallelen findet. Während die Natur dieser „Kolonisierung" weiterhin unklar ist, ist sie aber unzweifelhaft mit dem Aufstieg der großen bronzezeitlichen Handelsnetzwerke verbunden, die das iranische Plateau im 3. Jt. v. Chr. kreuz und quer überzogen.

Bezüglich der Metallurgie ist der Übergang von der Periode V zur Periode IV bei Yahya gekennzeichnet durch neue Objektformen (z. B. Stylus), größere Mengen von Arsen (bis zu 5 Gew.% As) und, was höchst bedeutsam ist, eine Hinwendung zum Gießen. Dieser neue „Technologiestil" (nach Lechtman 1977)[4] kennzeichnet ein Absinken des „Wertes" der auf Kupfer basierenden Objekte (entsprechend der Arbeitsleistung, die für ein Objekt zu erbringen war), der möglicherweise mit der Zunahme der Metallproduktion und -verarbeitung an Stätten überall auf dem iranischen Plateau im 3. Jt. v. Chr. zusammenhängt (Pigott 1999a, b). Eine dieser Stätten, die eine Erwähnung verdient, ist Tal-i Malyan („Anshan") in Fars, wo bei Ausgrabungen Nachweise für Metallherstellung und -verarbeitung in kleinerem Ausmaß in den ABC- und TUV-Arealen der Grabungsstätte gefunden wurden (Nicholas 1990; Sumner 2003). Kürzlich durchgeführte metallographische Arbeiten von Rogers und Nash (in Pigottt et al. 2003a) über Metallfunde, Erze und metallurgische Nebenprodukte (z. B. Kupfertropfen) aus der Banesh-Periode an dieser Stätte (ca. 3400-2600 v. Chr.) haben auf Kupfer basierende Legierungen identifiziert, welche Arsen, Blei und in einem Fall 28,2 Gew.% Antimonerz sowie Kupferoxid-Erze[5] enthielten (vgl. Beitrag K. Abdi).

Shahr-i Sokhta in Sistan ist eine weitere bronzezeitliche Stätte, deren florierende Metalltechnologie zweifellos die in der Periode Yahya IVC beobachtete Veränderung des technologischen Stils beeinflusst hat. Eine vor kurzem durchgeführte Analyse der Erze und Schlacken durch Hauptmann et al. (2003) hat Heskels Beobachtung (1982, 30-31) bestätigt, dass Oxid- und Sulfiderze seit der Periode I (ca. 3200-2800 v. Chr.) und in großen Mengen in der Periode II (ca. 2700-2500 v. Chr.) benutzt wurden, höchst wahrscheinlich in frühesten Formen zusammen verhüttet wurden. Eine der faszinierendsten neuen Entdeckungen von dieser Stätte ist ein einzelnes Stück Speiss (Anm. d. Übers.: arsenhaltiges Produkt, das bei der Schmelze von u. a. Kupfer anfallen kann) (mit 41 Gew.% Fe, 18 Gew.% As, 0,5 Gew.% Sb, 0,15 Gew.% Cu), das die Autoren als das Produkt der irrtümlichen Hitzebehandlung eines Abfallstücks Arsenpyrit beschreiben (Hauptmann et al. 2003, 201). Es gibt allerdings auch andere Möglichkeiten: Dieses Material kann auch ein versehentliches Nebenprodukt einer überhitzten Co-Verhüttungsmaßnahme von Kupferoxid und Arsenopyrit sein, bzw. es könnte auch aus Arsenopyrit (FeAsS) oder Leukopyrit (Fe_2As_4) entstanden sein, aus dem einfachen Grund, dass Arsen in einem geschlossenen Schmelztiegel zu Kupfer sublimiert werden kann (vgl. Rostoker & Dvorak 1991, 11-13).

Obwohl es viele stilistische Parallelen zwischen Schmuck aus Kupfer- oder -legierung von Shahr-i Sokhta und Tappeh Yahya gibt, scheint doch das völlige Fehlen von Sulfideinschlüssen in den Artefakten aus dem 3. Jt. von letzterer Stätte, die mit Mikrosonden analysiert wurden, die Möglichkeit auszuschließen, dass Shahr-i Sokhta Yahyas hauptsächlicher Kupferlieferant war. In der Tat hat die untersuchte Schaftlochaxt aus der Periode Yahya IVB2, die in dieser Ausstellung gezeigt wird (vgl. ebenfalls Lamberg-Karlovsky & Potts 2001, 143) keine Parallelen mit Shahr-i Sokhta, sondern entspricht in ihrer Form in engster Weise den Äxten von Damin, Shahdad und dem weit entfernten Susa (ebd., 115). Der andere bedeutsame Unterschied zu dem Metall, das an diesen zwei Stätten benutzt wurde, ist die Existenz kleinerer Mengen von Zinn (0,38-0,75 Gew.% Sn) in vier Fundstücken von einem Areal von Yahya IVB (nämlich „B"- und „BW"-Befundzusammenhang), unter denen sich auch der Gusstropfen befindet, der von Heskel analysiert wurde (1982, 93-4)[6]. Dies unterscheidet sich eindeutig von dem Fundmaterial von Shahr-i Sokhta, das trotz seiner Nähe zu den Zinnoxidvorkommen in Afghanistan und der Existenz von

Abb. 5: Standard-"Schmuck" aus Arsenkupfer. Tappeh Yahya, Periode IVC. Seit Beginn des späten Chalkolithikums im 4. Jt. v. Chr. wurde diese Art von „Schmuck" bis zur Bronze- und Eisenzeit hergestellt.

Zinnartefakten von Mundigak (Cleuziou & Berthoud 1982) völlig frei von Zinn ist[7] (Hauptmann et al. 2003, 208). Wir haben bereits in früherer Zeit argumentiert (Thornton et al. im Druck), dass die Existenz von Fundstücken aus Zinn aus der Periode Yahya IVB und die Ausweitung von Legierungen, die Zinnbronze, bleihaltige Zinnbronze, Proto-Zinn (Pb-Sn) und Messing mit geringem Zinkanteil enthalten (16,9-19,4 Gew.% Zn), in der folgenden Periode IVA (ca. 1900-1700 v. Chr.) zweifellos mit dem zunehmenden Einströmen zentralasiatischer Kulturgüter während des 3. Jt. zusammenhängt. Dies war zuerst bei dem noch nicht analysierten Stempelsiegel[8] und bei zwei Nadeln mit kunstvoll gestalteten Köpfen von Yahya IV (vgl. Lamberg-Karlovsky & Potts 2001, 36, 47, 64) sowie dem aus Zinnbronze hergestellten Siegel von Bampur IV (de Cardi 1970, 328) beobachtet werden. Diese Schlussfolgerung basiert auf zwei Beweislinien aus dem Yahya-Fundkomplex. Erstens enthalten die beiden einzigen Arsenkupferfunde, die nicht in „X"-Kontexten der Grabungsstätte gefunden wurden (wo der standardmäßige Arsenkupfer-Schmuck von Yahya allgegenwärtig ist (Abb. 5)) geringe Mengen von Zinn (0,5-1,25 Gew.%)[9]. Zweitens werden die oben erwähnten neuen Metalllegierungen fast sämtlich in „A"- und „B"-Kontexten der Grabungsstätte gefunden, die als ein Areal der Periode IVA anzusprechen sind und zahlreiche kulturelle Parallelen zu dem Baktrien-Margiana Archäologischen Komplex (BMAC) in Zentralasien zeigen (vgl. Hiebert & Lamberg-Karlovsky 1992; Hiebert 1998).

Der BMAC der Periode Namazga VI (ca. 2000-1700 v. Chr.) ist bekannt für die bedeutsame Zunahme der Verwendung von Zinnbronze (> 50% der analysierten Fundstücke), verglichen mit den früheren Namazga V-Kulturen in Südturkestan und Südostiran (ca. 8-12% der analysierten Fundstücke) (Ruzanov 1999). Diese Entwicklung könnte das Ergebnis der ersten Ausbeutung der an Zinn reichen Erze von Karnab (Usbekistan) und Muschiston (Tadschikistan) durch die Andronovo-Kultur im frühen 2. Jt. sein (vgl. Boroffka et al. 2002; Weisgerber & Cierny 2002; Parzinger & Boroffka 2003). In der Tat haben kürzlich durchgeführte archäologische Arbeiten im Murghab-Delta in Turkmenistan (Gubaev et al. 1998) Beweise für eine kulturelle Interaktion zwischen der städtischen BMAC-Kultur und der Andronovo-Kultur erbracht. Letztere ist für die Verwendung von Zinnbronze (ca. 3-10% Sn) bei mehr als 90% ihrer metallenen Objekte bekannt (Chernykh 1992, 213). Die Möglichkeit einer Andronovo-BMAC-Südostiran-Verbindung bei der Verwendung von Zinnbronze ist ein Forschungsdesiderat.

Dieser Kontext bringt uns zu dem Vorschlag, die drei Objekte aus dem eher lokalen „X"-Befundzusammenhang der Periode Yahya IVA, die aus Zinnbronze bestehen (nämlich zwei Nadeln und ein Armreif), könnten genauso gut Importe aus Zentralasien darstellen. Dieser Vorschlag kann mit einem hohen Anteil an Zinn (7,62-8,66 Gew.% Sn) begründet werden, hinzu kommen relativ hohe Anteile an Eisen und Schwefel (0,2 Gew.% Fe, 0,1-0,19 Gew.% S; vgl. Thornton 2001, 72); das sind zwei Elemente, die bei dem Standardschmuck aus Kupfer von dieser Stätte nicht durch Mikrosondenanalyse entdeckt wurden[10], die aber in den metallenen Fundstücken von Margiana, die von Hiebert und Killick (1993) analysiert wurden, vorherrschend sind, ebenso in den meisten der zinnhaltigen Fundstücke von Yahya IVA. Eines dieser Fundstücke, eine Nadel mit kanneliertem, kugelförmigem Kopf, ist stilistisch vergleichbar mit zwei Nadeln von der mit dem BMAC in Verbindung gebrachten Grabstätte bei Khinaman (vgl. Curtis 1988, 110).

Es ist wahrscheinlich kein Zufall, dass geringere Mengen von Zinn (0,26-0,78 Gew.%) auch in zwei der drei Stücke aus Messing aus dieser Periode gefunden wurden, die an anderer Stelle ausführlicher diskutiert wurden (Thornton *et al.* 2002, 1457-1459; Thornton & Ehlers 2003). Die vollständige metallographische Analyse der zwei Fragmente von Messingarmbändern, die stilistisch zeitgenössischen Armbändern von Margiana (Hiebert & Killick 1993, 189-190) und Khinaman (Curtis 1988, 110) ähneln, soll hier nicht wiederholt werden. Es ist allerdings bemerkenswert, dass sie auf zwei sehr unterschiedliche Arten der Metallbearbeitung hergestellt wurden. Während die chemische Zusammensetzung dieser Objekte (auffällig die Existenz von Zinksulfid-Einschlüssen (ZnS)) darauf hinweist, dass das Messing selbst an anderer Stelle produziert wurde[11], sind die verwendeten Techniken der Metallverarbeitung mit denen vergleichbar, die zur Herstellung der Artefakte aus Arsenkupfer aus diesem Fundkomplex benutzt wurden, was vielleicht darauf verweist, dass Legierungen auf Kupferbasis nach Yahya importiert und dann am Ort weiter verarbeitet wurden.

Es sollte allerdings festgehalten werden, dass fünf der acht zinnhaltigen Artefakte (0,36-16,8 Gew.% Sn) aus der Kaftari-Periode von Tall-i Malyan (ca. 2200-1600 v. Chr.) ebenfalls mit denselben Techniken der Metallverarbeitung hergestellt wurden (vgl. Pigott *et al.* 2003b, 170-173). Obwohl ihre Technologiestile sich metallurgisch ähneln, hat Dan Potts festgestellt (1980, 579-580), dass nur eine einzelne Scherbe braungelber Ware mit Parallelen zur Kaftari-Keramik, die aus der Periode Yahya IVA stammt, einen Nachweis für Kontakte zwischen Malyan und Südostiran bietet. Dies mag auf die Existenz eines „Mittelsmannes" hinweisen, durch den diese Techniken der Metallverarbeitung und zinnhaltigen Metalle vielleicht verbreitet wurden. Während für Malyan selbst keinerlei Beweis für Kontakte zum BMAC festgestellt wurde (Sumner pers. Mitt.), wurden allerdings die zinnhaltigen Kupferfundstücke vom nahe gelegenen Tal-i Nokhodi, die von Cyril Stanley-Smith analysiert wurden (in Goff 1964) zusammen mit einer Schaftloch-Hammeraxt (Abb. 6) gefunden. Diese steht fraglos in einem allgemeinen Zusammenhang mit den „zeremoniellen" Äxten von Margiana (vgl. Sarianidi 2002, 103), die ebenfalls in großer Zahl in den Grabstätten von Shahdad gefunden wurden (einschließlich derer, die in dieser Ausstellung zu sehen sind).

Obwohl die Ausbreitung des BMAC bis zum iranischen Plateau im späten 3./ frühen 2. Jt. v. Chr. unzweifelhaft eine Rolle bei der Zunahme der Verwendung von Zinnbronze in Susa VB (Malfoy & Menu 1987), dem Malyan der Kaftari-Periode (Pigott *et al.* 2003b) und Yahya IVA (Thornton *et al.* 2002) spielte, erscheint es unwahrscheinlich, dass das Ausgangsmetall für Artefakte dieses Stils aus Zentralasien selbst kam. Vor allem, wenn man die Seltenheit von BMAC-Stätten mit nachgewiesener Metallproduktion bedenkt, abgesehen von dem einzelnen Kupferoxid-Schmelztiegel, der bei Dashly-3 entdeckt wurde (Sarianidi *et al.* 1977). Ein starker Mitbewerber als Quelle der auf Kupfer basierenden Metalle im Südostiran ist der Komplex metallverarbeitender Werkstätten von Shahdad (Khabis) (vgl. Hakemi 1992; Hakemi & Sajjadi 1997; Pigott 1999b, 89-90), der nach wie vor sowohl archäologisch als auch metallurgisch nur wenig verstanden wird. Was allerdings klar zu sein scheint, ist, dass Shahdad vom späten 3. Jt. bis zur Mitte des 2. Jt. v. Chr. ein wichtiges städtisches Zentrum war, mit überzeugenden Nachweisen für groß angelegte Produktion und Verarbeitung von Metall, Keramik und Schmucksteinen (Asthana 1984) sowie für wichtige Kontakte zu den Kulturen in Zentralasien (Lamberg-Karlovsky & Hiebert 1992).

Obwohl die große Sammlung von Metallobjekten bisher größtenteils noch nicht untersucht wurde, hat Abdolrasool Vatandousts Analyse (1999) von 16 Artefakten dieses Fundortes die Existenz kleinerer Mengen von Zinn (0,12-0,54 Gew.%) in mehr als zwei Dritteln des Bestandes ergeben. Vor diesem Hintergrund ist es wahrscheinlich zulässig anzunehmen, dass Shahdad viele der Stätten in Südostiran mit Metall versorgte, einschließlich Tappeh Yahya und wahrscheinlich Jiroft, wo Nadeln im klassischen Shahdad-Stil (Abb. 7), Metallgefäße und ein metallenes „Becken"[12] mit einem *repousse*-Adlers gefunden wurden (vgl. Majidzadeh 2003, 208-

Abb. 6: Hammeraxt im BMAC-Stil von Tal-i Nokhodi; aus: Goff 1964, 50.

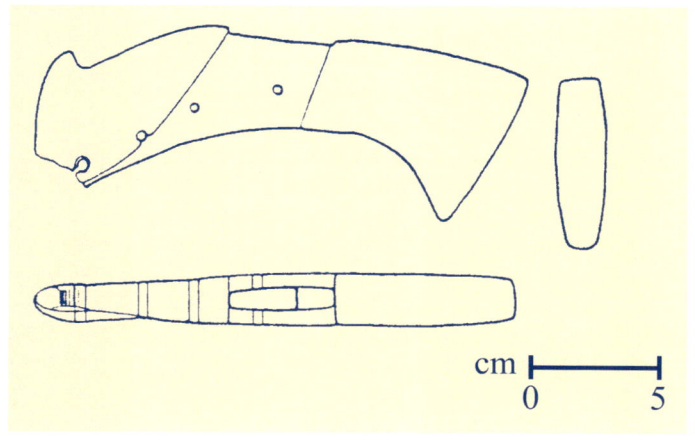

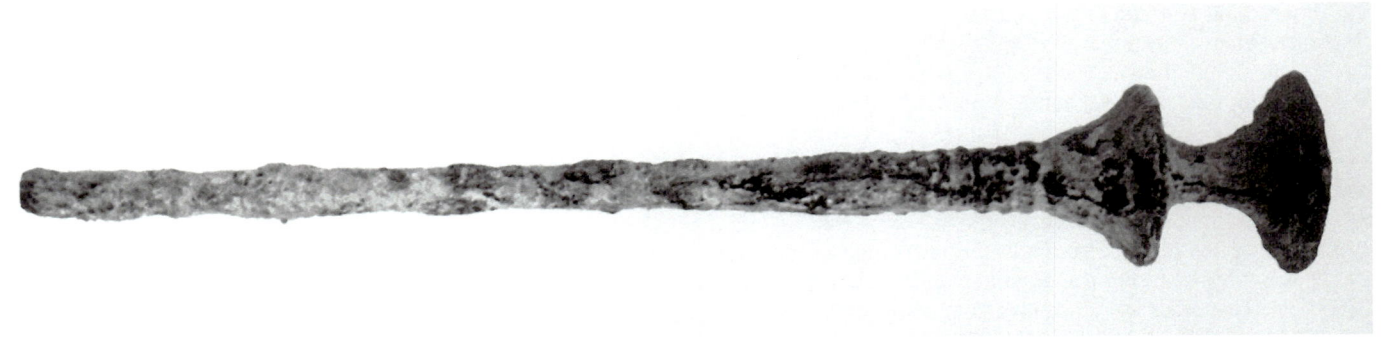

Abb. 7: Eine Nadel, die bei Raubgrabungen in Jiroft gefunden wurde. Sie ist identisch mit Nadeln aus Shahdad, wie zum Beispiel der von Vatandoust (1999, 131) analysierten; aus: Majidzadeh 2003, 155.

209). Unwahrscheinlicher ist die Annahme, dass Shahdad als eine Art Kanal diente, durch den die zentralasiatische Kultur und ihre Stile, wie zum Beispiel die Verwendung von Zinnbronze und die in der Region gefundenen BMAC-Materialien, kleinere Plätze wie Yahya und die Grabstätte von Khinaman erreichten. Erst die zukünftige Erforschung der Fundkomplexe von Shahdad und der zentralasiatischen Stätten wird die Antwort auf die Frage geben können, welche Rolle der BMAC bei dieser Übernahme der Zinnbronze im frühen 2. Jt. v. Chr. überall auf dem iranischen Plateau spielte.

Abschließende Feststellungen

In diesem Aufsatz über die prähistorische Metallurgie in Südostiran haben wir den Versuch gemacht, umfassendere diachronische und synchronische Muster darzulegen, die mit Tappeh Yahya in Verbindung stehen, das trotz seiner geringen Fläche den am gründlichsten untersuchten Fundkomplex von Metallartefakten aus der Region bietet. Vom fähigen Umgang mit gediegenem Kupfer im späten 6./frühen 5. Jt. bis zur Einführung von auf Kupfer basierenden Legierungen wie Zinnbronze oder Messing im späten 3./frühen 2. Jt. beeinflusst diese wichtige Region des Iran nach wie vor unser Verständnis der auf einander folgenden prähistorischen Metallurgien des Mittleren Ostens, so wie das bereits vor zwanzig Jahren der Fall war. In einer Situation, in der ein Zeitalter internationaler Zusammenarbeit angebrochen ist, ist es wichtig, neue und weitere archäometallurgische Forschung in dieser Gegend zu ermutigen, so dass der Südostiran in Bezug auf Wichtigkeit und Wissenszuwachs zu anderen vergleichbaren metallurgischen „Provinzen" aufschließen kann.

Obwohl wir uns entschlossen haben, Cernykhs Konzeption der metallurgischen „Provinz" in unserer Diskussion hervorzuheben, sind wir dennoch der Überzeugung, dass die Zukunft archäometallurgischer Studien in Iran und darüber hinaus in eher anthropologischen Modellen der soziotechnischen Interaktion liegen dürfte. Bemerkenswert unter diesen Modellen sind Lechtmans (1977) Theorie des „technologischen Stils", die oben angesprochen wurde, Lemonniers (1986) Konzeption „technologischer Systeme"[13] und Rita Wrights (2002) Diskussion „sozialer Grenzen" innerhalb einer gemeinsamen technologischen Interaktion oder, in diesem Fall, innerhalb einer „metallurgischen Provinz" (vgl. Stark 1998). Nur indem wir diese wichtigen theoretischen Konstruktionen auf unsere Interpretation präziser wissenschaftlicher Analysen anwenden, können wir beginnen, die Metallurgie als eine „Erfahrung des Menschen" (nach Smith 1977) zu verstehen und damit in dieses neue Zeitalter archäologischer Forschung in Iran einen neuen Bezug zu dessen Bevölkerung einzuführen, sowohl für die Vergangenheit als auch für die Gegenwart.

Zusammenfassung

Von den allerersten Aktivitäten, der Kupferverhüttung bei Tal-i Iblis im 5. Jt. v. Chr. bis zu den kunstreichen Metallwerkstätten des späten 3. Jt. in Shahdad bleibt der Südostiran eine der wichtigsten Regionen für die Erforschung der prähistorischen Archäometallurgie im gesamten Mittleren Osten. Unglücklicherweise ist dies auch eine der am wenigsten erforschten Regionen. Im Sinne dieser Ausstellung und in der Hoffnung, zu weiteren Arbeiten in diesem wichtigen Bereich zu ermutigen, bieten wir hier eine Zusammenfassung der metallurgischen Phasen in Südostiran im Lichte der aktuell erschienenen Arbeiten zum Thema der metallurgischen Funde, die in dieser Gegend während des letzten Jahrzehnts gemacht wurden. Wir sind der Meinung, dass wir durch die Kombination von wissenschaftlicher Analyse, archäologischer Kontextualisierung und anthropologischer Interpretation möglicherweise beginnen, die soziokulturellen Faktoren zu verstehen, die mit dieser prähistorischen Technologie zusammenhängen.

Anmerkungen

1. Obwohl außerhalb der Region im Allgemeinen als Südostiran bezeichnet, standen Tal-i Malyan und andere Stätten im Gebiet um Fars zweifellos in Kontakt zu der „metallurgischen Provinz" im Osten (in welchem Ausmaß, ist unklar); dementsprechend werden sie in diesem Aufsatz ebenfalls angesprochen.
2. Nach Voigt & Dyson (1992, 143-145), obwohl die exakte Chronologie von Iblis und seinen interkulturellen Bezügen nicht völlig klar ist.
3. Z. B. die Artefakte aus Susa (4. Jt. v. Chr.) mit bis zu 19 Gew.% Pb, 8 Gew.% As und 5,3 Gew.% Sn, die von Thierry Berthoud analysiert wurden (1979).
4. D. h. eine kulturspezifische Art und Weise, ein Objekt herzustellen, die durch das ideologische „Welt-Verständnis" des Handwerkers/der Handwerkerin innerhalb seiner/ihrer Gesellschaft bestimmt wird.
5. Über die Arten von Erz, die tatsächlich in Malyan verhüttet wurden, kann nur wenig festgestellt werden, solange nicht eine detaillierte Mikrosonden-Analyse der Einschlüsse in den metallenen Fundstücken vorgenommen worden ist.
6. Dieser Fundgegenstand wurde fälschlich als zur Periode III zugehörig bezeichnet: Thornton *et al.* 2002.
7. Obwohl der gesamte Bestand der metallenen Fundstücke von Shahr-i Sokhta noch nicht analysiert ist.
8. Obwohl dieses Fundstück stilistisch zum Bestand der Kompartinentsiegel des späten 3. und des frühen 2. Jt. zählt, wurde es in einem Jemdet Nasr-Tongefäß aus dem protoelamischen Gebäudekomplex der Periode IVC gefunden.
9. Heskel (1982, 96) berichtet, dass 2,4 Gew.% Sn und nicht 1,25 Gew.% Sn in der Nadel von B.69.2.1 festgestellt wurden, was eventuell auf eine ungleichmäßige Verteilung des Zinns in verschiedenen Teilen des Fundstücks hinweist.
10. Aufgrund einer isobarischen Interferenz bei dem Träger-Gas Argon, das für die ICP-MS-Analyse der Fundsammlung von Yahya verwendet wurde, konnten Schwefel und Eisen nicht ermittelt werden, außer in den Artefakten, die zusätzlich mit Hilfe einer elektronischen Mikrosonden-Analyse untersucht wurden (vgl. Thornton *et al.* 2002).
11. Vielleicht in Zentralasien, wo Kupfer-Zink-Legierungen gelegentlich aus Namazga V-Kontexten berichtet werden (d. h. spätes 3. Jt. v. Chr.), einschließlich eines Siegels (14,8 Gew.% Zn) und einer Nadel (24,7 Gew.% Zn) aus unstratifizierten Befunden in Namazga Tappeh (vgl. Egor´kov 2001, 87), eines Rings (25 Gew.% Zn) und einer Nadel (15-18 Gew.% Zn, 5 Gew.% Pb, 3 Gew.% Sn) aus Dal´versin (Bogdanova-Berezovskaja 1962) sowie eines Klingenfragmentes (16 Gew.% Zn, 12 Gew.% Pb, 6,6 Gew.% Sn, 2,2 Gew.% As, 1,6 Gew.% Fe) aus Altyn Tappeh (Egor´kov 2001). Natürlich geben die Spektralanalysen, die in den 1950er- und 1960er-Jahren an dem Material von Namazga Tappeh und Dal´versin durchgeführt wurden, Anlass zu Misstrauen, und eine Analyse desselben Klingenfragments durch ein zweites Labor ergab weniger als 6 Gew.% Zn, aber nur zukünftige Analysen zentralasiatischen Materials werden die Existenz von Messing in Kontexten des 3. Jt. bestätigen oder widerlegen.
12. Die einzigen ausgegrabenen Beispiele dieser „Platten" (Topfdeckel?) mit erhaben gearbeiteten Tieren, die in einer Anzahl von Publikationen diskutiert worden sind (vgl. Moorey 1993; Hakemi 2000; Bellelli 2002), stammen von Hesār (1) und Shahdad (5), obwohl der „Topfdeckel" mit einem repousse-Hirsch aus der Schicht C des 3. Jt. in Kvatskhelebi in Georgien einen möglichen Prototyp dieser Art von Objekten darstellt (vgl. Sagona 1984, 39, Abb. 105-226; Kavtaradze 1999, 82).
13. D. h. die Kombination von Möglichkeiten (oder „chaîne opératoire") der Handwerker innerhalb eines bestimmten sozio-kulturellen Kontextes in Bezug auf die Herstellung und Materialnutzung (vgl. Dobres & Hoffman 1999).

Bibliographie

ASTHANA, S.:
1984   The place of Shahdad in Indus-Iranian trade. In: B. B. Lal & S. P. Gupta (eds.), Frontiers of the Indus Civilization, New Delhi, Indian Archaeology Society, 353-361.

BAGHESTANI, S.:
1997   Metallene Kompartimentsiegel aus Ost-Iran, Zentralasien und Nord-China, Archäologie in Iran und Turan, Bd. 1, Rahden/Westf.

BEALE, T.:
1973   Early trade in highland Iran: a view from a source area. World Archaeology 5, 133-148.

BELLELLI, G. M.:
2002   Vasi iranici in metallo dell'Eta del Bronzo, Prähistorische Bronzefunde, Ab. II, Bd. 17, Stuttgart.

BERTHOUD, T.:
1979   Etude par l'analyse de traces et la modélisation de la filiation entre minerai de cuivre et objets archéologiques du Moyen-Orient (IVème et IIIème millenaires avant notre ere. Doctoral thesis, Université Pierre et Marie Curie, Paris.

BOGDANOVA-BEREZOVSKAJA, I. V.:
1962   Khimicheskij sostav metallicheskikh izdelij Fergany epokhi bronzy i zheleza. In: Y. A. Zadneprovskij (ed.), Drevnezemledel'cheskaja kul'tura Fergany, Leningrad, MIA, no. 118, 219-230.

BOROFFKA, N., CIERNY, J., LUTZ, J., PARZINGER, H., PERNICKA, E. & WEISGERBER, G.:
2002   Bronze Age tin from Central Asia: Preliminary notes. In: K. Boyle, C. Renfrew & M. Levine (eds.), Ancient Interactions: East and West in Eurasia. McDonald Institute Monographs, Cambridge, McDonald Institute of Archaeological Research, 135-160.

CALDWELL, J. R. (ed.):
1967   Investigations at Tal-i-Iblis. Springfield, IL, Illinois State Museum, Preliminary Reports No. 9.

CALDWELL, J. R.:
1968   Tal-I-Iblis and the beginning of copper metallurgy at the fifth millennium. Archaeologia viva 1, 145-150.

CHERNYKH, E. N.:
1992   Ancient Metallurgy in the USSR, Cambridge.

CHILDE, V. G.:
1944   Archaeological ages as technological stages. Journal of the Royal Anthropological Institute of Great Britain and Ireland 74, 7-24.

CLEUZIOU, S. & BERTHOUD, T.:
1982   Early tin in the Near East. Expedition 25.1, 14-19.

CURTIS, J.:
1988   A reconsideration of the cemetery at Khinaman, South-East Iran. Iranica Antiqua XXIII, 97-124.

DE CARDI, B.:
1970 Excavations at Bampur, a third millennium settlement in Persian Baluchistan, 1966. Anthropological Papers of the American Museum of Natural History 51(3), 233-355.

DOBRES, M. A. & HOFFMAN, C. R. (eds.):
1999 The Social Dynamics of Technology: Practice, Politics, and World Views, Washington DC.

EGOR'KOV, A. N.:
2001 Osobennosti sostava metalla Altyn-depe. In: V. M. Masson (ed.), Osobennosti proizvodstva poselenija Altyn-depe v epokhu paleometalla, Sankt Petersburg: Institut istorii material'noj kul'tury RAN, 85-103.

GOFF, C.:
1964 Excavations at Tall-i-Nokhodi, 1962. Iran 2, 41-52.

GUBAEV, A., KOSHELENKO, G. & TOSI, M. (eds.):
1998 The Archaeological Map of the Murghab Delta: Preliminary Reports, 1990-95. Reports and memoirs. Series minor, v. 3, Roma, Istituto italiano per l'Africa e l'Oriente.

HAKEMI, A.:
1992 The copper smelting furnaces of the Bronze Age at Shahdad. In: C. Jarrige (ed.), South Asian Archaeology 1989. Monographs in World Archaeology 14, Madison, 89-138.
2000 Comparison between the plates of Shahdad and other plates that exist in a few museums. In: M. Taddei & G. de Marco (eds.), South Asian Archaeology 1997, Rome, Instituto Italiano per L'Africa e L'oriente, 943-959.

HAKEMI, A. & SAJJADI, S.M.S. (eds.):
1997 Shahdad: Archaeological Excavations of a Bronze Age Center in Iran, Rome.

HAUPTMANN, A., REHREN, TH. & SCHMITT-STRECKER, S.:
2003 Early Bronze Age copper metallurgy at Shahr-i Sokhta (Iran), reconsidered. In: Th. Stöllner, G. Körlin, G. Steffens & J. Cierny (eds.), Man and Mining – Mensch und Bergbau. Studies in Honour of Gerd Weisgerber. Der Anschnitt, Beih. 16, Bochum, 197-213.

HAUPTMANN, A. & WEISGERBER, G.:
1980 The Early Bronze Age copper metallurgy of Shahr-i Sokhta (Iran). Paleorient 6, 120-127.

HESKEL, D.:
1982 The development of pyrotechnology in Iran during the fourth and third millennia B.C. Ph.D. thesis, Harvard University.

HESKEL, D. & LAMBERG-KARLOVSKY, C. C.:
1980 An alternative sequence for the development of metallurgy: Tepe Yahya, Iran. In: T. Wertime & J. Muhly (eds.), The Coming of the Age of Iron. New Haven, 229-266.
1986 Metallurgical technology. In: C. C. Lamberg-Karlovsky & T. Beale (eds.), Excavations at Tepe Yahya, Iran: The Early Periods. American School of Prehistoric Research Bulletin 38, Cambridge, 207-214.

HIEBERT, F. T.:
1998 Central Asians on the Iranian Plateau: A model for Indo-Iranian expansionism. In: V. H. Mair (ed.), The Bronze Age and Early Iron Age Peoples of Eastern Central Asia, Philadelphia, 148-161.

HIEBERT, F. T. & KILLICK, D.:
1993 Metallurgy of Bronze Age Margiana. In: New Studies in Bronze Age Margiana (Turkmenistan). Information Bulletin, Issue 19, Moscow, 186-204.

HIEBERT, F. T. & LAMBERG-KARLOVSKY, C. C.:
1992 Central Asia and the Indo-Iranian borderlands. Iran 30, 1-15.

HOSLER, D.:
1994 The Sounds and Colors of Power: The sacred metallurgical technology of ancient West Mexico, Cambridge.

KAVTARADZE, G. L.:
1999 The importance of metallurgical data for the formation of a Central Transcaucasian chronology. In: A. Hauptmann, E. Pernicka, Th. Rehren & Ü. Yalcin (eds.), The Beginnings of Metallurgy. Der Anschnitt, Beih. 9, Bochum, 67-101.

LAMBERG-KARLOVSKY, C. C.:
1978 The Proto-Elamites on the Iranian Plateau. Antiquity 52, 114-120.
1984 An idea or pot-luck. In: B. B. Lal & S. P. Gupta (eds.), Frontiers in the Indus Civilization. New Delhi, Indian Archaeology Society, 347-351.

LAMBERG-KARLOVSKY, C. C. & BEALE, T. (eds.):
1986 Excavations at Tepe Yahya, Iran 1967-1975: The Early Periods. American School of Prehistoric Research Bulletin 38, Cambridge, MA.

LAMBERG-KARLOVSKY, C. C. & HIEBERT, F. T.:
1992 The relation of the finds from Shahdad to those of sites in Central Asia. The Journal of the Ancient Near Eastern Society 21, 135-140.

LAMBERG-KARLOVSKY, C. C. & POTTS, D. T. (eds.):
2001 Excavations at Tepe Yahya, Iran 1967-1975: The third millennium. American School of Prehistoric Research Bulletin 45, Cambridge, MA.

LECHTMAN, H.:
1977 Style in technology: some early thoughts. In: H. Lechtman & R. S. Merrill (eds.) Material Culture: Styles, Organization, and Dynamics of Technology, St. Paul, 3-20.

LEMONNIER, P.:
1986 The study of material culture today: Towards an anthropology of technical systems. Journal of Anthropological Archaeology 5, 147-186.

MAJIDZADEH, Y.:
2003 Jiroft: The Earliest Oriental Civilization, Tehran, Ministry of Culture and Islamic Guidance.

MALFOY, J. M. & MENU, M.:
1987 La metallurgie du cuivre à Suse aux IVe et IIIe millénaires: analyses en laboratorie. In: F. Tallon (ed.), Metallurgie susienne I: de la fondation de Suse au XVIIIe avant J.-C. Paris, Ministère de la culture et de la communication, 355-373.

MOOREY, P. R. S.:
1993 High relief decoration on ancient Iranian metal vessels: development and influence. Bulletin of the Asia Institute 7, 131-139.

NICHOLAS, I. M.:
1990 The Proto-Elamite Settlement at TUV. Philadelphia, University Museum of Archaeology and Anthropology, University Museum Monograph 69.

PARZINGER, H. & BOROFFKA, N.:

2003 Das Zinn der Bronzezeit in Mittelasien I. Archäologie in Iran und Turan, Bd. 5, Mainz.

PIGOTT, V. C.:
1999a A heartland of metallurgy. Neolithic/Chalcolithic metallurgical origins on the Iranian Plateau. In: A. Hauptmann, E. Pernicka, Th. Rehren & Ü. Yalçın (eds.), The Beginnings of Metallurgy. Der Anschnitt, Beih. 9, Bochum, 109-122.
1999b The development of metal production on the Iranian Plateau: an archaeometallurgical perspective. In: V. C. Pigott (ed.), The Archaeometallurgy of the Asian Old World. Philadelphia, University Museum Symposium Series 7, 73-106.

PIGOTT, V. C. & LECHTMAN, H.:
2003 Chalcolithic copper-base metallurgy on the Iranian plateau: a new look at old evidence from Tal-i Iblis. In: T. Potts, M. Roaf & D. Stein (eds.), Culture Through Objects: Ancient Near Eastern Studies in Honour of P.R.S. Moorey, Oxford, Griffith Institute, 291-312.

PIGOTT, V. C., ROGERS, H. C. & NASH, S. K.:
2003a Archaeometallurgical investigations at Tal-e Malyan: The Banesh Period. In: W. M. Sumner (ed.), Early Urban Life in the Land of Anshan: Excavations at Tal-e Malyan in the Highlands of Iran, Philadelphia, 94-102, 149-159.
2003b Archaeometallurgical investigations at Tal-e Malyan: The evidence for tin-bronze in the Kaftari phase. In: N. F. Miller & K. Abdi (eds.), Yeki Bud, Yeki Nabud: Essays on the Archaeology of Iran in Honor of William M. Sumner, Philadelphia, 161-175.

POTTS, D. T.:
1980 Tradition and Transformation: Tepe Yahya and the Iranian Plateau during the Third Millennium B.C. PhD Dissertation, Department of Anthropology, Harvard University.

ROSTOKER, W. & DVORAK, J.:
1991 Some experiments with co-smelting to copper alloys. Archaeomaterials 5, 5-20.

RUZANOV, V. D.:
1999 Zum frühen Auftreten der Zinnbronze in Mittelasien. In: A. Hauptmann, E. Pernicka, Th. Rehren & Ü. Yalçın (eds.), The Beginnings of Metallurgy. Der Anschnitt, Beih. 9, Bochum, 103-106.

SAGONA, A. G.:
1984 The Caucasian Region in the Early Bronze Age, Oxford, BAR International Series 214.

SARIANIDI, V.:
2002 Margush: Ancient Oriental Kingdom in the Old Delta of the Murghab River, Ashgabat, Turkmendowlethabarlary.

SARIANIDI, V. I., TEREKHOVA, N. N. & CHERNYKH, E. N.:
1977 O rannej metallurgii i metalloobrabotke drevnej Baktrii. Sovetskaja Arkheologija 2, 35-42.

SCHOOP, U.-D.:
1995 Die Geburt des Hephaistos: Technologie und Kulturgeschichte neolithischer Metallverwendung in Vorderen Orient, Espelkamp.

SMITH, C. S.:
1965 Metallographic study of early artifacts made from native copper. Actes du XIe Congrès International d'Histoires des Sciences 6, Warsaw, 237-243.
1977 Metallurgy as a human experience: an essay on man's relationship to his materials in science and practice throughout history. Metals Park, OH, American Society for Metals.

SMITH, C. S., WERTIME, T. A. & PLEINER, R.:
1967 Preliminary Reports of the Metallurgical Project. In: J. R. Caldwell (ed.), Investigations at Tal-i-Iblis. Springfield, IL, Illinois State Museum, Preliminary Reports No. 9, 318-405.

STARK, M. T. (ed.):
1998 The Archaeology of Social Boundaries, Washington DC.

SUMNER, W. M. (ed.):
2003 Early Urban Life in the Land of Anshan: Excavations at Tal-e Malyan in the Highlands of Iran. Philadelphia: University of Pennsylvania Museum of Archaeology and Anthropology, University Museum Monograph 117.

THORNTON, C. P.:
2001 Tepe Yahya Revisited: A reassessment of the metallurgical sequence of the Iranian Plateau from the Chalcolithic to the Iron Age through chemical and metallographic analyses of a „trinket" technology AB Thesis, Harvard University.

THORNTON, C. P. & EHLERS, C.:
2003 Early brass in the ancient Near East. Institute of Archaeometallurgical Studies 23, 3-8.

THORNTON, C. P., LAMBERG-KARLOVSKY, C. C., LIEZERS, M. & YOUNG, S. M. M.:
2002 On pins and needles: tracing the evolution of copper-base alloying at Tepe Yahya, Iran, via ICP-MS analysis of common-place items. Journal of Archaeological Science 29.12, 1451-1460.
in press Stech and Pigott Revisited: New evidence for the origin of tin-bronze in light of chemical and metallographic analyses of the metal artifacts from Tepe Yahya, Iran. Geoarchaeological and Bioarchaeological Studies. Proceedings of the 2002 Archaeometry Conference, Amsterdam.

VATANDOUST, A.:
1999 A view on prehistoric Iranian metalworking: elemental analysis and metallographic examinations. In: A. Hauptmann, E. Pernicka, Th. Rehren & Ü. Yalçın (eds.), The Beginnings of Metallurgy. Der Anschnitt, Beih. 9, Bochum, 121-140.

VOIGT, M. M. & DYSON, R. H.:
1992 The Chronology of Iran, ca. 8000-2000. In: R. W. Ehrich (ed.), Chronologies in Old World Archaeology, Chicago, 122-178.

WEISGERBER, G. & CIERNY, J.:
2002 Tin for ancient Anatolia? In: Ü. Yalçın (ed.), Anatolian Metal II. Der Anschnitt, Beih. 15, Bochum, 179-187.

WRIGHT, R. P.:
2002 Revisiting interaction spheres – social boundaries and technologies on inner and outermost frontiers. Iranica Antiqua 37, 403-418.

Frühes Gießen in verlorener Form in Baluchistan (Pakistan): das „Leopardengewicht" aus Shahi-Tump[1]

Benoît Mille, Roland Besenval & David Bourgarit

Einleitung

Die Ausgrabung des Shahi-Tump-Friedhofes (Kech-Makran, Pakistan) durch die Französische Archäologische Mission in Makran hat in jeder Grabstätte mindestens einen oder mehrere wertvolle Gegenstände zutage gebracht: bemalte Tonwaren (typische „Shahi-Tump-Vergesellschaftungen"), kupferne Kompartimentsiegel, Kupferspiegel, Perlen (Granat, Muschel, Steatit, Karneol, usw.) (Besenval 1997; 2000). Während der 1998er Kampagne wurde in Grab 402 ein außergewöhnliches Objekt entdeckt, das in die Periode IIIa (Ende des 4. oder Beginn des 3. Jt. v. Chr.) datiert wird; es ist ein einzigartiges Meisterwerk aus dem indo-iranischen Grenzgebiet, das so genannte „Leopardengewicht" (Abb. 1 & 2).

Das „Leopardengewicht" ist ein eiförmiger Gegenstand (16,7 cm hoch, 13,5 cm max. Durchmesser) mit einer kleinen flachen Grundfläche (6 cm Durchmesser) und einem Griff bzw. einer Aufhängeöse oben. Es wiegt mehr als 15 kg! Der Hauptteil des Gegenstandes ist mit einem Fries geschmückt, der zwei Tiergruppen darstellt, von denen jede einen Leoparden zeigt, der einen Steinbock angreift (Abb. 3). Diese beiden Jagdszenen werden durch vier kleine stilisierte Fliegen von einander getrennt. Die acht Ornamente bestehen aus einem Mosaik aus Muschelschalenfragmenten, die auf drei verschiedene Arten geschnitten sind: runde, trapezoide oder dreieckige Blättchen. Es wurden mindestens zwei Arten von Muschelschalen benutzt, eine orange-rote für die Augen und Mäuler der Leoparden, eine weiße für den Rest.

Nach seiner Entdeckung wurde das „Leopardengewicht" nach Frankreich zur Restaurierung im IRRAP Institut (Institut de Recherches et de Restauration Archéologiques et Paléometallurgiques, Bertholon 1999) und zur Untersuchung an die C2RMF-Forschungsabteilung geschickt. Das „Leopardengewicht" ist jetzt im National Museum of Archaeology in Karachi ausgestellt.

Wir werden die kombinierten Ergebnisse der Beobachtungen (insbesondere während der Restaurierung), die Erforschung der internen Struktur und die Analyse des verwendeten Materials vorstellen. Mit diesen Angaben versuchen wir, den Metallbearbeitungsprozess zu verstehen, der zu diesem außergewöhnlichen Objekt geführt hat.

Abb. 1: Fundlage des „Leoparden-Gewichts" aus Grab 402 der Nekropole von Shahi-Tump; Foto: CNRS (copyright), R. Besenval.

Die Versuchsanordnung

Innere Struktur

Konventionelle Röntgen-Radiographie-Techniken des C2RMF (420 kV Industrieausstattung) sind bei einer derartigen Materialstärke unwirksam. Freundlicherweise bot uns das französische „Comissariat à l'Ènergie Atomique" (CEA, LETI/DSIS Abteilung) die Gelegenheit, mehrere tomographische Querschnitte mit einem Hochleistungsröntgen-Tomographen durchzuführen. Es wurde ein Hochleistungsröntgenstrahl (max. Energie 8 MeV, Durchschnittsenergie 3 MeV) erzeugt und das Leopardengewicht vor diesem Strahl bewegt (Translation und Rotation). Die Röntgen-Abschwächung wurde von 31 rundum angeordneten Detektoren gemessen. Der tomographische Querschnitt ergab sich aus der computergestützten Bildauswertung durch die Verbindung aller von den Detektoren gesammelten Signale (Rizo et al. 2000).

Metallanalyse der Haupt- und Nebenelemente

Die Analysen wurden durch die Atom-Emissionsspektrometrie mit einem induktiv gekoppelten Plasma-Spektrometer (ICP-AES) beim C2RMF durchgeführt. Rund 20 mg Metall (1 mm Durchmesser, 10 mm tief) werden nach der Entfernung der meisten Oberflächenkorrosionsprodukte herausgebohrt; die Bohrungen werden – um Korrosionsprodukte oder Staubpartikel zu vermeiden – sorgfältig unter dem Binokular kontrolliert. Rund 10 mg des Bohrguts werden exakt gewogen und in einer acqua regia-Lösung (Salzsäure und Salpetersäure) aufgelöst. Die Lösung wird dann im Argon-Plasma zerstäubt, 29 chemische Elemente wurden quantifiziert (weitere Einzelheiten über die Versuchsbedingungen finden sich bei Bourgarit & Mille 2003).

Abb. 2: Gesamtansicht des „Leopardengewichts"; Foto: nach CNRS (copyright), R. Besenval.

Abb. 3: Der mit Meeresmuscheln eingelegte Fries: Ein Leopard greift einen Steinbock an; die Szene wird zweimal wiederholt und von stilisierten Fliegen getrennt; Foto: CNRS (copyright), G. Quivron.

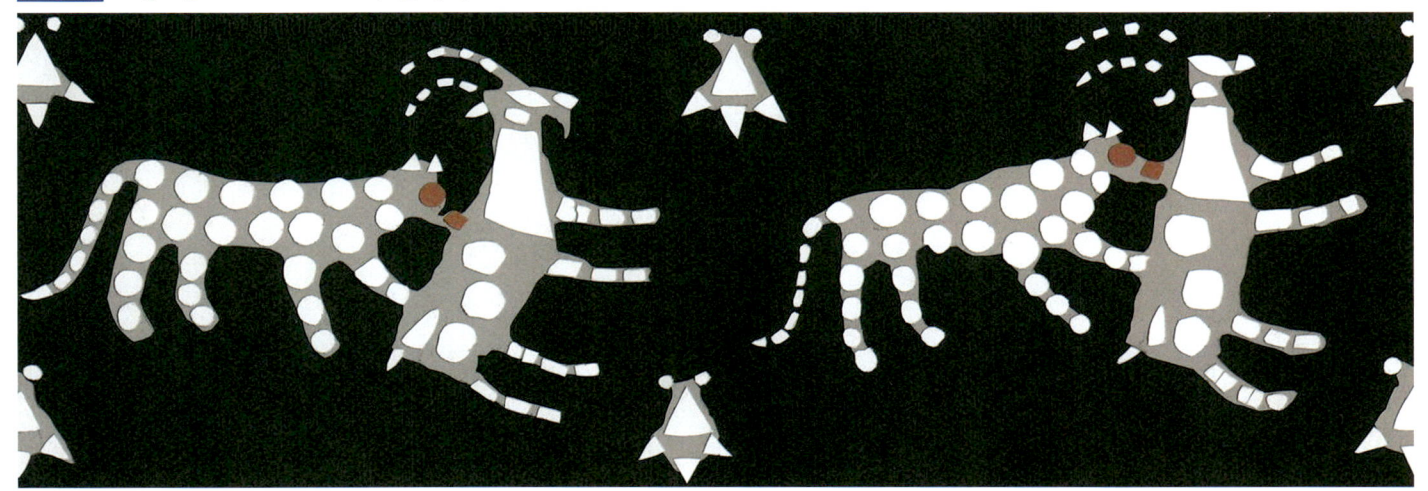

Color	Area	Densimetric measurments
Yellow	Lead filling	39.0 ± 2.3
Light orange	Copper jacket	21.5 ± 2.2
Dark orange	Shell fragments	8.9 ± 2.7
Very dark orange	Inclusions in lead	6.5 ± 1.7
Black	Air	0.0 ± 1.1

Tab. 1: Resultate der Haupt- und Nebenelementanalyse durch ICP-AES. Hauptelement und Verunreinigungen in Gew.-%, Spurenelemente in ppm.

Ergebnisse

Der Längsquerschnitt (Abb. 4 & Tab. 1) zeigt, dass das „Leopardengewicht" aus zwei Hauptteilen besteht, aus der „Hülle" – auf dem Bild dunkel-orange – und dem „Inneren", gelb dargestellt. Die Muschelornamente erscheinen als hell orange gestreiftes Material.

Die Hülle

Die Metallanalyse zeigt, dass die Hülle aus einer Kupfer-Blei-Legierung besteht, die 12 Gew.-% Blei enthält mit hohen Anteilen Arsen (3,5 Gew.-%) und Antimon (1,3 Gew.-%, vgl. Tab. 2). Der Längsquerschnitt liefert uns wertvolle Details über das Aufhängesystem: Es gibt offenbar keine sichtbare Verbindung zwischen der Hängeöse und der Hülle; daraus können wir sicher schließen, dass Hülle und Öse in einem Stück gegossen wurden. Die Dicke der Hüllenwand ist bemerkenswert gleichmäßig (3 mm). Ein großes Loch befindet sich im Boden (größte Abmessung: 36 mm). Spuren von zwei möglichen Gussöffnungen, von denen aus das Metall eingegossen wurde, sieht man am Randes dieses Loches (Abb. 5).

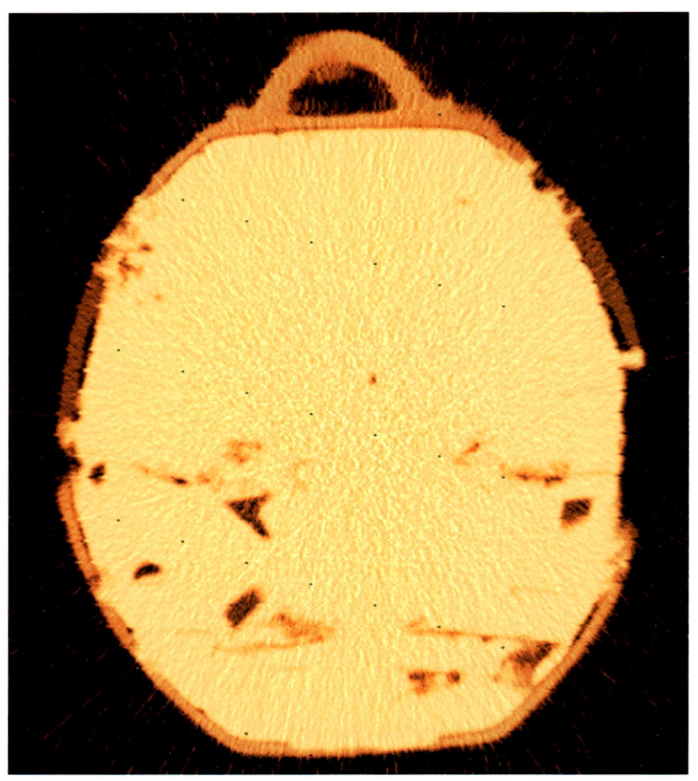

Abb. 4: Tomographischer Längsschnitt. Im Fall der Hoch-Energie-Tomographie hängt der Dämpfungsfaktor hauptsächlich von der Dichte ab. Auf diesem Wege ist die Farbe mit der Materialdichte verbunden: je heller die Farbe, desto dichter ist das Material. Die Bleifüllung erscheint in Gelb, die Kupferhülle in dunklem Orange, während die Meermuschelfragmente in hellem Orange dargestellt sind; nach CEA-LETI (copyright), V. Moulin.

Tab. 2: Resultate der densimetrischen Messungen, durchgeführt an Querschnitts-Darstellungen (Schätzwerte).

Designation	Ag	As	Bi	Cu	Fe	Ni	Pb	S	Sb	Sn	Zn	
Lead filling	0.049	0.013	<0.002	<0.5	0.013	0.013	(99.5)	<0.004	0.014	0.024	0.016	wt %
Copper jacket	0.11	3.5	0.035	(82.5)	0.019	0.33	12	0.10	1.3	0.025	0.026	

Designation	Au	Ba	Cd	Co	Cr	Ge	Hg	In	Mg	
Lead filling	10			10						wt ppm
Copper jacket	2.2	3.2	<0.2	20	2.1	<5	4	14	3.1	

Designation	Mn	Mo	P	Se	Te	Ti	U	V	W	
Lead filling	10		60							wt ppm
Copper jacket	<0.7	<0.8	<50	29	48	1.2	<1.6	<0.4	<27	

Abb. 5: Detail des Bodenlochs, das für die Bleifüllung verwendet wurde. Überreste von zwei Gusskanälen der Kupferhülle können an der Außenseite des Lochs erkannt werden, nach C2RMF (copyright), D. Bagault.

Das Innere

Die Hülle wurde mit fast reinem Blei gefüllt (> 99,5 Gew.-%, Tab. 2). Eine grobe Schätzung des Volumens der Hohlform ergibt rund 1,2 l; es waren also rund 13,5 kg Blei in die Kupferhülle gegossen worden. Der Längsquerschnitt zeigt sehr dunkle, zentimetergroße rechteckige Formen auf dem Boden der Blei-Füllung (Abb. 4). Densimetrische Messungen an den Querschnittsbildern zeigen in diesen Bereichen eine höhere Dichte (Tab. 1), möglicherweise entsprechend einem im Blei eingeschlossenen Material von niederer Dichte. Dieses Ergebnis scheint mit der kantigen Morphologie dieser Einschlüsse übereinzustimmen, weil eine Porosität oder Schrumpfungslöcher im Blei zu rundlicheren Formen geführt hätten. Zudem scheinen diese Einlagerungen entlang ein oder zwei sub-horizontaler Ebenen angeordnet zu sein. Wir interpretieren diese horizontalen Ebenen als Beweis für ein abschnittsweises Einfüllen des Bleis: Einlagerungen könnten dann als Aschen oder kleine Kohlenfragmente unfreiwillig zwischen aufeinander folgenden Gussvorgängen eingeschlossen worden sein. Die Verbindung zwischen der Kupferhülle und der Bleifüllung ist, außer am Boden, perfekt. Das mag am Schwund des Bleis während der Verfestigung des letzten Gusses liegen.

Die Muscheleinlagen

Die Muschelfragmente sind, wie aus dem Längsquerschnitt und aus hier nicht vorgelegten Transversal-Querschnitten ersichtlich, direkt in das Blei eingebettet. Das Blei füllt in den Öffnungen der Kupferhülle den ganzen Raum zwischen dem Kupfer und den Muscheln; das weiße Material auf der Oberfläche ist nicht, wie zunächst vermutet, der Rückstand eines Klebstoffes, sondern hat sich als Korrosionsprodukt des Bleis herausgestellt (durch Röntgendiffraktometrie als Cerussithydroxid identifiziert). Ein kleiner Spalt zwischen dem Blei und der Rückseite der Muschelfragmente ist häufig vorhanden, wie aus den Querschnitten ersichtlich ist. Eine detaillierte Beobachtung dieser Zonen war während der Restaurierung dieses Objekts möglich, weil einige der Muscheleinlagen abgelöst wurden (Abb. 6): kleine Hohlräume mit rechteckigem Querschnitt (1 x 2 mm bis 1 x 3 mm) befinden sich in der Bleifüllung hinter jedem Muschelfragment. Der mögliche Ablauf der Einlegearbeit wird im folgenden Abschnitt diskutiert.

Eine „Chaîne opératoire" für die Herstellung des „Leopardengewichts"

Die Verwendung einer Kupfer-Blei-Legierung für das Wachsausschmelzverfahren ist im Indus-Delta seit dem 5. Jt. v. Chr. belegt (Mille *et al.* in Vorbereitung): Einige kleine radförmige Objekte wurden während der Ausgrabung der chalkolithischen Schichten in Mehrgarh (Nordbaluchistan, Pakistan) gefunden. Ihre metallurgische Untersuchung hat gezeigt, dass ein Wachsausschmelzverfahren angewendet wurde, bis heute der weltweit älteste Beleg für diese Technik.

Das „Leopardengewicht" ist über ein Jahrtausend jünger als die Mehrgarh-Objekte, entspricht aber auch einem weitaus komplexeren Gussverfahren. Wir schlagen im Folgenden eine „chaîne opératoire" (Produktionsablauf) für die Herstellung des Objekts vor, die auf den oben erwähnten Daten beruht.

Abb. 6: Detail während der Restaurierung der angebrachten Meermuschelfragmente; kleine, rechteckige Löcher befinden sich im Blei hinter den Muschelfragmenten; nach IRRAP, R. Bertholon (copyright).

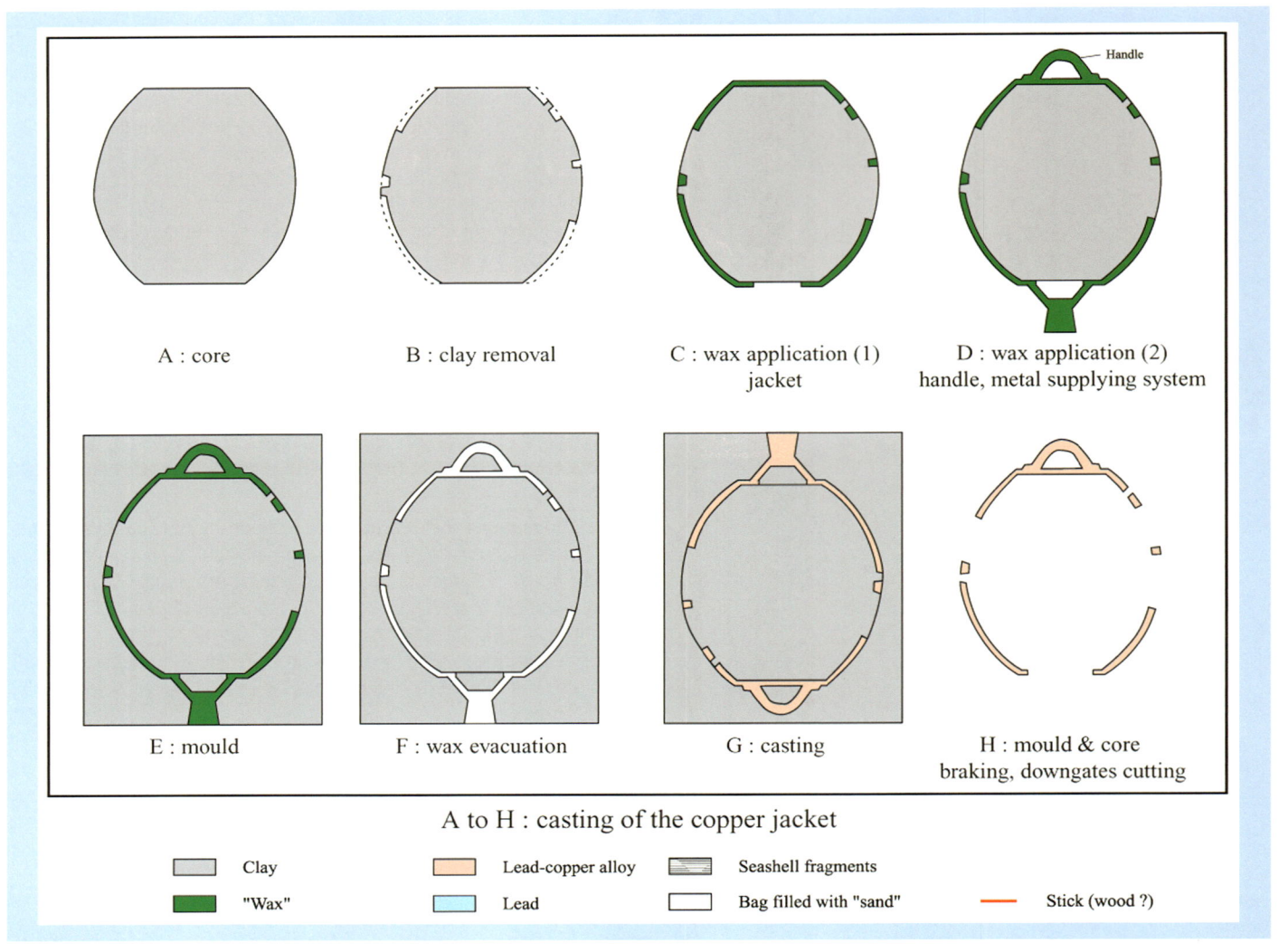

Abb. 7: Vorschlag einer „Chaîne opératoire" für das Leopardengewicht: Wachsausschmelzverfahren der Kupferhülle (A to H); Benoît Mille (copyright).

Für die Kupferhülle wurde dieselbe Legierung verwendet wie in Mehrgarh, doch ist die Quantität des Metalls viel größer (ca. 2 kg für die Kupferhülle, weniger als 10 g für die radförmigen Objekte). Vermutlich wurde ein Wachsausschmelzverfahren angewendet. Die beiden wichtigsten Argumente, die diese Hypothese stützen, sind: (1) die Abwesenheit jeglichen Verbindungssystems zwischen dem Griff und der Hülle, (2) die Anordnung der Öffnungen auf der Hülle: Die Kupferhülle ist zu dick, um leicht durchschnitten zu werden. Sehr wahrscheinlich wurden diese Öffnungen deshalb vor dem Guss vorbereitet. Außerdem hat dieses Stück eine Hohlform, was einen komplexen Formgebungsprozess verlangte, einschließlich der Herstellung eines Kernes. Die einzige Möglichkeit, eine derartige durchbrochene Hohlform mit einem Griff auf der Oberseite in ein einziges Stück zu bringen, ist ein Guss in verlorener Form. Die Füllung mit Blei ist notwendigerweise ein getrennter Schritt, der auch eine andere Gussform erfordert, als die für die Kupferhülle verwendete. Die Muscheleinlagen sind der dritte Verfahrensschritt, der hier diskutiert wird; wir legen zwei mögliche Abläufe vor: der erste findet während der Füllung mit Blei statt, der zweite ist ein gesonderter Vorgang.

Gießen der Kupferhülle (Abb. 7, A bis H)

Zunächst wird Ton in eine fassartige Form gebracht, um den Kern zu formen, die szenischen Ornamente werden auf die Oberfläche gezeichnet (A). Überall wird eine 3 mm dicke Lehmschicht entfernt, ausgenommen die Bereiche der Hülle, die durchbrochen gearbeitet werden (B). Etwas Wachs (oder ein anderes Material mit ähnlichen Eigenschaften d. h. leicht formbar mit einem sehr niedrigen Schmelzpunkt) wird anstelle des entfernten Lehms aufgetragen (C). Die Aufhängeöse wird aus Wachs geformt und an die „Wachshülle" angebracht, ebenso wie das System der Gusskanäle (D). Ton wird nun auf der Außenseite angebracht, um die Gussform für die Kupferhülle (E) zu machen. Kern und Form werden getrocknet, erhitzt, damit das Wachs verschwindet, und gebrannt (F), die Kup-

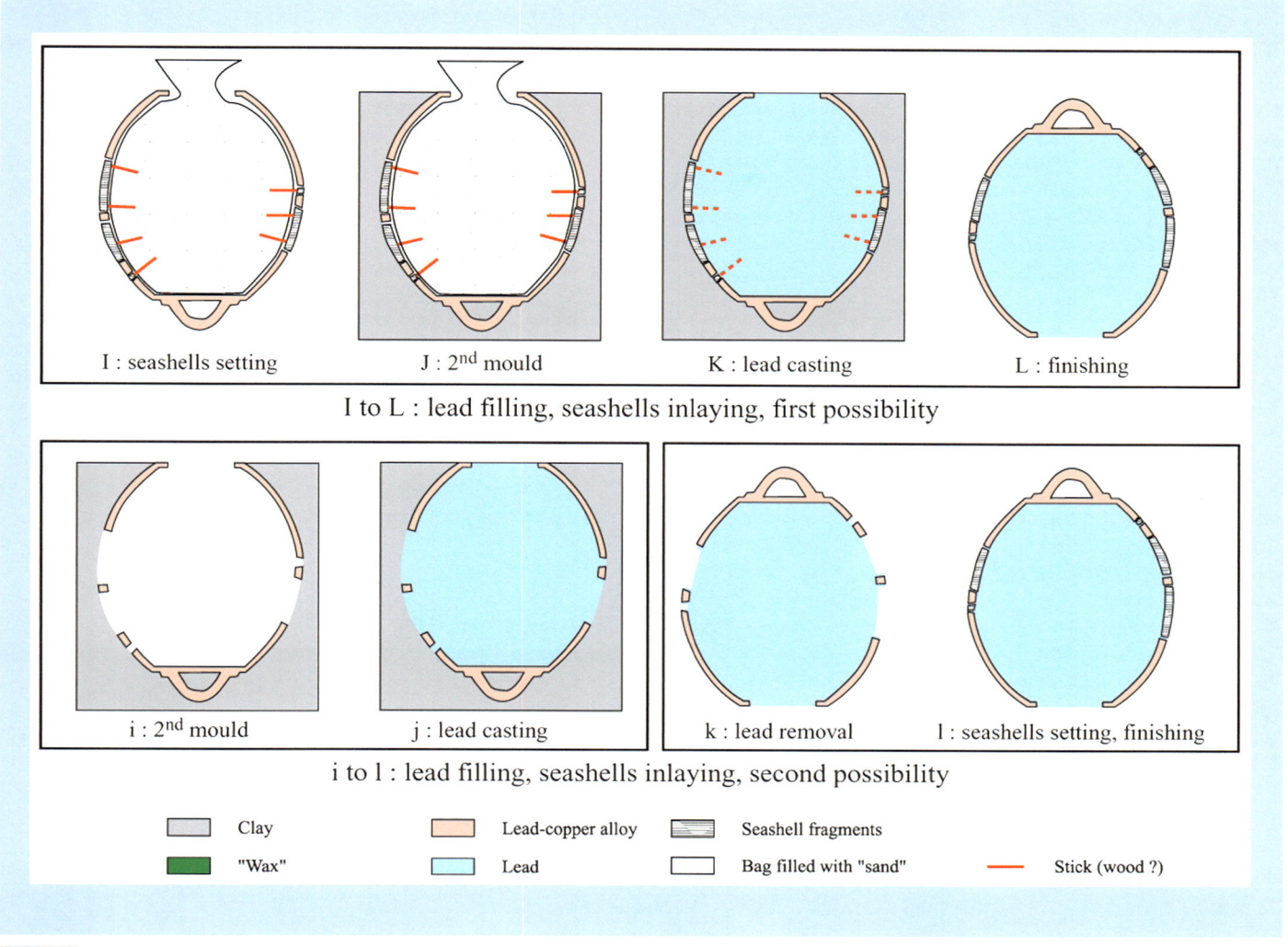

Abb. 8: Vorschlag einer "Chaîne opératoire" für das Leopardengewicht: Bleifüllung und Muscheleinlagen (zwei Möglichkeiten: I bis L oder i bis l), Benoît Mille (copyright).

fer-Blei-Legierung wird geschmolzen und in die Form gegossen (G). Die Metallhülle wird schließlich vom Kern befreit, die Form zerbrochen und die Eingusszapfen abgetrennt (H).

Bleifüllung und Muscheleinlegearbeiten (Abb. 8, I bis L und i bis l)

Das erste beschriebene Verfahren für die Füllung mit Blei und die Muscheleinlagen berücksichtigt die kleinen rechteckigen Hohlräume hinter den Muschelfragmenten. Wenn man annimmt, die Muscheln seien vor dem Bleiguss eingefügt worden, so müssen sie in den Hohlräumen von innen her befestigt werden, bis eine zweite äußere Form entstanden ist. Das ist leicht machbar, wenn beispielsweise einige kleine Holzstöckchen auf der Rückseite der Muschelfragmente befestigt und auf einen mit einem sandartigen Material gefüllten Behälter gespießt werden (I). Nachher wird eine zweite äußere Tonform angefertigt (J), so dass die Sandfüllung entfernt und durch den Blei-Guss ersetzt werden kann (K). Die letzten Arbeiten umfassen das Zerbrechen der zweiten Form und das letztmalige Überarbeiten des Objekts (L).

Ein alternatives Verfahren könnte sein, das Blei zuerst zu gießen (i, j) und dann die Muschelfragmente durch Kaltbearbeitung in das Blei einzusetzen; doch das erklärt das Vorhandensein der kleinen Löcher hinter den Muschelschalen nicht.

Zusammenfassung

Die Entdeckung des mit einem Griff versehenen „Leopardengewichtes" in Shahi-Tump lässt für die Bestattungssitte von Shahi-Tump und Makran einen Vergleich mit überregionalen Kultur-Phänomenen zu. Diese können derzeit noch nicht abschließend interpretiert werden: Gewichte dieser Art, hauptsächlich aus Stein, werden normalerweise im Kontext des 4. und 3. Jt. v. Chr. gefunden. Ihre Form entwickelte sich weiter, aber zwei Charakteristika bleiben unverändert: einerseits ein bedeutendes Gewicht und andererseits der immer wiederkehrende Griff oder eine andere Aufhängemöglichkeit. Diese „Gewichte" waren in der gesamten indo-iranischen Region verbreitet: vom südlichen Zentralasien über Iran, Afghanistan nach Baluchistan. Trotzdem hat das „Leopardengewicht" mit seinen metallenen Materialien und seinen ornamentalen Szenen kein direktes Äquivalent. Das Prestige eines derart wertvollen und raffinierten Meisterwerkes fällt unzweifelhaft auf seinen Besitzer zurück!

Die vorliegende Studie hat die bemerkenswerte Kunstfertigkeit der Gießer bei der Planung und Ausführung des „Leopardengewichts" beleuchtet. Der Vorschlag einer „chaîne opératoire" hat die Komplexität dieser mehrphasigen Herstellung unterstrichen und gezeigt, dass die Handwerker eine ausgeprägte Begabung für innovative technische Lösungen hatten. Der bemerkenswerteste Befund ist sicher der „Guss in verlorener Form" der Kupferhülle. Die Verwendung eines Kerns zur Herstellung eines Hohlraums sollte als zufällige Erfindung betrachtet werden[2]. Das ist nicht überraschend, wenn wir bedenken, dass das erste Auftauchen des Wachsausschmelzgusses in dieser Gegend ein Jahrtausend früher liegt. Die Verwendung von Kupfer-Blei-Legierungen für Gussstücke ist auch das Kennzeichen eines sehr guten metallurgischen Wissens, denn Blei senkt die Schmelztemperatur und verbessert die Fließeigenschaften. Es muss betont werden, dass das Wachsausschmelzverfahren systematisch mit der Verwendung von Kupfer-Blei-Legierungen in Baluchistan vom 5. bis ins 3. Jt. v. Chr. (Mille et al. in Vorbereitung) zusammenhängt. Ein derart massiver Bleiguss für das Innere der Hülle ist nicht leicht auszuführen: Schrittweises Eingießen könnte die von den Gießern gefundene Lösung gewesen sein. Die Verwendung von Muscheln zur Dekoration auf einem Metallgegenstand ist absolut einmalig. Wie auch immer die Einlegearbeiten vor sich gingen, sie sind ein weiteres Zeichen für die hohe Anpassungsfähigkeit der Bronzehandwerker. Es ist diese eingelegte Jagdszene, die dem „Leopardengewicht" seine einzigartige Bedeutung verleiht.

Die Herkunft des Objekts muss noch gründlicher erforscht werden: Der Herkunft des Bleis wird mit der Blei-Isotopen-Analyse nachgegangen werden, und das Spurenelementmuster des Kupfers wird demjenigen von Objekten vergleichbarer Perioden und Regionen gegenübergestellt werden, ebenso die Zusammensetzung möglicher Kupfererzvorkommen. An dieser Stelle muss betont werden, dass die Muschelindustrie im protohistorischen Makran (Armreifen, Perlen usw., siehe Besenval 1997) sehr weit entwickelt war; außerdem haben Studien zur Umwelt des Altertums gezeigt, dass Güter aus dem Meer in großem Maßstab verwertet wurden (Besenval 1997). Wo auch immer das „Leopardengewicht" hergestellt worden sein sollte, in Makran oder anderswo, so wurde doch die Muschelschmuckszene möglicherweise von einem Gießer für die lokale, protohistorische Gemeinde von Makran entworfen.

Anmerkungen

1   Besonderer Dank geht an Philippe Rizo und Vincent Moulin, die uns Zutritt zum CEA-LETI Hochenergie-Röntgentomographen gewährt haben. Dankbar sind wir auch Jean-Louis Boutaine (C2RMF) für ausführliche Diskussionen über Tomographie sowie Régis Bertholon (IRRAP), der uns geholfen hat, die „chaîne opératoire" des „Leopardengewichts" zu erstellen. Vielen Dank auch an Pierre Amiet, der die stilisierten Fliegen identifiziert hat.

2   Dieser Text ist eine gekürzte Version des Papers, das in den Proceedings of the XVIth International Conference of South Asian Archaeologists, Paris 2001, präsentiert werden soll.

3   Die Verwendung eines Kerns ist hier erleichtert durch die verschiedenen Kontakte zwischen der Tonform und dem Kern. Auf diese Weise ist der Kern während des Gusses einfach in seiner Position fixiert. Solch eine Kernverwendung ist häufig am Ende des 2. Jt. v. Chr. für kleine Objekte in Westeuropa nachgewiesen (M. Pernot, mündl. Mitt.). Der „echte" Guss in verlorener Form, wie er für Fibeln oder Nadeln angewendet wird und bei dem der Kern in der Gussform verbleibt, blieb bis zum 8. Jh. v. Chr. und den Gussverfahren für griechische Statuen unbekannt (Rolley 1994, 66).

Bibliographie

BERTHOLON, R.:
1999   Rapport sur les traitements de conservation et de restauration d'une sphère en cuivre et plomb décorée d'incrustations de coquillage provenant de Shahi-Tump (Pakistan), rapport IRRAP inédit n° 991901, 20 p.

BESENVAL, R.:
1997   Entre le Sud-Est iranien et la plaine de l'Indus: le Kech-Makran, Recherches archéologiques sur le peuplement ancien d'une marche des confins indo-iraniens. Arts Asiatiques 52, 5-36.

2000   New data for the chronology of the protohistory of Kech-Makran (Pakistan) from Miri Qalat 1996 and Shahi-Tump 1997 field-seasons. Proceedings of the 14th SAA Internat. Conf., Rome (Italy), 7-14 July 1996, 161-187.

BOURGARIT, D. & MILLE, B.:
2003   The elemental analysis of ancient copper-based artefacts by inductively-coupled-plasma atomic-emission spectrometry: an optimized methodology reveals some secrets of the Vix crater. Measurement Science and Technology 14/9, 1538-1555.

MILLE, B., BOURGARIT, D., HAQUET, J.-F. & BESENVAL, R.:
In Vorbereitung From the 7th to the 2nd millennium BC in Balochistan (Pakistan): the development of copper metallurgy before and during the Indus Civilisation.

RIZO, P., ROBERT-COUTANT, C., MOULIN, V., SAUZE, R. & ANTONAKIOS, M.:
2000   Application of Transmission Tomography to Nuclear Waste Management, Proceedings of the 15th World Conference on Nondestructive Testing, Roma (Italy), 15-21 October 2000.

ROLLEY, C.:
1994   La sculpture grecque, tome 1, des origines au milieu du Ve siècle. Manuels d'art et d'archéologie antiques, Picard.

Shahr-i Sokhta, die „verbrannte Stadt" im Becken des Hilmand an der Grenze zu Afghanistan. Deutlich sind die Flächen der italienischen Ausgrabung der 1970er Jahre zu sehen. Foto: G. Gerster

Chloritgefäße und andere steinerne Behältnisse und ihr Austausch im Gebiet des Iranischen Zentral-Plateaus und jenseits davon

Philip Kohl

Die Beziehungen, welche die verschiedenen Regionen des antiken Nahen Ostens miteinander verbanden, waren vielfältig, was die Bewegungen oder Wanderungen der Völker und den Austausch von Gütern einschließt. Obwohl sie archäologisch häufig schwer zu unterscheiden sind, gab es doch verschiedene Formen der Materialzirkulation, einschließlich des Austausches von Geschenken, der Bewegung von Materialien aufgrund von Heiratsbündnissen, Tributforderungen, des von Händlern gesteuerten Markthandels, der von Angebot und Nachfrage angetrieben wurde, und Kriegsbeute, die von erfolgreichen Feldzügen heimgebracht wurde. Durch all diese Prozesse wurden Materialien hin und her bewegt und an anderen Orten aufbewahrt als jenen, an denen sie ursprünglich hergestellt worden waren. Sie alle wurden durch archäologische Funde und frühe Keilschrifttexte aus der Bronzezeit nachgewiesen. Es ist oft analytisch sinnvoll oder sogar unumgänglich, den Austausch von Luxusgegenständen vom Handel mit Gebrauchsgütern zu unterscheiden und den Austausch fertiger Waren vom Handel mit Rohmaterialien und Halbfertigprodukten, wie z. B. Metallbarren, zu trennen. Nichtsdestotrotz treten diese verschiedenen Arten der Materialzirkulation nicht notwendigerweise in getrennten Sphären auf, sondern überlappen einander häufig oder treten gemeinsam auf bzw. verändern ihren Charakter im Laufe der Zeit. Das bedeutet, dass Luxusgüter gegen Gegenstände des täglichen Gebrauchs eingetauscht werden können, und dass Rohmaterialien gegen Endprodukte gehandelt werden. In ähnlicher Weise können Materialien, die zu einer bestimmten Zeit den Status von Luxusgütern haben, in späterer Zeit zu Gegenständen des täglichen Bedarfs werden, wie es bei Kupfer- und Bronzegegenständen während des späten 3. Jt. v. Chr. der Fall war. Der vorliegende Aufsatz behandelt ausgewählte Nachweise für die Produktion und komplexe Zirkulation undekorierter und geschnittener Gefäße aus weichem Stein vom Gebiet des iranischen Plateaus am Persischen Golf zum südwestlichen Iran und dem südlichen Mesopotamien im mittleren und späten 3. Jt. v. Chr. Er beschäftigt sich auch kurz mit anderen Nachweisen, die darauf hindeuten, dass fertige Gefäße und andere Luxusgüter, die auf dem Iranischen Plateau hergestellt wurden, sogar in weiter östlich gelegenen Ländern zirkulierten.

Wissenschaftler, die sich mit dem antiken Nahen Osten beschäftigen (z. B. Moorey 1993), haben seit langem erkannt, dass das iranische Plateau eine Quelle wertvoller Materialien war, die in Mesopotamien nicht erhältlich waren. Trotzdem stellte man sich eher ein System des Austausches vor, bei dem unfertige oder halbfertige Materialien in die städtischen Zentren Mesopotamiens, Syriens und des südwestlichen Irans gelangten, wo sie dann zu handwerklich hochstehenden Werkzeugen, Waffen, Gefäßen und Schmuckstücken weiter verarbeitet wurden. Es wurde allerdings bald klar, dass ein solches Bild unvollständig war und dass es auch einen Austausch von Fertigprodukten zwischen diesen Regionen gab, ein System des Austausches, das man anhand einer Anzahl von weit

Abb. 1A: Zylindrisches Gefäß mit Hütten- bzw. architektonischem Fassaden-Motiv. Halil Rud-Tal, südlich Jiroft, Südostiran; nach Majidzadeh 2003, 67. H. 10,5 cm, Dm. 15 cm.

verbreiteten und kunstvoll geschnittenen Gefäßen aus weichem Stein klar erkennen kann (Aruz 2003c). Es war ebenfalls höchst bedeutsam, dass diese geschnittenen Gefäße eine ganz bestimmte, erkennbare Ikonographie mit einem äußerst hohen Symbolgehalt aufwiesen, der von verschiedenen Kulturen geteilt wurde. Dies weist darauf hin, dass während der Mitte des 3. Jt. v. Chr. Ideen und möglicherweise sogar religiöse Vorstellungen in großen Teilen West-Asiens ebenfalls ausgetauscht oder verbreitet wurden.

Dieser Handel mit solchen Endprodukten ist in den Werkstätten von Tappeh Yahya im südöstlichen Iran gut dokumentiert, wo einige dieser Gefäße hergestellt wurden. Dasselbe gilt für das Handels- oder Vertriebszentrum auf der kleinen Insel Tarut direkt an der Küste des arabischen Festlandes nördlich von Bahrein (Zarins 1978; Lamberg-Karlovsky 1988; Kohl 2001). Mehrere Hundert vollständige Gefäße in diesem Stil, die aus geplünderten Gräbern stammten, wurden kürzlich im Halil Rud-Tal südlich von Jiroft bzw. ca. 90 km ost-nordöstlich von Tappeh Yahya entdeckt. Ihre große Menge

Abb. 1B: Zylindrisches Gefäß mit Hütten- bzw. architektonischem Fassaden-Motiv. Saar, Insel Bahrain; nach Muscarella 2003, 341, Abb. 239. H. 7,7 cm, Dm.12,2 cm.

Abb. 1C: Zylindrisches Gefäß mit Hütten- bzw. architektonischem Fassaden-Motiv. National-Museum Baghdad; nach Kohl 1974, 180, Taf. 28a. H. ca. 10 cm, Dm. ca. 12 cm.

Abb. 2A: Zylindrisches Gefäß mit Katze, eine Schlange mit Ohren bekämpfend, Halil Rud-Tal, südlich Jiroft, Südostiran; nach Majidzadeh 2003, 83. H. 7,4 cm, Dm.11 cm.

Abb. 2B: Zylindrisches Gefäß mit Katzen-Prozession (Einlegearbeit). Aus Nasirija, Süd-Irak, National-Museum Baghdad; nach Kohl 1974, 156, Taf. 29a. H. ca. 10 cm, Dm. ca. 14 cm.

unterstreicht die Tatsache ihrer Herstellung und Nutzung im südöstlichen Iran (Majidzadeh 2003). Der weiche grüne Chlorit-Stein ist eine überall erhältliche Ressource im iranischen Zagros-Gebirge, die in leicht zugänglichen, einfach gearbeiteten Ausbissen rund um die kleine Stadt (ca. 4 ha) Tappeh Yahya zu finden ist. Er wurde zu allen Zeiten der Besiedlung des Ortes ausgebeutet, vom Neolithikum bis zur klassischen Zeit. Es gibt einen eindeutigen Höhepunkt bei der Nutzung dieser örtlichen Ressource während der späten IV B-Periode von Tappeh Yahya, die mittlerweile gut in die letzten Jahrhunderte des 3. Jt. datiert ist (basierend auf neun neu kalibrierten ¹⁴C-Datierungen, siehe Lamberg-Karlovsky 2001, 276, Tab. A.1). Während dieser Periode begannen die Steinschneider des Ortes damit, Chloritgefäße in einem bestimmten Stil zu schneiden, der gelegentlich als „interkultureller Stil" bezeichnet wird und der mittlerweile an Ausgrabungsplätzen festgestellt wurde, die sich von Syrien und Mesopotamien im Westen bis in das Indus-Tal im Osten über ganz Südwestasien erstrecken (bez. des jüngsten Diskussionsstands siehe Aruz 2003c, 325, incl. eines Ausschnitts der Verbreitungskarte).

Bei den Objekten dieses Stils handelt es sich hauptsächlich um zylindrische und sich verjüngende konische Gefäße mit schmaler Öffnung und um kleine Tiegel, von denen einige möglicherweise wertvolle Parfüms oder Salben enthielten. Zugehörig sind auch rätselhafte Griffe oder Gewichte in Form von Vorhängeschlössern, einschließlich eines, das weit nordöstlich in Usbekistan gefunden wurde (Aruz 2003c, Abb. 236). Eine begrenzte Anzahl an geometrischen und der Natur entlehnten Dekorationen treten teilweise für sich auf, oder sie erscheinen gemeinsam auf den Objekten und beinhalten architektonische Fassaden, häufig mit Säulen und charakteristischen, durchgebogenen Türstürzen (dem so genannten Hütten-Motiv), phantastischen Tieren wie Schlangen, Adlern und Skorpionen, oder auch stilisierten menschlichen Darstellungen. Einige wenige der Gefäße dieses Stils, die in Mesopotamien gefunden wurden, weisen Inschriften auf (Kohl 2001, 226, Abb. 9.13; Aruz 2003c, 336, Abb. 233), obwohl diese erst einige Zeit nach der ursprünglichen Herstellung eingeritzt wurden, d. h. solche Inschriften liefern lediglich *termini ante quem* zur Datierung der Gefäße. Hier bilden wir drei Gefäße ab, die im Stil des Hütten-Motivs oder der architektonischen Fassade geschnitten sind (Abb. 1A-C), außerdem drei Gefäße mit figürlichen Darstellungen von

Abb. 2C: Konisches Gefäß. Katze, eine Schlange mit Ohren bekämpfend. Mari, Ischtar-Tempel, Syrien; nach Aruz 2003, 335, Abb. 232. H. 14,5 cm, Basis-Dm. 13 cm.

Abb. 3: Ungeschnittene, glockenförmige Chlorit-Schale aus Ur, königlicher Begräbnisplatz, PG 800 (nach Zettler & Horne 1998, 159, Abb. 134). Randdm. 31 cm.

Katzen bzw. Katzen im Kampf mit Schlangen (Abb. 2A-C). Die Motive, oder eher Motiv-Anordnungen, sind hoch standardisiert, wenn nicht genormt: Die herabgebogenen Türstürze oder die Hütten erscheinen mit einer Art Säulen; die Katzen mit ihren gebogenen Schwänzen und Körpern bzw. offenen Mäulern bieten runde Öffnungen für Intarsien, während die mit Ohren versehenen Schlangen, die sie bekämpfen, auf ihren verdrehten Körpern ovale Öffnungen für Intarsien aufweisen. Dieser weit verbreitete Stil ist hochgradig differenzierbar und sofort zu erkennen. Er verweist eindeutig auf eine wie auch immer geartete Form von Kontakt zwischen dem iranischen Hochland und den städtischen Zentren Mesopotamiens.

Physikalische und chemische Analysen (Kohl, Harbottle & Sayre 1979; Kohl 2003) wurden an geschnittenen und ungeschnittenen Chloritstücken sowohl von Tappeh Yahya durchgeführt als auch an dem in den Zagros-Bergen unmittelbar nördlich und westlich der Grabungsstätte zutage tretendem Gestein, außerdem an Fundstücken, die an Grabungsstätten zwischen Mesopotamien und dem südwestlichen Iran (Susa) bzw. über das iranische Plateau hinaus gefunden worden waren. Diese Studie ergab, dass die meisten Gefäße dieses Stils tatsächlich aus Chlorit bestanden und nicht, wie fälschlich angenommen, aus dem verwandten weichen Steatit. Noch entscheidender war, dass es gelang, die grundlegende mineralische Struktur zu identifizieren – verschiedene Nicht-Chlorite, Chlorite und Chlorit-Mischungen bzw. -Zusammensetzungen – und dementsprechend zwischen mindestens vier getrennten Quellen

unterscheiden zu können. Die sich aus dieser Untersuchung ergebenden archäologischen Schlussfolgerungen waren bedeutsam und in gewissem Ausmaße überraschend. Bestimmte, wenn nicht sogar alle sumerischen Fundorte scheinen ihr Material aus verschiedenen Quellen bezogen zu haben und nicht nur von der einen dokumentierten Produktionsstätte in Tappeh Yahya. Der mesopotamische Fundort von Bismaya (oder Adab) hob sich besonders ab, da die meisten der von dort stammenden, analysierten Funde tatsächlich aus Steatit bestanden. Die im „interkulturellen Stil" gefertigten „reinen" Chlorite zerfielen in vier Gruppen: 1. eine sumerische Gruppe (Süd-Mesopotamien und Diyala Tal); 2. eine Susa-Mari-Yahya-Gruppe, deren Quelle vermutlich das Chlorit war, welches in der Gegend von Yahya gefunden wurde; 3. eine Gruppe mit Funden hauptsächlich aus Susa und Mari; 4. eine letzte Gruppe mit Funden aus Susa, Adab und vom Persischen/Arabischen Golf (hier stammten einige der überprüften Funde aus Tarut und von den Failaka-Inseln). Die Analysen zeigten klar, dass es *multiple* Produktionszentren gab, in denen komplizierte und ikonographisch identische Gefäße gearbeitet wurden, die zum Gebrauch in den Tempeln und für die Grabstätten der Wohlhabenden in den städtischen Zentren gedacht waren, weit entfernt von den Stellen, an denen der Stein gewonnen und, zumindest im Falle einiger Gefäße, auch bearbeitet worden war.

Sogar noch bemerkenswerter war die Tatsache, dass die Funde aus weichem Stein, die von der kleinen Insel Tarut, dicht an der arabischen Küste nördlich von Dhahran und Bahrain, stammten, den

Eindruck erweckten, dass Tarut ein Emporium oder ein Verschiffungs-Zentrum für solche Gefäße und/oder für halbfertige und unbearbeitete Rohmaterialien war (auf Tarut wurden auch teil-bearbeitete Fragmente gefunden, siehe Zarins 1979, pl. 75b, 605, einschließlich solcher mit dem Motiv der kämpfenden Schlangen, ibid., pl. 72b, Nr. 110-251). Die Steingefäße von Tarut waren aus unterschiedlichen Mineralien und verschiedenen Chloriten hergestellt, was darauf hinweist, dass diese winzige Insel ihren weichen Stein – in unbearbeiteter und/oder bearbeiteter Form – aus mehreren Quellen bezog. Gedrehte Gefäße wurden ebenfalls auf Tarut gefunden, eine Produktionstechnik, die nie in der Periode der IVB-Werkstätten in Yahya verwendet wurde. Der Nachweis dieser Produktionsmethode auf Tarut bekräftigt die Ergebnisse der Analyse dahingehend, dass er zeigt, dass zumindest einige der Gefäße auf Tarut aus anderen Werkstätten als denen von Yahya kamen.

Auf Tarut wurden auch undekorierte Weichstein-Gefäße entdeckt, einschließlich der so genannten Glockenschalen mit erhabenen kreisförmigen Grundflächen (Abb. 3), die auch in Yahya, Shahdad und – höchst bemerkenswert – in Ur gefunden wurden (Man vergleiche zum Beispiel die Steingefäße der Typen 49-51 vom königlichen Begräbnisplatz in Ur [Woolley 1934, pl. 245] mit denen, die in Shahdad gefunden wurden [Hakemi 1997, 605]). Der Zusammenhang zwischen diesen ungeschnittenen glockenförmigen Schalen und den dekorierten Gefäßen des „interkulturellen Stils" ist eindeutig: Sieben glockenförmige Schalen wurden im Grab des Puabi gefunden (PG 800), und dieses Grab enthielt ebenfalls zwei der Gefäße des „interkulturellen Stils", die in Ur gefunden wurden. Die ungeschnittenen Schalen, wie auch die geschnittenen Gefäße im interkulturellen Stil, wurden in Ur üblicherweise im Zusammenhang mit der wohlhabenden Elite oder in einem „königlichen" Kontext gefunden. Einige dieser glockenförmigen Schalen aus Ur sind ziemlich groß; eine aus Pu-abis Grab (PG 800) erreicht eine Höhe von 40 cm mit einem Randdurchmesser von 53 cm. Dieses Gefäß muss einige Kilogramm gewogen haben, und es wäre sehr schwierig gewesen, solch ein schweres und zerbrechliches Gefäß als Fertigprodukt nach Mesopotamien zu importieren, außer eben über das Meer (Potts 1989). Die Existenz solcher Gefäße auf Tarut legt nahe, dass es in der Tat so war, wobei die Annahme eines solchen Transports von Materialien auf dem Seeweg auch durch die analytischen Befunde der Weichsteingefäße von Tarut gestützt wird.

Es ist selbstverständlich wesentlich leichter, den weiträumigen Vertrieb der kunstvoll geschnittenen Gefäße nachzuvollziehen, als die der weniger auffälligen undekorierten glockenförmigen Schalen, und dieses Problem muss berücksichtigt werden, wenn man versucht, dem Umfang und der Intensität des Materialaustausches im 3. Jt. v. Chr. nahe zu kommen. Es wird immer deutlicher, dass es einen ausgedehnten Überland-Austausch sowohl über das Anatolische als auch über das Iranische Plateau gab, und dass es maritimen Austausch vom Indus-Tal zur Arabischen Halbinsel und dem Golf gab. Dieser Austausch betraf andere Endprodukte wie Alabastergefäße (Ciarla 1979; Casanova 1991) und diversen Schmuck, z. B. runde und herzförmige Goldperlen mit erhabenen und gelochten Mittelrippen, geätzten Karneolperlen und goldenen und kupfernen Vierfach-Spiral-Perlen (siehe Verbreitungskarte in Aruz 2003b, 240-242). Weniger klar ist, in welchem Ausmaß der Austausch von Luxusgütern einen eher allgemeinen Metallhandel zwischen Nord und Süd (Anatolien-Kaukasus) bzw. von Ost nach West (Afghanistan, Zentralasien, Oman, Mesopotamien) begleitete (Potts 2000, 48).

Es ist ebenfalls wahrscheinlich, dass Materialien nicht nur ausgetauscht wurden, sondern auch von Völkern mitgebracht wurden, die von einem Gebiet zu einem anderen zogen, ein Muster, das die Verbindung zwischen dem Baktrischen Archäologischen Komplex (BMAC) im südlichen Turkmenistan sowie Nord-Afghanistan und dem großen metallurgischen Zentrum von Shahdad nordöstlich von Kerman erklären könnte (siehe Beitrag Thornton & Lamberg-Karlovsky). Die diesbezüglichen chronologischen Beziehungen müssen noch genauer definiert werden. Die neue Serie kalibrierter ^{14}C-Datierungen im Zusammenhang mit der späten Periode IVB in Yahya stützt eindeutig die jüngere Chronologie, wie sie Amiet ursprünglich vorgeschlagen hat (1986, 133-134), was bedeutet, dass die Schichten der Chlorit-Werkstätten in Yahya in die akkadische, wenn nicht sogar die nach-akkadische Zeit oder in die letzten Jahrhunderte des 3. Jt. v. Chr. zu datieren sind. Da viele der stratigraphisch gut datierten Gefäße des „interkulturellen Stils" aus Mesopotamien vom Ende der frühen Dynastischen Periode bzw. eher aus der Mitte des 3. Jt. stammen, ist klar, dass Objekte dieses Stils einige hundert Jahre lang produziert wurden, wobei wahrscheinlich die Steinbrucharbeiten und die Steinschnitzerei in verschiedenen Gegenden und Werkstätten zu unterschiedlichen Zeiten stattfanden. Chloritfunde tauchen ziemlich regelmäßig in Shahdad auf, aber wenige zählen tatsächlich zu den Beispielen der hochwertig geschnittenen Gefäße des „interkulturellen Stils". Die besten und überzeugendsten Parallelen zum Chlorit-Bestand von Yahya sind undekorierte Gefäße wie die glockenförmigen Schalen und die flachbodigen Pokale mit leicht geweiteten oder konkaven Wänden (Hakemi 1997, 605-607) oder große Kelche, dekoriert mit Schmuckbändern voller Dreiecke, Winkel, schräger Linien oder eingeritzter schematischer Darstellungen von Hütten, sowie offene Schalen mit flachen Rändern und abwechselnd eingeritzten Zick-Zack-Linien (Hakemi 1997, 609-611). Die meisten der Chloritfunde von Shahdad, wie die mit Deckeln und Fächern versehenen Kästchen, „Hütten"-Modelle und Glasfläschchen oder Parfümflakons, in typischer Weise dekoriert mit einfachen kreisförmigen oder Punkt- und Kreismotiven, kommen in Yahya entweder selten oder gar nicht vor, während insbesondere die Letzteren mittlerweile regelmäßig an BMAC-Grabungsstätten im Nordosten vorkommen. Die einfachste Erklärung für diese Unterschiede zwischen den Chloritfunden von Yahya und Shahdad ist chronologischer Natur; d.h. die Grabstätten von Shadhad sind größtenteils jünger als die Periode des Höhepunktes der Produktion der Gefäße des „interkulturellen Stils" in Yahya, und das Erscheinen dieses Zentrums mit seiner nachgewiesenermaßen umfangreichen Metalproduktion, welche sich auch in der veränderten Metalltechnik von Yahya IVA widerspiegelt, ist in irgendeiner Weise mit dem Erscheinen und der Entwicklung von BMAC-Orten verbunden (vielleicht auch mit einer Siedlungsbewegung von dort in den Ostiran?) (Hiebert & Lamberg-Karlovsky 1992).

Trotz der Fülle von Chlorit in Shadhad wurden in den beinahe 400 Gräbern, die an der Grabungsstätte ausgegraben wurden, keine reliefartig herausgearbeiteten Darstellungen gefunden, wie sie in den geplünderten Grabstätten von Jiroft und auf der Insel Tarut vorkommen und wie sie charakteristisch für einige der berühmtesten Beispiele aus Mesopotamien und dem Südwest-Iran sind. Die wenigen Funde im klassischen „interkulturellen Stil" erscheinen in Gräbern, die schwierig zu interpretieren oder bezüglich der Anzahl der gefundenen Objekte nicht sehr herausragend sind. Die Shahdad-Gräber sind bestenfalls gerade eben in „fundreich" oder „fundarm" einzuteilen hinsichtlich der gefundenen Objekte bzw. Grabbeigaben. Einige Gräber enthalten mehr als zwanzig Keramikgefäße, zusätzlich zu Kupfer- oder Bronzefunden, aber viele der spektakulärsten Objekte, die in Shahdad gefunden wurden, stammen aus Gräbern, die ansonsten nur wenig enthielten (z. B. die Gräber 47, 114 und 165). Die Chloritgefäße von Shahdad stammen nicht nur aus den Gräbern der Elite. Tatsächlich ist es prinzipiell nicht möglich, in Shadhad die Gräber der Elite von denen der anderen Bevölkerungsteile zu unterscheiden, woraus sich auf eine relativ gleichmäßige Verteilung des Wohlstandes in dieser Gesellschaft schließen lässt.

Die fortlaufenden iranischen Ausgrabungen im Halil Rud-Tal südlich von Jiroft werden sicherlich dazu beitragen, den Kontext des Reichtums an geschnittenen Steingefäßen und anderer exotischer Luxusgüter zu erhellen, die von Plünderern entfernt wurden und nur summarisch datiert werden können, wie es Majidzadeh (2003, 6) in seinem Katalog tut. In der Tat ist es möglich, dass einige, wenn nicht alle, dieser Funde nicht echt sind. Obwohl diese Möglichkeit nicht ausgeschlossen werden kann, verdient der unglaubliche Reichtum dieses Fundbestandes hier einen vorsichtigen Kommentar – beruhend auf der Annahme seiner Echtheit. Viele der Chlorit-Gefäße stellen sowohl bezüglich der Form und der herausgearbeiteten Motive klassische Beispiele des „interkulturellen Stils" dar. Sie könnten durchaus in den Werkstätten von Yahya hergestellt worden sein. Andere Objekte, wie z. B. abgeflachte Gefäße in Tiergestalt (*ibid.*, 131-136), mit Füßen versehene Kelche (Kat.-Nr. 496), von denen einige mit Steinschnitzereien und Einlegearbeiten verziert sind (*ibid.*, 11-12, 18-33, 49-50), und doppelseitige Stempelsiegel aus Lapislazuli, die manchmal Kupfer- oder Bronzegriffe haben (*ibid.*, 169-174), sind einzigartig oder haben nur entfernte Parallelen (Kat.-Nr. 398). Die relative Fülle an Lapislazuli verweist auf Verbindungen weiter im Osten, möglicherweise zu den Minen von Badakhshan, und die mit Füßen versehenen Kelche erinnern an BMAC-Keramikformen, genauso wie – etwas entfernt – ein mit Füßen versehener Steatit/Chlorit-Kelch aus der Nekropole von Gonurdepe in Turkmenistan (Aruz 2003c, 340, Abb. 237a). Die offensichtlich dichte Konzentration von frühen Begräbnisstätten und großen Siedlungen verweist auf das regionale Blühen eines komplexen bronzezeitlichen Staatswesens, das sich von Norden her längs des Halil Rud südlich von Jiroft in Richtung des Jaz Murian-Beckens erstreckte und das somit im Einzugsgebiet der dokumentierten Begräbnisstätten und Siedlungen aus dem 3. Jt. lag, welche längs des Bampur-Flusses gefunden wurden, der aus dem Osten in dieses Becken fließt (De Cardi 1970, 260, Abb. 13). Es mag verfrüht sein, allzu großzügig zu spekulieren, aber die Werkstätten von Yahya, das am letzten südöstlichen Ausläufer des Zagros-Gebirges ca. 95 km west-südwestlich von Jiroft liegt, scheinen eine Hochland-Variante dieses um Halil Rud gruppierten Komplexes darzustellen. Mit anderen Worten, viele der in Yahya geschnittenen Gefäße wurden für den lokalen Konsum von Völkern hergestellt, die im Jaz Murian-Becken lebten, obwohl es unmöglich ist, aufgrund der derzeitigen Beweise zu entscheiden, ob sie für die örtliche Elite bestimmt waren oder in das eher egalitäre Muster, das sich in Shahdad zeigt, eingebracht wurden.

Das Verwendungsmuster in Shahdad steht zweifelsohne im Kontrast zum Kontext der durch die Fundschichten verifizierten Beispiele für die Gefäße im „interkulturellen Stil" von den mesopotamischen Fundstätten von Khafaja, Mari, Ur und Nippur, die beinahe ausschließlich in Tempeln und den Gräbern Wohlhabender bzw. „königlichen" Gräbern gefunden wurden. Wurden diese geschnittenen Gefäße und andere Exotika aus dem Osten im Rahmen eines ausgedehnten kommerziellen Netzwerkes gehandelt, welches von profit-orientierten mesopotamischen Händlern dirigiert wurde? Leider sind die analytischen Daten und die Erkenntnisse über den Vertrieb dieser Waren bis heute umstritten. Gewerblicher Handel stellt nur eine Möglichkeit dar, durch die dieses Material möglicherweise verteilt wurde. Andere Mechanismen, wie z. B. der Austausch von Geschenken, Heirats-Allianzen, Tribute und Ähnliches, waren möglicherweise ebenfalls Wege, auf denen dieses Material verteilt wurde. Einige Gefäße nahmen ihren Weg nach Mesopotamien unzweifelhaft als Kriegsbeute (Klengel & Klengel 1980), was vielleicht auf ihren symbolischen Wert und ihre relative Seltenheit hinweist. Das figural verzierte Gefäß aus dem Ischtar-Tempel in Mari (Abb. 2C) wurde zerbrochen und der Rand eindeutig neu gestaltet, d. h. geglättet, worauf das Gefäß wieder benutzt wurde. Eine derartige Wiederverwendung deutet nicht auf ständigen, ununterbrochenen Zugang zu solchen geschnittenen Gefäßen hin und könnte sowohl die relative Seltenheit als auch den hohen Wert dieser Gefäße unterstreichen. Ein Argument, das die Annahme eines von Händlern betriebenen Netzwerkes unterstützt, die untereinander in Wettbewerb standen, ist die Tatsache, dass sich die Existenz von Multi-Funktions-Zentren zeigen lässt, in denen spezielle Arten von Prestigegütern, wie es die Gefäße des „interkulturellen Stils" waren, hergestellt wurden. Falls diese Gefäße über einen Zeitraum von mehreren hundert Jahren hergestellt wurden, worauf kalibrierte Radiokarbon-Datierungen hinweisen, dann arbeiteten einige dieser Zentren, wie die Werkstätten in Yahya, nicht gleichzeitig, sondern nacheinander. Ein Produktionszentrum ersetzte jeweils einfach das andere, aus Gründen, die nicht bekannt sind (wie z. B. die Aufgabe alter oder die Einrichtung neuer Plätze aufgrund wechselnder politischer Allianzen, Wanderungen von Völkern, klimatischer oder anderer Umweltveränderungen, etc.).

Die analytischen Nachweise von Tarut können sinnvollerweise dahin gehend interpretiert werden, dass Multi-Funktions-Werkstätten und/oder die Lieferanten für weichen Stein gleichzeitig an der Herstellung und dem Transport dieser Objekte nach Tarut beteiligt waren. Die Tatsache, dass diese geschnittenen Gefäße so plötzlich in der Schichtenfolge von Yahya auftauchen, weist darauf hin, dass sie auf Anforderung angefertigt wurden. Entweder lokale Eliten oder entferntere städtische Institutionen sind als Abnehmer anzunehmen. Unterschiedliche Werkstätten – gleichzeitig arbeitend, nacheinander oder beides – erfüllten die Ansprüche verschiedener Zentren oder Märkte. Derartige Nachweise lassen sehr leicht an das Modell eines kommerziellen Austausches denken, trotz der entsprechenden Vorbehalte. Die vorhandenen Erkenntnisse entsprechen durchaus der Vorstellung von miteinander konkurrierenden Händlern, die darin wetteifern, die Nachfrage nach solchen Waren zu befriedigen. Sie entsprechen auch den Keilschrift-Nachweisen von Ebla und dem, was über das etwas spätere alt-assyrische Handelsnetzwerk bekannt ist. Unzweifelhaft ist der Aufstieg und Niedergang solcher Produktionszentren wie Yahya und selbst kleinerer Staaten wie Shahdad und – eventuell mittlerweile auch – Jiroft mit der Veränderung politischer Allianzen in der trans-elamitischen Welt verbunden, mit Zusammenhängen, welche die Archäologie nur nebelhaft erkennen kann.

Die „Eliten" in Ostiran oder in der trans-elamitischen Welt konnten kaum mit ihren Standesgenossen im Westen mithalten. In Shahdad gibt es kaum Nachweise einer sozialen Differenzierung, und, soweit wir wissen, auch nicht an anderen Orten in Ostiran, in den Grenzländern am Indus und in Zentralasien. Wenn es zu ihrem Vorteil ist, können natürlich auch königliche Eliten über Standesunterschiede hinwegsehen und ihre Untergebenen als Gleichberechtigte behandeln; dem entsprechen die mesopotamischen Verweise auf die „Könige" von Magan und von anderen Gebieten östlich von Sumer. Der Austausch von Geschenken zwischen solchen „königlichen" Persönlichkeiten bleibt ebenfalls eine denkbare andere Erklärung für die Verbreitung einiger der Gefäße des „interkulturellen Stils" und anderer Waren und Prestigegüter. Falls der Austausch von Geschenken der bevorzugte Mechanismus war und falls die „Eliten" der trans-elamitischen Welt in ihren Gesellschaften auf breiter Ebene existierten, dann müssen entsprechende Geschenke im Gegenzug gemacht worden sein. In jedem dieser Fälle – Handel oder Austausch von Geschenken – muss Mesopotamien seine eigenen Waren oder Überschussgüter produziert haben, um an diesem Austausch-Netzwerk teilnehmen zu können. Leider bleiben die meisten Nachweise für mesopotamische Überschussproduktion, vor allem Wolltextilien, archäologisch unsichtbar.

Bibliographie

AMIET, P.:
1986   L'âge des échanges inter-iraniens 3500-1700 avant J.-C., Editions de la Réunion des musées nationaux, Paris.

ARUZ, J.:
2003a   Art of the First Cities: the third millennium B.C. from the Mediterranean to the Indus. Ed. by J. Aruz, New York, The Metropolitan Museum of Art.
2003b   Art and Interconnections in the Third Millennium B.C. In: Art of the First Cities, ibid., 239-250.
2003c   Intercultural Style" Carved Chlorite Objects. In: Art of the First Cities, ibid, 325-345.

CASANOVA, M.:
1991   La vaisselle d'albâtre de Mésopotamie, d'Iran et d'Asie centrale aux IIIe et IIe millénaires avant J.C. Mémoires de la Mission archéologiques française en Asie Centrale, vol. 4, Paris.

CIARLA, R.:
1979   The Manufacture of Alabaster Vessels at Shahr-i Sokhta and Mundigak in the 3rd Millennium B.C.: a problem of cultural identity. In: G. Gnoli & A.V.(eds.), Iranica, Rossi, Series Minor X, Naples, 319-335.

DE CARDI, B.:
1970   Excavations at Bampur, A Third Millennium Settlement in Persian, Baluchistan, 1966. Anthropological Papers of the American Museum of Natural History, vol. 51 (3), New York.

HAKEMI, A.:
1997   Shahdad: archaeological excavations of a Bronze Age center in Iran, IsMEO, Rome.

HIEBERT, F. T. & LAMBERG-KARLOVSKY, C. C.:
1992   Central Asia and the Indo-Iranian Borderlands. Iran 30, 1-15.

KLENGEL, E. & KLENGEL, H.:
1980   Zum Fragment eines Steatitegefäßes mit einer Inschrift des Rimus von Akkad.' Rocznik Orientalistyczny XLI (2), 45-51.

KOHL, P. L.:
1974   Seeds of Upheaval: the production of chlorite at Tepe Yahya and an analysis of commodity production and trade in Southwest Asia in the mid-third millennium, Ph.D. dissertation, Department of Anthropology, Harvard University.
2001   Reflections on the Production of Chlorite at Tepe Yahya: 25 years later. In: Excavations at Tepe Yahya..., below, 209-230.
2003   Problems and methods: remembrances of some past source characterization studies. In: L. van Zelst (ed.), Patterns and Process, a Festschrift in Honor of Dr. Edward V. Sayre, Smithsonian Center for Materials Research and Education, Washington, D.C., 57-64.

KOHL, P. L., HARBOTTLE, G. & SAYRE, E. V.:
1979   Physical analyses of soft stone vessels from Southwest Asia. Archaeometry, vol. 21(2), 131-159.

LAMBERG-KARLOVSKY, C. C.:
1988   The 'Intercultural Style' Vessels, Iranica Antiqua XXIII, 45-95.
2001   Afterword. Excavations at Tepe Yahya: reconstructing the past. In: Lamberg-Karlovsky & Potts 2001, 269-280.

LAMBERG-KARLOVSKY, C. C. & POTTS, D. T.:
2001   Excavations at Tepe Yahya, Iran 1967-1975: the third millennium, by D. T. Potts (general editor C. C. Lamberg-Karlovsky), American School of Prehistoric Research Bulletin 45, Peabody Museum of Archaeology and Ethnology, Harvard University, Cambridge, MA.

MAJIDZADEH, Y.:
2003   Jiroft: the earliest oriental civilization. Ministry of Culture and Islamic Guidance, Tehran.

MOOREY, P. R. S.:
1993   Iran: a Sumerian El-Dorado. In: J. Curtis (ed.), Early Mesopotamia and Iran: contact and conflict c. 3500-1600 BC, London, 31-43.

MUSCARELLA, O. W.:
2003   Cylindrical vessel with a hut motif and zigzag bands, In: Art of the First Cities, op. cit., 341-342.

POTTS, D. T.:
2000   Arabian Time Capsules: an undisturbed trove of relics reveals the trading patterns of a Bronze Age society. Archaeology 53, 44-48.

POTTS, T. F.:
1989 Foreign Stone Vessels of the Late Third Millennium B.C. from Southern Mesopotamia: their origins and mechanisms of exchange. Iraq 51, 123-164.

WOOLLEY, C. L.:
1934 The Royal Cemetery, Ur Excavations, vol. 2, publication of the Joint Expedition to Mesopotamia of the British Museum and of the University Museum, University of Pennsylvania, Philadelphia.

ZARINS, J.:
1978 Steatite Vessels in the Riyadh Museum. In: Atlal: the Journal of Saudi Arabian Archaeology 2, 65-94.

ZETTLER, R. L. & HORNE, L.:
1998 Treasures from the Royal Tombs of Ur. University of Pennsylvania Museum of Archaeology and Anthropology, Philadelphia.

Ein zylindrisches Doppelgefäß mit Korbgeflecht- und Hausdekor

Agnès Benoit

Als die von J. de Morgan geleitete Delegation im persischen Susa zu Beginn des 20. Jh. ein Doppelgefäß aus Chlorit[1] entdeckte, wusste man nichts über den wirklichen Ursprung dieses besonderen handwerklichen Erzeugnisses (Abb. 1). Man verfügte über wenige Vergleichsbeispiele zum Motiv, ignorierte jedoch komplett, dass es sich um eine ganz seltene Form handelte. Die orientalische Archäologie war eine noch junge Disziplin. Allein aus den Grabungen im südmesopotamischen Nippur (Ende des 19. Jh.) und aus Telloh (1903)[2] waren ähnliche Objekte oder Scherben publiziert, die aus diesem grünen Stein, aber auch aus grauem oder schwarzem gearbeitet waren, dem Chlorit, den andere Autoren aber auch als Steatit oder Serpentin bezeichneten. Die wichtigen Entdeckungen in Bismaya[3], dem alten Adab, 1903-1904, blieben noch unveröffentlicht[4]. Die Entdeckungen von Ur, Khafadjé, Tell Agrab und Mari aus der Zeit zwischen den beiden Kriegen brachten einige Zeugnisse dieser Produktion aus dem 3. Jt. v. Chr. an den Tag und belegten ihre große Verbreitung und ihren Export von einem und oder mehreren Fabrikationszentren, deren Lokalisierung noch unbestimmt war. Um 1960 gab P. Deloughaz einen Überblick über das architekturale Dekor. Ausgangspunkt waren immer wiederkehrende Motive (Deloughaz 1960). Die beiden erschienenen Artikel von F.A. Durrani spiegeln erstmals die Erkenntnis eines direkten Austauschs zwischen Mesopotamien und Indus wider (Durrani 1964a; 1964b). Erst seit 1968, als die Ausgrabungen in Südost-Iran begannen, weiß man mehr über Chlorid: In Tappeh Yahya (Lamberg-Karlovsky 1970; Tosi 1973, 21-53) wurde die Existenz von Werkstätten und in Shahdad (Hakemi 1972) viele unterschiedliche Gefäßformen nachgewiesen. Diese neuen Funde regten Pierre de Miroschedji an, eine Studie über die weitgehend unveröffentlichte, im Louvre aufbewahrte Sammlung zu beginnen. Diese Sammlung umfasst etwa 100 Steatitgefäße und Objekte aus Susa. Er teilte sie in zwei Gruppen ein: eine „alte Serie" und eine „neuere Serie" mit einer chronologischen Überlappung von ungefähr 100 Jahren[5]. Diese Studie aus dem Jahre 1973 gilt heute noch als grundlegend (Miroschedji 1973).

Abb. 1: Das zylindrische Doppelgefäß aus Susa; Foto: DBM, M. Schicht.

Das hier präsentierte Gefäß gehört zur „alten Serie". Seine doppeltzylindrische Form zeigt wie die kegelstumpfförmige eine der beiden Hauptformen. Diese einfachen und offenen Formen waren bedingt durch die Technik des Bogenbohrers, wie er in Ägypten und in Sistan (dort für Perlen) während dieser Zeit benutzt wurde. Die Drehscheibe wurde für die horizontalen Linien genutzt und die Motive wurden dann geschnitzt oder eingeritzt. Diese Gefäße wurden nicht nur gelegentlich, sondern in speziellen Werkstätten hergestellt, in denen die Handwerker nach bewährten Techniken und in Serie arbeiteten. Das Repertoire an Motiven war nicht sehr groß.

Die beiden Dekortypen, die auf dem Doppelgefäß von Susa auftauchen, sind gut bekannt: Die Darstellung von Zöpfen und Korbgeflecht ist eine der Vorlieben der Chlorit-Schnitzer: Das Ineinanderschlingen von ziemlich großen Schilfstielen ist die bekannteste Variante, die hier dezent gearbeitet ist. Die Darstellung von Architektur ist ebenfalls sehr häufig: mit Häuserfassaden, die durch eine, zwei oder sogar drei Zonen charakterisiert werden, mit Türen, die einen gebogenen Sturz aufweisen, der durch einen Strich horizontal in zwei Teile geteilt wird und der im unteren Teil ein Karomuster isoliert.

Das Zwillingsgefäß aus Susa zeigt im Detail aber originelle Züge: Das Haus besitzt nicht nur in der Mitte eine Tür, sondern auch symmetrisch auftretende Fenster, alle mit gebogenem Sturz. Das gesamte Gebäude scheint aus Pflanzenmaterial gefertigt zu sein, besonders die unterbundenen und aufeinander liegenden Schilfrohrbündel, die an die großen *mudhifs*[6] in Südmesopotamien erinnern. Demgegenüber ist auf der schon erwähnten Scherbe aus Telloh der Gebrauch von Lehmziegeln oder vielleicht ein mit Sparren geschmückter Stampflehmbau erkennbar. Schließlich sind die Pfosten und Stürze doppelt ausgeführt, wohingegen sie sonst auch dreifach vorkommen[7]. Die Wiedergabe des Susa-Hauses ist insgesamt durch eine größere Realität gekennzeichnet als bei anderen bekannten Gefäßen.

Wenn auch die Motive gut identifiziert werden können, die doppelte Form des Gefäßes bleibt außergewöhnlich[8]. Spielte sie die gleiche Rolle wie die Büchsen mit zwei Fächern, die in einer jüngeren Phase erscheinen werden (Miroschedji 1973, 59, fig. 9)? Während der gleichen Periode vermehren sich, besonders in Shahdad[9], die kleinen doppelkonischen „Flakons", die auf eine hausförmige Basis mit gekrümmtem oder geradem Sturz gesetzt sind.

Was ist an diesen architektonischen Motiven Konvention und was ist Realität? P. de Miroschedji behauptet, dass sich bei den in Stampfbau und mit Ziegeln errichteten Landhäusern das biegsame Holz der Türen und Fensterstürze unter dem Gewicht des Materials verbiegen würde (Miroschedji 1973, 17). Als Beweise bringt er Fotos von solchen Deformationen (ebd., 18, Abb. 1). Die Tür- und Fensterstürze in der Chlorit-Kunst sind aber so übertrieben gekrümmt, dass man an eine ausschließlich dekorative Funktion denken kann. Ein realer Rekonstruktionsversuch dieser stilisierten Modelle brächte sicherlich eine Antwort.

Anmerkungen

1. Es ist nicht möglich, das Jahr oder den Zusammenhang des Fundes zu präzisieren. Man weiß, dass das Objekt vom Tell Akropolis stammt, von der Stelle des Tempels Inshushinak: Mecquenem 1911, 6.
2. Auf dem Zentral-Tell, in einem Sondierungsschacht in 6 m Tiefe, Cros 1910, 40. Diese Scherbe befindet sich im Louvre, Inv. AO 4115.
3. Eine Scherbe des Gefäßes mit der Inschrift des Königs Kish Mésilim, die berühmte Scherbe des Gefäßes der Musiker und kleine Stücke gehörten zu einem Gefäß mit architektonischem Dekor.
4. Das Buch mit dem Titel „*Bismaya oder die verlorene Stadt Abad*", redigiert durch den Direktor der Mission Edgar James Banks, Professor für Altgeschichte in Istanbul, erschien erst 1912.
5. Man nimmt heute an, dass die alte Serie den Zeitraum von 2600-2200 v. Chr. umfasst und die neuere Serie die Jahre 2300-1700 v. Chr.
6. Es handelt sich um große Gebäude im Marschland aus Holz und Schilf, die in Form eines langen rechteckigen Saales mit einem gewölbten Dach versehen sind. Solche Hallen sind für Versammlungen gedacht.
7. So ist es im Fall von Telloh, wo die Tür einen dreifachen Türrahmen hatte. Dieser ist von Zickzackmustern eingefasst, der nur durch vier Pfosten oder Pfeiler unterbrochen und durch kleine Ziegel überragt wird, vgl. Anm. 2.
8. Ein anderes Gefäß dieses Typs wurde von Pakistan für eine Ausstellung über den Indus verliehen, Katalog der Ausstellung *Indus Civilization*, Metropolitan Art Museum, Tokyo, 2000, n° 732. Das gleiche verschönernde Dekor von kleinen Ziegeln mit großen Zickzackmustern findet sich auf beiden Gefäßen.
9. Ali Hakemi 1972; des selben Autor die vollständige Publikation: Hakemi 1997, 621-624.

Bibliographie

CROS, G.:
1910   Nouvelles fouilles de Tello, Paris.

DELOUGAZ, P.:
1960   Architectural Representations on Steatite Vases. Iraq 22, 90-95, pl. VI-IX.

DURRANI, F. A.:
1964a   Stone vases as Evidence of Connection Between Mesopotamia and the Indus Valley. Ancient Pakistan 1, 51-96.
1964b   West Pakistan and the Persian Gulf in Antiquity. Journal of the Asiatic Society of Pakistan 9/1, 1-11.

HAKEMI, A.:
1972   Catalogue de l'exposition LUT, Xabis «Shahdad», Téhéran.
1997   Shahdad. Archaeological Excavations of a Bronze Age Center in Iran. ISMEO, Centro Scavi e recherche archeologiche. Reports and Memoirs 27, Rom.

LAMBERG-KARLOVSKY, C. C.:
1970   Excavations at Tepe Yahya, Iran. 1967-1969, Progress Report I, Cambridge Massachusetts.

MECQUENEM, R. DE:
1911   Vestiges de constructions élamites. Recueil de Travaux relatifs à la Philologie et à l'Archéologie égyptiennes et assyriennes 33, 6.

MIROSCHEDJI, P. DE:
1973   Vases et objets en stéatite susiens du Musée du Louvre. Cahiers de la DAFI 3, 9-79.

TOSI, M.:
1973   Shahr-i Sokhta et Tepe Yahya: Tracks on the Earliest History of the Iranian Plateau. East and West, 23, 21-53.

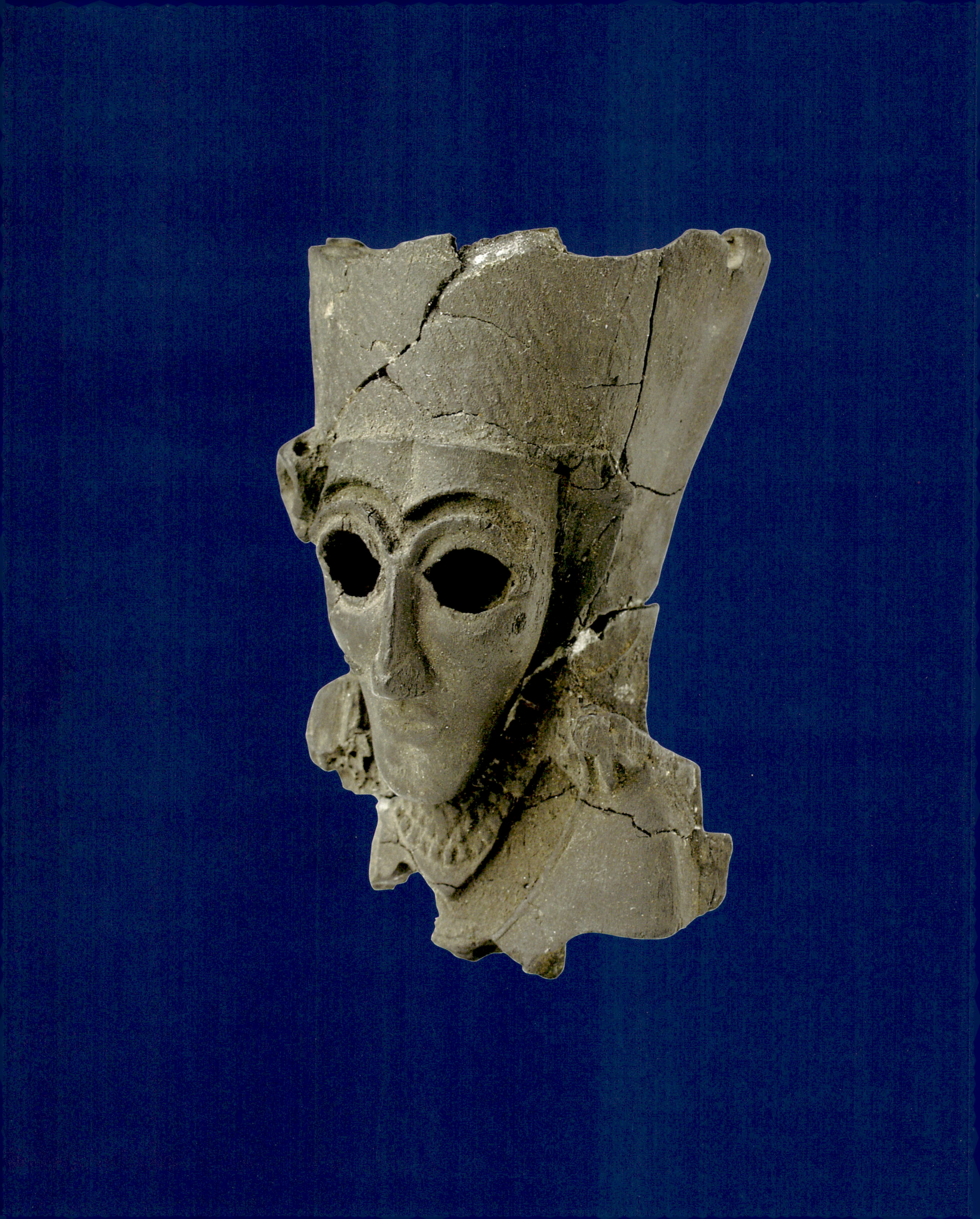

شکوه ایران باستان

Frühgeschichtliche Epochen

Elam: Archäologie und Geschichte

Behzad Mofidi Nasrabadi

Abb. 1: Übersichtskarte von Südwestiran.

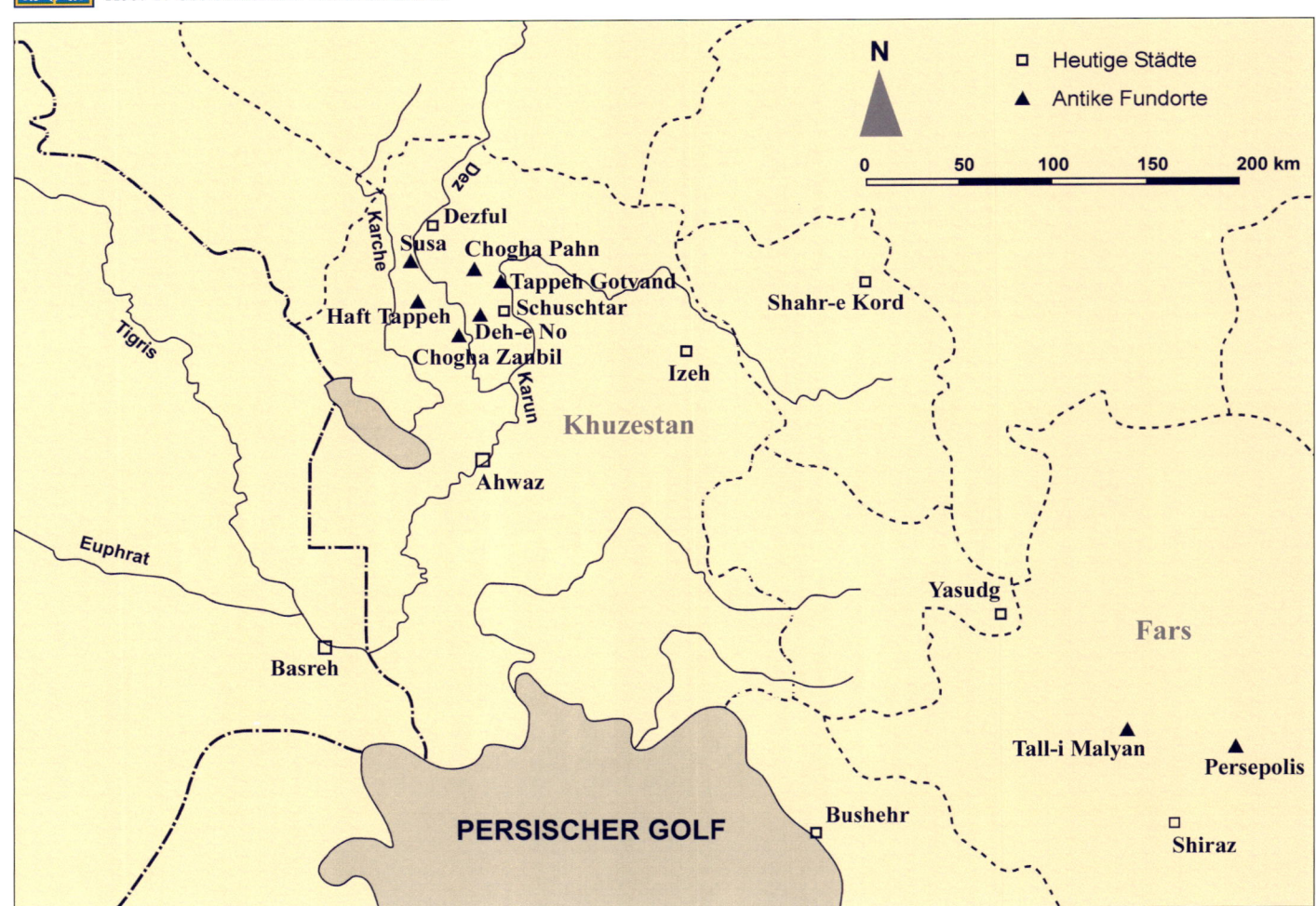

Neben Mesopotamien spielte die Ebene von Khuzestan im Südwesten des heutigen Iran eine bedeutende Rolle bei der Entstehung von städtischen Gesellschaften im Vorderen Orient (Abb. 1). Die klimatischen und geographischen Eigenschaften dieser Region mit ihren drei Hauptflüssen Karche, Dez und Karun boten gute Voraussetzungen für die Entstehung und Entwicklung von Kanälen und Bewässerungsanlagen, die zu intensiven landwirtschaftlichen Aktivitäten im 4. Jt. v. Chr. führten. Durch den Bau von Kanälen war es möglich, größere Bereiche des Flachlandes als Ackerfläche zu gewinnen und eine enorme Steigerung des Ernteertrags zu erreichen. Eine derartige Entwicklung war naturgemäß mit der Polarisierung des Reichtums verbunden. Es gelang einigen Mitgliedern der Siedlungsgemeinschaft, den Reichtum bzw. die mit ihm zusammenhängenden Faktoren wie Landbesitz, Arbeitsverteilung und Handel zu kontrollieren. Am Ende des 4. Jt. v. Chr. entwickelten sich einige Siedlungszentren in Südmesopotamien und Khuzestan, wie Uruk und Susa, zu Städten mit zentralisiertem Verwaltungssystem (Mc Adams & Nissen 1972; Pollock 1989). Die Schrift wurde in den beiden Zentren zum Zweck der Buchführung erfunden. Dabei handelte es sich um Bildzeichen oder Logogramme, die hauptsächlich für die Aufzeichnung von Viehbeständen oder landwirtschaftlichen Gütern verwendet wurden (Friberg 1978; Damerow & Englund 1989). In Mesopotamien wandelten sich die Bildzeichen im Laufe des 3. Jt. v. Chr. allmählich zur Keilschrift. Sie wurde nun auch für die Aufzeichnung historischer Sachverhalte benutzt. Obwohl in Susa zuerst eine eigene Schrift, die sog. protoelamische Schrift, entwickelt wurde, hat man später die mesopotamische Keilschrift übernommen.

Die frühesten Belege, in denen das Land Elam erwähnt wird, stammen aus Mesopotamien und gehören dem 3. Jt. v. Chr. an. In den sumerischen Quellen wird die Nachbarregion Susiana bzw. der nördliche Bereich des heutigen Khuzestan und das weiter östlich gelegene Hochland mit dem Sumerogramm NIM mit der Bedeutung „hoch" und dem nachgestellten Determinativ KI (d.h. „Land") geschrieben. Die akkadische Gleichung dafür war KUR *elammatum*, was „Das Land Elam" bedeutet. In der Forschung wird häufig angenommen, dass die Bewohner der mesopotamischen Ebene die östliche Nachbarregion wegen ihrer hohen Gebirgszüge als NIM („hoch") bezeichnet haben. Dementsprechend wurde die akkadische Bezeichnung *elammatum* mit dem Verbum *elûm* („hoch sein") in Verbindung gebracht (Hinz 1964, 18; Damerow & Englund 1989, 1; Quintana 1996, 50). Die Elamer selbst nannten aber ihr Land *Hal Hatamti* oder *Haltamti*, was nach W. Hinz „Land des Herrn" oder „Gottesland" bedeuten soll (Hinz 1964, 18). In rezenten Betrachtungen gehen Forscher eher davon aus, dass die akkadische Bezeichnung *elammatum* eigentlich dasselbe elamische Wort *Haltamti* in akkadischer Aussprache ist (Vallat 1996, 89).

Das elamische Gebiet beschränkte sich nicht nur auf die Ebene des heutigen Khuzestan, sondern schloss große Teile des nördlich und östlich gelegenen Zagrosgebirges sowie die Region Fars ein. Neben Susa war auch die Stadt Anzan oder Anshan (das heutige Tal-i Malyan) in der Region Fars eines der Machtzentren des elamischen Reiches. Auch weitere elamische Regionen werden in den schriftlichen Quellen genannt. Allen voran sollen die Regionen Awan und Simasch in der früheren Geschichte Elams eine wichtige Rolle gespielt haben.

Die heutige Kenntnis über die elamische Kultur basiert hauptsächlich auf den langjährigen Ausgrabungen der Franzosen in Susa. Ihre systematische Arbeit begann 1897, als Frankreich vom damaligen iranischen König ein Grabungsvorrecht bekommen hatte. Außer Susa wurden nur wenige elamische Zentren wie Chogha Zanbil, etwa 45 km südöstlich von Susa, und Tal-i Malyan, das antike Anshan, in der Region Fars untersucht. Da das Ziel der frühen Grabungskampagnen in Susa war, antike Denkmäler für das Musée du Louvre zu finden, wurde damals noch keine wissenschaftlich fundierte archäologische Arbeitsmethode angewandt. Dies hatte zur Folge, dass die Sequenz der verschiedenen Schichten nicht festgelegt und die Baustrukturen nicht dokumentiert wurden. So liegen bis heute keine genauen Informationen über die architektonischen Anlagen großer ausgegrabener Flächen in Susa vor. Dies betrifft insbesondere den Bereich, der als Akropolis bezeichnet wird (Abb. 2). Erst in den letzten Jahrzehnten wurden Grabungen unter Berücksichtigung von stratigraphischen Methoden durchgeführt, die Informationen über einige Bauanlagen in Susa in verschiedenen Perioden bieten. So konnte man z.B. aus dem Ende des 4. Jt. v. Chr. eine Terrasse erkennen, auf der Überreste von Tempelanlagen festgestellt wurden (Abb. 3). Die Anlage soll eine der frühen Formen von Tempeltürmen (Ziqqurrat) gewesen sein, die man aus Uruk und Eridu in Mesopotamien kennt. Dass es solche auf einer Terrasse errichteten Hochtempel in der frühen Phase der elamischen Geschichte gegeben hat, weiß man durch die Darstellungen auf zeitgleichen Siegelabrollungen. Ein schönes Beispiel ist eine auf der Akropolis gefundene Siegelabrollung vom Anfang des 3. Jt. v. Chr. (Abb. 4) (Amiet 1972, Nr. 695). Man erkennt einen „Tempel", der auf beiden Seiten mit Hörnern versehen war und auf einer Terrasse gebaut wurde. Die Hochtempel in Elam wurden vermutlich mit Hörnern geschmückt, denn aus der neuassyrischen Zeit im 1. Jt. v. Chr. kennt man eine weitere Darstellung, die Hörner auf einer elamischen Ziqqurrat zeigt. Auch die Inschriften des assyrischen Königs Assurbanipal geben Hinweise darauf, dass die Ziqqurrat von Susa mit Hörnern geschmückt gewesen ist, denn es wird berichtet, dass die assyrischen Truppen diese Hörner weggetragen haben.

Neben den Erkenntnissen aus archäologischen Funden liefern auch schriftliche Quellen wichtige Informationen über die Geschichte Elams. Die Inschriften stammen hauptsächlich aus Mesopotamien. Laut der sumerischen Königsliste wurde etwa Mitte des 3. Jt. v. Chr. die Stadt Ur mit Waffen geschlagen und ihr Königtum nach Awan weggeführt (Jacobsen 1939, Col. iv, 5-6). Anscheinend kontrollierte das Reich von Awan anschließend über längere Zeit weite Teile des Zweistromlandes, bis es einem König aus Kisch gelang, die elamische Herrschaft über Mesopotamien zu beenden (Jacobsen 1939, Col. iv, 17-19). Einer altbabylonischen Königsliste zufolge setzte die Dynastie von Awan am Beginn des 3. Jt. v. Chr. ein und umfasste zwölf Könige (Glassner 1996). Viel ist über diese Periode nicht bekannt. Es muss aber mehrere Auseinandersetzungen zwischen Elam und Mesopotamien in der Mitte des 3. Jt. gegeben haben (Potts 1999, 88-90).

Mit der Machtübernahme durch Sargon von Akkad in Mesopotamien im Jahr 2334 v. Chr. begann eine neue Ära in der Geschichte des Vorderen Orients. Nachdem er sein Reich im Zweistromland gefestigt hatte, unternahm er einen Feldzug in Richtung Osten.

Abb. 2: Luftaufnahme von Susa.

Laut seiner Inschriften soll Luhischan, der Sohn des Hischibraschini, in jener Zeit in Elam regiert haben (Gelb & Kienast 1990, 188). Sargon gelang es, Elam zu unterwerfen und reiche Beute mit nach Mesopotamien zu bringen (Gelb & Kienast 1990, 178-181). Wahrscheinlich ließ Sargon den elamischen König Luhischan als seinen Vasallen in Elam an der Macht. Nach Luhischans Tod bestieg Hischepratep, der neunte König der Awan-Dynastie, in Elam den Thron. Als Sargon starb, nutzte Hischepratep die Gelegenheit, um zusammen mit Abalgamasch, dem König der nördlich von Susa gelegenen Region Warahschi, gegen die mesopotamische Vorherrschaft zu rebellieren. Jedoch blieben seine Bemühungen am Ende erfolglos, denn Rimusch, der Sohn und Nachfolger von Sargon, unterwarf Elam erneut und brachte zahlreiche Beutestücke nach Mesopotamien. Mehrere Gegenstände, wie Steingefäße, die Rimusch aus Elam mitgeschleppt und den mesopotamischen Göttern geweiht hatte, sind durch Ausgrabungen in Ur und Nippur entdeckt worden (Gelb & Kienast 1990, 66-70).

Sargon und Rimusch hatten nur die westlichen Bereiche des elamischen Reiches unterworfen. Die östlichen Provinzen sowie die Stadt Anshan waren bis dahin von den Feldzügen der akkadischen Herrscher verschont geblieben. Dies änderte sich, als Manischtusu seinen Bruder Rimusch ermordete und die Macht übernahm. In einem groß angelegten Feldzug drang er tief in den östlichen Teil des elamischen Reiches ein. Während ein Teil seines Heeres auf dem Landweg über Susa Richtung Anshan in der heutigen Region Fars marschierte, überquerte er selbst mit dem Rest seiner Truppen per Schiff den persischen Golf, um weit in das Innere des Landes Elam zu gelangen. Der Grund für diesen Feldzug wird in einer Inschrift erklärt:

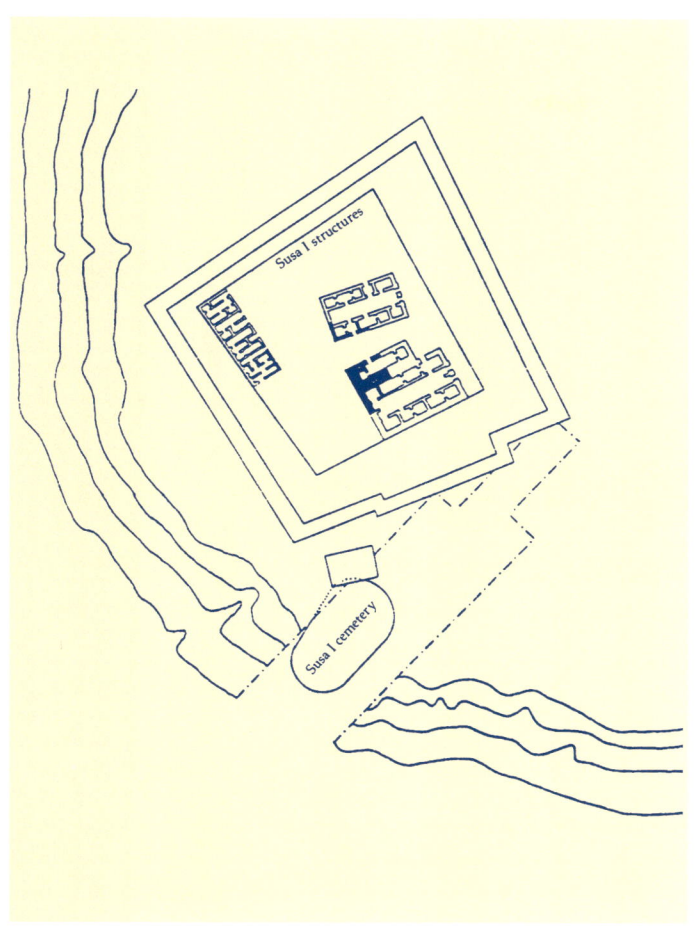

Abb. 3: Auf einer Terrasse errichtete Tempelanlage in Susa aus dem Ende des 4. Jt. v. Chr.; nach Harper et al. 1992, Fig. 23.

„Manischtusu, der König des Alls, hat, nachdem er Anshan und Scherihum erobert hatte, das Untere Meer ...-Schiffe befahren lassen. Die Städte von jenseits des Meeres, 32 (an Zahl), hatten sich

Abb. 4: Siegeldarstellung mit Hochtempel aus Susa vom Ende des 4. Jt. v. Chr.; nach Harper et al. 1992, Fig. 28.

Abb. 5: Das Felsrelief in Kurangan mit der auf einer Schlange sitzenden Gottheit; nach Vanden Berghe 1986, Fig. 2.

zum Kampf zusammengetan, aber er hat (sie) besiegt und ihre Städte erobert, ihre Fürsten niedergestreckt. Und vom Flusse ... bis zu den Edelmetall-Minen hat er (das Land) an sich gerissen. Die Berge von jenseits des Unteren Meeres: ihre schwarzen Steine hat er gebrochen und auf Schiffe verladen und (diese) am Kai von Akkad ankern lassen. Seine Statue hat er geschaffen und dem Enlil gestiftet. Schamasch und Aba beschwöre ich: (Es sind) keine Lügen, ganz gewiss! Wer diese Inschrift beseitigt, (dem) mögen Schamasch und Ischtar seine Wurzeln herausreißen und seinen Samen aufpicken." (Gelb & Kienast 1990, 75-77).

Manischtusu ließ seine Vasallen in verschiedenen Teilen Elams regieren. Eschpum war der Statthalter von Susa und Ilschu-rabi regierte in der Region Paschime am Persischen Golf (Potts 1999, Tab. 4,7). Die akkadische Sprache und Schrift wurde in der Verwaltung und für offizielle Zwecke in Elam eingeführt.

Die mesopotamische Oberherrschaft über Elam dauerte auch in der langen Regierungszeit des Sohns von Manischtusu, Naram-sin, an. Dennoch zog Naram-sin es wegen der unruhigen Lage in den Regionen des Zagrosgebirges vor, einen Bündnisvertrag mit Elam zu schließen (Hinz 1967). Die Auseinandersetzung der Akkader mit den Bergvölkern, insbesondere mit den Gutäern, hatte das akkadische Reich geschwächt. Als Naram-sins Sohn Scharkali-scharri den Thron bestieg, wendete sich das Blatt, so dass nun die Akkader sich vor den Angriffen der Gutäer und der Elamer verteidigen mussten (Gelb & Kienast 1990, 54).

Am Ende der Akkadzeit hatte Elam unter Kutik-inschuschinak (akkadisch: Puzur-inschuschinak), dem zwölften König der Awan-Dynastie, seine Unabhängigkeit wieder gewonnen. Kutik-inschuschinak gelang es, verschiedene Teile des Landes unter seine Kontrolle zu bringen und sogar seinen Einfluss auf das Diyala-Gebiet und die östlichen Bereiche Mesopotamiens auszuweiten (Potts 1999, 124). In einer seiner Inschriften werden etwa 80 Ortschaften aufgezählt, die er unterworfen hatte. Es wird sogar berichtet, dass der König von Simaschki zu ihm gekommen war, um sich ihm unterzuordnen (Gelb & Kienast 1990, 321-324). Mit Kutik-inschuschinak erhielt Elam ein neues Selbstbewusstsein. Viele offizielle Königsinschriften wurden in elamischer Strichschrift geschrieben. Die genaue Entwicklung dieser Schrift ist nicht bekannt. Alle Belege stammen aus der Regierungszeit des Kutik-inschuschinak (Hinz 1969; Vallat 1986). Ähnliche Zeichenarten wurden auch im Osten Irans, wie in Shahdad in der Provinz Kerman, auf Gefäßscherben gefunden, doch unterscheiden sie sich zum Teil von der elamischen Strichschrift.

In den Inschriften von Kutik-inschuschinak werden Bautätigkeiten sowie viele Weihgaben, die er dem Hauptgott von Susa, Inschuschinak, gestiftet hatte, erwähnt. In Susa wurde eine aus Stein hergestellte Gründungsurkunde mit Reliefdarstellungen gefunden (Gelb & Kienast 1990, 328-329; Harper *et al.* 1992, 88, Fig. 54). Die Darstellung zeigt eine kniende männliche Person mit Hörnerkrone, die einen sog. Gründungsnagel in der Hand hält. Hinter ihr steht eine betende Göttin. Auf der Rückseite wurde ein Löwe dargestellt. Die obere Fläche des Gründungsdenkmals ist schwer beschädigt. Man kann aber den Rest einer Schlange im Relief erkennen. Die Schlange spielte im Glauben der Elamer eine wichtige Rolle. In den religiösen Szenen verschiedener Perioden begegnet man Schlangen, die zusammen mit den elamischen Göttern abgebildet wurden. Sie wurde öfter sogar als Thron bestimmter Gottheiten dargestellt (Abb. 5) (hierzu siehe De Miroschedji 1981).

Nach Kutik-inschuschinak scheint Elam erneut unter die Kontrolle der mesopotamischen Herrscher gekommen zu sein. Mit der Gründung der dritten Dynastie von Ur im Jahr 2112 v. Chr. durch

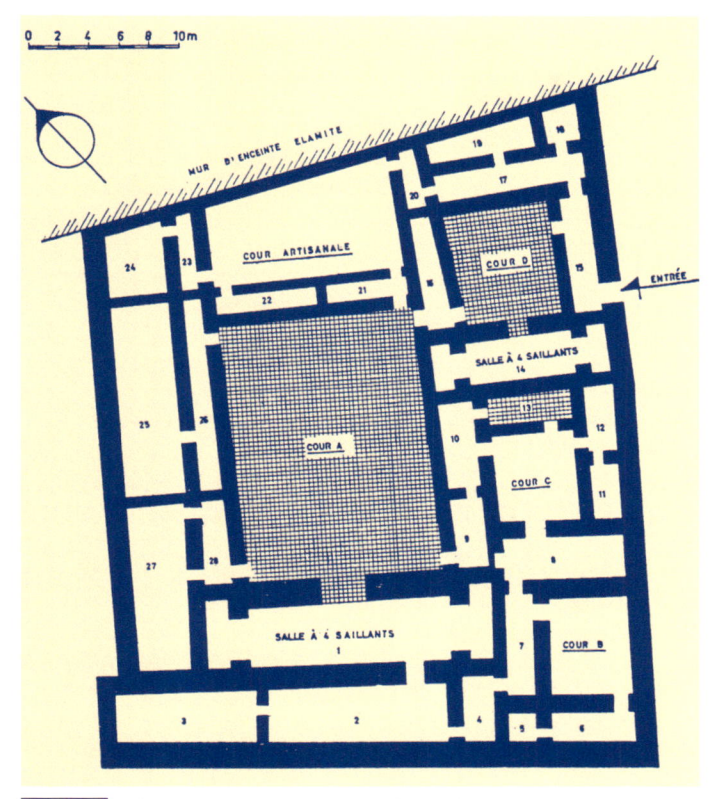

Abb. 6: Haus nach babylonischem Schema in Susa aus der Sukkalmach-Periode; nach Miglus 1999, Abb. 240.

Trotz mehrerer Aufstände der elamischen Städte konnten Schulgi und seine Nachfolger Amar-sin und Schu-sin ihre Vorherrschaft über die elamischen Gebiete aufrecht erhalten. Erst in der Regierungszeit des Ibbi-sin, Schu-sins Sohn, gelang es den Elamern unter den Königen von Simaschki, nach einigen Versuchen nicht nur Elam zu befreien, sondern sogar im Jahr 2004 v. Chr. Mesopotamien und die Stadt Ur zu erobern. Ibbi-sin wird als Gefangener zusammen mit der Statue des Nanna, der Hauptgottheit von Ur, nach Elam gebracht (Potts 1999, Tab. 5, 2).

Die Auseinandersetzung zwischen Elam und Mesopotamien kennzeichnete auch den Anfang des 2. Jt. v. Chr. Nach der Dynastie der Könige von Simaschki begann eine Zeit, die in der Literatur als Sukkalmach-Periode bezeichnet wird. Der Amtstitel Sukkalmach ist ein sumerisches Wort und bedeutet etwa „Großwesir". In der Zeit der dritten Dynastie von Ur wurde in jeder Region des Reiches ein Sukkalmach eingesetzt. Unter dem Einfluss der mesopotamischen Tradition übernahmen die elamischen Herrscher in Susa am Anfang des 2. Jt. v. Chr. diese Amtsbezeichnung und nannten sich Sukkalmach von Elam. Mehrere Jahrhunderte mesopotamischer Oberherrschaft in der Susiana hatten dazu geführt, dass verschiedene kulturelle Aspekte des Zweistromlandes wie Schrift und Sprache in Susa tradiert wurden. Selbst die Architektur zeigt charakteristische Merkmale der babylonischen Planung und Raumaufteilung. Die durch Ghirshman freigelegten großen Wohnhäuser dieser Periode in Susa folgen dem Schema des sog. babylonischen Hofhauses, nach dem auf einer Seite des zentralen Hofes der große „Empfangsraum" lag. Er war durch eine Tür in der Mittelachse der „übermäßigen" Fassade des Hofes zugänglich. Der „Empfangsraum" bildete zusammen mit den Nebenzimmern den Hauptteil des Hauses (Abb. 6) (Miglus 1999, 98, Taf. 49, Abb. 240).

Zahlreiche Texte und beschriftete Backsteine aus verschiedenen Teilen Elams zeugen von Bautätigkeiten in der Sukkalmach-Periode. In Susa hatten mehrere Herrscher die Tempelanlage des Gottes Inschuschinak wiederhergestellt. Kukkirmasch behauptet sogar, dass er einen neuen Tempel für Inschuschinak mit dem Namen Ekikuanna gebaut hatte (Malbran-Labat 1995, 18). Auch in Tal-i Malyan, dem antiken Anshan, wurde ein beschrifteter Backstein eines weiteren Herrschers dieser Periode mit dem Namen Siwepalarhuppak gefunden, der vom Bau eines Tempels berichtet (Stolper 1982, 60).

Im Laufe des 2. Jt. v. Chr. entwickelte sich Elam zu einem der wichtigsten politischen Machtzentren des Vorderen Orients. Die politische und wirtschaftliche Unabhängigkeit Elams spiegelte sich in einer Art kulturellen Selbstbewusstseins wider. Im 16. Jh. v. Chr. bezeichneten sich die elamischen Herrscher nicht mehr als Sukkalmach, sondern als „König von Susa und Anshan". In der Fachliteratur spricht man von einer neuen Ära in der elamischen Geschichte, die als mittelelamische Zeit bezeichnet wird. Der erste König dieser Periode soll Kidinu gewesen sein, von dem nur ein Siegelabdruck gefunden wurde (Amiet 1980, 139, Nr. 11). Von den anderen Königen dieser frühen Phase der mittelelamischen Zeit ist ebenfalls wenig bekannt. Mehr Informationen haben wir aber aus der Regierungszeit des Tepti-ahar, der in Haft Tappeh, etwa 20 km südlich von Susa, monumentale Bauten errichten ließ.

Urnamma erhob sich Mesopotamien wieder zu einer Weltmacht. Insbesondere in der langen Regierungszeit von Urnammas Sohn Schulgi wurden weite Bereiche des Vorderen Orients erobert. Auch Elam wurde unterworfen. Die Region Susiana galt als einer der 40 Distrikte des Reiches und wurde zeitweise von sumerischen Statthaltern verwaltet. Schulgi versuchte das Wohlwollen der Susianer zu gewinnen, indem er ihre Religion und ihre Götter respektierte. Er ließ den Tempel des Inschuschinak in Susa wieder aufbauen und brachte mehrere Weihgaben für die elamischen Götter dar. Seine beschrifteten Backsteine, die man für den Bau des Tempels benutzt hatte, wurden durch die französischen Ausgrabungen in Susa gefunden (Malbran-Labat 1995, 22). Eine Bronzestatue, die Schulgi in Susa dem elamischen Gott Inschuschinak geweiht hatte, trägt ebenfalls eine Inschrift (Potts 1999, Plate 5.1). Die Statue zeigt mesopotamische Merkmale, soll aber wohl in Susa angefertigt worden sein.

Die Unterwerfung der Völker im Zagrosgebirge war für den mesopotamischen Machthaber keine leichte Aufgabe. Um die verschiedenen Regionen Elams unter Kontrolle zu halten, versuchte Schulgi, durch politische Heirat die elamischen Herrscherfamilien an sich zu binden. So vermählte er z.B. seine Töchter mit den Herrschern von Marhaschi, Anshan und Paschime. Diese Politik scheint aber nicht ausnahmslos erfolgreich gewesen zu sein. So wurde z.B. Anshan vier Jahre nachdem Schulgis Tochter den Statthalter von Anshan geheiratet hatte, erobert und zerstört.

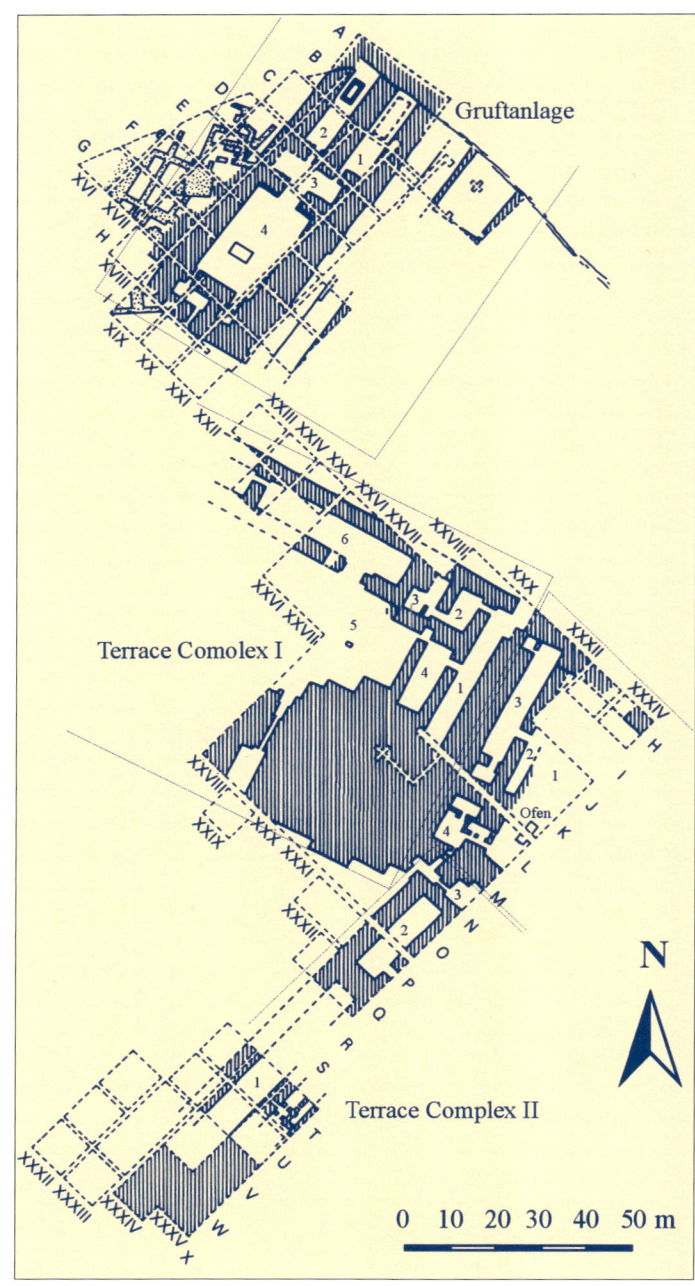

Abb. 7: Grabungsplan von Haft Tappeh; nach Negahban 1991, Pl. 2. Die Nordrichtung wurde korrigiert. Ebenfalls wurde die Nummerierung der Räume verändert.

Die Ausgrabungen in Haft Tappeh fanden von 1965 bis 1978 statt und lieferten interessante Informationen über die mittelelamische Zeit (Negahban 1991). Durch die Grabungen wurde ein Gebäude mit zwei aus Backsteinen gebauten Grüften sowie Trakte von zwei Anlagen freigelegt. Bei den Anlagen handelt es sich um zwei große, aus Lehmziegeln errichtete Terrassen, an die längliche Räume angebaut waren (Abb. 7). Sie wurden von den Ausgräbern als „Terrace Complex I und II" bezeichnet. Man fand Überreste von Wandmalereien auf dem Lehmputz mancher Räume. An einigen Stellen waren die Mauern noch bis zu einer Höhe von 9 m erhalten. In einem Nebenraum fand man mehrere Tontafeln, die anscheinend aus einem Archiv stammen. Südwestlich der ersten Terrasse lagen drei kleine Räume, die zu einer Werkstatt gehörten und in denen Rohmaterialien, aber auch Elfenbein- und Metallprodukte gefunden wurden. In einem der Räume hat man das Skelett eines Elefanten entdeckt. Vermutlich wurden die Knochen und das Elfenbein des Elefanten als Rohmaterialien benutzt. Ein großer zweiteiliger Ofen, der zur Metallverarbeitung verwendet wurde, befand sich in dem vor der Werkstatt gelegenen Hof.

Die rezenten geophysikalischen Untersuchungen in Haft Tappeh haben ein vollständiges Bild von der Struktur der Bauanlagen ermittelt. Nach der Ergänzung des Grabungsplans durch die Ergebnisse der geomagnetischen Vermessung erkennt man südlich der freigelegten Grüfte einen monumentalen Komplex aus mehreren Einheiten, die jeweils mit einem großen Hof versehen waren (Abb. 8 & 9). Die beiden freigelegten Lehmziegelterrassen lagen an der Ost- und Südecke eines großen, etwa rautenförmigen Hofes (Hof D). An der Nord- und Westecke des Hofes scheint es zwei kleinere Lehmziegelterrassen gegeben zu haben. Der Hof C war durch einen schmalen Korridor mit dem Hof A und dem ausgegrabenen Bereich („Terrace Complex I") verbunden. Ein weiterer großer Hof (C) befand sich nordwestlich vom Hof D. Im nördlichen Teil dieses Hofes ist eine Anlage mit mehreren kleinen parallel gelegenen Räumen zu erkennen. In diesem Bereich werden weitere Grüfte vermutet, auf deren Südostseite zwei kleine Höfe gelegen haben. Wegen der starken positiven Anomalien auf dem Magnetogramm sind die beiden kleinen Höfe vermutlich mit Backsteinen gepflastert (Mofidi Nasrabadi 2003-2004a).

Östlich des beschriebenen Baukomplexes lag der Hof B, der zu einer weiteren Anlage gehört haben muss. Die ausgegrabenen Räumlichkeiten der oben beschriebenen Werkstatt befanden sich auf der Südwestseite dieses Hofes. Auch fanden sich Urkunden über die Lieferung von Wertmetallen und anderen Materialien in diesem Bereich. Weiter südlich lag ein monumentales quadratisches Gebäude mit einem sehr großen Hof (E). Der Hof war von langen Räumen umschlossen. Südöstlich des Hofes E scheint es weitere große rechteckige Höfe gegeben zu haben. Die Struktur dieses Komplexes ähnelt den Palastanlagen der mittelelamischen Zeit, die wir aus Chogha Zanbil (Dur Untashi) kennen (Abb. 10). Wie die Paläste aus Chogha Zanbil muss die Anlage aus zwei oder mehreren rechteckigen Hofeinheiten bestanden haben, die von langen Räumen umschlossen waren. Ihre Maße sowie die Mauerstärke sind aber viel gewaltiger als die Palastanlagen in Chogha Zanbil.

Bei den Lehmziegelmassiven, die die Baukomplexe flankierten, könnte es sich um Terrassen gehandelt haben, auf denen sich Tempel für verschiedene Gottheiten befanden. In den bisher publizierten Inschriften aus Haft Tappeh werden zwei Tempel erwähnt, die von einer Lehmziegelmauer umschlossen waren. Der eine gehörte einer bis jetzt unbekannten elamischen Gottheit *Padi* (Reiner 1973, 90, Z. 39-40, 50, 53; Negahban 1991, 123-124). Der andere wurde als „Großtempel" bezeichnet und trug den Namen É.KUR (Herrero 1976, 108-111). Abgesehen von Tempeln wird auch ein Palast (É.GAL) in einer Steininschrift erwähnt. Ausgehend von den Inschriften kann man also annehmen, dass in Haft Tappeh mehre-

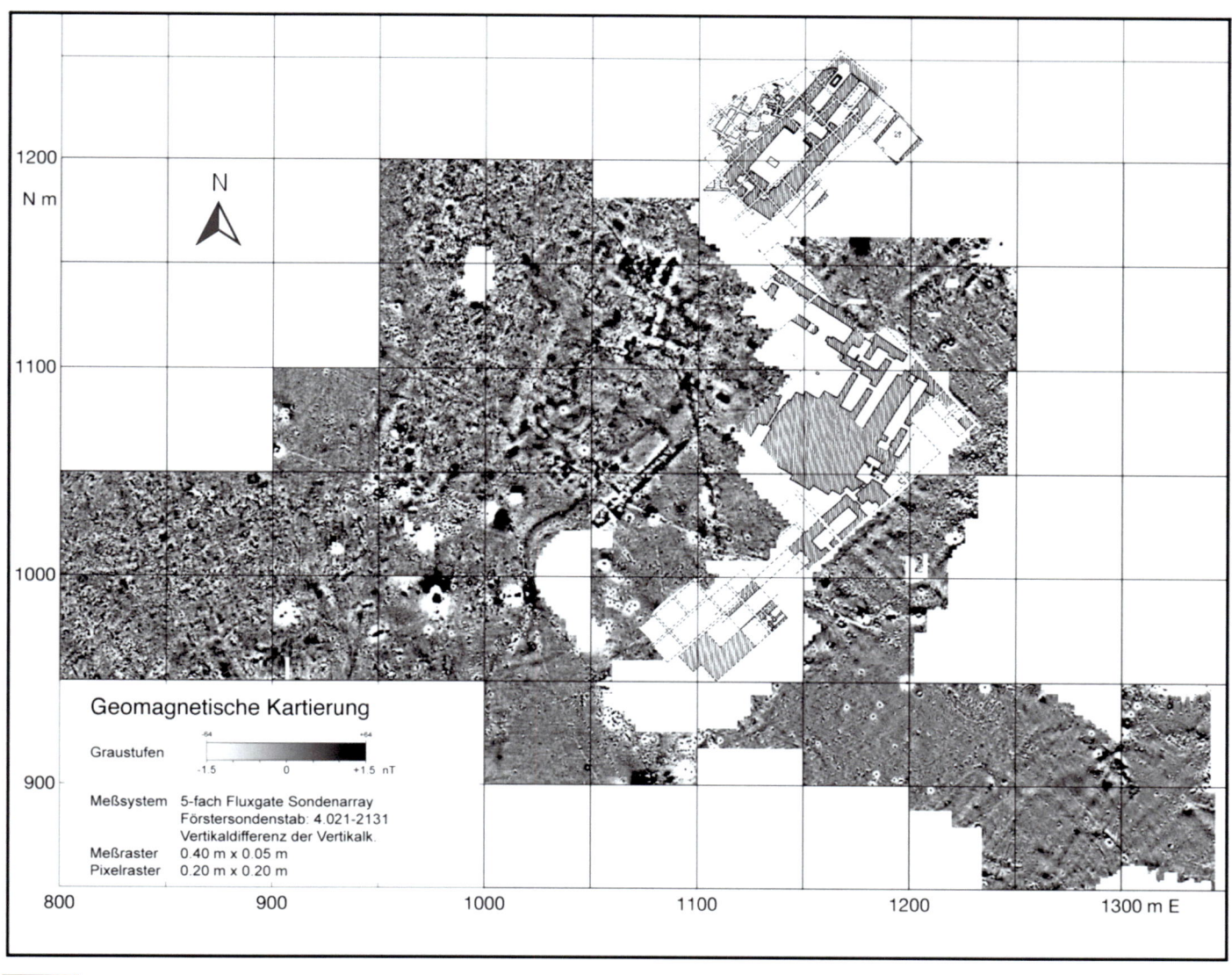

Abb. 8: Magnetogramm von Haft Tappeh; nach Mofidi Nasrabadi 2003-2004a, Abb. 7.

Abb. 9: Rekonstruktion der Bauanlagen in Haft Tappeh aufgrund der geomagnetischen Prospektion.

re Tempelanlagen sowie ein Palast existiert haben. Die unterschiedlichen monumentalen Baukomplexe, die aufgrund der geomagnetischen Vermessungen identifiziert werden konnten, entsprechen den in den Inschriften erwähnten Bauten.

Die Baukomplexe in Haft Tappeh sollen durch Tepti-ahar errichtet worden sein. Eine genaue Datierung seiner Regierungszeit ist aber noch nicht möglich. Auf einer Tontafel wird das Jahr erwähnt, in dem der König eine Person mit Namen Kadaschman-^{d}KUR.GAL vertrieben hat (Herrero 1976, 102). Dies weist auf einen Krieg zwischen Tepti-ahar und einem der babylonischen Könige hin. Da der zweite Teil der genannten Person in Sumerogrammen geschrieben wurde, kann man nicht mit Sicherheit feststellen, welcher König gemeint ist. Zuerst wurde angenommen, dass es sich dabei um Kadaschman-enlil I. (ca. 1374-1360 v. Chr.) gehandelt habe. Neuere Forschungen gehen eher davon aus, dass mit ^{d}KUR.GAL hier

301

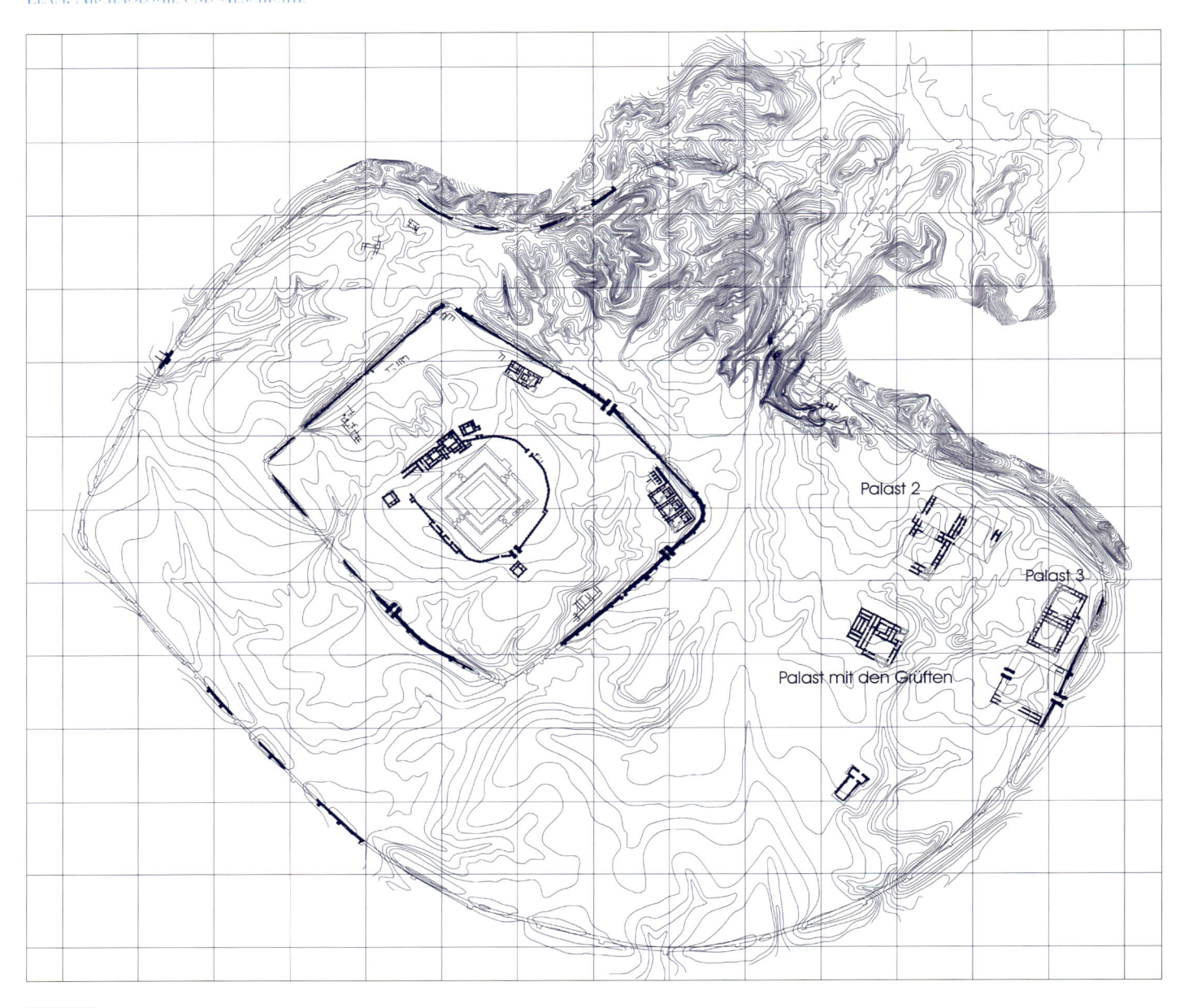

Abb. 10: Gesamtkarte der antiken Stadt Dur Untashi im heutigen Chogha Zanbil (jedes Quadrat ist 100 m breit).

der Gott Charbe gemeint ist und die Person somit der vertriebene babylonische König Kadaschman-charbe I. (ca. Ende 15. Jh. v. Chr.) gewesen sei (Cole & De Meyer 1999).

Nach Tepti-ahar soll ein weiterer König in Susa regiert haben, der in den Inschriften Inschuschinak-schar-ilani, der König von Susa, genannt wird (Glassner 1991, 111; Malbran-Labat 1995, 56; Amiet 1996, 140). Aufgrund der fehlenden schriftlichen und archäologischen Quellen bleibt das Ende der ersten Phase der mittelelamischen Periode im Dunkeln. Die in den freigelegten Räumen der Bauten aus Haft Tappeh gefundenen verbrannten Holzbalken legen die Vermutung nahe, dass die Baukomplexe im Laufe einer kriegerischen Auseinandersetzung zerstört worden sind. Keramikfunde, die ebenfalls einen Hinweis auf die Besiedlungsdauer geben, stammten hauptsächlich aus der ersten Phase der mittelelamischen Zeit (ca. 1500 bis 1300 v. Chr.)[1]. Keramikreste aus der zweiten Phase dieser Periode konnten nicht festgestellt werden. Vermutlich wurde Haft Tappeh also im 14. Jh. v. Chr. zerstört und verlor daraufhin seine Bedeutung.

Es dauerte nicht lange, bis sich eine neue Dynastie in Elam etablierte, deren politische Macht unter König Untash-napirischa ihren

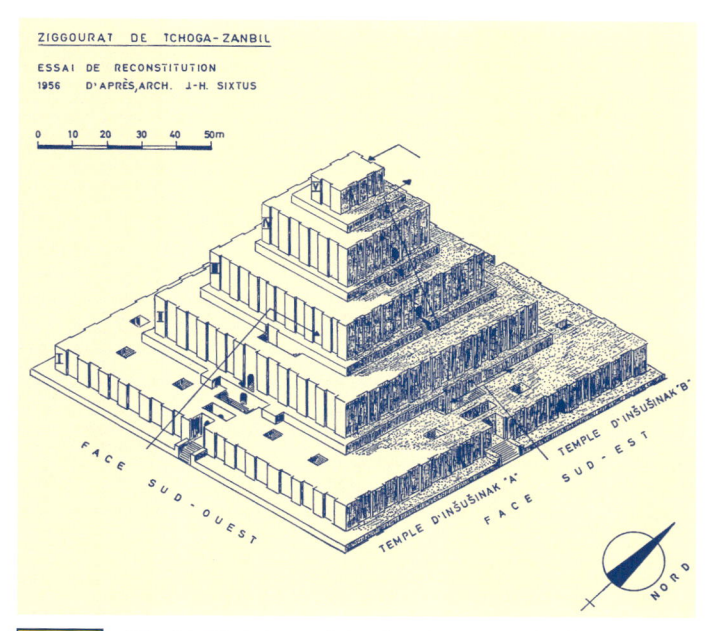

Abb. 11: Die Rekonstruktion der Ziqqurrat in Chogha Zanbil; nach R. Ghirshman 1966, Fig. 40.

Abb. 12: Bildliche Darstellung von der Rekonstruktion der Ziqqurrat in Chogha Zanbil.

Hauptgottheiten Inschuschinak und Napirischa lag im Zentrum der Stadt und maß 105 x 105 m (Abb. 11 & 12). Sie war von einer Mauer umgeben. Außerhalb dieser Mauer auf der Nordwest- und Nordostseite der Ziqqurrat befanden sich die Tempelanlagen anderer Gottheiten, die wiederum von einer zweiten Mauer umschlossen waren und eine Art heiligen Bezirk (elamisch *siyan kuk*) bildeten. Eine dritte, etwa 4 km lange Mauer wurde dann um das gesamte Stadtareal errichtet. Als Baumaterial wurden in der Regel Lehmziegel verwendet. Das Lehmziegelmassiv der Ziqqurrat wurde

Abb. 13: Beschrifteter Backstein aus Chogha Zanbil.

Abb. 14: Die Treppen auf der Südwestseite der Ziqqurrat in Chogha Zanbil.

Höhepunkt erreichte. Untash-napirischa, der Sohn des Humbannumena, regierte etwa am Ende des 14. Jh. v. Chr. Aus seiner Regierungszeit sind Tausende beschrifteter Backsteine erhalten geblieben, die auf seine systematische Bautätigkeit in Elam hinweisen. Er ließ sogar eine neue Residenz etwa 45 km südöstlich von Susa, das heutige Chogha Zanbil, errichten, die nach ihm Dur Untashi („Burg von Untashi") bzw. Al Untash („Stadt von Untash") genannt wurde. Wegen ihres monumentalen Tempelturms (Ziqqurrat) und den zahlreichen Tempelanlagen ist die Stadt in der Fachliteratur gut bekannt (Abb. 10).

Durch die französischen Ausgrabungen in den 50er Jahren des 20. Jh. unter der Leitung von Roman Ghirshman wurden große Bereiche der Stadt freigelegt (Ghirshman 1966; Ders. 1968; Steve 1967; Porada 1970). Die Ziqqurrat oder der Tempelturm der elamischen

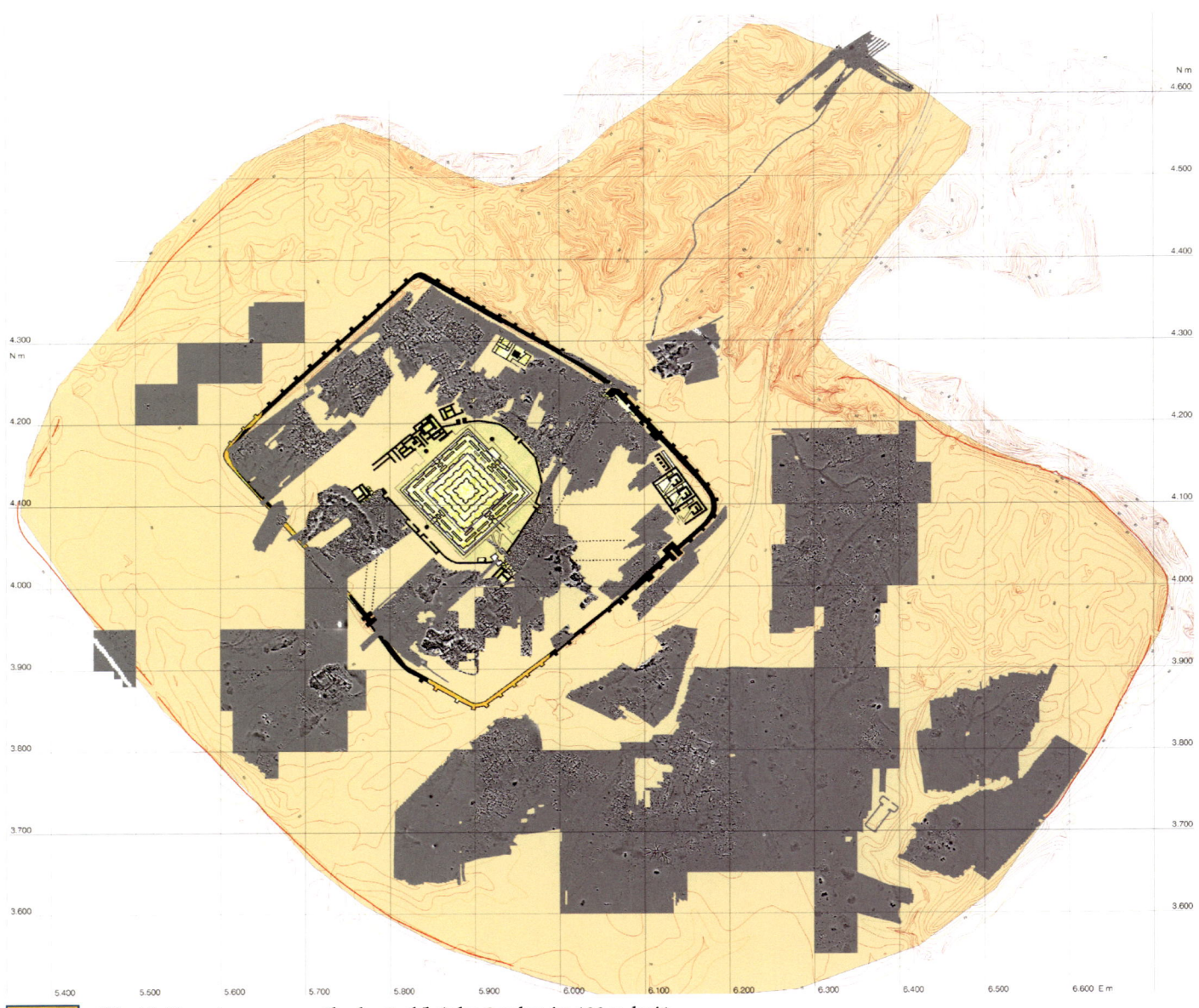

Abb. 15: Magnetogramm von Chogha Zanbil (jedes Quadrat ist 100 m breit).

mit einer Backsteinschale zum Schutz vor Regenwasser verstärkt. Die Ziqqurratfassaden waren mit zahlreichen glasierten Backsteinen geschmückt. Außerdem lag zwischen je zehn Reihen von Backsteinen eine Reihe beschrifteter Backsteine (Abb. 13). Die großen Holztüren in den Tempelanlagen waren mit Glasrohren, die spiralartige Muster hatten, ornamentiert (Kat.-Nr. 477). Auf allen vier Seiten der Ziqqurrat gab es Treppen, über die man die erste Stufe erreichen konnte. Allein auf der Südwestseite führten Treppen bis zur zweiten Stufe (Abb. 14). Der weitere Verlauf der Treppen bis zum Hochtempel konnte nicht mit Sicherheit festgestellt werden. Die Treppeneingänge am Fuße der Ziqqurrat wurden von Stieren bzw. Greifen aus Terrakotta flankiert.

Innerhalb der mittleren Mauer hatte man breite, mit Backsteinfragmenten gepflasterte Wege errichtet, die die Tore der mittleren Mauer mit den Haupttoren der inneren Mauer verbanden. Etwa 500 m östlich von der Ziqqurrat und in der Nähe vom östlichen Stadttor befanden sich drei Baukomplexe, die als Paläste bezeichnet wurden. Einer dieser Paläste war mit fünf unterirdischen Grüften versehen, die möglicherweise für die Beisetzung der Mitglieder der königlichen Familie benutzt werden sollten. Hinweise auf königliche Bestattungen wurden aber nicht gefunden.

Um neue Kenntnisse über die Stadtstruktur und die verschiedenen funktionalen Einheiten der Stadt wie Wohnviertel, Straßennetz,

Kanalisationssystem, Marktplätze usw. zu gewinnen, finden seit 1999 weitere Untersuchungen und Ausgrabungen unter der Leitung des Autors in Chogha Zanbil und Umgebung statt (Mofidi Nasrabadi 2003-2004b). Neben den Ausgrabungen wurde das Stadtgebiet mit Hilfe der geomagnetischen Methode untersucht. Zahlreiche Bauten konnten im Stadtgebiet erkannt werden, deren Struktur der von freigelegten Wohnhäusern ähnelt (Abb. 15). Insbesondere im Bereich der mittleren Mauer gab es eine dichte Bebauung. Die Häuser befinden sich hauptsächlich im nördlichen, nordwestlichen und südlichen Bereich. Außerhalb der mittleren Mauer konzentrieren sich die Bauten auf der Südostseite des Stadtgebietes.[2] Dur Untashi muss, dem Keramikrepertoire nach zu urteilen, etwa vom 13. bis 7. Jh. v. Chr. besiedelt gewesen sein. Allerdings sind die Häuser innerhalb der mittleren Mauer nicht bei der Gründung der Stadt, sondern wohl erst später gebaut worden.

Untash-napirischa ließ Tausende beschrifteter Backsteine herstellen, auf denen über den Bau von verschiedenen Anlagen berichtet wird. Außer in Chogha Zanbil hat man auch an anderen Orten des elamischen Reiches wie Susa, Tappeh Gotvand, Tappeh Deylam und Chogha Pahan seine beschrifteten Backsteine gefunden, die zu verschiedenen Tempelanlagen gehörten (Steve, Gasche & De Meyer 1980, 81-82; Stolper & Wright 1990). Fragmente von Stelen und lebensgroße Stein- und Bronzestatuen aus seiner Regierungszeit, welche auf eine fortgeschrittene Stein- und Metallbearbeitung hinweisen, wurden in Susa gefunden (Abb. 16 & 17).

Nach Untash-napirischa schweigen erneut die schriftlichen Quellen. Unsere Kenntnis über die Zeit seiner Nachfolger ist sehr gering. Erst mit der Machtübernahme einer neuen Dynastie, die nach ihrem ersten König Schutruk-nahhunte I. in der Literatur als Schutrukiden-Dynastie bezeichnet wird, ändert sich die Lage. Der neue Herrscher bezeichnete sich als „König von Susa und Anshan". Man kennt ihn aufgrund zahlreicher beschrifteter Backsteine, die er beim Bau von verschiedenen Tempeln verwendet hat. Solche Inschriften wurden nicht nur in Susa, sondern auch in Deh-e No, Chogha Pahan West und Lijan beim heutigen Busheir gefunden (Malbran-Labat 1995, 79-83; Steve 1987, 29). Unter Schutruk-nahhunte I. entwickelte sich Elam zu einem der wichtigsten politischen Machtzentren des Vorderen Orients. Er unterwarf um 1158 v. Chr. Babylonien und brachte reiche Beute aus den babylonischen Städten nach Elam. Insbesondere wurden mehrere Statuen und Stelen, wie die Stele des Naram-sin und die Statue des Manischtusu sowie der Kodex Hammurabi nach Susa gebracht. Anscheinend besaß Schutruk-nahhunte eine besondere Vorliebe für Antiquaria, da er in seiner Hauptstadt Susa nicht nur mesopotamische Denkmäler als Beutestücke, sondern auch Denkmäler aus anderen elamischen Ortschaften sammelte. Schutruk-nahhunte überließ die Herrschaft über Babylonien seinem Sohn Kutir-nahhunte, der wiederum Enlil-nadin-achchi, einen Babylonier, als seinen Vasallen auf den Thron setzte. Schon kurz danach rebellierte Enlil-nadin-achchi gegen die elamische Vorherrschaft. Kutir-nahhunte eroberte erneut Babylo-

Abb. 16: Stele des Untash-napirisha; nach Harper et al. 1992, Fig. 42.

Abb. 17: Fragment einer Statue des Untash-napirisha; nach Spycket 1981, Fig. 75.

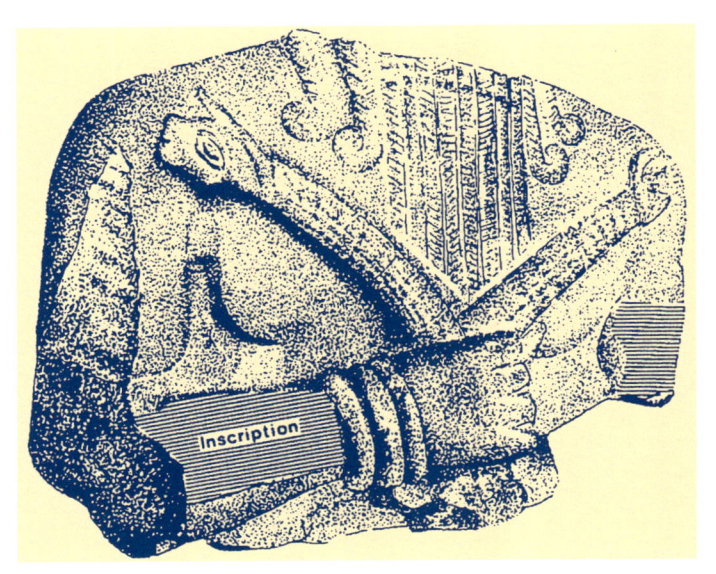

nien und zerstörte mehrere Städte. Er verschleppte die Statue des Marduk, der babylonischen Hauptgottheit, nach Elam und setzte einen neuen Statthalter in Babylonien ein. Nach dem Tod von Schutruk-nahhunte bestieg Kutir-nahhunte den Thron des elamischen Reiches. Auch von Kutir-nahhunte wurden mehrere beschriftete Backsteine gefunden, die von seiner Bautätigkeiten in Susa und anderen elamischen Städten zeugen (Malbran-Labat 1995, 83-87).

Mehr als Kutir-nahhunte hinterließ sein Bruder und Nachfolger Schilhak-inschuschinak der Nachwelt Denkmäler mit Inschriften. Er ließ zahlreiche Tempelanlagen in verschiedenen Teilen des Landes wieder herstellen. An der Fassade des Inschuschinak-Tempels in Susa wurden Backsteine verwendet, die Stiermenschen und weibliche betende Figuren im Relief darstellten (Abb. 18) (De Mecquenem 1947, 14, Fig. 8 und Pl. I, 2). Aus seiner Zeit stammt auch ein sehr interessantes und einzigartiges Modell aus Bronze, das die Durchführung eines religiösen Rituals darstellt (Harper *et al.* 1992, 137-141). Es zeigt zwei kahlköpfige männliche Personen, die vor einem mehrstufigen Podest hocken. Während einer ein kleines Gefäß in der Hand hält, sind die Handflächen der anderen Person zum Gefäß ausgestreckt. Es wurde vermutet, dass es sich bei dem mehrstufigen Podest um eine Ziqqurrat handeln könnte, insbesondere weil auch neben dem Podest zwei Reihen von kleinen kegelförmigen Podesten dargestellt sind, die Ähnlichkeiten mit den zwei Reihen kleiner Podeste beim südöstlichen Treppeneingang der Ziqqurrat von Chogha Zanbil aufweisen. Das Ritual wird in der Beischrift als *Sit Schamschi* („Sonnenaufgang") bezeichnet (König 1965, §56). Daher soll es sich vermutlich um ein Ritual gehandelt haben, das beim Sonnenaufgang stattfand.

Im Laufe der mittelelamischen Periode stieg die politische Macht Elams in der Region. In der dritten Phase dieser Periode, d.h. in der Schutrukiden-Zeit, stand sogar Babylonien unter dem politischen Einfluss der elamischen Herrscher. Dies führte zu einem zunehmenden elamischen Selbstbewusstsein. Dementsprechend benutzte man häufiger die elamische Sprache für die Aufzeichnung der historischen Ereignisse. So wurden die Inschriften von Schutruk-nahhunte und seinen Nachfolgern hauptsächlich in elamischer Sprache geschrieben, die aufgrund der heutigen mangelhaften Kenntnisse nicht immer leicht zu verstehen sind.

Als letzter König der Schutrukiden-Dynastie ist uns Hutelutusch-inschuschinak, der Sohn von Kutir-nahhunte, bekannt. Die mesopotamischen Quellen geben nähere Informationen über seine Regierungszeit. Nebukadnezar I. (1125-1104 v. Chr.) beschreibt in seinen Inschriften, wie er auf Befehl Marduks die Mardukstatue, die Kutir-nahhunte nach Elam gebracht hatte, von der elamischen Gefangenschaft befreit hat. Während sein erster Versuch fehlschlug, gelang es ihm bei seinem zweiten Versuch, Elam zu erobern und die Statue des Marduk nach Babylon zurückzubringen (Foster 1993/I, 298). Vermutlich floh Hutelutusch-inschuschinak ins östliche Gebirgsland nach Anshan, dennoch bleibt sein Schicksal im Dunkeln.

Abb. 18: Teil einer Reliefdarstellung von Shilhak-inshushinak aus Susa; nach De Mecquenem 1947, 14 Fig. 8.

Nach der Schutrukiden-Dynastie schweigen die Quellen für mehrere Jahrhunderte, bis die Texte der neuassyrischen Zeit wieder Auskunft über die elamische Geschichte geben. Insbesondere berichten die Inschriften von Assurbanipal (668-627 v. Chr.) genauere Details über die politischen Verhältnisse dieser Zeit. Im Laufe der assyrischen Expansionspolitik wurde Elam von Assurbanipals Truppen erobert und geplündert. Das Reich Elam konnte sich von diesem Schlag nicht mehr erholen und wurde im 6. Jh. v. Chr. in das Perserreich integriert. Obwohl Elam keine politische Macht in der Region bildete, hatten doch elamische kulturelle Eigenschaften auch weiterhin Bestand. Die zentrale Verwaltung im Perserreich wurde z.B. von den elamischen Schreibern durchgeführt. So wurde die elamische Sprache sowohl in den Verwaltungsurkunden verwendet als auch auf den Königsinschriften neben babylonisch und altpersisch.

Anmerkungen

1 Für die Benennung der verschiedenen Phasen der mittelelamischen Zeit siehe Potts 1999, 188-258.
2 Die Ausgrabungs- und Surveyberichte sind in Vorbereitung.
3 Für die Abkürzungen siehe Reallexikon der Assyriologie und Vorderasiatischen Archäologie.

Bibliographie[3]

AMIET, P.:
1972   Glyptique Susienne, des origines à l'époque des Perses Achéménides. Mémoires de la Délégation Archéologiques en Iran 43, Paris.
1980   La glyptique du second millénaire en provenance des chantiers A et B de la Ville Royale de Suse. Iranica Antiqua 15, 133-147.
1996   Observations sur les sceaux de Haft Tépé (Kabnak). RA 90, 135-143.

COLE, A. W. & DE MEYER, L.:
1999   Tepti-ahar, King of Susa, and Kadašman-^{d}KUR.GAL. Akkadica 112, March-April 1999, 44-45.

DAMEROW, P. & ENGLUND, R. K.:
1989   The Proto-Elamite Texts from Tepe Yahya, Cambridge. American School of Prehistoric Research Bulletin 39.

FOSTER, B. R.:
1993   Before the muses. An anthology of Akkadian literature, 2 vols., Bethesda.

FRIBERG, J.:
1978   The Third Millennium Roots of Babylonian Mathematics I. A Method for the Decipherment, through Mathematical and Metrological Analysis, of Proto-Sumerian and Proto-Elamite Semi-pictographic Inscriptions, Gothenburg.

GELB, I. J. & KIENAST, B.:
1990   Die altakkadischen Königsinschriften des dritten Jahrtausends v. Chr., FAOS 7, Stuttgart.

GHIRSHMAN, R.:
1966   Tchoga Zanbil (Dur Untash) Vol. I. La Ziggurat. Mémoires de la Mission Archéologique en Iran 39, Paris.
1968   Tchoga Zanbil (Dur Untash) Vol. II. Temenos, Temples, Palais, Tombes. Mémoires de la Mission Archéologique en Iran 40, Paris.

GLASSNER, J.-J.:
1991   Les textes de Haft Tépé, la Susiane et l'Elam au 2ème millénaire. In: L. de Meyer & H. Gasche (eds.), Mésopotamie et Elam, Ghent, 109-126.
1996   Les dynasties d'Awan et de Šimaški. NABU 34.

HARPER, P. O., ARUZ, J. & TALLON, F.:
1992   The Royal City of Susa: Ancient Near Eastern Treasures in the Louvre, New York.

HERRERO, P.:
1976   Tablettes administratives de Haft – Tépé. DAFI 6, 93-116.

HINZ, W.:
1964   Das Reich Elam, Stuttgart.
1967   Elams Vertrag mit Narâm-Sîn von Akkade, ZA 24, 66-96.
1969   Altiranische Funde und Forschungen, Berlin.

JACOBSEN, T.:
1939   The Sumerian King List, Chicago.

KÖNIG, F. W.:
1965   Die elamischen Königsinschriften, AfO Beiheft 16, Graz.

MALBRAN-LABAT, F.:
1995   Les inscriptions royales de Suse: Briques de l'époque paléo-élamite à l'Empire néo-élamite, Paris.

McC ADAMS, R. & NISSEN, H. J.:
1972   The Uruk Countryside, Chicago.

MECQUENEM, DE, R.:
1947   Contribution a l'étude du palais achéménide de Suse. Mémoires de la Mission Archéologique en Iran 30, Paris, 1-119.

MIGLUS, P.:
1999   Städtische Wohnarchitektur in Babylonien und Assyrien, BaF 22, Mainz.

MIROSCHEDJI, DE, P.:
1981   Le dieu élamite au serpent et aux eaux jaillissantes. Iranica Antiqua 16, 1-25.

MOFIDI NASRABADI, B.:
2003-2004a Archäologische Untersuchungen in Haft Tappeh (Iran), Arch. Mitteilungen aus Iran und Turan 35-36 (im Druck).
2003-2004b Untersuchungen zu Siedlungsstrukturen in der Peripherie von Čhoḡā Zanbil (Dur Untaš), Arch. Mitteilungen aus Iran und Turan 35-36 (im Druck).

NEGAHBAN, E. O.:
1991   Excavations at Haft Tappeh, Iran, Philadelphia.

POLLOCK, S.:
1989   Power politics in the Susa A period. In: E. F. Henrickson & I. Thuesen (eds.), Upon this Foundation – the 'Ubaid Reconsidered, Copenhagen, CNIP 10, 281-292.

PORADA, E.:
1970   Tchoga Zanbil (Dur Untash) Vol. IV. La Glyptique. Mémoires de la Mission Archéologique en Iran 42, Paris.

Potts, D. T.:
1999 The Archaeology of Elam. Formation and Transformation of an Ancient Iranian State, Cambridge.

Quintana, E.:
1996 ELAM = halhatamti = high land. NABU 50.

Reiner, E.:
1973 Inscription from a Royal Elamite Tomb. AfO 24, 87-102.

Spycket, A.:
1981 La statuaire du Proche-Orient ancient, Handbuch der Orientalistik 7/I/2/B/2.

Steve, M.-J.:
1967 Tchoga Zanbil (Dur Untash) Vol. III. Textes élamites et accadiens de Tchoga Zanbil. Mémoires de la Mission Archéologique en Iran 41, Paris.
1987 Nouveaux mélanges épigraphiques, Inscriptions royales de Suse et de la Susiane. Mémoires de la Mission Archéologique en Iran 53, Nice.

Steve, M.-J., Gasche, H. & De Meyer, L.:
1980 La Susiane du deuxième millénaire: à propos d'une interprétation des fouilles de Suse. Iranica Antiqua 15, 49-154.

Stolper, M. W.:
1982 On the Dynasty of Šimaški and the Early Sukkalmahs. ZA 72, 42-67.

Stolper, M. W. & Wright, H. T.:
1990 Elamite brick fragments from Choga Pahn East and related fragments. In: F. Vallat (ed.), Mélanges Jean Perrot, Paris, 151-163.

Vallat, F.:
1986 The most ancient scripts of Iran: the current situation. World Archaeology 17, 335-347.
1996 Elam: haltamti/Elamtu. NABU 89.

Vanden Berghe, L.:
1986 Données nouvelles concernant le relief rupestre élamite de Kurangun. In: L. De Meyer, H. Gasche & F. Vallat (eds.), Fragmenta Historiae Elamicae: Mélanges offerts à M. J. Steve, Paris, 157-173.

Die „heilige" Stadt des Inshushinak bei Chogha Zanbil in Khuzestan mit der 90 m hohen Ziggurat im Zentrum. Foto: G. Gerster

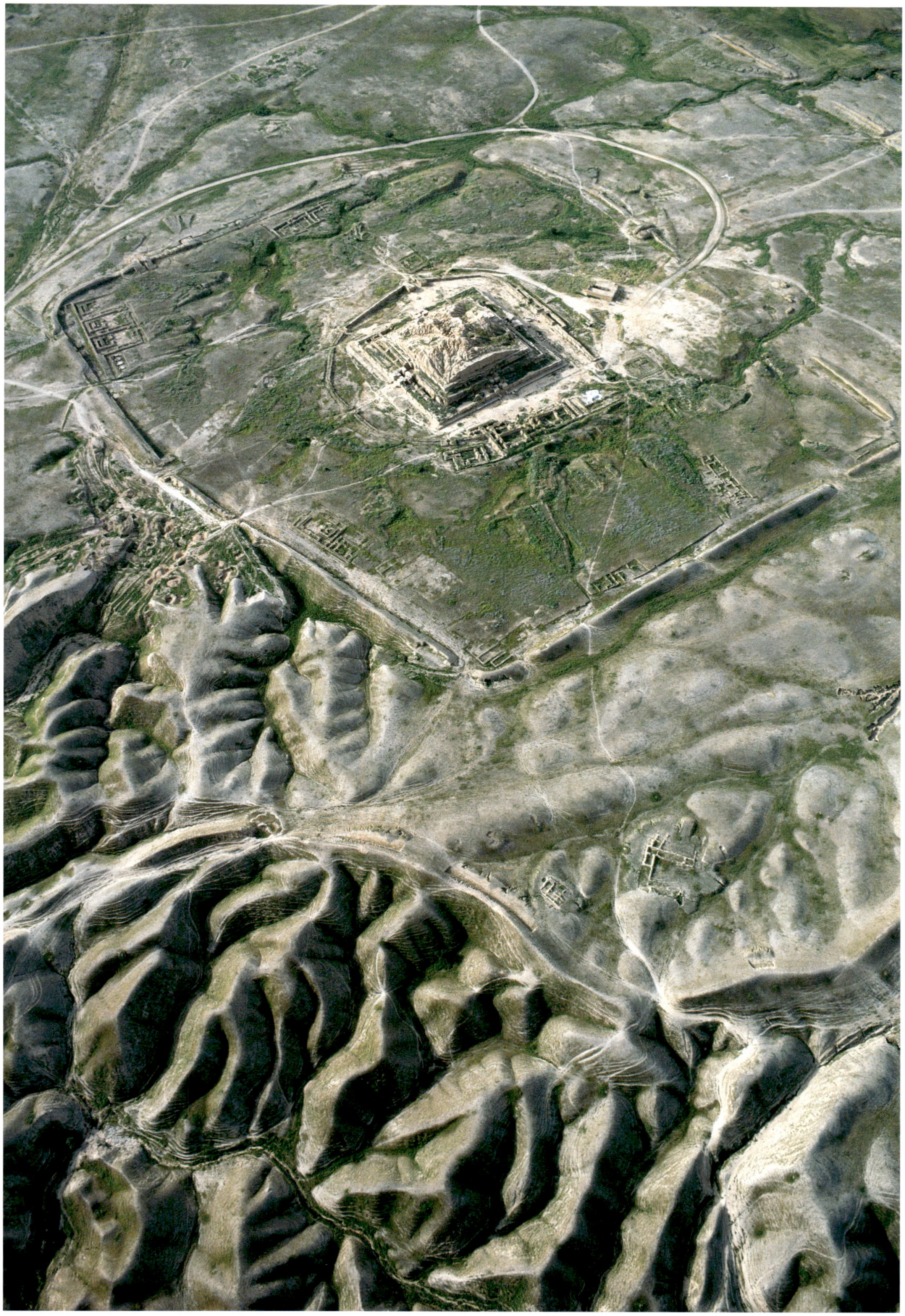

Das iranische Hochland im 2. und 1. Jt. v. Chr.: die frühgeschichtliche Periode

Christian Konrad Piller

Einführung

Die frühgeschichtliche Periode bezeichnet die letzte Phase vor dem Anbruch der historischen Zeit im iranischen Hochland. In absoluten Daten umfasst sie den Zeitraum vom Beginn der Mittelbronzezeit im frühen 2. Jt. v. Chr. bis zum Ende der mittleren Eisenzeit im 7./6. Jh. v. Chr. (Abb. 1).

Im iranischen Hochland sind in der frühgeschichtlichen Periode ausschließlich schriftlose Kulturen verbreitet. Schriftliche Quellen sind erst gegen Ende dieser Zeit vorhanden und stammen auch dann lediglich aus benachbarten Regionen, nicht aber aus dem iranischen Hochland selbst. Ab dem 9. Jh. v. Chr. stehen zunächst assyrische, später auch urartäische Texte zur Verfügung, die sich vor allem auf die politischen Verhältnisse in Nordwest- und Westiran beziehen. Zur Bewertung der Situation sind wir demnach vor

Abb. 1: Vergleichende Chronologie des iranischen Hochlandes in 2. und 1. Jt. v. Chr; Entwurf des Verfassers.

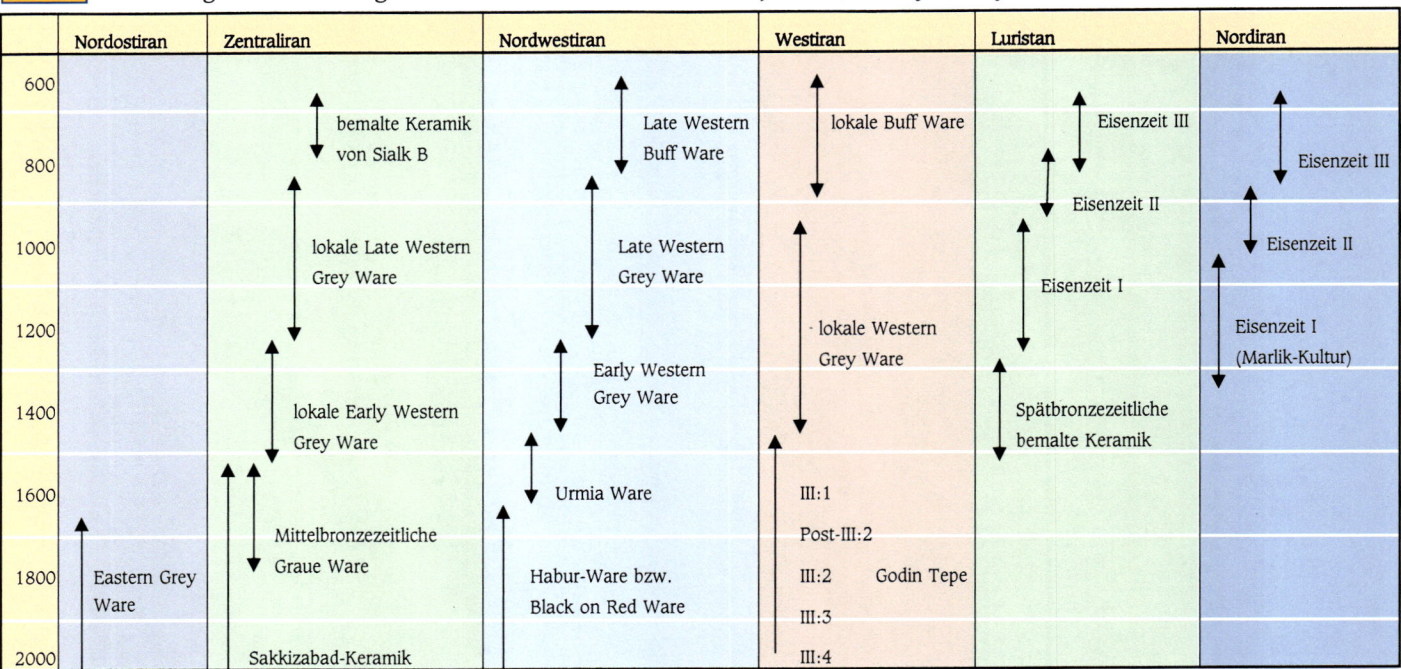

	Nordostiran	Zentraliran	Nordwestiran	Westiran	Luristan	Nordiran
600		bemalte Keramik von Sialk B	Late Western Buff Ware	lokale Buff Ware	Eisenzeit III	
800					Eisenzeit II	Eisenzeit III
1000		lokale Late Western Grey Ware	Late Western Grey Ware		Eisenzeit I	Eisenzeit II
1200			Early Western Grey Ware	lokale Western Grey Ware		Eisenzeit I (Marlik-Kultur)
1400		lokale Early Western Grey Ware			Spätbronzezeitliche bemalte Keramik	
1600		Mittelbronzezeitliche Graue Ware	Urmia Ware	III:1 / Post-III:2		
1800	Eastern Grey Ware		Habur-Ware bzw. Black on Red Ware	III:2 Godin Tepe / III:3		
2000		Sakkizabad-Keramik		III:4		

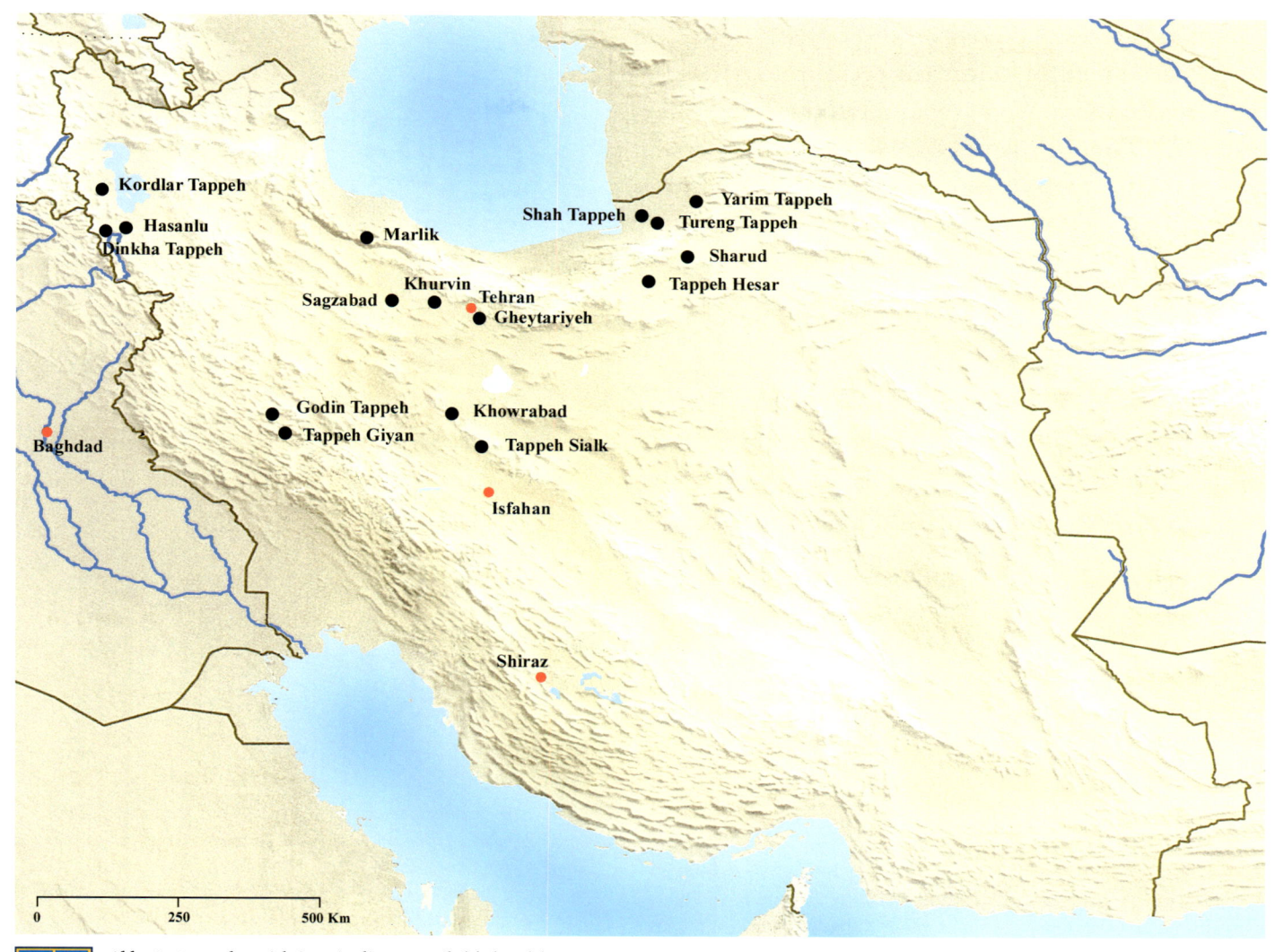

Abb. 2: Karte der wichtigen in diesem Artikel behandelten Orte.

allem auf die Ergebnisse der archäologischen Feldforschung angewiesen. Gemessen an der Größe und der geographischen Struktur des zu bearbeitenden Gebietes können auch diese jedoch nur einen allgemeinen Überblick liefern (Abb. 2).

Mittel- und Spätbronzezeit

In der ersten Hälfte des 2. Jt. v. Chr. ist das iranische Hochland in zahlreiche regionale Kulturgruppen aufgeteilt, die vor allem durch ihre unterschiedlichen Keramiktraditionen charakterisiert werden. Metallobjekte spielen im Regelfall nur eine untergeordnete Rolle im archäologischen Fundmaterial. Eine Gemeinsamkeit der bronzezeitlichen Kulturen besteht in der sesshaften Lebensweise in Tellsiedlungen; die Bestattungen werden innerhalb der Siedlungen vorgenommen. Neben Einzelbestattungen in einfachen Erdgruben finden sich auch größere Steingräber, die für mehrere aufeinander folgende Bestattungen genutzt werden (z.B. Rubinson 1991).

Am deutlichsten äußert sich die angesprochene Regionalisierung in Nordwestiran, wo während der Mittelbronzezeit Einflüsse aus verschiedenen Regionen zu beobachten sind. Das nördliche Urmiagebiet ist über die *Black on Red Ware*, eine rötliche Keramik mit schwarzer Bemalung, in einen größeren Kulturkomplex eingebunden, der sich über Transkaukasien und Ostanatolien erstreckt[1]. Im Gegensatz zu Transkaukasien und dem ostanatolischen Hochland, wo diese Kultur bisher fast ausschließlich über Grabhügel bekannt ist, sind im südlichen Verbreitungsgebiet Tellsiedlungen wie Kültappeh II in Nakhiçevan und Haftavan Tappeh in Nordwestiran vorhanden[2].

Abb. 3: Polychrom bemalte Urmia-Ware aus Haftavan VIB; (nach Edwards 1983, 351.

Abb. 4: Mittelbronzezeitliche Keramik aus Zentraliran. Links: Bemalte Gefäße der Sakkizabad-Keramik; rechts: entsprechende Gefäßformen der mittelbronzezeitlichen grauen Ware (sog. Central Grey Ware). Die graue Keramik ist mit eingeritzten Linien oder aufgesetzten Tonkügelchen verziert; nach Piller 2003, Abb. 11.

Die Verbreitung von Habur-Ware im südlichen Urmiagebiet deutet darauf hin, dass diese von Mesopotamien aus relativ einfach zugängliche Region während des frühen 2. Jt. v. Chr. unter mesopotamischem Einfluss stand[3]. Funde von Tonnägeln und Wandkacheln in mesopotamischer Tradition aus Dinkha Tappeh bestätigen den zunächst nur anhand der Keramik gewonnenen Eindruck enger Kontakte zwischen beiden Regionen. Metallobjekte wie Schmuck und Trachtbestandteile weisen zum Teil Parallelen bis in die südliche Levante auf. Aufgrund dieses archäologischen Befundes wurde vermutet, dass Fundorte wie Dinkha Tappeh in ein weit gestecktes mesopotamisches Handelsnetz eingebunden waren[4].

In der Spätbronzezeit brechen die Kontakte nach Mesopotamien ab; die Habur-Ware verschwindet aus dem Fundmaterial. Stattdessen ist im gesamten Urmiagebiet sowie in Nakhiçevan und Teilen Ostanatoliens die aus der mittelbronzezeitlichen *Black on Red Ware* entwickelte, mehrfarbig bemalte *Urmia-Ware* (Abb. 3) verbreitet[5].

Ebenfalls relativ gut erforscht ist die Situation im zentralen Westiran. Hier entwickelt sich die bemalte Keramik von Tappeh Giyan und Godin Tappeh auch im frühen 2. Jt. v. Chr. weiter fort[6]. Wie unterschiedlich der Forschungsstand innerhalb des iranischen Hochlandes sein kann, zeigt ein Blick auf das benachbarte Luristan, wo der einzige bisher bekannte spätbronzezeitliche Befund ein Grab mit bemalter Keramik aus Sarab Bagh ist.

Im nördlichen Zentraliran ist die zunächst durch den Kunsthandel bekannt gewordene Sakkizabad-Keramik verbreitet. Eine Beurteilung dieser Keramik ist mangels aussagekräftiger archäologischer Befunde nur schwer möglich. Es handelt sich um eine gelbe bis orange-rötliche Ware mit dunkler Bemalung, die sowohl monochrom als auch polychrom sein kann (Abb. 4, links). Aus der Sakkizabad-Keramik entwickelt sich im Laufe der Mittelbronzezeit eine unbemalte graue Keramik, die zum Teil die gleichen Gefäßformen und Ornamente aufweist (Abb. 4, rechts).

In Nordostiran kann graue Keramik auf eine bedeutend längere Tradition aufbauen. Hier taucht die sog. *Eastern Grey Ware* bereits im späten 4. Jt. v. Chr. auf und verdrängt die bemalte Keramik bald weitgehend (Dyson & Voigt 1992, 169-174). Mit der durch Hesār IIIC repräsentierten Ausprägung erreicht diese Kultur ihren Höhepunkt, bevor im 17. Jh. v. Chr. alle bisher untersuchten Fundorte in Nordostiran verlassen werden. Die Gründe für das Ende dieser Kultur sind nach wie vor ungeklärt, jedoch könnten klimatische Veränderungen eine größere Rolle gespielt haben[7].

Die Frühe Eisenzeit

Der Zeitraum zwischen dem 15. und dem frühen 8. Jh. v. Chr. wird als Frühe Eisenzeit bezeichnet. Mit dem Beginn dieser Phase ist ein deutlicher Einschnitt in der bisherigen Entwicklung festzustellen. Im Fundmaterial macht sich der kulturelle Umbruch zunächst an der Keramik bemerkbar. Die regional geprägten Keramikgruppen der Bronzezeit werden in weiten Teilen des iranischen Hochlandes durch eine relativ einheitlich wirkende Kulturausprägung abgelöst, die durch eine unbemalte Keramik mit geglätteter oder polierter Oberfläche charakterisiert wird. Aufgrund der grauen Färbung einiger Gefäße wurde diese Keramik als *Western Grey Ware* bezeichnet[8]. Auch die Gefäßformen unterscheiden sich deutlich von der vorhergehenden Phase (Abb. 5). Mit der Einführung der neuartigen Keramik gehen eine zunehmende Befestigung der Siedlungen und ein Wechsel der Bestattungssitten einher. Bestattungen werden nun außerhalb der Siedlungen in Einzelgräbern vorgenommen (Abb. 6). Es entstehen extramurale Nekropolen, die als Charakteristikum der iranischen Eisenzeit gelten können. Metallobjekte wie Waffen, Schmuck oder Pferdegeschirr erfahren als Grabbeigaben eine erhebliche Bedeutungssteigerung und belegen den gehobenen sozialen Status der bestatteten Person. Im späten 2. und frühen 1. Jt. v. Chr. kommt es zu einer Intensivierung des Metallhandwerks, insbesondere der Bronzeverarbeitung. Eisenartefakte sind zunächst noch selten und treten erst in den späteren Abschnitten der Frühen Eisenzeit verstärkt im Fundmaterial auf.

Als Kerngebiete der *Western Grey Ware* sind das Urmiagebiet in Nordwestiran sowie der nördliche Zentraliran zu bezeichnen[9]. Später breitet sich eine Variante dieser grauen Keramik auch über die Täler des Zagrosgebirges bis in den zentralen Westiran aus[10]. Innerhalb des Alborzgebirges in Nordiran bildet sich eine eisenzeitliche Kultur heraus, die lockere Bezüge zur *Western Grey Ware* erkennen lässt, ansonsten aber völlig eigenständig wirkt.

Die südlichen Teile des iranischen Hochlandes werden ebenso wie Luristan nicht in das Verbreitungsgebiet der grauen Keramik mit einbezogen. Während über Südiran nur wenige Informationen vor-

Abb. 5: Keramikabfolge von der Mittelbronzezeit bis zum Ende der Frühen Eisenzeit anhand der Funde aus Hasanlu Schicht VI-IV. Vergleich der Chronologiesysteme nach Young und Dyson. Unten: bemalte Habur-Ware; Mitte: Early Western Grey Ware bzw. Eisenzeit I; oben: Late Western Grey Ware bzw. Eisenzeit II; nach Dyson 1999, 136, Abb. 12; mit Ergänzungen des Verfassers.

absolute Daten v.Chr.	Hasanlu Schichten		T.C. Young	R.H. Dyson
ca. 800	IV	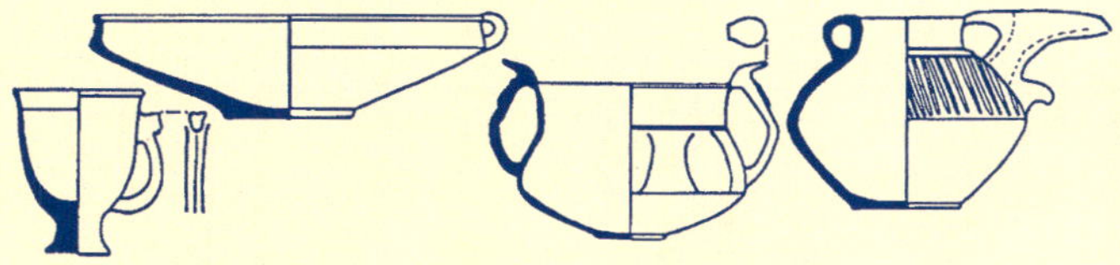	Late Western Grey Ware	Eisenzeit II (Iron II)
ca. 13. Jh. ca. 15. Jh.	V	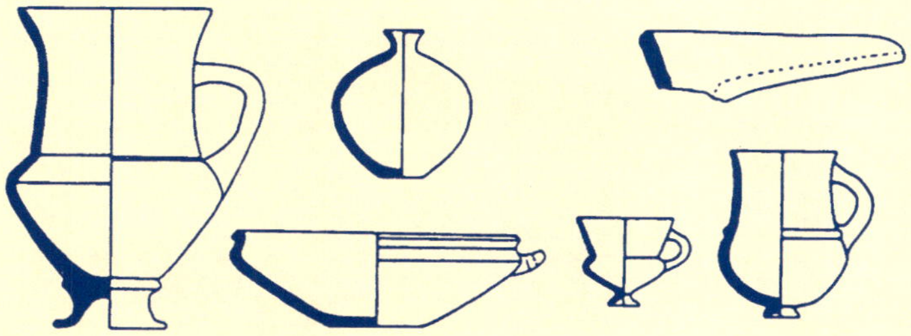	Early Western Grey Ware	Eisenzeit I (Iron I)
ca. 17. Jh.	VI		Habur-Ware	Habur-Ware

Abb. 6: Grab der Eisenzeit II aus dem extramuralen Friedhof auf dem Low Mound von Hasanlu. Die beigegebenen Gefäße können als typische Leitformen der Late Western Grey Ware *angesprochen werden nach; Dyson 1989b, 109, Abb. 3.*

Abb. 7: Leitformen der Early Western Grey Ware *aus einem Grab in Dinkha Tappeh: Schnabelkanne ohne Steg, Henkelbecher und sog. „worm bowl"; nach Muscarella 1994, 153, Taf. 12.1.2.*

liegen, stellt Luristan eines der großen Zentren der iranischen Eisenzeit dar. Bereits seit den 20er Jahren haben die sog. *Luristanbronzen* das archäologische und kunsthistorische Interesse auf diese Region gelenkt (siehe Beitrag Overlaet).

Forschungsgeschichte und Terminologie

Das Urmiagebiet kann für die gesamte Eisenzeit als die am besten erforschte Region des iranischen Hochlandes gelten. Hauptsächlich während der 60er und 70er Jahre waren das Urmiabecken und seine angrenzenden Regionen Ziel zahlreicher archäologischer Expeditionen. In mehrjährigen Grabungsprojekten wurden nicht nur Gräberfelder, sondern vor allem auch Siedlungen wie Hasanlu, Kordlar Tappeh oder Bastam untersucht. Die hier gewonnenen Erkenntnisse zur Entwicklung von Architektur, Metallhandwerk und Keramik bildeten die Hauptgrundlage für die chronologische und kulturhistorische Einordnung der frühgeschichtlichen Periode.

Der Begriff *Western Grey Ware* geht auf T. C. Young zurück, der eine auf Keramikuntersuchungen basierende chronologische Untergliederung des späten 2. und frühen 1. Jt. v. Chr. erarbeitete (Young 1963; 1965). Hierfür wurden vor allem die Befunde der Grabungen von Hasanlu ausgewertet und mit Fundorten wie Tappeh Sialk und Khurvin in Zentraliran abgeglichen. Young konnte mehrere chronologisch aufeinander folgende Keramikhorizonte herausarbeiten und definierte hierfür eine Reihe von charakteristischen Gefäßformen. Er unterschied die Early *Western Grey Ware* und die sich daraus entwickelnde *Late Western Grey Ware*. Auf die graue Keramik folgt in der Mitteleisenzeit die *Late Western Buff Ware* (Abb. 7).

Nur wenig später stellte R. H. Dyson für den gleichen Zeitrahmen ein ebenfalls dreistufiges Chronologiesystem vor und führte die Stufenbezeichnungen Iron (Eisenzeit) I, II und III ein (Abb. 5). Die Phasen Eisenzeit I und II entsprechen den Keramikhorizonten der *Early* und *Late Western Grey Ware* weitgehend und werden als Frühe Eisenzeit zusammengefasst. Eisenzeit III ist gleichbedeutend mit der Mitteleisenzeit[11].

In ihren Grundzügen sind beide Chronologiesysteme auch heute noch gültig, jedoch mussten mittlerweile einige Modifikationen vorgenommen werden. Durch eine Korrektur der ^{14}C-Daten aus Hasanlu und Dinkha Tappeh haben sich die Laufzeiten der Stufen Iron I und II seit ihrer erstmaligen Publikation erheblich nach oben verschoben. Stufe Iron I ist mittlerweile vom frühen 15. Jh. bis zum 13./12. Jh. v. Chr. anzusetzen (Dyson 1989b, 107-108; Dyson & Muscarella 1989, 8-15). Damit fällt der Beginn der Eisenzeit nach iranischer Terminologie in einen Zeitraum, der gemeinhin in Vorderasien als Spätbronzezeit bezeichnet wird. Hinzu kommt, dass in der Eisenzeit I so gut wie kein Eisen im archäologischen Fundgut auftaucht. Erst ab der Eisenzeit II setzt sich dieses Metall gegenüber der Bronze für die Produktion von Waffen und Geräten weitgehend durch (siehe Beitrag Pigott). Die Bezeichnung Frühe Eisenzeit für den Zeitraum zwischen 1500 und 800 v. Chr. wurde allerdings beibehalten, um den Unterschied zur vorangehenden Spätbronzezeit und die kontinuierliche Entwicklung innerhalb dieses Abschnitts zu betonen.

Zur ethnischen Interpretation der archäologischen Befunde

In der Folgezeit versuchte man, den vorliegenden archäologischen Befund mit einer historischen und ethnischen Interpretation zu versehen. Der offensichtliche Bruch mit den bronzezeitlichen Traditionen, das Auftauchen einer neuartigen Keramik und der Wechsel der Bestattungssitten wurden als Hinweise für die Ankunft einer neuen Bevölkerungsgruppe im iranischen Hochland gewertet. Hierbei deutete sich aufgrund der technologischen und zum Teil auch typologischen Vergleichsmöglichkeiten ein Zusammenhang mit der bronzezeitlichen *Eastern Grey Ware* an. Bald schrieb man die Herstellung und Verbreitung der grauen Keramik Völkerschaften zu, die im Laufe des 2. Jt. v. Chr. von Nordostiran kommend in die westlichen Teile des iranischen Hochlandes eingewandert waren (Young 1963, 229-249; Deshayes 1969, 160-163; Vanden Berghe 1981, 75-77). Die Träger der grauen Keramik wurden als indoeuropäisch bzw. iranisch angesprochen, so dass sich in der Verbreitung der eisenzeitlichen Kultur eine Einwanderung indoeuropäischer Stämme in das iranische Hochland zu manifestieren schien. Diese Theorie wurde in der archäologischen Literatur zunächst weitgehend akzeptiert.

Durch den fortgeschrittenen Forschungsstand zeigte sich, dass die Situation erheblich komplexer sein dürfte als ursprünglich angenommen. Die Feststellung, dass mit Beginn der Eisenzeit I ein deutlicher kultureller Bruch einhergeht, ist nicht unwidersprochen geblieben (Medvedskaya 1982; dagegen Muscarella 1994). In der Tat sind die archäologischen Befunde aus dem Urmiagebiet nicht als repräsentativ für das gesamte Verbreitungsgebiet der *Western Grey Ware* anzusehen. In Zentral- und Westiran lassen sich deutliche Übergangshorizonte feststellen, die in diesen Regionen einen allmählichen Wechsel von bemalter zu grauer Keramik belegen. Für den nördlichen Zentraliran lässt sich sogar eine lokale Entwicklung der grauen Keramik aus der einheimischen bemalten Sakkizabad-Keramik heraus nachweisen[12].

Die Methode, archäologische Kulturerscheinungen mit historisch fassbaren Völkerschaften in Verbindung zu bringen, wurde ebenfalls zusehends kritisch diskutiert[13]. Für eine Gleichsetzung von grauer Keramik und indoeuropäischen Völkerschaften ließen sich ebenso wenig Belege finden wie für die angenommenen Wanderungsbewegungen (Young 1985, 368-377 fasst den Forschungsstand bis Mitte der 80er Jahre zusammen). Bei genauerer Betrachtung zeigt sich, dass die Vergleichsmöglichkeiten zwischen *Eastern* und *Western Grey Ware* eher allgemeiner Natur sind und keinen direkten genetischen Zusammenhang belegen (Dittmann 1990, 134-135).

Die wenigen Schriftquellen, die Hinweise auf die Bevölkerung des iranischen Hochlandes geben, widersprechen der Gleichsetzung von indoeuropäisch/iranischen Stämmen mit der Bevölkerung der Frühen Eisenzeit weitgehend[14]. Nordwestiran wird im 9. und 8. Jh. v. Chr. nach assyrischen Texten vor allem von Gruppen bewohnt, die Verbindungen zur hurritischen Sprache aufweisen[15]. Eines der nach urartäischen und assyrischen Quellen bedeutenderen Völker in der Region sind die Mannäer, die mit großer Wahrscheinlichkeit ebenfalls in das hurritische Umfeld einzuordnen sind.

Neuerdings wird vorgeschlagen, die indoeuropäischen Wanderungen am Umbruch von der Frühen zur Mittleren Eisenzeit, also nach dem Verschwinden der Grauen Ware, zu suchen (mit ausführlicher Begründung bei Young 1985, 375-377). Ob diese Theorie Bestand haben kann, müssen zukünftige Forschungen erweisen. So lange keine weiteren Informationen vorliegen, sollte man deshalb auf eine ethnische Interpretation der archäologischen Befunde im iranischen Hochland verzichten.

Hasanlu: Frühe Eisenzeit in Nordwestiran

Hasanlu ist einer der größten Siedlungshügel im südlichen Urmiagebiet. Die ältesten Kulturschichten reichen bis in das Neolithikum zurück. Mit Schicht Hasanlu V beginnt kurz nach der Mitte des 2. Jt. v. Chr. die Eisenzeit. Die eigentliche Siedlung befindet sich auf dem sog. High Mound und ist zunächst nur schwach befestigt. Der Low Mound, ein vorgelagertes Plateau nördlich des Hügels, bleibt während der Frühen Eisenzeit unbesiedelt und wird als extramurales Friedhofsareal genutzt. Die Verteilung von öffentlichen und privaten Gebäuden auf dem High Mound nimmt bereits die Entwicklung späterer Phasen vorweg. Für Young bildeten die keramischen Funde aus Hasanlu V die Hauptbasis zur Definierung der *Early*

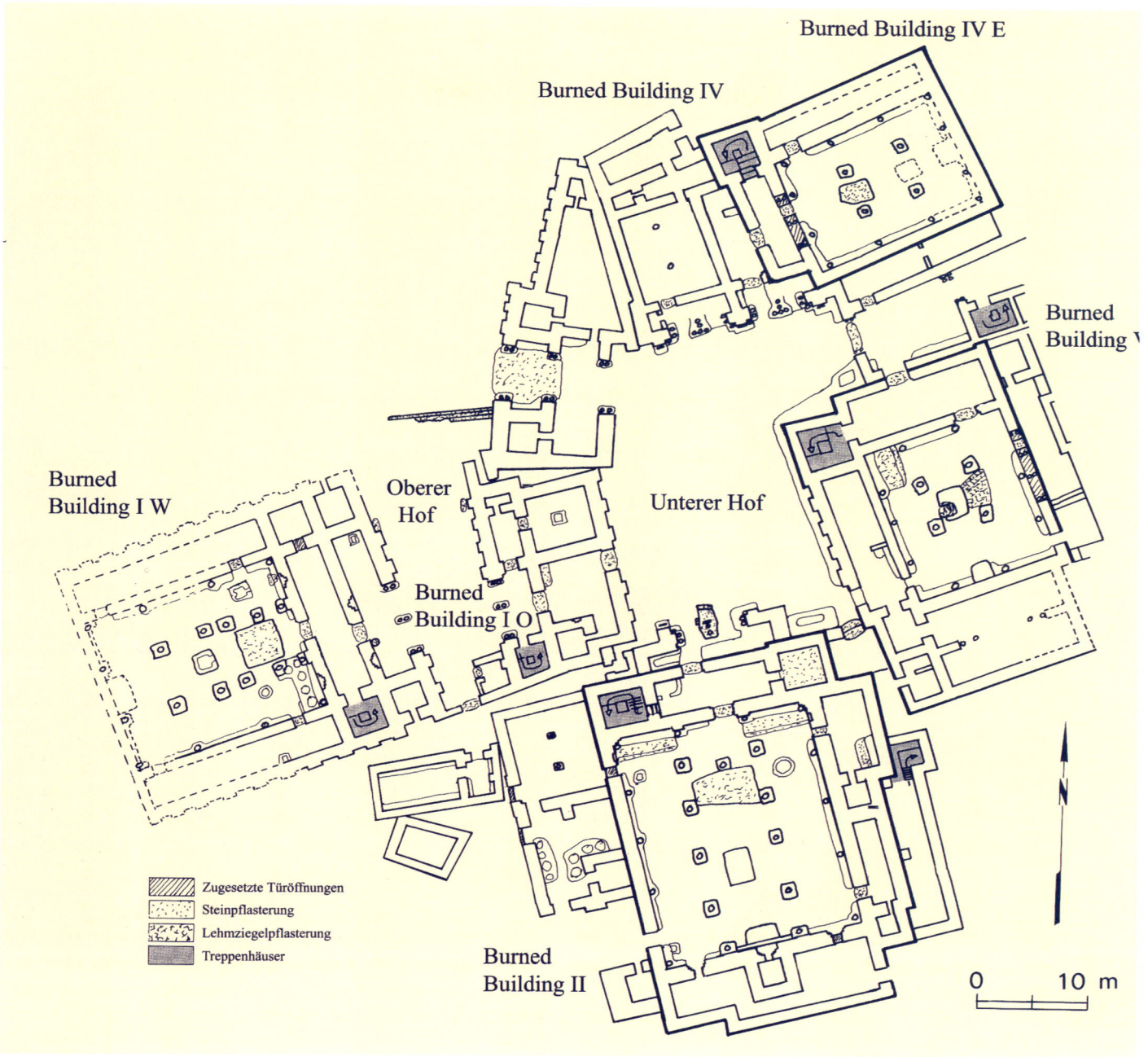

Abb. 8: Hasanlu IVB. Plan der öffentlichen Gebäude (Burned Buildings), die sich im südlichen Teil des Hügels um zwei offene Höfe gruppieren; nach Dyson 1989b, 115, Abb. 10; mit Ergänzungen des Verfassers.

Western Grey Ware. Als Leitformen dieses Keramikhorizontes sind Henkelbecher, Schnabelkannen ohne Steg und die sog. worm bowl zu nennen[16] (Abb. 7).

In Schicht IV ist eine kontinuierliche Weiterentwicklung von Architektur und materieller Kultur zu beobachten. Während Schicht IVA eine wenig bekannte Übergangsphase darstellt, repräsentiert die darauf folgende Schicht IVB (ca. 1100 bis 800 v. Chr.) den Höhepunkt der nordwestiranischen Eisenzeit. Im südlichen Teil des High Mound befinden sich mehrere große Gebäude, die sich um zwei offene Höfe gruppieren (Abb. 8). Aufgrund der Brandschicht, die das Ende von Hasanlu IVB markiert, wurden die Gebäude von den Ausgräbern als Burned Buildings bezeichnet.

Die Brandkatastrophe, bei der die Siedlung zerstört wurde, ist eindeutig auf einen feindlichen Angriff zurückzuführen. Dieser Angriff scheint die Bewohner von Hasanlu völlig unvorbereitet getroffen zu haben. Anzeichen eines längeren Kampfes ließen sich nicht fest-

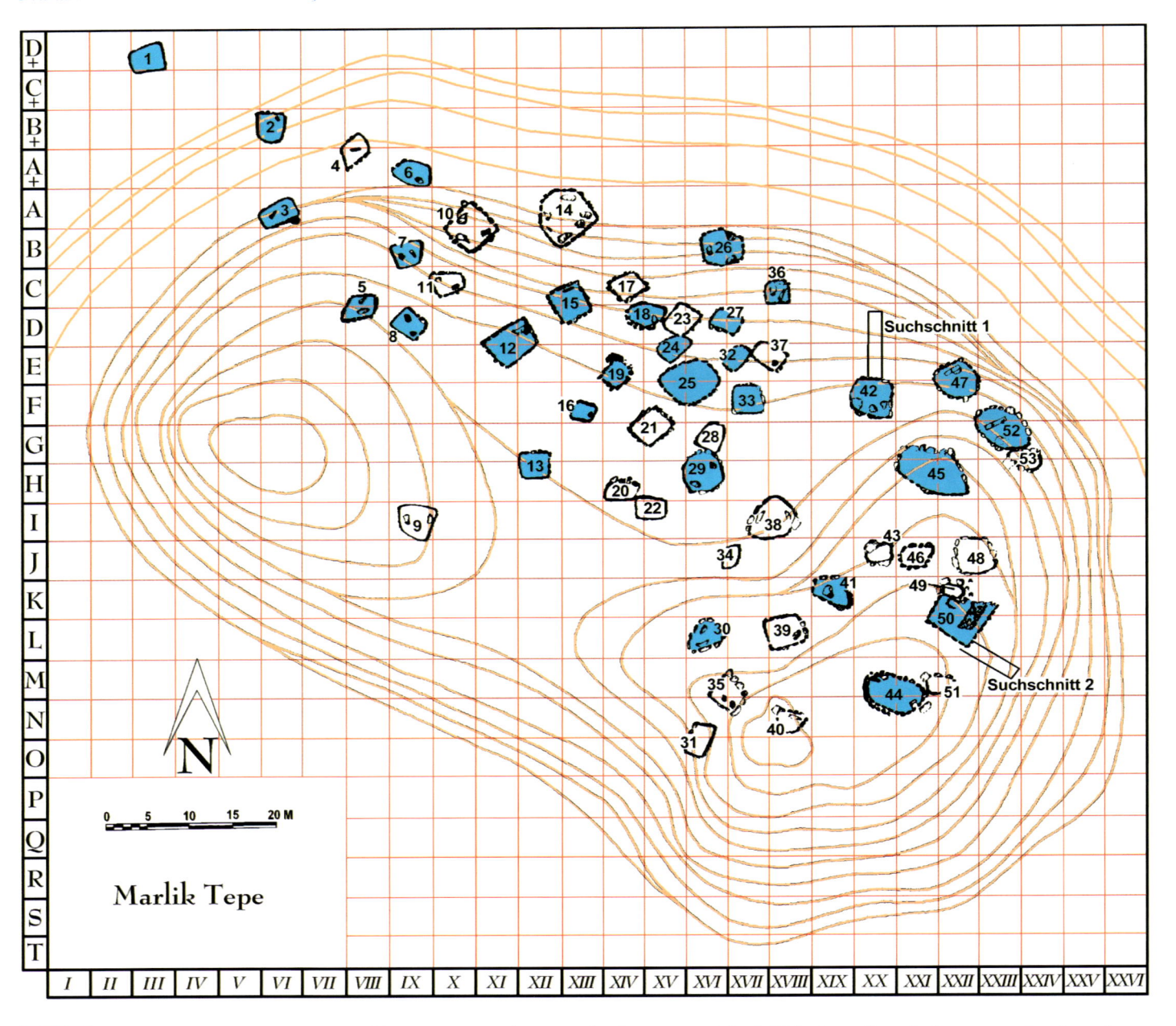

Abb. 11: Plan der Nekropole von Marlik. Die aus Stein erbauten Gräber können zum Teil erhebliche Ausmaße aufweisen, waren aber dennoch nur zur Aufnahme einer Person aus der reichen eisenzeitlichen Oberschicht bestimmt. Waffenführende Gräber sind blau kartiert; nach Negahban 1996, 12; mit Ergänzungen des Verfassers.

Diese Region stellt in historischer Zeit ein schwer zugängliches Rückzugsgebiet dar, welches an den Entwicklungen im iranischen Hochland nur eingeschränkt oder mit größeren Verzögerungen teilhat. Ähnlich dürfte es sich bereits in prähistorischer Zeit verhalten haben. Im Gegensatz zu Hasanlu, wo starke äußere Einflüsse an der Ausprägung der lokalen Kultur mitwirken, entwickelt sich die eisenzeitliche Kultur im Alborzgebirge weitgehend eigenständig. Mittel- und spätbronzezeitliche Fundorte sind bisher so gut wie unbekannt. In der zweiten Hälfte des 2. Jt. v. Chr. kommt es zur Bildung einer Kulturerscheinung, die neben Nordwestiran und Luristan als dritter großer Komplex der iranischen Eisenzeit anzusprechen ist.

In den Blickpunkt der Forschung ist die Region innerhalb des Alborzgebirges erst relativ spät gerückt. Aufsehen hatten bereits in den 30er Jahren des 20. Jh. Goldfunde erregt, die beim Bau eines Schahpalastes gemacht wurden und als *Schatz von Kalar Dasht* in die Literatur eingingen (Samadi 1959, 3-12). Dennoch dauerte es bis zu den frühen 60er Jahren, bevor man die archäologische Erforschung dieses Gebietes intensivierte. Zu dieser Zeit gelangten zusehends Objekte in den Kunsthandel, welche angeblich aus dem Gebiet des Alborzgebirges stammten. In Anlehnung an die berühmen *Luristanbronzen* entstand der Begriff *Amlaschbronzen*[23].

Der bedeutendste Fundort in Nordiran ist die Nekropole von Marlik. Dort wurden in den Jahren 1961 und 1962 unter der Leitung von E. O. Negahban Ausgrabungen durchgeführt (Negahban 1996). Zunächst hatte man den Ort für ein Tappeh, also für einen künstlich gewachsenen Siedlungshügel gehalten. Bald stellte sich heraus, dass es sich um einen natürlichen Hügel handelte, an dessen Hängen während der Eisenzeit 53 Gräber angelegt worden waren (Abb. 11). Die reichen Funde machten schnell deutlich, dass hier der Bestattungsplatz einer gehobenen sozialen Schicht vorlag[24]. Qualitativ und typologisch ähnliche Funde wurden wenig später auch bei dem nahe gelegenen Ort Kaluraz gemacht (Hakemi 1968) (Abb. 12).

Aufgrund der geradezu verwirrenden Vielfalt der Funde war die Datierung der Nekropole von Marlik zunächst umstritten. Mittlerweile scheint klar, dass die Anlage der Gräber im Zeitraum zwischen dem 13. und 11. Jh. v. Chr. erfolgt sein dürfte. Mit der Aufgabe des Hügels als Bestattungsplatz ist etwa um 1000 v. Chr. zu rechnen[25].

Durch die Analyse des vorliegenden Fundmaterials gelang es E. Haerinck, eine Dreiteilung der Eisenzeit im Alborzgebirge zu erarbeiten, die leicht von den Laufzeiten im Urmiagebiet abweicht (Haerinck 1988, 67-73). Die bedeutendste Phase ist zweifelsohne die Eisenzeit I, die in Nordiran etwa vom 14./13. Jh. bis um etwa 1000 v. Chr. anzusetzen ist. Leitfundort für diese Zeitstufe ist die Nekropole von Marlik. Aus der Eisenzeit II liegen bisher nur wenige Befunde vor, so dass der Eindruck einer Übergangsphase entsteht. Eisenzeit I und II bilden zusammen die Frühe Eisenzeit. Das 8. und 7. Jh. v. Chr. wird als Eisenzeit III bezeichnet (Abb. 1).

Während der Eisenzeit I verfügte das Alborzgebirge über zahlreiche Kontakte zur Außenwelt. Dies belegen unter anderem importierte Rollsiegel aus dem assyrischen, mitannischen und elamischen Bereich sowie Glasmosaikgefäße, wie sie aus mittelassyrischen Zusammenhängen bekannt sind. Eine besondere Stellung innerhalb des Fundmaterials nehmen figürlich verzierte Metallgefäße ein, die man aufgrund ihrer Darstellungen zunächst für mesopotamische Produkte hielt[26]. In jüngster Zeit konnte allerdings nachgewiesen werden, dass diese Gefäße vor Ort hergestellt wurden (Löw 1998, 242-246).

Die Metallgefäße aus Marlik, Kaluraz und Kalar Dasht bestechen durch ihre stilistische Vielfalt, die bemerkenswerte Qualität der Treibarbeiten sowie die gelungene Einarbeitung von assyrischen, babylonischen und elamischen Vorbildern in die einheimische Bilderwelt und gehören damit sicherlich zu den herausragenden Erzeugnissen der iranischen Eisenzeit. Es ist zu vermuten, dass diese äußeren Einflüsse in Folge von Handelsbeziehungen in das abgelegene Alborzgebirge gelangt sind. Die in der Region vorhandenen Vorkommen von Gold, Kupfer und Eisen könnten hierbei eine bedeutende Rolle gespielt haben.

Abb. 12: Becher aus Gold und Silber aus Kaluraz; H. 12,5 cm; Teheran, National Museum, Inv.-Nr. 6395; Foto: DBM, M. Schicht.

In der Eisenzeit I ist eine zunehmende soziale Differenzierung der Gesellschaft zu beobachten. Es kommt zur Herausbildung einer Oberschicht, die sich in ihren Gräbern mit großem Reichtum ausstatten lässt und sich auch in der Wahl eines separaten Bestattungsplatzes deutlich vom Rest der Bevölkerung abzusetzen sucht. Zu den Statussymbolen dieser Oberschicht gehören neben Schmuck und Metallgefäßen vor allen Dingen Waffen; in besonders reichen Gräbern sind fast immer auch größere Mengen an Dolchen, Lanzen oder Keulenköpfen enthalten (Abb. 13). Die Waffenproduktion in Nordiran ist erstaunlich vielfältig und durchläuft in der Frühen Eisenzeit eine erhebliche typologische und technologische Entwicklung. Gegen Ende der Eisenzeit I tauchen erstmals bimetallische und eiserne Waffen auf (siehe Beitrag Pigott).

Im frühen 1. Jt. v. Chr. brechen die Kontakte zu Regionen außerhalb des Alborzgebirges größtenteils ab. Während der Eisenzeit II und III bildet Nordiran wieder eine isolierte Region innerhalb des iranischen Hochlandes.

Abb. 13: Grab 47 der Nekropole von Marlik während der Ausgrabung. Der Tote wurde in linksseitiger Hockerlage auf einer Lage von Dolchen und Speerspitzen bestattet. Vor der Hüfte fand sich ein figürlich verziertes Goldgefäß. Ca. 12./11. Jh. v. Chr.; nach Negahban 1996, Colour Pl. XIA.

Die wirtschaftlichen Grundlagen der frühgeschichtlichen Periode

Lange Zeit beeinflusste die Theorie einer eingewanderten, nomadisch geprägten Bevölkerung unsere Vorstellung von den wirtschaftlichen Grundlagen der Frühen Eisenzeit (z.B. Ghirshman 1964, 3-8; Porada 1964, 31; Vanden Berghe 1981, 75-77). Sicherlich gehörte eine transhumante Weidewirtschaft, wie sie in urartäischer Zeit belegbar ist, auch zu den festen Grundlagen der frühgeschichtlichen Periode (Wartke 1993, 82). Archäologische Nachweise hierfür sind jedoch kaum zu erbringen. Fasst man die uns zur Verfügung stehenden Informationen zusammen, so entsteht vielmehr das Bild einer weitgehend sesshaften, auf Landwirtschaft, Handwerk und Handel basierenden Gesellschaft[27].

Durch archäobotanische Untersuchungen in Hasanlu war es möglich, ein Bild von der prähistorischen Flora Nordwestirans zu erstellen und Rückschlüsse auf die Landwirtschaft sowie die Ernährung der eisenzeitlichen Bevölkerung zu ziehen (Harris 1989, 14-23). Neben mehreren Getreidesorten wurden unter anderem Linsen, Bohnen und Kichererbsen angebaut. Zudem wurden Nachweise für Quitten, Äpfel und anderes Obst erbracht. Getrocknete Weintrauben könnten dafür sprechen, dass die Tradition des Weinanbaus in der Region mindestens bis in die Frühe Eisenzeit zurückreicht. Demgegenüber sind die ebenfalls in Hasanlu gefundenen Feigen mit großer Sicherheit importiert worden.

Darstellungen von landwirtschaftlichen Aktivitäten gehören in der Regel nicht zum Repertoire der frühgeschichtlichen Kunst. Ein seltenes Beispiel stellen Rinderfiguren aus Nordiran dar, die mit einem Miniaturpflug kombiniert sind (Negahban 1996, 128-129; Taf. 43, 129; Taf. 44, 131, 132). Inwieweit die Jagd zur Ernährung der Bevölkerung beigetragen hat, ist ebenfalls unklar. Bei den bekannten Jagddarstellungen könnte es sich sowohl um realistische als auch um mythologische Szenen handeln. Untersuchungen von Tierknochenfunden dürften in der Zukunft interessante Aussagen zu diesem Themenbereich erbringen.

Zu den wichtigen wirtschaftlichen Grundlagen der frühgeschichtlichen Zeit gehört Handel mit benachbarten Regionen, insbesondere mit Mesopotamien. In der Frühen Eisenzeit tauchen im iranischen Hochland verstärkt Importgüter aus Assyrien, Babylonien und Elam auf und belegen die gesteigerte Bedeutung des Handels als Wirtschaftsfaktor. Informationen zur Struktur und der Organisation des eisenzeitlichen Handelsnetzes sind jedoch nur schwer zu erhalten, da schriftliche Quellen zu diesem Themenbereich fehlen. Bedeutende Fundorte wie Hasanlu oder Tappeh Sialk besitzen eine strategisch günstige Lage an natürlichen Verkehrsverbindungen durch das iranische Hochland und fungierten vermutlich auch als Stationen für den Fernhandel.

Zu den Handelsgütern des iranischen Hochlandes gehörten sicherlich auch natürlich vorhandene Ressourcen wie Salz (siehe Beitrag Schachner) oder Metalle. Lagerstätten von Kupfer, Gold und Eisen sind in den Gebirgsregionen des iranischen Hochlandes häufig anzutreffen. Die neuen Untersuchungen des Deutschen Archäologischen Instituts in Arisman und des Deutschen Bergbau-Museums in Veshnāveh belegen, dass Kupferabbau in großem Stil hier bereits in chalkolithischer Zeit betrieben wurde (ein Vorbericht von Chegini *et al.* 2000). Die Bronzeindustrie der eisenzeitlichen Kulturen erforderte größere Mengen an Kupfer und Zinn. Entsprechende Funde aus Hasanlu lassen vermuten, dass man Bronze in Barrenform vorfertigte, bevor man sie innerhalb der Siedlung weiter verarbeitete.

Während man im iranischen Hochland über ausreichend Kupfer verfügte, musste das zur Bronzeherstellung benötigte Zinn importiert werden. Nach wie vor ist völlig ungeklärt, woher die antiken Kulturen im Vorderen Orient ihr Zinn bezogen haben. In jüngster Zeit konnten in Zentralasien prähistorische Zinnlagerstätten nachgewiesen werden[28]. Sollten für die Herkunft des vorderasiatischen Zinns die zentralasiatischen Lagerstätten in Frage kommen, dann würde der kürzeste Verbindungsweg zwischen beiden Regionen über den nördlichen Teil des iranischen Hochlandes führen.

Eine ähnliche Handelsroute ist für Lapislazuli vorstellbar. Dieser auch in den Gräbern von Marlik gefundene Stein stammt aus dem Nordosten Afghanistans und wurde seit der Bronzezeit bis nach Ägypten verhandelt. Die vermutete Handelsroute durch den nördlichen Teil des iranischen Hochlandes ist auch in historischer Zeit belegt. Im Mittelalter verlief exakt hier ein wichtiges Teilstück der Seidenstraße (Kleiss 1993, 387-388).

Der intensiver werdende Austausch mit den Hochkulturen des Tieflandes schlägt sich auch in der handwerklichen und künstlerischen Entwicklung des iranischen Hochlandes nieder. In Hasanlu fanden sich Tausende von Muscheln, die zum Teil vor Ort zu Schmuck weiter verarbeitet wurden. Der Großteil dieser Funde stammt aus dem

Die aus Mesopotamien und Elam importierten Kunst- und Handwerkserzeugnisse haben, obwohl es sich zum Teil um Altstücke oder beschädigte Objekte handelt, für die Bewohner des Hochlandes sicherlich einen erheblichen Wert dargestellt[30]. Durch solche prestigeträchtigen Luxusgüter wurde eine eigenständige, dem einheimischen Stilempfinden angepasste Produktion angeregt. Bestes Beispiel ist der bereits erwähnte *Hasanlu local style*, wo einheimische Elemente mit typisch assyrischen Themen verbunden sein können (Abb. 15).

Auch die figürlich verzierten Metallgefäße aus Nord- und Nordwestiran sind ohne mesopotamische und elamische Einflüsse kaum denkbar. Dabei sind die Vorbilder für manche Darstellungen um viele Jahrhunderte älter als die Gefäße selbst. Hiermit wird deutlich, welche Kraft die mesopotamische Bildersprache im iranischen Hochland auszuüben vermochte.

Abb. 14: Elfenbein mit Darstellung eines Kriegers im sog. Hasanlu local style. Aus dem Zerstörungsschutt der Schicht IVB. Spätes 9. Jh. v. Chr.; nach Muscarella 1989, 33, Abb. 16.

Die Mittlere Eisenzeit

Die Zerstörung von Hasanlu IVB steht stellvertretend für das Ende der Frühen Eisenzeit. In der Folgezeit kommt es in der gesamten Region zu einem tief greifenden Wandel in der materiellen Kultur. Die *Western Grey Ware* verschwindet und wird im Lauf des 8. Jh. v. Chr. durch andere Keramiken ersetzt.

Teile Nordwestirans geraten in dieser Zeit unter die Herrschaft der Urartäer. Die Feldzüge der urartäischen Könige lassen sich anhand von Inschriften auf Felswänden und Steinstelen weitgehend rekonstruieren (Salvini 1995, 18-98). In dem dauerhaft in Besitz genommenen Gebiet bestimmt die typisch urartäische Gebrauchs- und Feinkeramik das Fundmaterial (zur urartäischen Keramik in Nordwestiran siehe Kroll 1976). Letztere wird aufgrund ihrer rötlichen Politur als hochwertige Luxusware weit über die Grenzen des Reiches hinaus exportiert. Die Urartäer versuchten ihren Herrschaftsbereich durch die Anlage von Festungen zu sichern. Die am besten erforschte Anlage dieses Typs in Iran ist die Festung von Bastam (siehe Beitrag Kroll).

Persischen Golf und dürfte über die Täler des Zagrosgebirges nach Nordwestiran gelangt sein (Reese 1989, 81). Muscheln aus dem Mittelmeer belegen Handelskontakte auch in dieser Richtung. Das Rohmaterial für die in Hasanlu produzierten Elfenbeine wurde ebenfalls über Mesopotamien importiert[29] (Abb. 14). Aus assyrischen Quellen wissen wir, dass Pferdezucht in einigen Kleinstaaten in Nordwestiran eine große Tradition besaß. Pferde aus dem iranischen Hochland gehören in neuassyrischer Zeit zu den wichtigen Exportgütern, die man nach Mesopotamien verhandelte (Reade 1979, 175).

Abb. 15: Abrollung eines Siegels, das im Hasanlu local style gearbeitet ist. Hasanlu IVB, spätes 9. Jh. v. Chr. Charakteristisch für diesen Stil ist ein starker Hang zur Geometrisierung der Darstellungen; nach Marcus 1989, 55, Abb. 5a.

Im gleichen Zeitraum endet auch in Zentraliran die Tradition der grauen Keramik. Wichtigster Fundort in der Region ist die Nekropole B von Tappeh Sialk, die mit 218 Gräbern zu den größten archäologisch untersuchten Gräberfeldern im iranischen Hochland zählt (Ghirshman 1938, 26-68) (Abb. 16). Die Belegung dieses Gräberfeldes beginnt vermutlich im 9./8. Jh. v. Chr. am Übergang von Früher zu Mittlerer Eisenzeit (Abb. 1). Zunächst steht die Keramik bezüglich der Warenart und der Gefäßformen noch ganz in der Tradition der *Western Grey Ware* (zu den Belegungsphasen innerhalb der Nekropole B vgl. Tourovetz 1989). In den späteren Belegungsphasen der Nekropole entwickelt sich eine charakteristische ockerfarbene Ware mit rötlichbrauner Bemalung, wobei die Gefäßformen der grauen Keramik zum Teil übernommen werden. Bimetallische und eiserne Waffen und Geräte ersetzen zusehends die Bronze als Werkstoff. Obwohl sich gewisse Bezüge zu mitteleisenzeitlichen Kulturen in Westiran andeuten, ist die bemalte Keramik von Sialk B bisher ein singuläres Phänomen im iranischen Hoch-

Abb. 16: Steingrab mit Giebeldach in der Nekropole B von Tappeh Sialk. Ca. 8./7. Jh. v. Chr.; nach Ghirshman 1963, 8.

land geblieben³¹. Über das Ende dieser Kultur besitzen wir keine Informationen. Lediglich drei außerhalb der Gräber gefundene dreiflügelige Tüllenpfeilspitzen reiternomadischen Typs deuten an, dass der Friedhof wohl im Lauf des 7. Jh. v. Chr. aufgegeben worden war.

Das urartäische Reich erliegt in der zweiten Hälfte des 7. Jh. v. Chr. dem Ansturm reiternomadischer Eindringlinge³². Assyrische Quellen berichten, dass sich Skythen und andere Stämme in diesem Zeitraum in Vorderasien aufgehalten haben. Einen archäologischen Nachweis für die Präsenz eurasischer Reiternomaden im iranischen Hochland könnten dreiflügelige Tüllenpfeilspitzen aus Bronze darstellen, die in den zerstörten Festungen und Siedlungen in Nordwestiran und Ostanatolien gefunden wurden.

Nach historischen Quellen sind im Laufe des 7. Jh. v. Chr. größere Teile des iranischen Hochlandes unter die Herrschaft der Meder gekommen. Die Gründung des medischen Reiches dürfte unter anderem als Reaktion auf assyrische Feldzüge in den westiranischen Raum zu verstehen sein. Bisher hat es sich allerdings als schwierig erwiesen, diese politisch-historische Reichsbildung im archäologischen Fundmaterial nachzuweisen. Ähnlich wie den Urartäern ist es den Medern möglich, sich zusammenzuschließen und zu einem gefährlichen Konkurrenten des Assyrischen Reiches aufzusteigen. Im Bund mit den Babyloniern gelingt schließlich die Zerstörung der assyrischen Hauptstädte. Mit der unter den Medern begonnenen politischen Einigung des iranischen Hochlandes wird der Weg für das Großreich der Achämeniden, das erste wirkliche Weltreich der Geschichte, bereitet.

Zusammenfassung

Während der Mittel- und Spätbronzezeit stellt das iranische Hochland keinen einheitlichen Kulturraum dar. Die regional geprägten Kulturgruppen besitzen meist eine bemalte Keramik, die um die Mitte des 2. Jt. v. Chr. mit Beginn der Eisenzeit von einer unbemalten Keramik ersetzt wird. Der kulturelle Umbruch äußert sich auch im Wechsel der Bestattungssitten und dem Aufblühen des Metallhandwerks, wobei insbesondere die Bronzeverarbeitung industrielle Ausmaße erreicht. Erst ab dem frühen 1. Jt. v. Chr. setzt sich Eisen als Werkstoff für Waffen und Geräte zusehends durch. Innerhalb des iranischen Hochlandes lassen sich drei große eisenzeitliche Kulturkomplexe unterscheiden: die sog. *Western Grey Ware* in Nordwest- und Zentraliran, die Marlik-Kultur in Nordiran und die Luristan-Kultur in Westiran. Als bedeutende Fundorte können Hasanlu südwestlich des Urmiasees und Marlik Tappeh im Alborzgebirge angesehen werden. Durch zunehmende Kontakte mit Mesopotamien bilden sich hier eigenständige Kunststile heraus. Im Lauf der Mitteleisenzeit kommt es im 8. und 7. Jh. v. Chr. zur Bildung erster historisch fassbarer Staaten auf dem Gebiet des iranischen Hochlandes.

Anmerkungen

1. Ein ähnliches Verbreitungsgebiet in den genannten Regionen hatte während der Frühbronzezeit bereits die aus Transkaukasien stammende Kura-Araxes-Keramik eingenommen. Für die Mittelbronzezeit ist die Hochebene von Trialeti als bekanntester Fundort innerhalb Transkaukasiens zu nennen. Hier wurden mehrere Kurgane mit entsprechender Keramik und reichen Metallfunden ausgegraben. Zusammenfassend für Transkaukasien vgl. Kushnareva 1997, 81-150. Einen Überblick über die erst am Anfang stehenden Forschungen in Ostanatolien bietet Özfirat 2001.
2. Zur Mittelbronzezeit in Nakhiçevan siehe Bahşaliyev 1997, 105-110; für Haftavan Tappeh Schicht VI vgl. Edwards 1983.
3. Für die keramischen Funde aus Dinkha Tappeh siehe Hamlin 1971; 1974. Kroll 1994, 163-166, listet im Gebiet südlich und südwestlich des Urmiasees sieben Fundorte auf, an denen Habur-Ware aus Grabungen oder Oberflächenfunden vorliegt. Zu den Möglichkeiten der ethnischen Zuordnung der Habur-Ware vgl. Kramer 1977.
4. Rubinson 1991, 389. Ob in Iran mit regelrechten Handelsniederlassungen gerechnet werden kann, wie sie die Assyrer im frühen 2. Jt. v. Chr. auch in Anatolien unterhielten, kann beim derzeitigen Forschungsstand nicht beurteilt werden.

5   Die Benennung geht zurück auf Edwards, der diesen Ausdruck für die polychrome Keramik von Haftavan VIB benutzte. Siehe Edwards 1981, 109-111. Zur chronologischen Stellung der Urmia-Ware vgl. Rubinson 1994, 199-201. Zu den neuen Funden von Urmia-Ware in Ostanatolien siehe Özfırat 2002.

6   Henrickson 1987, 51-60. Henrickson erstellte anhand der Befunde von Godin Tappeh ein Stufensystem für die bemalte bronzezeitliche Keramik im zentralen Westiran, in das er auch ältere Grabungen wie Tappeh Giyan, Bad Hora oder Tappeh Djamshidi einarbeiten konnte.

7   Zu den Auswirkungen auch kurzzeitiger klimatischer Schwankungen in historischer Zeit vgl. Overlaet 2003, 8.

8   Diese Bezeichnung ist insofern irreführend, als Gefäße dieser Keramikgruppe auch eine schwarze, rötliche oder braune Farbe aufweisen können. In einigen Befunden sind graue Gefäße sogar in der Minderzahl. Vgl. Muscarella 1974, 59. In Dinkha Tappeh III sind nur 27% der Grabkeramik grau gefärbt. Der Begriff „Graue Ware" ist vielmehr als übergreifender Terminus für die eisenzeitliche Kultur des iranischen Hochlandes zu verstehen.

9   Muscarella 1994, 140, betont, dass sich die Befunde im zentralen Westiran hiervon deutlich absetzen lassen.

10 Als bedeutendster Fundort in Westiran ist Tappeh Giyan zu nennen, wo der Siedlungshügel während der Eisenzeit hauptsächlich als Friedhofsareal genutzt wurde. Vgl. Contenau & Ghirshman 1935.

11 Ein ähnliches dreistufiges Chronologiesystem mit den Begriffen Eisenzeit I, II und III wird, allerdings mit verschobenen Laufzeiten, auch in Nordiran und Luristan angewandt. Vgl. Haerinck 1988, 67-73; Overlaet 2003, 6-10.

12 Die mittelbronzezeitliche graue Keramik wurde in Anlehnung an die von Young eingeführte Terminologie als Central Grey Ware bezeichnet; vgl. Piller 2003. Auch in Nakhiçevan ist am Übergang von Bronze- zu Eisenzeit ein längerer Übergangshorizont festzustellen. Neben einer neuen grauen Keramik wird hier auch noch eine bemalte Keramik produziert, wobei sogar typische Leitformen der Western Grey Ware wie z.B. Schnabelkannen mit Bemalung hergestellt werden. Vgl. Bahşaliyev 1997, 111-115, Abb. 18-20.

13 Einen Überblick über die Unwägbarkeiten ethnischer Interpretationen gibt Kramer 1977, 99-108.

14 Für Nordwestiran nennen die assyrischen Quellen des 9. Jh. keine Volks- oder Landesbezeichnung, die eindeutig als indoeuropäisch zu identifizieren ist. Demgegenüber ist in denjenigen Bereichen Westirans, in denen indoeuropäische Stämme wie die Meder zu lokalisieren sind, im betreffenden Zeitraum keine graue Keramik vorhanden. Vgl. Winter 1989, 99-103.

15 Bedeutende Monumente der Bildkunst wie z.B. die Goldschale von Hasanlu lassen sich mehr mit hurritischen als mit indoeuropäischen Vorstellungen in Einklang bringen.

16 Bei der worm-bowl handelt es sich um eine flache Schale, die eine gebogene Rippe als Verzierung aufweist; z.B. Muscarella 1994, Taf. 12.1.2, unten rechts.

17 Dyson 1989b, 118-119. Auf den Fußböden einiger Räume wurden kaum Funde gemacht. Man nimmt an, dass die betreffenden Räume regelmäßig sauber gehalten wurden, um dort bestimmte Aktionen vornehmen zu können. Feste Installationen innerhalb der Burned Buildings wie Podeste und Stelen deuten ebenfalls auf eine kultische Nutzung dieser Gebäude hin.

18 Es handelt sich nicht um eine Schale, sondern um einen hohen Becher bzw. Napf mit steiler Wandung und Wulstboden. Zur Form vgl. Winter 1989, 88, Abb. 3.

19 Aufgrund der Bedeutung, die der Ort im 9. Jh. besessen haben dürfte, stellt sich die Frage, ob Hasanlu unter seinem alten Namen in assyrischen oder urartäischen Texten genannt sein könnte. Während Reade 1979, 175-181, vorschlägt, Hasanlu sei identisch mit dem Land Gilzanu der assyrischen Texte, meint Salvini 1995, 42, es könne sich um die Stadt Mešta handeln, die in urartäischen Stelen genannt wird.

20 Der Begriff „local style" wurde zunächst von Porada 1965, 114-116, verwendet und später auf andere Artefaktgruppen wie Elfenbeinschnitzereien und Rollsiegel übertragen. Vgl. Muscarella 1980, 161-189; Marcus 1996, 19-34.

21 Neben mehreren Feuerstellen fanden sich hier auch Schmelztiegel, ein Metallbarren, Gussformen für verschiedene Objekte sowie eine Hämatitkugel, die man vermutlich zum Glätten von Bronze benutzte. Vgl. De Schauensee 1988, 46.

22 Einen Überblick über die Befunde in der Nachbarschaft von Hasanlu bietet De Schauensee 1988, 45.

23 Benannt nach dem kleinen Ort Amlash an den nördlichen Abhängen des Alborzgebirges, der im Kunsthandel als Herkunftsort angegeben wurde.

24 Ärmer ausgestattete Gräber sind in Marlik kaum vorhanden. Einige Gräber waren völlig fundleer. Sie sind nach Meinung des Ausgräbers bereits antik beraubt worden. Die Bestattungsplätze der einfacheren Bevölkerung befanden sich in den Tälern unterhalb des Hügels von Marlik.

25 Löw 1998, 33-61. Die Funde aus den spätesten Gräbern deuten bereits auf die Eisenzeit II hin, die in Nordiran um 1000 v. Chr. beginnt. Typisches Fundmaterial der Eisenzeit II ist in Marlik selbst allerdings nicht festzustellen. Einige jüngere Funde können als intrusiv gewertet werden und stammen vermutlich von Nachbestattungen, die im Lauf des 1. Jt. v. Chr. auf dem Hügel vorgenommen wurden. Vgl. Haerinck 1988, 65.

26 Calmeyer 1982, 341-343, geht davon aus, dass die Metallgefäße durchreisenden Händlern als eine Art Wegzoll abverlangt wurden.

27 Zur Diskussion um die Lebensweise der eisenzeitlichen Bevölkerung in Luristan vgl. Porada 1964, 9-31, mit Overlaet 2003, 233-234.

28 Zu den neuen Feldforschungen in Zentralasien mit einführender Diskussion um den bisherigen Forschungsstand siehe Alimov et al. 1998.

29 Es ist nach wie vor ungeklärt, woher das Rohmaterial für vorderasiatische Elfenbeinarbeiten stammt. Der syrische Elefant wird im frühen 1. Jt. v. Chr. nicht mehr erwähnt und war zu dieser Zeit wohl bereits ausgestorben. Der Handelsweg für afrikanisches oder indisches Elfenbein dürfte in jedem Fall über Mesopotamien nach Nordwestiran verlaufen sein.

30 Dyson 1989b, 120-123. Im Zerstörungsschutt von Hasanlu IVB fanden sich elamische Objekte, die anhand ihrer Inschrift in das späte 3. Jt. v. Chr. zu datieren sind.

31 Eine Zusammenstellung höchst unterschiedlicher Meinungen zu diesem Thema bietet Dittmann 1990, Anm. 107.

32 Die früher vertretene Meinung, Urartu sei erst im frühen 6. Jh. v. Chr. durch die Meder vernichtet worden, ist mittlerweile nicht mehr haltbar. Vgl. Hellwag 1998.

Bibliographie

ALIMOV, K., BOROFFKA, N., BUBNOVA., M., BURJAKOV, JU., CIERNY, J., JAKUBOV., J., LUTZ, J., PARZINGER, H., PERNICKA, E., RADILILOVSKIJ, V., RUZANOV, V., ŠIRINOV, T. & WEISGERBER, G.:

1998   Prähistorischer Zinnbergbau in Mittelasien. Vorbericht der Kampagne 1997. Eurasia Antiqua 4 137-199.

BAHŞALIYEV, V.:
1997   The Archaeology of Nakhichevan, Istanbul.

BURNEY, C. & LANG, D. M.:
1975   Die Bergvölker Vorderasiens. Armenien und der Kaukasus von der Vorzeit bis zum Mongolensturm, Essen.

CALMEYER, P.:
1982   Mesopotamien und Iran im II. und I. Jahrtausend. In: H.-J. Nissen & J. Renger (Hrsg.), Mesopotamien und seine Nachbarn. Politische und kulturelle Wechselbeziehungen im Alten Vorderasien vom 4. bis 1. Jahrtausend v. Chr. Berliner Beiträge zum Vorderen Orient 1,II, Berlin, 339-348.

CHEGINI, N. N., MOMENZADEH, M., PARZINGER, H., PERNICKA, E., STÖLLNER, TH., VATANDOUST, R. & WEISGERBER, G.:
2000   Preliminary Report on Archaeometallurgical Investigations around the Prehistoric Site of Arisman near Kashan, Western Central Iran AMIT 32, 281-318.

CONTENAU, G. & GHIRSHMAN, R.:
1935   Fouilles du Tépé-Giyan près de Néhavend. 1931 et 1932, Paris.

DE SCHAUENSEE, M.:
1988   Northwest Iran as a Bronzeworking Centre: The View from Hasanlu. In: J. Curtis (ed.), Bronzeworking Centres of Western Asia c. 1000-539 B.C., London, 45-62.

DESHAYES, J.:
1969   Tureng Tépé et la Période Hissar IIIC. Ugaritica 6, 139-163.

DITTMANN, R.:
1990   Eisenzeit I und II in West- und Nordwest-Iran zeitgleich zur Karum-Zeit Anatoliens? AMI 23, 105-138.

DYSON, R. H.:
1985   The Archaeological Evidence of the Second Millennium B.C. on the Persian Plateau. In: I. E. S. Ewards, C. J. Gadd & N. G. L. Hammond (eds.), Cambridge Ancient History 3, II, 1, 686-715.
1989a   Rediscovering Hasanlu. Expedition 31, 2-3, 3-11.
1989b   The Iron Age Architecture at Hasanlu: An Essay. Expedition 31, 2-3, 107-127.
1999   Triangle-Festoon Ware Reconsidered. Iranica Antiqua 34, 115-144.

DYSON, R. H. & MUSCARELLA, O. W.:
1989   Muscarella, Constructing the Chronology and Historical Implications of Hasanlu IV. Iran 27, 1-27.

DYSON, R. H. & VOIGT, M.:
1992   The Chronology of Iran, ca. 8000-2000 B.C.. In: R. W. Ehrich (ed.), Chronologies in Old World Archaeology 2, Volume I, Chicago/London, 122-178.

EDWARDS, M.:
1981   The Pottery of Haftavan VIB (Urmia Ware). Iran 19, 101-139.
1983   Haftavan, Period VI. BAR International Series 182.

GHIRSHMAN, R.:
1939   Fouilles de Sialk près de Kashan 1933, 1934, 1937, Volume II, Paris.
1963   Perse. Proto-iraniens, Mèdes, Achéménides, Paris.
1964   Invasion des Nomades sur le Plateau Iranien aux Premiers Siècles du Ier Millénaire avant J.-C.. In : R. Ghirshman, E. Porada, R. H. Dyson, J. Ternbach, R. S. Young, E. Kohler & M. Mellink (eds.), Dark Ages and Nomads c. 1000 B.C. Studies in Iranian and Anatolian Archaeology, Istanbul, 3-8.

HAERINCK, E.:
1988   The Iron Age in Guilan: Proposal for a Chronology. In: J. Curtis (ed.), Bronzeworking Centres of Western Asia c. 1000-539 B.C., London, 63-78.

HAKEMI, A.:
1968   Kaluraz und die Zivilisation der Marden. Archaeologia Viva 1, 63-81.

HAMLIN, C.:
1971   The Habur Ware Ceramic Assemblage of Northern Mesopotamia: An Analysis of its Distribution, Ann Arbor.
1974   The Early Second Millenium Ceramic Assemblage of Dinkha Tepe. Iran 12, 125-153.

HARRIS, M. V.:
1989   Glimpses of an Iron Age Landscape. Plants at Hasanlu. Expedition 31, 2-3, 12-23.

HELLWAG, U.:
1998   Der Untergang Urartus – eine historisch archäologische „Fall"-Studie, unpubl. Magisterarbeit an der Ludwig-Maximilians-Universität München.

HENRICKSON, R.:
1987   The Godin III Chronology for Central Western Iran 2600-1400 B.C. Iranica Antiqua 22, 33-116.

KRAMER, C.:
1977   Pots and Peoples. In: L. Levine & T. C. Young (eds.), Mountains and Lowlands: Essays in the Archaeology of Greater Mesopotamia. BiMes 7, 91-112.

KROLL, S.:
1976   Keramik urartäischer Festungen in Iran. Ein Beitrag zur Expansion Urartus in Iranisch-Azarbaidjan, AMI Ergänzungsband 2.
1994   Habur-Ware im Osten oder: Der TAVO auf Abwegen im Iranischen Hochland. In: P. Calmeyer, K. Hecker, L. Jakob-Rost & C. B. F. Walker (eds.), Beiträge zur Altorientalischen Archäologie und Altertumskunde. Festschrift für Barthel Hrouda zum 65. Geburtstag, Wiesbaden, 159-166.

KUSHNAREVA, K.:
1997   The Southern Caucasus in Prehistory. Stages of Cultural and Socioeconomic Development from the Eighth to the Second Millennium B.C., Philadelphia.

LÖW, U.:
1985   Figürlich verzierte Metallgefäße aus Nord- und Nordwestiran, Altertumskunde des Vorderen Orients 6, Münster.

MARCUS, M.:
        Emblems of Authority. The Seals and Sealings from Hasanlu IVB. Expedition 31, 2-3, 53-63.
1996   Emblems of Identity and Prestige: The Seals and Sealings from Hasanlu, Iran. Commentary and Catalog, Philadelphia.

MEDVEDSKAYA, I.:
1982   Iran: Iron Age I. BAR International Series 126, Oxford.

MUSCARELLA, O. W.:
1974   The Iron Age at Dinkha Tepe. Metropolitan Museum Journal 9, 35-90.
1980   The Catalogue of Ivories from Hasanlu, Iran, Philadelphia.
1989   Warfare at Hasanlu in the Late 9th Century B.C., Expedition 31, 2-3, 24-35.
1994   North-Western Iran: Bronze Age to Iron Age. In: A. Cilingiroglu & D. H. French (eds.), Anatolian Iron Ages 3. The

Proceedings of the Third Anatolian Iron Ages Colloquium held at Van, 6-12 August 1990, Ankara, 139-155.

NEGAHBAN, E. O.:
1996   Marlik. The Complete Excavation Report, Philadelphia.

ÖZFIRAT, A.:
2001   Erste Betrachtungen zum ostanatolischen Hochland im 2. Jt. v. Chr., Istanbuler Mitteilungen 51, 27-60.
2002   Van-Urmia Painted Pottery from Hakkari, AMIT 34, 209-228.

OVERLAET, B.:
2003   The Early Iron Age in the Pusht-I Kuh, Luristan, Leuven.

PILLER, C. K.:
2003   Zur Mittelbronzezeit im nördlichen Zentraliran. Die Zentraliranische Graue Ware (Central Grey Ware) als mögliche Verbindung zwischen Eastern und *Western Grey Ware*, AMIT 35 (im Druck).

PORADA, E.:
1964   Nomads and Luristan Bronzes: Methods proposed for a Classification of the Bronzes. In: R. Ghirshman, E. Porada, R. H. Dyson, J. Ternbach, R. S. Young, E. Kohler & M. Mellink (eds.), Dark Ages and Nomads c. 1000 B.C. Studies in Iranian and Anatolian Archaeology, Istanbul, 9-31.
1965   Ancient Iran. The Art of Pre-Islamic Times, London.

READE, J.:
1979   Hasanlu, Gilzanu and related Considerations. AMI 12, 175-181.

REESE, D.:
1989   Treasures from the Sea. Shells and Shell Ornaments from Hasanlu IVB. Expedition 31, 2-3, 80-86.

RUBINSON, K.:
1991   A Mid-Second Millennium Tomb at Dinkha Tepe. American Journal of Archaeology 95, 373-394.
1994   Eastern Anatolia Before the Iron Age: A View from Iran. In: A. Cilingiroglu & D. H. French (eds.), Anatolian Iron Ages 3. The Proceedings of the Third Anatolian Iron Ages Colloquium held at Van, 6-12 August 1990, Ankara, 199-203.

SALVINI, M.:
1995   Geschichte und Kultur der Urartäer, Darmstadt.

SAMADI, H.:
1959   Les découvertes fortuites Klardasht, Garmabak, Emam et Tomadjan. Mazanderan et Guilan, Teheran.

TOUROVETZ, A.:
1989   Observations concernant le Matériel Archéologique des Nécropoles A et B de Sialk. Iranica Antiqua 24, 209-244.

VANDEN BERGHE, L.:
1981   Luristan. Vorgeschichtliche Bronzekunst aus Iran, Ausstellungskataloge der Prähistorischen Staatssammlung 8, München.

WINTER, I.:
1989   The „Hasanlu Gold Bowl": Thirty Years Later. Expedition 31, 2-3, 87-106.

WARTKE, R.-B.:
1993   Urartu. Das Reich am Ararat, Mainz.

YOUNG, T. C.:
1963   Proto-Historic Western Iran. An Archaeological and Historical Review: Problems and possible Interpretations, Michigan.
1965   A Comparative Ceramic Chronology for Western Iran, 1500-500 B.C. Iran 3, 53-69.
1985   Early Iron Age Iran revisited: Preliminary Suggestions for the Re-Analysis of old Constructs. In: J.-L. Huot, M. Yon & Y. Calvet (eds.), De L'Indus aux Balkans. Recueil à la Mémoire de Jean Deshayes, Paris.

Metallarbeiten aus dem Luristan der Eisenzeit

Bruno Overlaet

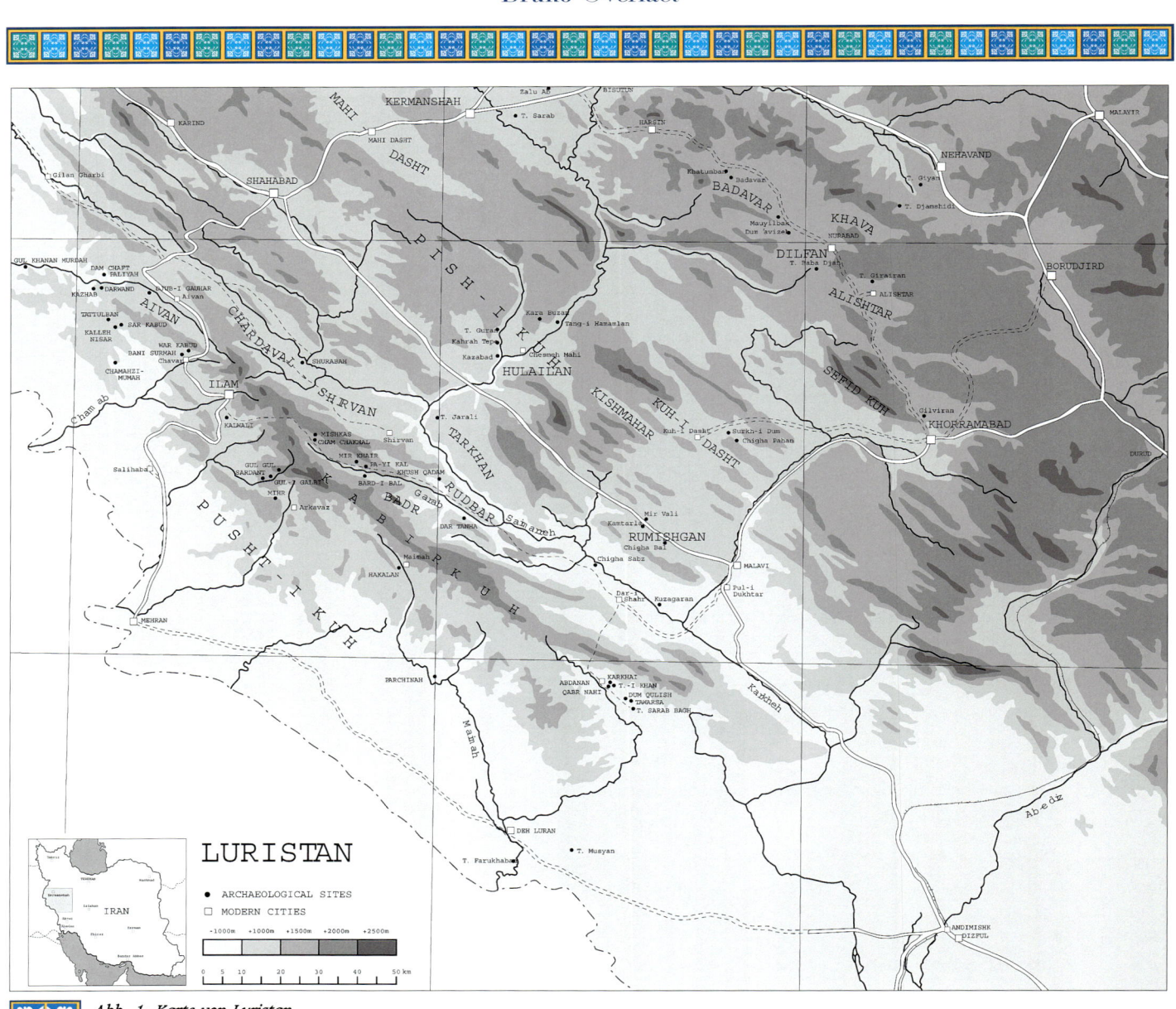

Abb. 1: Karte von Luristan.

Abb. 2: Blick auf das Gräberfeld von War Kabud (Eisenzeit III) im Jahre 1966. Der Schnitt des belgischen Teams ist umgeben von Gruben früherer illegaler Ausgrabungen.

Die „Luristan-Bronzen" zählen zu den rätselhaftesten und ansprechendsten Schöpfungen des prähistorischen Iran (Abb. 3). Es gibt gehämmerte und mit Gravuren versehene Objekte aus Blech, wie zum Beispiel Nadeln mit scheibenförmigen Köpfen, Schmuckplatten für Köcher, „cire perdue"-Objekte aus gegossener Bronze, beispielsweise Axtklingen mit fingerförmigen Spitzen, Trensen mit dekorierten Seitenteilen, Götterbilder usw. Weniger gut bekannt, aber ebenso eindrucksvoll, sind die dekorierten Schwerter aus Eisen, Armreifen und Nadeln. Diese metallenen Objekte sind in einem sehr typischen Stil gehalten, mit Tieren, Menschen und phantastischen Kreaturen, in denen menschliche wie auch tierische Merkmale vereint sind. Dieser dekorative Stil erreicht seinen Höhepunkt in den „Herr der Tiere"-Standarten (Kat.-Nr. 333), in denen zwei gegenüber gestellte Raubkatzen und eine zentrale menschliche Gestalt, häufig mit mehreren Janus-Köpfen übereinander, verschmolzen sind.

Einige Luristan-Bronzen wurden bereits in der zweiten Hälfte des 19. Jh. von europäischen Museen angeschafft, doch ihr Ursprung und ihre Bedeutung blieben lange ein Geheimnis. Erst in den späten 1920ern, als plötzlich große Mengen dieser Bronzen auf den Kunstmärkten auftauchten, wurde deutlich, dass sie von Grabstätten und Heiligtümern in Luristan stammten.

Geographie

Luristan liegt im westlichen Teil der Zagros-Gebirgskette, die das iranische Plateau von den Ebenen Mesopotamiens trennt (Abb. 1). Im archäologischen Zusammenhang meint „Luristan" den gebirgigen Teil des Zagros zwischen der irakischen Grenze, der „großen Khorasan-Route" über die Zagros-Berge, den Straßen, die Kermanshah, Sahneh, Niharvand, Borudjird und Dorud verbinden, und schließlich den Ab-e Diz-Fluss, der in die Ebene von Dezful fließt. Heutzutage liegen in dieser Gegend die Provinzen Ilam und Luristan. Die Gegend wird von drei mehr oder weniger parallelen

Bergketten dominiert, den Kabir Kuh, Kuh-i Sefid und Kuh-i Garin, die alle von NW nach SO verlaufen. Diese Berge erreichen Höhen von etwa 3000 m über dem Meeresspiegel. Bezüglich der Kabir Kuh ist Luristan in die Gegenden „Pusht-i Kuh" (wörtlich „hinter dem Berg", vom iranischen Plateau aus gesehen) und „Pish-i Kuh" (wörtlich „vor dem Berg") aufgeteilt. Ganz allgemein könnte man sagen, dass Luristan durch regnerische Winter und trockene Sommer gekennzeichnet ist. Allerdings entsteht durch den gebirgigen Charakter Luristans eine Vielfalt von Mikro-Klimata (Potts 1999, 12-15). Diese regionalen Unterschiede erklären die saisonale Wanderung halbnomadischer Gruppen in Luristan. Die Kette der Kuh-i Sefid unterteilt Pish-i Kuh in zwei Klimazonen. Die hohen Täler im Nordosten, sardsir oder Sommerquartiere genannt, bieten im Sommer ein kühleres Klima, während in den tieferen Täler im Südwesten (garmsir oder Winter-Quartiere) im Winter ein milderes Klima herrscht.

Archäologische Forschung

Die Geographie erklärt, warum der Zugang zu dieser Region immer schon schwierig war. Bis zur ersten Hälfte des 20. Jh. erhielt sich Luristan viel von seiner Stammes-Unabhängigkeit, und die persische Zentralregierung hatte wenig Kontrolle über die nomadische Lur-Bevölkerung. Für eine lange Zeit fanden dort heimliche Ausgrabungen im großen Maßstab statt und entgingen jeglicher Kontrolle der offiziellen archäologischen Einrichtungen. Viele Tausende von Gräbern wurden geplündert, und die Funde wurden schnellstmöglich unter Museen und privaten Sammlungen verteilt.

Das Ergebnis war, dass wissenschaftliche Studien über Luristan auf die Katalogisierung von Sammlungen unbekannter Herkunft beschränkt waren (Godard 1931; Calmeyer 1969; Amiet 1976; Moorey 1971). Versuche, diese in einen historischen Kontext einzubetten, konnten sich nur auf stilistische Vergleiche mit benachbarten Regionen und die häufig ungenauen, wenn nicht sogar absichtlich irreführenden Informationen von Seiten der Kunsthändler stützen. Der erste größere wissenschaftliche Durchbruch gelang im Jahre 1938, als eine amerikanische Expedition in der Lage war, ein Heiligtum bei Sorkh-Dum-e Luri in Pish-i Kuh auszugraben (Schmidt, van Loon & Curvers 1989). Obwohl das Gebäude bereits teilweise geplündert war, war es immer noch möglich, wichtige Entdeckungen zu machen. Ganze Haufen von ex-voto-Objekten, wie zum Beispiel mit dekorierten Scheibenköpfen versehene Nadeln, wurden unter den Fußböden und im Mauerwerk gefunden (Kat.-Nr. 324-326). Seitdem haben die Ausgrabungen dänischer, britischer und iranischer Archäologen in den nördlich gelegenen Tälern von Pish-i Kuh sowie belgische Ausgrabungen in den südlich liegenden von Pusht-i Kuh das Bild vervollständigt. Die Gräberfelder von Luristan mit ihren steinernen Gräbern, die von dem belgischen Team ausgegraben wurden, wurden verschiedenen Perioden zugewiesen, angefangen vom mittleren Chalkolithikum (2. Hälfte des 5. bis zur 1. Hälfte des 4. Jt. v. Chr.) bis zur Eisenzeit (Haerinck & Overlaet 2002: Chalkolithikum und Bronzezeit; Overlaet 2003 und 2005: Eisenzeit). Sie enthalten in den meisten Fällen Keramik, Waffen und persönlichen Schmuck. Während der Bronzezeit (ca. 3000/2900-1300/1250 v. Chr.) sind die Bronzeobjekte mit denen der benachbarten Regionen in Mesopotamien und auf dem iranischen Plateau verwandt. Die charakteristischen Objekte des „Luristan-Stils" gehören sämtlich der Eisenzeit an (ca. 1300/1250-650 v. Chr.).

Die Chronologie der Eisenzeit

Obwohl mittlerweile in Luristan viel Forschung stattgefunden hat, ist unser Wissen über die Bevölkerung der Eisenzeit und ihre Kultur noch immer bruchstückhaft. Es fehlen nach wie vor Informationen über bestimmte Regionen und chronologische Phasen. Dennoch haben die belgischen Ausgrabungen in Pusht-i Kuh, die von dem verstorbenen Louis Vanden Berghe geleitet wurden, es ermöglicht, eine allgemeine Chronologie zumindest für diesen Teil von Luristan vorzuschlagen. Es scheint allerdings wichtige regionale Variationen hauptsächlich zwischen Pusht-i Kuh und Pish-i Kuh zu geben.

Wenn man die iranische „Eisenzeit" diskutiert, sollte man sich vor Augen halten, dass diese Bezeichnung nicht – wie man erwarten würde – das erste allgemeine Auftauchen von Eisen in Iran meint. Der Begriff „Eisenzeit" ist mit einer kulturellen Veränderung in Nordwestiran verbunden, die mit der Ankunft der Indo-Europäer in Verbindung gebracht wurde. Es gab Veränderungen bei der Keramik und den Waffen, es gab das Aufkommen der „extra muros"-Grabstätten usw. Die Entwicklung innerhalb dieser Kultur führt zu einer Unterteilung in drei Phasen namens Eisenzeit I, II und III (Young 1965; 1967; 1985; Dyson 1965; Levine 1987, 233). Es ist allerdings eindeutig, dass in einem ausgedehnten Territorium wie Iran diese Veränderungen nicht gleichzeitig und in identischer Art und Weise auftreten. Das Ergebnis ist, dass die „Eisenzeit"-Terminologie und ihre dreifache Unterteilung nicht auf den ganzen Iran angewandt werden können. Allerdings wird sie in Luristan üblicherweise verwendet, wie auch in anderen Teilen des Irans (vgl. z. B. Haerinck 1988, 64-65 (Gilan)), einfach als grobe chronologische Markierung und allgemeines Bezugssystem.

Das Ende der späten Bronzezeit und der Beginn der Eisenzeit in Luristan werden durch einen plötzlichen Wandel der Lebensweise gekennzeichnet. Etwa 1300/1250 v. Chr. werden Siedlungen überall in Luristan, wie zum Beispiel Tappeh Baba Jan, mit einem Male verlassen (Goff 1968; 1971, 150-151; Schmidt, van Loon & Curvers 1989, 486-487). Auch wenn einige Plätze besiedelt blieben, war dies aber nur noch in begrenztem Maße der Fall (siehe Tappeh Guran, vgl. Thrane 2001; Overlaet 2003, 25-28; 1971, 25-28, Abb. 14-16). Was genau passierte, wissen wir nicht. Es gibt keine Anzeichen für die militärische Zerstörung irgendeiner dieser bronzezeitlichen Siedlungen. Diese Entwicklung hing wahrscheinlich mit klimatologischen Faktoren zusammen, da die Aufgabe dieser Siedlungen zeitlich mit einem Höhepunkt zunehmender Niederschläge im Mittleren Osten zwischen 1350 und 1250 v. Chr. zusammen fiel (Neumann & Parpola 1987, 164). Man nimmt an, dass dies zu einer Periode wiederholter Überflutungen und Missernten führte,

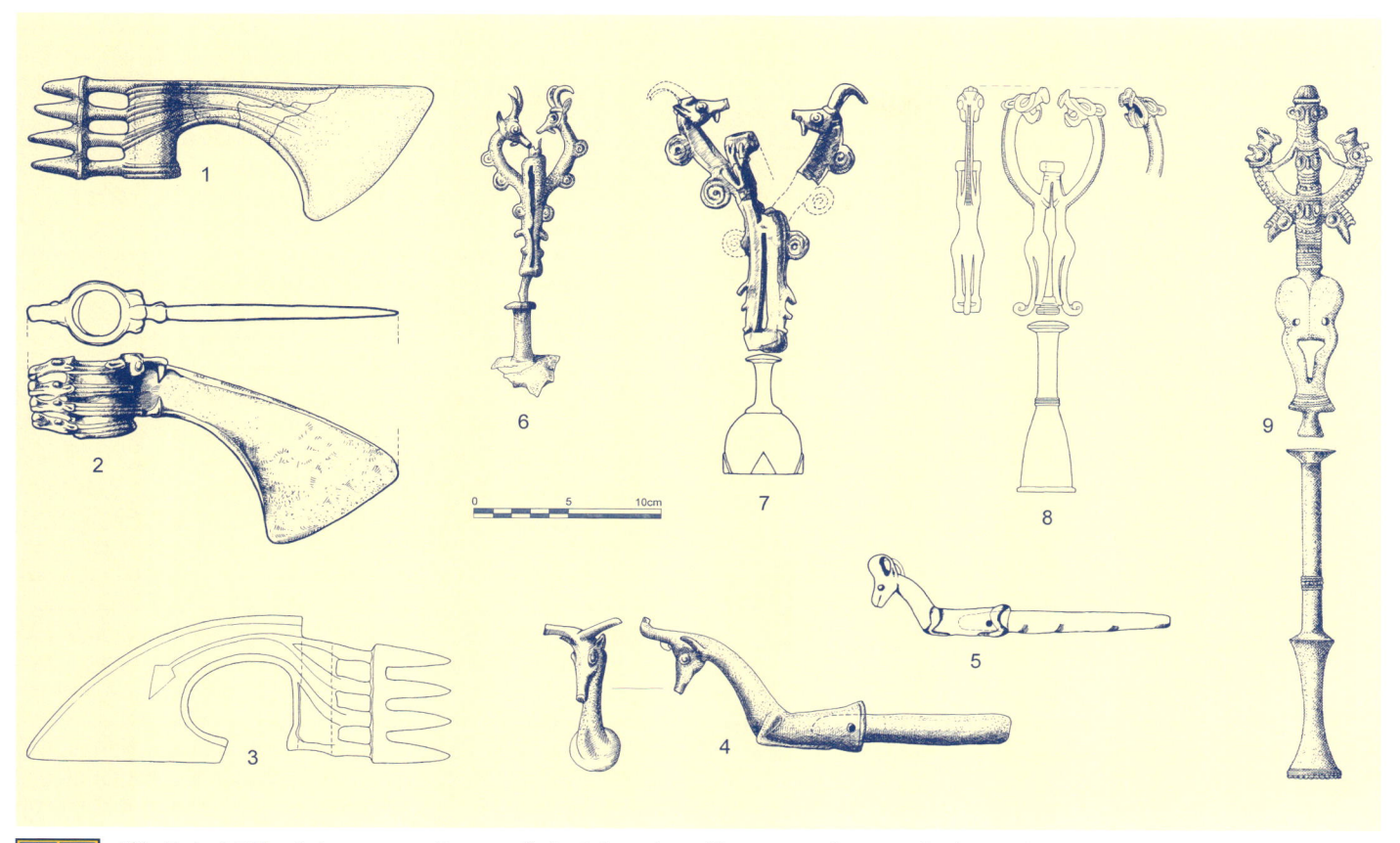

Abb. 3: 1, 4-7 Klassische gegossene Bronzen, die im Rahmen kontrollierter Ausgrabungen gefunden wurden. Bei Bard-i Bal, 2 bei Kutal-i Gulgul, 9 bei Tattulban und 3, 8 bei Khatunban.

etwas, das mit Leichtigkeit den Zusammenbruch eines ökonomischen Systems hervorrufen konnte. Das hierdurch verursachte Vakuum wurde von der „eisenzeitlichen Lurestan-Bevölkerung" gefüllt, welche die klassischen Luristan-Bronzen herstellen sollte. Wer diese Leute waren, bleibt ein Geheimnis. Sie könnten in dieser Zeit nach Luristan eingewandert sein, sie könnten aber auch eine übrig gebliebene Gruppe der sesshaften Bevölkerung der Bronzezeit gewesen sein, die sich an neue Umstände anpasste und eine neue Lebensweise entwickelte. Es könnte sich aber auch genauso gut um lokale Minderheiten gehandelt haben, möglicherweise Halbnomaden, die bereits in der Region lebten. Solche Gruppen konnten sich tatsächlich ausbreiten nach dem Kollaps einer landwirtschaftlich orientierten sesshaften Gesellschaft, welche bis dahin die fruchtbarsten Gebiete besetzt hatte.

Eine der immer wiederkehrenden Fragen bezüglich der Bevölkerung Luristans ist die nach ihrer Lebensweise. Als in den späten 1920ern die ersten Luristan-Bronzen auf den Kunstmärkten erschienen, stellten Archäologen fest, dass die Leute, die sie hergestellt hatten, Nomaden sein mussten (Godard 1931, 21). Luristan war zu dieser Zeit kaum erforscht, und man glaubte, dass die Region zu keiner Zeit für sesshafte Besiedlung geeignet gewesen wäre, eine Vorstellung, die später aufgegeben werden musste. Die Situation während der Eisenzeit muss wesentlich komplexer gewesen sein. Es gab wahrscheinlich Halbnomaden wie auch kleine sesshafte Gruppen in der Region. Abhängig von klimatischen, politischen und ökonomischen Veränderungen mag mal die eine, mal die andere Lebensweise dominierend gewesen sein. Eine ähnliche Symbiose der Lebensweisen gibt es noch heute in Luristan.

Die erste Phase der Eisenzeit in Luristan, die in Pusht-i Kuh als Eisenzeit IA bezeichnet wird, kann zwischen ca. 1300/1250 und ca. 1150 v. Chr. datiert werden. „Extra muros"-Grabstätten mit Steinkisten-Gräbern wurden in Duruyeh, Kutal-i Gulgul und Bard-i Bal in Pusht-i Kuh ausgegraben (Abb. 4 oben). Die frühesten waren Einzelgräber, doch es wurde schnell üblich, die Gräber wieder zu öffnen und sie immer wieder zu benutzen. Da diese Gräber relativ klein waren, wurden die Grabbeigaben allerdings am rückwärtigen Ende der Gräber aufgestapelt und die Überbleibsel der Verstorbenen mussten zur Seite gerückt werden, um Platz für die jeweilige Wiederbenutzung zu schaffen. Die meisten waren mit steinernen Deckeln oder Findlingen abgedeckt und waren rechteckig oder hufeisenförmig. Eine der Schmalseiten wurde als Einstieg benutzt und war häufig mit ein oder zwei großen Steinplatten verschlossen. Die flache Decke der Grabkammer bestand üblicherweise aus großen Steinen. Einige der Gräber von Kutal-i Gulgul wurden für mindestens vier Menschen benutzt. Da allerdings menschliche Überbleibsel im Allgemeinen nicht oder nur fragmentarisch erhalten sind, können die tatsächlichen Zahlen auch höher sein. Unter den Grabbeigaben erscheinen Keramikformen und Objekte, die auf Kontakte

331

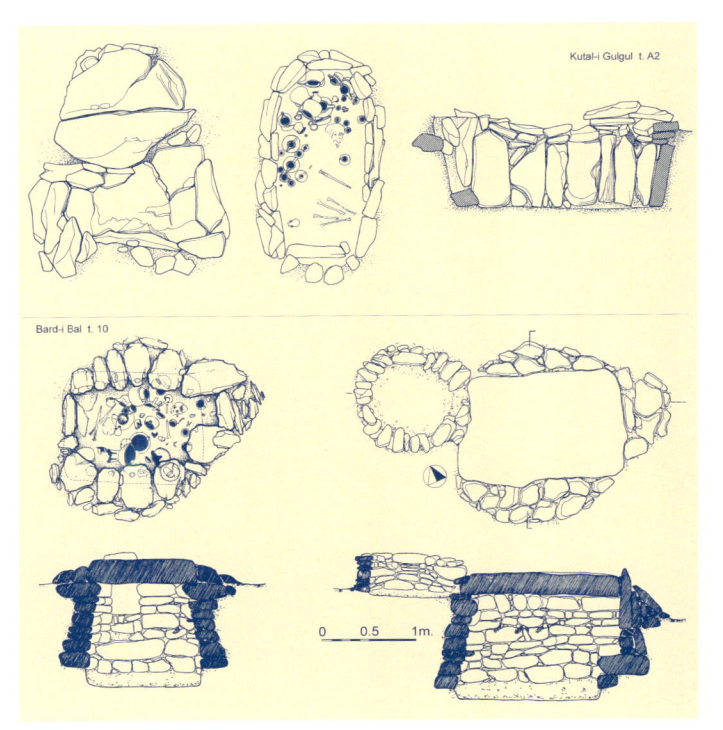

Abb. 4: Plan eines Grabes (Eisenzeit IA) von Kutal-i Gulgul und eines Grabes (Eisenzeit IB-IIA) von Bard-i Bal in Pusht-i Kuh.

der Bevölkerung zum kassitischen Mesopotamien hindeuten. Gute chronologische Markierungen stellen importierte Fingerringe aus Muscheln dar, sowie Fayencegefäße, die von kassitischen Grabstätten in der Nähe der Hamrin-Region und von anderen Stellen in Mesopotamien bekannt sind (Beyer 1982; Boehmer 1982, 40; Boehmer & Dämmer 1985, 80; Clayden 1998; Overlaet 2003, 74-76, 138-141, 219-220, Abb. 50-51, 108-109, 185). Zur selben Zeit erscheinen auch die ersten Objekte im klassischen Luristan-Stil. Es finden sich z. B. Axtklingen mit fingerförmiger Spitze und einfache Stangenaufsätze, die aus röhrenförmigen Bronzesockeln bestehen, auf denen zwei einander zugewandte Tiere stehen (Abb. 3). Es gibt bisher keinen Beweis dafür, dass in diesem Stadium in Luristan Eisen benutzt wurde. Bronze war das allgemein übliche Material für Waffen und Gebrauchsgegenstände wie auch für Schmuck.

Um die Mitte des 12. Jh. v. Chr. findet die Existenz mesopotamischer Objekte unter den Grabbeigaben ein Ende. Dies kann durch die Zerstörung der nahe gelegenen kassitischen Siedlungen in der Hamrin durch die proto-elamitische Armee von Shutruk Nahhunte um 1160 v. Chr. erklärt werden. Dieses Ereignis muss Pusht-i Kuh von seinen Zulieferern abgeschnitten haben. Als Ergebnis muss die Deponierung kassitischer Objekte in Gräbern kurz danach aufgehört haben. Dieser elamitische Feldzug war Teil allgemeiner Aufstände im Mittleren Osten, ausgelöst durch eine klar erkennbare Dürreperiode, die weitflächige Missernten, Hungersnöte und Epidemien verursacht hatte, was wiederum Wanderbewegungen und kriegerischen Konflikten Auftrieb gab (Neuman & Parpola 1987, 161-162). Während der folgenden Phase, Eisenzeit IB-IIA in Pusht-i Kuh (ca. 1150-ca. 900 v. Chr.), wurden weiterhin die selben Grabstätten benutzt, doch neue Grabformen tauchten auf, die für die Wiederbenutzung geeigneter waren. Einige Gräber bei Bard-i Bal sind größer und verfügen über mit Treppen versehene Eingänge (Abb. 4 unten). Eisen erscheint und wird allmählich üblicher. Es war allerdings ein teures und prestigeträchtiges Material und war dementsprechend hauptsächlich für Schmuck reserviert, wie Nadeln, Fingerringe, Arm- und Beinreifen. Die klassischen Bronzen, zu denen Äxte, Griffe von Schleifsteinen, Trensen mit dekorierten Seitenteilen und Stangenaufsätzen gehören, wurden zu kunstvolleren und komplizierteren Formen entwickelt (Abb. 3 und 5).

Im Verlauf des 9. Jh. v. Chr. fanden in Luristan wichtige Veränderungen statt. Ab etwa 950/900 v. Chr. begann eine neue, kühlere Periode im Mittleren Osten, die zu einer leichten Zunahme der Niederschläge führte (Neumann & Parpola 1987, 175). Es scheint, dass dies wieder die nötigen Voraussetzungen für großflächigere Landwirtschaft bot, was wiederum die Versorgung einer größeren Bevölkerung erlaubte. Im Verlauf des 9. Jh. v. Chr. wurden einige der größeren Tappehs in Pisht-i Kuh, die zum Ende der Bronzezeit verlassen waren, wieder besiedelt und neue kleine Siedlungen tauchten auf (Goff 1968, 127-128). Bei Baba Jan wurde ein bedeutender Komplex mit einem Fort und vermutlich einem Tempel, von Siedlern errichtet, die durch ihre bemalte „Baba Jan III"-Töpferware gekennzeichnet sind (Henrickson 1988; Overlaet 2003, 38-41, Abb. 25-27). Seine Blütezeit lag im 8. Jh. v. Chr. In der Siedlung von Baba Jan III oder in Gräbern mit Baba Jan III-Keramik wurden keine klassischen Bronzen gefunden, ein Hinweis darauf, dass entweder die Blütezeit dieser Bronzen vorüber war oder dass sie mit dieser spezifischen Gruppe von Siedlern nicht in Verbindung zu bringen sind. Im 9. Jh. steht das Heiligtum von Sorkh-Dum-e Luri, wahrscheinlich einer weiblichen Gottheit gewidmet, am Beginn einer prosperierenden Periode mit regelmäßigen Renovierungen und der Niederlegung von Mengen an *ex voto*-Objekten (Schmidt, Van Loon & Curvers 1989; Overlaet 2003, 34-37, Abb. 22-24). Unter diesen sind viele Erbstücke. Eine wichtige Gruppe stellen die Nadeln mit großen verzierten Köpfen dar (Kat.-Nr. 324-326), von denen viele die Eisenzeit III vorweg nehmen (Moorey 1999, 151). Weibliche Gottheiten, menschliche Figuren mit Hörnern, Tiere und Pflanzenmotive erscheinen auf ihnen. Ein großes Gräberfeld auf der Kuppe eines Hügels über dem Heiligtum wurde unglücklicherweise geplündert, Scherben mit Bezug zu Baba Jan III, die von den Plünderern liegen gelassen wurden, wiesen darauf hin, dass zumindest ein Teil des Gräberfeldes zur gleichen Zeit wie die hauptsächliche Benutzung des Heiligtums bestand[1].

Auch in Pusht-i Kuh werden im 9. Jh. Veränderungen festgestellt (Eisenzeit IIB: ca. 900-800/750 v. Chr.). Die Toten werden wieder in kleinen Einzelgräbern bestattet. Was die Menschen dazu brachte, die traditionelle Wiederbenutzung ihrer (Familien- ?) Gräber aufzugeben und wieder Einzelgräber anzulegen, bleibt ein Geheimnis. Wir verfügen über keinerlei ausgegrabene besiedelte Stätten in Pusht-i Kuh, wenn es auch in den größeren Tälern einige Tappehs gibt. Eisen wurde immer noch allgemein für Schmuck verwendet, doch es scheint, dass dieses Material üblicher wurde, da es auch für Dolche verwendet wurde (Kat.-Nr. 329). Zweitrangige Waffen wie Pfeilspitzen wurden nach wie vor aus Bronze hergestellt, ein klares Zeichen für den Wert, den Eisen besaß.

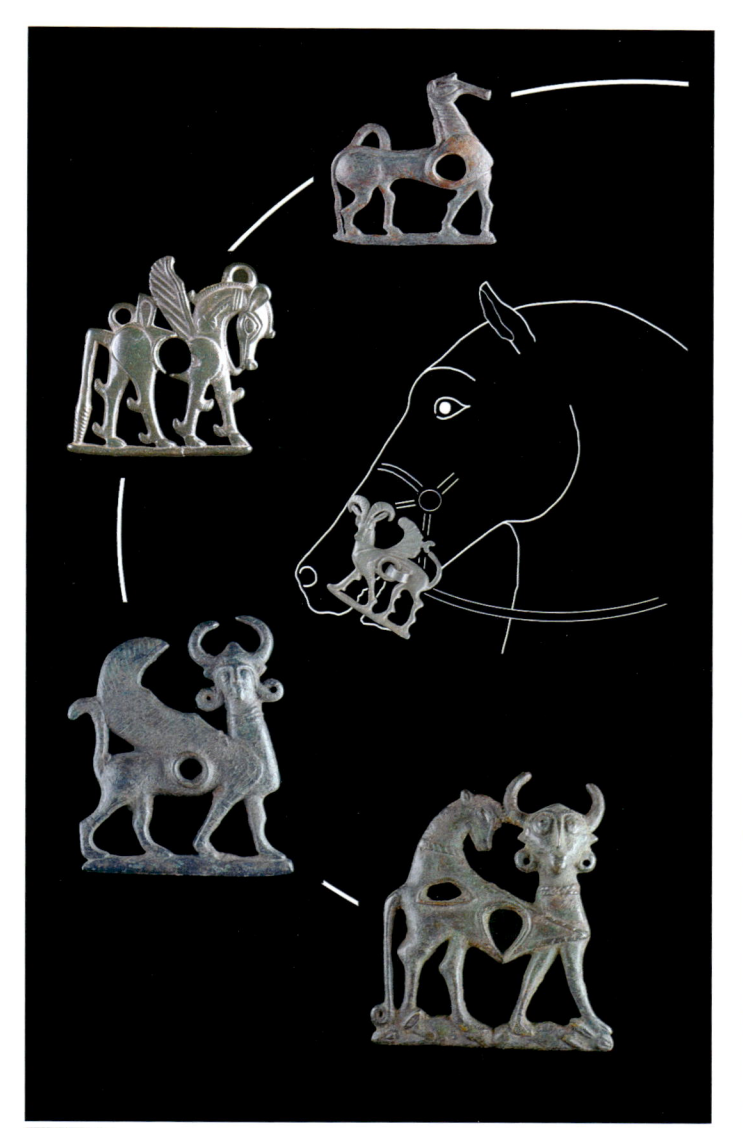

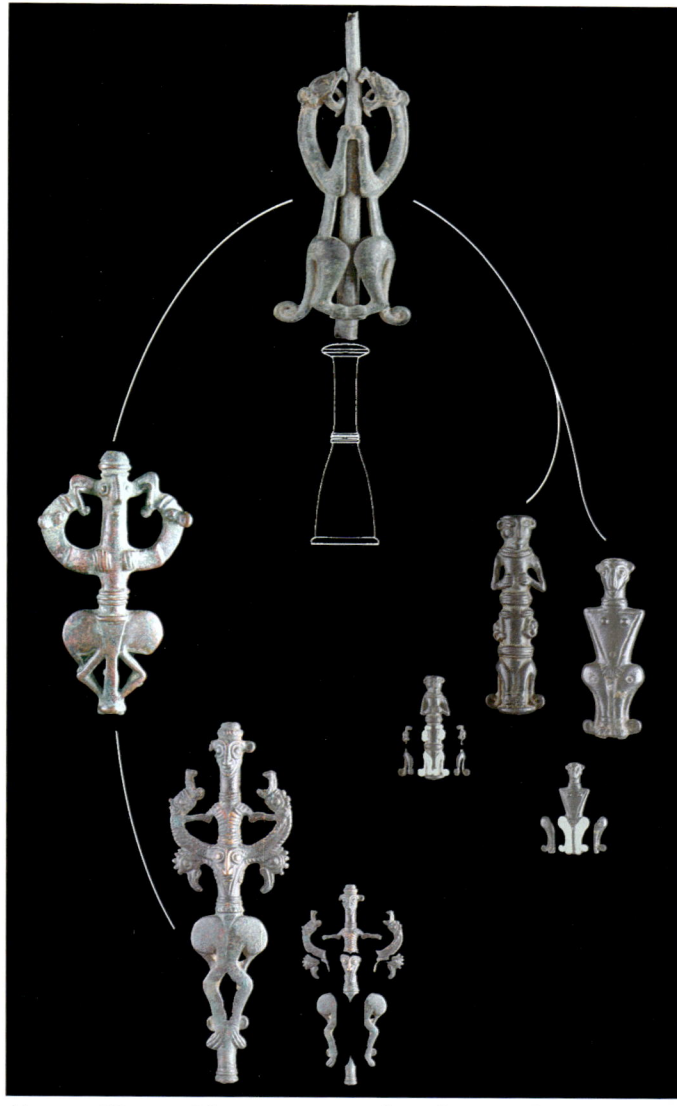

Abb. 5: Entwicklung von einfachen zu komplexen zusammengesetzten Mustern: Wangenstücke von Trensen und Finialen; Sammlung: Königliches Kunst- und Geschichtsmuseum, Brüssel.

Die dann folgende Phase in Pusht-i Kuh, die Eisenzeit III, scheint eine sehr blühende Periode gewesen zu sein (ca. 800/750-650 v. Chr.). Eine große Zahl von Grabstätten ist bekannt (Vanden Berghe 1987; Haerinck & Overlaet 1998; 1999; 2004), was einen deutlichen Bevölkerungszuwachs anzeigen könnte. Die Grabbeigaben sind allgemein verschiedenartiger und wertvoller. Die Gräber stellen üblicherweise Einzelgräber dar und unter den Grabbeigaben finden sich Bronzegefäße, eiserne Waffen und neue Formen und Typen von Keramik (Abb. 7). Eine Gruppe schöner grauer und braungelber Töpferware ist mit eingeritzten geometrischen Mustern versehen (Kat.-Nr. 337), die mit den gemalten Mustern der Baba Jan III-Keramik in Pish-i Kuh verwandt sind. Eisen war ein sehr übliches Material geworden und sein Stellenwert hatte sich dementsprechend verändert. Obwohl zu Beginn der Eisenzeit III immer noch gelegentlich eiserne Fußreifen begegnen (Kat.-Nr. 331), wird doch deutlich, dass eiserner Schmuck nicht mehr en vogue war. Eiserne Fingerringe tauchen nicht mehr auf. Schwerter und Dolche, Pfeilspitzen, Äxte und Beile waren nun aus Eisen. Bronze wurde für die dekorativen Elemente auf Waffen verwendet, für Schmuck und für einige komplexer gefertigte Waffen, wie Keulenköpfe und Äxte. Ein Keulenkopf von War Kabud (Kat.-Nr. 341) kombiniert eine bronzene Röhre mit einer eisernen Kugel und entspricht einem Typ, der auch in Mesopotamien auftaucht. Assyrische Importe nach Pusht-i Kuh, wie zum Beispiel glasierte Krüge, erscheinen gelegentlich unter den Grabbeigaben und weisen darauf hin, dass die Gegend wieder stärker in die allgemeinen politischen Geschehnisse des Mittleren Ostens integriert war. Die Entdeckung einer assyrischen Felsenskulptur bei Shikaft-i Gulgul in Pusht-i Kuh illustriert das gelegentliche militärische Eindringen neuassyrischer Armeen nach Luristan (Reade 1977). Neu-assyrische Quellen erwähnen die Existenz eines Konföderationsstaates, Ellipi genannt, in Luristan. Die Leute von Pusht-i Kuh waren vielleicht die Parnaker, die von den

späteren Exemplare ist allerdings manchmal in einem solchen Ausmaß gekrümmt, dass die Schnittkante beinahe in einem rechten Winkel zum Schaft der Axt steht. Diese Schnittkante war manchmal nicht geschärft und scheint darauf hinzuweisen, dass nur die Spitze der Klinge und die fingerförmigen Spitzen an der Rückseite von Wichtigkeit waren. Axtklingen mit Spitzen am Ende können mit geometrischen oder figürlichen Mustern auf der Klinge verziert sein, und manchmal wurden kleine Raubtiere oder Vögel an der Oberkante der Klinge angebracht. Bei kunstvolleren Exemplaren entwickelt sich die Klinge aus dem Maul eines Raubtieres und die Spitzen können Tiergestalt annehmen. Dieser Axtklingentyp wurde in den Gräbern der Eisenzeit III nicht mehr gefunden. Zu dieser Zeit wurde ein einfacherer Typ der Eisenaxt zum Standard (Kat.-Nr. 339). Eine Gruppe von Hellebarden mit vergleichbaren Verzierungen stammt aus der gleichen Zeit wie die mit Spitzen versehenen Axtklingen (Kat.-Nr. 316) (Moorey 1971, 58-59, Abb. 7; 1991, 4, Abb. 1). Einige kombinieren eine eiserne Klinge mit einer aufgegossenen, verzierten Bronzetülle und illustrieren damit den Übergang von bronzener zu eiserner Bewaffnung, der am Beginn des 8. Jh. v. Chr. vollzogen ist. Verbunden mit der Verwendung bronzener Dolche in der frühen Eisenzeit (Kat.-Nr. 318, 319) ist das Auftauchen der Schleifsteine (Abb. 3: 4-5). Schnittkanten aus Bronze mussten regelmäßig geschärft werden, und ein Schleifstein war ein sehr notwendiges Werkzeug. Kunstvoll gegossene Bronzegriffe waren manchmal an ihnen angebracht (Kat.-Nr. 330), und wieder scheint es eine stilistische und chronologische Entwicklung von eher einfachen naturalistischen Exemplaren hin zu komplexeren Stücken gegeben zu haben[4].

Eine seltene Gruppe eiserner Schwerter könnte einen der ersten Versuche darstellen, in Luristan komplexere Gegenstände aus Eisen herzustellen. Die Griffe sind mit Löwen, Löwenköpfen und Menschenköpfen verziert (Kat.-Nr. 328). Zwei bärtige Menschenköpfe finden sich am Knauf. Die Rückseite dieses Kopfes hat die Gestalt eines Löwenprotoms. Zwei kleine Raubtiere, entweder Löwen oder Panther, finden sich an der Basis des Griffes. Etwa 90 solcher Schwerter sind bekannt, doch unglücklicherweise stammt keines von einer kontrollierten Ausgrabung (Muscarella 1989 [mit ausf. Literaturangabe]). Diese kurzen Schwerter bestehen aus einer Reihe von getrennt geschmiedeten Teilen. Technische Nachweise deuten darauf hin, dass das Eisen nicht von denjenigen produziert wurde, welche die verzierten Schwerter schufen. Die Handwerker, welche diese Waffen herstellten, scheinen ein relativ geringes Wissen von der Technik der Eisenverarbeitung gehabt zu haben und waren stattdessen wohl vertrauter mit Bronzearbeiten (Moorey 1991, 3; Rehder 1991). Dies sollte nicht überraschen. Da Eisenerz offensichtlich in Luristan nicht zur Verfügung stand, muss es in Form geschmiedeter oder andersartiger Barren importiert worden sein. Die Gegend von Hamadan ist eine der möglichen Quellen (Pigott 1989, 69, Abb. 4). Es ist beinahe selbstverständlich, dass die Bronzehandwerker die ersten waren, die mit der Bearbeitung eines neuen Metalls wie Eisen experimentierten. Die Seltenheit des Metalls und sein Ruf, etwas Neues zu sein, erklärt seinen Wert als Statussymbol in der frühen Eisenzeit. Eine Möglichkeit für die Handwerker, das prestigeträchtige Eisen in seine Herstellung mit einzubeziehen, bestand darin, Eisen und Bronze zu kombinieren. Einfache Formen wurden aus Eisen hergestellt und die dekorativen Teile wurden in Bronze aufgegossen. Die Technik des Überfanggusses tritt in West-Iran während der Eisenzeit II weit verbreitet auf und ist an Stätten wie Hasanlu IV (Pigott 1989) allgemein üblich. Wesentlich schwieriger und daher teurer und prestigeträchtiger muss die vollständige Übertragung sonst üblicher Bronzeverzierungen auf das Eisen gewesen sein. Diese Schwerter sind nicht die einzigen Beispiele für die dekorativen Eisenarbeiten Luristans. Massive und schwere schmiedeeiserne Armreifen, die mit menschlichen Gesichtern und Löwenmasken verziert sind, sind identisch mit gegossenen Exemplaren aus Bronze[5]. Abbildung 6 zeigt drei Nadeln mit Köpfen in Form kauernder Löwen. Die erste ist vollständig aus Bronze gegossen, die zweite hat einen aufgegossenen Bronzekopf auf der eisernen Nadel, während die dritte vollständig aus Schmiedeeisen hergestellt ist. Der eiserne, eckig geformte Löwe ist identisch mit den kleinen Löwen auf den Griffen der Eisenschwerter. Obwohl klar ist, dass die Eisenschwerter und die anderen dekorativen Eisenarbeiten zum Entwicklungsstadium der Technik der Eisenbearbeitung in Luristan gehören, ist es schwierig, sie genau zu datieren. Angesichts ihrer Einheitlichkeit könnten sie aus einer begrenzten Periode innerhalb einer Zeitspanne vom 10. bis zum 8. Jh. v. Chr. stammen. Allerdings sind durchaus Argumente zu Gunsten einer weit früheren wie auch einer deutlich späteren Datierung vorgebracht worden[6].

Pferdezubehör, wie zum Beispiel Geschirrringe (Kat.-Nr. 327) und Trensen mit dekorativen Wangenstücken (Abb. 5, links/Kat.-Nr. 321), ist ebenfalls charakteristisch für Luristan[7]. Wieder wurde nichts davon jemals im Rahmen kontrollierter Ausgrabungen gefunden. Einige wenige einfache bronzene Trensen wurden bei Khatunban B in einem eisenzeitlichen Kontext gefunden (Haerinck, Mohammadi Jaffar & Overlaet 2004, Taf. 5, 14-15), und einige eiserne Trensen wurden in Gräbern der Eisenzeit III gefunden (Kat.-Nr. 335) (Haerinck & Overlaet 2004, Abb. 19, Taf. 128). Angesichts dieser Funde und ihrer stilistischen Verbindung zu anderen im Wachsgussverfahren hergestellten Bronzen müssen diejenigen mit den verzierten Wangenstücken allerdings vor der Eisenzeit III entstanden sein. Die Wangenstücke entwickelten sich ebenfalls von einfachen naturalistischen zu sehr komplexen Mustern (Abb. 5, links). Die einfachsten Wangenstücke zeigen laufende Tiere auf einer horizontalen Grundlinie. Trensen mit einfachen Wangenstücken in Form von Pferden sind auch von einem Grab der frühen Eisenzeit bei Marlik in Nordiran bekannt (Negahban 1996, 305-306, Taf. 135), und andere sind auf neu-assyrischen Skulpturen abgebildet (Muscarella 1988, 156), doch nur in Luristan hat sich dieser Gegenstand zu einer kulturellen Aussage entwickelt. Im Falle der komplexeren Muster können die Tiere Flügel, Hörner oder sogar menschliche Gesichter haben. Flügel enden manchmal in Tierköpfen, und kleine Tiere können der Szene hinzugefügt sein. Einige Wangenstücke zeigen Raubtiere mit ihrer Beute oder sogar einen von Pferden gezogenen Streitwagen. Manche dieser Wangenstücke sind extrem schwer, was darauf hindeutet, dass sie nicht für den täglichen Gebrauch gedacht waren. Andererseits sind häufig Gebrauchsspuren zu sehen, was wiederum auf Benutzung hinweist, entweder intensiv oder über einen langen Zeitraum.

Unter den Metallarbeiten aus Bronzeblech, die aus Luristan stammen, gibt es einige Bronzegefäße (Kat.-Nr. 334), Gewandnadeln mit scheibenförmigen Köpfen, die gehämmerte und eingravierte Verzierungen aufweisen (Kat.-Nr. 324-326) und Platten, die zum

Beispiel auf Schilde, Köcher, Pferdegeschirre oder Kleidung aufgesetzt wurden. Die Ikonographie umfasst männliche und weibliche Gottheiten, Jagd- und Bankettszenen, tierische und pflanzliche Motive. Eine Gruppe verzierter Gefäße, die so genannten Situlen, ist in einem einheitlichen Stil verziert und kann in das 10. Jh. v. Chr. datiert werden. Sie wurden entweder in einer babylonischen Werkstatt oder jedenfalls unter starkem babylonischen Einfluss hergestellt (Kat.-Nr. 317) (Calmeyer 1965; Muscarella 1974; 1988, 244-248). Eines wurde bei Zalu Ab ausgegraben und etliche Fragmente wurden im Heiligtum von Sorkh-Dum-e Luri gefunden (Schmidt, van Loon & Curvers 1989, 322, 330, Taf. 190), was ihre Existenz in Luristan bestätigt. Wie auch die Mehrzahl der Siegel gehen sie der Zeit der hauptsächlichen Nutzung des Heiligtums voraus (Schmidt, van Loon & Curvers 1989, 413; Moorey 1999, 148). Es scheint, als ob viele der Votivgaben erst im Tempel untergebracht wurden, entweder nachdem sie aus der Mode gekommen waren oder weil sie aufgrund ihres hohen Alters als besonders wertvoll angesehen wurden. Welches auch immer die Erklärung ist, es unterstreicht die Vermutung, dass die oben erwähnten Nadeln mit den scheibenförmigen Köpfen von Sorkh-Dum-e Luri (Kat.-Nr. 324-326) ebenfalls vor der Eisenzeit III anzusetzen sind.

Schlussbemerkungen

Die Kombination von Forschung über die Luristan-Bronzen unbekannter Herkunft und von Feldforschung in Luristan selbst durch eine begrenzte Zahl von Teams hat es ermöglicht, einen allgemeinen chronologischen Kontext vorzuschlagen. Nichtsdestotrotz ist es offensichtlich, dass viele Aspekte des kulturellen Umfeldes immer noch rätselhaft sind. Kaum etwas kann über die Bevölkerung der Eisenzeit gesagt werden, über die Art und Weise ihrer Versorgung, über ihren Glauben oder ihre politische Struktur. Weitere Feldforschung ist dringend notwendig, da viele archäologische Überbleibsel in der Region zwangsläufig durch die weiter fortschreitende Ausdehnung der Städte und Dörfer und durch die verbreitete mechanisierte Landwirtschaft gefährdet sind. Die systematischen Untersuchungen und Ausgrabungen durch Miras-e Faranghi, die iranische Archäologie-Behörde, und schließlich die gemeinsame iranische und ausländische Feldarbeit, welche nun im Planungsstadium ist, werden hoffentlich erlauben, ein vollständigeres Bild von der Kultur und der Geschichte Luristans zu gewinnen.

Anmerkungen

1 Persönliche Beobachtung vom September 2003 (Untersuchung durch E. Haerinck & B. Overlaet zusammen mit MIRAS).
2 Moorey 1971, 140-168, Taf. 30-39; Muscarella 1988, 136-154, Nr. 215-149; Overlaet 2003, 185-193, Abb. 153-159.
3 Moorey 1971, 49-54, Abb. 5-7, Taf. 2-3; Muscarella 1988, 189-190, Nr. 304-305; Overlaet 2003, 166-172, Abb. 134-137.
4 Moorey 1971, 98-100, Taf. 11-12; Muscarella 1988, 182-183, Nr. 298-301; Overlaet 2003, 180-185, Abb. 146-152.
5 Muscarella 1989, 166-167, 171-172, Nr. 264, 272, Abb. 13-14; Moorey 1991, 9, Abb. 4.
6 Muscarella 1989, 354-355: ca. 750-650 v. Chr.; Moorey 1991 und Rehder 1991: 11. Jh. v. Chr.
7 Potratz 1966; Moorey 1971, 101-139, Taf. 13-26; Muscarella 1988, 158-166, Abb. 9.

Bibliographie

AMIET, P.:
1976 Les Antiquités du Luristan. Collection David-Weill, Paris, 1976.

BEYER, D.:
1982 Du Moyen-Euphrate au Luristan: Bagues-Cachets de la Fin du Deuxième Millénaire. In: Mari - Annales de Recherches Interdisciplinaires 1, Paris, 169-189.

BOEHMER, R. M.:
1982 Ringe aus kassitischen Gräbern. Baghdader Mitteilungen 13, 31-49.

BOEHMER, R. M. & DÄMMER, H.-W.:
1985 Tell Imlihiye, Tell Zubeidi, Tell Abbas. Baghdader Forschungen 7, Mainz am Rhein.

CALMEYER, P.:
1965 Eine westiranische Bronzewerkstatt des 10./9. Jahrhunderts v. Chr. zwischen Zalu Ab und dem Gebiet der Kakavand - I. In: Berliner Jahrbuch für Vor- und Frühgeschichte 5, 1-65.
1969 Datierbare Bronzen aus Luristan und Kirmanshah, Berlin.

CLAYDEN, T.:
1998 Faience Buckets. Baghdader Mitteilungen 29, 47-72.

DYSON, R. H.:
1965 Problems of Prehistoric Iran as seen from Hasanlu. Journal of Near Eastern Studies 24, 3, 193-217.

GODARD, A.:
1931 Les Bronzes du Luristan, Paris.

GOFF, Cl.:
1968 Luristan in the first half of the first millennium B.C., a preliminary report on the first season's excavations at Baba Jan, and associated surveys in the Eastern Pish-i Kuh. Iran, Journal of the British Institute of Persian Studies VI, 105-134.
1971 Luristan before the Iron Age. Iran, Journal of the British Institute of Persian Studies IX, 131-152.

HAERINCK, E.:
1988 The Iron Age in Guilan - Proposal for a Chronology. In: J. Curtis (ed.), Bronzeworking Centres of Western Asia c. 1000-539 B.C., London, 63-78.

HAERINCK, E. & OVERLAET, B.:
1998 Chamahzi Mumah, An Iron Age III Graveyard. Luristan Excavation Documents II, Acta Iranica, 3e série - vol. XIX, Leuven.
1999 Djub-i Gauhar and Gul Khanan Murdah, Iron Age III sites in the Aivan plain. Luristan Excavation Documents III, Acta Iranica, 3e série - vol. XXXVI, Leuven.

2002	The Chalcolithic and Early Bronze Age in Pusht-i Kuh, Luristan (West-Iran). Chronology and Mesopotamian Contacts. Akkadica 123, 2, 163-181.
2004	The Iron Age III graveyard at War Kabud (Chavar district), Pusht-i Kuh, Luristan. Luristan Excavation Documents V, Acta Iranica, 3e série, Leuven.

HAERINCK, E., JAFFAR-MOHAMMADI, Z. & OVERLAET, B.:

2004	Finds from Khatunban B - Badavar valley (Luristan) in the Iran National Museum, Teheran. Iranica Antiqua XXXIX, 105-168.

HENKELMAN, W.:

2003	Persians, Medes and Elamites, acculturation in the Neo-Elamite period. In: G. B. Lanfranchi, M. Roaf & R. Rollinger (eds.), Continuity of Empire (?), Assyria, Media, Persia, History of the Ancient Near East / Monographs - V, Padova, 181-231, pl. 9-15.

HENRICKSON, R.C.:

1988	Baba Jan Tappeh. In: E. Yarshater (ed.), Encyclopaedia Iranica III, 3, 292-293.

LEVINE, L.:

1987	The Iron Age. In: Fr. Hole (ed.), The Archaeology of Western Iran, settlement and society from prehistory to the Islamic conquest, Washington D.C./London, 229-250.

MEDVEDSKAYA, I. N.:

1999	Media and its Neighbours I: The Localization of Ellipi. Iranica Antiqua XXXIV, 53-70.

MOOREY, P. R. S.:

1971	Catalogue of the Ancient Persian Bronzes in the Ashmolean Museum, Oxford.
1991	The decorated ironwork of the early Iron Age attributed to Luristan in Western Iran. Iran, Journal of the British Institute of Persian Studies XXIX, 1-12.
1999	The hammered bronzework of Iron Age Lurestan (Iran): problems of chronology and iconography. In: A. Alizadeh, Y. Majidzadeh & S. M. Shahmirzadi (eds.), The Iranian World, Essays on Iranian Art and Archaeology presented to Ezat O. Negahban, Tehran, 146-157.

MUSCARELLA, O. W.:

1974	Decorated Bronze Beakers from Iran. American Journal of Archaeology 78, 239-254, pl. 46-51.
1988	Bronze and Iron, Ancient Near Eastern Artifacts in The Metropolitan Museum of Art, New York.
1989	Multi-piece iron swords from Luristan. In: L. De Meyer & E. Haerinck (eds.), Archaeologia Iranica et Orientalis miscellanea in honorem Louis Vanden Berghe, Leuven, 349-366.

NEGAHBAN, E.:

1996	Marlik, The Complete Excavation Report, Philadelphia, 2 vol.

NEUMANN, J. & PARPOLA, S.:

1987	Climatic Change and the Eleventh-Tenth-Century Eclipse of Assyria and Babylonia. Journal of Near Eastern Studies 46, 3, 161-182.

OVERLAET, B.:

2003	The Early Iron Age in the Pusht-i Kuh, Luristan. Luristan Excavation Documents IV, Acta Iranica 40, Leuven.
2005	The Chronology of the Iron Age in the Pusht-i Kuh, Luristan. Iranica Antiqua XL, 14 pl. (in print).

PIGOTT, V. C.:

1989	The Emergence of Iron Use at Hasanlu. Expedition 31, 2-3 (R. H. Dyson & M. M. Voigt (eds.), East of Assyria: The Highland Settlement of Hasanlu), 67-79.

POTRATZ, H.:

1966	Die Pferdetrensen des Alten Orient, Rome.

POTTS, D. T.:

1999	The Archaeology of Elam, Formation and Transformation of an Ancient Iranian State, Cambridge.

READE, J. E.:

1977	Shikaft-i Gulgul: its date and symbolism. Iranica Antiqua XII, 33-44.

REHDER, J. E.:

1991	The decorated iron swords from Luristan: their material and manufacture. Iran, Journal of the British Institute of Persian Studies XXIX, 13-19.

SCHMIDT, E. F., VAN LOON, M. N. & CURVERS, H. H.:

1989	The Holmes expeditions to Luristan, Chicago, 2 vol.

THRANE, H.:

2001	Excavations at Tappeh Guran in Luristan, The Bronze Age and Iron Age Periods, Moesgaard (with contributions by J. Clutton-Brock, J. Balslev Jørgensen and Verner Alexandersen).

VANDEN BERGHE, L.:

1987	Les pratiques funéraires à l'âge du Fer III au Pusht-i Kuh, Luristan: les nécropoles „genre War Kabud". Iranica Antiqua XXII, 201-266.
1971	Excavations in Pusht-i Kuh. Tombs provide Evidence on Dating Typical Luristan Bronzes. Archaeology 24, 263-271.

YOUNG, T. C.:

1965	A comparative ceramic chronology for western Iran, 1500-500 B.C. Iran, Journal of the British Institute of Persian Studies III, 53-85.
1967	The Iranian migration into the Zagros. Iran, Journal of the British Institute of Persian Studies V, 11-34.
1985	Early Iron Age revisited: preliminary suggestions for the reanalysis of old constructs. In: J.-L. Huot, M. Yon & Y. Calvet (eds.), De l'Indus aux Balkans, Recueil Jean Deshayes, Paris, 361-378.

ZADOK, R.:

1981-82	Iranian and Babylonian Notes. Archiv für Orientforschung XXVIII, 135-139.

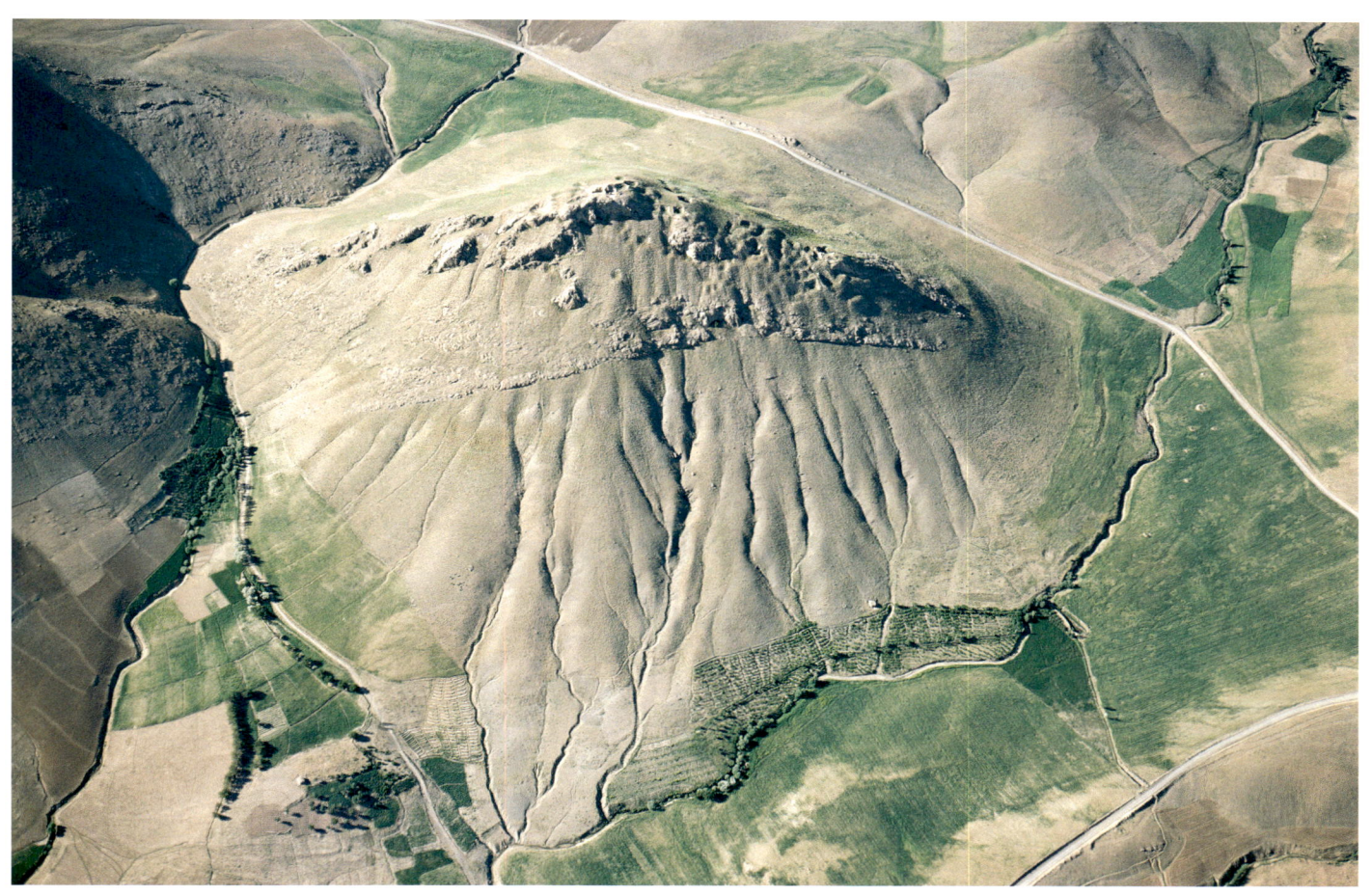

Die früheisenzeitliche Festung von Ziwiye in Khordestan; 1947 wurde hier der berühmte Goldschatz von Ziwiye gefunden; Foto: G. Gerster.

Bronzene Scheibenkopfnadeln aus Luristan

Souri Ayazi

In der alten Welt war der Iran für eine lange Zeit ein wichtiges Zentrum der Metallbearbeitung, wobei Luristan von Wissenschaftlern als eine der herausragendsten Gegenden derartiger Aktivitäten angesehen wird. Die Luristan-Bronzen umfassen ein weites Feld von Kategorien: Funktionelle Objekte wie Werkzeuge, Waffen und Pferdegeschirre, zeremonielle und kultische Objekte, persönliche Schmuckstücke sowie diverse Arten von Gefäßen; diese Bronzen waren einzigartig in ihrer Technik und Fortschrittlichkeit und hatten einen großen Einfluss auf die iranische Metallbearbeitung in späteren Zeiten. Im Gefolge der Verbreitung zahlreicher Bronzeobjekte auf dem Antiquitäten-Weltmarkt nach 1929-30, die der Region Luristan zugeschrieben wurden, und ihrer zunehmenden Präsenz in Museen des Westens zog diese Gegend etliche iranische und ausländische Forscher an, um dort Ausgrabungen durchzuführen. Offizielle und heimliche Grabungen brachten unterschiedliche Artefakte ans Licht; insbesondere die diversen Gegenstände aus Bronze genossen in der Welt einen hervorragenden Ruf.

Unter den Bronzeartefakten, die in Luristan gefunden wurden, stechen die Nadeln hervor, charakteristisch in ihrer Vielfalt, Menge und den verschiedenen Dekorationen. Diese Nadeln lassen sich in drei Hauptgruppen einteilen, entsprechend der Verzierung ihrer Köpfe (Abb. 1):

1. Nadeln mit gegossenen Köpfen in unterschiedlichen Pflanzen-, Tier-, geometrischen, kuppelförmigen und konischen Formen.
2. Nadeln mit im Herdgussverfahren hergestellten Köpfen, üblicherweise als Segmente, Kreise oder Rechtecke.
3. Nadeln mit flachen, meist kreisförmigen Köpfen aus geschmiedetem Blech, die Oberfläche verziert mit unterschiedlichen floralen, zoomorphen, geometrischen, anthropomorphen und halbmenschlichen Motiven. Diese Motive reichen von einfachen bis zu komplizierten, von sehr realistischen bis zu sehr abstrakten Formen und sind gegossen oder gehämmert.

Das erste, was das Auge des Betrachters auf sich zieht, ist die Bearbeitung der Oberfläche, um Themen und Konzepte auszudrücken, die sich von den Anschauungen und vom Glauben der Handwerker herleiten. Die geistige Kraft und Erfindungsgabe der Handwerker, das bildliche Wissen und die kluge Nutzung und Anordnung passender Stellen, um dort unterschiedliche Motive anzubringen, sind sehr interessante Aspekte, die berücksichtigt werden sollten.

Nur wenige der Nadelköpfe, die heute in Museen verwahrt werden, wurden bei systematischen Ausgrabungen in Sorkh-Dum, Luristan, gefunden; viele stammen aus illegalen Grabungen und sind Schmuggelgut, weswegen es in diesen Fällen an präzisen Informationen bezüglich ihrer Herkunft und der Geschichte ihrer Entdeckung mangelt. Natürlich ist dies ein Umstand, der für viele bronzene Objekte aus Luristan gilt. Eine der weiten Ebenen der Region Luristan ist Kuhdasht; Sorkh-Dum liegt 74 km westlich von Kuhdasht in den Ausläufern eines Berges mit demselben Namen, benannt nach der Ockerfärbung seiner Ausläufer.

Die Untersuchung und Ausgrabung der Stätte von Sorkh-Dum wurde 1938 von einer amerikanischen Mission unter Leitung von Erich Schmidt als Fortsetzung von Ausgrabungen der Jahre 1934-35 durchgeführt. Ein größerer Tempel wurde entdeckt, zusammen mit zahlreichen Bronzefunden: Spiegel, Griffe von Schleifsteinen, kleine gravierte Schmuckplatten, Figurinen (verteilt in den Räumen) sowie gegossene Nadeln mit scheibenförmigen Köpfen und solche aus Blech, die religiöse Themen zeigten (meist in Mauerritzen steckend).

Die architektonischen Hinterlassenschaften, die Fundstücke und Gräber von Sorkh-Dum werden üblicherweise der mittleren Bronzezeit zugeschrieben, allerdings reichen einige der Siedlungsreste von 1200 v. Chr. bis zum 7. Jh. v. Chr. (Eisenzeit I/II). Der vorliegende Beitrag ist eine Untersuchung und präzise Darstellung von mehr als 80 Nadeln aus Bronzeblech mit scheibenförmigen Köpfen, die im Iranischen National-Museum aufbewahrt werden.

Die untersuchten Scheibenkopfnadeln werden nach ihrem Aussehen in drei Hauptgruppen unterteilt, wobei jede Gruppe in weitere Untergruppen gegliedert ist.

Buckel werden normalerweise in Gusstechnik hergestellt und haben einen Durchmesser zwischen 1 und 6,7 cm, meist 1 bis 2 cm. Der Durchmesser der Scheibenkopfnadeln liegt zwischen 1,9 und 14 cm; sie laufen in einen schlanken, zugespitzten Schaft aus. Die

First group (Circular sheet pin heads with central boss)	A. Convex boss	Plain	
		Patterned	Rosette
			Human Face
			Lion Face
	B. Conic boss		
Second group (Sheet pin heads without central boss)	A. Plain		
	B. Patterned		
Third group (Square sheet pin heads without central boss)			

Abb. 1: Klassifikation der Nadelköpfe.

Länge des gesamten Schaftes beträgt zwischen 3,5 und 30 cm, sein Durchmesser liegt zwischen 1,5 und 5 mm. Die Scheiben sind sehr flach, mit einer Dicke von etwa 1 mm. In sehr seltenen Fällen sind sie etwas dicker, meist bei konischen Nadelköpfen. Die Rückseiten der Scheibenkopfnadeln sind flach und hohl, zeigen nur auf einer Seite ein Muster und wurden in manchen Fällen in offenen Herdgussformen gegossen. Die Schäfte der Nadeln sind meist rund. Bei einigen Nadeln sind sie rechteckig; bei diesen Exemplaren ist der mit einem Muster versehene Kopf ebenfalls rechteckig und ohne zentralen Buckel. In den meisten Fällen wurden Scheibe und Schaft in verschiedenen Formen gegossen und erst dann zusammengefügt, wobei die Nahtstelle durch Hämmern abgeflacht wurde. Bei einigen Scheiben mit konischem Zentralbuckel zeigt die Nahtstelle ein handgeformtes, verziertes Anhängsel oder ist mit kreisförmigen Bändern verziert. Bei diesen Beispielen fehlt der Hauptteil des Schaftes und nur der Appendix ist übrig; die Schäfte waren wahrscheinlich aus Eisen und sind durch Korrosion zerstört worden.

Eine Untersuchung der scheibenförmigen Köpfe ergab große Unterschiede bezüglich der Dekorationen und der Anordnung der Muster; drei Hauptgruppen mit weiteren Untergruppen ließen sich feststellen (Abb. 2).

Gruppe 1:

Nadelköpfe mit flachen Buckeln (A) können flache (A.1) oder verzierte Ränder haben (A.2). Die verzierten Ränder können folgende Formen haben:

A.2.1 Florale Muster, wie z. B. ein Band mit Muschelmuster, das in einen Granatapfel bzw. Pinienzapfen ausläuft, oder ein Blütenblatt, das den Zentralbuckel umschließt.

A.2.2 Tierfiguren, die den Zentralbuckel umgeben.

A.2.3 Ein Rand mit Darstellungen von zoomorphen Figuren und Pflanzen rund um den Zentralbuckel.

A.2.4. Verschiedenste geometrische Muster, kleine Kugeln, verteilt oder an einem Punkt konzentriert, polygone sternförmige und konzentrische eingeprägte Bänder.

Nadelköpfe mit floralen Buckeln (B) besitzen meist eine Rosette mit einem oder mehreren Blütenblättern auf dem Buckel und einem umgebenden Rand; es gibt folgende drei Hauptgruppen: flache Stücke (B.1), Exemplare mit floraler Darstellung (B.2) oder Tierdarstellung (B.3).

Nadelköpfe mit Zentralbuckeln, die ein vollständiges menschliches, meist weibliches Gesicht zeigen (C), liegen in folgenden Varianten vor:

- Nadelköpfe mit Scheiben, die ein einzelnes weibliches Gesicht zeigen. Die meisten Beispiele dafür wurden bei den Ausgrabungen von Sorkh-Dum entdeckt und entsprechen einander (C.1). Im Zentrum liegende Gesichtsdarstellungen sind manchmal von floralen Mustern begleitet (C.2) oder von Kombinationen aus Tier und Pflanzen bzw. Tier und Mensch (C.3).

- Die letzte Gruppe enthält scheibenförmige Nadelköpfe mit einem Zentralbuckel in Form einer Löwenmaske (D). Das Löwengesicht bedeckt den gesamten Zentralbuckel, der Rand ist flach (D.1); alternativ kann das Gesicht von floralen (D.2) Verzierungen begleitet sein oder von Kombinationen aus Menschen, Tieren und Pflanzen (D.3) (Abb. 3).

First group (Circular sheet pin heads with central boss)	A. Plain boss	A.1 – Plain boss – Plain margin	
		A.2 – Plain boss – patterned margin	A.2.1 – Floral design
			A.2.2 – Animal design
			A.2.3 – Composite design (Floral & Animal)
			A.2.4 – Miscellaneous geometric design
	B. Floral boss	B.1 – Plain margin	
		B.2 – Floral margin	
		B.3 – Animal margin	
	C. Boss with Human face	C.1 – Plain margin	
		C.2 – Floral margin	
		C.3 – Composite margin (floral, animal & human)	
	D. Boss with Lion face	D.1 – Plain margin	
		D.2 – Floral margin	
		D.3 – Composite margin (floral, animal & human)	
Second group (Sheet pin heads without central boss)	A. Plain		
	B. Patterned	B.1 – Floral design	
		B.2 – Animal design	
		B.3 – Human design	
		B.4 – Composite design	B.4.1 – Human & animal
			B.4.2 – Human & plant
			B.4.3 – Animal & plant
			B.4.4 – Imaginary creatures
		B.5 – Miscellaneous geometric design	
Third group (Square sheet pin-heads with zoomorphic or miscellaneous geometric designs)			

Gruppe 2:

Die zweite Gruppe besteht aus Nadeln mit scheibenförmigen Köpfen aus Blech ohne Zentralbuckel, mit zwei Untergruppen: flache (A) und verzierte (B) – es muss festgehalten werden, dass der zweite Typ am häufigsten ist und dass flache Nadelköpfe ohne irgendeine Verzierung die kleinsten Nadelköpfe sind (A).

Verzierte Nadelköpfe (B) lassen sich entsprechend ihrer Verzierungen in fünf Gruppen einteilen:
B.1 Florale Muster
B.2 Tierfiguren (meist aus Sorkh-Dum)
B.3 Menschliche Figuren
B.4 Kombinationsdarstellungen
B.5 Unterschiedliche geometrische Muster.

Kombinationsdarstellungen enthalten sowohl anthropomorphe als auch zoomorphe Darstellungen (B.4.1), häufig stellen sie den sog. „Herrn der Tiere", umgeben von anderen Tieren, dar. Mensch und Pflanze (B.4.2) oder Tier und Pflanze (B.4.3) – die letzte Kategorie – bei denen Tiere wie Löwe oder Ziege am Heiligen Baum dargestellt werden, umfasst Nadelköpfe mit Phantasie-Geschöpfen (B.4.4), zum Beispiel ein Ungeheuer mit menschlichem Körper, doppeltem Löwenkopf und vier Flügeln. Scheibenkopfnadeln mit unterschiedlichen geometrischen Mustern (B.5), wie zum Beispiel gepunktete Linien und hexagonale Sterne mit Punkten, die in winzige Kugeln auslaufen, haben keinen Zentralbuckel.

Gruppe 3:

Die dritte Gruppe besteht aus viereckigen Nadelköpfen aus Blech mit zoomorphen oder verschiedensten geometrischen Mustern.

Um eine detailliertere Untersuchung der Verzierungen der Nadelköpfe zu erleichtern und ein besseres Verständnis der Konzepte zu

Abb. 2: Klassifizierung der Nadelköpfe anhand ihrer Verzierungen und des Ornamentstils.

Abb. 3: Scheibenkopfnadel mit langem Schaft. Im Zentrum ein kleiner Buckel mit zwei konzentrischen Leisten, verziert mit Fischgrätmuster, Punktreihe und Schrägschraffur. Um den Buckel herum befinden sich sieben kleine Punktrosetten. Das Mittelfeld wird aus einem Muschelmuster gebildet, dessen Zwischenräume Dreiecke bilden. Diese werden durch Leisten unterteilt, die mit Schraffuren versehen sind. In der Mitte jeder Muschel ist ein Pinienzapfen zu sehen. Dieses florale Band ist im Vergleich zu anderen eher einfach gestaltet. Als Füllelemente dienen Blumen, bestehend aus herausgearbeiteten und punzierten Punkten. Am äußeren Rand sind zwei Punktreihen angebracht. Teheran National-Museum, Nr. 1299, 1300-1100 v. Chr., Dm. 13,7 cm; Foto: E. Khadembayat.

Abb. 4: Bruchstück einer Scheibenkopfnadel aus Bronzeblech mit dem herausgetriebenen Gesicht einer Frau. Die Augenbrauen sind dicht und stoßen zusammen, sie sind punziert in kurzen, parallelen Linien. Die Augen treten hervor und sind oval, die hervorstehende Nase ist lang, die Lippen sind schmal. Die Wangen sind durch zwei kunstvolle Linien angedeutet, und das Haar ist durch dünne Linien auf dem Kopf dargestellt. Teheran National-Museum, Nr. 7097, 1300-1100 v. Chr., Größe 8,6 x 6 cm; Foto: E. Khadembayat.

gewinnen, die aus den Vorstellungen, Instinkten, der geistigen Haltung und den Anschauungen der Handwerker entstanden, könnte auch eine allgemeine Klassifikation in kleinere Untergruppen vorgenommen werden.

Diese Verzierungen können in vier Gruppen unterteilt werden: Anthropomorphe, zoomorphe, florale Darstellungen und verschiedene geometrische Muster.

Menschliche Figuren stellen üblicherweise den „Herrn der Tiere" dar, oder seltener einen Mann mit Phantasie-Menschen. Sie sind im Allgemeinen auf den meisten Nadelköpfen zu sehen und haben die Form eines zentralen Gesichts, einer zentralen Figur oder einer Kombination aus beidem.

Abb. 5: Bronzeblech einer Scheibenkopfnadel mit langem, viereckigem Schaft. Gilgamesch ist als Stiermensch im Profil abgebildet; er hat eine rüsselartige Nase, große Augen, eine ovale mit einer Schraffur versehene Kopfbedeckung und zoomorphe Ohren. Er ergreift zwei wilde Tiere (Löwen), die auf ihren Hinterbeinen stehen. Auf beiden Seiten des Nadelkopfes befinden sich Punzverzierungen; eine Sonnenscheibe, eine Viertelrosette und vertikale Linien über dem Kopf. Das zentrale Muster ist von kleinen und großen herausgearbeiteten Rosetten umschlossen; am Rand von einer Punktreihe abgeschlossen. Teheran National-Museum, Nr. 864, 1300-1100 v. Chr., Dm. 10,4 cm; Foto: E. Khadembayat.

Bei den zentralen Gesichtsdarstellungen ist das Haar üblicherweise in der Mitte gescheitelt und wird über der Stirn mit einem Band zusammengehalten; die Augenbrauen sind dick und laufen zusammen, die Augen sind oval und stehen hervor, die Lippen sind schmal und das Kinn ist spitz. Diese Art, das Haar über der Stirn zusammenzubinden, erinnert an Figuren aus Sumer und Akkad (Majidzadeh 1370, 89). Weibliche Köpfe werden in einigen Fällen mit Kopfbedeckungen dargestellt; Gesichter von Frauen herrschen vor und wurden in Sorkh-Dum gefunden. Einige Wissenschaftler (wie zum Beispiel Moorey, Ghirshman und Dussaud) verstanden diese Gesichter als Abbildungen von Fruchtbarkeitsgöttinnen oder Schutzgöttinnen von Gewässern, während andere (Godard und Clerg-Fobe) sie eindeutig als Gesichter von Sterblichen ansahen. Letzteres erscheint realistischer und eindeutiger, wenn man berücksichtigt, was normalerweise in nahöstlicher Kunst erwartet wird (Muscarella 1988, 123). Goldman, unter Berücksichtigung neuassyrischer Ikonographie, hält das zentrale Frauengesicht für ein Symbol der Ishtar (Moorey 1971, 215). Majidzadeh glaubt, dass der Ursprung aller vollständiger Gesichter und frontaler Menschendarstellungen in der Ikonographie von Mitanni liegt.

Die Wandmalereien des Palastes von Nuzi am Westufer des Flusses Xabur, der im Jahre 1450 v. Chr. für einen örtlichen Prinzen im Mitanni-Territorium erbaut wurde, zeigen Stierköpfe und ein vollständiges menschliches Gesicht in einem Rahmen, der mit den zentralen Gesichtern auf den Nadelköpfen vergleichbar ist (Majidzadeh 1367, 10). Moorey glaubt, dass sie aus dem 1. Jt. v. Chr. stammen; er vermutet, dass die Verwendung einzelner Köpfe als dekoratives Muster eine übliche Praxis war (Moorey 1971, 214) (Abb. 4).

Menschliche Figuren auf der Scheibe des Nadelkopfes kommen allein oder zusammen mit Tieren vor. Manchmal unterscheiden sich die anthropomorphen Darstellungen, die auf den Scheibenkopfnadeln abgebildet sind, von normalen menschlichen Figuren und stellen den „Herrn der Tiere" dar.

In der mesopotamischen Mythologie und in der Kunst des Nahen Ostens und Südwestasiens wird der Herr der Tiere als eine menschliche Gestalt dargestellt, die von zwei Tieren flankiert ist. Viele Archäologen halten diese Figur für Gilgamesch, den legendären halb göttlichen, halb menschlichen Helden und König der Sumerer von Ereck (Majidzadeh 1367, 14). Das Motiv eines nackten Helden (oder Gilgameschs) begegnet auch in der Kunst der Siegelproduktion von Susa. Wenn man den kulturellen Einfluss von Babylon und Elam berücksichtigt, dann passt dieses Motiv zu anderen elamitischen Motiven, z.B. der Darstellung des Stiermenschen auf der Untash Gall-Stele (Majidzadeh 1370, 61).

Auf einigen Nadelköpfen trägt der Herr der Tiere eine Schlange. Die Schlange ist elamitischen Ursprungs; das Motiv der sich um den Baum des Lebens ringelnden Schlange erschien in Elam zu einem unbekannten Zeitpunkt, wobei die Darstellung zweier sich begegnender Schlangen als ein Symbol für die Wiederherstellung Elams, bis nach Ägypten reicht (Hinz 1371, 47). Godard glaubt, dass die Schlange ein sehr altes Symbol war, das als Ziermotiv im Randbereich sehr alter Gefäße verwendet wurde. Später wurde es als Symbol der Untugend oder der Tugend, des Überflusses, des Wassers

Abb. 6: Bronzeblech einer Scheibenkopfnadel mit abgebrochenem Schaft. Ein Frauengesicht mit großen, hervorstehenden Augen, zusammen liegenden Augenbrauen, langer Nase und zwei Wangenlinien bildet den Zentralbuckel. Das Mittelfeld ist mit zwei Paaren geflügelter Tiere am Ober- bzw. Unterteil der Scheibe verziert, die den Heiligen Baum flankieren; dazwischen befinden sich Rosetten. Der Rand ist mit einer Punktreihe verziert und durch eine Leiste vom Mittelfeld abgegrenzt. Teheran National-Museum, Nr. 1389, 1300-1100 v. Chr., Dm. 13 cm; Foto: E. Khadembayt.

oder des Angra Mainyu (Gott der Dunkelheit) verstanden. Auf einem Thron aus einer sich ringelnden Schlange zu sitzen und/oder eine Schlange im Genick zu halten, ist in der elamitischen Kunst ein übliches Motiv; auf dem Gurangan-Felsen sitzt beispielsweise ein göttliches Wesen auf einer zusammengeringelten Schlange und hält ihren Kopf in der Hand (Godard 1358, 43). Gilgameschs Gestalt ist auf manchen Nadelköpfen zu sehen, wie er ein wildes Tier (z. B. einen Löwen) bekämpft oder wie er von Tieren, z.B. Ziegen, begleitet wird (Abb. 5).

Die Tiermotive auf den Nadelköpfen zeigen eine große Vielfalt: Löwen, Ziegen, Geflügel, Fische und Phantasietiere sind häufige Darstellungen.

Eines der häufigsten Motive in vielen antiken Darstellungen ist der Löwe, auf den Scheibenköpfen der Nadeln in zwei Arten dargestellt: als Maske (vollständiges Gesicht) auf dem Zentralbuckel, und in stehender Haltung gegenüber dem Herrn der Tiere, manchmal auch gegenüber dem Heiligen Baum.

Das Vogelmotiv auf den Scheibenkopfnadeln erinnert stark an die Vögel, die auf den Keramikgefäßen von Giyan, Nihavand und Kamtarlan II (Luristan) zu sehen sind. Ein weiteres Beispiel für ein übliches Vogelmotiv ist der Geier, der an die Geier auf dem legendären Rhyton von Marlik erinnert.

Phantasietiere erscheinen als geflügelte Tiere mit zwei Köpfen. Die Verwendung von Flügeln bei der Darstellung von normalen Tieren wie Steinbock, Stier und Pferd erreichte ihren Höhepunkt in der babylonischen, kassitischen und der mittleren assyrischen Zeit im späten 13. und 12. Jh.. Die Handwerker dieser Zeit in Luristan nutzten geflügelte Tiere zur Dekoration von Nadelköpfen; das Motiv des geflügelten Stieres und Steinbocks stammte möglicherweise aus der elamitischen Kunst – wie auch das Greifmotiv, das sich von seinem Ursprungsort in andere Gegenden ausbreitete (Majidzadeh 1367, 11). Auf einem Nadelkopf ist eine Kreatur mit zwei Löwenköpfen, Schuppenhals, offenem Maul, vier Flügeln und einem menschenartigen Körper zu sehen (Abb. 6).

Florale Motive auf Nadelköpfen zeigen Palmen, Pflanzenbänder oder -ränder, Rosetten und Blütenblätter in verschiedenen Mustern. In vielen Fällen erscheint das Tiermotiv zusammen mit dem Motiv der Palme, meistens, indem ein Tierpaar den Baum flankiert; dieses Motiv symmetrisch angeordneter Tiere, die den Baum flankieren, war ein traditionelles Motiv, das überall im Nahen und Mittleren Osten verbreitet war. In Luristan wird der Heilige Baum in

Abb. 7: Scheibenkopfnadel aus Blech mit einem langen Schaft. Zwei Reihen herausgearbeiteter Linien verzieren den Rand. Eine Gruppe kleiner, erhaben gearbeiteter Kugeln in der Mitte stellt eine Blume dar. Teheran National-Museum, Nr. 850, 1300-1100, Dm. 10,1 cm; Foto: E. Khadembayt.

Abb. 8: Bronzeblech einer Scheibenkopfnadel mit abgebrochenem Schaft. An der Verbindung von Schaft und Scheibe, die durch Hämmern abgeflacht ist, sind kunstvoll schraffierte Linien zu sehen. Im Zentrum liegt ein erhaben gearbeiteter Buckel, umgeben von winzigen, ebenfalls erhabenen Punkten, die eine Blume darstellen. Dieses Motiv ist von einem linear punzierten Pentakulum umschlossen, dessen jeweilige Spitze in einer Buckel endet. Die Winkel sind mit winzigen Punkten ausgefüllt. Teheran National-Museum, Nr. 1291, 1300-1100 v. Chr. Dm. 7,5 cm; Foto: E. Khadembayt.

Ein anderes Tiermotiv ist die Ziege, die manchmal mit nach hinten gebogenem Kopf in der Luft hängt. Dieser Stil der Tierdarstellung bestand überall im Nahen Osten zwischen dem 14. Jh. v. Chr. und dem 11. Jh. v. Chr. in Mitanni, dem Mittleren Assyrischen Reich und Syrien (Majidzadeh 1367, 10). Das Ziegenmotiv ist manchmal mit einer Pflanze verbunden und flankiert üblicherweise den Heiligen Baum (der eines der ältesten religiösen Motive im Nahen Osten ist). Eine Ziege kann allein erscheinen, mit einem Menschen oder mit anderen Tieren. Steinbockmotive werden meist in Szenen verwendet, die mit dem 2. oder besonders dem 1. Jt. v. Chr. in Zusammenhang stehen. Die Darstellungen anderer Tiere wie Fische, Vögel und Schlangen finden sich ebenfalls auf Scheibenkopfnadeln.

Das Fischmotiv wurde lange Zeit in verschiedenen Perioden vom Aufstieg Elams bis zu seinem Ende benutzt. Siegel, die bei der Ausgrabung von Susa gefunden wurden, zeigen dieses Motiv, das von P. Amiet der frühen elamitischen Periode (Mitte des 2. Jts. v. Chr.), der mittleren elamitischen Periode und dem frühen 1. Jt. v. Chr. zugeschrieben wird (Negahban 1372, 31).

verschiedensten Stilen und Formen dargestellt, in völligem Kontrast zu dem formellen Stil der assyrischen und babylonischen Kunst (Charles Worth 1980, 32), in welcher der Heilige Baum in seiner natürlichen Form dargestellt wird; in der mittelassyrischen Periode, zwischen dem 14. und dem 12. Jh. in Mesopotamien, machten die assyrischen Künstler einen Unterschied zwischen dem Heiligen Baum und natürlichen Bäumen und begannen, ihn in einem dekorativen und gitterartigen Stil darzustellen. Diese Unterscheidung wurde von allen Künstlern der Region anerkannt und überall im West-, Nordwest- und Südwestiran, in Khuzestan, Luristan, Ziwiye, Hasanlu und Marlik imitiert (Majidzadeh 1370, 91).

Florale Bänder oder Ränder bilden eine Corona in Form eines gelappten Bandes, das in einem Pinienzapfen oder in Palmen- bzw. Granatapfelblättern endet, die alternierend angeordnet sind, manchmal mit einfachen oder stilisierten Mustern und meistens den Zentralbuckel umschließend. Der Granatapfelbaum wurde als Heiliger Baum angesehen; die grell-grüne Farbe seiner Blätter, die Form der Knospe, die an ein Kohlebecken erinnert und die Frucht, die an die Brust einer schwangeren Frau erinnert, führten dazu, dass dieser Baum immer als heilig galt (Farahvashi 1355, 65). Im späten 2. Jt. v. Chr. war es in den Werkstätten von Marlik üblich, eine besondere Randform zu verwenden, um Kunstgegenstände zu verzieren, und diese floralen Ränder sind an den Böden der meisten Rhyten und Tassen von Marlik zu sehen.

Die Rosette zählt ebenfalls zu den dekorativen Motiven der Nadelköpfe; sie kann den Zentralbuckel bilden oder zusammen mit Tier- und anthropomorphen Motiven verwendet werden. Dieses Motiv wird auf Siegeln und anderen Gegenständen der mittelassyrischen Periode verwendet, wie zum Beispiel dem Kelch von Ugarit und dem zylindrischen Mitanni-Siegel aus dem mittleren 14. Jh. v. Chr. Die Rosetten erinnern an die mittelassyrische Periode, als sie zuerst für die Dekoration des Palastes von Tukulti-Ninurta II. in Kar-Tukulti-Ninurta verwendet wurden. Auf einigen der erhaltenen Wandmalereien dieses Palastes und auch bei Verzierungen einiger Elfenbeinobjekte (Kämme, Gefäße und Einlegearbeiten) ist die Rosette deutlich zu erkennen (Negahban 1372, 65).

Die unterschiedlichen geometrischen Muster auf den Nadelköpfen lassen sich in vier Gruppen einteilen: erhaben gearbeitete Kugeln und Punkte, herausgearbeitete Ketten (schneckenförmig) und kreisförmige Bänder, winzige gepunktete Linien sowie Sterne. Große und kleine Kugeln und Punkte sind überall auf den Nadelköpfen herausgearbeitet oder so gearbeitet, dass sie zum Rand des Nadelkopfes führen (Abb. 7).

Auf vielen Nadelköpfen sind schneckenförmige Ränder oder herausgearbeitete Bänder mit Zickzacklinien miteinander kombiniert, um den Zentralbuckel oder den mittleren Bereich zu verzieren; dieser Typ des ornamentalen Randes war im späten 2. Jt. v. Chr. üblich und wurde noch lange Zeit von den späteren Zivilisationen des Nahen und Mittleren Ostens verwendet. Beispiele für diese Art von Rand sind auf den zylindrischen Siegeln zu sehen, die von Frankfort als mitannisch klassifiziert wurden, auf den assyrischen Siegeln des 12. und 13. Jh. v. Chr. und auf der ersten und zweiten Gruppe syrischer und palästinensischer Siegel aus dem mittleren 2. Jt. v. Chr. In ähnlicher Form ist dieser Randtyp auf den Bronzegefäßen aus Westiran und den Goldgefäßen von Marlik vorhanden (Negahban 1368, 62, 67).

Auf einigen Nadelköpfen stellt das geometrische Muster einen linearen, sechszackigen Stern dar, der sich im Zentrum der Scheibe befindet und mit einem Buckel an jedem Zacken gearbeitet ist; manchmal ist die innere Fläche mit Punkten ausgefüllt. In der Levante und in Mesopotamien war ein achtzackiger Stern ein übliches und bevorzugtes Muster, welches das Hauptsymbol der Ischtar darstellte; die Handwerker, welche die Scheibenkopfnadeln aus Luristan herstellten, nutzten dieses mächtige und starke Symbol auf ihren Gegenständen, doch es ist unklar, ob es Ischtar oder den lokalen Widerpart darstellte. Runde, bronzene Schmuckanhänger die mit Ringen oder Ösen versehen waren (anstelle eines Nadelschaftes), um sie an der Kleidung zu tragen, erinnern in Form und Verzierung stark an die Nadelköpfe. Einige dieser Anhänger sind mit Sternenmustern verziert (Abb. 8); sie wurden im 2. Jt. v. Chr. in großem Maßstab überall im östlichen Mittelmeerraum und in Mesopotamien hergestellt (Moorey 1971, 210f.).

Ursprung und Verwendung

Die Scheibenkopfnadeln aus Luristan haben sich aus den runden Bronzeanhängern entwickelt, die in einigen Gegenden Irans und Südwestasiens als persönlicher Schmuck üblich waren und lange verwendet wurden (Moorey 1971, 208). Die Existenz von Ringen, die am oberen Teil der Anhänger angebracht waren, lässt auf verschiedene Arten der Verwendung schließen; sie könnten auf Kleidung genäht worden sein oder sie wurden als Halsketten benutzt, als Gürtelverzierungen oder als Votivgaben, die an den Wänden der Schreine angebracht wurden. Einige dieser Anhänger, die aus dem Nordwestiran überliefert sind, hatten einen mittleren, erhaben gearbeiteten Kegel, der von dekorativen floralen oder Zonen mit Tieren umschlossen und den Nadelköpfen sehr ähnlich war. Diese Anhänger zeigen eine so große Ähnlichkeit mit den Scheibenkopfnadeln, dass man vermuten darf, sie seien sämtlich in derselben Werkstatt hergestellt worden; dieselbe Schlussfolgerung ergibt sich für die Verzierungen von Köcherdeckeln, was die Vermutung erlaubt, sie hätten nicht hergestellt werden können, ohne dass die Handwerker Kontakt gehabt hätten. Einige der anderen Nutzungsmöglichkeiten der Nadeln sind Opfergaben, persönlicher Schmuck oder die Befestigung der Köpfe von Götterbildern an ihren Fundamenten. Nadeln unterschiedlicher Form wurden als Opfergaben in Spalten der Tempelmauern von Sorkh-Dum gefunden, und viele zeigen Ornamente wie Granatapfel, Rosette, Ziege und Schlange; sie können sehr gut Opfergaben für eine Fruchtbarkeitsgöttin gewesen sein. Bei einer Gruppe von Nadeln mit einfachen, gegossenen Köpfen (Nadeln des ersten Typs) könnte die Existenz eines Loches am Schaft dafür sprechen, dass sie zum Befestigen von Kleidung benutzt wurden; auf einer Scheibenkopfnadel, die von Potratz vorgestellt wurde, verwendet die dargestellte weibliche Gestalt ein Paar Nadeln an ihrem Kleid (Moorey 1971, 208). Auf einem Nadelkopf, der im Iranischen National-Museum verwahrt wird, ist diese Trageweise von Nadeln an der Kleidung der dargestellten Gestalt zu sehen.

Wie die meisten bronzenen Gegenstände wurden auch Nadeln durch Guss oder Hämmern hergestellt. Wenn das vollständige Gesicht eines Menschen oder Tieres im Zentrum des Bleches benötigt wurde, wurden Herdgussformen verwendet. Nach dem Gießen wurden die Objekte erhitzt und gehämmert, um Details wie Augen, Bart oder Haar herauszuarbeiten, indem man eine lineare Methode benutzte oder die Oberfläche punzte; bei flacher Oberfläche des Nadelkopfes ohne Zentralbuckel wurden die gewünschten Muster heraus gearbeitet, indem man eine lineare Punzierung verwendete (Moorey 1971, 295; Majidzadeh 1367, 10). Es gibt nicht genug Nachweise für die Herkunft der Metalle, die von den Metallbearbeitern in Luristan verwendet wurden; zum großen Teil beruhen die Nachweise auf der Lage heutiger Bergwerke in Iran. Der Iran war eine der ältesten Kupfer produzierenden Regionen der antiken Welt. Dementsprechend wurden kugelförmige Perlen aus dem 7. Jt. v. Chr. in Ali Kosh in der Deh Luran-Ebene entdeckt (6750-6000 v. Chr.), die aus gediegenem Kupfer hergestellt waren – weit weg von den hauptsächlichen Kupfervorkommen auf dem Zentralplateau; andere Kupferobjekte wurden an vielen Stellen Irans ausgegraben und datieren in spätere Perioden, besonders in das 4. Jt. (Majidzadeh 1364, 215, 217).

Zunächst wurde allgemein eine Legierung aus Kupfer und Arsen verwendet; später stellten die prähistorischen Metallbearbeiter Legierungen aus Kupfer und Zinn her, um ein härteres Metall zu gewinnen. Bronzeblech wurde um 2000 v. Chr. üblich. Die Metallbearbeiter in Luristan bezogen ihr Metall aus dem Zentral- oder Nordiran, vom Zagrosgebirge bis zum Norden von Hamadan oder sogar von Orten weiter im Osten (z. B. Towhidi 1366, 63, 64), zum Beispiel den Regionen Khorasan und Anarak in Isfahān (Moorey 1379, 37). Es gibt Beweise für Metallexport aus Ostanatolien nach Assyrien und dafür, dass assyrische Herrscher Metalle als Beute zurück in ihr Land brachten (Moorey 1974, 24). Allerdings macht der Mangel an schriftlichen Nachweisen jede Untersuchung bezüglich der Metallbearbeiter aus Luristan zu einer schwierigen Angelegenheit.

Viele Forscher halten die kassitischen und kimmerischen Völker für die Schöpfer der Bronzenadeln aus Luristan. Andere glauben, dass die meisten Objekte, die Luristan zugeschrieben werden, tatsächlich in Elam oder Mesopotamien hergestellt wurden und das Zagros-Gebiet als Handelsware oder Kriegsbeute erreichten – die Luristan-Bronzen mit ihrer ausgefeilten Technik und ihrem Reichtum der Verzierungen könnten nicht von nomadischen Kunsthandwerkern oder Metallbearbeitern hergestellt worden sein. Die nomadischen Völker waren größtenteils mit der Herstellung und Reparatur einfacher Gebrauchsgegenstände des täglichen Lebens beschäftigt; die wichtigsten Metallbearbeiter in Luristan, welche die ausgefeilteren und künstlerisch anspruchsvolleren Gegenstände schufen, vertraten kleine Gruppen, die in städtischen Zentren siedelten wie Hulailan, Tarhan und Südkurdistan, und ihre Kunden waren meist Krieger mit ständigen Wohnsitzen in den südwestlichen oder nordöstlichen Ebenen. Dementsprechend wurde die Metallbearbeitung größtenteils von dieser kleinen Minderheit herrschender Eliten dominiert; die kassitischen und kimmerischen Völker werden unter diesen mächtigen Herren genannt (Moorey 1974, 19f.).

Bezüglich der Datierung dieser Nadeln gibt es unterschiedliche Ansichten. Godard bezieht sie auf das späte 2. und das frühe 1. Jt. v. Chr., Moorey auf 1000-650 v. Chr. (Eisenzeit II,III), Vanden Berghe und Hertzfeld auf das 2. Jt. v. Chr., Pope, Dussaud und Clerg-Fobe auf das späte 2. bis frühe 1. Jt. v. Chr. und Pierre Amiet sowie Cantor auf die Achämeniden-Zeit. Van Loon sah eine Datierung in das 8. und 7. Jh. v. Chr. als sinnvoll an und Muscarella schlug das 8. Jh. v. Chr. vor (Muscarella 1988, 203). Für eine korrekte Datierung dieser Nadeln muss man die Datierung elamitischer Fundstücke als Bezug verwenden, da Muster aus Mitanni Elam und Luristan über Assyrien indirekt beeinflussten. Die Luristan-Bronzen erinnern sehr stark an Stücke aus der mittleren elamitischen Periode und dem Höhepunkt dieses Reiches, insbesondere Stücke aus dem 13. bis zum 11. Jh. v. Chr. Dieses Argument wird durch die benachbarte Lage dieses Königreiches und die Kommunikation zwischen beiden Gegenden gestützt; alternativ könnte man auch die Verbreitung von Verzierungsmustern vom Ursprungsland in benachbarte Gebiete während einer bestimmten Zeitspanne in Betracht ziehen (Majidzadeh 1367, 9-11).

Bibliographie

CHARLES WORTH, M. F.:
1980   An Ivory plaque from Ziwiye. Persian translation by Y. Majidzadeh. Review of the Faculty of letters and humanities survey and excavation 3, Journal of the Institute and Department of Archaeology; P 32.

FARAHVASHI, B.:
1355   Jahan-e Faravari (part of Ancient Iran culture). Publication of Tehran University 65.

GODARD, A.:
1358   Persian Art, Melli, University Tehran.

HINZ, W.:
1371   The Lost world of Elam, Tehran.

MAJIDZADEH, Y.:
1364   Metals and Metal workers of Ancient times. Nameh-e Farhang-e Iran, Tehran.
1367   Dating Bronze pin heads of Luristan. Journal of Archaeology and History 3/1, 9-14.
1370   History and civilization of Elam, Tehran.

MOOREY, P. R. S.:
1971   Catalogue of the Ancient Persian Bronzes in the Ashmolean Museum, Oxford.
1379   Ancient bronze work. In: R. Ettinghaus & E. Yarshater (eds.), Highlights of Persian Art, Tehran, 37.
1974   Ancient Persian Bronzes in The Adam collection. Translation by Darab Beagy. Kermanshah, London.

MUSCARELLA, O. W.:
1988   Bronze and Iron. In: Ancient Near East artefacts in the Metropolitan Museum of Art, New York.

NEGAHBAN, E.:
1368   Marlik Metal wares: Sazeman-e Mirase Farhangi.
1372   Excavation at Haft-Tappeh, Khuzistan: Sazeman-e Miras-e Farhangi.

TOWHIDI, N.:
1366   Seyr-e Takamol-e Toulid-e Ahan va Foulad dar Iran va Jahn, Amir Kabir publishing, Tehran.

Blick von der Zitadelle von Ziwiye ins Umfeld (1978). Im Vordergrund die Reste einer Säulenhalle eines öffentlichen Gebäudes. Die Siedlung wurde im 7. Jh. v. Chr. durch einen kriegerischen Angriff niedergebrannt. Foto: G. Weisgerber.

Hasanlu und das Auftreten des Eisens in Westiran im frühen 1. Jahrtausend v. Chr.

Vincent C. Pigott

Einleitung

Während die Ursprünge der Eisenmetallurgie weiterhin debattiert werden, neigt man in der gegenwärtigen Diskussion dazu ihre Entwicklung und anfängliche sporadische Nutzung in Anatolien und Transkaukasien (z. B. Kolchis) bereits im 2. Jt. v. Chr. zu suchen, auch wenn dies bislang nicht bewiesen werden kann (Pleiner 2000; Pigott 1989, 69). Es ist klar, dass bis in die letzten Jahrhunderte des 2. Jt. der Übergang zum Gebrauch des Eisens im östlichen Mittelmeerraum im Gange war (d.h. von Griechenland und Anatolien nach Süden bis in die Levante)[1]. Eisen wurde sehr schnell zum gesuchten Metall für Werkzeuge und Waffen, doch die Popularität der Bronze bestand weiterhin, bestimmte Werkzeuge und Waffen wurden nach wie vor aus dieser Kupfer/Zinn-Legierung hergestellt. Allerdings wurde Zinnbronze allmählich zu einem dekorativen Material, das nur noch für bestimmte Gebrauchsgegenstände, Schmuck und Gegenstände verwendet wurde, die z. B. in Treibtechnik hergestellt wurden.

In der Zeit vor dem weit verbreiteten Auftreten von Eisen (ca. mittleres bis spätes 2. Jt. v. Chr.) geben die archäologischen Befunde aus Nordwestiran Zeugnis von einer dramatischen kulturellen Veränderung, die klassischerweise der Invasion indo-iranischer Stämme zugeschrieben wird (Young 1967, 24; Burney & Lang 1972, 117; Ghirshman 1979). Allerdings geschah dieser Wandel nicht über Nacht, sondern er ist eher ein Anzeichen für eine ausgedehnte Phase kulturellen Übergangs, die mehrere Jahrhunderte andauerte. Bronzezeitliche Metallhandwerker in Iran mögen durchaus eine rudimentäre Kenntnis von metallischem Eisen als einem möglichen Nebenprodukt der Kupferverhüttung gehabt haben[2]. Falls das stimmt, hatten sie anscheinend wenig Bedarf oder Neigung dazu, die Eisenherstellung während der Periode Iron I (ca. 1450/1350-1100 v. Chr.) voran zu treiben. In dieser Zeit scheinen die Fähigkeiten der Bronzeherstellung der einheimischen Bevölkerung für den gesamten stilistischen und funktionellen Bedarf ausgereicht zu haben.

Während der frühen Eisenzeit in Westiran war Zinnbronze sicherlich die bevorzugte Kupferlegierung für Schmuck, Werkzeuge und Waffen (z. B. Moorey 1982, 94-95; siehe auch Moorey 1994, 263-265). Eine gewisse Menge Arsenkupfer wurde weiterhin hergestellt und an Grabungsstätten wie Dailaman (z. B. Egami et al. 1965; 1966) und Gilan bei Marlik (Negahban 1996) entdeckt. Es ist möglich, dass Zinnbronze in diesen Gebieten etwas schwieriger zu bekommen war, obwohl festgehalten werden muss, dass bislang nur wenige „Gebrauchsgegenstände" von anderen Grabungsstätten der Region analysiert wurden. Dies könnte darauf hinweisen, dass diese Diskrepanz eventuell das Resultat der Untersuchung von Inventaren unterschiedlicher Herkunft und Zusammensetzung ist. Interessanterweise wurden in Marlik und an anderen Fundorten der Gegend (Pigott 1980, 424-425, 429) nur geringfügige Mengen an Eisen gefunden. Trotz der engen Nachbarschaft Irans zum wahrscheinlichen Kerngebiet der frühen Entwicklung des Eisens tritt die großräumige und anhaltende Nutzung dieses Metalls auch an Fundorten im westlichen Iran nicht vor dem 10./9. Jh. v. Chr. auf (Iron II), wie z. B. in Hasanlu, Dinkha und Haftavan sowie dem in einer beachtlichen Entfernung Richtung Südosten liegenden Tappeh Sialk in Zentraliran (a. a. O.).

Bevor wir nun die Nachweise für frühes Eisen in Westiran betrachten, ist es wichtig, anzusprechen, warum Eisen in dieser Region zuerst übernommen wurde.

Eisen ist das vierthäufigste Element der Erdkruste und seine Erze sind in Südwestasien so allgegenwärtig wie nur möglich. Auf dem anatolischen und iranischen Plateau beispielsweise ist es weithin verfügbar (Abb. 1). Demzufolge könnte die Herstellung von Eisen bestimmte ökonomische Vorteile gegenüber derjenigen von Bronze geboten haben, da deren Herstellung z. B. vom Fernhandel mit Zinnmetallen und/oder -Erzen abhängig war. Es muss allerdings festgehalten werden, dass die leichte Verfügbarkeit des Eisens von der Zeit und Arbeitskraft aufgewogen wurde, die zum Schmelzen und Schmieden benötigt wurde (Smith 1971, 51). Während echter Stahl (d. h. Eisen mit hohem und gleichmäßigem Kohlenstoff-Anteil) mechanische Eigenschaften aufweist, die ihn kalt bearbei-

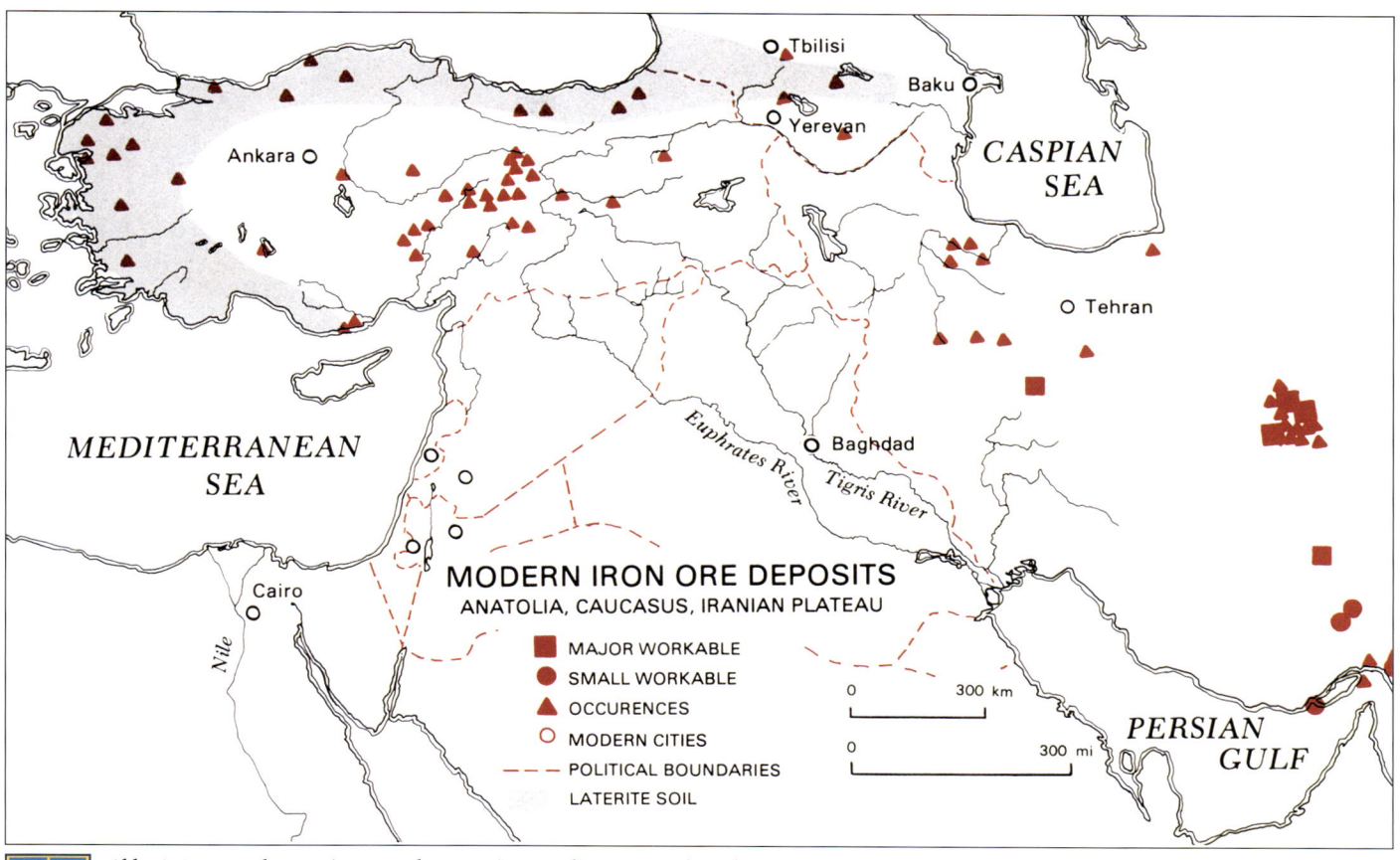

Abb. 1: Lage moderner Eisenerzvorkommen in Anatolien, Iran und Kaukasus; Pigott 1989, 69, Abb. 4.

teter 10%iger Zinnbronze überlegen macht, zeigen veröffentlichte Analysen antiker Eisenartefakte aus dem Nahen Osten aber, dass sie in den meisten Fällen aus wenig kohlenstoffhaltigem, heterogen aufgekohltem Schmiedeeisen hergestellt waren, das der besten Zinnbronze der frühen Eisenzeit (Abb. 2) nicht überlegen war. Mit anderen Worten, es gibt zur Zeit nur wenig Beweise dafür, dass Eisen eine technologische Innovation darstellte, die hauptsächlich auf Grund überlegener mechanischer Werkstoff-Eigenschaften übernommen worden wäre.

Daher suchen wir an anderer Stelle eine Antwort darauf, warum Eisen in Westiran relativ schnell akzeptiert wurde. Der Impetus für die schnelle Akzeptanz in dieser Region könnte von den Eisen verwendenden Nachbarn im Westen ausgegangen sein, vor allem vom assyrischen Reich. Während der Periode Iron II begannen die Assyrer damit, groß angelegte Feldzüge in den Westiran durchzuführen, und Eisen trat zum ersten Mal massenhaft in dieser Gegend auf. Wir wissen von assyrischen Texten, dass Eisen von seinen militärischen und königlichen Eliten hoch geschätzt wurde (Pleiner & Bjorkman 1974, 286-288)[3]. Die Völker im westlichen Iran hatten zweifellos die Möglichkeit, Assyrien zu besuchen und aus erster Hand seine Bedeutung festzustellen bzw. sie spürten dessen Macht, wenn seine Armeen regelmäßig tief in ihre Heimatländer einfielen. Das Verlangen, der assyrischen Macht und Stärke, dort durch den eisernen Dolch symbolisiert, nachzueifern (Pleiner & Bjorkman 1974), könnte die Akzeptanz der neuen Technologie erleichtert haben, die von Menschen mit einer über Jahrtausende entwickelten Tradition der Metallbearbeitung nicht schwer in den Griff zu bekommen gewesen sein sollte. In der Tat scheint Eisen von den iranischen Bronzehandwerkern zunächst als dekoratives Material verwendet worden zu sein, bevor man später dazu überging, ein ganzes Repertoire an Werkzeugen, Waffen und Schmuckgegenständen herzustellen, wofür sie die einzigartigen Eigenschaften des neuen Materials zu nutzen verstanden (Pigott 1980; 1981). Obwohl eine örtliche Entwicklung theoretisch möglich erscheint, ist es doch schwer vorstellbar, dass das synchrone Auftauchen von Eisen und die Ankunft der Assyrer nur Zufall gewesen sollten.

Nordwestiran: Eisen in Tappeh Hasanlu

Die eisenzeitliche Zitadelle von Hasanlu, wahrscheinlich von den Urartäern um 800 v. Chr. zerstört[4], bietet einen der Bezugspunkte zum Verständnis des Eisens im Siedlungskontext einer Elite im

351

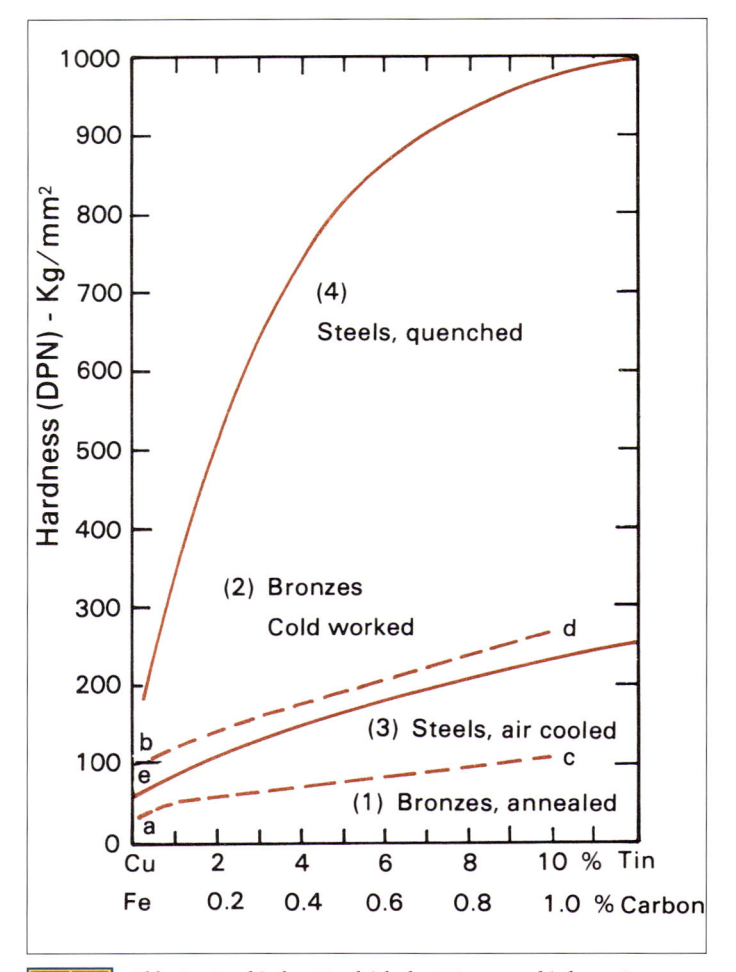

Abb. 2: Graphischer Vergleich der Härte verschiedener Arten von Eisen und Kupfer. Reines Kupfer, welches ausgeglüht wurde, hat die geringste Effizienz (a); die Härte nimmt zu mit der Zugabe von Zinn (bis zu 10%, c) sowie durch Kalthämmern (d). Reines Eisen (e) wird durch den Zusatz von Kohlenstoff gehärtet, wodurch es zu Stahl wird. „Wenn Stähle erhitzt werden und dann auf natürliche Weise abkühlen, liegt ihr Härtebereich (Kurve 3) etwas unterhalb dem bearbeiteter Bronze, doch sie werden in spektakulärer Weise überlegen, wenn sie im kalten Wasser abgeschreckt werden (Kurve 4). Die Kurven geben ein ungefähres Bild und die Härte variiert erheblich entsprechend dem Anteil an Verunreinigungen, der angewandten Gusstechnik, vorherigem Ausglühen und anderen Faktoren. Die Sprödigkeit einer Legierung nimmt im Allgemeinen mit ihrer Härte zu"; Pigott 1989, 68, Abb. 2.

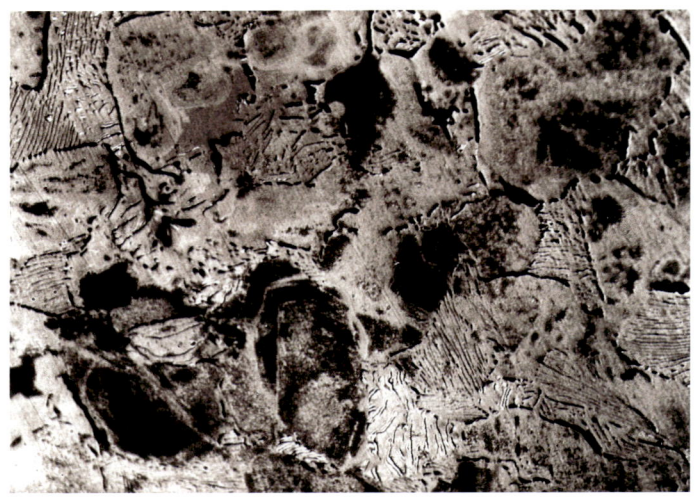

Abb. 3: Foto-Mikrographie des eisernen Schwertes UM 65-31-220. Sie zeigt pseudomorphe Perlit-Kolonien (man beachte ihre Lamellenstruktur), die in der oxidierten Matrix des Schwertes erhalten blieben. Die hell gefärbten, gestreckten Lamellen sind wahrscheinlich unkorrodierte Karbide. Dieses Fundstück zeigte eine gleichmäßig verteilte Aufkohlung (in Form von Perlit-Kolonien) im mittleren Teil der Klinge sowie an der Schneide. Es wäre dementsprechend als „milder" Stahl zu klassifizieren und war wahrscheinlich eine effektive Kriegswaffe. Längs einer der Schneiden weisen verzerrte Strukturen auf eine gewisse Deformation des Metalls durch Kaltbearbeitung hin. Die Körnung, soweit erkennbar, zeigt sich als grob. Es gibt Hinweise, dass das Fundstück recht langsam abkühlte; Pigott 1989, 76, Abb. 15.

westlichen Iran (z. B. Dyson & Voigt 1989). Der Fundort und die Rolle, welche Eisen dort spielte, können als ein Mikrokosmos dessen angesehen werden, was sich in ähnlichen Kontexten in weiten Teilen des antiken Nahen Ostens abspielte. Beinahe 2000 eiserne Fundstücke wurden aus der aus dem späten 9. Jh. v. Chr. stammenden Zerstörungsschicht der Zitadelle Hasanlus der Periode IVB ausgegraben. Davon waren 65% Waffen. Es ist aber wichtig festzuhalten, dass am Fundort eine ähnlich große Menge an Zinnbronzen ausgegraben wurde, die hauptsächlich für Pferdegeschirr, architektonische Dekorationen, persönlichen Schmuck und bestimmte Waffen und Rüstungsteile verwendet worden waren (de Schauensee 1988). Metallographische Analysen mehrerer eiserner Fundstücke aus der Zerstörungsschicht zeigen, dass sich das Material am besten als wenig kohlenstoffhaltiges, heterogen aufgekohltes Schmiedeeisen bezeichnen lässt (Pigott 1981, 229-267; siehe auch Knox 1963) (Abb. 3). In dieser Zeit war Eisen eines von einer Vielzahl von Materialien, mit denen für dekorative Effekte experimentiert wurde, und es erscheint häufig als Bestandteil bimetallischer Gegenstände, wie zum Beispiel an Speeren mit eisernen Tüllen und bronzenen Spitzen, an eisernen Dolchen mit aufgeschmiedeten Griffen aus Zinnbronze sowie an getriebenen Gürtelplaketten aus Bronze mit eisernen Nieten. Bestimmte eiserne Gegenstände, wie zum Beispiel getriebene Plaketten, wurden offensichtlich so bearbeitet, als wären sie aus Zinnbronze. Mit der Eisenzeit III allerdings war die Kombination von zwei Metallen verschwunden und beide Metalle wurden zunehmend getrennt verwendet: Zinnbronze für dekorative Gegenstände und Eisen für Werkzeuge und Waffen.

Hasanlu war eine wichtige Regionalsiedlung von beachtlicher Größe und Bedeutung während der Eisenzeit bis zu seiner Zerstörung im späten 9. Jh. v. Chr. Es lag an einer wichtigen Straße durch Nordwestiran zwischen Assyrien und weiter östlich gelegenen Gegenden. In dieser strategischen Lage kontrollierte der Ort wahrscheinlich den Regional- und auch den Fernverkehr und -handel

Abb. 4: Unter den einzigartigen eisernen Fundstücken aus Hasanlu gibt es zwei Typen von Pferdegeschirr: Wangenstücke mit drei Löchern (a) und dekorative Zierscheiben (b). Die Scheibe ist mit dem Relief eines geflügelten Pferdes verziert, das durch Hämmern der Rückseite entstand (a: UM 73-5-369, L. 5,8 cm; b: HAS 60-876, Dm. 19,5 cm); Pigott 1989, 71, Abb. 6a, b.

Schmiedepraktiken nahe. Nur die wiederholten Bemühungen eines fähigen Schmiedes, der mit den Eigenschaften des Eisens vertraut war, konnten zu der beständigen Formgebung führen, welche für diese Klasse kleiner, gestielter eiserner Messer mit nur einer Schneide und aufgebogener Spitze charakteristisch ist (Abb. 5). Insgesamt 86 derartige Messer wurden in Hasanlu ausgegraben (Pigott 1980, 426, Taf. 12.3) und weitere Beispiele wurden in zeitgleichen Einzelgräbern im nahe gelegenen Dinkha Tappeh gefunden (Muscarella 1974).

Abb. 5: Kleine eiserne Messer mit Schneide und aufgebogener Spitze wurden in Hasanlu wahrscheinlich in Massen produziert (HAS 74-286, L. 10,8 cm); Pigott 1989, 74, Abb. 12.

und könnte als regionales Zentrum der Verarbeitung, Herstellung und/oder Verteilung aller Arten von sowohl importierten als auch am Ort hergestellten Materialien fungiert haben. Durch die Kontrolle des Hinterlandes und der entfernteren Ressourcen hätte Hasanlu direkten Zugang zu Brennstoffen, Erzen und Arbeitskräften gehabt, die notwendig waren, um Eisen in größeren Mengen herzustellen.

Falls Eisen in Hasanlu in großem Maßstab produziert wurde, sollte man allerdings größere Mengen an Produktionsabfall erwarten (Schlacke und Reste von Schmelzöfen). Aber wie bei den meisten Fundorten des Nahen Ostens blieben auch in Hasanlu die Überbleibsel der Eisenherstellung eher geringfügig. Es wurde kein direkter Nachweis für lokale Eisenverhüttung oder -schmieden gefunden, außer einigen großen Brocken des Eisenerzes Magnetit, die aber in Mauern eingebaut waren bzw. als Bodenpflasterung in Gebäuden der Zitadelle dienten. Es ist möglich, dass der industrielle Prozess der Verhüttung abseits der Zitadelle stattfand, aber ein gewisses Maß an Eisenbearbeitung muss am Ort stattgefunden haben, und zwar aus drei Gründen: Erstens gibt es eine große Anzahl militärischer Eisenobjekte, die an der Stätte gefunden wurden und welche die Dienste von Schmieden zur Reparatur, zum Nachschärfen und -schmieden erforderten. Zweitens existieren einige wenige eiserne Fundstücke, die einzigartig für Hasanlu sind, einschließlich der gen. Schulterplaketten (Rondelle) für Pferde und eisernen Wangenstücken mit drei Löchern zur Befestigung des Zaumzeugs (Abb. 4), die wahrscheinlich am Ort hergestellt worden waren. Der Stil beider für Pferde verwendeter Objekte ist nordwestiranisch und nicht von assyrischen Reliefs bekannt (Dyson & Muscarella 1989). Schließlich legen die standardisierte Größe und die Form eines bestimmten eisernen Messertyps ebenfalls örtliche

Die Rolle des assyrischen Einflusses in Westiran

Die wichtigste bisher unbeantwortete Frage betrifft die tatsächliche Quelle des Eisens, welches an Stätten wie Hasanlu und anderen Fundplätzen in Westiran zu Werkzeugen und Waffen geschmiedet wurde. Falls Eisenerze nicht ab ca. 1000 v. Chr. von westiranischen Völkern gefördert und verhüttet wurden, dann bleibt als die wahrscheinlichste Quelle für Rohmetall nur das assyrische Reich, das über mehrere Jahrhunderte hinweg einen starken Einfluss auf die Region ausübte. Bezüglich Hasanlu zum Beispiel gibt es mehrere mögliche Quellen für das Eisen aus Befunden der Periode IVB, einschließlich der Möglichkeit der Existenz einer assyrischen Garnison, welche die Zitadelle besetzt gehalten haben könnte, bevor die Urartäer eindrangen. Die Eisenobjekte, viele davon Waffen und/oder mit Bezug zum Militär, könnten als Endprodukte aus Assyrien oder in Form von Luppen (Barren) importiert worden sein. Sie wären dann von Schmieden, welche die Truppe begleiteten, nach und nach in die gewünschte Form geschmiedet worden. Örtliche Bronzehandwerker wurden möglicherweise ebenfalls herangezogen, dies würde diejenigen eisernen Fundstücke erklären, die wie Zinnbronze bearbeitet worden waren. Man kann auch Handel mit Eisen nicht ausschließen, ausgehend von Assyrien; im Gegenzug könnten andere Produkte geliefert worden sein, wie zum Beispiel Holz und Pferde aus den fruchtbaren Tälern des westlichen Iran. Eisen könnte sogar von örtlichen iranischen Stadtstaaten als Zeichen ihrer Loyalität an Assyrien übergeben worden sein. Man kann aber auch nicht ausschließen, dass Eisen als Beute oder Tribut von der Elite der Zitadelle eingenommen wurde, indem sie Scharen aussandte, um regionale Siedlungen ihres Vorrates an Eisen zu berauben. Alles in allem ist es eindeutig, dass der Einfluss Assyriens in der Region beherrschend war. Örtliche Schmiede waren eventuell abhängig von assyrischen Schmieden, die sie mit den einzigartigen Charakteristika und Bearbeitungstechniken des Metalls Eisen vertraut machten.

Daher dürften die kulturellen Veränderungen, die in Hasanlu ab der Mitte des 2. Jt. v. Chr. stattfanden – einschließlich der Entwicklung einer hochgradig differenzierten Gesellschaft mit machtvoller militärischer Präsenz – in vielerlei Hinsicht eine Atmosphäre sowohl lokaler Kreativität als auch der Nachahmung dessen, was assyrisch war, gefördert haben (siehe Winter 1977, 379). In Assyrien war Eisen ein Metall mit einem besonderen Status geworden, der mit der militärischen Elite und mit religiöser Bedeutung verbunden war. Für die lokale westiranische Elite hatte der Besitz eiserner Gegenstände (entweder assyrischen Ursprungs oder örtliche Imitationen) einen bestimmten Status auf sie übertragen und damit auch ihr Prestige und ihre politische Macht verstärkt (a. a. O., 381). In dieser Sicht überrascht es nicht, dass das Aufkommen des weit verbreiteten Gebrauchs dieses relativ neuen Materials in Hasanlu und dem gesamten westlichen Iran allgemein in einer Zeit des aufkommenden Überflusses, sozialer Differenzierung und militärischer Macht, sowie in einem Kontext künstlerischer und technologischer Innovation geschah.

Zentral Westiran: Luristan

Dieser kurze Überblick über das Eisen der Eisenzeit des westlichen Iran wäre nicht vollständig ohne die Erwähnung der Funde aus der Provinz Luristan. Es ist keine Frage, dass sich aus den kürzlich veröffentlichten Ergebnissen der Ausgrabungen durch die Belgische Archäologische Mission in Iran (BAMI) neue Erkenntnisse zur Rolle des Eisens beim Totenkult ergeben werden. Man begann, die von dem verstorbenen Louis Vanden Berghe ergrabenen Befunde zu analysieren. Zwei Wissenschaftler, Dr. Ernie Haerinck und Dr. Bruno Overlaet von der Universität Gent, beschäftigen sich zur Zeit mit der Aufgabe, die Massen von Daten aus den zahlreichen Ausgrabungen eisenzeitlicher Grabstätten zu veröffentlichen, die große Mengen eiserner Fundgegenstände erbrachten (siehe z. B. Overlaet 2003). Zukünftige Bewertungen der veröffentlichten archäologischen Daten zu Eisenfunden aus Luristan, verbunden mit Initiativen zur Analyse (z. B. Metallographie, AMS-Datierung, Pb-Isotopenanalyse), welche sich auf einige der am besten erhaltenen Fundstücke konzentrieren, werden mit Sicherheit unser Verständnis der Rolle des Eisens nicht nur in dieser Region, sondern im gesamten alten Nahen Osten neu definieren.

Die Eisendolche aus Luristan

Von Bedeutung für zukünftige Studien ist die gut bekannte und einzigartige Gruppe eiserner Dolche, von denen man annimmt, dass sie aus Grabstätten in Luristan stammen, und die in den Sammlungen der Museen der ganzen Welt zu finden sind (Abb. 6). Diese ungewöhnlichen Dolche, die auf ihren Knäufen sowohl zoomorphe als auch anthropomorphe Darstellungen tragen, sind in der Literatur breit diskutiert worden (z. B. France-Lanord 1969, 75-126; Moorey 1991; Muscarella 1989; Pleiner 1969a; b; Rehder 1991; Smith 1971). Unter den beinahe 90 bekannten Stücken findet sich leider kein ausgegrabenes Exemplar; alle wurden von verschiedenen Museen und Sammlern in der 1920er, 1930er Jahren oder später angekauft, als Luristans antike Grabstätten wegen ihrer bemerkenswerten Schmuckbronzen ausgeplündert wurden. Dabei erhebt sich natürlich die Frage, ob es sich in jedem Falle um echte Fundstücke oder um moderne Fälschungen handelt. Beispielsweise gehört zu den vielen ungewöhnlichen Charakteristika dieser Dolche ihre bemerkenswerte Ähnlichkeit, zweifellos das Ergebnis dessen, dass sie in einer einzigen Werkstatt oder von einer einzigen Gruppe von Schmieden hergestellt wurden (z. B. Moorey 1991, 2), oder eben doch von modernen Metallbearbeitern, die antike Vorlagen

Abb. 6: Eisenschwert aus Luristan unbekannter Herkunft (Brüssel, Musées royaux d'Art et d'Histoire, IR 147, L. 54 cm); Foto: DBM, M. Schicht.

kopierten. Darüber hinaus ist bei den meisten der Dolche das Eisen für Eisen dieses Alters zu gut erhalten, obwohl dies auch ein Ergebnis ihrer Lagerung im schützenden Umfeld von Gräbern und der Niedrigtemperatur-Bearbeitung des Eisens (d. h. luftgekühlt unter 750° C) sein könnte, wodurch das Metall korrosionsfester (Smith 1971, 51) sowie weicher und dehnbarer wurde (Rehder 1991, 16, 19; Pigott 1999, 93-94).

Glücklicherweise wurden zwei der Dolche (aus dem Royal Ontario Museum und dem Massachusetts Institute for Technology) einer massenspektrometrischen Radiokarbon-Datierung unterzogen (AMS), und dadurch auf 1094 v. Chr. ± 60 Jahre datiert (Rehder 1991, 14; Moorey 1991). Mindestens zwei der Dolche sind also authentisch, aber dieses Alter war auch eine Überraschung, da man bis dahin angenommen hatte, sie entstammten der Periode Iron III (ca. 800-550 v. Chr.). Natürlich gibt die Radiokarbon-Datierung nur wieder, wann das Eisen verhüttet wurde, die Schwerter könnten also zu einem späteren Zeitpunkt aus wieder verwendetem Eisen hergestellt worden sein (siehe unten). Falls sich herausstellen sollte, dass andere Dolche in eine vergleichbare Zeit zu datieren sind, würde diese Klasse von Dolchen zu den frühesten eisernen Fundstücken im westlichen Iran gehören. Mehr noch, sie würden sich in die exklusive Gruppe eiserner Objekte des Nahen Ostens aus der Zeit vor 1000 v. Chr. einreihen (siehe Waldbaum 1999).

Die Herstellung der Dolche

Die Art und Weise der Herstellung derartiger Schwerter ist ebenso faszinierend wie unbestimmt (siehe z. B. Smith 1971). Rehder (1991) hat vorgeschlagen, dass das Eisen von Metallbearbeitern erschmolzen wurde, die sich auf das Schweiß-Schmieden verstanden, dass die Dolche aber später von Schmieden hergestellt wurden, die nicht über dieses Wissen verfügten (Moorey 1991, 6-7). Wenn bei der Eisenschmelze der Schmelzofen eine einzige große Luppe lieferte, dann hätten die Schmiede beim weiteren Bearbeiten dieser einzelnen Luppe – um Schlacke heraus zu bekommen und das Eisen aufzukohlen – nicht notwendigerweise die Vorzüge des Schweiß-Schmiedens kennen müssen. Allerdings schlägt Rehder vor, dass die Hersteller des Eisens für die Dolche kleine „Miniatur"-Luppen erschmolzen hätten, die dann durch Schweiß-Schmieden zu größeren Eisenstücken zusammengeschmiedet worden wären. Es ist gut möglich, dass diese Luppen, von ihrem Herstellungsort zu weiter entfernt wohnenden Schmieden in Gegenden wie Luristan gehandelt wurden, welche dann das Roheisen zur Fertigung der Dolche verwendeten. Allerdings wurden die Dolche nicht geformt, indem man mehrere Eisenstücke durch Schweiß-Schmieden aneinander fügte. Sie wurden eher durch Ineinanderfalten und -hämmern aus 8-15 einzelnen Teilen hergestellt, möglicherweise von Bronzeschmieden, die „in Unkenntnis der besonderen Eigenschaften von Eisen brillant improvisierten" (Moorey 1991, 6-7; siehe auch Maxwell-Hyslop & Hodges 1966, 169; Rehder 1991; Smith 1971, 52). Wenn wir also Rehders Vorschlag akzeptieren, dann besteht die Möglichkeit, dass die Luppen an einem Ort hergestellt wurden (vielleicht in Werkstätten im benachbarten Assyrien[5]) und dann an Schmiede in Luristan verhandelt wurden – ein Modell für frühe Eisenherstellung, das sich auf den gesamten westlichen Iran ausweiten ließe.

Abschließende Bemerkungen

Ikonographische Aspekte, auf die Roger Moorey hingewiesen hat, deuten darauf hin (1991, 7-8), dass die Darstellungen auf den Dolchen mit einer Unterweltgöttin wie Nergal in Zusammenhang stehen könnten, die wiederum mit assyro-babylonischen, hethitischen und hurritischen Kulten, aber auch mit dem Dolch verbunden wird. Dieser Unterweltbezug würde zu einer Waffe passen, die möglicherweise exklusiv als Totengabe hergestellt wurde (Moorey 1991, 8). Die merkwürdige Unhandlichkeit der Dolche passt gut zu der Vorstellung, dass sie nicht für den Kampf gedacht waren. Außerdem ist das für die Klingen verwendete Schmiedeeisen eher zu wenig kohlenstoffhaltig und nur heterogen aufgekohlt. Es ist zu Beginn der Bearbeitung recht weich und wird beim Anlassen eher noch weicher. Es handelt sich also um weiche und verformbare Dolche (Rehder 1991, 16). Daher ist die allgemeine Ansicht, dass sie als kostbare Grabbeigaben hergestellt wurden, um mit den Verstorbenen gemeinsam begraben zu werden, vielleicht mit denen einer bestimmten Elite oder einem besonderen Stand, wie zum Beispiel dem der Krieger (Muscarella 1989, 351; Rehder 1991, 18).

Angesichts des Fehlens überlieferter Fundumstände der eisernen MaskenDolche aus Luristan werden diese selbstverständlich auch in Zukunft solange mit Zweifeln behaftet sein, bis jeder einzelne von ihnen einer Radiokarbon-Analyse unterzogen wurde. Es ist extrem schwierig, die Radiokarbon-Datierungen der zwei Luristan-Dolche bezüglich der Verhüttung des Eisens einzuschätzen, doch es bleibt abzuwarten, was eine kunsthistorische Bewertung uns über die Zeit ihrer tatsächlichen Herstellung sagen wird. Als Ergebnis unseres kürzlich durchgeführten MASCA-Analyseprogramms bezüglich der Luristan-Bronzen, die von der belgischen Mission ausgegraben wurden (siehe Fleming et al. im Druck), lässt sich eine Anmerkung zur Ikonographie der Dolche machen, die wiederum ihre Chronologie widerspiegeln könnte. Auf einer Anzahl der Dolche aus Luristan ist in geschmiedetem und getriebenem Metall das bärtige Gesicht eines Menschen abgebildet. Ein sehr ähnliches, bärtiges Antlitz eines Menschen findet sich auf Breitbeilen aus Zinnbronze von dem ausgegrabenen Luristan-Gräberfeld bei Bard-i Bal, welches von Haerink und Overlaet (im Druck) in die Periode Iron III (ca. 800-550 v. Chr.) datiert wird. Man wird sehen, ob dieses Motiv Teil einer langlebigen ikonographischen Tradition in Luristan ist oder eher die Annahme eines späteren Herstellungsdatums der Dolche stützt, die sowohl Smith (1971) als auch Rehder (1991) für besonders bemerkenswerte Beispiele des frühen Schmiedehandwerks halten. Lediglich weitere wissenschaftliche Forschungen zu Archäologie und antiker Eisenmetallurgie im westlichen Iran werden neues Licht auf diese und die Vielzahl anderer faszinierender Fragen werfen können.

Danksagungen

Ich schulde den folgenden Personen tiefen Dank: Dr. Robert H. Dyson jr. dafür, dass er mir die bemerkenswerte Gelegenheit gab, an Ausgrabungen in Hasanlu teilzunehmen, und mir die enorme

Sammlung eiserner Fundstücke dieser Stätte zur Verfügung stellte. Dr. Robert Maddin und der verstorbene Reed Knox waren behilflich dabei, ein Verständnis für Eisen zu entwickeln, indem sie demonstrierten, wie informativ Laboranalysen sein können. Dr. Stuart J. Fleming, Wissenschaftlicher Direktor des Museum Applied Science Center for Archaeology (MASCA) des Museums der University of Pennsylvania, stellte großzügigerweise die Einrichtungen und die Unterstützung des Labors zur Verfügung, was die Vervollständigung meiner Forschungen zu Eisen in Hasanlu erlaubte. Dr. Radomir Pleiner war während der gesamten Zeit meiner Forschung zu antikem Eisen eine ständige Quelle der Inspiration. Christopher Thornton bot eine Anzahl sehr begründeter Vorschläge zum Inhalt des Manuskripts.

Anmerkungen

1. Unter den zahlreichen Beiträgen zum Aufkommen des Eisens im antiken Nahen Osten sind die folgenden besonders informativ: Curtis *et al.* 1979; Maddin 2003; Moorey 1994, 278-292; Muhly 1982; Pleiner 2000; Pleiner & Bjorkman 1974; Waldbaum 1999; Wertime & Muhly 1980. Die Diskussion in diesem Kapitel des Katalogs basiert auf meinen vorangegangenen Publikationen (Pigott 1980; 1981; 1982a; b; 1989; 1999, 6-7, 90-96).
2. Die Möglichkeit, dass die ersten Begegnungen mit metallischem Eisen (im Gegensatz zu meteoritischem) das Ergebnis von Eisen waren, welches bei der Verhüttung von Kupfererzen entstand, wurde von einer Anzahl von Wissenschaftlern diskutiert (z. B. Cooke & Aschenbrenner 1975; Gale *et al.* 1990; Maddin 2003, 310; Merkel & Barrett 2000; Pigott 1982a, 21; 1999, 6; Smith 1966; Tylecote 1970, 290; Tylecote & Boydell 1978; van der Merwe & Avery 1982; Wertime 1964, 1262; 1973). Trotz der Tatsache, dass Eisen bei der Kupferverhüttung entstehen kann, konnten weder in der Archäologie noch durch Analysen wirklich begründete Beispiele für derartiges Eisen erbracht werden.
3. Was nach wie vor bezüglich Eisen im assyrischen Reich merkwürdig anmutet, ist die Tatsache, dass trotz der enormen Mengen an Eisen, die von den Assyrern verwendet wurden, die Archäologie stichhaltige Nachweise für Gewinnung und Verhüttung dieses wichtigen Metalls erst noch erbringen muss. Es ist schwierig, sich vorzustellen, dass Assyrien sein gesamtes Metall von außerhalb des Reiches bezogen haben soll, ausschließlich durch Eroberung, Handel, Verträge und Tribute.
4. Der potentielle Einfluss bzw. die Rolle von Eisen und Eisenprodukten aus Urartu für den westlichen Iran werden hier weder im Detail diskutiert noch untersucht. Weiterführende Literatur zu diesem Thema: Kellner 1979; McConchie 1998; Merhav 1991.
5. Es existieren konkrete Hinweise darauf, dass Assyrien ein Reich war, das mit der Eisentechnologie seit dem 2. Jt. v. Chr. vertraut war (Curtis *et al.* 1979; Pleiner & Bjorkman 1974).

Bibliographie

BURNEY, C. & LANG, D. M.:
1972 The People of the Hills, New York.

COOKE, S. B. & ASCHENBRENNER, S. E.:
1975 The Occurrence of Metallic Iron in Ancient Copper. Journal of Field Archaeology 2, 251-266.

CURTIS, J. (ed.):
1993 Early Mesopotamia and Iran: Contact and Conflict 3500-1600 BC, London.

CURTIS, J. E., STECH WHEELER, T., MUHLY, J. D. & MADDIN, R.:
1979 Neo-Assyrian Iron Working Technology. Proceedings of the American Philosophical Society 123, 369-390.

DE SCHAUENSEE, M.:
1988 Northwest Iran as a Bronzeworking Centre: The View from Hasanlu. In: J. Curtis (ed.), Bronzeworking Centres of Western Asia c. 1000-539 BCE, London.

DYSON, R. H., Jr. & MUSCARELLA, O. W.:
1989 Constructing the Chronology and Historical Implications of Hasanlu IV. Iran 27, 1-27.

DYSON, R. H., Jr. & VOIGT, M. M. (eds.):
1989 East of Assyria: The Highland Settlement of Hasanlu. Expedition 31 (2-3).

EGAMI, N., FUKAI, S. & MASUDA, S.:
1965 Dailaman I, the Excavations at Ghalekuti and Lasulkan 1960. The Tokyo University Iraq-Iran Archaeological Expedition Report No. 6, Tokyo.
1966 Dailaman II, the Excavations at Noruzmahale and Khoramrud, Tokyo.

FLEMING, S. J., PIGOTT, V. C., SWANN, C. P. & NASH, S. K.:
Im Druck Bronze in Luristan: Preliminary Analytical Evidence from Copper/Bronze Artifacts Excavated by the Belgian Expedition. To be published in: E. Haerinck & B. Overlaet (eds.), Proceedings of the Conference „The Iron Age in Iran" November 2003, University of Ghent.

FRANCE-LANORD, A.:
1969 La Fer en Iran au premier millenaire avant Jesus Christ. Revue d'histoire des mines and metallurgie I, 75-126.

GALE, N. H., BACHMANN, H.-G., ROTHENBERG, B., STOS-GALE, Z. A. & TYLECOTE, R. F.:
1990 The Adventitious Production of Iron in the Smelting of Copper. In: B. Rothenberg (ed.), The Ancient Metallurgy of Copper, London: Institute for Archaeo-Metallurgical Studies.

GHIRSHMAN, R.:
1979 L'Iran. La Migration des Indo-Aryens et des Iraniens. In: Akten des VII. Internationalen Kongresses fur Iranische Kunst und Archäologie, München, 7.-10. September 1976. Archäologische Mitteilungen aus Iran. Ergänzungsband 6, Berlin.

HAERINCK, E. & OVERLAET, B.:
Im Druck The Chronology of the Pusht-I Kuh, Luristan. Results of the Belgian Archaeological Mission in Iran. Festschrift for Peder Mortensen, Aarhus, 87-103.

KELLNER, H.-J.:
1979 Eisen in Urartu. In: Akten des VII. Internationalen Kongresses fur Iranische Kunst und Archäologie, München, 7.-10. September 1976. Archäologische Mitteilungen aus Iran. Ergänzungsband 6, Berlin, 151-156.

KNOX, R.:
1963 Detection of Iron Carbide Structure in the Oxide Remains of Ancient Steel. Archaeometry 6, 43-45.

MADDIN, R.:
2003 The Beginning of the Use of Iron. In: Th. Stöllner, G. Körlin, G. Steffens & J. Cierny (eds.), Man and Mining – Mensch und Bergbau. Der Anschnitt, Beiheft 16, Bochum, 309-318.

MAXWELL-HYSLOP, K. R. & HODGES, H.:
1966 Three Iron Swords from Luristan. Iraq 28, 164-176.

McCONCHIE, M.:
1998 Iron Technology and Ironmaking Communities in Northeastern Anatolia: First Millennium BCE. Ph.D. Thesis, Dept. of Classical Studies and Archaeology, University of Melbourne, Australia.

MERHAV, R.:
1991 Urartu – A Metalworking Center in the First Millennium BCE, Jerusalem: Israel Museum.

MERKEL, J. & BARRETT, K.:
2000 'The Adventitious Production of Iron in the Smelting of Copper' Revisited: Metallographic Evidence against a Tempting Model. Historical Metallurgy 32(1), 59-66.

MOOREY, P. R. S.:
1971 Catalogue of Ancient Persian Bronzes in the Ashmolean Museum, Oxford.
1982 Archaeology and Pre-Achaemenid Metalworking in Iran: A Fifteen Year Retrospective. Iran 20, 81-101.
1991 The Decorated Ironwork of the Early Iron Age Attributed to Luristan in Western Iran. Iran 29, 1-12.
1994 Ancient Mesopotamian Materials and Industries, Oxford.

MUHLY, J. D.:
1982 How Iron Technology Changed the Ancient World. Biblical Archaeology – A Review 8(6), 40-54.

MUSCARELLA, O. W.:
1974 The Iron Age at Dinkha Tepe, Iran. Metropolitan Museum Journal 8, 47-76.
1989 Multi-Piece Iron Swords from Luristan. In: L. de Meyer & E. Haerinck (eds.), Miscellanea in Honorem Louis Vanden Berghe 1, Ghent, Archaeologia Iranica et Orientalis, 349-366.

NEGAHBAN, E. O.:
1996 Marlik: The Complete Excavation Report. 2 Vols. University Museum Monograph 87, Philadelphia, University of Pennsylvania Museum.

OVERLAET, B.:
2003 The Early Iron Age in the Pusht-i Kuh, Luristan. Acta Iranica 40. Luristan Excavation Documents IV, Leuven.

PIGOTT, V. C.:
1980 The Iron Age in Western Iran. In: T. A. Wertime & J. D. Muhly (eds.), The Coming of the Age of Iron, New Haven, 375-416.
1981 The Adoption of Iron in Western Iran in the Early First Millennium B.C.: An Archaeometallurgical Study. Ph.D. Dissertation, Dept. of Anthropology. University of Pennsylvania, Ann Arbor, University Microfilms International.
1982a The Innovation of Iron. Cultural Dynamics in Technological Change. Expedition (Fall), 20-25.
1982b AHAN. In: E. Yarshater (ed.), Encyclopaedia Iranica Vol. I, Fasc. 6, New York, 624-633.
1989 The Emergence of Iron Use at Hasanlu. Expedition 31(2-3), 67-79.
1999 The Development of Metal Production on the Iranian Plateau: An Archaeometallurgical Perspective. In: V. C. Pigott (ed.), The Archaeometallurgy of the Asian Old World. MASCA Research Papers in Science and Archaeology 16, Philadelphia, The University of Pennsylvania Museum, 73-106.

PLEINER, R.:
1969a The Beginnings of the Iron Age in Ancient Persia. Annals of the Naprstek Museum 6, Prague, Naprstek Museum.
1969b Untersuchung eines Kurzschwertes der Luristanischen Typus. Archäologischer Anzeiger 1, 41-47.
2000 Iron in Archaeology: The European Bloomery Smelters, Praha, Archeologicky Ustav Avcr.

PLEINER, R. & BJORKMAN, J. K.:
1974 The Assyrian Iron Age: the History of Iron in the Assyrian Civilization. Proceedings of the American Philosophical Society 118, 283-313.

REHDER, J. E.:
1991 The Decorated Iron Swords from Luristan: Their Material and Manufacture. Iran 29, 13-20.

SMITH, C. S.:
1966 On the Nature of Iron. In: Made of Iron. Houston, Art Dept., University of St. Thomas, 29-40.
1971 Techniques of the Luristan Smith. In: R. H. Brill (ed.), Science and Archaeology, Cambridge, 32-52.

TYLECOTE, R. F.:
1970 Early Metallurgy in the Near East. Metal and Materials 4, 285-293.

TYLECOTE, R. F. & BOYDELL, P. J.:
1978 Experiments on Copper Smelting, Based on Early Furnaces Found at Timna. In: B. Rothenberg (ed.), Chalcolithic Copper Smelting: Excavations and Experiments. Institute for Archaeo-Metallurgical Studies (IAMS) Monograph 1. London, IAMS, 27-49.

VAN DER MERWE, N. J., & AVERY, D. H.:
1982 Pathways to Steel. American Scientist 70(2), 146-155.

WALDBAUM, J. C.:
1999 The Coming of Iron in the Eastern Mediterranean: Thirty Years of Archaeological and Technological Research. In: V. C. Pigott (ed.), The Archaeometallurgy of the Asian Old World. MASCA Research Papers in Science and Archaeology 16, Philadelphia, The University of Pennsylvania Museum, 27-57.

WERTIME, T. A.:
1964 Man's First Encounters with Metallurgy. Science 146, 1257-1267.
1973 The Beginnings of Metallurgy: A New Look. Science 182, 875-887.

WERTIME, T. A. & MUHLY, J. D. (eds.):
1980 The Coming of the Age of Iron, New Haven.

WINTER, I. J.:
1977 Perspective on the 'Local Style' of Hasanlu IVB: A Study in Receptivity. In: L. D. Levine & T. C. Young, Jr. (eds.), Mountains and Lowlands: Essays in the Archaeology of Greater Mesopotamia. Bibliotheca Mesopotamica 7, Malidu, 371-386.

YOUNG, T. C., JR.:
1967 The Iranian Migration into the Zagros. Iran 3, 11-34.

Erinnerungen an Hasanlu 1958 – Die Entdeckung des goldenen Bechers

Robert H. Dyson jr., 46 Jahre nach der Entdeckung

Im Sommer 1958 war die Ausgrabung des damals neu entdeckten „Burned Building" I bei Tappeh Hasanlu in Nordwestiran bis in die Räume 1 (Porticus), 2 (Vorraum) und 3 (Treppenhaus) fortgeschritten. Der Inhalt dieser Räume bot klare Beweise für ein zusammengebrochenes zweites Stockwerk, das von Mengen an Fundstücken überlagert war. Es blieb die Aufgabe, die angrenzende südöstliche Ecke des Gebäudes (Raum 9) frei zu legen. Hier waren die Ziegelmauern, die auf meterhohen, freistehenden Steinfundamenten ruhten, übel zerstört. Daher begannen wir mit einem kleinen Sondageschnitt längs der Nordseite des Raumes, um die Oberkante dieses Fundamentes festzustellen. Unser bester Mann an der Spitzhacke, Iman, wurde an die Arbeit gesetzt, fand bald das Mauerwerk und drang in den Schutt ein, der an der Südseite des Raumes lag. Er stieß auf eine Schicht von runden Bronzeknöpfen und menschlichen Armknochen, das war der Moment, an dem ich übernahm.

Im Zuge der Ausgrabungen hatten wir schon an anderer Stelle eine gewisse Anzahl dieser Knöpfe gefunden, jeder davon mit abgerundeten Rändern und einer einzelnen Öse, um sie an ihrer Rückseite befestigen zu können. Wir hatten sie allerdings noch nicht *in situ* gefunden und wussten daher nicht, zu welchem Zweck sie benutzt wurden. Hier zeigte sich, dass sie noch *in situ* waren und die schützende Außenseite eines Panzerhandschuhs darstellten, den ein gefallener Soldat an der rechten Hand trug. Ich bürstete vorsichtig an den Armknochen entlang, die mit dem Handgelenk direkt an der Wand lagen. Plötzlich erschien die Kante von etwas Goldenem, das gleich neben den Handknochen lag. Was ist das, fragte ich mich und dachte an die Möglichkeit eines breiten Armbandes. Mein Freund, der englische Archäologe Charles Burney, sah zu. Ungeduldig fragte er: „Nun, ist es verziert?" „Ich weiß nicht", antwortete ich und wischte mit meiner kleinen Bürste ein paar Mal darüber. Die weiche Erde fiel herunter, um eine breite Oberfläche aus schimmerndem Gold frei zu geben, die mit Repousseé-Figuren bedeckt waren. Zum ersten Mal seit mehr als 2700 Jahren streckten die Zwillingsbullen, welche den Wagen des Wettergottes zogen, wieder ihre Köpfe in die Sonne (Abb. 1, Kat.-Nr. 357)!

Schließlich zeigte der vollständig ausgegrabene Raum 9, dass drei bewaffnete Männer beim Versturz des zweiten Stockwerks des

Abb.1: R. H. Dyson Jr. 1998 mit dem Goldbecher; aus I. J. Winter, „Hasanlu Gold Bowl": Thirty Years Later. Expedition 31, 2-3, 1989, 87 Abb. 1.

Abb. 2: Der Siedlungshügel von Hasanlu in Nordwestiran mit der mauerumwehrten Zitadelle, wo zwischen 1957 und 1978 amerikanische Ausgrabungen unter der Leitung von R. H. Dyson Jr. stattfanden;0 Foto: G. Gerster.

Gebäudes erschlagen worden und in den Raum gefallen waren, wo sie auf einer dicken Schicht aus schwerer schwarzer Erde lagen. Diese Schicht enthielt die Knochen von Schafen und Ziegen sowie zerbrochene Keramikschalen. Ein Mann trug eine sternförmige Keule, ein anderer einen eisernen Dolch mit Goldgriff. Bei dem dritten lag der Becher. Die Wucht des Zusammenbruchs war so gewaltig gewesen, dass sich das obere Ende seiner Oberschenkelknochen in seinen Kiefer gebohrt hatte und der Becher so verformt wurde, wie er sich heute präsentiert.

Bastam und die Eisenzeit in Nordwest-Iran

Stephan Kroll

Im gesamten Gebiet nehmen auch heute noch, wie schon in vorgeschichtlicher Zeit, Landwirtschaft und Viehzucht eine dominierende Rolle ein. In den Ebenen und Tälern rund um den Urmia-See wird vornehmlich Landwirtschaft betrieben. In den höher gelegenen Gebieten, in Kurdistan, Ost-Azarbaidjan oder dem nördlichen Teil von West-Azarbaidjan werden vermehrt Schafe und Ziegen gehalten, während der Landwirtschaft geringere Bedeutung zukommt. Im ganzen Nordwestiran mit einer Meereshöhe von 1.000 bis etwa 1.300 m ist Regenfeldbau möglich, künstliche Bewässerung ist offensichtlich erst seit urartäischer Zeit (8.-7. Jh. v. Chr.) umfangreicher angewendet worden. Kupferbergbau spielte nur in Ost-Azarbaidjan um Ahar, wohl seit der ausgehenden Bronzezeit, eine gewisse bisher nicht weiter untersuchte Rolle. Nennenswerte weitere Rohstoffe sind nicht vorhanden (Weisgerber, Hauptmann, Gropp & Kroll 1990).

Der Urmia-See selbst friert aufgrund seines hohen Salzgehalts nicht zu. Trotz der großen Meereshöhe bleiben damit die umliegenden Ebenen im Winter fast immer schneefrei. Die nahe gelegenen Gebirge hingegen sind verschneit und Schnee ist auf ihnen auch oft noch im Sommer zu beobachten. Dies mag erklären, warum die frühesten Siedlungen sich im Einzugsbereich des Sees befinden, nicht jedoch im Hinterland oder in den gebirgigen Regionen. Die zum Teil bis über 3.000 m ansteigenden Gebirgszüge machen es andererseits verständlich, dass die einzelnen Regionen oft nur wenig Kontakt miteinander haben, meist nur weniger als die Hälfte des Jahres. Es ist allerdings fast unmöglich, moderne Daten auf antike Verhältnisse anzuwenden. Das betrifft insbesondere die Bevölkerungsdichte und wirtschaftliche Ertragskraft der einzelnen Regionen. Weiterhin haben moderner Bewässerungsbau und Neuansiedlungen die antike Landschaft völlig verändert.

Anfänge der Besiedlung

Wohl aufgrund seiner Höhe und nördlicheren Lage werden Kurdistan und Azarbaidjan erst wesentlich später besiedelt als beispielsweise das Gebiet von Hamadan-Kermanshah, wohl erst zu Beginn des 6. Jt. v. Chr. Die ersten Fundorte wie z.B. Hajji Firuz, Hasanlu X oder Ahrendjan Tappeh und Yanik Tappeh befinden sich im Bereich des Urmia-Sees. Keinerlei Fundorte sind aus dem Osten und dem Norden Azarbaidjans bekannt. Ebenso fehlen Orte im Süden, z.B. in der Region um Miandoab oder in Kurdistan. Insgesamt hat man den Eindruck, dass eine erste Besiedlung nur in wenigen Regionen stattfand, die ökologisch günstig waren. Im 5. und 4. Jt. v. Chr. wird die Besiedlung intensiver, teils auch in höheren Lagen. Auch hier fällt wieder auf, verglichen mit anderen Regionen Irans, dass im Norden, auf der Ostseite des Urmia-Sees und in Kurdistan die Anzahl der Fundplätze sehr gering ist. In den Regionen Ahar, Meshkinshahr bis Ardebil ist bisher allein ein Fundort bekannt geworden. Insbesondere mittels keramischer Traditionen lassen sich Kontakte nach Nordmesopotamien und zum Zentraliran weiter südlich nachweisen.

Ein Unikat sind Funde von nordmesopotamischer Obedkeramik aus der Mitte des 4. Jt., die bei Ausgrabungen und Forschungsreisen gefunden wurden. Die Fundorte ziehen sich von Süd nach Nord am Westufer des Urmia-Sees, von Ushnu bis Maku. Südlich und östlich des Sees sind keine Funde belegt. Es erscheint sinnvoll, die Funde von Obedkeramik in Iranisch Westazarbaidjan mit dem mesopotamischen Interesse an der Versorgung mit Rohstoffen, in diesem Falle Obsidian aus Transkaukasien, in Zusammenhang zu sehen. Dies würde auch erklären, warum aus den anderen Regionen Nordwestirans keine entsprechenden Befunde vorliegen.

Für diese Frühzeit vom 6. bis in die Mitte des 4. Jt. lässt sich insgesamt feststellen, dass anfangs erst wenige, dann aber über 80 kleine und mittlere Siedlungen bestanden. Auf höherem oder gebirgigem Terrain sind hingegen keine Siedlungen nachweisbar. Soweit es beurteilt werden kann, waren alle diese kleinen Siedlungen unbefestigt. Als Rohstoffe für Werkzeuge spielten Obsidian, Flint und Knochen eine herausragende Rolle. Metallverarbeitung (Kupfer) ist im Gegensatz zu anderen Regionen Irans kaum nachgewiesen. Landwirtschaft und Kleintierzucht waren die vorherrschende Wirtschaftsform. Auswärtige Handelskontakte sind rar.

Frühe und Mittlere Bronzezeit

Sämtliche Ausgrabungen belegen, dass es am Ende des Chalkolithikums einen klaren Hiatus gibt. Dies wird unterstützt durch eine Analyse der Besiedlungsstruktur. In der gesamten Region werden nur wenige chalkolithische Fundplätze auch in der frühen Bronzezeit besiedelt. Alle Regionen des Nordwestirans weisen nun eine dichte Besiedlung auf. Insgesamt sind es sicher weit mehr als 120 Siedlungen.

Nachweisbar sind frühbronzezeitliche Siedlungen in Nordwestiran insbesondere durch die Verbreitung der „Kura-Araxes Kultur", die ihren Schwerpunkt, wie der Name aussagt, zwischen Kura und Araxes hatte. Sie breitet sich Ende des 4. Jt. vehement von ihrem Ursprungsgebiet in Transkaukasien nach Anatolien und Iran aus. Zeitweise existieren Siedlungen der Kura-Araxes Kultur sogar im Gebiet von Qazvin, Hamadan, Nihavand und Kangavar. Der bekannteste Fundplatz einer derartigen Kura-Araxes Siedlung ist Godin IV, wo eine vorhergehende Siedlung der Urukkultur abgelöst wurde. In dieser Periode können wir erstmals eine Reihe von tiefgreifenden Veränderungen beobachten. Die Fundplätze sind von sehr unterschiedlicher Größe und soweit Befunde vorliegen, mit Stadtmauern befestigt, so z.B. große Siedlungen wie Yanik oder Ravaz. Bei Ravaz ganz im Norden des Landes nahe Maku lassen sich zusätzlich Rundtürme nachweisen, wie sie zur gleichen Zeit in Mesopotamien oder Palästina gebaut werden. Großviehzucht (Rinder) wird nun besonders entwickelt. Die Kupfer- und Bronzemetallurgie entwickelt sich in dieser Zeit in den Nachbarregionen in großen Schritten; in Nordwestiran liegen dazu leider nur geringe Befunde vor.

In der Mittelbronzezeit lassen sich in Nordwestiran einzelne Bereiche unterscheiden, die quasi keine Beziehung untereinander haben. Insgesamt ist eine ganz erhebliche Reduzierung der Besiedlung zu beobachten. Wichtigster Fundort im Norden ist Haftavan VIB bei Salmas mit klaren kulturellen Kontakten nach Ostanatolien und Transkaukasien. Funde in Dinkha IV am Südwestufer des Urmia-Sees weisen darauf hin, dass das ganze südwestliche Urmia-See-Gebiet unter mesopotamischem Einfluss stand. So wurden Sikkatu und Tonnägel gefunden. Sie belegen zusammen mit der „Habur Ware" den intensiven, engen Kontakt dieser Region mit Nordmesopotamien in altassyrischer Zeit. Man muss daher annehmen, dass die Region und nicht nur einzelne größere Fundorte für einen gewissen Zeitraum in der 1. Hälfte des 2. Jt. in direktem Kontakt mit Nordmesopotamien standen. Als Verbindungsweg nach Nordmesopotamien wird man, wie schon im Chalkolithikum, einen Weg entlang des kleinen Zab oder über den Kelishin-Pass annehmen können. Zwischen den Quellflüssen des kleinen Zab und dem Flusssystem des Gadar liegen nur unbedeutende Höhenzüge.

Frühe Eisenzeit (Iron I–II)

In ganz Nordwestiran und im nördlich angrenzenden Araxesgebiet etabliert sich seit der Mitte des 2. Jt. in einer offensichtlich langsamen Durchdringung eine neue Kultur, die Young und Dyson als „Grey Ware Horizon" bzw. Iron I und II bezeichnet haben (Dyson 1965; Young 1965).

Während in der frühen Bronzezeit die Kontakte mit Transkaukasien und Ostanatolien eng sind, zerfällt Nordwestiran in der Mittleren Bronzezeit in verschiedene unabhängige Traditionen. In der frühen Eisenzeit können wir jedoch feststellen, dass die Kultur insgesamt sehr einheitlich ist. Diese einheitliche Tradition dringt von Süden (Zentral- und Nordiran) nach Norden vor und endet einerseits in Transkaukasien (Kashkay & Aslanov 1982), andererseits in etwa an der heutigen iranisch-türkischen Grenze (Bartl 1994). Young hat früher diese Tradition mit der Einwanderung der Iraner in Zusammenhang gebracht, diese Ansicht inzwischen jedoch teilweise modifiziert (Young 1985). Unbestritten ist jedoch, dass hier in einer breiten Welle eine neuartige Keramiktradition nach Nordwestiran eindringt – und mit ihr die Träger dieser Tradition.

Aufgrund von Oberflächenerkundungen (Surveys) kann man etwa 200 Fundplätze in Nordwestiran in die frühe Eisenzeit setzen, insbesondere in den zweiten Teil der frühen Eisenzeit (Iron II: etwa 1100-800 v. Chr.). Im ersten Teil der frühen Eisenzeit (Iron I: etwa 1450-1100 v. Chr.) sind Siedlungen seltener, es finden sich insbesondere Friedhöfe, deren zugehörige Siedlungen bislang nicht entdeckt wurden, so in Tabriz, in Ziwiye oder in Dinkha Tappeh. Ausgegrabene Plätze gibt es hingegen nur wenige, zu nennen sind Haftavan, Kordlar, Geoy, Hasanlu, Dinkha, Ziwiye. Wie Pigott für Hasanlu nachgewiesen hat (1977), gibt es in Iron I kaum Eisenmetallurgie, hingegen in großem Umfang ab Iron II. Dies lässt sich besonders gut auch im Friedhof von Dinkha Tappeh beobachten (Muscarella 1974). Obwohl in Nordwestiran heute verschiedentlich alter Bergbau bekannt ist, ist dieser wissenschaftlich jedoch kaum erforscht. Allein in der Region Ahar konnte Weisgerber in Sunghun ein altes Bergbaurevier aus der frühen Eisenzeit nachweisen (Weisgerber, Hauptmann, Gropp & Kroll 1990).

Besonders auffällig ist insbesondere in Iron II, dass wir im ganzen Land nicht allein zahlreiche kleine befestigte Siedlungen finden, sondern auch Anlagen, die wir aufgrund ihrer Bauplanung als größere zentrale befestigte Orte ansprechen können. Zuerst sind Hasanlu V und IV zu nennen. Die Stadt war mit einer Mauer befestigt und aufgrund ihrer Größe und ihrer öffentlichen Gebäude sicherlich zentraler Platz der Region Ushnu-Naqadeh (Dyson & Voigt 1989). Eine weitere große Festungsanlage neben Hasanlu ist Kuh-i Corblah in der südwestlichen Uferzone des Urmia-Sees und die große Festung Aslan Qaleh westlich Miandoab. Bei Bukan liegt die Festung Girdahrah Qaleh (Kroll 2004). Und gegen Ende der frühen Eisenzeit wurde die Befestigung am Zendan-i Suleiman errichtet, der eventuell als Heiligtum anzusprechen ist (Boehmer 1964).

Insgesamt spiegeln sich diese Befunde aus dem Urmia-See-Gebiet in Ost-Azarbaidjan wider. In dieser Periode ist dort erstmalig eine Besiedlung in allen Regionen nachweisbar, vor allem durch Gräber. Ebenso sind Festungen bekannt. Ähnlich wie im Urmia-See-Gebiet ist mit Ausnahme von Hasanlu keine als sehr groß zu bezeichnen. Soweit zu beurteilen, lassen sich alle in die Periode Iron II datieren. Besonders zu erwähnen sind die Festungen von Nashteban, Qiz Qaleh Ruyan Duyah, Ak Kale und Seqindel (Kroll 1984a, SB 11;

MKSR 69. 71; AH 26). Aufgrund der Festungsanlagen in allen Landesteilen hat man den Eindruck, dass das gesamte Gebiet von einzelnen, kleinen Herrschern regiert wurde. In einer gewissen Weise spiegeln sich diese Verhältnisse in den gleichzeitigen assyrischen Quellen wider, wo im Hinblick auf die Gebirgsländer von einer Vielzahl kleiner territorialer Einheiten die Rede ist (Salvini 1967). Mit Sicherheit kann man jedoch keiner dieser Regionen einen antiken Namen zuweisen. Vieles spricht dafür, Gilzanu im Südwesten des Urmia-See-Gebietes zu lokalisieren, evtl. in der Region von Ushnu-Naqadeh mit Hasanlu als Zentrum, wie es Reade vorgeschlagen hat (1979).

Die mehrfachen Zerstörungsschichten in Hasanlu und besonders die Katastrophe von Hasanlu IVB markiert nicht nur archäologisch für Hasanlu, sondern für ganz Nordwestiran einen entscheidenden Wendepunkt in der Besiedlungsgeschichte. Aufgrund von ähnlich mehrfachen Zerstörungsschichten aus Kordlar Tappeh ist anzunehmen (Lippert 1979), dass es gegen Ende der frühen Eisenzeit, d.h. im 9. Jh. v. Chr., vermehrt zu derartigen Katastrophen kam. Verfolgen wir die historischen Quellen, insbesondere aus Assyrien, so muss man annehmen, dass eine Vielzahl dieser Zerstörungen auf die assyrische Expansion in den Nordwestiran und Ostanatolien zurückzuführen sind. Ziel dieser Expansion war Rohstoffbeschaffung im weitesten Sinne, von Metallen bis hin zu Pferden (Salvini 1995, 18-24). In gleichem Maße dürfte jedoch das sich Mitte des 9. Jhs. formierende und expandierende Königreich von Urartu dafür verantwortlich sein, das seine Kerngebiete um den Van-See und westlich und nordwestlich des Urmia-Sees hatte (Salvini 1995, 14-17). Etwas später formiert sich in Kurdistan das Reich der Mannäer (Postgate 1989). Die Forschung konnte bisher nicht klären, ob es sich um selbst formierende Staatenbildungen handelt, oder ob diese Staaten als Reaktion auf die assyrischen Aggressionen anzusehen sind. In diesen Zeitraum in der 2. Hälfte des 9. Jh. v. Chr. fällt im Gebiet des Urmia-Sees der Bau von ersten Festungen in einem ganz typischen Baustil, den wir bereits als urartäisch identifizieren können.

Frühes Urartu (Ende 9. Jh. v. Chr.)

Seit dem urartäischen König Ishpuini (um 820 v. Chr.) ist es Brauch, bei königlichen Bauvorhaben nicht nur Bauinschriften zu errichten, sondern auch zu Hause und in den eroberten Gebieten Siegesinschriften aufzustellen (Salvini 1995, 38-47). Auch wenn man nicht immer annehmen kann, derartige Inschriften heute noch aufzufinden, ergibt sich jedoch ein eindeutiges Bild. In den westlichen Regionen Azarbaidjans gibt es zwei Bauinschriften des Königs Menua (um 800 v. Chr.) sowie Bau- und Weihinschriften späterer Herrscher. Südlich des Urmia-Sees hingegen befinden sich am Kelishin und in Qalatgah Inschriften von Ishpuini und Menua, am Tashtepe in der Region Miandoab hingegen eine Feldzugsinschrift (Salvini 1984). Die ältesten Feldzugsinschriften im Norden in Armenien, in der Araratebene, gehen erst auf Argishti I. (um 770 v. Chr.) zurück (König 1955, Nr. 85-93). Im Nordosten, in Nakhiçevan, ist hingegen eine Feldzugsinschrift von Ishpuini bekannt (Salvini 1998). In Ostazarbaidjan, in der Region Ahar datiert die älteste Inschrift in Seqindel auf Sarduri II., etwa um 750 v. Chr. (Salvini 1982). Diese Verteilung an Feldzugs- und Bauinschriften bedeutet, dass wohl das gesamte westliche Azarbaidjan schon immer urartäisches Gebiet war und nicht erst erobert werden musste; Ostazarbaidjan und die Regionen jenseits des Araxes wurden hingegen im Verlauf des 9.-8. Jh. v. Chr. annektiert.

Bedeutendster urartäischer Platz dieser Zeit ist die große Doppelfestung von Ismail Agha Qaleh in der Region Urmia, deren Erbauung wohl in die Anfänge Urartus Mitte des 9. Jh. v. Chr. zu datieren ist. Sie liegt ähnlich Bastam am Rande der weiten Urmia Ebene hoch auf einem Bergsporn oberhalb eines Flusses und beherrscht damit die gesamte umliegende Ebene. Die Erforschung dieser so wichtigen alten Festungsanlage Urartus durch eine italienische Expedition ist leider seit Jahrzehnten unterbrochen, so dass wir außer einer kurzen ersten Grabungskampagne keinerlei Informationen über die Anlage einer derartig alten Festung haben (Pecorella & Salvini 1984). Erst die Ausgrabung der im 7. Jh. v. Chr. erbauten Festungsanlage von Bastam ergab dann weiterreichende Informationen. Alle anderen bekannten frühurartäischen Festungen sind als mittelgroß oder klein einzuordnen (Kleiss 1976).

Mittlere Eisenzeit (Iron III): Urartu – Mannäer – Assyrien (8.-7. Jh. v. Chr.)

Die wichtige Entwicklung innerhalb der Metallurgiegeschichte ereignete sich in Iron II, belegt am Beispiel Hasanlu IVB, als erstmals in großem Stil Eisenprodukte hergestellt wurden, insbesondere bei Angriffswaffen und Geräten. Einmalig ist ebenso das Vorkommen von bimetallischen Kompositerzeugnissen, die teils aus Eisen, teils aus Bronze gefertigt waren, so z.B. Schwerter oder Nadeln. In der mittleren Eisenzeit ist letztere Tradition nicht mehr zu beobachten. Angriffswaffen (Speere, Pfeilspitzen, Schwerter, Dolche) und teils auch Schutzbewaffnung (Helme) und quasi sämtliche Geräte des alltäglichen Bedarfs, wie Hacken oder Messer, werden aus Eisen gefertigt. Möbelzierrat, Pferd- und Wagenausrüstung, Gürtel und Weihegeschenke wie übergroße Schilde oder Helme werden weiterhin aus Bronze hergestellt. Diese Funde sind durch die Grabungen aus urartäischen Fundplätzen wie Haftavan III (8. Jh. v. Chr.) oder Bastam (7. Jh. v. Chr.) belegt.

In Nordwestiran sind durch Surveys etwa 80 sicher urartäische Plätze belegt. Dabei ist es schwierig, aufgrund von Oberflächenfunden das 8. und 7. Jh. v. Chr. voneinander zu unterscheiden. Urartäische Plätze sind belegt in den Regionen Maku, in Khoy, in Marand, in Ahar, in Salmas, in Urmia, und in Ushnu-Naqadeh. In Tabriz sind nur zwei Fundplätze am nördlichen Rande der Ebene von Tabriz bekannt. Kein Fundplatz ist belegt für Mahabad, Miandoab, Maragheh und fast alle Regionen in Iranisch-Ost-Azarbaidjan, d.h. diese Gebiete wurden nie dauerhaft von Urartu kontrolliert, ebensowenig wie Kurdistan südlich des Urmia-Sees. Als allgemein mitteleisenzeitlich können wir hingegen im gesamten Nordwestiran mehr als 200 Plätze bezeichnen.

Kriterium für urartäische Anlagen ist der Architekturbefund. Alle Bauten sind sorgfältig mit selbsttragenden Steinmauern fundamentiert, auf die Lehmziegelmauern gesetzt werden. Festungsmauern weisen rechteckige Vorsprünge und Türme auf (Kleiss 1976). Ein weiteres Kriterium für urartäische Fundplätze ist ein, wenn auch geringer, Anteil an „Urartäischer Palastkeramik" sowie das Vorkommen von Kleeblattkannen mit ihren typischen Henkeln (Kat.-Nr. 385). Diese Form hat keinen Vorläufer in der frühen Eisenzeit. Sofern diese Kannen auf den Henkeln eingeritzte Maßangaben tragen, weist dies auf zentrale Verteilung von Lebensmitteln hin (Kroll 1979). Ein weiteres wichtiges Kriterium ist zentrale Vorratshaltung mittels übermannsgroßer Speichergefäße, Pithoi, mit Volumenangaben (Kat.-Nr. 387). Derartige Pithoi werden schon von dem assyrischen König Salmanassar III. nach seinem Sieg über den urartäischen König Aramu als Beutegut abtransportiert (Barnett 1974, Abb. 167). Diese Darstellung belegt gleichzeitig, dass Vorratshaltung und zentrale Planung schon Mitte des 9. Jh. v. Chr. in Urartu begann.

Zwar stellt der Bau von Festungen in urartäischer Zeit kein Novum dar, da es Festungen schon in der frühen Eisenzeit in ganz Azarbaidjan gibt. Ein Novum ist allerdings der Befund, dass jede Region nicht nur ein oder zwei große bzw. zentrale Festungen aufweist, sondern von einem Netz von mittleren und vielen kleineren Festungen umgeben ist. Soweit feststellbar, hatten all diese Anlagen innerhalb einer Region miteinander Sichtkontakt. Neu ist auch die Größe der Anlagen. Festungen von der Größe von Qalatgah, Ismail Agha, Bastam, Verahram, Livar oder Gavur Qaleh am Araxes, mit einer Fläche zwischen 8 ha und 30 ha, hatte es in früheren Zeiten nie gegeben. Neu ist auch der Bau von aufwendigen Felsgräbern für die Oberschicht, teils im Bereich der Festungen selbst, so z.B. in Sangar, Verahram oder Ismail Agha. In zwei Festungen, in Djiq Qaleh und Khezerlu, konnte man auch ohne Ausgrabung einen Treppentunnel feststellen, der die Wasserversorgung durch einen Tunnel innerhalb der Festung sicherstellen sollte. Funde von Magazinen in den großen Festungen mit Speichergefäßen, die viele Tausende von Litern aufnehmen konnten (Kat.-Nr. 387), belegen, dass eine zentrale Vorratshaltung aufgebaut wurde. Die Kannen mit Maßangaben belegen andererseits wiederum die zentrale Distribution von Lebensmitteln an Arbeiter und Beamte.

Der Bau all dieser Festungen belegt, es muss eine Zeit intensiver militärischer Auseinandersetzungen gewesen sein. Dies bestätigen für uns in der Hauptsache die assyrischen Quellen. Aus diesen inschriftlichen Quellen beziehen wir eine wichtige territoriale Information, nämlich, dass das Territorium der Urartäer und der Mannäer aneinander grenzte (Boehmer 1964), dass es ständig Grenz- und Gebietsstreitigkeiten gab. Wir wissen zudem, dass Grenzregionen oder einzelne Orte umkämpft waren und immer wieder den Besitzer wechselten (Postgate 1989). Mehr als einmal sahen sich assyrische Könige veranlasst, sich massiv in diese Auseinandersetzungen einzumischen. Archäologisch sind solche historischen Befunde nur schwer nachzuvollziehen.

Der einzige aus dieser Zeit besser überlieferte fremde Feldzug in den Nordwestiran war der 8. Feldzug Sargon II. von Assyrien im Jahre 714 v. Chr. Ausgehend von seiner profunden topographischen Kenntnis des Urmia-See-Gebietes hat Zimansky als erster diesen Feldzug um den Urmia-See herum rekonstruiert und einzelne in den assyrischen Texten genannte urartäische Provinzen modernen Regionen zugeordnet (Zimansky 1990). Zimansky hat vorgeschlagen, die große, urartäische Festung Livar in der Region Marand als Ushqaja zu identifizieren (Zimansky 1990, 15), das von Sargon II. auf seinem 8. Feldzug zerstört und verbrannt wird. Die Lage dieser Festung wird bei Sargon folgendermaßen beschrieben: „Von Uishdish brach ich auf und näherte mich Ushqaja, der großen Festung an der äussersten Grenze von Urartu, die wie ein Tor den Zugang zum Gebiet von Zaranda versperrt..." (Mayer 1983, 85). Zimanskys Vorschlag erfährt Unterstützung durch eigene Beobachtungen. Von Süden her ist die Ebene von Marand durch zwei Passübergänge zu erreichen, von der Ortschaft Sufian her, der die alte wie die moderne Straße folgt, oder weiter östlich von der Ortschaft Alandjaq her, von der eine alte Pass-Straße nach Marand führt. Erreicht man die Höhe beider Passübergänge, so erblickt man die weite Ebene von Marand, und der Festungsberg von Livar liegt als riesiger Felsklotz mitten im Blickfeld. Eine derartige geographische Konstellation ist ansonsten in Nordwestiran nicht beobachtet worden. Auch die ältere Reiseliteratur nennt, unabhängig von den Überlegungen bezüglich des Sargon-Feldzugs, diesen weiten Blick in die Ebene von Marand.

Von Gewicht ist auch ein anderer Lokalisierungsvorschlag, nämlich Qalatgah (östlich Ushnu) mit Uajais zu identifizieren (Zimansky 1990, 17). Laut Sargon liegt Uajais am unteren Ende von Urartu, in dessen Nähe der König von Hubushkia Tribut überbringt. Innerhalb des dichten Netzes urartäischer Festungen, das sich von Armenien bis zum Südwestufer des Urmia-Sees zieht, liegt Qalatgah tatsächlich am südlichen Rande dieses Festungsnetzes. Da es zugleich die weitaus größte Festung der ganzen Region ist (Muscarella 1971), könnte es gut das Zentrum sein, als das es von den Assyrern beschrieben wird. Keine wesentliche Rolle kann man hingegen Hasanlu IIIB und seiner mächtigen urartäischen Stadtmauer zusprechen. Die ausgegrabene Innenbebauung macht eher den Eindruck, als wäre zwar die Stadtmauer vollendet worden, hinterher wäre Hasanlu jedoch als militärischer Stützpunkt nicht mehr genutzt worden. Der Architekturbefund weist eher in die Richtung einer Nachfolgebesiedlung (squatter), die in keinem Verhältnis zu der gewaltigen Stadtmauer steht (Dyson & Voigt 1989, 3-11).

Insgesamt kann man somit in Nordwestiran in der Eisenzeit III versuchsweise zwei territoriale Einheiten unterscheiden. Einmal sind es Regionen im Westen und Norden, in denen archäologisch urartäische Präsenz nachgewiesen werden kann. Sodann gibt es Regionen im Süden und Osten, wo typisch urartäische Befunde fehlen. Für den Süden deuten die Befunde darauf hin, diese Gegend mit dem Reich der Mannäer zu identifizieren.

Bastam

Umstritten bleibt, ob der Feldzug Sargons von 714 v. Chr. Urartu dauerhaft geschwächt hat. Aktivitäten urartäischer Könige des 7. Jh. v. Chr. wie Argishti II. und Rusa II. werden aus dem Gebiet des Van-Sees (Toprakkale, Adilcevaz, Ayanis) und aus dem Norden und

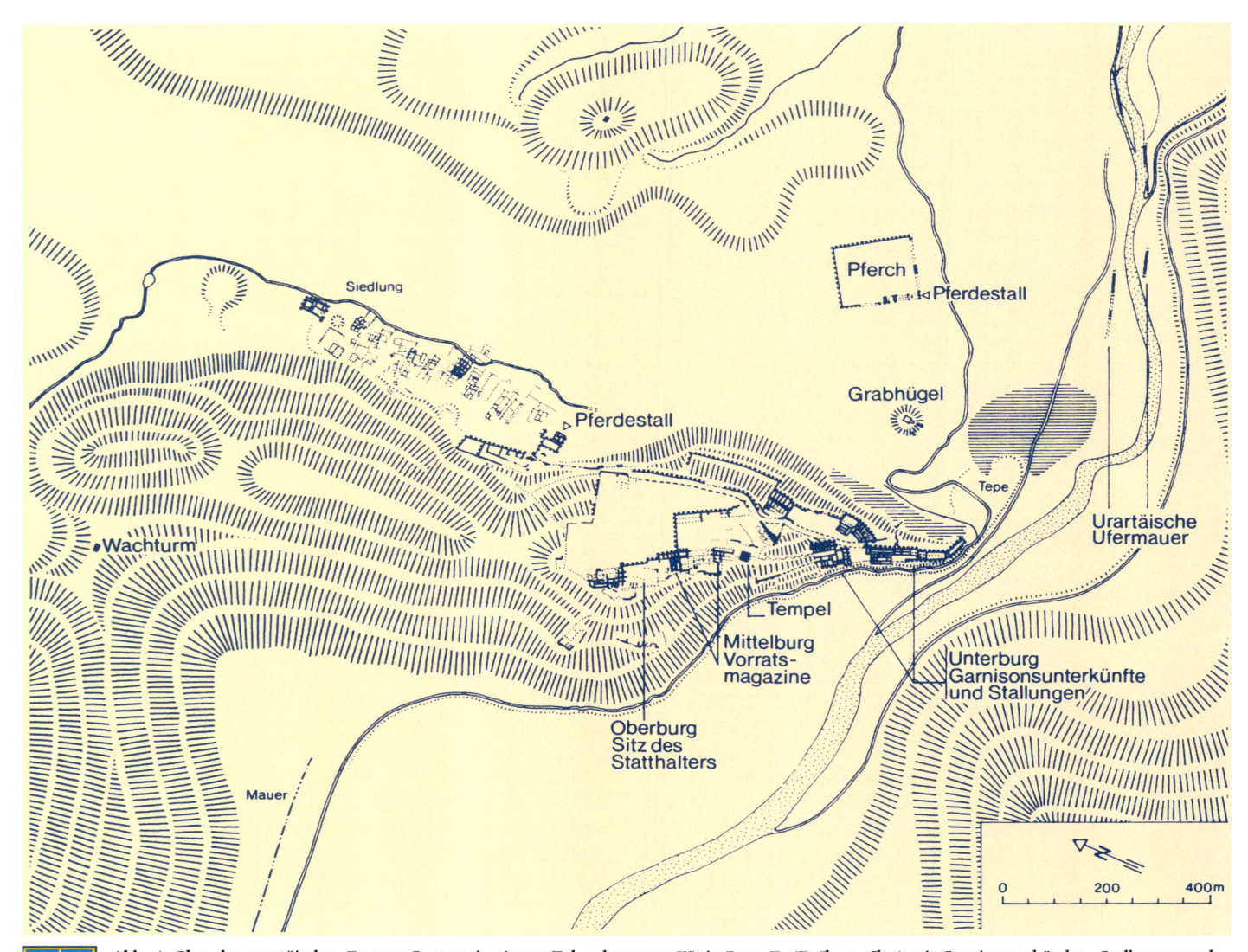

Abb. 1: Plan der urartäischen Festung Bastam im Aqcay-Tal, erbaut von König Rusa II. (7. Jh. v. Chr.) mit Garnisonsgebäuden, Stallungen und umfangreichen Magazinen; von S. Kroll.

Nordosten Iranisch-Azarbaidjans berichtet (Salvini 1995, 99-109), so z.B. die Errichtung der großen Festung in Bastam (Abb. 1), während hingegen das in einer Brandkatastrophe im 8. Jh. zerstörte Haftavan III (zerstört von Sargon) nicht wieder aufgebaut wird (Burney 1973). Dies legte den Schluss nahe, dass urartäischer Einfluss im 7. Jh. v. Chr. evtl. nur auf die nördlichen und nordöstlichen Regionen Nordwestirans beschränkt war.

Durch die Ausgrabungen der siebziger Jahre in Bastam (Region Khoy) und seit 1989 in Ayanis (am Ostufer des Van-Sees) hat sich jedoch das Bild von der letzten Epoche Urartus im 7. Jh. v. Chr. stark verändert. Heute ist klar, dass der urartäische König Rusa II. (etwa 680-655 v. Chr.) einer der erfolgreichsten und mächtigsten Könige seiner Zeit war, bevor das Reich von Urartu, evtl. noch zu seiner Zeit, unter dem Ansturm von Reiternomaden in Flammen aufging. In Iran gründete er als neues militärisches und landwirtschaftliches Zentrum die Festung Bastam (antiker Name Rusai.URU.TUR = Rusastadt). Von 1969 bis 1978 grub das Deutsche Archäologische Institut, Abt. Teheran, unter der Leitung von W. Kleiss diese größte urartäische Festungsanlage in Iran aus (Kleiss 1978; 1988).

Am Rande einer weiten, vorher nicht besonders kultivierten Ebene, auf einem Felssporn beim Austritt des Flusses Aqcay aus dem Gebirge, errichtete Rusa II. eine Festung von etwa 800 auf 200 m, die sich fast 150 m den Berg hinauf zog. Kanäle und Ufermauern wurden entlang des Flusses gebaut. Bastam liegt an einem ehemals strategisch wichtigen Verbindungsweg vom Van-See nach Osten in den Iran auf etwa 1.300 m Meereshöhe. Im niedrigsten, südlichen Teil der Festung, der sog. Unterburg, war die militärische Garnison stationiert, wie Funde von eisernen Pfeil- und Speerspitzen (Kat.-Nr. 379) und zwei eiserne „heraldische" Lanzenspitzen belegen (Kat.-Nr. 381). Die Wächter am Tor dürften mit diesen „heraldischen" Lanzen bewehrt gewesen sein, wie der Fundort beider Stücke in unmittelbarer Nähe des Südtores belegt. Außen an der Festungsmauer wurden hier auch mehrere der zwei- bzw. dreiflügeligen Pfeilspitzen aus Bronze (Kat.-Nr. 380) der Angreifer gefunden. Auch eine Bäckerei wurde hier ausgegraben. Ein Weg führte durch das stark mit Türmen bewehrte Südtor in die Mittel- und Oberburg, die sich höher, d.h. weiter im Norden befand. Um die Mauern an dem steilen Hang wirkungsvoll zu fundamentieren, wurde mittels eiserner Hacken oder Pickel der Felsboden zu horizontalen „Treppen" abgearbeitet (Kat.-Nr. 257). Aus dem kleinen Bereich der Oberburg, wohl der Residenz, wo sich auch der Tempel befunden haben muss, stammen Funde wie das Fragment eines Bronzelöwenkopfes (Kat.-Nr. 390) und blattförmig verzierte Architekturelemente (Kat.-Nr. 377).

Der flächenmäßig größte Teil der Festung, die sog. Mittelburg, war der Magazinierung von Lebensmitteln in den riesigen Speichergefäßen vorbehalten: Getreide, Wein, Öl. In Bastam waren wohl mehrere Millionen Liter so in Magazinen aufbewahrt. Damit sollten sie dem Zugriff feindlicher Attacken, z.B. von der Seite Assyriens entzogen werden. In weiteren Räumen lagerten mehrere Tausend getrocknete oder gepökelte Schlachttiere, jedes mit einer gesiegelten Tonbulla versehen. Diese Schlachttiere wurden wahrscheinlich von Finanzbeamten beim Eintreiben der Abgaben mit einer derartigen Tonbulla als Beleg versiegelt. Die Siegelabdrücke auf diesen Tonbullen sind vielfältig, sie stammen meist von hohen Beamten (Mitgliedern der königlichen Familie?) (Kat.-Nr. 384), es fanden sich jedoch auch viele Abdrücke mit dem Siegel des Königs Rusa II. (Kat.-Nr. 384). Pithoi sowie eine Bulla mit einer identischen Abrollung eines Siegels von Rusa II. im Zerstörungsschutt von Ziwiye (Seidl 1988, 150) in Kurdistan belegen, dass urartäischer Einfluss in Nordwestiran unter Rusa II. ganz erheblich gewesen sein muss.

Im Norden und im Süden der Festung fanden sich Stallgebäude für mehrere hundert Pferde, nachgewiesen durch chemische Analysen (Kroll 1989); ein weiteres Stallgebäude mit angeschlossenem Pferch von mehr als 100 auf 100 m Ausdehnung fand sich östlich in der Ebene. Eine Siedlung unterhalb der Festung konnte nur teilweise in Umrissen erfasst werden, da großteils inzwischen durch einen Flusslauf verschüttet. Industrieanlagen, wie z.B. Töpferöfen, Eisen- und Bronzeschmieden sowie weitere Handwerksbetriebe sind bisher noch nicht gefunden worden. Es ist anzunehmen, dass sie außerhalb der Festung lagen und ebenso verschüttet sind. Diese Verschüttung ist nicht allein auf natürliche Ursachen zurückzuführen sondern durchaus menschlich bedingt. Während die urartäi-

Abb. 2: Blick von der Festung Bastam nach Westen in das Flusstal des Aqcay. Durch dieses Flusstal führte ein alter Weg von der urartäischen Hauptstadt Tushpa am Vansee nach Bastam.

Abb. 3: Blick vom Festungsberg Bastam auf den südlichen unteren Teil der Festung. In der Mitte das mit Türmen bewehrte Südtor. Links davon eine Pfeilerhalle. Rechts vom Tor Reste eines langen, dreischiffigen Gebäudes: ein Pferdestall. Oberhalb davon Fundamente eines Garnisonsgebäudes mit einer Reihe kleiner Räume.

Abb. 4: Blick von Osten auf den Festungsberg von Bastam im Winter 1975. Deutlich zu sehen sind zwei parallele Festungsmauern, die sich von rechts leicht schräg den Berg hinaufziehen.

Der Rückgang der Fundorte in Nordwestiran gegen Ende der mittleren Eisenzeit (Ende des 7. Jh. v. Chr.) ist jedoch dramatisch. Allein etwa 20 Fundplätze sind bekannt, die man mit viel Mühe als medisch-achämenidisch bezeichnen kann. Bastam ging in Flammen auf, und nur an einer Stelle innerhalb der alten Bebauung ließ sich eine geringe Besiedlung aus medisch-achämenidischer Zeit nachweisen (Kat.-Nr. 386).

Der gesamte Zeitraum nach dem Untergang Urartus bis zum Islam ist als ein archäologisch eher dunkles Zeitalter zu bezeichnen. Traditionell wird davon ausgegangen, dass Nordwestiran zum Reich der Meder und der Achämeniden gehörte. Doch wird dies neuerdings erheblich differenzierter gesehen (Lanfranchi, Roaf & Rollinger 2003). Später gehörte der nördliche Teil dann zu Armenien, der Rest Azarbaidjans zu Atropatene. Auseinandersetzungen zwischen Parthern, Armenien und Atropatene sind überliefert, wobei Atropatene mehr und mehr unter parthische Hoheit kam. Später führten römische Feldzüge bis in den Nordwestiran (Schottky 1989). Diesen Großreichen jedoch einzelne archäologische Befunde zuzuordnen, ist insgesamt kaum möglich.

Abb. 5: Abrollung des Rollsiegels des urartäischen Königs Rusa II. auf einer Tonbulla. Ein Diener hält einen Schirm über den König, vor dem König schreitet ein Löwe. Am oberen und unteren Rand Reste der Siegelinschrift in Keilschrift: Dies ist das Siegel des Rusa, des Sohnes des Argishti.

schen Bauten in der Ebene sämtlich auf dem Boden stehen, wie ihn die letzte Eiszeit hinterließ, begann mit der urartäischen Zeit offensichtlich ein Raubbau an der Natur, wohl primär durch Abholzen der umliegenden Berghänge. Damit begann eine Erosion, die bis heute die urartäische Siedlung zu Füßen der Festung bis zu 6 m mit Erosionsgeröll überdeckt hat.

Soweit es bisher belegbar ist, endet im gesamten Nordwestiran die mitteleisenzeitliche Besiedlung, sei sie nun mannäisch, urartäisch oder anders zu benennen, in einer gewaltigen Katastrophe in der 2. Hälfte des 7. Jh. v. Chr. An allen genannten Fundplätzen gibt es Hinweise auf die Angreifer durch zwei- und dreiflügelige Pfeilspitzen (Cleuziou 1977), wie sie für Reiternomaden typisch sind (Rolle 1977): in Armenien in Karmir-Blur, in Iran sowohl in Ziwiye wie in Bastam (Kat.-Nr. 380), in der Türkei jetzt nachgewiesen in Ayanis (Derin & Muscarella 2001). Auf die Möglichkeit einer Anwesenheit von Reiternomaden im urartäischen und mannäischen Bereich zur Zeit Rusa II. hat aufgrund inschriftlicher Belege insbesondere Salvini hingewiesen (Salvini 1988, 131-138). Archäologische Belege für den weiter nördlich gelegenen Bereich sind jüngst von Motzenbäcker zusammengestellt worden (Motzenbäcker 2000).

Bibliographie

BARNETT, R. D.:
1974   Assyrian Palace Reliefs in the British Museum, London.

BARTL, K.:
1994   Die frühe Eisenzeit in Ostanatolien und ihre Verbindungen zu den benachbarten Regionen. Baghdader Archäologische Mitteilungen 25, 473-518.

BOEHMER, R. M.:
1964   Volkstum und Städte der Mannäer. Baghdader Archäologische Mitteilungen 3, 11-24.

BURNEY, CH.:
1972   Excavations at Haftavan Tepe 1969: Second Preliminary Report. Iran 11, 153-172.

CLEUZIOU, S.:
1977   Les pointes de flèches „scythiques" au Proche et Moyen Orient. In: J. Deshayes (Hrsg.), Le Plateau Iranien et l'Asie Centrale des Origines à la Conquête Islamique, Editions du CNRS, Paris, 187-200.

DERIN, Z. & MUSCARELLA, O.:
2001   Iron and Bronze Arrows. In: A. Çilingiro_lu & M. Salvini (eds.), Ayanis I. Ten Years' Excavations at Rusahinili Eiduru-kai 1989-1998, Roma, CNR. Istituto per gli Studi Micenei ed Egeo-Anatolici, 189-217.

DYSON, R. H. JR.:
1965   Problems of Protohistoric Iran as seen from Hasanlu. JNES 24, 193-217.

DYSON, R. H. JR. & VOIGT, M.:
1989   East of Assyria. The Highland Settlement of Hasanlu. Expedition 31, 2-3, 1-127.

KASHKAY, S. M. & ASLANOV, G.:
1982   New Archaeological Finds in Soviet Azarbaijan. Archiv für Orientforschung, Beiheft 19, 307-308.

KLEISS, W.:
1976 Urartäische Architektur. In: H. Kellner (Hrsg.), Urartu – ein wiederentdeckter Rivale Assyriens, Ausstellungskatalog der Prähistorischen Staatssammlung München, Bd. 2, 28-44.
1978 Bastam I. Ausgrabungen in den Urartäischen Anlagen 1972-1975 (=Teheraner Forschungen IV), Berlin.
1988 Bastam II. Ausgrabungen in den urartäischen Anlagen 1977-1978 (= Teheraner Forschungen V), Berlin.

KÖNIG, F. W.:
1955 Handbuch der chaldischen Inschriften. Archiv für Orientforschung, Beiheft 8.

KROLL, S.:
1979 X. Gefäßmarken in urartäischer Hieroglyphenschrift und Keilschrift aus Bastam. In: W. Kleiss (Hrsg.), Bastam I. Ausgrabungen in den Urartäischen Anlagen 1972-1975 (=Teheraner Forschungen IV), Berlin, 221-228.
1984a Archäologische Fundplätze in Iranisch-Ost-Azarbaidjan. Archäologische Mitteilungen aus Iran 17, 13-133.
1984b Urartus Untergang in anderer Sicht. Istanbuler Mitteilungen 34, 151-170.
1989 Chemische Analysen – Neue Evidenz für Pferdeställe in Urartu und Palästina. Istanbuler Mitteilungen 38, 329-333.
2004 The Southern Urmia Basin in the Early Iron Age. In: E. Haerinck (Hrsg.), The Ironage in the Iranian World (Kongress Ghent Nov. 2003).
2004 Archaeological Excavations of the Urartian fortress of Bastam (1969-1978). http://www.vaa.fak12.uni-muenchen.de/Iran/Bastam/Bastam.htm.

LANFRANCHI, G., ROAF, M. & ROLLINGER, R.:
2003 Continuity of Empire? Assyria, Media, Persia, Padova.

LIPPERT, A.:
1979 Die österreichischen Ausgrabungen am Kordlar Tepe in Persisch-Westazerbaidschan (1971-1978). Archäologische Mitteilungen aus Iran 12, 103-153.

MAYER, W.:
1983 Sargon's Feldzug gegen Urartu – 714 v.Chr. Mitteilungen der Deutschen Orient-Gesellschaft 115, 65-132.

MOTZENBÄCKER, I.:
2000 Neue Funde reiternomadischer Provenienz in Iberien. Archäologische Mitteilungen aus Iran und Turan 32, 207-226.

MUSCARELLA, O. W.:
1971 Qalatgah: An Urartian Site in Northwestern Iran. Expedition 13, 3-4, 44-49.
1974 The Iron Age at Dinkha Tepe, Iran. The Metropolitan Museum Journal 9, 35-90.

PECORELLA, P. E. & SALVINI, M.:
1984 Tra lo Zagros e l'Urmia. Ricerche Storiche ed Archeologiche nell'Azerbaigian Iraniano, Roma.

PIGOTT, V.:
1977 The Question of the Presence of Iron in the Iron I Period in Western Iran. In: L. D. Levine & T. C. Young, Jr. (eds.), Mountains and Lowlands: Essays in the Archaeology of Greater Mesopotamia, Bibliotheca Mesopotamica 7, 209-234.

POSTGATE, N.:
1989 s.v. Mannäer. Reallexikon der Assyriologie 7, 5/6, 340-342.

READE, J.:
1979 Hasanlu, Gilzanu and related considerations. Archäologische Mitteilungen aus Iran 12, 175-181.

ROLLE, R.:
1977 Urartu und die Reiternomaden. Saeculum 28, 3, 291-339.

SALVINI, M.:
1967 Nairi e Ur(u)atri. Contributo alla Storia della Formazione del Regno di Urartu, Roma.
1982 Die Felsinschrift Sarduris II. in Seqendel (Libliuni). Archäologische Mitteilungen aus Iran 15, 97-100.
1984 II. I Documenti. In: P. E. Pecorella & M. Salvini, Tra lo Zagros e l'Urmia. Ricerche Storiche ed Archeologiche nell'Azerbaigian Iraniano, Roma, 71-76.
1988 Die urartäischen Schriftdenkmäler aus Bastam (1977-1978). In: W. Kleiss (Hrsg.), Bastam II. Ausgrabungen in den urartäischen Anlagen 1977-1978 (= Teheraner Forschungen V), Berlin.
1995 Geschichte und Kultur der Urartäer, Darmstadt.
1998 Eine urartäische Felsinschrift in Nachicevan. Zeitschrift für Assyriologie, 88/1, 72-77.

SCHOTTKY, M.:
1989 Media Atropatene und Gross-Armenien in Hellenistischer Zeit, Bonn.

SEIDL, U.:
1988 Die Siegelbilder. In: W. Kleiss (Hrsg.), Bastam II. Ausgrabungen in den urartäischen Anlagen 1977-1978 (= Teheraner Forschungen V), Berlin, 145-154.

WEISGERBER, G., HAUPTMANN, A., GROPP, G. & KROLL, S.:
1990 Das Bergbaurevier von Sungun bei Kighal in Azarbaidjan (Iran). Archäologische Mitteilungen aus Iran 23, 85-103.

YOUNG, T. C. JR.:
1965 A Comparative Ceramic Chronology for Western Iran, 1500-500 B.C. Iran 3, 53-85.
1985 Early Iron Age Iran revisited: Preliminary Suggestions for the Re-Analysis of old Constructs. In: De l'Indus aux Balkans, Recueil Jean Deshayes, Paris, 361-377.

ZIMANSKY, P.:
1990 Urartian Geography and Sargon's Eighth Campaign. Journal of Near Eastern Studies 49, 1-21.

Die Palastanlagen Kyros' des Großen in Pasargadae (6. Jh. v. Chr.); im Vordergrund die Bauplastik eines Fisch-Mensch-Wesens (1976); Foto: G. Weisgerber.

369

	Mesopotamien	Südwestiran/Khuzestan	Fars	Nordwest-/Nordiran
Neolithische Kulturstufe		Akeramisches Neolithikum		Akeramisch
		Tappeh Ganj Darreh	(Akeramisches Fars)	
	Jarmo	**Keramisches Neolithikum**		
	Entwicklung bäuerlicher Kulturen in der Region um Babylon	Landwirtschaftlich geprägte Dörfer Handgemachte Keramik in Ali Kosh		
Kupferzeitliche Kulturstufe	Tell Halaf/Hassuna	archaische Susiana	Tappeh Mushki	
	Bewässerung in Landwirtschaft Obed 1 Erste Großsiedlungen	Jaffarabad		Haji Firuz
			Shamsabad (Frühe Fars)	Godin Tappeh X
	Vorsumerer Kleiner Tempel von Eridu: frühestes Beispiel für Opfertisch und Kultnische Lehmziegelbauten Arbeitsteilung wird entwickelt	Chogha Mish Frühe bemalte Keramik	Tall-e Bakun B (Mittlere Fars)	Godin Tappeh IX Godin Tappeh VIII Hesâr IA/B Godin Tappeh VII
	Obed 4	Frühe Metallbearbeitung Kupferwerkzeuge, Stempelsiegel Susa I	Tall-e Bakun A (Späte Fars)	Godin Tappeh VI Hesâr IC/IIA
	Uruk-Periode **Sumerer** Sumerer siedeln am Euphrat	Susa II Töpferscheibe in Susa II Susa III Beginn der Stadtentwicklung	Tall-e Malyan	Frühe Metallbearbeitung Kupferwerkzeuge, Stempelsiegel Töpferscheibe in Godin Tepe V
Bronzezeitliche Kulturstufe	Erbliche Monarchie wird entwickelt Kish wird sumerische Hauptstadt Frühdynastische Periode 2800-2500 Seit 2500 I. Dynastie von Ur Gilgamesh Akkad (Sargon I., Naramsin) 2050-1950 III. Dynastie von Ur Königsgräber von Ur 1900 - Amoriter erobern Sumer 1800 - Dynastie von Hammurabi, erobert von Babylon aus Mesopotamien Gesetz des Hammurabi Ca. 1530-1160 Kassitenzeit	Zylindersiegel in Susa III **Altelamische Periode** Susa IV Reiche Gräber mit Wagenbestattungen Susa V Elamische Könige führen verschiedene Kriege; Zerstörung von Ur Shimashki, Sukkalmah **Mittelelamische Periode** Ausdehnung des elamischen Reiches	Banesh-Periode Kaftari-Periode Königreich von Susa und Anshan	Godin Tappeh IV Hesâr I Graue, polierte Keramik in Hesâ Hesâr II Godin Tappeh III Bemalte gelbliche Keramik in Hasanlu VI Eis Hasanlu V (Marlik-Kultur) Hasanlu IVC Eis
Eisenzeitliche Kulturstufe	1200 Nebukadnezar vertreibt Elamiter 1112-1074 Tiglatpileser I (Assur) 650 - Neuassyrisches Reich (Assurbanipal) Chaldäer und Meder überrennen Assur Neubabylonisches Reich	**Neuelamische Periode** Haft Tappeh Bau der Ziggurat von Chogha Zanbil (Durr Untash) Konflikte mit Assur		Hasanlu IVB (Zerstörung) Einfälle der Urartäer Eise Bastam Ziwiye Aufstieg der Me
		Palastbau in Susa (Darius I. 522-486, Artaxerxes I. 465-424)	**Achämeniden 550-330** Alexander d. Gr. 330-323 erobert Persien Seleukiden 312-125 v. Chr.	P (Cyrus II. 55 Bauprojekte in Pe
		Arsakiden/Parther 250 v.-224 n. Chr.		
		Sassaniden 224-651 n. Chr. Shapur I. besiegt Römer mehrfach	Ardashir Kurreh (Firuzabad) Bishapur als sass. Stadt Unter Khosrow I. Höhepunkt der sassanidischen Macht	
Mittelalter	622 n. Chr. Hedschra Mohammeds Omaijaden (661-750) Abbasiden (750-1258) 762: Verlegung der Residenz nach Bagdad durch al-Mansur 1258: Eroberung Bagdads durch die Mongolen	642 endgültige Niederlage der Sassaniden gegen die Araber **Frühislamische Zeit 651-1036 n. Chr.** Dynastien der Tahiriden, Bujiden Selchuken (Seljuken, Seldchuken, Seldschuken) 1037-1218 n. Chr. Mongolen, ilkhanidische Periode, 1218-1334 n. Chr. Timuriden 1370-1502 n. Chr.		
Neuzeit	Ab 1534 Mesopotamien Teil des Osmanenreiches 1916: Sykes-Pycot-Abkommen Entstehung der arabischen Staaten	Safaviden 1502-1736 n. Chr 1925 Reza Schah gründet Pahlavi-Dynastie 1979 islamische Revolution unter Führung von Ayatollah Khomeini